謹以此書敬獻

博士論文導師國際漢學泰斗

謝和耐教授（Prof. J. Gernet）、

最關心筆者論文進度的

桀溺教授（Prof. J.-P. Diény）

暨

結縭逾卅載之黃慧賢女士

章學誠研究述評

1920-1985

黃兆強 著

臺灣 學生書局 印行

寫在前面

　　個人數十年來讀書、治學、既無遠大的志向，亦無旺盛的企圖心。在香港讀書，尤其入讀由錢穆、唐君毅、張丕介等先生所創辦的新亞研究所時，始稍有志於追蹤前聖，踐履修齊治平之業。然而，終以資質魯鈍、品性庸碌、學殖磽淺，更兼以持志不堅，治平之道固邈不可聞；即以修齊來說，亦愧對前哲。1979 年畢業於香港新亞研究所時，已在中學教書四年，生活上不虞匱乏。後蒙新亞研究所教授業師徐復觀先生推薦，乃有 1980 秋 9 月負笈巴黎求學之舉。「求學」，美其名而已；「求學位」，其實也。至少，當時以追求後者爲赴法京的第一義。

　　按法國學制，唸博士須先徵得所擬就讀之學校之教授，同意擔任論文導師方可申請入學。當時法國駐香港領事館之文化參贊朱利安博士（François Julien，今已成爲大名鼎鼎的哲學家、漢學家）得悉我有志研究清代學術思想史後，便安排西方漢學泰斗法蘭西學院兼巴黎第七大學謝和耐教授（Prof. Jacques Gernet, 1921-）擔任我的導師。

　　赴法前，我得把論文計劃寄呈謝和耐教授審閱。記得這個計畫是花了好幾天時間用英文撰就的。內容是章學誠（1738-1801）與西方著名思想家維科（Giovanni Battista Vico, 1668-1744，義大利哲學家、歷史哲學家）之比較研究。抵法京謁見導師請益後[1]，得悉彼對思想家的比較研究不感興趣。再者，又認爲美國學人倪文遜（David Nivison, 1923-2014）對章學誠研究已有專書問世，建議不宜對章氏本人再做研究！反之，他認爲不妨對所有研究章學誠的近現代研究成果（以下簡

---

[1]　當時我的法文很不靈光，而謝教授閱讀中文絕無問題，但說國語則不太行，英文則很流暢。而我在香港接受英文中學教育凡 6 年（除國文和中國歷史兩科外，其餘科目的課本和上課語言，全用英文。），且赴法前以英語／英文在中學教書 5 年。所以彼我二人便使用英語交談。

稱「實齋研究」），做一個彙整分析綜合[2]。這個要求看似簡單，其實不然。因為這意味著作爲研究者的我，必須處理所有前人相關研究成果。其中，中文、英文及法文著作，我沒有語文上的障礙。但是，日文，以至德文等等的著作，我便使不上力了。然而，以日文研究章氏的論文不少，且亦有以德文撰就文章者。這方面，我得設法克服；至於此等研究成果的對象——章學誠，我更需要具備透徹的認識、了解，否則如何知悉前人研究成果的優劣，又如何予以分析、批評呢？

回顧讀博的過程，其中首年（1980-1981）主要用於進修法文[3]，翌年正式提出研究計畫，並於第二學期末通過資格考後，相關研究始得正式展開[4]。如上所述，導師謝教授建議不必對章氏本人或其著作做研究，而認爲從史學史／學術史角度、文獻學角度切入，以探討「實齋研究」各種論著之內容及相互間可有之關係，並針對此等論著之撰著背景，做一個目錄學式的編年研究，應是更有意義的工作。

論文撰寫的過程頗不順遂。惟幾經波折，終於還是來到了論文的結論部份。然而，結論又該如何做呢？長久以來非常關注我論文進度的樊溺教授（Prof.

---

2 換言之，不是研究章學誠本人，而是研究人家（前人）如何研究章學誠。這或可稱爲 "後設研究" ／ "第二序研究"。拙博論的性質及內容重點，從法文的論文題目應可以看得出來。其題目如下：*Recherches sur les travaux relatifs à Zhang Xuecheng（1738-1801），historien et philosophe*。如譯爲英文，大概是：*Researches on the works relative to Zhang Xuecheng （1738-1801），historian and philosopher.*

3 赴法前，嘗於香港法國文化協會（Alliance française）修讀法文半年，並得剛從法國學成返港之學長廖伯源先生義務幫忙補習法文數月（同時受業者尚有當時任職於新亞研究所圖書館而後來同時赴法就讀巴黎第七大學之岑詠芳學姊）。然而，法文程度實遠不足以應付博士論文之撰寫。

4 據悉，需要通過資格考始可撰寫論文乃筆者赴法前數年始實施之新學制，其前未之有也；或有之，然徒具形式。就文科言，此資格考稱爲 D.E.A.（diplôme d'études approfondies）：「高深研究文憑」考試。通過者，始獲准撰寫博士論文，此猶同美國之 qualifying examination/comprehensive examination。（按：D.E.A.乃係一種正式學歷，據以任職於政府機關者，其敘薪即高於僅獲碩士學位者。）至於如何通過此考試，則按各學科或按各指導教授之要求而定。一般而言，修讀若干學科，並通過考試（或筆試，或報告，或兩者兼之）爲必要條件。其形式上之要求，似介乎英國學制與美國學制之間。要言之，不似美制之要求博士生修讀相當多學分，但又不似英國制之全不要求博士生修讀學分。

Jean-Pierre Diény, 1927-2014）[5]提供了一個深具建設性的建議。他說：「結論不是〔前此工作的〕摘要（la conclusion n'est pas un résumé〔du travail antérieur〕）」。此意謂必須要有所創新，而不是前面工作的一個概括而已。筆者把桀溺教授這個建議連同導師謝教授先前「要多思索（il faut penser）」的建議，視爲雙指南的情況下，論文結論乃得以一步一步的寫將起來。

　　按：原博士論文主要分爲七個部份。第一至第五個部份依序析述及批判前人以下的研究成果：章學誠的生平事蹟、整體思想、史學思想、文學思想及章氏遺著等這五個主題[6]。第六個部份是一個相當長的〈總論〉（結論）。第七個部份是四個附錄。第一至第五部份各含二章[7]。現今本書在總體架構上，則有如下的一個新組合：把原先的五部份每一部份的一、二章併在一起處理。所以原博論的第一至第五部份便變成了本書的第一至第五章。至於本書第六章〈綜論〉，則除了含原〈總論〉中的二項內容（一、以圖表爲主軸以展示 1920-1985 的「實齋研究」概況；二、闡釋「實齋研究」所以在近現代成爲顯學的原因）外，還補充了一萬多字的新內容，旨在對近現代「實齋研究」做一個總評議／總批判。正文六章之後是三個附錄。

5　桀溺教授在法國漢學界素以治學嚴謹及異常關注學生學業而甚得學界及學生所推崇及景仰。1980 年我抵法後便旁聽他的課。桀溺教授對新亞研究所畢業生很有好感，大概是跟他完成論文或正在撰寫論文的學長姊（如廖伯源、鄺慶歡等等），都有很好的表現有關吧。我既來自新亞，他對我已另眼相看；再者，猶記得我第一次上他的課時，他說到東漢人揚雄。「揚雄」，他寫作「楊雄」。下課後，我跟他作了點討論。他由此而對我印象深刻。往後的多次請益使他認爲我至少是一個好學的學生。他得悉我要做一篇並不是我原先所構想的博士論文後，便經常給我鼓勵，深盼我能夠在 "逆境" 中奮進。他甚至爲我修改部份文稿，使得當中法文的表達不至於太不像樣。桀溺教授對我的幫忙，我無時或忘。就是導師也沒有義務爲學生修改語文，蓋導師乃論文導師，非語文導師也。更何況桀溺教授並非我的論文導師！

6　其實，章學誠對校讎目錄學及方志學等亦極有研究及貢獻。以時間所限，當時撰寫博士論文時，不克各自獨立成章以析述前人之相關研究成果，實感遺憾。

7　首章乃依時代順序分別闡述前人相關研究的概況，如史學思想研究概況、文學思想研究概況等等；第二章乃針對該章所闡述之前人各論著，逐一予以析述。

拙博論完成於 1986 年 12 月**8**，距今已接近 30 年。30 年來，「實齋研究」之成果相當豐碩。增修拙博論而成爲本書的過程中，不擬針對這些新近研究成果（此指 1985 年後的著作）予以處理，蓋深恐增不勝增，補不勝補**9**。再者，撰寫拙博論時未嘗獲睹而不克處理之 1985 年前的各種研究成果，今雖獲睹，但亦予以割愛。以上兩類成果，本書雖或偶爾參考、引述、評論，那只能算是例外。幸讀者留意焉。然而，就 1920-1985 年的研究成果來說，尤其其中重要論著之貢獻或優缺點，本書大體上已作出相應的處理。「實齋研究」的演變情況，亦藉以概見**10**。此外，筆者對實齋學術思想的個人看法，亦隨文而獲睹。值得一提的是，揚州大學歷史研究所于延亮先生嘗以 1985 年以後之章學誠研究成果撰寫碩士論文，此即《1985 年以來之章學誠研究》（撰就於 2011 年）。這在研究的時段上正可彌補筆者本書之不足。此外，喬治忠先生〈章學誠學術的百年來研究及其啓示〉**11**及錢茂偉先生〈章學誠史學研究述評〉（上揭《浙東史學研究述評》，頁 358-386）對近今 8、90 年來的「實齋研究」所作出的綜述，深具參考價值；其中喬文中的啓示部份所開列的五項啓示，尤其值得今後的研究者予以關注。

---

8 猶記得 12 月聖誕假期前夕，博士論文（口試本，共 11 份）已影印釘裝完畢並送呈校方留存並轉送考試委員審閱；論文口試則安排在翌年（1987）3 月 5 日舉行。考試委員除論文導師謝和耐教授外，還有以下三人：吳德明教授（Y. Hervouet，時爲巴黎第七大學遠東研究系主任）、桀溺教授（J.-P. Diény）、施舟人教授（K. Schipper）。拙博論所獲得的評語（成績）爲優異（Mention Très Honorable）。3 月底整裝返香港，結束了六年半（1980 年9 月-1987 年 3 月）的花都求學生涯。如今追憶，猶一場夢而已！

9 近 30 年來不少學人是自覺地從更寬廣的視角（譬如知識論），或取徑於詮釋學以研究、解讀實齋。這是 1985 年以前比較少見的。錢茂偉亦注意到這個現象，且先筆者指出。錢茂偉，《浙東史學研究述評》（北京：海洋出版社，2009），頁 386。說到學人對實齋之研究，讀者可參鮑永軍，〈章學誠研究論文著作索引（1801-2003）〉，《章學誠國際學術研討會論文集》（北京：北京圖書館出版社，2004），頁 446-481。

10 前修未密，後出轉精。充份獲悉前人論著之優缺點，後人自可推陳出新而撰就更理想之著作。拙博論苟能對後賢有所助益，其助益之處，恐正在於此。

11 收入瞿林東主編，《史學理論與史學史學刊》（北京：社會科學文獻出版社，2004），2003年卷，頁 167-184。

　　以下略述撰寫本書（拙博論的翻譯並以此爲基礎的大幅增刪改寫）的緣由。
1987 年 3 月初，博士論文口試（答辯，soutenance）順利通過。月底整裝返回香
港。一個多月後，接獲時掌東吳大學歷史學系的廖伯源學長來函，通知說該系已
決定聘請我擔任教職。八月中旬，我便離港赴東吳上任。轉眼間，任教東吳已 28
年！1988 年及 1991 年，嘗發表有關章學誠的研究各一篇。其後 10 多年，未嘗再
對章氏作過任何研究。原因之一是對他實在有點膩了！惟 2002 年嘗應摯友淡江
大學中文系教授陳仕華兄之邀約，允諾於 2003 年年底的一個章學誠研討會上[12]，
發表論文。無奈素性疏懶，復忙於他事，論文之撰寫，耽擱者再。事不得已，最
後乃求助於拙博士論文：擇其中比較滿意之章節，稍加修改增刪，翻譯成中文發
表以搪責。不意發表的當天（2003.11.28），竟獲相當好評，與會者亦有以 "章
學誠專家" 謬許者，並鼓勵趕快翻譯整部博士論文以饗讀者[13]。會後幾經考慮，
乃決意重拾舊章，予以翻譯。惟事後一拖再拖，當年的決定，轉瞬已超過 10 年！
其原因計有兩端。其一爲個人興趣已轉易爲研究新儒家，對業師唐君毅及徐復觀
兩先生尤感興趣[14]。其二爲對撰就將近 30 年的博論感到相當不滿，於是在翻譯的
過程中，便進行大幅度的增刪改寫。其結果是，無論就架構（章節組合）來說，
或就資料詳略來說，或對某些問題的看法、分析，或對文獻的闡釋、解讀來說，
筆者深信都比原博論改進甚多。「前修未密，後出轉精」，做學問固當如是也。
所以原本以爲一年半載便可以完工的翻譯、改寫，至今已拖了將近兩年！如果不

12　此即淡江大學漢語文化暨文獻資源研究所所舉辦之章學誠學術研討會。此會議後來正式定
　　名為「文獻的學理與應用」研討會。會議日期：2003 年 11 月 28-29 日。

13　其實，部份博士論文經修訂翻譯後，已於 1988 年初發表。此即為〈六十五年來之章學誠
　　研究〉。發表於《東吳文史學報》第六號，1988 年 1 月，頁 211-236。拙博士論文，所以
　　不敢輕率發表，除因為部份內容自己不甚滿意外，主要原因是由於拙文之主旨乃在於對前
　　賢的各種「實齋研究」作探討（彙整、分析、批評）。學術上互相批評，西方人等閒視之；
　　然而，國人比較缺乏這種風氣。當時剛拿學位到臺灣服務，何敢己是人非，輕議前哲呢？
　　拙文當時不敢全部翻譯成中文發表，主要原因便在於此。

14　2010 年嘗出版下書：《學術與經世──唐君毅的歷史哲學及其終極關懷》（臺北：臺灣學
　　生書局，2010）。

是老妻時刻從旁鼓勵，認為拙博論對年輕學子當有一定參考價值的話，個人早就把這個工作拋諸九霄雲外了。

****

　　拙博論是眾多師友幫忙下始得以順利完成的。首先，我必須感謝的是上文屢次提及的謝和耐和桀溺兩位教授。沒有他們的提點及鼓勵，拙文不可能完成，至少不可能在 6 年半（含修讀法文的一年）內完成。他們甚至耗費不少時間來修訂部份文稿語文上的問題。

　　坦白說，我的法文程度距離一般法國學人的表達水平，或距離博士論文該有的語文水平，實在頗遠。因此，在草擬拙稿的過程中，我得仰賴不少法國友人的幫助[15]。我的第一個貴人是當年已年過 70 的一位中學退休法文教師 Odette Spiess 小姐。初稿的每一頁，她都仔細看過。其他跟她一樣，雖不懂中文，但仍然願意為我細閱並修改部份文稿的法國朋友尚有：Marie-Chantal Manset 小姐、Bruno Bisi 先生、Michel Thiry 先生和 Dominique Punsola 先生[16]。他們的幫忙，我除了感激之外，還是感激。此外，在資料上給我幫忙或在精神上不斷給我鼓勵打氣的也很多。廖伯源學長[17]、陳慶浩學長、陳健娟、林麗霞、馮婉儀、譚惠珍、岑詠芳小姐等等便是。香港的哥哥姊姊（家中我排行第 10，是老么，所以沒有弟妹）

---

15 有學長給我意見說，為求語文表達（行文風格、語氣等等）前後一致，最好能找到同一個法國人從頭到尾修改你的文稿。如果這個法國人懂點中文並熟悉你的研究主題，那更佳。這個意見當然很好，但這是可遇不可求的。試想想有誰會願意花時間細看並有耐心潤飾四五百頁枯燥乏味的論文文稿呢？看不懂的地方又要仔細推敲，或必須和撰文者本人商議。所以聽說有研究生是花錢雇人修改論文的。

16 謝和耐教授有一個從事小說創作而頗負盛名的法國漢學家學生（其夫人是香港人）。彼嘗為我修改潤飾論文口試的口頭報告發言稿。儘管只得數頁，但這可能是論文撰寫過程中法文寫得最好的部份。他不要我把他的名字說出來，姑從之。以上描述或可概見海外留學生用外語撰寫文科論文苦況的一斑。當然，如本身外語能力很強，或財貲雄厚，或碰上願意為你修改全文的導師、外國朋友（懂中文尤佳），那便另當別論。

17 廖伯源先生是我三校（香港浸會大學、香港新亞研究所、法國巴黎大學）的學長。我的三個學位來自三所不同的學校，但我居然有幸都成為他的學弟（然而每一校都是我進去時，他已畢業），可謂有緣之至。1987 年我得以任教於東吳大學，也是他力薦的結果。

亦經常來信勖勉。後來成爲終身牽手的黃慧賢小姐對我幫助尤大。謄錄論文初稿
的是她；照顧我三餐及其他生活起居的是她；陪伴我在法國走完最後幾年的也是
她。大恩不言謝；轉眼間，已是老夫老妻，甚麼都盡在不言中了。總之，拙博論
得以順利完工，以上各人的幫忙功不可沒。謹書之簡端以誌不忘。又，過去諸拙
作出版時，皆蒙家兄兆顯題簽，本書又豈爲例外。今一併致上無限之謝意。

　　附識：閱讀本書時，請讀者考慮注意以下各點：
（一）筆者把「實齋研究」的所有專著予以分門別類（按：共分五類，即書中第
　　　一至第五章），然後依照同一類著作的發表或出版先後順序（大抵以每 10
　　　年爲一區隔），逐一予以探討。然而，這種方式，恐怕未爲周延而不會引
　　　起讀者太大的閱讀興趣[18]。其實，如果在各類之下，再細分爲若干專題（譬
　　　如史學類下，再細分爲「史學觀念溯源」、「史德說」、「六經皆史說」
　　　等等）來探討、闡述不同學人的研究成果，可能更能滿足讀者的閱讀意願。
　　　但全文翻譯及大幅改寫完竣後，筆者才有此"覺悟"；悔無及矣！今茲稍
　　　作彌補如下：針對篇幅較大的第二、三、四、五章，於該四章的各節標題
　　　下，開列各該節所處理的重點（含研究者姓名），讀者當可"按圖索驥"
　　　而獲悉各該節之重點所在。又：「所處理之重點」之加重著墨者（即粗體
　　　字部份），乃表示重要性（含個人意見）勝於非加重著墨者；讀者可先參
　　　看。書末的兩個索引，尤其主題索引，乃著意於幫助讀者凝聚書中重點；
　　　宜多加利用。
（二）撰寫拙博論時未嘗獲睹而不克處理之 1985 年前的各種研究成果，其後雖
　　　獲睹，但亦予以割愛（若干例外，則必於文中說明）。

18　當然，如果讀者感興趣的是一家一家的整體研究成果（舉其要者，譬如 1920 年代的胡適、
　　　姚名達，30 年代的錢穆、張述祖，40 年代的余嘉錫、侯外廬，50 年代的 P. Demiéville、
　　　吳天任，60 年代的 D. Nivison、柴德賡，70 年代的余英時、倉修良，80 年代的許冠三、
　　　U. Bresciani），則本書在大分類之後，再依時代先後而按家論述的模式，自有其價值及可
　　　取之處。蓋按時代先後，則可知「實齋研究」演進之軌跡；按家，則可悉同一家各方面之
　　　要旨。

（三）實齋乃方志學理論、校讎目錄學理論的大家；學人的相關研究不少。惟拙博論未嘗特闢專章予以處理；今亦因陋就簡。幸好本書第二章、第三章及附錄一的部份內容嘗予以探討。讀者或可從中知悉前人相關研究之梗概。

（四）個人意見或評論，大皆散見「實齋研究」各專著的相關述介之中，尤其見諸述介之後；個人意見或評論由是不再在各節標題下標出。

（五）本書以拙博論為底本。其過於瑣碎者，恕不譯出，而在相關腳注中，提醒有興趣的讀者迻讀原博論。

（六）本書針對「實齋研究」的各專著，在不少地方冠上以下用語：「據閱覽所及，迄今……」、「據悉，迄今……」或類似的用語，作為相關描述的起首。其中所謂「迄今」，除另作聲明外，皆指拙博論所處理的時段的下限年份，即 1985 年。後於此者，不屬處理範圍。

（七）如上所述，本書乃針對不同研究者的專著做處理，而不同的專著，其中部份內容恆不免探討相同的議題，譬如探討實齋的「六經皆史說」、「史德說」等等。筆者逐一處理該等專著而針對此等議題予以論述時，雖力圖避免在內容上有所重複，但有時實在很難完全避免；尤其考量到各研究專著本身的完整性時更不得不稍予重複。又：除重複外，筆者所提出的論點，其中恐偶有前後不一致或相互矛盾者也說不定；這方面暨以上各項，幸讀者不吝惠予指正。

2015.7.7 抗戰紀念日

章學誠研究述評

1920–1985

目　次

第一章　章學誠生平研究之述評*

摘　要

章學誠（1738-1801，字實齋，以字行，下文大抵以「實齋」稱之；偶或逕以「章學誠」或「章氏」稱之）卒後二年，即有學人為其生平事蹟撰著傳記。200年來，介紹、論述其生平事蹟者，大不乏人。以性質言，有純粹記述性的或評論性的；以體裁言，有傳記體的或年譜年表體的；以篇幅言，有一二百字而作為傳記彙編著作中的一篇小傳的，亦有長篇大論十數萬字的長傳。總之，林林總總，不一而足。下文大體上按時代先後，分為傳記體著作及年譜年表體著作分別述論之。章學誠生平之研究發展史，可藉以概見。論述的對象，以撰就或出版於1920-1985年者為限。

關鍵詞：章學誠、實齋、章學誠生平、傳記體著作、年譜年表體著作

---

*　本文源自拙博論；翻譯及增刪改寫後以「近現代人章學誠生平述論之研究」為題，發表於《東吳歷史學報》，第 13 期（臺北：東吳大學歷史學系，2005 年 6 月），頁 45-66。今進一步改寫後，納入本書內。

一、前言

　　提起清代中葉的學者，相信是沒有人不認識章學誠的。至少知道他寫過一本文史名著／史學名著：《文史通義》；也許更多人知道的是，他曾說過一句至今在解讀上還存在不少爭議的名言：「六經皆史也」。章學誠是史家；這是不待辯的。然而，仔細來說，章學誠更是史學評論家、文學評論家、歷史哲學家、方志學理論家、方志編纂家、校讎目錄學家；甚至是婦學家、教育學家。孟子說：「頌其詩，讀其書，不知其人，可乎？是以論其世也。」（《孟子・萬章下》）後世「知人論世」之學便由此而來。我們所說的某人是甚麼家，甚麼家，這是就他的學養來說的。其實，談論其人的學養之前，最要緊的似乎是先對其人之本身要有所認識。然而，學養即其人之一部份；不認識其學養，又如何稱得上認識其人呢？這似乎是一個吊詭，今暫且不談[1]。

　　200 年來，研究章學誠的學養／學說的各種專文專書至多；研究或述論其生平事蹟者亦復不少。了解其生平，則其人學養之所從出便得其究竟。然而，實齋生平之描繪、論述，非本文之旨趣。本文旨在按時代先後，回顧、闡釋近現代學人對實齋生平所做之各種研究成果。學人們之研究成果是否與時俱進；抑時而進時而退；又或大體上是前進，然偶爾間亦不無小迴旋而稍向後倒退呢？此皆章學誠生平研究史可堪關注之重點。筆者深信，此研究史足以發人深省而可以策勵將來，所謂可為來者思者也。本文之撰，即緣於此。

二、傳記體著作

　　近現代學人對章學誠的生平事蹟展開認真之研究，其事始於 1920 年日人內

---

[1]　其實，說到所謂「人」，是可以有廣、狹兩義的。廣義來說，人的表現，當然包含他的學養（即學養上的表現，如孟子所說的其人在詩、書方面的表現、成就）。然而，上引孟子語句中之所謂「人」，應是就狹義方面來說，即指其人的一般生平行誼、生平事蹟而言；其詩、書方面的表現是不包括在內的。

藤虎次郎（1866-1934）。其著作名《章實齋先生年譜》[2]。其實，實齋卒後兩年，即 1803 年，國人即嘗為之撰著傳記。此 150 字左右的小傳見諸阮元（1764-1840）《兩浙輶軒錄補遺》[3]。在此小傳中，實齋被視為「夾漈之伯仲也」。可見其史學表現被視為與南宋史學大家鄭樵（1104-1162，字漁仲，世稱夾漈先生）平頭並駕，這是筆者所見以「傳記」方式描繪章氏生平的最早記錄。數十年後，刻於 1858 年的《文獻徵存錄》於〈邵晉涵傳〉傳末收錄了約 100 字的章學誠的傳記[4]。大概由於該書為傳記彙編方面之名著及其中所含實齋傳記的資訊相當多，因此該傳記屢被後人轉引。然而，此傳記實犯下三大錯誤：

（一）「章學誠」誤作「張學誠」。

（二）誤實齋嘗從游於劉文蔚（1778-1846）及童鈺（1721-1782），並以此而誤認
　　　實齋熟諳明末史事。

（三）誤實齋以明經終[5]。

2　該年譜收錄於《支那學》，第 1 卷，第 3 號（1920），頁 14-24；第 1 卷，第 4 號（1920），
　　頁 44-52。在年譜中，內藤氏嘗揭示彼所以關注實齋，乃緣於賞識實齋之史學，並認為其
　　學說於清代別具面貌（頁 14-17）。內藤氏於他處又說：「他的史學是很自然地合乎最近
　　歷史的體裁」；「受過新式西洋教育的人，更加尊重他。」語見內藤原著，蘇振申譯，〈章
　　學誠的史學〉，《文藝復興月刊》，卷 1，期 2（臺北：1970 年 2 月），頁 21、19。內藤
　　的言詞很可以反映近現代學人，從胡適、梁啟超開始，所以特別欣賞實齋，正是由於他的
　　學問深具現代性的緣故。

3　《兩浙輶軒錄》及其《補遺》乃浙江詩人之傳記彙編。內中所收錄章學誠之小傳亦轉載於
　　臺北：漢聲出版社 1973 年出版之《章氏遺書》（以下簡稱《遺書》；且除特別聲明外，
　　皆指漢聲出版社之版本），頁 1392 下-1393 上。乾隆 41 年丙申（1776），實齋援例授國
　　子監典籍，事見《遺書》，卷 19，〈庚辛之間亡友列傳·序〉。《兩浙輶軒錄補遺》誤「典
　　籍」為「典簿」。收錄於《遺書》〈附錄〉之章氏小傳嘗以案語方式予以更正，見頁 1393 下。

4　《文獻徵存錄》為錢林（1762-1828）及王藻所編輯。成書於 1890 年之《國朝耆獻類徵》
　　（初編）亦收錄了此傳記。此傳記亦見《遺書》，頁 1393 上。

5　清制，國子監之貢生亦稱為「明經」。貢生之不同類別，見《清會典》（上海：上海商務
　　印書館，1936），350a-352a。亦可參劉兆璸，《清代科舉》（臺北：東大圖書公司，1977），
　　頁 17-20，尤其頁 17。《文獻徵存錄》之作者以「明經終」一詞稱謂實齋，大抵認為彼以
　　貢生終其一生而未嘗考取過進士。然而，實齋於乾隆 43 年（1778）41 歲時，嘗以二甲 51
　　名（戊戌科二甲最後一名）取得進士出身。參見房兆楹、杜聯喆，《增校清朝進士題名碑

　　1880 年左右，譚獻（1832-1901）撰著了約 1,000 字的實齋傳記[6]。此較諸收錄於《兩浙輶軒錄補遺》及《文獻徵存錄》的實齋傳，在篇幅上有所增加。然而，此傳記摘錄了實齋文章兩篇，一為〈論課蒙學文法〉，一為〈與友書〉。此二文已占去該傳記篇幅的一半；而譚傳並沒有提供更勝於前人的其他資料。

　　近人劉咸炘（1896-1932）對實齋學問甚為推崇，嘗撰《文史通義識語》一書（收入所撰《推十書》）。《識語》收有兩附錄：〈章實齋先生傳〉、〈《章氏遺書》目錄〉。〈章實齋先生傳〉不及 2,000 字，撰著於乙丑年（1925 年），其要點如下：

（一）劉氏認為實齋「識力之長」，乃在「明銳疏達」；是以不認同胡適視之為「不脫紹興師爺習氣」的判斷。

（二）實齋之學識有源自邵廷采者，非出自朱筠。

（三）認為實齋繼承浙東學術，尤其「……自學誠謝世，而江南之文獻亡矣。此言必有所受，蓋專以道故事而言，萬、全而後，先生固為大宗矣」[7]。

　　劉氏以上之判斷，筆者認同首二項。至於第三項所說的「此言必有所受」，是認為《文獻徵存錄》對實齋之描繪（詳上文）必係有所根據的；是以吾人應相

　　錄》（北平：哈佛燕京學社，1941），頁 118。余英時對以上數項錯誤皆嘗有所指陳，其中對實齋與童鈺是否有師生淵源的關係，更有深入的考證，見〈章實齋與童二樹——一條史料的辯證〉，《論戴震與章學誠》（香港：龍門書店，1976），頁 243-248。余氏的貢獻最主要是考證出《文獻徵存錄》的編者誤將邵晉涵的生平事蹟誤置入實齋傳內。後人以訛傳訛，遂迭生誤會。

6　譚獻，〈文林郎國子監典籍會稽實齋章公傳〉，《復堂存稿》。此實齋傳又收入《遺書》，〈附錄〉，頁 1391 下-1392 下；又收入閔爾昌，《碑傳集補》，卷 47（北京：燕京大學國學研究所，1931 年），頁 4b-6b。譚獻撰此傳於何時，未悉其詳。惟傳末有云：「《通義》……近歲後裔又重刻於黔。」按：黔本《通義》面世於 1878 年。參張述祖，〈《文史通義》版本考〉，《史學年報》，卷 3，期 1（1939 年 12 月），頁 76 下。1878 年既被視為近歲，則實齋傳當撰於其後之 2、3 年，即 1880 年左右無疑。《遺書》實齋傳之作者作「譚廷獻」，不作「譚獻」。按：譚廷獻即譚獻。譚氏初名廷獻，字仲修，號復堂，浙江仁和（今杭州市）人。

7　劉咸炘，《文史通義識語‧章實齋先生傳》，《推十書》（成都：成都古籍書店影印，1996），頁 731-732。按：《推十書》一書，撰寫拙博論期間，未嘗獲睹，今僅略作述介。

信而接受之。按：劉氏此判斷不免失諸輕信；其中認為江南文獻之存亡與實齋之生死有著相應的因果關係，最為錯謬。

現在再來談另一著作：《碑傳集補》。此書收錄了實齋傳記兩篇，前者之作者為湯紀尚，後者為沈元泰[8]。前者約 130 字，內容不足道；且誤實齋諳熟明季史事，此蓋沿《文獻徵存錄》之舛誤而來[9]。後者則提供不少其他傳記比較從缺之資訊，所以甚值得注意。舉例如下：

（一）《南華經》及《楞嚴經》於章氏年輕習舉子業時曾一度為其所取資。

（二）肄業國子監時，貧甚。

（三）朱筠所以有徵書之奏，由此而導致開館纂修《四庫全書》，乃緣於實齋請求搜訪遺書之建議而來[10]。

（四）實齋以「拙於書，朝考不入選」[11]。

（五）「學誠性孤高卞急」。

（六）「少患鼻瘤，中年兩耳復聵，老苦頭風，右目偏盲。」

（七）「其歿也，以背瘍。」

（八）「晚景貧病交加，極文人之不幸。」

此傳記少於 700 字，所呈現之資訊如上所示，卻相當豐富。遺憾的是傳記作者未對各項詳加說明，更不要說資料的來源出處了。

實齋之傳記又見諸《清史列傳》及《清史稿》。兩傳記的內容無大差異；資料方面，則未見超越以上各傳記。其載於《清史稿》者，僅得 200 多字，且實齋少從游於劉、童二人及實齋對明季史事認識的問題，作者亦沿襲前人之誤[12]。至於《清史列傳》之實齋傳記，其舛誤與《清史稿》同。此外，該傳記尚多犯一個錯誤。該傳云：「秀水鄭炳文稱其有良史才。」按：「炳文」，誤；當作「虎文」；

---

8 閔爾昌（1872-1948），上揭《碑傳集補》，卷 47，頁 2b-3a；3b-4 b。

9 余英時對此嘗予以糾正。參上揭〈章實齋與童二樹——一條史料的辯證〉，頁 243-248。

10 詳情可參胡適著、姚名達訂補，《章實齋先生年譜》（上海：商務印書館，1922），頁 30。

11 清制，朝考為新進士引見授職前之考試。其詳情可參劉兆璸，上揭《清代科舉》，頁 71-75。

12 詳參上揭余英時，〈章實齋與童二樹——一條史料的辯證〉，頁 243-248。

其字爲「炳也」 *13*。

　　1933 年前，被視爲致力於「實齋研究」之陶存煦（1913-1933）*14*似乎撰著了一名爲「章學誠評傳」的著作。然而，此著作（專書抑文章？），筆者未之見；且除陶氏本人外，亦未見其他人道及此書*15*。若該著作確曾撰就並流通過，則應係最早以評論方式研究章氏生平的重要著作無疑。該書未嘗得讀，實爲憾事。此外，該著作篇幅應不少，因陶存煦曾說：「見拙著章學誠評傳第四篇。」*16*可見該著作所含之篇幅不少於四篇。

　　以上各傳記／列傳，均用中文撰就。第一篇用外文寫的實齋傳記遲至 1935年之後才出現。這就是 Hiromu Momose（百瀬弘）在 *Eminent Chinese of the Ch'ing Period*（《清代名人傳略》）用英文撰寫的傳記（「章學誠」的英譯爲 Chang Hsüeh-ch'eng）*17*。按 *Eminent Chinese of the Ch'ing Period* 係由 50 名學者分別執

13　鄭虎文（1714-1784）生平，見《清史列傳》，卷 72；李桓，《國朝耆獻類徵初編》，卷126（1890 年）；汪喜孫，〈鄭先生家傳〉，《尚友記》，收入《遜雅齋叢書》，卷 5（北京：1934）。鄭氏乃浙江秀水人，乾隆 7 年（1742）壬戌科進士，以庶吉士授編授。

14　陳中凡（1888-1982，原名陳鐘凡）教授於無錫國專時，陶存煦嘗就陳氏所講，紀錄成《近三十年中國學術之變遷》一書。此書後收入陶氏之《天放樓文存》（稿本，藏紹興圖書館）。孫振田嘗整理此書；於開首處云：「（陶存煦）1929 年考入無錫國專，尤致力於章學誠研究，深得錢基博先生之推重，惜英年早逝。」參《歷史文獻》，第 14 輯。又見「近三十年中國學術之變遷──孫振田的日志──网易博客」（http://blog.163.com/sunzhtian2005@126blog/static/17208108020109875491174）

15　此著作，陶存煦在其所撰〈劉承幹校刻的《章氏遺書》〉（載《圖書評論》，卷 1，期 2（南京：1933 年 8 月），頁 19-23）中有所道及。該文末標示之撰文日期爲 1933 年 2 月13 日。由此可知〈章學誠評傳〉當撰於此日期之前。至於〈劉承幹校刻的《章氏遺書》〉一文，其主旨乃批評出版於 1922 年的劉氏刻本在印刷方面及體式方面的若干問題。詳參本書第五章。

16　陶存煦，上揭〈劉承幹校刻的《章氏遺書》〉，頁 20。

17　按：該書 1943 年由美國華盛頓 Government Printing Office 出版。據書中所述（Editor's note，頁 viii），書內八百種傳記乃撰著於 1934-42 年之間。百瀬弘寫的章學誠傳當完成於 1935年（含）之後，蓋傳末所引資料有撰寫於 1935 年者。說到用西文撰寫的章學誠研究，其實早在 1923 年已面世，蓋當年戴密微（Paul Demiéville, 1894-1979）已用法文撰寫一篇有關章學誠的文章。此爲針對胡適《章實齋先生年譜》一書所寫的書評。雖爲書評，但篇幅不少，共 12 頁，且內容既非純粹對胡氏的著作做評述，更非胡著的摘要；而其本身實係

筆撰寫的清代名人傳記。執筆者約 20 名是中國人／華人，餘為西方人及兩名日本人，百瀨弘乃兩名日人中之一人[18]。實齋的傳記由日本人撰寫，可說在某種程度上，反映日人對實齋之關注。此證諸其前 1920 年內藤虎次郎首開其風而撰寫《章實齋先生年譜》，更見其然。*Eminent Chinese of the Ch'ing Period* 為研究清代歷史不可或缺的重要工具書，該書為實齋撰傳，一方面可反映實齋的地位；

一種研究。稍為可惜的是，該文在史事的認識上及文獻的翻譯上，犯了若干錯誤；茲稍論述如下：（一）戴氏認為實齋伴同若干友人，或追隨其恩主，嘗遊歷不少地方，甚至曾遠赴臺灣。按：實齋友好暨恩主馮廷丞（1728-1784）確曾遠赴臺灣。但實齋並未相隨。參上揭胡、姚譜，頁 32；*Eminent Chinese of the Ch'ing Period,* 頁 38。（二）《文史通義・博約（中）》云：「王伯厚氏（按即王應麟，1223-1296）搜羅摘抉，窮幽極微，其於經傳子史，名物制數，貫串旁騖，實能討先儒所未備。」戴氏嘗翻譯以上文字為法文。其中「子史」一詞，戴氏譯作 "les philosophes et les historiens"（相當於英文的 "the philosophers and the historians"）。很明顯，「子史」乃與「經傳」相對，指的當然是「子學」和「史學」，或指「子書」和「史書」；而不是指「子」（思想家、哲學家），也不是指「史家」。此其一。此外，有關「貫串旁騖」，恐怕戴氏也弄錯了。這句意謂，王應麟針對經傳子史和名物制數，他都能予以貫串旁騖；其成果便是「實能討先儒所未備」。然而，戴氏的翻譯，若翻成中文，其意便是：「王應麟針對『經傳子史』、『名物制數』和『貫串旁騖』（即共三項），實能討先儒所未備。」（法文原文："......en ce qui concerne les Classiques et les commentaries, les philosophes et les historiens , les choses célèbres, les mesures et les chiffres, et pour ce qui est de ramener à l'unité des questions embrouillée, il fut en vérité capable d'élucider des points qui avaient échappé aux lettrés antérieurs ......"）戴氏以上的翻譯，恐怕與原文是有相當出入的。若翻譯錯誤源自文獻解讀的錯誤，則很明顯戴氏是解讀錯了。（三）戴氏指出，1782 年實齋居北京時，曾正式參與《四庫全書》及《四庫全書總目》的編纂計畫。按：似乎沒有任何文獻可以支持戴氏這個說法。然而，根據沈元泰所撰的〈章學誠傳〉（收入閔爾昌，《碑傳集補》（北京：燕京大學國學研究所，1931），卷 47，頁 3b-4b。詳上文），該編纂計畫的展開，是實齋向其業師朱筠倡議的結果。事前倡議與正式實際參與，乃二事。也許戴氏把兩者混同起來了。戴氏雖犯了以上三項「缺失」，但其文章撰寫於「實齋研究」剛起步的 1920 年代，而且其性質只是一篇書評。就此來說，其貢獻實足以傲人。以上三項意見，詳見拙博士論文，頁 27-29；又可參本書第六章〈綜論：近現代「實齋研究」評議〉部份。無論如何，洋人對實齋做研究，當以戴氏為最早。Paul Demiéville 該文章（書評），見 *Bulletin de L'École française d'Extrême-orient ,* XXIII（Hanoi: L'École française d'Extrême- orient, 1923），pp.478-498.

18 *Eminent Chinese of the Ch'ing Period,* 頁 969 開列了該書作者表，可參看。

他方面，亦可使不懂中文的西方學者對實齋有一概括的認識[19]。

　　Eminent Chinese of the Ch'ing Period 爲清史研究者，尤其西方人，極倚重的參考書，是以現今嘗試對書中的實齋傳記做點析述。該傳重點有四，如下：

（一）描繪實齋之生平事蹟，尤其指出彼嘗纂修多種地方志及執教於多所書院。

（二）對實齋著作，如《文史通義》、《校讎通義》、《章氏遺書》之編纂及出版，做了介紹。

（三）對實齋之思想，尤其史學上的見解，做了介紹。

（四）傳末則指出，過去 15 年（1920-1935）不少學者針對實齋的不同學術面向都做過研究，其中並特別指出內藤虎次郎和胡適二人都曾爲實齋做過年譜，而姚名達則針對胡適所做的年譜，做了訂補。

　　百瀨弘所做的實齋傳是相當不錯的，但亦有若干地方可資商榷，如下：

（一）原文云："he（實齋）returned to the Imperial Academy, where he excelled in history, but failed in literature. Thus he could not then qualify in the provincial examination."（他返回國子監；在監中的表現是，史學絕優，但文學（文章寫作）則不如人意。是以鄉試落第。）按：明清科舉所考者爲八股文。而八股文最重視者爲格式；文章內容，則其次也。實齋當年[20]之所以考不上鄉試，恐怕與此有絕大關係[21]。百瀨弘對此不必不知悉，然而，他所用的是 "literature" 一詞。這便容易使人誤會實齋所以失敗是由於文學不行。當然 "literature" 一詞，就廣義來說，未嘗不可以含文章寫作技巧方面的學問。但因爲百瀨弘用此詞與 "history"（歷史、史學）對舉，則恐怕

---

19 百瀨弘的傳記寫得相當完整，篇幅計 3、4 頁（頁 38-41），實齋一生的重要表現均兼顧到。*Eminent Chinese of the Ch'ing Period* 有中譯本，共三冊。中國人民大學清史研究所《清代名人傳略》翻譯組譯，《清代名人傳略》（西寧：青海人民出版社，1990）。實齋傳記見中冊，頁 284-289，譯者爲張廣學。

20 指乾隆 30 年（1765 年）。詳參胡適著，姚名達訂補，上揭《章實齋先生年譜》，頁 15。

21 實齋當年（1765 年）考不上科舉後，乃學文章於朱筠。朱筠一見，許以千古，並說：「科舉何難？科舉何嘗必要時文？……」時文，即制藝，即應舉文，俗稱八股文。由朱氏所說的話，可知把實齋難倒的是時文—即時文的格式，而不是文章的本身把實齋難倒。如果實齋不會寫一般的文章，則朱氏不會首次與實齋會晤，便許以千古的。詳參胡、姚譜，頁 15-16。

會導致讀者誤會實齋所不行的是文學的本身，而不大會想到他所以考試落第，是由於文章寫作技巧（含八股文的格式）的劣拙。

（二）百瀨弘又說："he（實齋）took a minor post（1769-71）in the compilation of the Gazetteer of the Imperial Academy 國子監." 就筆者所知，實齋有否參予《國子監志》之纂修，仍係一疑問。就《章氏遺書》所見，各相關文獻的內容並不相一致。參伍並觀之後，筆者以爲，該《志》纂修的起始階段（或籌備階段），實齋嘗參與其事。這大概是由於實齋的老師歐陽瑾（1709-？）、朱筠元（1727-1782）等予以支持、推薦、提拔的結果[22]。然而，當該《志》正式開始纂修時，以當事所阻，實齋乃不得繼續參與其事[23]。

（三）百瀨弘又說："As the last scholar of the Eastern Chekiang School 浙東學派，which originated with Huang Tsung-hsi 黃宗羲，Chang Hsüeh-ch'eng was perhaps the most liberal and speculative exponent.."（浙東學派源自黃宗羲。作爲這一學派的殿軍的章學誠來說，他也許是思想上最自由開濶，且哲學思辯性也最強的表述者。）實齋的思想是否最自由開濶，哲學思辯性是否最強，不免見仁見智，且百瀨弘也只用"perhaps"（也許）一詞，沒有把話說死，是以今不予討論。至於實齋是否可以算是浙東學派的成員，則不無爭議。這問題牽涉頗廣，非三言兩語可盡。大體來說，浙東學派具備以下數特色：學者富故國民族之思（即民族意識強）；經世致用精神濃烈；重視鄉邦文獻。就重視「經世致用」及保存「鄉邦文獻」來說，尤其前者，實齋是深具這方面的意識的。但就「富故國民族之思」來說，實齋似乎是不具備的。實齋毋寧是現有政權（滿清）的擁護者，而絕不是前朝（明朝）

---

22 歐陽瑾與朱筠元之生平，分別見《章氏遺書》，卷 21，頁 29b-34a；卷 16，頁 19-23a。又彼等與實齋的交往，參董金裕，〈章實齋交遊考〉，《章實齋學記》（臺北：嘉新水泥公司文化基金會，1976），頁 34-35。

23 參詳《章氏遺書》，卷 16，頁 22a；卷 22，頁 40b；卷 29，頁 85a。又可參吳天任，《章實齋的史學》（香港：東南書局，1958），頁 243-244。

漢族政權的死忠者。就此來說，把實齋定位為浙東學派的看法，似乎是有
商榷餘地的[24]。

除以上三項外，百瀨弘的實齋傳，尚有若干地方可以進一步討論。茲舉三
例如下：《章氏遺書補遺》收錄〈《史籍考》總目〉一文。其中記載《史籍考》
的卷數計有 325 卷。百瀨弘大概以此為據而說該書有 325 卷。其實，該書只有
323 卷[25]。此其一。再者，百瀨弘指出把方志抬高至歷史地位的（即視方志為
史），實齋是倡議其說的第一人。筆者則以為，實齋抬高方志的地位，固有其貢
獻；但視方志為史，實齋並非第一人[26]。復次，白瀨弘指出，胡適所撰的《章實
齋先生年譜》，姚名達嘗予以訂補（1931 年）。按：1931 年是訂補譜的出版年
份。根據姚氏的序文（撰於 1928 年 10 月 15 日），則訂補譜完成的年份應該是
1928 年。

以上指出，白瀨弘所撰的實齋傳，固有其大貢獻，可謂實齋的功臣；但亦
有若干可商榷的地方，甚至錯誤的地方，共六項。錢大昕嘗云：「學問乃千秋
事，訂譌規過，非以訾毀前人，實以嘉惠後學。」[27]筆者正本於同一考量而作出
上面的批評。其實，本書他處所作出的批評，皆本同一態度為之。幸讀者垂
察。

其實收錄實齋傳記的 *Eminent Chinese of the Ch'ing Period* 出版之前 8 年，即

---

24 有關浙東學派治學的特色，近現代人的研究成果頗多，今不贅。至於實齋是否算是此學派
　　的其中一員，則可詳參本書其他章節的討論；可透過本書末「主題索引」之「浙東學派」
　　條檢索之。

25 〈《史籍考》總目〉，見《章氏遺書・補遺》，頁 59b-60b。《章氏遺書》中，實齋論述
　　《史籍考》者，尚有以下二文：〈論修《史籍考》要略〉、〈《史考》釋例〉。分別見《遺
　　書》，卷 13，頁 34a-38b；《章氏遺書・補遺》，頁 46b-59b。《史籍考》實際卷數，參傅
　　振倫（1906-1999），〈章實齋《史籍考》體制之評論〉，北大圖書部月刊，卷 1，期 1（1922）
　　頁 23；羅炳綿，〈《史籍考》修纂的探討〉，《新亞學報》，卷 7，期 1（1964），頁 455。

26 參來新夏，《方志學概論》（福州：福建人民出版社，1983），頁 18-19。

27 錢大昕，〈答王西莊書〉，錢大昕撰，呂友仁校點，《潛研堂集》（上海：上海古籍出版
　　社，1989），頁 636。

1937 年，同一性質的著作已在中國大陸出版，此即《清代七百名人傳》[28]，其中收錄了實齋的傳記[29]。此傳記舛誤百出，可說不值一看。茲舉數例如下：

（一）章氏被納入「樸學類」[30]。按納入此類目下的學者，其與實齋約莫同時且著名於時者，至少計有：戴、段、二王，即戴震（1724-1777）、段玉裁（1735-1815）、王念孫（1744-1832）、子引之（1766-1834）及錢大昕（1728-1804）等人。而所謂樸學，乃考據學之異名。實齋雖不反對考據學，然而，他對當時在治學上側重餖飣瑣碎的考據學風，批評至為嚴苛。實齋傳的作者對他的學術路數風格，可說全無認識。

（二）作者又云章氏「作東周書幾百卷」。按章氏〈與族孫汝楠論學書〉云：「……假手在官胥吏日夜鈔錄春秋內外傳及衰周戰國子史，輒復以意區分，編為紀表志傳凡百餘卷。」[31]可知乃百餘卷，非幾百卷；且實齋所為者乃「編」。作者用「作」字，不盡恰當。

（三）作者又謂實齋從游於山陽劉文蔚及量鈺（「量」字蓋「童」字之誤植）。按實齋未嘗從游於劉、童二氏[32]，且劉、童二氏亦非山陽人，而係山陰人。

（四）作者謂實齋卒於 68 歲；此誤。應係 64 歲。若以西曆計算，則係 63 歲（1738-1801）。

（五）實齋未完成之著作《史籍考》，計有 323 卷，而不是作者所說的 325 卷[33]。

　　此傳記所含各項資訊亦未說明出處，可謂一粗糙之製作。一言以蔽之，實不值一看，否則對實齋之生平表現徒增誤解。

28　蔡冠洛編纂，《清代七百名人傳》（上海：世界書局，1937），共三冊。

29　筆者所據者為以下的版本：蔡冠洛，《清代七百名人傳》（香港：遠東圖書公司，1963）。章學誠的傳記，見頁 1622-1623。

30　章氏被歸入樸學類，這讓人想起比《清代七百名人傳》出版更早的一本傳記。此即支偉成（1899-1929?）：《清代樸學大師列傳》。據岳麓書社 1998 年的〈重印說明〉，該書初版於 1925 年，由上海：泰東書局出版。實齋被歸入史學大師列傳類；其生平資料亦犯若干錯誤，蓋沿襲《文獻微存錄》之誤而來。

31　《遺書》，卷 22。

32　參余英時，上揭〈章實齋與童二樹──一條史料的辯證〉，頁 243-248。

33　參上註 25。

　　近年中國大陸出版了兩種實齋的傳記，一為倉修良及其千金曉梅女士所撰，另一為倉氏與其高徒葉建華所合著，而後者含章學誠之傳記[34]。

　　實齋自 20 世紀 20 年代以來既已漸次聞名於海內外學術界，因此其生平事蹟乃見諸多種人名辭典，甚至見諸一般辭典。茲舉數例如下：

（一）《中國人名大辭典》（上海：商務印書館，1921），頁 1019。

（二）《辭海》（上海：中華書局，1947），頁 1004。

（三）《大漢和辭典》（東京都：大修館書店，1955-1960），第八冊，頁 712。

（四）《中國文學家大辭典》（香港：文史出版社，1961），頁 1581。

（五）《辭源》（上海：商務印書館，1979），頁 2339。

（六）《中國歷史大辭典·史學史卷》（上海：上海辭書出版社，1983），頁 429。

（七）《中國方志大辭典》（杭州：浙江人民出版社，1988），頁 410。

（八）《中國史學家辭典》（石家莊：河北教育出版社，1990），頁 389。

（九）《中國歷史學大辭典》（吉林：延邊大學出版社，1992），頁 484。

　　以上實齋傳記／列傳不下 20 種[35]，其中大部份皆甚簡短，有些甚至僅得數百字或 100 多字，且生平資料方面常犯若干錯誤。此上文已有所指出，今不贅。

　　惟必須強調的一點是，研究實齋思想、史學學說、方志學學說等等的各種論著，多半會用若干篇幅論述實齋的生平。然而，一般來說，皆甚簡略。當然，亦有若干例外。其中如對實齋之生平及學術並作討論者，則生平事蹟方面之篇幅，便占相當大的比重。此如岡崎文夫、P. Demiéville 及 D. Nivison 等人的著作便是其例。其實，只要一窺這些著作的題目便可知其梗概[36]。

34　此外，實齋之傳記又見楊蔭深（1908-1989）編著，《中國學術家列傳》（臺北：德志出版社，1968），頁 450。其中所載生平事蹟亦犯數項錯誤。該書最早之版本應為 1948 年上海光明書局之版本；上海：上海書店 1996 年嘗據此版本重印。

35　近 1、20 年來出版之辭書相當多，其中含實齋傳者必不少，今從略。

36　以下二篇文章、一本專書，其題目（文章標題、書名）含二個部份，其中第一部份便揭示是生平方面的研究。Okazaki Fumio（岡崎文夫）〈章學誠──其人與其學〉，*The Journal of the Oriental Researches*（1943 年 2 月），頁 1-19；P. Demiéville,"Chang Hsüeh-ch'eng and his historiography", ed. W.G. Beasley and E. G. Pulleyblank, *Historians of China and Japan*

三、年譜年表體著作

　　章學誠的生平行誼，除見諸學人所撰的傳記／列傳及見諸以上所開列的辭書外，年譜是另外一種很重要的載體。最早的年譜撰於 1920 年，作者是日人內藤虎次郎。此上文已有所道及。兩年後，即 1922 年，胡適撰著一同名的著作：《章實齋先生年譜》。此乃有感於內藤譜太簡略[37]，並以國人竟未先為實齋撰年譜而深感慚愧，故奮起而有是作[38]。當然，若干實齋的傳記，如譚獻所撰的〈文林郎國子監典籍會稽實齋章公傳〉及收錄於上述《文獻徵存錄》之實齋傳，不能使胡適滿意，也是彼發憤別出新裁的另一原因[39]。胡譜比內藤譜詳盡多了。它不但述說實齋的生平，且實齋的重要學說，亦加以引錄。此外，尚經常發表個

（London: Oxford University Press,1961）, pp.167-185；D. Nivison, *The Life and Thought of Chang Hsüeh-ch'eng 1738-1801*（Stanford: Stanford University Press, 1966）, 336pp.

37 內藤譜只有約 20 頁的篇幅，簡略自不在話下。更嚴重的是，內藤譜犯了若干錯誤。茲舉一例。該譜云：「母は史氏，會稽の人耐思の第九女なり。」（《支那學》，第 1 卷，第 3 號（1920），頁 19。）此說法無疑源自實齋老師朱筠以下的一句話：「姊迂其言，父曰耐思。」（朱筠，〈祭章實齋之母史孺人文〉，《笥河文集》，卷 16（北京：1815）。）其意謂：實齋母親史氏的胞姊認為實齋母親（即朱氏所祭的對象——史孺人）說話迂闊，於是史氏的父親便要她好好思考／多作思考—耐思。可見「耐思」絕非實齋外公（即史孺人的父親）的名字；內藤之誤顯然。

38 胡適，〈胡序〉，《章實齋先生年譜》（上海：上海商務印書館，1922），頁 1-2。內藤氏亦注意到胡氏之所以撰著實齋年譜，乃受其啟發、刺激而來。內藤氏嘗為此胡適所撰的年譜寫書評。內藤虎次郎，〈胡適之君の新著章實齋年譜を讀む〉，《支那學》，第 2 卷，第 9 號（1922），頁 1-16。其實，自胡《譜》出版後，學人即從未停止過對它作批評（即撰書評）或予以研究的。除上文提到過深具學術價值的 Paul Demiéville 的一種外（見上註 17），其見諸《章學誠國際學術研討會論文集》（北京：北京圖書館出版社，2004）一書者，便有如下兩種：劉重來（西南師大），〈胡適與《章實齋年譜》〉；張愛芳（北京圖書館出版社），〈論胡適《章實齋先生年譜》的學術價值〉。

39 上揭《章實齋先生年譜·胡序》，頁 1-2。

人對譜主的意見[40]。胡譜係研究實齋非常重要的著作。D. Nivison 甚至說：「本人認為此傳記不可或缺。如果胡博士的著作不曾存在，我大概不會嘗試撰著一部研究章氏的論著。」[41]五年後，即 1927 年，姚名達希望「讀實齋書，求實齋學的，在適之先生做的實齋年譜之外更得一種幫助」；[42]於是便撰著了一名為《會稽章實齋先生年譜》的著作。姚譜的篇幅大概只有胡譜的 4 份之 1。原因是：

（一）姚譜只作純粹的記述；胡譜中胡氏所作的議論、解釋和批評，一概從略。

（二）胡譜「多引實齋論文」，姚譜則「多引實齋自述的話」[43]。

（三）姚譜刪去胡譜各種史事記載的文獻的出處[44]。

姚譜的貢獻有二：

（一）補正胡譜之若干錯漏。

（二）同一人物的稱謂比較一致[45]。

---

[40] 姚名達及吳天任則認為年譜體裁的著作不宜加入作者個人意見。姚名達，《會稽章實齋先生年譜》，收入《國學月報》，卷 2，期 4（1927）。姚著又收入《章實齋先生年譜彙編》（香港：崇文書店，1975），頁 199-227。姚說見頁 199。吳天任，《章實齋的史學》（香港：東南書局，1958），頁 251。

[41] 原文為"I have found this biography indispensable, and I probably would not have attempted a book on chang if Dr. Hu's work had not existed" D. Nivison, 上揭 *The Life and Thought of Chang Hsüeh-ch'eng 1738-1801*，頁 320。胡譜對日後的「實齋研究」，貢獻當然很大。然而，書中亦有不少錯漏。胡譜出版後，針對該書所作的若干補正，正由此而來。此詳見下文。又：胡適大概為了顯示其著作的重要性，在自序中說：「……漢學家的權威……竟能使他的生平事蹟埋沒了一百二十年無人知道。」（頁 1）胡譜固然有重大貢獻，但上引語稍嫌誇大失實。此外，胡適認為實齋沒有註明自己著作的撰述年月是一件「大錯。」（〈自序〉，頁 5）其實，實齋的手稿原標示撰著年月的，惜後人刪去。錢穆對此有所考證。見錢穆，《中國近三百年學術史》（上海：上海商務印書館，1937），頁 417。又可參見本書第 5 章。

[42] 上揭《章實齋先生年譜彙編》，頁 200。

[43] 上揭《章實齋先生年譜彙編》，頁 199。

[44] 筆者倒認為胡譜這方面的設計優於姚譜。但姚氏原本打算把所撰之實齋譜附錄在他所編的《章實齋遺著》後面，所以便刪去文獻的出處。以上三項原因，詳見該年譜之〈引言〉。

[45] 吳天任嘗評論二年譜之優劣，見氏著：〈胡著姚訂《章實齋年譜》商榷〉，上揭《章實齋的史學》，頁 250-296。按：吳文以胡著姚訂的「合譜」為主要的討論對象，但對胡、姚

　　姚名達編著實齋年譜一年之後，於 1928 年又對胡譜作出了訂補[46]，而書名一仍其舊，即仍稱《章實齋先生年譜》（以下簡稱胡、姚譜）。筆者嘗對胡氏所撰的原譜及姚氏之訂補譜細加比對。其增訂後之篇幅幾多出原譜一倍[47]。姚氏的貢獻自不在話下。當然，缺點自然是有的。譬如，姚名達在譜中不作按語，所以除非是把原譜及訂補譜細加比對，否則根本無從知悉那些部份是新增的，那些部份是訂補的（即胡譜本有，但不詳，甚或有誤，而姚氏予以訂補）。換言之，並不容易對姚名達的貢獻作出恰如其分之評價[48]。其實，姚氏對實齋所作的研究，其貢獻絕對不在胡適之下。就年譜來說，既自爲一譜，又對胡譜作篇幅相當大的訂補。此外，並撰著不少其他相關文章[49]。姚名達既爲梁啓超的弟子[50]，且又很佩服胡適[51]，而梁、胡二人又很推崇實齋[52]，這大概很可以說明姚氏爲甚

二人各自撰寫的實齋年譜，也有所論述。在「稱謂的凌亂」（頁 270-271）的一節中指出，在稱謂方面，姚名達比胡適較爲畫一。

[46] 此訂補本初版於 1931 年，出版者爲上海商務印書館。今以「1928 年」爲訂補的年份，乃據姚氏序文的內容（頁 5）及序文的撰寫日期（民國 17 年 10 月 15 日）而得悉之。

[47] 相關統計，詳見拙博士論文，頁 33-34。

[48] 胡適所作的實齋年譜早已絕版，所以一般讀者，就是想對比原譜及訂補譜，藉以窺見姚氏的貢獻，也不容易。

[49] 據閱覽所及，至少有以下五種：（一）、〈章實齋之史學〉，《國學月報》，卷 2、期 1、期 2（1927 年 2 月）；（二）、《章實齋遺書·序》，《國學月報》，卷 2、期 3（1927 年 3 月）；（三）、《紀年經緯考·序》：按《紀年經緯考》乃實齋之著作。姚之序文不知撰於何時；筆者據胡適著，姚名達訂補之《章實齋先生年譜》（頁 93），乃得知姚氏撰有是著，而姚氏爲此年譜所寫之序文則撰於 1928 年，可知姚氏《紀年經緯考·序》之撰寫年份必在 1928 年（含）之前。據孫次舟，〈章實齋著述流傳譜〉，《章實齋先生年譜彙編》，頁 238，得知劉承幹於 1927 年嘗重刊《紀年經緯考》，筆者由是推斷姚氏的序文很可能是爲該書之重刊而撰寫。準此，則該序文之撰寫年份很可能是 1927 年。（四）、〈邵念魯與章實齋〉，《邵念魯年譜》（上海：上海商務印書館，1930），頁 167-169；（五）、《中國目錄學史》（臺北：臺灣商務印書館，1957）論述實齋《史籍考》之篇幅計有 20 多頁（頁 367-390）。此書對《史籍考》的論述應在 1937 年（含）之前，蓋書成後姚氏之〈自序〉乃撰於 1937 年。

[50] 1925 年姚氏受業於任公，時任公任教於清華大學國學研究院。參〈姚序〉，上揭胡、姚譜，頁 1。

[51] 參上揭〈姚序〉，尤其頁 1、6-7。

麼對實齋這麼感興趣。

　　差不多與姚名達編撰實齋年譜及訂補胡譜的同時，范耕研及趙譽船也分別編著實齋年譜，而同名為《章實齋先生年譜》，後者附錄於《詳注《文史通義》》一書中[53]。

　　1940 年及 1941 年吳孝琳針對胡適著、姚名達訂補之實齋年譜，作出了增補訂正，出版了《章實齋年譜補正》[54]。據孫次舟所述，此補正譜之原作者是孫氏本人，且初稿脫稿於 1935 年。孫氏並指出，1940 年，「吳孝琳取孫次舟《年譜補正》殘稿，重加整理，付《說文月刊》發表。」[55]如孫氏所言屬實，則孫、吳二人皆有貢獻於實齋生平之研究，蓋增補訂正胡、姚譜舛漏之處相當多，且內容翔實細緻，實研究實齋不可或缺之一重要著作[56]。惟其中美中不足的是：
（一）引錄舊譜（胡、姚譜）時，不標示頁碼，讀者不便覆按。

52　適之及任公之推崇實齋，詳見本書其他章節。

53　范耕研，《章實齋先生年譜》（臺北：文史哲出版社，1999），僅 20,000 餘字。范譜，筆者撰拙博論時未見，以其時尚未出版。今亦不擬細述。董金裕嘗予以校訂並為之撰〈序〉。序文旨在說明該譜與胡撰姚訂《年譜》之異同及范譜優缺點所在。又有關范譜之流傳及出版經過，可參該書〈輯印說明〉。《詳注《文史通義》》，此書未見。作者則為許德厚，乃上海真美書社 1927 年所出版。參鮑永軍，〈章學誠研究論文著作索引（1801-2003）〉，中國歷史文獻研究會編，《章學誠國際學術研討會論文集》（北京：北京圖書館出版社，2004），頁 446。D. Nivison, *The Life and Thought of Chang Hsüeh-ch'eng 1738-1801*，頁 302 亦標示出版年份為 1927 年。然而，楊殿珣，《中國歷代年譜總錄》（北京：書目文獻出版社，1996 年，頁 267）則作「1929 年上海真美書局石印本」。筆者以為，「1927」及「1929」，當中恐有一誤，蓋手民之過；不然，便是該書兩年均分別出版，而楊殿珣、D. Nivison 等人，皆各據其一。趙譽船之《章實齋先生年譜》，筆者撰博論時未之見。後收入《乾嘉名儒年譜》（北京：北京圖書館，2003），冊 8，頁 299-319。全文不足 10,000 字，趙氏自云改編自胡適所撰之年譜（頁 318）；嘗糾正若干胡譜之誤（見頁 300、306、309）。

54　刊載於《說文月刊》，卷 2，期 9-12（1940 年 12 月-1941 年 3 月）。又轉載於上揭《章實齋先生年譜彙編》，頁 247-325。

55　孫次舟，〈章實齋著述流傳譜〉，《章實齋先生年譜彙編》，頁 240、245。又孫次舟嘗為〈章實齋著述流傳譜〉撰寫一序文，刊登於《人物月刊》，期 2（1936 年）。此序文，筆者未見，然其大旨概見〈章實齋著述流傳譜〉。

56　該譜之體例如下：分為「補」、「正」、「補正」及作者之「按」語四項。

（二）個別地方，雖冠以「補正」一詞，但作者似乎只做補充，而未嘗訂正；是
　　　以不免欠周延[57]。

　　孫、吳二人針對胡、姚譜所作出的補正，只是眾多補正類的著作之一。此
外，陳監先[58]、姚敬存[59]、吳天任（1916-1992）、費海璣等學人亦各自撰有性質
相類似的著作。前二人的著作未見，今逕論述吳、費的論著。

　　吳天任是研究實齋思想最早的學者之一，《章實齋的史學》即其代表著作。
內中收錄的〈胡著姚訂《章實齋年譜》商榷〉一文乃針對胡、姚譜之錯漏及意見
偏頗之處，作出糾補及平反[60]。縱觀該文，其精神主旨尤在於探尋實齋之思想，
至於所謂針對胡、姚譜而來之糾補商榷，似其末節而已。吳天任指出內藤虎次
郎、吳孝琳及一士針對胡、姚譜予以商訂的文章，他「都沒法找到，無從參
看」。[61]按：內藤及一士的著作，比較簡短，對相關問題的研究，無甚貢獻；未
及參看，不算損失。然而，吳孝琳的補正譜，其研究成果相當豐碩，吳天任未
及參看，這使得他重複了吳孝琳早已完成的若干研究成果，殊為可惜[62]。吳天任
這篇文章對於訂補胡、姚譜方面自有貢獻，然而，亦有若干可議之處。其一為

---

[57] 相關例子，可參見《章實齋先生年譜彙編》，頁 305、313、317。

[58] 陳監先，〈《章實齋年譜》的新資料〉，《大公報・文史周刊》，1946 年 11 月 6 日。

[59] 姚敬存，〈更正《章實齋年譜》的錯誤〉，《申報・文史》，1948 年 6 月 12 日。

[60] 吳天任，〈胡著姚訂《章實齋年譜》商榷〉，上揭《章實齋的史學》，頁 250-296。

[61] 語見〈胡著姚訂《章實齋年譜》商榷〉，頁 251。內藤著作，見《支那學》，第 2 卷，第
　　9 號（1922 年），頁 1-16；馬導源嘗予以翻譯，名為〈質胡適著《章實齋年譜》〉，見《中
　　興月刊》，卷 2，期 5；一士的著作，僅得 2 頁，見《國聞周報》，卷 6，期 37（1929 年），
　　頁 1a-2b。

[62] 二人重複之處，茲舉二例：（一）胡、姚譜不曾記載實齋年輕時嘗從遊於童鈺（童二樹）。
　　二吳以為此乃《年譜》所漏載，因此予以補上（其實，胡、姚譜非漏載，而是不載，因從
　　遊事，本非事實。余英時對此事辯證甚詳，見所著《論戴震與章學誠・章實齋與童二樹》。）
　　此見上揭吳孝琳，〈《章實齋年譜》補正〉，頁 280；吳天任，〈胡著姚訂《章實齋年譜》
　　商榷〉，頁 265-267。（二）據胡、姚譜（頁 81），實齋 53 歲時，嘗刪訂《永清縣志》為
　　新志 26 篇。然而，據《章氏遺書》（卷 9，頁 44b），實齋所為者，實係從 26 篇刪訂為
　　10 篇。二吳在其本人的上述著作中，皆嘗指出此誤。見吳孝琳，頁 298；吳天任，頁 261。
　　筆者的意思是，假使吳天任嘗參考吳孝琳的〈《章實齋年譜》補正〉，那麼便不致於重複
　　後者所做過的補正。

巡探信《文獻徵存錄》所言，以為實齋嘗從游於童鈺及劉文蔚[63]。其二為吳天任對胡、姚譜的批評多半為見仁見智的個人意見，不盡然客觀合理。茲舉一例。

胡、姚譜云：「（袁枚）是一個富有革命性的男子，……實齋之攻袁氏，實皆不甚中肯。」[64]根據楊鴻烈（1903-1977）及 Arthur Waley（1889-1966）的研究，袁枚是一個思想自由開放並敢於挑戰中國傳統儒家文化的學者／詩人[65]。胡、姚譜所謂「富有革命性的男子」，吾人大抵可從這方面加以理解。反觀實齋，則為一位道貌岸然的儒家型學者，富有自由思想的胡適，當然會比較喜歡袁氏，而會認為實齋對袁枚的抨擊，「實皆不甚中肯」了。吳天任則比較同情實齋，完全不同意胡氏的意見[66]。筆者個人倒認為這純粹是個人好惡的問題（即價值認同問題），難有定準，吳天任實不必以一己之意為是，他人（胡、姚）之意為非[67]。

費海璣的〈《章實齋先生年譜》讀後感〉是一篇具相當慧解的小文章[68]。首先，該文認為實齋以下數方面是很重要的，但胡、姚譜[69]似乎忽略了：

63　參上揭〈章實齋與童二樹──一條史料的辯證〉，頁 243-248。

64　上揭胡、姚譜，頁 130。

65　有關袁枚的思想特質，可參 Arthur Waley, *Yuan Mei: Eighteenth Century Chinese Poet*（Stanford: Stanford University Press, 1956）；楊鴻烈，《大思想家袁枚評傳》（上海：商務印書館，1927）。楊鴻烈更援據胡適之言論，而認為實齋對袁氏所作之抨擊，正是袁氏的思想特色。見《評傳》，第一章〈導言〉，頁 6-8。

66　詳見〈胡著姚訂《章實齋年譜》商榷〉，頁 286-291。

67　業師 J. Gernet 則以放縱／放蕩的詩人（poet libertin）來稱呼袁氏。此意見似頗暗合實齋意。J. Gernet 的意見，見 *T'oung Pao*, Vol.LX, Livre 1-3（1969），p.183; 又見氏著 *Le Monde chinois*（Paris: A. Colin, 1983），pp.443.

68　費海璣，〈《章實齋先生年譜》讀後感〉，《中國文化復興月刊》，卷 1，期 7（1968 年 9 月），頁 37-41。

69　費氏云：「胡先生一再囑咐後生把這年譜修訂，姚名達便曾下過工夫，……」（該文，頁 37），可知費氏是很清楚該年譜是經過姚氏「加工」的。然而，費氏在文中只稱「胡適／胡適先生／胡先生」如何如何說或如何如何下判斷，轉視該譜全出胡適一人之手。胡適是原譜的撰著者，因此籠統言之，只提胡適，不提姚名達，亦未嘗不可。然而，費氏所指斥該譜之各種舛誤遺漏，其中實不乏姚名達之所為，今悉數歸之胡適，則胡氏不免代人受過，實欠公允。

（一）實齋與其妻妾的關係及私生活的情況。

（二）實齋的經濟（物質）生活。

（三）實齋之健康情況（嘗患二次急病）及致死之緣由。

（四）實齋人格發展的各種境界。

　　正因為對於這些方面不滿意胡、姚譜的表現，這促使費氏撰寫上文。至於該文的貢獻至少有以下數方面：

（一）編製實齋的自省表、師友恩表；筆者認為這可以使讀者很扼要地掌握實齋相關方面的資訊。

（二）指出作傳者不要輕信傳主的自省語，亦不能擅自加以修改；筆者認為這是做歷史研究的關鍵要點；然而，一般史家經常不甚措意。

（三）認為實齋是一個教育家[70]。

（四）把同時代的另一偉大史家崔述（1740-1816）與實齋，以表列方式作比較；藉以見二人難分軒輊，吾人不應厚此薄彼。

　　費氏的文章固有上述的貢獻，但瑕疵亦不少。舉例如下：

（一）批評胡、姚譜忽略某些要點，此極有見地；然而，費氏本人亦未嘗作出適當之補充[71]。

（二）若干說法缺乏論據[72]。

（三）以今日史學上的成就否定 200 年前實齋的成就[73]。

---

[70] 實齋確有這方面的論述，詳見《文史通義》以下諸文：〈原學〉、〈博約〉、〈答周筤谷論課蒙書〉、〈再答周筤谷論課蒙書〉、〈與喬遷安明府論初學課業三簡〉。實齋之相關論述，又見《章氏遺書‧補遺》以下一文：〈論課蒙學文法〉。

[71] 如實齋夫妻私生活及健康問題即其顯例。

[72] 如指稱實齋看不懂劉知幾的《史通》及戴震的《原善》。此見諸該文頁 41。

[73] 費文云：「章實齋在史學方面的見解，我們今日看來，實在平淡無奇。」（頁 41）其實，筆者以為，衡量一個人的成就貢獻，不應該從今天的眼光來看他；而應該看他比他的前人多作出了些甚麼表現。200 年來，史學方法、史學理論及史學批評已有長足的進步，如果我們還是停留在實齋當時的認知層面，那是人類知識進化史上的悲哀，所以「章實齋在史學方面的見解，我們今日看來，實在平淡無奇，」那是很可以理解的。若從後現代主義的立場來看，恐怕更是如此。所以我們不必以此深責實齋。當然，費氏所說的話也不能算錯。但這是不必多說的一個大話。平情而論，就 200 多年前來說，實齋所提出的見解，尤

（四）對胡、姚譜中的胡適原文及姚名達的訂補文不作區分，張冠李戴的情況便時而有之[74]。

（五）引錄胡、姚譜，大多不註明頁碼，覆檢維艱[75]。

　　實齋嘗云：「吾讀古人文字，高明有餘，沈潛不足，故於訓詁考質，多所忽略，而神解精識，乃能窺及前人所未到處。」[76]實齋這段話，其實很可以借用來描述費海璣，其中只需要把「吾」字改爲「費海璣」三字便可，蓋費氏確有慧解，能見前人所不及見，惜其文既未鑽探究悉實齋本人的學問旨趣，亦未詳盡鉤稽胡、姚譜之細部內容，是以其指斥恆不免謬誤；殊可惜[77]。

　　與年譜體裁有異曲同工之妙的著作是年表。校讎目錄學家王重民（1903-1975）對實齋之《校讎通義》嘗作《《校讎通義》通解》一書，〈章學誠大事年表〉附見書內；此可使讀者對《通義》之作者——實齋，獲得一概括的認識[78]。

　　最後需要重提的論著是余英時的《論戴震與章學誠》。該書的旨趣雖然不在於論述實齋的生平事蹟，但其中外篇第四章〈章實齋與童二樹——一條史料的辨證〉，對實齋生平的考證（含前人所撰實齋傳記錯誤資料的糾正），便作出極大的貢獻[79]。是以吾人論述實齋的生平事蹟，絕對不能輕忽余氏此著作。

其是史學、方志學、校讎目錄學方面的，都有勝過前人之處。然而，實齋辭世後，一百多年來，其名不著，其學不顯。1920 年代，內藤虎次郎、戴密微、梁啟超、胡適、何炳松、姚名達等學人登高一呼，1930、40 年代之後，錢穆、李長之、郭紹虞等等，又接踵繼武，絡繹不絕。實齋之學，乃大顯於世。此所謂「發潛德之幽光」歟？

74　費文頁 39 指出胡適說輕薄話。其實，說所謂輕薄話的人是姚名達。此翻檢胡氏原譜及姚氏訂補譜稍作比對便知之。

75　見該文頁 39-40 的數段引文。

76　上揭《文史通義》，頁 335。

77　筆者對費文的研究，詳見拙博士論文，頁 47-52。

78　王重民，〈章學誠大事年表〉，《《校讎通義》通解》（上海：上海古籍出版社，1987），頁 181-207。此年表有一特色。作者用了三頁（頁 188-190）的篇幅把實齋方志著作中的名著《和州志》中的〈藝文書〉的分類體系轉錄了下來；實齋依劉歆《輯略》而做的分類法，很可以藉以概見。王重民是目錄學家，大抵即以此故而對實齋的分類法特別欣賞。

79　在此可順帶一提的是王利器的著作。王氏對實齋的生年特別感興趣，因此便作了一個小考證。該文名〈章學誠的生年〉，載《文獻叢刊》，第 12 輯（1982 年 6 月），頁 107。該

四、結語

　　從實齋卒後的第二年（西元 1803 年）首見其傳記算起，迄今已逾 200 年。200 年來，中外學者為實齋撰著之列傳、傳記（含收錄在辭書之中者）、年譜（含訂補、商榷之著作）及年表，已有數十種之多。實齋生平事蹟的大端末節，可謂鉤稽發覆殆盡。著作中雖有不少流於粗製濫造，且往往舛謬錯漏疊見者，然而資料翔實、考證細密者，亦時而獲睹。筆者上文乃按各著作撰成時間或出版時間之先後，擇其可堪注意者，逐一予以述評。讀者若有志進一步鑽研實齋之生平事蹟，筆者相信拙文可以提供一定的參考價值。實齋生平之研究發展史（1920-1985 年間），尤其可以概見。

　　各研究著作中，比較重要的，如日本人內藤虎次郎、百瀨弘（Hiromu Momose）、國人胡適、姚名達等所編撰之年譜或傳記，再加上吳孝琳、孫次舟、吳天任、費海璣等史家針對胡適、姚名達的原著所做之補正、商榷，復加上實齋研究之專著，如 D. Nivison *The Life and Thought of Chang Hsüeh-ch'eng 1738-1801*、余英時《論戴震與章學誠》及倉修良、葉建華合著之《章學誠評傳》[80]等等著作中的實齋生平述介、研究，皆大有貢獻於實齋生平事蹟之闡發[81]，其中

文指出實齋的生年一般作生於乾隆三年戊午（西元 1738）。然而，《乾隆戊子科順天鄉試易經三房同門姓氏錄》載實齋生於「庚申年（按：即乾隆五年，西元 1740）九月二十九日申時」。王利器認為以「生於乾隆三年歲次戊午」者為是，作生於庚申年者，乃「科舉時代官年例行減少的通弊」。王氏進一步認為，「月日時辰，則《同門姓氏錄》所載屬實。」王氏以上兩項判斷，雖未舉出確切的證據，但據「通弊」以判斷實齋之生年，又據常理而接受其出生之月日時辰，皆可謂「持之有故，言之成理」，由是值得採信。乾隆三年九月二十九日，即西曆 1738 年 11 月 10 日。

80　倉修良、葉建華，《章學誠評傳》（南京：南京大學出版社，1996）。

81　此等專著所處理者，實不限於實齋的生平事蹟，是以留待下文再論述。其中倉、葉所合著的《章學誠評傳》出版於 1996 年，乃筆者撰就於 1986 年年底之拙博論所未嘗處理者，今亦因陋就簡，不擬論述。

余英時針對《文獻徵存錄》的謬誤所作出的糾正，尤其值得稱道。今後學者有意進一步研究實齋之生平事蹟者，以上各論著，恐怕都是非參考不可的。

徵引書目

（大抵按徵引秩序排列）

WONG , Siu-keung.（黃兆強）*Recherches sur les travaux relatifs à Zhang Xuecheng（1738-1801），historien et philosophe*, Thèse du Diplôme de Doctorat, Paris,1987.

黃兆強，〈六十五年來之章學誠研究〉，《東吳文史學報》，第 6 號，1988 年 1 月，頁 211-236。

黃兆強，〈同時代人論述章學誠及相關問題之編年研究〉，《東吳文史學報》，第 9 號，1991 年 3 月，頁 103-136。

黃兆強，〈章學誠研究述論──前人所撰有關章學誠對史學、方志學及目錄學之貢獻及影響述論〉，《東吳歷史學報》，第 11 期，2004 年 6 月，頁 303-327。

內藤虎次郎，〈章實齋先生年譜〉，《支那學》，1920，第 1 卷，第 3 號，頁 14-24；第 1 卷，第 4 號，頁 44-52。

內藤虎次郎原著，蘇振申譯，〈章學誠的史學〉，《文藝復興月刊》，卷 1，期 2，臺北，1970 年 2 月。

阮元，《兩浙輶軒錄》、《兩浙輶軒錄補遺》，杭州：浙江古籍出版社，2012 年。

章學誠，《章氏遺書》，臺北：漢聲出版社，1973 年。

錢林、王藻，《文獻徵存錄》，臺北：明文書局，1985 年。

李桓，《國朝耆獻類徵》（初編），臺北：明文書局，1985 年。

《清會典》，上海：上海商務印書館，1936 年。

劉兆璸，《清代科舉》，臺北：東大圖書公司，1977 年。

房兆楹、杜聯喆，《增校清朝進士題名碑錄》，北平：哈佛燕京學社，1941 年。

余英時，《論戴震與章學誠》，香港：龍門書店，1976 年。

閔爾昌，《碑傳集補》，燕京大學國學研究所，1931 年。

劉咸炘，《文史通義識語》，《推十書》，成都：成都古籍書店影印，1996 年。

張述祖，〈《文史通義》版本考〉，《史學年報》，卷 3，期 1，1939 年 12 月。

胡適，《章實齋先生年譜》，上海：商務印書館，1922 年。

胡適著、姚名達訂補，《章實齋先生年譜》，上海：商務印書館，1931 年。

《清史列傳》，臺北：明文書局，1985 年。

汪喜孫，〈鄭先生家傳〉，《尚友記》，收入《邃雅齋叢書》，北京，1934 年。

陶存煦，〈劉承幹校刻的《章氏遺書》〉，收入《圖書評論》，卷 1，期 2，南京，1933 年 8
　　　月，頁 19-23。

HUMMEL, W. Arthur. *Eminent Chinese of the Ch'ing Period*, Washington: Government Printing
　　　Office,1943

DEMIÉVILLE, Paul. 〈評胡適《章實齋先生年譜》〉，見 *Bulletin de L'École française
　　　d'Extrême-orient*, Paris, 1923, XXIII, pp. 478-498.

蔡冠洛，《清代七百名人傳》，香港：遠東圖書公司，1963。

支偉成，《清代樸學大師列傳》，長沙：岳麓書社，1988 年。

《中國人名大辭典》，上海：商務印書館，1921 年。

《辭海》，上海：中華書局，1947 年。

《大漢和辭典》，東京都：大修館書店，1955-1960 年，第 8 冊。

《中國文學家大辭典》，香港：文史出版社，1961 年。

《辭源》，上海：商務印書館，1979 年。

《中國歷史大辭典·史學史卷》，上海：上海辭書出版社，1983 年。

《中國方志大辭典》，杭州：浙江人民出版社，1988 年。

《中國史學家辭典》，石家莊：河北教育出版社，1990 年。

《中國歷史學大辭典》，吉林：延邊大學出版社，1992 年。

傅振倫，〈章學誠《史籍考》體例之評論〉，《國立北京大學圖書館部月刊》，卷 1，期 1，
　　　1929 年。

羅炳綿，〈《史籍考》修纂的探討〉（下），《新亞學報》，卷 7，期 1，1965 年 2 月。

楊蔭深編著，《中國學術家列傳》，臺北：德志出版社，1968 年。

Okazaki Fumio（岡崎文夫）〈章學誠——其人と其學〉，*The Journal of the Oriental
　　　Researches,*1943 年 2 月，頁 1-19。

DEMIÉVILLE, Paul. "Chang Hsüeh-ch'eng and his historiography", ed. W.G. Beasley and E. G.
　　　Pulleyblank, *Historians of China and Japan,* London: Oxford University Press, 1961,
　　　pp.167-185.

NIVISON, D. *The Life and Thought of Chang Hsüeh-ch'eng 1738-1801 ,* Stanford: Stanford
　　　University Press, 1966.

朱筠，《笥河文集》，北京：中華書局，1985 年。

姚名達，〈會稽章實齋先生年譜〉，《國學月報》，卷 2，期 4，1927 年。（姚著又收入《章實齋先生年譜彙編》，香港：崇文書店，1975 年，頁 199-227）。

吳天任，《章實齋的史學》，香港：東南書局，1958 年。

錢穆，《中國近三百年學術史》，上海：上海商務印書館，1937 年。

存萃學社編，《章實齋先生年譜彙編》，香港：崇文書店，1975 年。

姚名達，〈章實齋之史學〉，《國學月報》，卷 2，期 1、期 2，1927 年 2 月。

姚名達，《章實齋遺書‧序》，《國學月報》，卷 2，期 3，1927 年 3 月。

姚名達，〈邵念魯與章實齋〉，《邵念魯年譜》，上海：上海商務印書館，1930 年。

姚名達，《中國目錄學史》，臺北：臺灣商務印書館，1957 年。

孫次舟，〈章實齋著述流傳譜〉，《章實齋先生年譜彙編》，香港：崇文書店，1975 年。

楊殿珣，《中國歷代年譜總錄》，北京：書目文獻出版社，1996 年。

吳孝琳，〈《章實齋年譜》補正〉，《說文月刊》，卷 2，期 9 至期 12，1940 年 12 月至 1941 年 3 月。（又見載於上揭《章實齋先生年譜彙編》，頁 247-325。）

孫次舟，〈章實齋著述流傳譜‧序〉，《人物月刊》，期 2，1936 年。

陳鑑先，〈《章實齋年譜》的新資料〉，《大公報‧文史周刊》，1946 年 11 月 6 日。

吳天任，〈胡著姚訂《章實齋年譜》商榷〉，《章實齋的史學》，香港：東南書局，1958 年，頁 250-296。

姚敬存，〈更正《章實齋年譜》的錯誤〉，《申報‧文史》，1948 年 6 月 12 日。

內藤虎次郎，〈胡適之君の新著章實齋年譜を讀む〉，《支那學》，第 2 卷，第 9 號，1922 年，頁 1-16。（馬導源嘗予以翻譯，名爲〈質胡適著《章實齋年譜》〉，見《中興月刊》，卷 2，期 5。）

一士，〈胡著《章實齋年譜》贅辭〉，《國聞周報》，卷 6，期 37，1929 年，頁 1a-2b。

WALEY, Arthur. *Yuan Mei: Eighteenth Century Chinese Poet*, Stanford: Stanford University Press, 1956。

楊鴻烈，《大思想家袁枚評傳》，上海：商務印書館，1927 年。

GERNET, Jacques. *Le Monde chinois*, Paris: A.Colin, 1983.

T'oung Pao, Vol. LX, Livre 1-3,1969.

費海璣，〈《章實齋先生年譜》讀後感〉，《中國文化復興月刊》，卷 1，期 7，1968 年 9 月，頁 37-41。

王重民，〈章學誠大事年表〉，《《校讎通義》通解》，上海：上海古籍出版社，1987 年。

王利器，〈章學誠的生年〉，《文獻叢刊》，第 12 輯，1982 年 6 月。

倉修良、葉建華，《章學誠評傳》，南京：南京大學出版社，1996 年。

第二章　章學誠學術思想研究之述評

摘　要

　　1920-1985 年，學人研究實齋學術思想的專著（專文及專書合算），筆者知悉其存在者，已超過 40 種，其中筆者閱覽所及者亦超過 35 種。就 1920-30 年代來說，梁啟超對實齋的論述（散見於《清代學術概論》和《中國近三百年學術史》）及錢穆對實齋的專論（見諸《中國近三百年學術史》），對「實齋研究」之成為顯學，實居推波助瀾之功。1940 年代，余嘉錫的專文清晰而明確地揭示了實齋學問的弱點和缺失所在。李長之和侯外廬則從唯物主義或馬列主義的觀點論述實齋。這是前此的相關專著比較少用的觀點。1950 年代，洋人 D. Nivison 對實齋展開了深入的研究，並撰就了貢獻卓異的一篇博士論文（出版於 1966 年的 *The Life and Thought of Chang Hsüeh-ch'eng 1738-1801* 即此博論的增修改訂版。）1960 年代，柴德賡的專文亦甚具參考價值。1970 年代的「實齋研究」超過 10 種，其中最值得關注的是既具慧解，又具考證功力的余英時的《論戴震與章學誠》。此外，董金裕的《章實齋學記》和河田悌一的〈清代學術の一側面〉，亦頗值得關注。前者對實齋作了全面性的描繪，後者則透過實齋與若干同時代人的交往揭示其性格、學術的一個側面。1980-1985 年，「實齋研究」不下 10 種。以比例言，實超過前此各階段。其中程千帆闡釋實齋的〈言公〉、傅孫久彰顯實齋的「博約論」、周啟榮及劉廣京發覆實齋的「經世致用觀」、Umberto Bresciani（白安理）企圖糾矯西方漢學家（如 D. Nivison、Paul Demiéville 等等）對實齋的誤解，都是值得一讀的佳作。倉修良對實齋學術表現的多個面向皆有所探討，乃大陸上「實齋研究」的大家。

關鍵詞：章學誠、實齋、「實齋研究」、余嘉錫、侯外廬、D. Nivison、余英時、
　　　　U. Bresciani、「六經皆史」說、道論、博約論

一、前言

　　近現代學者研究章實齋某一方面的思想（如史學思想、方志學思想、文學思想、校讎學思想等等）的專文專書很多。但也有不少著作（或一定份量的文字）是針對實齋的學術思想作整體性（一般性）的論述或介紹的。本文即擬針對這些著作予以探討研究。以下按年代先後，以每 10 年爲一斷限，逐一檢視各相關著作。

二、1920 年代的著作

（1、**梁啓超**──實齋的學術地位；實齋與其他史家比較；在方志編纂及方志理論方面的表現；2、錢基博── 通論《文史通義》。）

　　1922 年胡適撰就並出版了《章實齋先生年譜》。毫無疑問，該書在中國人的「實齋研究」中，居於嚆矢的地位。然而，就國人最早所撰的清代學術史通論性的著作，其中有論及實齋且影響相當深遠者，當首推任公 1920 年代所出版的兩書。此即《清代學術概論》[1]和《中國近三百年學術史》[2]。前書比胡氏上揭書早出版一年多。書中論說、稱頌實齋之處只有寥寥二、三百字（頁 70-71）。然而，以任公在學術界，甚至在政治界的顯赫地位而言，其登高一呼，自然非同凡響而影響深遠。筆者所以在本章中首論任公的著作，即以此故。如果說《清代學術概論》論說實齋之處，任公有點惜墨如金的話，則在《中國近三百年學術史》一書中，任公便再大方不過了。書中論說實齋者不下 10 處。今彙整爲二重點如下：

1　梁啟超，《清代學術概論》（臺北：臺灣商務印書館，1966）。任公的自序撰於 1920 年
　　10 月 4 日。筆者視該書爲 1920 年代的著作，乃根據自序之日期。

2　筆者的版本爲：梁啟超，《中國近三百年學術史》（上海：中華書局，1936 年 3 月）。據
　　書中正文首頁，知該書撰於 1923 年。而該書最早的版本，似爲上海：民志書店，1929 年
　　所出版的本子。

（一）實齋的學術地位：實齋與清代其他史家的比較

任公認爲實齋之著作，其價值是很高的，嘗云：「浙東學風，從梨洲
（1610-1695）、季野（1638-1702）、謝山（1705-1755）起，以至於章實齋，蔚
然自成一系統，而其貢獻最大者實在史學。實齋可稱爲『歷史哲學家』，其著作
價值更高了。」（頁 93）任公言下之意，似謂實齋之著作，其價值乃在梨洲、季
野、謝山等人之著作之上。任公於清代史家中，又獨對戴南山（1653-1713）和章
實齋二人稱揚備至；嘗云：

> 南山（即戴名世）之於文章有天才，善於組織，最能駕馭資料而鎔冶之。
> 有濃摯之情感而寄之於所記之事（任公自注：不著議論），且蘊且洩，恰
> 如其分，使讀者移情而不自知。以吾所見，其組織力不讓實齋，而情感力
> 或尚非實齋所逮。有清一代史家作者之林，吾所頫首者，此二人而已。（頁
> 274）。

任公對實齋之推許，上引文可見一斑。任公批評清人輯佚事業猶同一鈔書匠之所
爲時，又嘗引實齋之言以爲張目。茲從略。（詳見頁 270）

任公在書中論述「清代學者整理舊學之總成績（三）」中，其論述「史學」
一節，於開首處，便特別提到實齋。任公云：

> 清代史學開拓於黃梨洲、萬季野，而昌明於章實齋。吾別有專篇論之（任
> 公自注：看第五講、第八講、第十二講），但梨洲、季野在草創時代，其
> 方法不盡適用於後。章實齋才識絕倫，大聲不入里耳，故不爲時流宗尚。
> 三君之學不盛行於清代，清代史學之恥也。（頁 270-271）

在清代數不勝數的學人中，任公本人可謂才識絕倫無疑。今任公竟以「才識絕倫」
一詞稱頌實齋，眞可謂惜英雄重英雄。任公又嘗比論劉知幾、鄭樵及實齋三人。
其言曰：「千年以來，研治史家義法，能心知其意者，唐劉子元、宋鄭漁仲與清
之章實齋三人而已。」（頁 298）並認爲實齋富於創造精神，任公云：

實齋之於史，蓋有天才，而學識又足以副之，其一生工作全費於手撰各志，隨處表現其創造精神，以視劉子元、鄭漁仲，成績則既過之矣。今和、亳二志，……固已為史界獨有千古之作，不獨方志之聖而已，吾將別著章實齋之史學一書詳論之，此不能多及也。（頁 309）

上引文中，任公所謂「此不能多及也」，是指在《中國近三百年學術史》中論述「（清代）方志學」時，不擬多及實齋在史學上的貢獻而言。子元（劉知幾）及漁仲（鄭樵）為中國史學界（非歷史學界）之巨人。任公推重實齋，乃在二人之上，則可見實齋在彼眼中的地位。尤其最得注意的是，任公有意特別為實齋之史學撰寫一專書。然而，任公未富於春秋，其或以此而不克完成其心願歟？

（二）實齋在方志編纂及方志學上的表現

上文已稍及實齋方志學上的表現，今進一步闡述如下。清代學人之早生於實齋者，在方志方面固有其表現，然依任公意，彼等之成就皆不若實齋。此所以任公論述清代學者在方志編纂及方志理論上的表現時（頁 298-314），對實齋最為推崇。今僅引錄最足代表者約二百字以概其餘。任公云：

……皆有專論修志體例之文，然其間能認識方志之真價值，說明其真意義者，則莫如章實齋。……其創作天才，悉表現於和州、亳州、永清三志及湖北通志稿中。「方志學」之成立，實自實齋始也。實齋關於斯學之貢獻，首在改造方志之概念。……實齋之意，欲將此種整理資料之方法，由學者悉心訂定後，著為格式，頒下各州縣之「志科」，隨時依式最錄，則不必高材之人亦可從事，而文獻散亡之患可以免。此誠保存史料之根本辦法，未經人道者也。……章實齋諸作，超群絕倫……。（頁 304-309）

換言之，實齋在方志理論上及實踐上的表現，任公都關注到，並皆極為推崇。其中保存史料之法，最為任公所重視。按：史料為成就史書、史學之必要條件。任公以此而推崇實齋，固獨具慧眼無疑。

近代史家中，任公以才、識見稱。其稱揚實齋處，概得其實。然而，《中國

近三百年學術史》，本為一講義（頁 1），性質與嚴謹之學術專著有別。是以其中之議論或不無疏濶之處，言詞亦或流於輕心滑過而與事實頗有落差者。茲舉一例。上引文中，其中有如下的文字：「浙東學風，從梨洲（1610-1695）、季野（1638-1702）、謝山（1705-1755）起，以至於章實齋，鑿然自成一系統，而其貢獻最大者實在史學[3]。實齋可稱為『歷史哲學家』，其著作價值更高了。」（頁93）「其著作價值更高了」一語，筆者以為乃問題之所在。稍分析如下：此語意謂，實齋之著作，其價值乃在梨洲、季野、謝山三人之上。（此由「更」一字可見）此語之前一語為「實齋可稱為『歷史哲學家』」。所以任公所說的「著作」，或狹義地，僅針對歷史哲學之著作而言；或廣義地，泛指實齋一般之史學著作。如係前者，則黃、萬、全三人，均無歷史哲學方面之著作。是以根本無法以此而與實齋之著作做比較，否則乃陷於 tautology（套套邏輯、套套洛基）之嫌，即任公說了無意義的贅詞。任公頭腦清晰之至，豈會犯此邏輯上之謬誤。然而，若泛指四人之史學著作，則黃、萬、全三家，尤其梨洲，依筆者之見，其史學著作之價值實不在實齋之下。黃氏之《明儒學案》，萬氏之《歷代史表》、《儒林宗派》，全氏之《鮚埼亭集》，皆各擅勝場；其中梨洲之《明儒學案》，其價值固不必在實齋史學著作之下。此任公豈有不知悉之理呢？是以「其著作價值更高了」一語，當一時輕忽而說出的大話。筆者特予指出者，乃深恐世人不察，照單全收此語，則一方面誤會任公之本意；他方面，或以為實齋之史學著作，其價值乃在其他三家之上，此則與歷史事實，或不免有所落差也。

　　至於任公所說的「浙東學風」，實齋固浙東產也。實齋又以史學名家，此正符合「浙東學風」的特色。然而，細究之，實齋果真符合浙東學風嗎？此恐未見其然。浙東史學崇尚民族精神、民族氣節。然而，實齋擁護時王，擁護滿清政權，這跟浙東史學的精神是有很大差距的。柴德賡及倪文遜等學者在這方面都

3　浙東學術，尤其浙東史學方面，學人研究者相當多。早在 1930 年陳訓慈便有所論述。陳訓慈，〈清代浙東之史學〉，《史學雜誌》，卷 2，期 6（1930 年 12 月），頁 1-40。又可參下章相關論述。

曾作過詳細討論[4]。今不贅。

如上文指出，任公討論實齋史學及方志學上的表現和成就的言論極多，唯散見《中國近三百年學術史》各處。其慧解卓識之言論盈篇而累牘，然而，以過於零散瑣碎，恐讀者不容易從此等言論中，獲悉實齋史學和方志學方面一幅完整的面貌。然而，這不是說任公對實齋沒有做出任何貢獻。以任公在學術界，甚至政治界的顯赫地位而言，彼之一言一語，恐都會對世人造成影響。其登高一呼、揚波助瀾，幾乎毫無保留而高度評價實齋，這對推動爾後之「實齋研究」，居功厥偉。個人認為，任公的貢獻正在於此，而不在其散落各處為數眾多之個別言論。筆者所以願意花不少篇幅闡述《中國近三百年學術史》及《清代學術概論》之相關言論，正以此故。

1920 年代末，國學大師錢基博（1887-1957）嘗出版《《文史通義》解題及其讀法》一小書[5]，於實齋學問推崇備至。錢書計四章，依次如下：（一）論世：於考證訓詁所向披靡，學者以「多學而識之」為尚之乾嘉時代，實齋敢於批逆鱗，乃以「一以貫之」為治學之鵠的。此可謂深契於浙東治學精神者也。錢氏乃逕定位實齋為「浙東開山之祖」（頁 191）。（二）敘傳：扣緊實齋之生平而述說其學術各方面之特色，其中史學、文學、方志學方面之理論尤為錢氏所措意（頁 192-207）。（三）解題：針對《文史通義》一書名，錢氏云：「章氏著書以明『文史通』之義云爾。」（頁 207）其重點如下：1、「通」非博學多識，更非泛濫無所依歸之謂。實齋本人即嘗云：「……即性之所近而用力之能勉者，因

4　柴德賡，〈試論章學誠的學術思想〉，《光明日報》，《史學》，第 261 號（1963 年 5 月 8 日）；又收入柴德賡，《史學叢考》（北京：中華書局，1982 年 6 月），頁 300-312。又：有關實齋的政治關懷，尤其對在位的政權──滿清，是否恆予以歌頌，不少學者都做過探討。其中倪文遜（D. Nivison，1923-2014）論述尤多。參所著 *The Life and Thought of Chang Hsüeh-ch'eng 1738-1801*, pp. 4-7，17，67，149-150.

5　錢基博，《《文史通義》解題及其讀法》（上海：中山書局，1929）。全書約三萬字。筆者撰寫拙博論時，未獲睹錢書。按照本書自訂義例（詳〈寫在前面〉），凡拙博論未及處理之學人研究成果，本書亦不擬再處理。然而以錢氏名氣大，且錢書亦具相當參考價值，對於實齋成為顯學的起始階段（即 1920 年代），應有推波助瀾之功，是以破格略述之。今錢書收入錢基博，《國學要籍解題及其讀法》（上海：上海古籍出版社，2012），頁 183-237。

以推微而知著，會偏而得全，斯古人所以求通之方也。」[6] 2、實齋最重視史學，自認為其史學「蓋有天授」。錢氏本此而認為實齋「推見一切文之通於史」（頁 208）。3、實齋認為文辭以敘事為難，文士之文異乎史家之筆；並進一步認為文人「安在可以言史學哉！」（頁 210）推敲其意，不啻謂文人不可以修史。

（四）讀法：錢氏分立四項，如下：1、辨本：錢氏辨識區別彼所見之《文史通義》之各版本，俾讀者知所去取。2、析篇：錢氏依通論、窮經、核史、衡文、校讎等五項，把實齋之重要文字，按項納入其內。3、原學：錢氏以為實齋之學，乃「即事以見道，明經之本史。……通經於史：而私家之專集，文章之體裁，亦以史例繩之。歸史於實用：而著述之變遷，風氣之出入，亦以實用概之者也。」（頁 216-217）錢氏更進一步把近現代人敷衍實齋之學者（即其學問受實齋不同程度之啟發者），開列如下：龔自珍、章炳麟、張爾田、孫德謙。4、異議：不少近現學人之論學旨趣與實齋頗有差距，且嘗予以批評，如王闓運、李慈銘、章炳麟、張爾田、陳鍾凡等人即是。其中以太炎先生之批評最為激切。（頁 218-227）

錢基博不愧為大家，兼且「發蒙髫年，迄今四十，玩索不盡」（頁 227），所以在短短三萬字的一書中，已大體上掌握並發覆了實齋之學術要旨，令人欽佩。欲究明一學者之學術底蘊，「知人論世」極為關鍵。錢書以「論世」、「敘傳」二章起始，大抵即基於此種考量。又：一學者之學術底蘊大抵表現於其學術著作。而最能概括其學術著作之核心旨趣者，則莫如該著作之題目（書名）。實齋之代表作，厥為《文史通義》無疑。錢氏探賾實齋學術，而先針對該書名予以解題，可謂探驪得珠矣[7]。著作、代表作流傳既久，則歧異必多，版本自夥。覓得祖本、善本，其於研究，可謂事半功倍。是以錢氏針對實齋代表作《文史通義》一書，首先即辨明版本。次者，依類彙編各篇章，藉以見實齋不同學術領域之表現。辨本、析篇，固然重然。然而，究其實，亦不過欲究明一學者之學術思想、治學精神之手段或所謂預備工作而已。顧名思義，預備工作旨在為達到

6　〈通說為邱君題南樂官舍〉，《文史通義》，頁 277-278。

7　按：錢氏《國學要籍解題及其讀法》一書，除針對《文史通義》外，尚針對《周易》、《四書》、《道德經》及《古文辭類纂》做解題。彼處理的進路，大體與處理《通義》無別。

某一目的作準備工夫而已。針對一學者，尤其針對一思想家來說，研究者之目
的乃在於闡明、發覆其學術精蘊、思想宗趣。此所以錢氏於「辨本」、「析篇」
之後，繼之以「原學」也。

　　實齋之學問，褒之者固多；然而，貶之者亦復不少。錢氏乃以「異議」終
篇，以明一學人之正負面評價。錢氏對實齋之學問，固有所鍾愛、喜好。然而
不得以一己之好而掩其惡也。錢氏以「異議」終篇，藉他人之口以揭示實齋學術
不足、未爲周延之處。此眞所謂「好而知其惡」也。總之，錢文一氣呵成，有本
有末，洵大家之文無疑。

　　若要挑錢文之毛病，則或可舉一例。錢云：「章氏疏通知遠，闡揚書教，以
起爲浙東開山之祖。」（頁 191）又云：「浙東學術，始餘姚黃宗羲，蓋出山陰
劉宗周蕺山之門，而開鄞縣萬斯大充宗、斯同季野兄弟經史之學；再傳而得鄞
縣全祖望謝山，三傳而得餘姚邵晉涵二雲，……學誠之學，可謂集浙東學術之
成者焉；」（頁 192）一云「浙東開山之祖」， 一云「集浙東學術之成者」。錢
氏何矛盾若是？！筆者百思不得其解。或錢氏一時輕忽滑過耶？或手民之誤植
耶？甚或筆者愚昧、誤讀，以未嘗矛盾爲矛盾耶？

三、1930 年代的著作

（1、錢穆；2、徐世昌——實齋生平、弟子；實齋與東原；比論實齋和以下三家的史學：
劉知幾、鄭樵、曾鞏。）

　　對實齋作全面且深入論述者，似應以 1930 年代錢穆先生所撰著者爲最早[8]。
錢先生史學功底深厚，且兼具神解精識，對實齋學術思想的闡述，眞可謂發前
人所未發；探微揭幽，貢獻迥異時人[9]。

---

[8]　錢穆，《中國近三百年學術史》（臺北：臺灣商務印書館，1976），頁 380-452。該書完
　　成於 1937 年 1 月（參〈自序〉），而初版於同年 5 月。其實，錢先生的《學術史》出版
　　之前，已有不少學者論述過或提及過實齋的學術思想；其中或不乏慧解，但大體上失諸浮
　　泛、籠統、簡略。今依撰著年份先後開列如下，以便讀者檢閱：（一）1769 年：汪輝祖
　　（1730-1807），〈乾隆 34 年條〉，《病榻夢痕錄》，頁 36b。（二）1786-1789 年：洪亮

吉（1746-1809），〈章進士學誠（詩）〉，《卷施閣詩》，《靈岩天竺集》（上海：中華書局，缺年份）。〈章進士學誠（詩）〉之確實撰著年份不詳。不同學者（如姚名達、吳天任、羅炳綿、吳孝琳、柴德賡、D. Nivison）持不同看法（詳拙博士論文，頁 407，註 1。），但均不出 1786-1789 年間。今不擬細考，而視為此四年間之著作。（三）約 1880 年：譚獻（1832-1901），〈文林郎國子監典籍會稽實齋章公傳〉，《復堂存稿》。此傳又收入《附錄》，《章氏遺書》（臺北：漢聲出版社，1973），頁 1391 下-1392 下；閔爾昌，《碑傳集補》，卷 47，頁 4b-6b。此傳撰寫年份，詳拙博士論文（以下簡稱「拙博論」），頁 419，註 2。（四）1893 年：徐樹蘭，〈《文史通義》·跋〉，《附錄》，《章氏遺書》，頁 1396 上-下。詳拙博論，頁 421-422。（五）1919 年：章炳麟，〈與人論國學書〉，《太炎文錄初編·別錄二》，《章氏叢書》（1919），頁 41a-43a。詳拙博論，頁 424-430。太炎先生論述／批評實齋之文字，尚見〈原理（篇）〉，《國故論衡》。詳參葉瑛，《《文史通義》校注》（北京：中華書局，1985），頁 9-10，註 35。（六）1920-1927 年：梁啟超，《清代學術概論》、《中國近三百年學術史》（此兩書，上文已作過闡釋）；又任公《中國歷史研究法》、《中國歷史研究法補編》均嘗論述實齋之學術思想，今不詳細開列相關出版資訊，詳拙博論，頁 63，63-66，195，201。（七）1934：呂思勉，《《文史通義》評》，收入《史學四種》（上海：上海人民出版社，1981）。《《文史通義》評》未嘗單獨梓行。然而，該著作是撰就於 1930 年代的。李永圻、張耕華說：「呂思勉先生對章學誠評介（價）甚高，其《文史通義評》就是三十年代為光華大學歷史系學生 "史學名著選讀" 課而寫的講稿。」李永圻、張耕華，〈導讀〉，章學誠撰，呂思勉評，《文史通義》（上海：上海世紀出版集團、上海古籍出版社，2008），頁 12。呂思勉對實齋之品評，亦見諸其完稿於 1939 年之《中國通史》（〈自序〉日期：1939 年 9 月 28 日；正式出版：1940 年 3 月，上海開明書店）。該書上冊第 17 章「學術」云：「……其回到事實上，批評歷代的史法，是否得當；以及研究今後作史之法當如何的，則當推章學誠。其識力實遠出劉知幾之上。……章氏的識力，亦殊不易及。他知道史與史材非一物，保存史材，當務求其備，而作史則當加以去取；以及作史當重客觀等（呂氏自註：見《文史通義·史德篇》）。實與現在的新史學，息息相通。……」除上述七種文獻外，張爾田、劉承幹和孫德謙分別於 1921 年夏、1921 年秋和 1922 年秋，針對《章氏遺書》的出版，撰寫了序文（均見臺北：漢聲出版社《章氏遺書》之起首處。）其中皆嘗論述實齋之思想學說，可並參。上文已指出，內含實齋研究的錢著《中國近三百年學術史》撰就於 1937 年 1 月。同年 7 月，相當著名的史家雷海宗所發表的一篇有關實齋的文章，亦頗值得關注。據雷氏，清初著名學者藍鼎元（1680-1733）曾撰寫〈餓鄉記〉一文。據悉，該文流傳甚廣，所謂「都門競傳誦之」。而一位老秀才賈澎（1702-1778）在所謂自撰的《耕餘集》（雷氏所見者為手鈔本）中亦收錄了該文。換言之，該文實賈氏從藍氏剽竊（鈔襲）而來而轉視為己撰。更匪夷所思的是賈氏竟敢邀請實齋批改其所謂自撰之〈餓鄉記〉。實齋亦老實不客氣的予以大幅批改。雷氏指出，「京師曾經傳誦一時的〈餓鄉記〉，實齋亦全不知，頗屬可驚。」再者，賈氏請

同屬 1930 年代的作品，則有收錄於《清儒學案》的〈實齋學案〉[10]。此〈學案〉的貢獻固不若上揭錢穆先生的著作，但亦自有其特點在。茲略述如下：

〈學案〉可以說分為四個部份。首部份略述案主實齋的生平。次部份乃實齋的「作品選集」（12 文出自《文史通義》，9 文出自《校讎通義》）；這部份佔篇幅最大。這部份最後有一個篇幅很小的「附錄」，不足千字，但似乎頗值得注意（下詳）。第三部份（實齋交游）描繪實齋的友人。這部份結尾處有以下一個附記：「……弟子之可考者，止主定州講席有童子孫鍾，親受小學，為實齋所契。鍾後以應試不遇，就雜職，著述無聞，附紀其名。」[11]最後的一部份（第四部份）約 100 字，描述實齋的私淑，也是其鄉後學的姚振宗（1842-1906）。

茲針對上述第二部份的「附錄」，作點論述。附錄主要含兩方面的文字，一為實齋，另一為友人或後學所撰之文字。其中實齋與東原（戴震）各別申論方志所宜側重者，最值得注意。其要點是，實齋側重文獻，且視方志如古國史；反

實齋批改時，已係行年 76 歲的老人，而實齋則行年 40 歲而已。「實齋在當時是一個有名目空一切的人，由此事又可得一證明。」如眾所周知，實齋對文、史、方志等理論固有創見，但疏於博覽、考訂。雷氏說：《耕餘集》「各篇（按：共 33 篇）除文字上之修改增刪外，篇末皆有實齋批語。所可怪者，此集最少一部出於鈔襲，實齋似絲毫未有所覺。如……」實齋嘗自省曰：「吾讀古人文字，高明有餘，沈潛不足，故於訓詁考質，多所忽略。」（《文史通義・家書三》）其疏於訓詁考質，太炎先生及余嘉錫亦有所指陳，且極中肯綮。這筆者以後還會談到。上文說到雷氏的文章如下：雷海宗，〈章學誠與藍鼎元〈餓鄉記〉〉，《清華學報》，卷 12，期 3（1937 年 7 月）；又收入存萃學社編，《中國近三百年學術思想論集》（香港：崇文書店，1975），頁 179-190。

9　錢先生對實齋學術思想之闡述，詳見本書第六章〈綜論〉第三節及附錄三，茲從略。

10　〈實齋學案〉篇幅不少，收入徐世昌所編纂的《清儒學案》（1940 年初版）卷第 96，頁 1a-51b。《清儒學案》的編纂，其事始於 1929 年，而徐世昌的〈序〉則寫於 1938 年（戊寅）。徐氏卒於 1939 年；是以〈實齋學案〉可視為 1938 年（含）前的作品。參沈芝盈、梁運華，〈點校前言〉，徐世昌編，沈芝盈、梁運華點校，《清儒學案》（北京：中華書局，2008），頁 1-4。又有關徐氏的生平，參 Howard Boorman, *Biographical Dictionary of Republican China*（New York: Columbia University Press, 1967-1979），vol. II, p. 139.

11　按：實齋弟子可考者，至少尚有史致光（?-1826）一人。史氏為浙江山陰人，乾隆 52 年（1787）一甲第一名進士（狀元）。彼與實齋之關係及交遊情況，參董金裕，《章實齋學記》（臺北：嘉新水泥公司文化基金會，1976），頁 54-55。

之，東原側重地理沿革。〈學案〉編者引錄兩人論方志的文字，總共不足100字。按：實齋闡述其觀點最翔實的文字，是〈記與戴東原論修志〉一文[12]。余英時對二人的側重點最有契解，嘗云：「東原謂方志當重地理沿革，這裏便顯然表現一狹義考證觀點。……實齋則持史學之觀點，且其史學復不限於考古，而尤在通古今之變，故注目於地方文獻之保存，以爲他日重修志乘之憑藉。」[13]

實齋嘗比較論述他本人跟劉知幾、鄭樵和曾鞏的史學側重點[14]。〈學案〉編者嘗引錄其文。按：實齋與子玄和漁仲之比較研究，近現代學者多所措意。詳本書論史學之專章（即第三章）。至於曾鞏與實齋之比較研究，則不多見。

實齋批評東原固相當嚴苛，如指出其「心術未醇」即其一例；但惡而知其美，嘗云：「戴君學問，深見古人大體，不愧一代鉅儒，……凡戴君所學，深通訓詁，究於名物制度，而得其所以然，將以明道也。……戴著〈論性〉、〈原善〉諸篇，於天人理氣，實有發前人所未發者，……」[15]〈學案〉編者嘗引錄上面部份文字，以見實齋對東原之欣賞。

最後在這個「附錄」中，〈學案〉編者引錄了實齋好友王宗炎、實齋後學臧鏞堂和近代人徐樹蘭對實齋學養的稱頌。

大體來說，《清儒學案》中的〈實齋學案〉並沒有甚麼偉大的發明，但上述的「附錄」能分別引錄實齋與東原論說方志學的意見；又引錄實齋欣賞東原的若干話語；再者，又引錄實齋述說其本人跟劉、鄭、曾的史學異同的意見，這些引錄反映出〈學案〉編者頗具眼光。然而，大概因爲輕信錢林、王藻的《文獻徵存錄》（1858年初版；實齋傳附見邵晉涵傳），所以沿襲其誤，視實齋嘗從游於劉文蔚和童鈺，又熟諳明季史事。這些都是不足據的[16]。

---

[12]　收入《章氏遺書》，卷14，頁287上-288上。

[13]　余英時，《論戴震與章學誠》（香港：龍門書店，1976），頁31-32。

[14]　章學誠，〈和州志志隅·自敘〉，《章氏遺書》外編，卷16，頁1236下。

[15]　章學誠，〈書朱陸篇後〉，《文史通義》（北京：北京古籍出版社，1956），頁57。

[16]　出版於1890年的《國朝耆獻類徵初篇》中的〈章學誠傳〉亦沿襲《文獻徵存錄》的錯誤。這些錯誤，本書上一章已有所指陳；可參看。

四、1940 年代的著作

（1、余嘉錫——批評、駁正《章氏遺書》10 多項錯誤，並說明實齋致誤之由；2、李長之——實齋之史學見地、文化觀及哲學；中國文化寄託在《六經》；實齋乃自然主義、理智主義、實用主義的思想家；其哲學是社會學的、進化論的、大眾的；道與唯物主義；實齋善用辯證法，並提倡歸納法；比擬實齋為西方若干思想家；實齋乃極端主張文化統制的人；3、岡崎文夫——實齋批評袁枚；實齋與東原對「道」的不同看法；實齋的「六經皆史」說；4、侯外廬——實齋具近代意識；藉實齋的道器論和事理論以說明彼部份地繼承十七世紀的大儒傳統；知識與生活的合一；內容比形式重要；行為檢證知識；實齋的人性論——以踐履檢證人性；實齋晚年何以修志？）

實齋對自己的學術性向，曾有如下的自省：「時人以補苴襞績見長，考訂名物為務，小學音畫為名。吾於數者皆非所長，而甚知愛重，吝於善者而取法之；不強其所不能，必欲自為著述以趨時尚。此吾善自度也。」[17]又說：「吾讀古人文字，高明有餘，沈潛不足，故於訓詁考質，多所忽略，而神解精識，乃能窺及前人所未到處。」[18]以博學多聞及擅於考據見稱的目錄學家、史學家，並以《四庫提要辨證》、《世說新語箋疏》等名著而享譽中外士林的余嘉錫先生（1884-1955），嘗指出《章氏遺書》不少錯誤。余說皆可謂證據確鑿無疑[19]。當然，余氏之前已有不少學者對實齋展開相當嚴厲的批判，如李慈銘、王闓運、蕭穆、章炳麟、張爾田、陳鍾凡即其例[20]。然而，也許由於余氏學術聲譽卓著，

---

17 章學誠，〈家書二〉，《文史通義》，頁 333-334。

18 章學誠，〈家書三〉，《文史通義》，頁 335。

19 余嘉錫，〈書《章實齋遺書》後〉，《圖書季刊》，卷 2，期 3（1940），頁 331-337。余文又收入周康燮主編，《中國近三百年學術思想論集（初編）》（香港：崇文書店，1975），頁 227-233；余嘉錫，《余嘉錫論學雜著》（北京：中華書局，1963），下冊，頁 615-624。以下引文悉以《余嘉錫論學雜著》為據。

20 李慈銘云：「蓋實齋識有餘而學不足，才又遠遜。故其長在別體裁，覈名實，空所依傍，自立家法。而其短則讀書鹵莽，穢秕古人，不能明是非，究正變，汎持一切高論，憑臆進退，矜己自封，好為立異，駕空虛無實之言，動以道眇宗旨壓人，而不知己陷於學究雲霧

或由於其考證成果確然不可易，是以其相關判斷恆為學者所徵引，如柴德賡及羅炳綿即其例[21]。

　　余氏對實齋的批評、駁正，主要見諸〈書《章實齋遺書》後〉一文[22]。該文僅數千字，但指出實齋之錯謬處不下十項。且余氏明言，只是指出該書之「最謬者」而已。今逐一依次開列簡述如下：

（一）余氏認為實齋「不解古人文章法式」（含不熟唐宋之儀文表式），是以其所指責[23]，不啻無理取鬧。（頁 615-616）

（二）實齋文中恆喜用「何許語」三字，但余氏指出實齋其實不懂此三字原有之意涵[24]。（頁 617）

之識。」李慈銘，〈實齋雜著 清章學誠撰〉條，《越縵堂讀書記》（臺北：世界書局，1975），頁 781。除上引文外，李氏批實齋者，尚見多處，不具引。王闓運批實齋方志別立文徵一門，以為其論未為史法。至於入詩文於方志，亦有乖類例。又：蕭穆認為實齋：「不察事實，鑿空蹈虛，以致全書（按指：《文史通義》）得失具陳，醇駁互見，往往有之。」實齋在《文史通義‧古文公式》中嘗討論蘇軾的〈表忠觀碑〉。蕭氏針對實齋的說法，指出謂：「自負博覽群書，豈於歷代陳奏之制，尚無稽考？！」並謂實齋的判斷乃：「真盲人道黑白也。」詳見蕭穆，〈跋《文史通義》〉，《敬孚類稿》（1906），卷 5，頁 31b-33a。至於太炎先生對實齋的批判，那就更嚴苛了。詳見至少以下二文：章炳麟，〈與人論國學書〉，《章氏叢書‧太炎文錄初編‧別錄二》（1919），41a-43a；章炳麟，〈原經〉，《國故論衡》。今不具引。張爾田雖相當欣賞實齋，但亦不乏批判的言詞，認為六經之出於史，非六經之即皆史。至於陳鍾凡，則彼不認同「六經皆史」之說，而認為「六經皆禮」也。李慈錄、王闓運、章炳麟、張爾田、陳鍾凡等學人對實齋的批評，詳見錢基博，〈《文史通義》解題及其讀法〉，《國學要籍解題及其讀法》（上海：上海古籍出版社，2012），頁 218-227。

21　柴德賡，《史學叢考》（北京：中華書局，1982），頁 310；羅炳綿，〈章實齋對清代學者的譏評〉，《新亞學報》，卷 8，期 1（1967 年 2 月），頁 319。

22　其實，余氏駁正實齋之處尚多，其本人即嘗云：「余別有駁正，散見拙著中，茲不具論。」余嘉錫，《余嘉錫論學雜著》，下冊，頁 617。

23　蘇軾〈表忠觀碑〉篇首及篇末分別有「臣扞言」及「制曰可」等字。實齋以為此「恐非宋時奏議上陳詔書下達之體」。余氏則認為實齋「不解古人文章法式」。

24　據余氏，「何許」在古人文章中，蓋「何所」之意，而無作「何如」、「何等」用者；而實齋則作「何如」、「何等」用！筆者則以為在這個問題上，余氏似乎太拘泥了一點。語

（三）余氏指出實齋本人明云：「《三國演義》，爲儒者所不道。」案：三國時
人欲藥殺曹操事不載《後漢書》、《三國志》；而載諸《三國演義》，乃
太醫吉平欲以毒藥灌操，灌藥者非如實齋詩中所說之華佗。今實齋誤灌藥
者爲華佗，可見乃誤《三國演義》事爲《後漢書》、《三國志》事，且並
誤吉平爲華佗。（頁 617-618）

（四）實齋相信先儒所謂「『无咎悔亡』，古別爲篇」之語而轉認爲二經十傳之
說爲未確。余氏嚴厲批評云：「章氏以講劉、班義例之人而信此囈語，翻
疑周易二經十傳之說爲未確，即其校讎之學，亦可知矣。」（頁 618-619）

（五）實齋云：「（歐陽修）《五代史》唐明宗不帝制而作紀。……按：唐明宗
當冠莊宗紀首，作先經之事始。」[25]余氏駁斥云：「明宗身爲天子，在位
八年，何嘗不帝制。章氏誤記李克用之諡太祖爲明宗耳。」案：李克用之
子先後爲帝者計有二人，一爲親生子存勗（即後唐開國皇帝莊宗），另一
爲養子李亶（初名嗣源，即繼莊宗爲帝之明宗）。換言之，莊宗在前，明
宗在後，而均嘗爲帝。然而，實齋誤開國皇帝莊宗之前爲明宗（事實則係：
莊宗之前爲太祖李克用。是以余氏指出說：章氏誤記李克用之諡太祖爲明
宗。），是以一方面以爲明宗不帝制（即未嘗爲皇帝）而歐史竟爲之作紀；
他方面，又認爲歐史應以明宗冠莊宗紀首，俾符合先經以始事之義[26]。余
氏的判語爲：「（實齋）無的放矢，未免厚誣古人矣。」（頁 618-619）
實齋的歷史知識實在有夠差，後唐帝系順序及明宗嘗爲帝八年而竟不知！

（六）宋汪應辰嘗糾正唐顏師古《匡謬正俗》中有關魯公子奚斯作頌的問題，而
認爲：「奚斯作廟非作頌」。實齋認爲汪氏所言爲篤論。余氏批實齋云：

言是容許因時因地因人而有所變化更易的。只要不產生誤會，則同一語而作他種用途，又
有何不可？

25 章學誠，〈信摭〉，《章氏遺書》（臺北：漢聲出版社，1973），外編，卷一，頁 837 下。

26 案：歐史於開國皇帝莊宗紀之前確有冠以其他人事，然冠紀首者爲莊宗父太祖李克用，非
冠以明宗。余氏云：「以太祖冠莊宗紀首，此歐公之創例，可謂斟酌盡善。」（頁 619）
又：「先經以始事」，語出杜預對《左傳》的描繪。其《春秋經傳集解·序》云：「故《傳》
或先經以始事，或後經以終義，……」。「先經以始事」，《章氏遺書》則作「先經之事
始」。

「唐宋人於此等事，多不了然，未足深怪。章氏生於經學大明之日，又講流略之學[27]，而不知今古文之別[28]，亦可異矣。」（頁 619）

（七）實齋嘗云：宋人李燾《續資治通鑑長編》嘗記載葉亦愚與賈似道相遇事。然而，余氏指出，李燾著書於孝宗時，「安知有賈似道耶？」[29]（頁 620）

（八）唐劉知幾讀《尚書》，每苦其文辭艱瑣。實齋以此懷疑古文《尚書》尚存於唐初。余氏指出眞古文《尚書》亡於魏晉間；乃批評實齋道：「章氏據之（案指：文辭艱瑣）以爲眞古文唐初尚存，可謂奇談，如此說經，直不類清代人語矣。」案：清人擅經學（含經學源流），又擅考證。是以余氏認爲實齋所言「不類清人語」。（頁 620）

（九）赤壁之戰，蜀吳聯軍與魏軍對壘，傳諸葛亮有登壇祭風之舉，實齋信以爲眞。余氏云：「不謂章氏亦信爲實事，已爲《演義》所惑亂而不自知，方譏學士大夫不應信桃園結義，是同浴而譏裸裎也，尤而效之，亦已甚矣。」（頁 620-621）

（十）針對「后夔娶元妻而不祀」一語，實齋云「不可解，俟考。」余氏云：「事見《左傳》昭公二十八年，有何難解？《漢書・古今人表》下上亦有『后夔玄妻』，五經三史，尚須俟考耶。」（頁 621）[30]

（十一）實齋云：「李百藥撰高齊書矣，其子延壽撰南北史。」案：延壽父名大師，非百藥。百藥父名德林，百藥子名安期。大師、延壽父子爲相州（今河南安陽）人，德林、百藥父子則爲定州（今河北定縣）人。兩家庭如

---

27 實齋最注意「辨彰學術，考鏡源流」，亦鑽研向、欽父子《別錄》、《七略》之學（即校讎目錄之學）。余氏所謂「流略之學」，蓋指此。

28 按：《毛詩》爲古文經，《三家詩》爲今文經；本自不同。顏師古及汪應辰乃分別以唐、宋人所用之《毛詩》繩衡漢人所用之《三家詩》，其結論乃如余氏所云：「（顏、汪）雖所考不同，其失相等，何謂篤論？！」（頁 619）

29 李燾之生卒年爲 1115-1184，賈似道則爲 1213-1275。是李氏卒時，賈氏尚未出生。

30 按：《左傳》昭公廿八年之文字如下：「昔有仍氏生女，鬒黑而甚美，光可以鑒，名曰玄妻。樂正后夔取之，生伯封，實有豕心，貪惏無饜，忿纇無期，謂之封豕，有窮后羿滅之，夔是以不祀。」「后夔玄妻」則見〈古今人表〉，《漢書》（北京：中華書局，1962），頁 881。

風馬牛之不相及。余氏批評實齋云：「不留心史事而空言史法，其弊固必至於此也。」（頁 621）

（十二）實齋云：宋人「唐仲友爲與朱子不協，元人修《宋史》，乃至不爲立傳。」於是認爲明人宋濂既躬修《元史》，應補其缺。其所持的理由爲：「馬無〈地理〉而班補之，班無〈輿服〉而彪補之。……人物……其必需於後史之補殆甚於表志也。」余氏則從斷代史宜遵守斷限爲理由而批評實齋，並指出：「若夫司馬彪之書，本以續漢爲名，《漢書》所無，自可續補。但〈輿服志〉所紀，仍是後漢之制。章氏援此以破斷限，更不知其何謂也。……章氏所論史法，雖或乖僻不情，然尙言之成理，未有如此節荒謬之甚者！……如此而講史法，不如不講之爲愈矣。」[31]（頁 621-623）

以上共 12 項。實齋之失，大體來說，乃由於：「讀書未博」、「考核不免麤疏，持論時近偏僻」、「讀書太鹵莽滅裂」、「天性善忘，讀正史不熟，又不耐考索，遂以模糊影響之談，形諸筆墨」（譬如實齋誤《三國演義》事爲《三國志》事）、「不知古今文之別」（即不懂經學，或至少經學不熟）、「不留心史事而空言史法」、「漫無限制，時代錯互，名實相乖」（此指斥實齋之違反斷限）[32]。

其實，余氏並不是喜歡苛責、刁難人家的一位學者，於〈書《章實齋遺書》後〉一文近末尾處云：

> 以上所舉，書皆習見，理亦尋常，大抵人人所能知者。實齋自命甚高，欲爲方志開山之祖，史家不祧之宗，……乃不知……。荒疏至此，殊非意料所及者矣。其他紕繆之處，尚不可勝數。……既非實齋之所長，吾固不欲苛責之矣。（頁 623）

---

[31] 唐仲友之生卒年爲 1136-1188。蒙古之建國（大蒙古國）乃在 1206 年；改國號爲大元者，更遲至 1271 年。我們先撇開應否爲唐仲友立傳（即仲友有資格立傳否）不說。僅從其在生之時間來說，仲友無論如何非元朝人。然則《元史》又怎能爲之立傳？

[32] 本段「」內之引文，全爲余氏原文。

雖不欲苛責實齋，但仍爲文指出其錯謬，則余氏又意欲何爲？原來余氏是一位有使命感的學者。〈書《章實齋遺書》後〉文末云：「……聊復摘發焉，欲使學者知讀書不可不熟，下筆不可不審，庶乎知所戒愼云爾。」原來余氏是爲了後學而摘發實齋之錯謬的。此外，余氏對實齋又心存忠厚，頗能從實齋之立場考慮問題。何以言之？答：彼所抉發之 12 項錯謬，其實有不少是出自實齋之隨筆劄錄，即出自其讀書筆記。既係讀書筆記，則知其爲「未經實齋類次約收而愼取者」。果爾，則「可以不刻。即刻亦當嚴爲刪汰。」（頁 624）實齋嘗自省云：「於訓詁考質，多所忽略。」（詳上）是以余氏指出，實齋「未嘗自諱其所短也。患在後人尊實齋太過，不知檢擇，務摭拾於水火之餘，使之盡傳耳。」（頁 623）意謂水火之餘未經實齋約收而愼取者，當予以刪汰。然而，後人尊之太過，務使盡傳，乃反揭露其瘡疤矣。

筆者上文用了不少篇幅以闡發余嘉錫對實齋的批評，其主要的目的在於揭示：吾人固可欣賞、稱頌實齋。然而，必得知悉實齋「創通大義數十條外，他皆非所措意。徵文考獻，輒多謬誤。」（余氏本人用語，頁 616）「美而知其惡」，始不至「尊之太過」，而得還實齋之本來面目。再者，作爲史家，應對史學有相當素養（即應熟讀史書），否則奢談史法、史義，必至流於空談而貽笑大方而已。

余氏對實齋之指責，可謂皆中肯綮，且亦能肯定實齋之貢獻乃在於創通（文史）大義。（其實，能創通大義數十條，已非常不簡單）。惟一可惜的是，余氏未能察悉實齋之另一貢獻乃在於針對當時的學風（流於瑣碎，且已成爲不少學人治學終極所在的考證學風）[33]，作出了救時補偏的針砭。此余氏一間未達歟？

以下討論另一文章。筆者個人深信，人的性向及教育背景與其學術研究成果，甚至學術研究的成功與否，有著不可分割的關係。以《司馬遷之人格與風格》一書而享譽學術界的李長之先生（1910-1978），可說集文學家、文學批評家，甚至史學家、哲學家（1931 年肄業清華大學生物系，兩年後轉哲學系，清大畢業

---

[33]　當然，實齋之文史論與彼對當時之考證學施以針砭之言論，亦一體之兩面；且其針砭大抵即寓於其文史論之中。不宜謂其文史論外，別有所謂針砭也。

後又曾在雲南大學短期講授哲學概論）於一身[34]。其學術性向與實齋頗有相近之處。他研究實齋，可說是很能契入的。李氏撰寫於 1941 年的〈章學誠思想的三點〉[35]分別從「史學見地」、「文化觀」及「哲學」這三個面向來處理實齋的學術思想。首先李氏一針見血指出說，「章學誠的事業以史學為中心」。在這個「大綱」下，李氏指出實齋有四個貢獻，分別為：關於史的概念、關於史的源流、關於史的門類、關於史的範圍。李氏對實齋以上相關觀念的疏析是相當清楚扼要的。相信一般讀者對這方面並不陌生，茲從略。

筆者要多說的是李文中的第二部份，即實齋文化觀的部份。李氏展開他的研究之前，即 1941 年之前，似乎從未有學者從文化這個角度切入來探討實齋的。李文可貴之處，或正在於此。第二部份起首的幾句話，很可以揭氏李氏獨具慧眼的看法。他說：「章學誠對於文化，是有一個整體的看法的。在章學誠看，文化是一個客觀的有機的統一體。」（頁 9）這幾句話，可說是李文第二部份的綱領。在這個綱領下，李氏很有系統的，也可以說很符合邏輯的，一步一步展開他的論述。今僅引錄其關鍵語句如下：

> 因為他覺得文化是一種客觀的有機的統一體，所以人不得而增減之。經典既為這種文化的象徵一不，不如說是其沉澱物，那末，經典也便是自成一個整體，也不得增，不得減的了。……六經不是空洞的書本，六經是國家文化政治的化身。……文化並非個人私有之物。……文化不屬於個人，是不是泛泛地屬於一般人群呢？不是的，文化乃是屬於國家，屬於政府

---

34 近年對李氏展開研究者頗不乏人，可參以下各著作：張蘊艷，《李長之學術：心路歷程》（北京：北京大學出版社，2006）；于天池、李書，《李長之和他的朋友們》（臺北：秀威資訊科技公司，2007）；梁剛，《理想人格的追尋：論批評家李長之》（北京：北京大學出版社，2009）。

35 李長之，〈章學誠思想的三點——史學見地、文化觀、哲學〉，《經世（月刊）》，卷 2，期 1（1941 年 8 月）；又收入存萃學社編，《中國近三百年學術思想論集》，第六編（章學誠研究專輯），頁 1-16。三年後，即 1944 年，李長之也寫了另一篇討論實齋的文章。李長之，〈章學誠精神進展的幾個階段〉，《中國青年》，卷 10，期 4（1944 年 4 月），頁 52-55。此文未遇目，但相信對相關問題不會有太深入的討論，因為文章只有 3、4 頁。

的。……在他的心目中，文化是整個的，政治與學術是合一的，……假若
他是一個政治家，他一定是一個極端主張文化統制的人了。……他覺得文
化是整個的，文化寄託在六經，那末，其餘枝枝節節的表現，便無不以六
經為歸宿。他用這個觀點統繫諸子，並用這個觀點統繫唐宋八大家。（頁
9-10）

上面說過，李氏認為實齋視文化是一個有機的統一體。就中國來說，這個有機統
一體的內核或主軸就在六經。然而，六經是上古之書。那麼後出之書又如何予以
安頓，如何給它一個適當的位置呢？依實齋，六經原來是體道之書，而「道體無
所不該」（《文史通義·詩教上》），所以後出於六經之諸書，只要能體道，譬
如先秦諸子，那當然便可以把它們納入這個有機統一體之內了。依同一道理，唐
宋八大家，如韓、柳、蘇、王等，「旨無旁出，即古人之所以自存一子者也。」
（《校讎通義·宗劉》第二之四）這些唐宋大家同樣是體道者，所以也一樣可以
納入這個有機統一體之內。綜觀實齋的文化觀，李氏作出如下的總結：

總的看來，章學誠心目中的文化乃是整個的，……系統的，實踐的，政治
的，超過個人的，國家的。……我不能不佩服他「一以貫之」的構思能力
和勇氣。……然而，以一個自然主義，理智主義，實用主義的思想家而見
的文化，又如何能不枯燥和桎梏呢！（頁12）

李氏以「自然主義，理智主義，實用主義的思想家」來定位實齋，那是頗有見地
的[36]。

　　李文的第三部份：「章學誠的哲學」，也相當值得注意。李氏說：

---

[36]　要言之，（1）實齋訴諸「道體」來概括萬物；而道之運行是有其一定途轍的，是自然而
　　然的；（2）以六經為體道之書，並以此作為主軸而邏輯地概括先秦諸子及唐宋八大家；
　　（3）認為古人（即政教未分之前；學術、文化、教育全由官方一手包辦之時）的學問都
　　是實學；文化內容也是實用的。李氏之所以把實齋定位為「自然主義，理智主義，實用主
　　義的思想家」，大概就是分別根據以上（1）、（2）、（3）這三項特質而來的。

他（章）不但談到知識問題，道德問題，藝術問題，而且談到本體論的問題。他所謂本體是什麼呢？就是道。……一切事物不過是道的表現，道是有必然性的，……章學誠的哲學，我們可稱之為社會學的並進化論的哲學。……他從進化的觀點上，說明了許多事情，……他的進化觀是唯物的。……章學誠的哲學又不但是進化論的，唯物的而已，而且是大眾的。（頁 12-13）[37]

上引文中，李氏說實齋的哲學是社會學的、進化論的、大眾的。這方面我們都可以從實齋的文字中找出相應的佐證。換言之，筆者是同意李氏的說法的。然而，說實齋的哲學是唯物的，這便不免使人產生疑惑。李氏的說法，至少從表面看來，似乎有點牽強。蓋訴諸「道體」（以道為精神實體）來說明萬事萬物的運行變化，這個「道」很明顯是形而上的一個概念，如何可能跟「唯物」沾上一點邊呢？李氏本人即如此說：「道是一理呢，還是一物？章學誠心目中的道，卻只是一理，而並非一物。」（頁 12）然而，為甚麼李氏又說實齋的哲學是唯物的呢？細究其文，李氏原來是這樣說的。他說：「他（實齋）的進化觀是唯物的。例如他雖然那樣崇拜周公，可是他說周公的貢獻也是時會使然，而不是才智使然，……」（頁 13）由此可見，李氏把實齋定位為唯物的，其理論基礎是：實齋乃訴諸現今所常說的客觀大環境（即實齋及李氏所說的時會。實齋的「時會說」，詳見《文史通義・原道》上篇），而非訴諸個人才智，來說明該人之貢獻。換言之，依李氏意，唯物非唯物，與是否仰賴大環境－訴諸群眾（走群眾路線）有關。實齋嘗謂：「學於眾人，斯為聖人」（〈原道〉上篇）。李氏即本此而說實齋是唯物的。如果訴

---

[37] 上引文中有關本體論的問題，下文談到岡崎文夫〈章學誠──其人と其學〉一文時，還會談到，茲從略。至於實齋的道論，詳參 D. Nivison, *The Life and Thought of Chang Hsüeh-ch'eng 1738-1801*（Stanford: Stanford University Press, 1966），pp.139-190。大概 7、8 年前（即 2008 年左右），筆者認識了在臺灣定居並在臺灣大學獲取博士學位（1983 年）的白安理教授（Umberto Bresciani）。承其惠贈所未刊之博士論文〈西方漢學家研究《文史通義》的商兌〉一冊，感激不盡。該文對實齋之道論頗有發前人所未發之處；而對 D. Nivison 及 P. Demiéville 等西方漢學家的相關闡釋（即對實齋道論的闡釋，及實齋其他論說的闡釋），頗不以為然。讀者宜並參。

諸群眾，以群眾為依歸，便是唯物的，那麼歌頌民主的所有思想家，含唐君毅、牟宗三、徐復觀等等新儒家，都莫非唯物論者了！在這裡，筆者不是要批判李長之把實齋定位為唯物論者；更不是說，他的定位是錯謬的。筆者要明確指出的是，原來李氏是把「唯物」二字賦予另一涵意：訴諸大環境、訴諸群眾，便是唯物論者。在這個新涵意下，甚至所謂新定義下，實齋便成為（李長之眼中的）唯物論者了。這一點是我們必須先弄清楚的；否則便會牛頭不搭馬嘴。

李氏又說：「他的用語，他的表現方式，他所觸及的問題，他的方法，他的解釋流露，在許多點上都是近於哲學的。」（頁 14）有關用語，李氏特舉出「道與器」、「圓而神與方以智」這類用語。至於表現方式，李氏則指出實齋很重視邏輯；又說實齋善於用辯證法，並提倡歸納法。「觸及的問題」方面，李氏認為實齋言命，言知命，言性、情、氣、才，言人與動物的異同，言直覺與推理之差異；實齋的哲學又有關涉到美學課題的。（詳參頁 14-15）所以李氏認為實齋的著作「是富有哲學氣息的」。（頁 12）

說到「哲學氣息」，這使人想起 D. Nivison 的說法。跟李氏一樣，Nivison 嘗指出實齋的著作是深具哲學意趣的；並認為其哲學與黑格爾（W. G. F. Hegel,1770-1830）和維科（G. Vico,1668-1744）有類似、相通之處[38]。戴密微也曾經把實齋和維科作了一些比較；又把實齋跟維科和撰著《歷史學導論》（*Muqaddimah*（*An introduction to history*））而著名於時的阿拉伯偉大史學家伊本‧赫勒敦（Ibn Khaldun，也被視為哲學家、社會學家、經濟學家，1332-1406）放在同一位階上，甚至比他們更高的位階上[39]。

李長之走得更遠了。他甚至認為實齋的哲學會讓人聯想起蘇格拉底（Socrates, 469-399）、洛克（J. Locke, 1632-1704）、培根（F. Bacon, 1561-1626）、孔德（A. Comte, 1798-1857）和斯賓賽（H. Spencer, 1820-1903）。李氏的想像力

38　D. Nivison, *The Life and Thought of Chang Hsüeh-ch'eng 1738-1801,* p.1.

39　P. Demiéville, *Historians of China and Japan*（London: Oxford University Press. 1961），pp. 184-185；P. Demiéville 針對倪著所寫的書評中也作了類似的論述。書評見 *Journal of the American Oriental Society*, vol. 87, no. 4（New Haven: American Oriental Society, 1967），pp. 594-600。類似的論述見頁 594a.

也許稍微「海濶天空」了一點。然而，他這個「類比」是使人知悉實齋所哲思的範圍是很廣濶的，其應用的方法是富於哲學意趣的，甚至他的用語也是富有哲學色彩的。D. Nivison 和 P. Demiéville（戴密微）是洋人，接受西方學術訓練。他們看到實齋與若干西方哲學家有相近、相通之處，是可以理解的。然而，作為國人的李長之，雖曾受西洋哲學訓練，但西學之深厚恐不如 D. Nivison 和 P. Demiéville 兩洋人，且李氏〈章學誠思想的三點〉撰於 1941 年，早於上揭 D. Nivison 和 P. Demiéville 的文章，但仍能得出類似 D. Nivison 和 P. Demiéville 的結論，可見學術乃天下之公器，"英雄所見略同"，不因異國而異其結論。李氏甚至比 D. Nivison 和余英時更早指出實齋深具專制獨斷的性格[40]（李氏的確切用語為：「極端主張文化統制的人」，頁 10）。由此可見李氏的眼光是很獨到的。

上述李長之的文章撰於 1941 年。兩年後，即 1943 年，日本漢學家岡崎文夫也撰文討論實齋[41]。岡崎文夫的文章分兩部份，首部份討論實齋的生平，次部份討論實齋的學術思想。就次部份來說，岡崎文夫特別談到實齋曾經很嚴厲地批評過當時的著名詩人袁枚（1716-1797）[42]（頁 15）。業師法國漢學泰斗謝和耐（J. Gernet, 1921-）嘗針對倪著寫過一書評。在書評中，也曾經簡略地論述了章、袁二人的特點；如下：

> 章學誠是清帝國的仰慕讚賞者，傳統倫理道德的守衛謳歌者。袁枚，作為自由放縱，且思想前衛的詩人來說，視《詩經》中的國風為談情說愛的篇章；又謳歌女性主義；並視詩作係感情抒發和文藝創作的表現。這林林總

---

40 上揭 *Life and Thought of Chang Hsüeh-ch'eng 1738-1801*, pp. 149-150；上揭《論戴震與章學誠》，頁 78。D. Nivison 和余英時遂認為實齋具有權威主義的性格。但白安理不以為然。白安理，上揭〈西方漢學家研究《文史通義》的商兌〉，頁 31-63。實齋到底是否具權威主義的學術性格，詳見下文。

41 岡崎文夫，〈章學誠──其人と其學〉，《東洋史研究》，第 8 卷，第 1 號（1943 年 2 月），頁 1-19。

42 其實，實齋對同時代人是從不假借的。其肆意抨擊的時人極多。袁枚，其一而已。詳參業師羅炳綿，〈章實齋對清代學者的譏評〉，《新亞學報》，卷 8，期 1（1967 年 2 月），頁 297-365。與袁枚相關者，見頁 299-315。

　　　　總的一切當然會刺激到謹守傳統主義的章學誠。[43]

　　章、袁的思想和價值觀（含人生態度）天差地別，章氏又好譏評同時人，那麼他肆情地批評袁枚便毫不足怪了。岡崎文夫在文章中又談到實齋雖然很欣賞戴震，但他對於作為（宇宙、人生的）本體的道來說，其看法又跟戴氏千差萬別。（頁16）要言之，就戴氏來說，道寓於六經；實齋則認為六經不足以盡道，而主要見諸人倫日用[44]。

　　岡崎文夫在文章中指出，實齋所撰寫的〈易教〉、〈書教〉、〈詩教〉、〈禮教〉四文，其中〈書教〉與實齋的史學觀念最有關係（頁16-17）。在文章的結尾部份，作者又談到「六經皆史」這個命題。眾所周知，史為記事之書。然而，所記者，何事也？人類在世間之表現也。而人類在世間所表現者，道而已矣。據此，則史家所記者，非道而何？（頁18-19）

　　〈章學誠──其人と其學〉一文沒有甚麼大創見，但平實扼要。就引介實齋的生平、學說給不懂中文的日本讀者來說，自有一定的貢獻。

　　「左派」著名思想家侯外廬（1903-1987）於1947年出版了《近代中國思想學說史》一書，其中第八章〈繼承清初學術傳統底文化史學家章學誠〉旨在論述實齋[45]。該章書篇幅頗大，佔50多頁；計分三節，標題如下：「學誠的時代封鎖及其史學特點」、「學誠的哲學思想」、「學誠在中國史學上的分析理論」。我們光看該章書的標題便很可以概見其重點所在了。侯氏所謂的「清初」，特指17世紀的中國。侯氏非常欣賞生長在該時代的大儒，認為「第十七世紀的啟蒙思想，氣象博大深遠。」（〈自序〉，頁1）；又認為清初大儒具有「近代意識」。（頁423）實齋既被視為是繼承該時代的，然則實齋在侯氏眼中之地位及表現便

43　《通報》（T'oung Pao），卷55，冊1-3（1969），頁183。

44　詳《文史通義》，〈原道〉（共三篇）。六經不足以盡道的問題，詳見〈原道〉下篇。

45　侯外廬，《近代中國思想學說史》（上海：生活書店，1947年5月），上冊，頁421-476。
　　按：該書撰就後，作者嘗於1944年1月1日寫一〈自序〉。由此可知該書應完成於1944年1月1日前。當然，章學誠的一章，即書中第八章，亦完成於1944年1月1日之前。

很可以概見了[46]。

　　所謂「近代意識」，侯氏並沒有特別予以說明。然而，細讀侯書第一編「第十七世紀中國學術之新氣象」（所討論者，計有王夫之、黃宗羲、顧炎武、顏元、李塨、傅山、李顒、朱瑜、唐甄等，共九人），便大抵可見他的「近代意識」是何所指了。大體來說，相對於十八世紀一般漢學家之埋首於餖飣考據來說，十七世紀的思想家是氣象博大的。「他們都是運用全人格的自我意識，繪製自己的理想（從學術的意識覺醒到社會覺醒），所以他們的經濟、政治的圖案，換言之，他們的世界觀，大都是在程度不相齊等的民主要求正途上。」（頁 421）又相對於清代的「官方哲學」，即以朱子學為主軸的宋學來說，十七世紀的思想家是更務實的——更追求實效性的，以經世致用為依歸的[47]。就實齋來說，他的思想跟十七世紀的偉大思想家是有差距的，但又遠勝於十八世紀的漢學家的狹義治學的路數。其取徑、用心可說介乎兩者之間。這所以侯氏說：「（章學誠）部份地繼承十七世紀的大儒傳統。所謂『部份地』，乃就其學術性的文化哲學而言，尚沒有全面地深刻光大了清初大儒的近代意識。」（頁 423）

　　以上是侯文第一節比較值得注意的重點。至於第二節，侯氏起首即說：

> 實齋的哲學思想，在傳統上言，一部份是繼承了他所贊許的「各得大道之一端之」諸子，尤以荀子、莊子、墨子、韓非子為然，一部份則是繼承了清初學者的基本思想。實齋的天道思想，是自然天道觀，揉合莊、荀二家的學術而成。（頁 445）

說到實齋繼承先秦諸子的傳統，侯氏是這樣說的：「……實齋自白『參取』百家

46　本書第六章〈綜論〉第三節之 3 對這個問題亦有所處理，可並參。

47　筆者的意思不是說宋明理學不重視經世致用；然而，與明末清初的顧、王、黃等人相比，宋明理學家頗流於空言。而所謂空言，即現今所說的概念性的語言。概念性的語言既比較多，則藉著史事以揭示、彰顯人生真諦的相關論說，尤其針對外族入侵而來的治國安邦的相關論說，便必相應的比較少。太史公嘗云：「（孔）子曰：我欲載之空言，不如見之於行事之深切著明也。」（《史記‧太史公自序》）這種著作態度，宋明理學家是比較欠缺的。

之學，見於其天道觀者甚明」（頁 448）。換言之，即以天道觀作爲主軸或作爲代表來論證實齋是繼承了先秦的傳統[48]。

至於實齋與清初傳統的關係，侯氏說：「……這首先表現在論道器的清初傳統，船山、黎洲、亭林所言最詳，他（實齋）亦繼承著這種餘緒。」（頁 448）

侯氏對先秦迄近現代的中國思想史是有研究的。這所以他能夠把實齋跟先秦，乃至跟近現代的思想家（哲學家），做一個對比的論述，也可以說他把實齋的思想源頭追溯了出來。當然追溯得對不對，可以再討論。侯氏又說：「清初學者多言理在事中，實齋繼承此旨。」綜上所述，侯氏是把實齋的道器論和事理論作爲媒介，以論證實齋繼承了清初的傳統。侯氏這些說法，都是有相當創意而爲前人很少論及的。再者，侯氏並認爲實齋的知識論很精彩，其中討論名實的關係也有「參取」先秦諸子的地方。（頁 450）按：實齋的知識論是深具實踐意趣的。侯氏即指出說：「他的知識實踐論，更有一個特識，即知識與生活合一。……其次，他論知識的實踐，在於見於行事的檢證。」（頁 453-454）按：陽明嘗謂：「某今說個知行合一，……」，又說：「未有知而不行者；知而不行，只是未知。」[49]即以行爲來檢證是否已眞眞正正的獲得了相關的知識。由此來說，實齋亦陽明學說的發揚光大者[50]。

侯氏又說：

> 實齋知識論更有內容決定形式的論斷。……形式亦不能不隨內容之變而亦變。……他認爲理的形式是柔性的，而事的內容是剛性的，知識是不能剛愎自用或主觀執見。（頁 454-455）

---

[48]　實齋的道論和諸子學說可有的關係，詳見《文史通義・原道》。

[49]　王守仁，《傳習錄》（臺北：臺灣商務印書館，1976），卷上，頁 9-12。

[50]　依實齋的判斷，其本人與陸九淵和王守仁是有學術承傳上關係的。此可參：《文史通義・浙東學術》。又可參《論戴震與章學誠》，頁 53-75，尤其頁 53-58；*The Life and Thought of Chang Hsüeh-ch'eng 1738-1801*, pp. 249-250, 279-280。

筆者認爲，一般來說，內容與形式恆須兼顧。就實齋來說，毋寧內容重於形式[51]。上引侯氏的論說是頗能掌握到實齋知識論的要義的。

實齋又嘗討論人性論的問題。人性本善或本惡，這是中國哲學上的一個大課題。據個人對實齋相關文獻的解讀[52]，實齋大體上認爲人性是本善的，但性中亦有惡；嘗云：「……是性亦有惡矣……。余意……是即可見性本善耳。」侯氏則謂：「……因而他（實齋）也不相信一般人所謂性是善的。」這個說法也許跟實齋的說法有點出入。然而，因爲實齋並沒有非常明確支持性本善這個說法，所以筆者就不堅持實齋是性善論者這個看法。值得注意的是，實齋不空談性善性惡這個問題；嘗云：「性命非可空言，當徵之於實用。」[53]這就是爲甚麼侯氏認爲「實齋則強調了後天『踐履實用』」（頁 457）、「特別著重於『踐形』，著重於『功力』，換言之，即著重於教育。」（頁 458）。綜合來說，依侯氏意：「實齋的意思，人性善惡是不可這樣空談，談要從具體的人與事中來談。」（頁 458），而最後並須本諸後天的教育而使人與事得其合理合宜的處置、發展，否則難以邁向善的境域。就此來看，實齋是很務實的，可謂一實用主義者，非性命空談者。

侯氏於第二節的結尾處，指出說：「……他只承認『人秉中和之氣以生』罷了。這頗近似於船山的『性，日生者也』。」（頁 460）這指出實齋之近似船山，可說充份回應了第一節「（章學誠）部份地繼承十七世紀的大儒傳統」（頁 423）和第二節「一部份則是繼承了清初學者的基本思想」（445）的說法。侯氏的說法，首尾呼應，可說其文章在結構上是相當嚴謹的。

侯文的第三節是處理實齋在中國史學上的分析理論。實齋的史學理論，事涉專門，我們另章（第三章）再做處理。

---

51 實齋的很多文字都反映他這個看法——文詞是工具，而內容才是撰文的目的，如嘗云：「志期於道，言以明志，文以足言。」又云：「文以明道。」前者見〈言公上篇〉，《文史通義》，頁 103；後者見〈答陳鑑亭〉，《文史通義》，頁 355。又可參本書第五章的相關論述。

52 主要文獻為〈書孫淵如觀察原性篇後〉，《文史通義》，頁 259-261。

53 本段各引文皆見〈書孫淵如觀察原性篇後〉。

在這裡筆者作點補充。侯氏認爲實齋是有唯物論的色彩的。他說：

> （實齋）在〈匡謬篇〉中說：「盈天地間惟萬物，屯次乾坤之義也。」這
> 顯然指物質實有以及自然的合法則運行。由此出發，在哲學上謂之唯物
> 論。這首先表現在論道器的清初傳統，船山、黎洲、亭林所言最詳。他亦
> 繼承著這種餘緒。（筆者按：此下論道器的關係）（頁 448）

首先應該指出的是，實齋〈匡謬篇〉中所說的話（即上引「」中的話），旨在指
出，任何著作中的序文都應該跟該著作有一定的關係（譬如說明爲甚麼撰寫該著
作，說明該著作之大旨等等）。爲了進一步闡釋這一點，實齋乃取《易經》的〈序
卦〉作爲案例來做說明[54]。這裡不詳細探究〈序卦〉與《易經》內容的關係。筆
者要指出的是，侯氏 "獨具隻眼"，居然從〈匡謬篇〉中：「盈天地間惟萬物，
屯次乾坤之義也」這兩句話而聯想到實齋具有唯物論的色彩；其下文更進一步指
出，實齋的道器論則更是唯物論色彩的具體表徵。據閱覽所及，侯氏是第二位（第
一位是李長之，詳上文）把實齋定位爲唯物論者的學者[55]。

---

[54] 實齋〈匡謬篇〉中所說的話：「盈天地間惟萬物，屯次乾坤之義也」，其中首句「盈天地
間惟萬物」，乃出自《易經・序卦》「盈天地之間者，唯萬物」一語，是用來描述乾坤兩
卦的。然而乾坤兩卦所說到的天地間的萬物又是怎麼樣的一個狀態呢？緊接著坤卦而來的
「屯卦」回應了這個問題。「屯」：「盈也；物之始生也」，這正好描繪了天地間萬物的
出現及其始生的狀態。因爲屯有這個意思，所以實齋在「盈天地間惟萬物」這句之後，便
馬上補上一句「屯次乾坤之義也」，來表示萬物是以充盈的狀態存在於天地之間的（即天
地間充滿著萬物）。這雖然是實齋本人的話，但其實只是〈序卦〉本來語句的改寫。本來
的語句爲：「故受之以屯。」要言之，實齋乃藉〈序卦〉以說明任何著作的序文都應該像
〈序卦〉一樣，其性質乃在於說明相關著作的內容旨趣。當然，〈匡謬篇〉還說到，作序
文者，更應該比照《詩經》、《書經》的〈序〉；即不必一定比照〈序卦〉，即不必完全
順應著作的篇章先後來說明其內容。

[55] 實齋是不是具唯物色彩的思想家，算不算唯物主義者、唯物論者，似乎不易斷言，可參本
書〈綜論〉一章的討論。筆者經常有一看法，實齋或其他學者，是不是唯物論者，不完全
是由該學者本身的學說可以判定的。觀察者（研究者）本身的學術性向，以至其個人信念
恆扮演相當重要的角色。就實齋的案例來說，如果不是侯氏本身是唯物論者，則恐怕不會

　　大體上來說，侯外盧《近代中國思想學說史》所處理實齋的一章，是有其貢獻的。但亦有若干地方可以進一步商榷。茲舉一例簡論如下：

　　侯氏的某些論點似乎是缺乏佐證的。侯氏認為實齋批評漢學，也批評宋學[56]。侯氏並認為漢學對實齋造成影響，乃指出說：「……然而他畢竟在當時的漢學封鎖中不能成為顯學[57]，而且到了晚年只得變通一些自己的主張，和漢學妥協，故修志一事便成了他的主要工作（雖然他爭修志的義例），……」（頁428-429）我們先不問實齋晚年有否和漢學妥協。我們要指出的是，很明顯，侯氏的意思是實齋晚年修志是很不得已而從事的一份工作；即這份工作跟彼所追求的理想：「立言之士，以意為宗」（《文史通義‧辨似》），是相扞格的。但筆者要指出的是，實齋修志是他的史學理念，甚至是他整個學術思想理念的具體

認定／發現實齋是具唯物色彩的思想家。能所互動、主客相交。傳統的看法是：被研究者（被研究的對象）有其客觀真實的面貌擺放在那裡，研究者只是如其本然的真際予以揭露而已。這種看法，恐怕早已過時，且也是過份樂觀的一種看法。侯氏本人的唯物論色彩，1947 年出版的《近代中國思想學說史》還不是很明顯。其九年後出版的《中國思想通史》（北京：北京人民出版社，1956）便很明顯了。稍一翻閱彼所撰之序文（1955 年 11 月 24 日）即可了然。其實，侯氏欣賞唯物論或欣賞馬克思主義，可遠溯彼讀大學的時代。彼 1920 年代讀北京法政大學時已認識李大釗，並由李氏的介紹而鍾情於馬克思主義。1927 年乃決定遠赴法國，學習德文，藉以翻譯馬克思的《資本論》。1930 年返國。其後又與王思華（1904-1978）共同翻譯該書。1936 年 6 月，《資本論》第一卷上、中、下三冊的合譯本乃以「世界名著譯叢」的名義出版。當年侯氏是以「玉樞」，而王氏是以 「右銘」的名字署名出版。詳參郭偉偉，〈不應遺忘的《資本論》翻譯者〉，「中國共產黨成立 90 周年特別報導」。（2012 年 05 月 14 日，bjrb.bjd.com.cn/ html/2012-05/14/content_84285.htm）；侯外盧，〈《資本論》譯讀始末〉，中共中央馬克思、恩格斯、列寧、斯大林著作編譯局，《馬克思恩格斯著作在中國的傳播》（北京：人民出版社，1983），頁 68-81。〈始末〉一文由華中科技大學哲學系廖曉煒教授掃描轉發過來，特此致謝。

56　實齋的相關說法，詳見《文史通義‧辨似》中論捨舟車及不用舟車的一段文字。《文史通義》，頁 74。

57　實齋不能成為顯學的學問到底是一種怎麼樣的學問？要言之，乃文史義理之學，甚至藉以經世致用的一種學問。也可以說是跟狹義的考據之學為背反的一種學問。白安理氏認為實齋思想的特色是：「經世、著述、別識心裁、開風氣」。此頗可綜括實齋學問的旨趣。白安理，上揭〈西方漢學家研究《文史通義》的商兌〉，頁 1-29。

落實；其相關理論之貢獻，可謂前無古人[58]。侯氏對這方面大概不太了解，所以便認為實齋是在不得已的情況下而不得不從事修志[59]。當然，侯氏可以作出如此的一個個人判斷，甚至其他判斷；然而，若要言之成理，則必須要有根據。但遺憾的是，侯氏並沒有從實齋的論著中提出相應的文獻佐證。也許我們可以說，侯氏因為壓根兒沒有意識到實齋之修志是其史學理念，以至其他理念，甚至是其終極關懷之具體展現，所以根本不認為需要從實齋的論著中提供甚麼相應的佐證。

我們再指出一點。如果說侯氏對某些議題論說得不很清楚，甚或有觀念不清之虞，那也許說得太重了一點。然而，某些語句的確頗讓人費解，茲舉兩例。其一，侯氏說：「『公言』（按：應作『言公』）上中下三篇，在我看來，是講主義的人民性，這是客觀的條件。」[60]（頁 442）何謂「主義的人民性」？又何以「主義的人民性」是「客觀的條件」？這些都是頗讓人費解的用語。侯文又有以下的一個標題：「學誠在中國史學上的分析理論」（頁461）。這個標題，似乎也不是很好理解的。

以上所論，大概只是筆者吹毛求疵的一些意見而已。大體來說，侯氏能從時代（清代）發展的大脈絡出發，以追蹤實齋的思想淵源，又能從當時大環境切入以論述實齋思想的局限，並能對實齋的哲學思想，尤其史學思想，作出相當深入中肯的論述，這都是〈繼承清初學術傳統底文化史學家章學誠〉一章書的貢獻所在。

58　實齋對方志的貢獻和對後世的影響，參本書附錄一的描述。

59　周啟榮、劉廣京指出說：「侯氏似全不解方志學在實齋史學理論，與及在其整個思想系統中的重要性。」周啟榮、劉廣京，〈學術經世：章學誠之文史論與經世思想〉，中央研究院近代史研究所編，《近世中國經世思想研討會論文集》（臺北：中央研究院近代史研究所，1984 年 4 月），頁 133，註 94。

60　〈言公〉一文，見《文史通義》，頁 103-115。

五、1950 年代的著作

（1、D. Nivison——**實齋的佛學思想**；2、羅球慶——略述《文史通義》；3、侯外廬——實齋的唯物主義色彩）

　　西方漢學家 D. Nivison 對實齋作出了超越前人的貢獻。Nivison 自學生時代，即醉心於研究實齋。國際漢學大師戴密微（P. Demiéville）說：「他（Nivison）對他（實齋）感興趣始於 1948 年。1953 年在哈佛大學完成了以研究實齋爲主題的一篇博士論文。」**61**此博士論文，筆者未獲睹。但其題目"The Literary and Historical Thought of Chang Hsüeh-ch'eng （1738-1801）: A study of his life and writing, with translations of six essays from the *Wen-shih t'ung-i*"（譯爲中文，即：〈章學誠的文史思想：章氏生平及著作研究（含《文史通義》六篇文章的英譯）〉），已使人獲悉該論文是一篇既研究實齋的生平，並探討其文學及史學思想暨翻譯實齋若干重要著作的一篇博士論文**62**。實齋的學術專業是通論文史的義

---

61 P. Demiéville, *Journal of the American Oriental Society*, vol. 87, no. 4（New Haven: American Oriental Society, 1967）, p.594b；亦可參傅吾康（Von Wolfgang Franke）的書評, "Ein neues Buch über Chang Hsüeh-ch'eng 1738-1801"（譯爲英文，即 A New Book on Chang Hsüeh-ch'eng 1738- 1801）, *Oriens Extremus*, vol. 16, no. 1 （1969）,頁 118.

62 據筆者所知，早期（3、40 年前）的西方漢學博士論文，尤其碩士論文，所撰寫的內容，大體上乃針對一本中國學術名著做述介，並把其中若干重要篇章翻譯成外文（如英文、法文、德文等等）即可。也許這談不上甚麼原創性、大發明。然而，如果把修讀漢學的博碩士學位（尤其碩士學位）定位為對修讀者做一點中文閱讀、理解能力的訓練，並藉以對西方做一點中國古典名著的引介的話，則上述的撰寫方向或論文內容的要求，是有一定價值的。今天的博士論文奢言原創性，侈言發前人所未發。上焉者，或真能成一家之言。下焉者，則不免流於天馬行空，讕言空話而已。憶業師嚴耕望先生嘗云，論著要紮實，一磚一瓦猶可爲用；海市蜃樓，固光艷奪目，但亦止於海市蜃樓而已！嚴師「一磚一瓦」的論說，見所撰〈序言〉，《治史經驗談》（臺北：臺灣商務印書館，1981），頁 3。其言曰：「……但期人人可以信賴，有一磚一瓦之用」。又見所撰《唐代交通圖考》（臺北：中央研究院歷史語言研究所，1985）的序文。文云：「當代前輩學人晚年著述，往往寄寓心曲，有一『我』字存乎筆端。余撰此書，只爲讀史治史者提供一磚一瓦之用，……」（頁 8）

理，所謂創通大義，其代表作名為《文史通義》即可概見其專業及學術志趣之所在。本此，即可知 Nivison 的大文已對實齋做了通盤的處理。據筆者所知，這篇完成於 1953 年的論文，乃迄當年為止，論述實齋最翔實的一篇著作[63]。

完成其博士論文後兩年，即 1955 年，Nivison 又撰寫了另一篇研究實齋的文章，名為〈章學誠的哲學〉（"The Philosophy of Chang Hsüeh-ch'eng"），發表在一本日本期刊上[64]。以筆者所見，至少就洋文來說，該文無疑是用這麼一個標題來研究章學誠的第一篇論文[65]，當然這並不表示前面沒有學者處理過實齋這方面的課題，譬如李長之、侯外廬即其例（詳上文）。

1955 年可視為實齋思想研究相當豐碩的一年。除 Nivison 一文外，尚有羅球慶和侯外廬的著作。前者名〈章實齋《文史通義》述略〉，僅三頁，既簡略，更談不上創見[66]。至於侯氏的著作，則與其 11 年前（即 1944 年）所撰寫而出版於 1947 年的《近代中國思想學說史》一書中所含的實齋研究相比較，實無若何差別。稍微不同的是，唯物主義的色彩比前更濃郁了[67]。原因當然是 1955 年中共

63　作為中國人來說，豈止「汗顏」二字可描繪心中愧疚之萬一。第一篇實齋年譜也是由外人（日本人內藤虎次郎）所完成。真所謂「禮失求諸野」乎？！

64　D. Nivison, "The Philosophy of Chang Hsüeh-ch'eng", *Occasional Papers*（專輯），Kyoto Kansai Asiatic Society（京都關西亞洲學會），1955。

65　國人相關論著用上「哲學」一詞者，似以下文為最早：楊天錫，〈章實齋的哲學思想〉，《群眾周刊》，卷 7，期 24，1942 年 12 月。又：Nivison 不單止對實齋的整體學術思想、文史思想、哲學思想感興趣而已。1956 年，又針對其佛教思想寫了一篇小文章。此即〈章學誠對佛教的態度〉（〈佛教に對する章學誠の態度〉），《印度學佛教學研究》，期 4（1956），頁 492-495。一言以蔽之，實齋對佛教是抱持負面評價的。然而，實齋實不懂佛學，如輕率地認為：「佛氏之學，……反覆審之，而知其本原出於易教也。」（《文史通義・易教》下篇，頁 6）即一例。有關實齋對佛學的態度，參胡適著，姚名達訂補，上揭《章實齋先生年譜》，頁 42；章學誠，上揭《章氏遺書》，頁 404 下，頁 433 上，頁 487 下-488 上。

66　羅球慶，〈章實齋《文史通義》述略〉，《新亞校刊》，期 7（1955），頁 11-13。

67　侯外廬，〈章學誠的思想〉，《中國思想通史》（北京：北京人民出版社，1956 年 8 月），卷 5，頁 485-540。視侯氏該書完成於 1955 年者，乃根據侯氏〈自序〉。此序文撰寫於 1955 年 11 月 24 日。唯物主義或馬烈主義比前書更顯著者，可以由該書所用的相關述語概見，如頁 495 的「歷史唯物主義」、頁 497、504、507、508、531、539 的「唯物論」／「唯

已在大陸完全掌握政權；侯氏立論，乃可以無所忌憚，而異於 1949 年前國民黨
當家作主的時代。

六、1960 年代的著作

（1、柴德賡——實齋的經世思想：政治關懷、社會關懷；「六經皆史說」；**實齋兼重義
理、詞章、考據；實齋擁護時王；實齋的學業水平**；劉、章學術比較；2、D. Nivison——
**對實齋展開全面探討；實齋的學說具現代意義；實齋我行我素（既獨特，但又傳統、保
守）；實齋對浙東學派的自我認同乃彼晚年的追認**；3、余我）

　　中國大陸相當著名的史學家柴德賡先生（1908-1970）於 1963 發表了一篇論
述章學誠的文章[68]。此文對實齋的一般學術思想以及其政治關懷、社會關懷，著
墨頗多[69]。在文章最後一段中，柴氏說：

物的觀點」，頁 507、518 的「唯心論」（乃相對於「唯物論」而用上此詞），頁 522 的
「封建統治階級」。伴隨著共產黨唯物主義色彩而來的，便是對「敵對階級」（資產階級、
中產階級）學者們的肆意攻擊。研究實齋而著有成績的學者，如胡適和錢穆當然難逃劫難。
11 年前的 1944 年，侯氏對他們的實齋研究是有所稱頌的，且不止一次首肯、引錄他們對
實齋所做的闡釋。今則不僅不予以引述，且予以調侃揶揄，譬如嘗以譏諷的口吻批評胡適，
說他不分青紅皂白，摭拾實齋某些理論之糟粕（按：實齋嘗對「高明」與「沈潛」做過論
述，侯氏視之為心理循環論的糟粕），即其一例。此見該書頁 519。

[68]　柴德賡，〈試論章學誠的學術思想〉，《光明日報》，《史學》，第 261 號（1963 年 5
月 8 日）；又收入柴德賡，《史學叢考》（北京：中華書局，1982 年 6 月），頁 300-312。

[69]　有關實齋的政治關懷，尤其對在位的政權——滿清，是否恆予以稱頌，不少學者都做過探
討。其中 D. Nivison 論述尤多。參 *The Life and Thought of Chang Hsüeh-ch'eng 1738-1801*, pp.
4-7，17，67，149-150. 這以後還會談到。1963 年大陸學人王知常嘗撰一文直接針對這方
面予以論述。這似乎是最早純粹針對這個課題予以探討的一文。王知常，〈論章學誠學術
思想中的政治觀點——《文史通義·原道篇》研究〉，《學術月刊》，期 10（1963 年），
頁 39-49。其實，針對實齋的一般思想做研究而發表於 1963 年的文章相當豐碩，如蘇淵雷
研究實齋文史校讎之學的文章，便發表於該年。蘇淵雷，〈章學誠文史校讎之學〉，《哈
爾濱師院學報》，期 3（1963 年），頁 399-407。

　　　　像章學誠這樣一位學者，我覺得近來肯定的過多了一些，批判則太少

　　　了。……我們今天對於章學誠的學術遺產，更應該仔細地研究，恰當地評

　　　價。本文試圖從這個角度對他提出一些初步分析和看法。（頁 312）

　　據上引文，柴氏撰文的動機，他本人說得夠清楚了。《文史通義》第一篇文章〈易
教〉（上篇）劈頭的第一句話是：「六經皆史也」。這個說法（或可稱為命題），
吸引了不少實齋的研究者，柴氏也不為例外。經、史關係的問題，與實齋同時代
的學者錢大昕（1728-1804）也很關注。柴氏在文章中指出說：「……錢大昕要替
史學爭地位，他的話對當時有些影響，但他只提《尚書》、《左傳》，不及章學
誠的六經皆史說概括、全面。」（頁 301）可見柴氏是頗為推重實齋的。然而，
柴氏話鋒一轉，指責實齋「的意圖不是抑經以尊史，實際還是為了尊經。」[70]（頁
302）柴氏這個說法，個人是有所保留的。筆者在本書他處嘗指出，實齋尊經，
此固然；但「六經皆史」一語，其實是意圖把史提升到經的地位[71]。（甚至有點
尊史抑經）籠統言之，實齋固尊經，但也同樣尊史；而為了尊史，在當時尊經、
宗經的大環境下，便必得把史提升到經的地位，否則無以尊之、宗之。錢大昕嘗
云：「經與史豈有二學哉。」[72]就此來說，實齋與錢氏並無二致，即二人同尊經、
史。其實，如要追溯學人對經、史關係的討論，認為彼等把二者置於平等或相若
的地位的，柴氏僅舉實齋同時代人錢大昕為例是很不足夠的。在大昕及實齋之

70　我們先不討論尊經到底好不好的問題，經書值不值得尊的問題。但很明顯，從左派（尤其
　　極左）史家的立場─謳歌歷史唯物論，稱揚馬列主義，並揚言打倒中華傳統文化─來看，
　　中國的經書當然是不值得尊崇的；反之，應棄之如敝屣。柴氏撰文於 1963 年的中國大陸，
　　其立場便不必多說了。但曾幾何時，20 世紀 90 年代迄今，經書的地位又重新被肯定。中
　　國二三千年的智慧，不是要打倒便可以打倒的。五四時代的學人（指全盤西化論者）固淺
　　薄無根；盲目相信某某主義的信徒們，更等而下之了。

71　P. Demiéville 在筆者之前早已作出這種解讀。P. Demiéville, "Chang Hsüeh-ch'eng and his
　　Historiography", ed. W. G. Beasley & E. G. Pulleyblank, *Historians of China and Japan*
　　（London: Oxford University Press. 1961）, p. 178.

72　錢大昕，〈序〉，趙翼，《廿二史箚記》。

前，早有學者論述過二者的關係，如王陽明即說過：「五經亦史」這類的話[73]。然而，抬舉史書的位階至經書的位階藉以尊史（甚或進而抑經）的，蓋始自實齋；前輩學人或同時代學人，似從無這樣的一個構想。這是實齋異於前人／時人，或勝於前人／時人之處。

柴氏嘗謂實齋兼重義理、詞章、考據[74]。（頁 303）這個說法，恰似當時的桐城派。但兩者又實有不同。柴氏說：「其實，桐城派以義理、考據爲詞章服務，章則把三者結合爲一體，三者的次序先後亦有分寸，兩者是不同的。」（頁 303）柴氏確有所見[75]。

實齋論學，旨在經世。這方面，柴氏注意到了；指出說：「經世就是要爲社會政治服務，問題是爲那一種政治服務，怎樣去爲政治服務。」（頁 305）柴氏提出這個問題後，便對實齋展開了相當嚴苛的批評。簡言之，柴氏認爲實齋「必然代表地主階級的立場觀點，……他的思想是以擁護當時的封建統治爲惟一職志」（頁 305），並認爲實齋積極地擁護「時王」。按：實齋之擁護時王，擁護滿清政權，是很明顯的，嘗云：「自唐虞三代以還，得天下之正者，未有如我大清。……惟我朝以討賊入關，繼絕興廢，褒忠錄義，天與人歸。」[76]這幾句話是實齋在他垂暮之年的 59 歲（歲次丙辰，1796 年；實齋卒於 1801 年）時，在讀書箚記中寫下的。柴氏一針見血的指出說：「他這些話，如果是在奏章和公開頌聖時說，那是官僚們的事情，因爲不能不說，關係還輕；偏偏他是在自己的箚記中這樣說，正說明這是他的眞實思想。清代學者中講這種話的除了章學誠以外倒很少見。」（頁 308-309）柴氏並認爲實齋上面的話有三個論點。其中第三個論點，筆者最感興趣，如下：「清朝取之於李自成，天與人歸。」（頁 308）中國共產黨取得政權，其手段與李自成（1605？-1645）相同，皆所謂農民起義也。

---

73 王氏說法，見《傳習錄》，卷上。詳參錢鍾書，〈附說二十二：實齋六經皆史說探源補闕〉，《談藝錄》（上海：啟明書局，1948），頁 315-318。

74 實齋相關說法，詳《文史通義・原道（下篇）》。

75 然而，在柴氏之前，郭紹虞已有類似的說法。郭紹虞，〈袁簡齋與章實齋之思想與其文論〉，《學林》，期 8（1941 年），頁 76-77。郭氏這篇文章，下文第四章再探討。

76 〈丙辰箚記〉，上揭《章氏遺書・外編》，卷 3，頁 875a-b。

然而，實齋視李自成爲賊，視滿清把李自成趕走，取而代之，是天與人歸。實齋這個看法，當然不可能爲柴氏所接受。彼非常嚴苛地批評實齋，這恐怕是一個主因。

柴氏又認爲實齋的學業水平有問題（頁 310-311）。其一是有關史書體例的。這個問題，余嘉錫早已指出[77]。至於第二個問題，是有關書籍源流的研究的。柴氏指出說，《舊唐書‧經籍志》所以不收錄韓愈（768-824）、柳宗元（773-819）、杜甫（712-770）、李白（701-762）等人的詩文，並不是像實齋所說的：「其本志有殘逸不全」，而是由於該〈志〉是轉錄自毌煚的《古今書錄》；而「《古今書錄》止於開元，自然不會有李杜韓柳集。〈志‧序〉中本來說明白了的，他（實齋）自己不注意看。」柴氏更下判語說：「這是憑主觀想像的」，並直斥「學誠是以辨彰學術，考鏡源流相標榜的，這些書籍源流並未清楚，又有甚麼可以驕傲的呢？」（以上均見頁 311）[78]

然而，柴氏對實齋也不是完全抱持負面評價的，嘗云：

> 平情而論，學誠之學，有他自己的一套見解，但腳踏實地的工夫稍差。因此，他想得多，做得少。……他看不起劉知幾，我們覺得劉知幾的工夫比他實在得多。（頁 312）

劉知幾嘗自省其個性曰：「喜談名理，……敢輕議前哲。」[79]個人認爲這句話完全適用在實齋身上。實齋確如柴氏所言——「想得多」。喜歡談理論的人，當然是想得多的，否則無法談理論；至於「做得少」，這也是事實[80]。然而，人生

---

[77] 早於柴氏 23 年前，即 1940 年余嘉錫已爲文指出實齋學術水平的問題；詳上文。有關史書體例的問題，見上揭《余嘉錫論學雜著》，頁 621-623。其實，柴氏亦知悉余嘉錫曾處理過實齋「學業水平」的問題。相關意見，見柴文頁 310。

[78] 實齋意見，見《校讎通義‧內篇一‧著錄殘逸第八》。

[79] 《史通》，卷十，〈自敍〉第三十六。

[80] 當然實齋也修纂了不少方志，但本來打算改撰重修的《宋史》，始終沒有下文，而停留在構想的階段。此頗可說明實齋是「想得多」（談理論、理想較多），「做得少」（付諸實踐者較少）。實齋的相關構想，見《文史通義‧與邵二雲論修宋史書》。

是有限的，時間是一個常數；多用來建構理論，那剩下來實踐的時間當然便不多。就以科學來說，可以分爲理論與實證（實驗）兩類。恐怕很難要求同一個人在兩方面都要有傑出的表現吧。如果從這個角度來看實齋，那他 64 歲的生命所成就的，已相當值得稱道了。

綜上所述，柴氏對實齋的批評，有中肯的，也有過於苛求的。柴氏對實齋的批評，筆者願多說一項。個人認爲似乎應該把實齋經世致用的社會關懷跟他對時王的歌頌，或所謂頌清的理念，分開來看。當然我們都很清楚，所有對人民帶來福祉的措施，或改善其具體生活質素的手段，原則上都會對在位的政權帶來安定，把它維穩住的；無論這個政權是漢族政權，如漢、唐也好，異族政權，如元、清也罷。除非我們認爲政治革命，推翻現存政權是改善人民生活的唯一方法、手段，否則我們實在不應該排斥爲人民帶來福祉的任何措施，也不應該否定改善人民具體生活質素的任何構想。然而，柴氏不這麼想，他把實齋一切經世致用的意圖，似乎都解讀爲只是著眼於設法爲滿清政權維穩而已！柴氏支持農民革命，一心要推翻他心目中的所謂封建王朝。這方面，筆者不予置評。然而，他這個濃烈的意識型態讓他的整個思想似乎被綁架了。這是比較可惜的[81]。

上面我們分別檢視了李長之、侯外廬和柴德賡三位中共文學批評家、思想家和史學家的「實齋研究」。唯物主義、馬列主義的意識型態，他們似乎一位比一位來得重。筆者絕不反對個人的政治信念或信仰。個人政治信念好比宗教信念，是應該予以尊重的。但問題是，把此等富有教條主義色彩的信念用在學術

---

[81] 順便一提的是，寧波大學史學史研究所等單位於 2014.06.07-08 假寧波白雲莊舉行「浙東學派和現代歷史理論研討會」，筆者應邀參加。會中筆者談到實齋頌清的言論乃違反「民族（漢族）大義、民族（漢族）精神」的問題。是以實齋到底是否符合浙東學派的精神，因此是否夠資格成爲其中一成員，實可再商權。與會者李幼蒸教授、錢茂偉教授則認爲，不必以民族精神作爲判準以否定實齋之爲浙東學派一成員。2014.06.12 筆者參加中央大學中國文學系劉一同學碩士學位論文口試，並擔任會議主席。劉文云：「章（學誠）、邵（晉涵）諸人早就是清朝臣民，……若仍責之以故國之思，未免不合情理。……所謂『民族思想』云云，實難概括有清一代浙東學術之總體特徵。」劉一，〈邵晉涵史學形成之研究〉，頁 42。筆者認爲李、錢、劉等人的看法，很值得吾人參考，是以開列如上。

研究上，是否恰當？要言之，是否更能獲致，或適得其反，反而妨礙了客觀的研究成果？這恐怕是很值得進一步商榷的。

　　對實齋展開全面研究的第一部專著在 1966 年終於面世了。這就是上文屢次提到過的 D. Nivison, *The Life and Thought of Chang Hsüeh-ch'eng 1738-1801* 一書[82]。此專著無疑是 Nivison 以其 1953 年的博士論文為基礎改寫而成的一部著作，全書300多頁，實齋的生平及學術思想的各方面大體上都注意到了。該書內容紮實、析理透闢、立論中肯；洵為實齋最大功臣[83]。凡研究章學誠者，恐非參考該書不可。作為中國人，深感汗顏無地。以下詳細介紹論述之。

　　茲先引錄戴密微（P. Demiéville）對該書的評價。戴氏說：

　　　　倪文遜先生著手章學誠研究應該有將近二十年的歷史了。自此之後，章氏的形像乃能為西方人所認識。倪氏對章氏感興趣始於 1948 年。1953 年以章氏為研究對象而撰就了哈佛博士論文。他現今賜給我們內容紮實、析理透闢，尤其是立論非常中肯超然的一部著作。[84]

倪著在戴氏心中之地位可見。兩年後，即 1969 年，戴氏高足，筆者的業師謝和

---

82 Stanford: Stanford University Press, 1966. 順帶一提，迨 Nivison 一書出版時，學界對實齋研究已貢獻了四種英文專著。其一是百瀨弘（Hiromu Momose）於 1935 年所撰寫的實齋傳記；見 *Eminent Chinese of the Ch'ing Period*（Washington: US Government Printing Office, 1943），pp. 38-41。其二是朱士嘉撰就於 1950 年的博士論文。Chu shih-chia，*Chang Hsüeh-ch'eng, his Contribution to Chinese local Historiography*（New York: Columbia University, 1950），231pp. 其三是上文多次提到過的 D. Nivison1953 年所完成的博士論文。其四是 P. Demiéville 撰寫於 1956 年的 "*Chang Hsüeh-ch'eng and his Historiography*"，*Historians of China and Japan*, pp. 167-185.倪書有中譯本。此即倪德衛（本書一概譯作「倪文遜」）著，楊立華譯，《章學誠的生平及其思想》（南京：江蘇人民出版社，2008）。

83 白安理教授比較持相反的意見。上揭所撰博士論文〈西方漢學家研究《文史通義》的商兌〉（1983）對西方漢學家（文中主要是針對 D. Nivison、P. Demiéville 兩人）的實齋研究，雖不無稱道之處，但大體來說，是貶遠過於褒的。

84 P. Demiéville, *Journal of the American Oriental Society*, vol. 87, no. 4（New Haven: American Oriental Society, 1967），p. 594b.

耐教授（J. Gernet）針對倪著寫了一書評，對倪著也深予肯定。在書評中先指出何以實齋值得研究。謝氏說：章學誠是「18 世紀的中國最具原創性及最深邃的心靈之一」，且也是「18 世紀的中國最偉大的思想家之一」[85]。實齋之值得研究，謝氏一語道破。然而，倪文遜的研究面向頗廣，為何對實齋情有獨鍾，且迄 1965 年為止，已花了將近二十年的時光來研究實齋，並為他貢獻一部具相當份量的專著呢？倪氏當然有其深思熟慮的原因的，如下：

（一）倪氏指出，在其撰著 *The Life and thought of Chang Hsüeh -ch'eng* 之前不久，中國學者可以分為兩大陣營。史學家和（政治）觀察家以探究中國與西方之互動為主軸；漢學家則以鑽研中國的過去為其用心所在。倪氏指出，最近二十年（即迄其專著完成時之前二十年），學術氛圍已有所轉易。若干學者乃致力於把兩者結合在一起。而章學誠正係中國大傳統孕育下的人物，卻又係與現代性有一定關聯的學者，所以這樣子的一個人物，正好係學者們值得大顯身手予以探研的一個絕佳對象[86]。（倪書，頁 vii-viii）

（二）倪氏又指出，其前的研究者，如顧頡剛、胡適、馮友蘭等，或只觸及實齋學術的一些零碎的面向，甚或錯誤理解其學術旨趣[87]（頁 285），是以有待補充糾正。

（三）倪氏認為實齋的學說有其現代意義。是以值得予以闡發。（頁 275）

85　J. Gernet, *T'oung Pao*, vol. 55, no. 1-3（1969），pp. 175-176.

86　作為檢視中國文化之過去並開啟其未來的一個學人而言，實齋的確是很值得研究的。戴密微在這方面與倪氏抱持相同的看法。P. Demiéville, *Journal of the American Oriental Society*, vol. 87, no. 4, p.600a-b.

87　倪氏認為顧頡剛只談及實齋學問的一些零碎面向。顧氏說，見《古史辨》（香港：太平書局，1962），冊一，頁 91-92。倪氏又認為胡適錯誤解讀實齋書，其中「六經皆史也」一語的解讀即其例。胡氏說，見胡適著，姚名達訂補，上揭《章實齋先生年譜》，頁 137-138。倪氏又指出，馮友蘭領悟不到實齋所說的歷史通則乃源自彼對歷史作哲學式的思考，而並非源自歷史學之本身。（Fung…… failed to see that his（*Chang Hsüeh-ch'eng's*）historical generalizations are"history philosophically considered", not history perse）。馮說見《中國哲學史》（香港：開明書店，缺出版年份，大概根據上海商務印書館之版本重印），頁 28-29，43-44。倪氏對以上三家的批評，主要見頁 285；批評胡適誤解「六經皆史也」，更詳見頁 201。

（四）倪氏認爲實齋乃第一流的學者。透過他以深入的窺看另一世界（中國對於
　　美國人來說，當然是另一世界）是非常值得嘗試的一個作法。（頁 297）

　　倪氏書共 10 章，大體上順時間先後，描繪實齋一生之事蹟。實齋的各學
說，則按照一定的主題嵌入其一生之各階段中[88]。下文不打算撮述倪書的重點，
因自該書出版後的三、五年內，已有不少書評進行過這方面的述介[89]。是以下文
僅對該等書評未嘗提及，然而乃係倪書值得注意的重點，予以指出[90]。茲先開列

---

[88]　人一生的思想發展恆可分為若干階段，並各有其特色。然而，某特色又可橫跨二三個階段
　　（時段），或同一階段（時段）又可有二三特色共存其間。所以一時段與一特色難以全然
　　相互配合一致。然而，倪氏在處理實齋時，這方面算是處理得相當周延。當然也許由於實
　　齋本人之思想是時段與特色剛好相當一致吧。這方面，倪氏在書中已有所指陳，見頁 ix。
　　倪氏把實齋之思想特色嵌入其一生之各階段中而分別予以闡釋（當然有時候是需要作前後
　　貫聯的，否則同一特色之持續發展便被人為的時間分段打斷了）。這個做法，戴密微跟謝
　　和耐相當欣賞，並認為倪氏做得很到位。上揭 P. Demiéville, *Journal of the American Oriental
　　Society, p. 595a;* 上揭 J. Gernet, *T'oung Pao*, p. 175.

[89]　就筆者所見，倪書出版後二三年內，即 1969 年前，相關書評已有下列各種。今按出版先
　　後開列如下：
　　（1）DEMIEVILLE, P., *Journal of the American Oriental Society*, vol. 87, no. 4（1967），pp.
　　　　594a-600b.
　　（2）WANG, Yi-t'ung（王伊同），*The Journal of the Asian Studies,* vol. 27, no. 1（1967），
　　　　pp.137-139.
　　（3）POKORA, T., *Archiv Orientální*, vol. 35, no.1（1967），pp. 176-178.
　　（4）FRANKE, Herbert, *Journal of Asian History,* vol. 2, no.1（1968），pp. 64-65.
　　（5）LANCIOTTI, Lionello, *East and West*, vol. 18, no. 1-2（1968），p. 255.
　　（6）TWITCHETT, D. C., *Bulletin of the School of Oriental and African Studies*, vol. 31, no. 2
　　　　（1968），p 419.
　　（7）BEHRSING, S., *Orientalistische Literaturzeitung,* vol. 64, no.3-4（1969），pp. 202-203.
　　（8）FRANKE, Von Wolfgang, *Oriens Extremus*, vol. 16, no. 1（1969），pp. 117-121.
　　（9）GERNET, J., *T'oung Pao*, vol. 55, no. 1-3（1969），pp. 175-183.
　　以上部份書評，並未獲睹。

[90]　倪書出版後翌年，即 1967 年，便獲頒法國法蘭西研究院（Institut de France）儒蓮漢學獎
　　（prix Stanislas Julien）。參上揭 *Journal of the American Oriental Society, p. 599b,* 註 9。

倪書之目次如下：引論（Introduction）、背景及教育（Background and Education）、成功（Success）[91]、目錄書之編纂（Books about Books）、書院講席（Master of Academies）、文與質（Art and Substance）、歷史與道（History and Tao）、史家之技藝（The Historian's Craft）、史學形上學（The Metaphysics of Historiography）、最後的奮鬥（Last Battles）、遲來的讚譽（Late Praise）、註釋（Notes）、引用書目簡介（Bibliographical Note）、索引（Index）。以上引論獨立爲一項，註釋、引用書目簡介和索引，可視爲附錄。換言之，倪書之主體部份，凡 10 章，共 ix+336 頁。

就個人所見，迄筆者博論之完成前爲止（即 1986 年年底之前），倪書乃研究實齋最全面的一部專著（含中文、日文、英文、法文等等所有著作）[92]。茲進一步述說爲何筆者有這個看法。前揭朱士嘉撰就於 1950 年的博論，固有貢獻於實齋研究，唯內容大抵僅著眼於實齋方志學方面的表現。吳天任近 300 頁的專著（1958 年出版），重點則偏重處理實齋之史學（含方志學），其書名很可以概見[93]。董金裕的著作（1976 年出版）處理得相當全面，但相對於倪書而言，可說「訓詁式的敍述」遠多於「哲學式的闡釋、疏解」[94]。董書出版之同年（1976），羅思美也出版了一部研究實齋的專著，惟內容僅止於實齋的文學理論[95]。也是 1976 年，一本很值得關注的專著出版了。這就是余英時的《論戴震與章學誠》。然而，該書，如其書名所示，不全然以研究實齋爲主軸[96]。1978 年洪金進完成

---

[91] 筆者按：指中舉及成進士。

[92] 實齋生平及思想的方方面面，倪書可說都關注到了。第一、二章是關於實齋的生平的；第三章處理實齋目錄學方面的思想；第四章既探究其教書生活，亦揭示其教育理念；第五、六、七、八章則分別鑽研其文學、哲學、史學、歷史哲學方面的見解；九、十兩章則分別處理實齋晚年的奮鬥及回顧近現代學人的實齋研究概況。

[93] 吳天任，《章實齋的史學》（香港：東南書局，1958），共 296 頁。

[94] 董金裕，《章實齋學記》（臺北：嘉新水泥公司，1976），共 191 頁。此專著源自董氏的碩士論文（臺灣政治大學中文所，1973）。就其質、量來說，其水準可謂已在一般碩論之上。

[95] 羅思美，《章實齋文學理論研究》（臺北：臺灣學生書局，1976），共 166 頁。

[96] 余氏治學恆有慧解。其專著《論戴震與章學誠》雖非全面研究實齋，但自有其貢獻在。這下文將做處理。

了研究實齋方志學的碩士論文[97]。該論文共 10 章，400 多頁，煌煌鉅構也；洵爲迄當年爲止，篇幅最大的著作。但細審其目錄，則僅兩章半左右（110 頁）是探研實齋的方志學說的。其餘則是處理方志學的發展史（歷代方志源流、清代方志學等），並闡述實齋的生平（傳略）及其學術思想等等的面向的。

　　以上旨在向讀者介紹，1970 年代之前研究實齋的專書或一般的博碩士論文，至少就整全性方面而言，乃無法跟倪著相比。此外，其他論著（學報期刊論文），在處理問題之全面性方面更無法與倪著齊驅並駕，雖在個別問題之探討上，或不無優勝之處。

　　倪氏雖爲漢學家，但深具一般漢學家比較欠缺之哲學素養。其相應之慧解精識乃能透悉實齋學問之底蘊。然而，哲學家或不免游談無根。倪氏固「好談名理」，但所談又以以文獻爲據，非天馬行空者可比[98]。倪氏大概通讀了整部《章氏遺書》。至於前人研究成果，倪氏經常參閱者即超過 10 種，並嘗予以述介（頁319-322）；雖未作述介但與倪氏專書直接相關繫而爲彼所參閱者，又不下 10種[99]；非直接相關繫而仍爲倪氏參閱者，更不知凡幾。換言之，倪氏是參閱了大量前人研究成果而始下筆爲文的[100]。

---

[97] 洪金進，《章實齋之方志學說》（高雄：高雄師範學院國文研究所，1978），共 428 頁。可並參臺灣博碩士論文知識加值系統（網路版）。

[98] 詳參前面提到過的各書評，尤其是 P. Demiéville 和 J. Gernet 所撰寫者。

[99] 今開列此等著作之撰著者姓名及見諸倪書之頁碼如次，以便讀者稽查：P. Demiéville 戴密微（頁 312）、Fu Chen-lun 傅振倫（頁 260，註 h）、Kuo Shao-yü 郭紹虞（頁 135，註 q）、Lei Hai-tsung 雷海宗（頁 305-306）、D. Nivison 倪文遜（頁 304）、Shen Jen 沈任（頁 119，註 h；頁 203，註 f；頁 310）、Sun Tz'u-chou 孫次舟（頁 314）、Yü Ying-shih 余英時（頁 315）、Chang Shu-tzu 張述祖（頁 174，註 J）、Chao Yü-ch'uan 趙譽船（頁 302）、Chou Yü-t'ung 周予同和 T'ang Chih-chün 湯志鈞（頁 314）。以上括號內之頁碼指倪書之頁碼。為省篇幅，各著作之標題及出版資訊，則一概從略。

[100] 戴密微（P. Demiéville）亦指出倪氏參考了大量前人研究成果，所缺者唯若干種日人的相關著作而已（上揭戴著，頁 599，註 9）。按：倪氏確參考了不少前人研究成果，但所缺者則並不是如戴氏所說的僅止於若干種日人研究成果而已。當然，筆者是這方面的「專家」（此為拙博論研究之主軸所在），自不應從這方面來要求倪氏的。

　　倪書的各種優劣，大體上上述各相關書評都有所指陳。今僅針對比較沒有被注意或被注意得不夠的部份，作進一步探研。倪氏說：「要言之，實齋一向特立獨行，我行我素。」（Chang in short was his own man.（頁 279））這當係倪氏充份研究實齋本人的思想及其思想與其他學者的思想的承傳關係後，所作出的一個判斷。（頁 275-280）。依筆者所見，實齋確爲 18 世紀的中國，相當具原創性及具慧解精識的一個思想家。但說實齋"was his own man"，也許說得太滿了一點。鑽研實齋將近二十年的余英時，便有不同的看法；業師許冠三先生也有不同的看法[101]。倪氏認爲實齋對浙東學派的自我認同，只能看作實齋思索一輩子之後的一種晚年的追認（a lifetime's afterthought（倪書，頁 279））。換言之，倪氏認爲實齋還是「我行我素」（不隨人腳跟、拾人牙慧；現今臺灣的流行語是：做自己），而並不認爲兩者在學術的傳承上有若何關聯。余氏則持不同的看法，認爲倪氏的看法過於機械。然而，卻肯定倪氏的晚年追認論，認爲「是一個富於啓示性的說法。」[102]

　　倪氏素來認爲實齋的思想恆異於一般思想家而非常獨特。他在探究實齋的學術思想而認爲實齋本人有相當多不一致之處時，這麼說：「……實齋這些方面既係獨特的，但也是很傳統、保守的。他永遠都是難以捉摸、不可預測的。」（……His is a flag of independence as well as of orthodoxy, and he remains unpredictable.（p.244））根據戴密微，倪氏所說的不一致之處（甚或「矛盾」之處），有時恐怕只是一些假象而已。越過表面上的文字表述而深入到實齋的思想底層來看，這些所謂矛盾，其實乃其現代主義（現代性）與保守主義（保守性）的一個混合體[103]。我們要感謝倪氏的是，他揭示、重現了這些「矛盾」（無論是真矛盾也好，只是假象也罷），並力圖予以調和，使其相一致。然而，他的努力

---

[101] 余氏研究實齋的第一篇論文撰寫於 1957 年。其專著《論戴震與章學誠》則完成於 1975 年並出版於 1976 年。所以筆者說，余氏研究實齋將近 20 年。詳參該書余氏〈自序〉，頁 1、10。許氏認爲實齋的史學構想有不少是從劉知幾轉手而來的。許氏的意見，詳參本書下章的相關討論。

[102] 《論戴震與章學誠》，頁 56-57。

[103] 上揭 P. Demiéville , *Journal of the American Oriental Society*, p. 594b.

不是全然讓人叫好認同的。譬如王伊同先生便指出說：「其努力並不是獲得太多回饋的，甚或方向錯誤，且很多時一往而不返。」（his efforts have not been too rewarding and are perhaps even misdirected, and quite often he reaches points of no return.）*104*儒者恆言：「只問耕耘，不問收穫。」如果這個理想是太高，太不切實際的話，那倪氏爲協同調和所做出的努力，雖不必然獲致相應的報酬／回饋，但亦不至於全無成效、收穫。何以言之？爲求達致調和相一致，那必得先把其不一致，或看似不一致（甚或矛盾）之處，予以清楚明確的揭示、彰顯；否則何來後來的協同調和呢？所以各個協同調和（或若干協同調和）或不免陷於失敗，但實齋眾多學術面向必因倪氏的努力而獲得更清晰的面目。若筆者這個判語不假，則倪氏大著中的相關研究便有其貢獻了。

坦白說，如實不偏且全幅地呈現實齋的學術思想面貌，的確不是易事。此或如倪氏所說的，實齋是一個難以捉摸、不可預測的思想家。然而，筆者認爲，倪氏的實齋研究已經爲學界樹立了一面不朽的里程碑。當然，任何研究都不可能是完美無瑕疵的，倪著又豈爲例外。錢大昕嘗云：「愚以爲學問乃千秋事，訂譌規過，非爲訾毀前人，實以嘉惠後學。」*105*又說：「夫史非一家之書，實千載之書。袪其疑，乃能堅其信；指其瑕，益以見其美。拾遺規過，匪爲齮齕前人，實以開導後學。」*106*筆者即本此用心，針對倪書（其實針對本書所處理的所有「實齋研究」亦本同一用心），提出以下的意見。

1. 如上所言，全書共 10 章。其中 7 章：第 1、2、4、7、8、9、10 章，內容上不再分節（目錄頁全不分節，亦不立節目）。這比較難於讓讀者掌握各章書之不同重點。

2. 實齋認識戴震是由於鄭虎文（1714-1784）的介紹，而不是如倪書（頁 32-33）所說的是由於朱筠的介紹*107*。

104　上揭 Yi-t'ung Wang（王伊同）, *The Journal of the Asian Studies*, p.138.

105　錢大昕，〈答王西莊書〉，《潛研堂集》（上海：上海古籍出版社，1989），卷 35，頁 636。

106　錢大昕，〈序〉，《廿二史考異》，《潛研堂集》，卷 24，頁 407。

107　上揭《文史通義》，頁 368；《論戴震與章學誠》，頁 6。

3. 倪氏認為實齋未嘗參與辛卯科（1771 年）的鄉試（頁 37，註 d）。此誤[108]。

4. 書中若干地方，倪氏並不直接引據實齋之著作，而轉引二手資料。這是比較嚴謹的研究者不宜犯的毛病[109]。

5. 書中之若干翻譯，偶有值得商榷之處。茲舉一例。實齋嘗云：「日月倏忽，得過日多，檢點前後，識力頗進而記誦益衰。」[110]倪書譯作："As time flies on, I am daily getting through more and more in my reading. As I go through it carefully, my understanding grows apace and my preoccupation with data subsides more and more."（頁 42）如譯成中文，當如下：「歲月遷移，個人閱讀（讀書）亦隨而有所增益。在仔細閱讀的過程中，識力大進；然而，關注資料的精神用心便日見走下坡了。」很明顯，倪氏譯文中以下的一句話："I am getting through more and more in my reading."，是譯錯了。倪氏以"getting through"來對應實齋原文「得過日多」之「過」字。然而，此所謂「過」，乃實齋由反省而來之自謙語，自述在光陰似箭的歲月中，自己犯了不少「過」錯；而絕非如倪氏翻譯所指的在日月流逝的過程中，閱讀「過」很多書[111]！再者，「記誦」譯作"preoccupation with data"也不很到位。記誦固然包含 preoccupation with data，但「記誦」的涵意似更廣。

6. 倪氏說：「1773 年，實齋與戴震曾有過兩次重要的聚會。」（In 1773, Chang had two important meetings with Tai Chen. 頁 47），其一在寧波，另一在杭州（頁 47、49）。1773 年實齋確在杭州，但相關文獻並沒有顯示兩人在該地曾經見過面；見面者，乃係戴氏與著名詩人吳穎芳（1702-1781）[112]。談次間，

---

[108] 余英時針對此問題嘗予以糾正，參《論戴震與章學誠》，頁 146，註 1 最後一段的說明。

[109] 茲舉一例：實齋嘗修〈與嚴冬友侍讀書〉。其內容見載《章氏遺書》，卷 29.64b-65b。該〈侍讀書〉，倪書（頁 42，註 a）轉引自胡適撰，姚名達訂補的《章實齋先生年譜》（頁 29），而不逕引《章氏遺書》。

[110] 章學誠，〈與嚴冬友侍讀書〉，《章氏遺書》，卷 29.65a。

[111] 要言之，「得過日多」之「過」，乃名詞，指「過錯」；倪氏之"getting through"乃動詞，指「經過」、「做過」。

[112] 吳氏富於財資，不求功名、仕進。而專注於賦詩、音律、棋藝、古玩等。詳參互動百科及其他網路資訊。

戴氏曾痛詆鄭樵（1104-1162）的《通志》[113]。然而，實齋未嘗在場參與討論，而係事後獲悉其事時而對戴氏深致不滿。

以上六項可說是倪書的一些瑕疵。然而，瑕不掩瑜。戴密微嘗云：「感謝美國漢學大師爲這個偉大人物樹立起第一面永恆且名副其實的一面紀念碑。」[114]此言至當；只是「第一面」也許說得誇張了一點。因爲在倪氏之前，如胡適，甚至吳天任等等已作出過相當貢獻。當然，如戴氏所說的第一面是針對外文所撰寫的著作而言，則戴氏所言固不謬。

上文針對倪書的論述，佔篇幅似乎過多了一點。願做一總結如下：對於中文非其母語的一位外國漢學家來說，願意花將近 20 年的光陰來探討實齋，並爲「實齋研究」樹立了一面堅實的里程碑，光就這方面來說，已經足以使人欽佩不已。至於若干小毛病，那是不足爲病的[115]。

倪書出版後的三兩年間，「實齋研究」仍然「弦歌不輟」。1969 年有一篇只有 4 頁的小文章在臺灣出版。該文泛論實齋的道論、文論和史學的見解[116]。以流於泛泛，茲從略。

七、1970 年代的著作

（1、黃錦鋐—劉、章史學思想比較；史德；**2、董金裕——對實齋展開全面的探討，其中交遊考和著述考，尤其值得注意**；3、甲凱；**4、余英時——實齋在清代儒學傳統、主智主義傳統中的地位；實齋與東原；清儒道問學下的實齋；以心理分析取徑（針對考證**

113　實齋對東原之痛詆鄭樵《通志》，嘗深致不滿。章學誠，〈答客問〉（上篇），《文史通義》，頁 135。

114　上揭 P. Demiéville , *Journal of the American Oriental Society*, p.600.

115　討論倪書的書評很多。參上文註 89。這些書評有些是寫得很到位的；當然亦不無若干瑕疵。拙博論討論完倪書後，尚對這些書評中的若干種稍作論述。有興趣的讀者，不妨參拙博論，頁 117-123。上揭〈西方漢學家研究《文史通義》的商兌〉一文對倪著頗多貶詞，讀者可並參。

116　余我，〈章實齋的學術思想〉，《暢流》，卷 38，期 12（1969 年 2 月），頁 6-9。

學的挑戰）及歷史取徑（針對方志及《史籍考》之纂修對實齋的影響）來探討實齋之成學過程；**實齋的經世史學；實齋欣賞《通志》；實齋亦接受以考證方式治史；「六經皆史」說；清之戴、章猶宋之朱、陸；章實齋與柯靈烏；有關實齋生平的一條史料的考證；**5、董樹藩；6、白面書生；7、歐陽烔；8、黃秀慧；9、**河田悌一──實齋與朱筠、邵晉涵、洪亮吉的交往；清代學術的一側面）**

1972 年，臺灣出版了研究實齋的一篇小文章[117]。該文計有 7 頁，分爲二部份。第一部份介紹實齋的生平及其遺書。第二部份從實齋的主要著作《文史通義》抽繹其學術思想。筆者擬指出四點：

（一）《文史通義》固然重要，但不足據以盡實齋之思想。

（二）作者黃錦鋐認爲實齋的史學思想與劉知幾（661-721）的史學思想無大差異。其實，實齋既繫懷歷史的發展（其道論可見），又關注史學的情況（其史學批判可爲代表）；可說玄思式的和批判式的歷史哲學都是實齋用心之所在。反觀知幾，則大體上僅關注後者而已。此顯與實齋有別。

（三）黃氏又說：「他（實齋）除了才、學、識之外，又提出『史德』來。」（頁 2）。這個問題，說來有點複雜。簡單說，知幾所提倡的史家三長說：才、學、識，其中「史識」一項已包括，或至少隱含「史德」[118]，只是知幾未明確用此名詞而已。筆者順帶一說。就學問的發展來說，其情況經常是先有事實出現，再來是此事實的相應概念在吾人腦海中漸次形成，再來才是對應此概念而出現的名詞、述語。就以「史德」來說，也許此名詞確由實齋所提出，但難道在實齋之前古今中外的史家，他們寫史便毫無道德良心以爲憑依而全顛倒是非黑白的嗎？他們之所以據實直書，不曲從權勢等等，又難道無絲毫道德意識（道德理念、概念）存乎心中嗎？這些方面是我們談到實齋對「史德」作出貢獻時，不得不指出的，否則或許誇大了實齋的貢獻。

---

117 黃錦鋐，〈章實齋和《文史通義》〉，《書和人》，第 185 期（臺北，1972 年 4 月 29 日），頁 1-7。

118 這方面，本書第三章將詳細論說。至於知幾的三長說，見《兩唐書》，〈劉子玄傳〉。

（四）作者黃氏引錄了《文史通義》的數條資料後說：「他不單是一個歷史家。
同時也是批評家，而且是個客觀的批評家。所謂客觀的批評家，就是見解
正確而沒有偏見，批評其所應當批評，贊揚其所應當贊揚。」（頁 7）實
齋是歷史家，也是批評家。這筆者絕不反對。但說到他「是個客觀的批評
家」，這就不是筆者敢苟同的了。實齋之批評袁枚（1716-1798），批評汪
中（1745-1794），恐怕無論如何說不上是客觀吧[119]。

　　1976 年董金裕出版了他三年前（即 1973 年）所撰就的碩士論文《章實齋學
記》[120]。以碩士論文來說，該文可說是寫得很不錯的，至少處理的議題很廣泛；
全書共 9 章，10 多萬字，幾乎實齋的方方面面都注意到了。依次為：實齋的生
平事蹟、乾嘉學風與實齋之學術思想、實齋之治學態度、實齋交遊考、著述
考、實齋之經學、史學、文學、校讎學。董書與上文論述過的倪書，可說都著
意於對實齋做全面的考察；然而，處理的進路很不同。如上所述，倪書是哲學
式、詮釋式的處理[121]；相對來說，董書則有點類似「訓詁式」／「考證式」的處
理。董書的內容之所以如此，跟董氏的訓練應有直接的關係[122]。其實，倪、董
二書，各有其優點及特色。首先，相對於倪書來說，董書簡明扼要，讀者容易掌
握其內容[123]。其次，大概因為對實齋的思想僅做直接的敷陳述介，所以可以避

---

119 實齋批評同時代人有時流於漫罵。彼對袁枚及汪中的批評，詳參業師羅炳綿，〈章實齋
　　對清代學者的譏評〉，《新亞學報》，卷 8，期 1（1967 年 2 月），頁 302，306-307，337-340。

120 董著的出版資訊，詳上註 94。

121 倪氏明確指出說：「1953 年楊聯陞和海陶瑋兩位教授在哈佛大學指導我寫章學誠的（博
　　士）論文時，特別要求我要把論文寫成側重詮釋性的一篇著作，而不光是一份訓詁式的
　　習作而已。」（"Professors Lien-sheng Yang and James Robert Hightower guided my
　　dissertation on Chang at Harvard in 1953, insisting that I should make it a serious piece of
　　interpretation and not merely a philological exercise." 倪氏書，〈自序〉，頁 viii。）

122 董金裕出身於臺灣師範大學國文系（學士）、政治大學中研所（碩、博士），而師大和
　　政大中文系以至臺灣不少大學的中文系，素來偏重傳統國學（注重訓詁考證）的訓練，
　　二三十年前尤其如此。

123 就倪書來說，也許因為哲理意味較強吧，所以讀來頗費勁。這方面，P. Demiéville 和 Von
　　Wolfgang Franke 早已指出。上揭 P. Demiéville, *Journal of the American Oriental Society*,
　　p.598b; 上揭 Von Wolfgang Franke, *Oriens Extremus*, p. 119.

免由於詮釋而來的可能謬誤，或見仁見智的不同解讀。其三，書中的實齋交遊
考和著述考，尤其交遊考，是前人的「章學誠研究」比較沒有接觸到的領域。這
有開創之功，亦深具參考價值。「人無完人，書無完書」，董書固有不足之處。
首先，不少引文未詳細註明出處（恆缺頁碼），讀者尋檢維艱。再者，前人的實
齋研究成果參考得不多[124]。外文的相關研究更是全不參閱[125]。

　　1973 和 1974 年甲凱寫了 2 篇研究實齋的文章[126]。這兩篇文章，連同甲凱其
他兩文[127]，其內容都是大同小異的，無特殊貢獻。本書下一章討論學者們「實齋
史學思想研究」時，再做一些補述。

　　倪文遜不朽的專著出版後 10 年，即 1976 年，一部可圈可點的實齋研究又出
版了。這就是前面提到過多次的余英時《論戴震與章學誠》一書。繼倪書之後，
余書把「實齋研究」向前推進了一大步。實齋之外，該書亦探討戴震（1724-
1777），此不必多說，蓋書名已有所揭示。按：該書有一個副標題－清代中期學
術思想史研究。可見該書不僅研究戴、章二人之思想。僅就實齋來說，余氏是
把實齋安放在清中葉的思想史中，以探究實齋所扮演的角色。不僅此也，余氏
尚把實齋放在清代的儒學傳統中以評估其地位。下文願意多花點篇幅細談余書。

　　《論戴震與章學誠》出版的同年同月（1976 年 9 月），余英時出版了一本論
文集，名《歷史與思想》[128]。筆者以爲這兩書可以互補，有異曲同工之妙；獲悉
後書的內容將增進讀者對前書的了解。後書的作者〈自序〉不僅讓讀者知悉余氏

124　其實，這是三四十年前研究者（特指以中文發表論著的研究者）的通病，非獨董氏爲然。
　　　大陸學者尤其如此。然而，大陸學者以當時條件所限，不足深責；反之，應予以體諒。

125　唯一例外是內藤虎次郎的《章實齋先生年譜》。但此《年譜》也只是在董書的「參考書
　　　目」中出現而已。大陸及臺灣的中文學界（中文系、國文系的師生）過去撰文幾乎從不
　　　參考以外文發表的研究成果。近一二十年來這情況改善了不少。

126　甲凱，〈《文史通義》與章實齋〉，《中央月刊》，卷 5，期 11（臺北，1973 年 9 月 1
　　　日），頁 121-126；甲凱，〈章實齋的文史哲學〉，《中央月刊》，卷 6，期 5（臺北，
　　　1974 年 3 月 1 日），頁 111-116。

127　此指 1974 年 9 月和 1977 年 6 月的文章。這 2 篇文章旨在比較實齋和子玄的史學。相關
　　　出版資訊，詳下章。

128　余英時，《歷史與思想》（臺北：聯經出版事業公司，1976），14 頁（自序）+476 頁。

撰寫該書的動機，甚至獲悉其立場，而且也多少可以讓讀者窺見余氏為甚麼要寫《論戴震與章學誠》。余氏說：

> 這部文集基本上是從一個知識份子的立場上寫的。……在現代社會中，一個知識份子必須靠他的知識技能而生活，因此他同時必須是一個知識從業員。相反地，一個知識從業員不必然是個知識份子，如果他的興趣始終不出乎職業範圍以外的話。Richard Hofstadter 曾指出，一個知識份子必須具有超越一己利害得失的精神；他在自己所學所思的專門基礎上發展出一種對國家、社會、文化的時代關切感。這是一種近乎宗教信持的精神。用中國的標準來說，具備了類似「以天下為己任」的精神才是知識份子。[129]

上引文揭示余英時大概是從中國文化中的儒家立場、角度來看待和定義「知識份子」的。換言之，他這個定義深具儒家色彩。這一點我們必須把握住，否則無以了悟《論戴震與章學誠》一書的主旨。

余氏認為，中國學術思想中的三大派——儒家、道家、法家，只有儒家是主智論者，「主張積極地運用智性，尊重知識」[130]，而道家和法家則是反智的[131]。余氏既係儒家中人（中國大陸的學術界甚至把余氏視為現代新儒家之一），深具儒家／儒者信念，然則其主智而重視知識，那是不必多說的。《歷史與思想》，甚至《論戴震與章學誠》，這二書給予筆者的印象是，余氏似乎是希望透過它們，來向讀者揭示知識的重要性。

余氏撰寫該二書是有針對性的。其對象有三。第一類是目前（指撰書時的1970 年代中期之前）的中國統治階層，尤其大陸方面的主政者。余氏指出：

> 中國的政治傳統中一向瀰漫著一層反智的氣氛；我們如果用「自古已然，

129　余英時，〈自序〉，《歷史與思想》，頁 3。

130　余英時，〈反智論與中國政治傳統〉，《歷史與思想》，頁 4。

131　余英時，〈反智論與中國政治傳統〉，《歷史與思想》，頁 10-31。

於今為烈」這句話來形容它，真是再恰當不過了。[132]

再者，是針對現代新儒家發聲。余氏說：

> 我們必須承認，儒學的現代課題主要是如何建立一種客觀認知的精神，因為非如此便無法抵得住西方文化的衝擊。傳統儒學以道德為「第一義」，認知精神始終被壓抑得不能自由暢發。[133]

上引文言簡意賅，余氏道出了長久以來傳統儒學的癥結所在。余氏又說：

> 今天無疑又是一個「儒門淡薄，收拾不住」的局面，然而問題的關鍵已不復在於心性修養，而實在於客觀認知的精神如何挺立。因此我深信，現代儒學的新機運祇有向它的「道問學」的舊統中去尋求纔有着落；目前似乎還不是「接着宋、明理學講」的時候。[134]

上段話固可理解為是針對現代新儒家展開一定程度的批判，但毋寧該理解為是對

---

[132] 〈反智論與中國政治傳統〉，《歷史與思想》，頁 1。必須提醒讀者的是，《歷史與思想》出版時，中國大陸仍在文革期間。上引語很明顯是有感而發，是對蹂躪中國傳統文化，並陷人民（含知識分子）於水深火熱中的文化大革命，予以嚴屬的批判。

[133] 〈自序〉，《論戴震與章學誠》，頁 7。

[134] 〈自序〉，《論戴震與章學誠》，頁 9。筆者個人對余氏這個看法，稍有保留。「接着宋、明理學講」，如果是指狹義的對宋、明理學僅做學術研究而言，筆者當然同意余氏所言，即今天不應該僅做哲學式的研究了。但如果這個所謂「接着宋、明理學講」，是兼指吾人該注意心性修養而言，則今天，以至於千秋萬世，還是該予以重視的。也許「知識型犯罪」、「高科技犯罪」在余氏將近 40 年前撰寫《歷史與思想》和《論戴震與章學誠》的時候，還沒有普遍地出現。但今天可大大不同了。很多中國人（或華人）不是沒有知識，或知識水平不夠，而是早把良心拋諸腦後了。如果同意這個愚見的話，那麼心性修養，在今天，以至於千秋萬世，還是不得不多講的。按：「接着宋、明理學講」一語，出自馮友蘭，《新理學》，意謂對宋明理學要進一步發揮、予以創新之意，而非「照著宋、明理學講」而已。

新儒家未來該努力的方向予以衷心的期許。

其三，是批判實證主義的治史風格，此風格的表表者爲中央研究院歷史語言研究所。所中不少研究員沿襲清朝（尤其乾嘉時代）訓詁考證的治史傳統，又從德國人蘭克（L. Ranke，1795-1886）汲取所謂科學主義／實證主義的治史方法。他們治史所處理的主題恆過於狹隘[135]，方法也過於保守。余氏對他們嘗展開批評。余氏說：

> 近代中國一部份史學家竟把蘭克的史學方法論和他的史學理論的中心部份割裂了，其結果是把史學研究推到蘭克本人所反對的「事實主義」（factualism）的狹路上去，以章學誠所謂的「史纂」、「史考」代替了史學。[136]

總括來說，在余氏眼中，被視爲反智的中國統治階層、一定程度上反智或重視德性過於重視知性的現代新儒家，以至於過份重視考據訓詁而迷失了知識的大方向的科學主義的治史者，都是余氏撰書所針對的對象。余氏認爲清中葉的二大學者戴震和章學誠，對客觀知識（所謂「道問學」）甚爲重視，並認爲「清代儒學發展至東原、實齋，其『道問學』之涵義始全出」[137]。大概正是這個看法促使了余氏撰寫《論戴震與章學誠》一書；冀藉戴、章學術上的具體表現（含理論及實作兩端）以「糾正」上面的三類對象吧。

上文曾經指出，《論戴震與章學誠》有一個副標題：清代中期學術思想史研究。說到研究清代的學術思想，在余書之前，其要者有三家：梁啓超、錢穆、侯外廬[138]。三家面貌各異。要言之，梁氏認爲側重於客觀知識的追求的清代樸

---

135 詳參余英時，〈史學‧史家與時代〉，《歷史與思想》，頁 247-270。

136 余英時，〈自序〉，《歷史與思想》，頁 13。

137 詳參余英時，〈自序〉，《論戴震與章學誠》；同書，頁 133-145，上引語見頁 139。

138 這三家對實齋思想的研究，參上文及本書第六章〈綜論〉第三節。梁說主要見所著《清代學術概論》、《中國近三百年學術史》，錢說主要見所著《中國近三百年學術史》，侯說主要見所著《近代中國思想學說史》。

學之興起，乃可謂係對宋元明道學（理學）的一種反動。梁書第一個研究的學者是黃宗羲。然而，宗羲乃可謂側重於「主觀的冥想」[139]的陽明學的某一程度的繼承者。何以任公言清代學術而以宗羲居首？筆者以爲，任公之所以有此安排，除了視宗羲在陽明學上有一定的表現（宗於陽明學），而爲陽明學的繼承者外，大概亦由於宗羲重視歷史研究之故。按：歷史研究，相對於理學來說，當然是比較徵實的；有其客觀的治學精神及相應的方法[140]。至於錢穆，他對清代漢學的看法，則迥異任公。彼認爲清代漢學實繼承宋學而來。《中國近三百年學術史》第一章〈引論〉開首處即云：

> 言漢學淵源者，必溯諸晚明諸遺老，然其時如夏峰、梨洲、二曲、船山、桴亭、亭林、蒿菴、習齋，一世魁儒者碩，靡不寢饋於宋學。繼此而降，如……諸人，皆於宋學有甚深契詣，而時已及乾隆，漢學之名，始稍稍起。而漢學諸家之高下淺深，亦往往視其所得於宋學之高下淺深以爲判。道咸以下，則漢宋兼采之說漸盛，抑且多尊宋貶漢，對乾嘉爲平反者。故不識宋學，即無以識近代也。[141]

據上引文，可窺知錢先生並不認爲清代學術全由漢學（狹義的）所獨佔；且其時的漢學與其前之宋學實有不可分割的關係。衆所周知，宋學乃言心性理氣之學。語其開山祖師，大抵皆歸諸周敦頤（1017-1073），或更上推之於陳摶（？-989）。然而錢穆先生則以爲此「皆非宋儒淵源之眞也。」錢先生轉認爲力倡實踐道德仁義聖人體用之學（即注重經義時務、經世致用之學）的學者，如范仲淹（989-1052）、胡瑗（993-1059）、孫復（992-1057）等，始爲宋學之淵源[142]。換言之，言心性

---

139 此語借用自梁啟超，《中國近三百年學術史》（上海：中華書局，1927），頁 1。

140 宗羲治史最重要之代表作，當然是《明儒學案》。梁氏對宗羲治史精神及對《明儒學案》的相關論述，見《中國近三百年學術史》，頁 48-49、296。

141 錢穆，《中國近三百年學術史》（上海：上海商務印書館，1937），上冊，頁 1。

142 錢穆，《中國近三百年學術史》，上冊，頁 2-3。錢先生這個意見，亦見諸彼撰寫於 1950 年代初的《宋明理學概述》；中云：「……所以說宋世學術之盛，安定、泰山爲之先河。

理氣之學的學者，不與焉。然而，錢先生既認為清儒的漢學乃繼承宋儒而來，則
宋儒所側重之另一端（至少是錢先生所認為的一端）——經義時務之學，便應當
是清儒漢學之核心內容所在。然而，其後來的實際發展（側重名物訓詁考據）與
錢先生的「期許」，產生了相當大的落差。「漢學諸家之高下淺深，亦往往視其
所得於宋學之高下淺深以為判」一語，便很可以讓人看出錢先生對當時漢學的實
際表現有所不滿[143]。

　　錢著《中國近三百年學術史》所處理的第一位學者是黃宗羲。這與梁著無別。
如上所述，宗羲醉心於客觀徵實的學問（史學）。任公之所以看重宗羲，這大概
是一大關鍵。錢先生則異於是。宗羲的經義時務、聖人體用之學，大概纔是錢先
生關注、欣賞之所在。

這已在宋興八十年的時期了。」錢穆，《錢賓四先生全集》（臺北：聯經出版事業公司，
1992），冊9，《宋明理學概述》，頁2。

143 在這裡，筆者作點補充。錢先生所說的宋學和漢學，與一般人所說的，是有分別的。吾
人固不能全然以宋人所談的心性理氣之學（一般統稱理學）來代表宋學，因宋學範圍更
廣。換言之，兩者是不能遽然劃上等號的。然而，理學乃係宋學之主軸，這恐怕無人可
以否認。同理，清人的學術，也不能全然以考據訓詁之學（考據學、樸學）作為其範圍。
但無論如何，考據學乃清之主軸、主流，這恐怕也是毋庸置疑的。是以一般人籠統地
遂以宋學來稱呼理學，以漢學來指謂考據學；甚至遂把宋學與理學劃上等號，把漢學與
考據學也劃上等號。這種認知或認定，也不能說毫無道理。然而，在這樣子的一種「認
知」下，便不容易理解為甚麼錢先生認為清代漢學溯源於宋學，蓋前者重名物訓詁，而
後者則重心性理氣，兩者實可謂南轅北轍，風馬牛不相及。細察錢先生的意見（即上段
引文），原來錢先生是做了點「移形換影」的工作。他所指謂的宋學，原來是扣緊范仲
淹、胡瑗、孫復等人所側重的經義時務（或所謂經世致用）的方面來講。又認為清代漢
學家之表現、成就之高深者，其學術路數即不異以上述諸人為代表之宋學。換言之，以
「經世致用」作為媒介、榫卯的情況下，宋學與漢學便一拍即合而可以接軌在一起了。
我們宜注意的是，錢先生在上引文中，沒有用「理學」、「樸學／考據學」等辭，而是
用「宋學」、「漢學」等辭，此中便可以讓人窺見一點消息。他這個「漢學」，或可稱
為「理想漢學」，實異於以考據訓詁為主軸的漢學。在這裡順便多說一句。業師徐復觀
先生認為清代的漢學與漢代的漢學，其學術路數及對人生的終極關懷，實南轅北轍；「漢
學」一名，實不宜濫用。徐復觀，〈「清代漢學」衡論〉，《兩漢思想史》（臺北：臺
灣學生書局，1979），卷三，頁567-629。

　　我們再說侯外廬。侯氏不認為清學全由重視訓詁考據的漢學所獨霸[144]。這有點像錢先生。然而，侯氏並不認為清代漢學與宋學有若何關係，甚至與清初大儒有體有用之學亦了無關係。侯氏說：

> 漢學的精神把清初大儒的經世致用之學變質，才成了後來章學誠的抗議。故我們研究漢學的前趨者，應分時代，不追源於顧黃諸子。[145]

上文說過，任公視清代學術乃宋元明道學之反動[146]。上引侯氏的幾句話使人想起任公這個看法。兩者實有其近似之處。然而侯氏走得更遠。不必說宋儒了，侯氏甚至認為清中葉的漢學跟清初諸儒（如顧炎武、黃宗羲等）的經世致用之學，亦了無轇轕。

　　上文略述梁啟超、錢穆、侯外廬三家學術史[147]的異同。此中最大的不同是侯氏深具唯物論的思想。這個觀點是與梁、錢絕異的[148]。現在我們回頭來看余英時的《論戴震與章學誠》。余書對清代的學術思想進行了一個嶄新的解讀；此與梁、錢、侯三家殊異。上面已說過，梁視晚明至民初的三百年[149]的學術乃宋元明道學之反動。換言之，梁視兩者的發展方向互異，性質也絕不同。余英時則採取了另一種解讀。這個解讀則比較接近其師錢穆先生的看法。要言之，余氏認為清代學術乃可謂（在一定程度上）繼承宋明之學而來，而不能截然分為二

144　侯著《近代中國思想學說史》含三部份（三編）。漢學僅屬於第二編所處理的內容。一、三兩編都與侯書第二編所處理的「專門漢學」無關。

145　《近代中國思想學說史》，頁 355。

146　梁啟超，《中國近三百年學術史》，頁 1-2、53。

147　侯氏則稱之為：思想學說史，其書即命名為《近代中國思想學說史》；這裡不作嚴格區分。

148　1940 年代侯氏撰寫《近代中國思想學說史》一書時，唯物論的觀點還不是很顯著。但 1950 年代之後，情況便大不同了。這當然與 1949 年中共取得政權有莫大關係。這方面，上文已稍微提過。侯氏唯物論的觀點，下文可以概見：〈十七世紀的中國社會和啟蒙思潮的特點〉，《中國早期啟蒙思想史》（北京：人民出版社，1956）。

149　其中清代統治中國 268 年（1644-1911）佔時段最長，約 10 分之 8、9，所以似乎亦可籠統的稱之為清代學術史。

橛者。他認爲思想有其內在的發展；並稱之爲「內在的理路（inner logic）」[150]。當然他也沒有反對可以從外緣方面，譬如從政治方面（如任公）、經濟方面（如侯外廬）來解釋一個思想的發展。然而，「內在理路」大抵爲余氏所側重的一個取徑。他說：

> 如果我們專從思想史的內在發展著眼，撇開政治、經濟及外面因素不問，也可以講出一套思想史。從宋明理學到清代經學這一階段的儒學發展也正可以這樣來處理。[151]

換言之，余氏認爲僅從「內在理路」這個取徑即足以說明思想史的發展，宋明理學至清代經學的發展固不爲例外。驟視之，余氏的說法是會啓人疑竇的。言心言性的宋明義理之學，又如何發展成爲或轉變成爲看重名物訓詁的清代經學呢？前者抽象，而後者則徵實；兩者異科殊塗。然而，高手即是高手，余氏是有其解決之道或至少解釋之道的。我們且看他怎麼說：

> （羅欽順（號整庵，1465-1547）認爲）論學一定要「取證於經書」。這是一個非常值得注意的轉變。本來，無論是主張「心即理」的陸、王或「性即理」的程、朱，他們都不承認是自己的主觀看法：他們都強調這是孔子的意思、孟子的意思。所以追問到最後，一定要回到儒家經典去找立論的根據。義理的是非於是乎便只好取決於經書了。理學發展到了這一步就無可避免地要逼出考證之學來。不但羅整菴在講「性即理」時已訴諸訓詁的方法，其他學人更求救於漢唐註疏。例如黃佐就很看重十三經註疏，……[152]

上引文是更具體地揭示，余氏是從思想史本身內在理路的發展來說明清代考證學出現的原因和發展過程。如上所述，其師錢穆認爲清代漢學接踵於宋學，非截然

150　余英時，〈清代思想史的一個新解釋〉，《歷史與思想》，頁 124。

151　余英時，〈清代思想史的一個新解釋〉，《歷史與思想》，頁 125。

152　《歷史與思想》，頁 134。

兩橛者。余氏也認為兩者的一貫發展是有其內在理路可尋的，當然師徒二人的著眼點很不一樣（錢氏是從兩者有其相同相近處來說，而余氏則從邏輯上的必然發展來說），但從宋學、清學先後傳承、發展的觀點來看，師徒的看法是相一致的；即兩者（宋學與漢學）並非對立，後者也非前者的反動。至於任公與英時先生，其論點也有相同之處，即同認為清學較宋學徵實（可受文獻的檢證）。換言之，更具備所謂客觀知識的性格。余氏在不同文章中皆指出，清代學術發揚光大了儒家主智主義／知識主義這個傳統[153]。我們不妨引錄他的若干話語以為佐證。余氏說：「……清代思想史的中心意義在於儒家智識主義的興起和發展，……」[154]又說：「清儒所面對並關切的問題正是如何處理儒學中的知識傳統。」；「從中國學術思想史的全程來觀察，清代的儒學可以說比以往任何一個階段都更正視知識的問題。」；「清儒所表現的『道問學』的精神確是儒學進程中一個嶄新的階段，其歷史意義決不在宋、明理學的『尊德性』之下。」[155]清代漢學在余氏眼中的崇高地位或重要地位，上引文很可以概見。

　　上文主要是指出，余英時是在清代主智主義或知識主義的背景下來處理戴震和章學誠的思想的。上文又簡略地述說了梁、錢、侯三部學術史的異同，並以之和余氏的相關解讀做比較。筆者之所以採取這個進路來對四本學術史作出上述的敷陳闡釋，主要是考量到似乎必得這樣做纔能夠充份揭示《論戴震與章學誠》一書之旨趣[156]。

　　至於清代儒學的知識主義或「道問學」的傳統中，實齋到底扮演怎麼樣的角色呢？我們先看余氏怎麼說。他說：

153　詳參余英時，〈清代思想史的一個新解釋〉和〈略論清代儒學的新動向〉二文，《歷史與思想》，頁 121-156；157-165，尤其頁 153-155，157-165。〈略論清代儒學的新動向〉稍作增訂後，收入《論戴震與章學誠》一書中，作為其〈自序〉。

154　余英時，〈清代思想史的一個新解釋〉，《歷史與思想》，頁 154。

155　此上三小段引文，分別見〈自序〉，《論戴震與章學誠》，頁 4、4、6。

156　當然，筆者所以願意多花篇幅對余氏《論戴震與章學誠》做上文的闡釋，另一考量是該書本身就是一本難得的好書，值得為它多做點述介。

　　清儒決不是信手摭取某一段經文來施其考證的功夫，至少在考證學初興之
　際，他們對考證對象的選擇是和當時儒學內部的某些重要的義理問題分不
　開的。下逮乾嘉之世，由於儒家的智識主義（intellectualism）逐漸流為文獻
　主義（textualism），不少考證學家的確迷失了早期的方向感。但當時考證
　運動的兩大理論代言人——戴東原和章實齋——則仍然能緊緊地把握住
　清代思想史的方向。（〈自序〉，《論戴震與章學誠》，頁 2-3）

上引文的重點和值得進一步闡發者如下：作為知識建構中的一環，文獻考證當然
也是一種學問。然而，乾嘉之世，文獻考證之本身漸次成為了知識主義（道問學）
的主軸，甚至其本身即被視為整個學問之所在！當時不少學者正係如此對待文獻
考證的。這就成了余氏所說的他們迷失了早期（即原先本有，甚至該有）的方向。
然而，眾人皆醉而東原、實齋獨醒。他們乃能「緊緊地把握住清代思想史的方向」，
而成為了余氏所說的「考證運動的兩大理論代言人」。所謂「考證運動的兩大理
論代言人」，我們可以從兩方面來看。其一是，把文獻考證背後本有的主智主義
的傳統予以闡發；即不視文獻考證之本身即係學問之所在。反之，文獻考證只是
一種手段，它存在的意義僅在於建構真正的或更廣義的知識、學問，因為後者才
是道問學的關鍵所在。其二是，道問學固然重要，也是儒學的核心理念，至少是
核心理念之一；然而，道問學非儒學的全幅內涵。另一同樣重要（如果不是更重
要的話）的內涵是尊德性。尊德性固可「自我完成」，不假外求；「德性之知，
不假見聞」[157]一語即可揭露此中的消息。譬如一端茶童子不識一個字，也可以成
為具備道德的一個人，甚至成聖成賢。然而，筆者又以為，道問學也可以幫助一
個人開展、啟發其尊德性的一面，而使其成聖成賢的。成德（德性之知：良知）
固不假見聞（即見聞絕非成德的必要條件），但見聞對成德也必能作出貢獻。譬
如多讀書，總可以讓人多明理（指仁義道德之「理」，即「義理」；非某種學問
上的「原理」、「定理」）的。（當然書讀得越多而越不明理的人，亦所在多有。
所以讀書有時反足以害事、誤事。這就無怪乎象山先生針對類似「讀書可以志於

---

[157]　語出程頤，《二程遺書·伊川先生語十一》，卷 25。

道義」，或朱子所謂「必由是（讀書）以窮其理」*158*的說法，發出如下的慨嘆：「……固知病其末流矣，而莫知病其源」。然則認爲讀書可以窮理、明理者，對象山來說，實無異「抱薪救火，揚湯止沸」而已*159*。但這是題外話，不多說。）筆者恆認爲，就原則上來說，讀書總有助於明理。換言之，道問學對於尊德性而言，始終有其正面意義：作出貢獻。當然，余氏亦首肯道問學的意義。彼所首肯者似可細分爲二端，其一乃首肯道問學之本身。他大抵即本此而認爲，東原和實齋爲當時人指出了一個方向。訓詁考證固不得謂非道問學之一端，然而必得回歸到儒家知識主義這個大傳統中去，不應滿足於文獻考證的本身，否則不克盡道問學之全幅意義。而道問學這個傳統和另一個傳統——尊德性——是具同樣重要性的。其二乃首肯道問學對尊德性所作出的貢獻。此可謂朱子的路數。上文余氏說：東原和實齋「緊緊地把握住清代思想史的方向」，這個方向，可說是一個承先啓後的方向。承先乃指繼承清初，乃至繼承宋明儒家道問學和尊德性兩端並重（就余氏言，尤應繼承者爲道問學一端）的大傳統。啓後乃指考據家們，你們往後的工作即應繼承這個大傳統，而不應做，或至少不應僅做餖飣考據式的學問。

　　余英時不愧是史家，思想史家。以上兩段引文揭示余氏恆把宋明儒學至清中葉儒學的表現相互對照著看，或把後者追溯至其前者（其前各階段）來看，藉以揭示此後者在儒學思想發展史上的地位和意義。其實這是余氏治思想史的特色，也可以說是其很重要的一個取徑：歷史取徑（historical approach）。除了這個取徑外，《論戴震與章學誠》也借用了另一取徑：心理分析取徑。這兩個取徑，該書其中一個書評的作者杜潔祥先生注意到了。他說：「余英時以他的兩把利刃－歷史和心理分析，首度爲我們展開了實齋歷史哲學的眞正涵意。」*160*其

158　朱熹，〈徽州婺源縣學藏書閣記〉，《朱文公文集》，卷78。

159　陸九淵，〈與趙然道（三）〉，《陸九淵集》（北京：中華書局，1980），卷12，頁158。朱陸二人對讀書的態度（朱認爲讀書可窮理，陸則反是），可參業師徐復觀，〈象山學述・象山對書與事的態度〉，《中國思想史論集》（臺北：臺灣學生書局，1975），頁21-27。

160　杜潔祥，〈從方法上看余英時「論戴震與章學誠」〉，《出版與研究》半月刊（臺北，1977年11月16日）。

實，余氏本人是很自覺彼所採用的方法的；他在書中早已說過類似的話：「本篇試圖從歷史和心理的兩個角度去勾劃東原和實齋兩人的思想側面。」（頁 3）我們要了解《論戴震與章學誠》一書，這兩個取徑，是應該時刻放在心上的。

余書的主旨乃在於「分析戴東原和章實齋兩人的思想交涉。」（〈自序〉，頁 2）以下我們略說余書各章的內容。全書分爲三部份：內篇、外篇、附錄。內篇第一章「引言」的重點，如上所述，乃在於說明該書以歷史取徑和心理分析的取徑來處理戴、章兩人的思想。第二章「章實齋與戴東原的初晤」考證兩人初晤之確實年份，並描繪面晤前兩人的心理狀態。其最要者乃在於指出，晤談後，實齋從東原處所感受到的「考證的挑戰」和「義理的印證」對其整個思想及成學過程造成了相當大的影響。第三章「儒家智識主義的興起」三分二的篇幅是講戴學的，今從略。第四章「章實齋史學觀點的建立」之重點如下： 1766 年（丙戌）實齋拜訪東原後，事隔 7 年，至 1773 年（癸巳）才再會晤東原。余氏指出，「從這兩次談話[161]的結果來看，實齋在學術方面已完全恢復了自信心。他對東原的『考證的挑戰』已不再感到『慚惕』和『寒心』。相反地，他開始反駁東原的觀點了。」（頁 31）其實在余氏之前，倪文遜早已有類似的看法。倪說：「戴氏這個（對實齋）影響甚深的考據訓詁的觀點，並沒有固定不變地長繫實齋心中。」（this powerful impression of Tai's philological point of view did not remain fixed.）[162]

一言以蔽之，實齋並沒有被「考證的挑戰」打倒。他回神過來，重拾信心，在既有的基礎上重新出發。而既有的基礎，當然就是彼「夙所攻習」，「蓋有天授，自信發凡起例，多爲後世開山」的史學[163]。除「史學」或「史學義例」外，

---

161 余氏以爲該年（1773），實齋與東原會晤過兩次，一在寧波，一在杭州。《文史通義·答客問（上篇）》云：「癸巳（1773）在杭州，聞戴徵君震與吳處士穎芳談次，……」。然則實齋該年在杭州只是知悉（聞）戴、吳二人嘗會晤談話，而實齋本人似未嘗與會。余氏說，見《論戴震與章學誠》，頁 31。

162 上揭 Nivison, *The Life and thought of Chang Hsüeh-ch'eng*, p. 33.

163 《文史通義·家書六》、《文史通義·家書二》。

由「高明有餘」而達致的「校讎心法」[164]，也是實齋所仰仗的。實齋不僅沒有被東原「考證的挑戰」所打倒，他還反過來駁斥東原。實齋說：

> 乾隆三十八年癸巳（1773）夏與戴東原相遇於寧波道署。戴君經術淹貫，名久著於公卿間，而不解史學。聞余言史事，輒盛氣凌之。見余《和州志》例，乃曰：「……夫志以考地理，但悉心於地理沿革，則志事已竟。侈言文獻，豈所謂急務哉。」余（實齋自稱）曰：「……然則如余所見，考古固宜詳慎，不得已而勢不兩全，無寧重文獻而輕沿革耳。」[165]

據上文而可以進一步申說者如下：要言之，實齋稱許東原的經學，但直斥其「不解史學。」這是一個相當重的指責。然則在實齋心中，「史學」又究竟是個甚麼樣的東西呢？即其精神到底是甚麼？《文史通義》中一篇很重要的文章〈浙東學術〉給了答案。該文說：

> 三代學術，知有史而不知有經，切人事也。……史學所以經世也，固非空言著述也。……後之言著述者，舍今而求古，舍人事而言性天，則吾不得而知之矣。學者不知斯義，不足言史學也。實齋並自注云：整輯排比謂之史纂，參互搜討謂之史考，皆非史學。

要言之，史學的精神或功能乃在於經世。既要經世，則必不得捨今而求之於古，亦不得捨人生日用之常事而空言天人性命。史家為了配合或為了滿足此史學精神而撰就之史書，就必得把深具使命感的人類關懷、人文關懷，對社會國家民族的終極關懷的精神貫注進去。這樣子撰就的一本史書，必不是由整輯排比史料而來的，也不是由參互搜討相關證據（即考證訓詁）而可以達致的。因為前者僅成就「史纂」，後者則成就「史考」而已。這與深具使命感而完成的「史學」著作相

164　《文史通義・家書三》、《文史通義・家書二》。

165　章學誠，〈記與戴東原論修志〉，《章氏遺書》，14.37a（漢聲出版社版，頁287上）。

比，是無法望其背項的[166]。綜合以上兩段引文，我們大概可以這麼說，就實齋來說，戴震你以考證訓詁而成就的經術，實不啻歷史研究上之史考而已[167]。實齋的內心深處很可能這麼想，由於考證訓詁而久著於公卿間的大名（當然，東原亦有義理成就的一面，今不擬牽扯及之），實虛名而已。你戴震，以至乾嘉大部份的學者們，你們試捫心自問，反省一下，你們的學術研究，於經世致用方面，譬如對人之安身立命、人生日用、民族家國方面，真有裨益嗎？

　　實齋批東原，尚可引錄另一段話，如下：「癸巳在杭州，聞戴徵君震與吳處士穎芳談次，痛詆鄭君《通志》，其言絕可怪笑。」[168]這段話與上引實齋見東原於寧波道署之後所說的一段話，皆說於同年（1773），然稍後[169]。這後來說出的話，比前者更具批判性。這次實齋批東原，源乎東原之痛詆鄭樵之《通志》。那到底東原又如何痛詆《通志》呢？余英時說：「……推測起來，東原一七七三在杭州指責漁仲的地方當不外乎考證疏漏，勦襲舊文之類。」（頁32）余氏的判斷，證諸《文史通義‧申鄭》一文，確實是如此。仲漁之疏漏（其實，實齋本人亦患

166　雖然實齋在其著作中並沒有明確道說出學者、史家應該關注「家國、民族」等等的現實問題（異族統治下的中國，民族問題，是不能講的），但其關懷世事並希望學者、史家們作出相應的回應，是可以肯定的。〈浙東學術〉即嘗云：「講學者必有事事，……陽明得之為事功，蕺山得之為節義，梨洲得之為隱逸，萬氏兄弟得之為經術史裁，……以其各有事事故也。」讀者可能產生疑惑：陽明之事功、蕺山之節義，固可謂經世致用之一端。然而「隱逸」，尤其故紙堆中討飯吃的「經術史裁」，又何預於經世致用，何預於家國性命？其實，經世致用是可以有多種呈現型態的。梨洲抗清復明失敗，不得不隱逸耳！其實，梨洲之隱逸，非真隱逸而無所事事。他不是著書立說嗎？他不是心中有所期待嗎？成書於滿清入關後的第20年（1664年）的《明夷待訪錄》之撰寫即可見一斑。萬氏兄弟之經術史裁，則更是有所事事。蓋經術史裁也可以應世、救世的。這就是今人所恆言的「學術經世」，或「史學經世」。實齋即云：「吾於史學，貴其著述成家，不取方圓求備，有同類纂。」（《文史通義‧家書三》）所以只要其史學著作能成家（相反，流於史纂絕不能成家；要言之，只有匠心獨運、別識心裁始可成家），那就有助於經世致用了。

167　當然，史纂、史考，在學術上自亦有其貢獻。乾嘉之世，考證學如日中天，實齋也不至於否定史纂、史考，尤其史考之貢獻。但在實齋的內心深處，其地位必遠遜史學無疑。

168　《文史通義‧答客問》，上篇。

169　參胡適著，姚名達訂補，上揭《章實齋先生年譜》，頁30。

同一病，詳參上文章炳麟、余嘉錫、柴德賡等人對實齋的批評），實齋不可能不
知悉。然而，他從另一角度肯定其貢獻。其中說鄭氏「承通史家風」、「自爲經
緯」、「發凡起例，絕識曠論」、「爲史學要刪」、「鄭氏所振在鴻綱」，都是
非常正面的頌揚；並認爲史遷之後，「稍有志乎求義」者，僅鄭樵一人[170]。然而，
實齋之言如空谷跫音，大聲不入俚耳。正如業師謝和耐教授所指出的，「頌揚鄭
樵的《通志》，章學誠幾乎是當時唯一的一人。」[171]然而，爲甚麼實齋對《通志》
情有獨鍾？原因很簡單，戴密微早已指出，「章學誠樂此不疲地呼籲，史家應具
個人判斷、卓識別裁。因爲這些要素是讓他撰就一本『著述』、成『一家之言』，
而不是一本『史纂』所不可或缺的條件。」[172]實齋之所以欣賞漁仲，固然由於《通
志》滿足了上述條件。但最要緊的恐怕源自實齋本人的學術興味，乃至由此而來
的自我期許。彼之學術興味及自我期許，實與鄭樵若合符契。這恐怕就是我們所
恆說的「同聲相應，同氣相求」（語出《易經‧乾卦》）吧。

　　實齋的學術興味固大異於東原，但「他爲了與東原的經學考證對抗，便強調
史學中也有考訂一門。」（語出《論戴震與章學誠》，頁 139）換言之，在學問
的取徑上，或治學的途徑上，卻不能不屈從於時流所趨（即實齋不太欣賞而爲東
原所甚爲看重）的考證訓詁了。來自東原的「考證的挑戰」，實齋即以此回應之，
化解之。余氏遂一針見血地指出說：「今實齋入室操矛，以戰略言之，則敵人長
江之險已奪得其半矣。」（頁 140）余氏判語，洵乎的論。

　　要言之，余氏乃透過心理學的理論──心理自我防衛機制，以解釋實齋如
何回應、化解來自東原的「考證的挑戰」。要言之，其回應、化解之道有二：
（一）持續堅守其本身夙所攻習的史學陣地，蓋扣緊人生日用而予以記載之史學
纔是經世致用之本，而流於空言之著述無預也。落實下來，就是針對史學，尤
其史學義例，予以闡發、發明。這是實齋依其習性、性向而擁有的堅實「資
本」，所以寸步不能退、不能讓。（二）然而，實齋認識到治史既不能流於史纂、

---

170 實齋美惡不掩，除稱揚外，亦嘗指出《通志》的缺失，如云：「立論高遠，實不副名」
　　即一例。但大體上來說，絕對是「小罵大幫忙」。

171 謝和耐，上揭 *T'oung Pao*, vol. 55, no. 1-3（1969），p. 180.

172 上揭戴密微，*Journal of the American Oriental Society*, vol. 87, no. 4（1967），p. 597a.

史考；更不能流於放高論，發空言，所謂天馬行空！反之，必須以徵實的途徑、方法進行之。這些途徑、方法就是史學考訂。史學考訂猶經學考證。換言之，即轉一個彎而接受了東原的挑戰－承認考證訓詁在史學的研究上亦有其可用武之地。由此來看，實齋有取，有與，即有進取堅守者，亦有退讓給與者。原有的史學陣地這樣子美好（至少是心理上自我感覺良好），所以實齋寸步不能退讓，而必須堅守（甚至應予以發展、開拓）；否則便等同投降。然而，進行史學研究，其方法、取徑（手段）則可以接受時風、配合潮流，即接受以考證訓詁之法爲之，或至少視之爲可行方法之一。

對實齋進行心理分析，以解釋其成學過程（含如何回應東原的「考證的挑戰」）固然很重要，但這似乎仍然有所不足。又縱使如上文所闡述的透過歷史，尤其透過思想發展史（宋朝迄清朝的一段）的所謂內在理路來解釋，亦依然有所不足。對於這方面，余英時是有所察識的。他於是扣緊實齋本人，透過"歷史追溯法"，作出了兩個補充。實齋成學過程中史學觀點之建立，是相當受到其鄉先輩邵廷采（1648-1711）的影響的。此中實齋的父親扮演了很關鍵的媒介作用。此其一。此外，余氏追蹤實齋的生平時，發現《史籍考》及爲數衆多的方志的纂修，對型溯實齋之史學觀點，亦發揮了很重要的作用[173]。

以上花了不少篇幅闡釋余書內篇第四章的主旨。下文再說第五章「章實齋的『六經皆史』說與『朱陸異同論』」。在余英時之前，不少學者早已處理過「六經皆史」這個命題了。上文提到過的錢穆、錢鍾書、呂思勉、戴密微、倪文遜等等，即是其例；雖然處理的深淺程度有所不同。然而，相對於余氏來說，這些先驅學人，大體上是偏重於說明多於詮釋／解釋。余氏則異於是。他主要是透過心理分析的角度來解釋何以實齋提出此一命題；再者，是探討此命題在清代

173　邵廷采乃至浙東學派對實齋的影響，可參姚名達，〈章實齋之史學〉，周康燮編，《章學誠研究專輯》（香港：崇文書店，1975），頁 18-20；蘇慶彬，〈章實齋史學溯源〉，《新亞學報》，卷 8，期 2（1968），頁 389-412，尤其頁 395、401、411。至於實齋史學理論的形成與其方志纂修活動之間可有的關係，可並參喬治忠，〈章學誠的史學創見與修志實踐的關係〉，《中國官方史學與私家史學》（北京：北京圖書館出版社，2008），頁 526-541；喬治忠，〈論章學誠史學理論形成的三項根基〉，同上書，頁 554-573。

思想史上的意義和價值。就此來說，余氏是百尺竿頭更進一步。下文先引錄余書的幾句話。余氏說：

> 綜觀實齋「六經皆史」之說，實為對東原道在六經的基本假定而發，同時也是對顧亭林以來所謂「經學即理學」的中心理論作一種最有系統的反挑戰。但「六經皆史」是一種十分含蓄的說法，不能僅從字面上作孤立的了解，深一層看，這個命題實帶有尊史抑經的意味。（頁 52）

一般來說，清代的考證運動被視為係宋明理學的反動（詳參上文）。就清初來說，顧亭林被視為此一運動之魁傑，甚至最重要的代表，乃至清代考據學的開山祖師。他以下的一句話，或可視為這個「去理學，興考據學」的運動的「宣言」。亭林說：「古之所謂理學，經學也。」[174]全祖望更據此而斬截的演繹亭林的說法為：「古今安得別有所謂理學者，經學即理學也。」[175]

按：經學範圍至廣。所以針對經書中的義理做研究，如宋明理學家所為者，又豈得謂非經學之研究耶？然而，相對於此義理式的研究而言，又明明有另一類研究。此考據訓詁式的研究是也。據上引文，亭林「否定」有所謂義理式的研究，但肯定可以針對經書進行研究（即肯定經學或經學研究）。這便非常清晰而明確的揭示了，對亭林來說，所謂經學研究乃僅指針對經書進行考據訓詁式的研究；而義理式的研究，不與也[176]。若稍微保守一點，我們也可以把亭林的話解讀為：針對經書，宜採取考據訓詁式的研究以取代義理式的研究。然則對實齋來說，他面對的問題可嚴重了。亭林所重而發展到實齋之世，儼然成為

---

174 顧炎武，〈與施愚山書〉，〈詩文集〉卷三，《顧炎武全集》（上海：上海古籍出版社，2011），冊 21，頁 109。

175 全祖望著，黃雲眉選注，〈亭林先生神道表〉，《鮚埼亭文集選注》（濟南：齊魯書社，1982），頁 114。

176 我們要注意的是，亭林的話，絕不是事實判斷。因為就事實來說，當然對經書是可作義理式的研究，即所謂理學研究的，宋明人所做者即如此。所以他的話毋寧是其個人的一個價值判斷。

當時學術主流的，便是這個考證學風。不幸的是，實齋對經書的訓詁考證，全不感興趣。這就正如余英時所說的，該學風（運動）對實齋構成了一個「考證的挑戰」[177]。1766年戴、章會晤時，東原的一席話把挑戰的強度更大幅度增加了，使實齋感到慚惕與寒心。（詳上文）

　　「道寓於六經」。然則要明道便得先明經。這是實齋同時代一般學人的認知和信念所在[178]。史書又如何？道亦寓於史書否？如果這個問題的答案是否定的話，那對經學，尤其對運用訓詁考據方式以治經不感興趣的實齋來說，不啻是否定他可以明道。這可嚴重了。實齋應如何回應，以安立他夙所攻習的史學呢？為了明道，乾脆「投降」，從史學陣地全面撤守？這對「吾於史學，蓋有天授；自信發凡起例，多為後世開山」（《文史通義・家書二》）的實齋來說，恐怕無論如何是無法接受的。或退而求其次，一方面，於不撤守，不放棄其固有陣地的同時，雖千不甘，萬不願，仍不得不曲從時流，勉強從事經學考據？這對實齋來說，也不是易事。蓋實齋21、2歲後，便「縱覽群書，於經訓未見領會，而史部之書，乍接於目，便似夙所攻習然者。」（《文史通義・家書六》）[179]在

177　寫到這裡聯想起近現代也有類似的情況。過去數十年來，港臺（恐全世界皆然）皆重視理工科（近二三十年來更重視者，則為商科）。數學、理科較差者，大抵只能念文科。對念文科的學子來說，「數理科的挑戰」對他們多多少少必構成心理上的一股壓力，猶「考證的挑戰」對實齋者然。「以今況古，乃知一揆耳」。知古故可知今；然而，知今又何嘗不可以使人更了悟古時情況呢？由此來說，歷史確是古今雙向互動的。

178　實齋對這個認定是持異議的，嘗指出：「……事變出於後者，六經不能言。」（《文史通義・原道下》）意謂六經固可明道，但道不盡在六經（即六經不足以盡道）。即道亦可以透過其他途徑以明之、達致之；不必非仰賴經不可。

179　「於經訓未見領會」一語，吾人不必照單全收。恐怕實齋是要突出他史學上的天賦，纔故意自貶對經訓了無緣份，甚至乎格格不入！但無論如何，他內心深處，「重史輕經」，或至少「經史等量齊觀」、「史不必輕於經」的傾向，是很可以想見的。然而，「考證的挑戰」既係大勢所趨的時流，除非他不再參與學術研究這個「遊戲」，脫離學術圈，或自貶為二、三流學者，否則他總得想個辦法予以迎戰的。史，實齋所重者也；經，時流所重者也。兩者之間如何取得一個平衡點，既不屈己以從人，讓自重者不失其自重；然而，又能自我說服得了自己，滿足心理上的自我防衛機制，或所謂消解心理上的壓力：一己所不從者，非能力不足。即非不能也，不為而已！「六經皆史也」一命題遂"應運"

這情況下，他又如何可以兩者兼顧：既保住其夙所攻習的史學，但又可以同時「接受」經學呢？最後，他的靈丹妙藥、救濟良方來了。這個方單便是「六經皆史也」這個命題[180]。約言之，經書既係史書，則不必然非以訓詁考據（尤其瑣碎的餖飣考據）之法治之不可，而以一般治史之法（譬如以闡明、探賾史書中之精神大義之方法／取徑），治之即可。當時人以訓詁考據之法治經，此固然可以明道[181]；然而，以一般治史之法治經（六經既係史，則治史之法固可治經）[182]，也不必然不可以明道的。引申來說，擷取經、史之大義，或側重經、史之義理層面，或對經、史作義理式之研究即可明道；非必然作考據訓詁式的研究不可的（當然，實齋後來也接受了這個研究方式；詳上文。但在實齋的內心深處，無疑經、史大義纔是他所側重的）。本此，則對實齋來說，以東原為代表的當時學人，在學問方面，尤其明道方面，便不必然優勝於他。相反，也許實齋乃轉而認為，當時居於學術主流的學者反而不及他，蓋他們所研治的經學，不過是他所擅長的史學的一端而已。這便正如余英時所說的，實齋「在極端艱難的情況中

而生。要言之，你們經生們所常說的經，其實史而已。即你們經生們所研治者，又怎跳得出我這個五指山呢？

180 如果從今天的角度來看，實齋是蠻懂得行銷的。他把他的整個想法凝聚為、約化為「六經皆史也」一命題。他的整個想法、構思，是相當周延完整的；但要全幅表達出來，便很複雜繁瑣。此見諸此命題下的一大段話（即整篇〈易教上篇〉）。為了讓人對他的構思印象深刻、耳目一新，他必須用最精簡的語言，甚至只用一句話來突顯、呈現他的構思。「六經皆史也」這由四、五個字所組成的「真言」便應運而生。實齋利用這個類似口號的一句話來表達、傳播他的構想，且把話放置在《文史通義》第一篇文章起首之處作為開篇的第一句話！如用今天的話來說，實齋其實是一位很棒的「行銷專家」、「宣傳達人」。我們要特別注意的是，光就「六經皆史也」這個命題來說，其實實齋之前，如陽明等早已說過類似的話。《傳習錄》便有「五經即史」的話。然而，說話的出發點及背後的意義，則全然不同。錢鍾書對「六經皆史也」這個命題嘗尋根溯源。參上揭《談藝錄》，頁 315-319。

181 這是當時的潮流，實齋只好曲從，而不能不接受。但在原則上，恐怕實齋會認為以非訓詁考據之法以治經，也同樣是可以明道的。

182 順便一說，「六經皆史」中的「皆」字，似非「等同」（＝）的意思。即「經」、「史」之間不能劃上一等號。「六經皆史」之意當係：六經是史之一，六經是眾多史籍中的一部份。即「史」是「集」，而「六經」是「子集」。

打開了一條出路」，逐漸建立了「以史概經」的理論[183]。

　　上文主要闡釋余書第五章「『六經皆史』說」這個部份。第五章另一部份「『朱陸異同』論」也很精彩。其重點如下。《文史通義》談論這個問題，主要見諸〈朱陸〉和〈浙東學術〉二文。余英時認爲實齋在首次（1766 年）會晤東原之後，其心理上恆欲抗衡、化解來自東原的「考證的挑戰」（詳上文）。不止此也，實齋亦欲爲自己在清代學術上爭取與東原並駕齊驅的地位。東原作爲儒家知識主義（即「道問學」的傳統）在清代的繼承人／代言人，其地位類似朱熹在宋代的地位，雖然東原對程、朱不乏批判的言詞（《論戴震與章學誠》，頁 75）。就擅長「辨彰學術，考鏡源流」的實齋來說，他當然很清楚東原和朱子學術上的承襲關係。「戴君學術上，實自朱子道問學而得之」[184]一語便可以道盡一切了。就宋代理學的學術界來說，可堪與朱子匹敵，然而學術路數迥異者，自然非象山莫屬。這方面，實齋自然非常了然於胸。細察〈朱陸〉、〈浙東學術〉二文，則實齋實欲比擬於象山。余氏即指出，「隱然自許爲當世的陸象山。」（頁 60）。陸與朱既匹敵於宋，則彼（實齋）自可與東原並駕於清。本此，實齋便可以爲自己在清代學術界找到一個恰如其分而可以跟東原相頡抗的地位了[185]。

　　余書內篇的第五章討論戴震，第六章是後論。茲從略。外篇第一和第二章也是討論戴震。第三章名「章實齋與柯靈烏的歷史思想──中西歷史哲學的一點比較」。柯靈烏（R.G. Collingwood, 1889-1943）者，英國哲學家也；驟眼視之，應與余書《論戴震與章學誠》的主題不相干，何以余氏要把他「插」進來呢？柯

183　本段說明（詮釋）雖源自筆者的個人領悟，但大體上啟發自《論戴震與章學誠》，第五章，頁 45-53，尤其頁 52-53。

184　《文史通義・書朱陸篇後》，頁 58。

185　實齋在清代學術界或思想史學界中，其地位是否可以與東原匹敵，這當然可以再討論。然而，根據余英時，實齋與象山的思想路數本不同。宋、清的學術或思想有一個大分野。前者以尊德性爲主軸，後者則偏重道問學。象山與實齋則剛好分別係宋、清不同思想路數的代表。然而，實齋爲了迎戰東原，抗衡東原，並爭取一個可與東原分庭抗禮的位階（猶如陸之於朱），乃在心理上認同於象山，視一己之學術路數湊泊於象山。余氏稱之爲心理事實（Psychological truth）；並指出此與歷史事實（Historical truth）迥不相謀，不能混爲一談的。《論戴震與章學誠》，頁 52、60-64。

氏到底扮演甚麼角色？其實，作爲批評式歷史哲學（Critical philosophy of history）的重要代表之一的柯靈烏，是很可以和章學誠作點比較研究的。余氏說：「將章氏哲學中可以與柯靈烏的觀點相對照的部份加以剔出，並略作分析和比較，以使《文史通義》一書中某些觀念因此而益爲明晰。」（頁 201）這大概就是爲甚麼以研究戴、章爲旨趣的一本書硬要把柯靈烏「塞進來」的原因。有謂：「借西學之光以照我中學之晦。」今余氏所爲者，便有點像「借柯氏之光以照章氏之晦」。剋就實齋來說，他在某一程度上或某些面向，又可說是中國批評式歷史哲學的代表，所以借柯氏之光以照實齋之晦，不啻同時照中國歷史哲學之晦。因此把章、烏作點比較論述，是很有意思的。

　　柯氏嘗指出歷史學具有四大特徵，其中之一是：「歷史是人爲了自我認知而有的一門學問。……是以它的價值在於教導吾人：人類過去曾經做過甚麼，並因而人到底是甚麼。」[186]柯氏又指出人性的科學是不可能用類似自然科學的方法建立起來的。隨後並進一步指出說：「我將要爭論的是：人性科學所要做的工作實際上已經由歷史學所完成，且也僅能由歷史學予以完成。歷史學就是探討人性的科學。洛克是正確的當他說（姑無論他對自己所說的話了解得多麼的少）研究人性的正確方法是歷史的、平常的方法。」[187]要言之，「人」、「人性」或「人文」乃歷史學研究之主題。余英時指出，柯氏這個觀點與中國史學傳統所強調的人文傳統若合符節。這個中國史學傳統實可追溯至春秋時代，孔子劃時代的鉅製《春秋》即係明證。然而，孔子自我表白說：「我非生而知之者；好古，敏以求之者也。」（《論語・述而》）孔子所好之古多矣。其中來自《尚書》的「疏通知遠」的「教誨」——以人文精神爲主軸的「《書》教」，必爲孔子所好、所

186　英文原文爲："history is 'for' human self-knowledge.... The value of history then, is that it teaches us what man has done and thus what man is."R. G. Collingwood, *The Idea of History*（Oxford: Clarendon Press, 1946）, p. 10.

187　"I shall contend that the work which was to be done by the science of human nature is actually done, and can only be done, by history: that history is what the science of human nature professed to be, and that Locke was right when he said （however little he understood what he was saying） that the right method for such as inquiry is the historical, plain method." R. G. Collingwood, *The Idea of History*, p. 209.

學無疑。實齋，孔子二千年後的另一偉大史家也。余氏指出，實齋繼承孔子這個「《書》教」精神之外，並予以進一步發揚光大。余氏說：「章實齋不僅承襲了此一傳統的人文觀，而且還作了更進一步的發揮，故推尊歷史的人文精神達於極端，而歸之於『經世』。」（頁 208）我們可以說，實齋不以「疏通知遠」爲滿足，他是要「行動起來」的。然而，實齋，一介書生也，「礪志戎馬」，實無法預焉；所見之於行動者，不過是讀書人紙上談兵的寄情翰墨，多抒發一己的理念、構想而已。但作爲一介書生、讀書人或今天所說的知識分子來說，實齋已經盡了他的責任，甚至可說已然完成了他的使命。

上面一段主要講「中國史學中的人文傳統」。此外，「章實齋與柯靈烏的歷史思想——中西歷史哲學的一點比較」有一節談「史學中言與事之合一」，亦頗值得注意，茲稍予說明。柯靈烏認爲任何行爲（action，這當然含歷史上人類所有行爲，以下簡稱「歷史行爲」）都可以分爲兩個面向，一內在面，另一外在面。前者可以借用「思想」（thought）一語來表白；而後者則由「純粹事件」（mere event）一語來彰顯。如衆所周知，歷史是由衆多事件（此指純粹事件，詳以下引文）所構成的。然而，作爲歷史行爲的外在面，這些所謂事件不過是人的思想的外在表現而已。柯氏的名言：「一切歷史都是思想史」（all history is the history of thought）[188]便把歷史與人的思想的關係說得非常清楚了。我們不妨再引錄柯氏下文以明其底蘊。他說：

> 所謂事件的外在面，我的意思是指：事件中任何可以用形體及其運動來描繪的部份；……事件的內在面，我意指其中只能用思想予以說明的部份。……這兩者，史家從來不會只關注其一而忽略另一的。他所探究者實係行爲，而非僅限於純粹事件（所謂純粹事件，我意指只有外在面而沒有內在面的事件而言）而已。而所謂行爲，乃事件的外在面與內在面的合一。[189]

---

[188] R. G. Collingwood, *The Idea of History*, p. 215.

[189] "By the outside of the event I mean everything belonging to it which can be described in terms of bodies and their movements……By the inside of the event I mean that in it which can only

現在我們回過頭來再看中國史家的表現。中國古代史官,有「左史」、「右史」之分。此左、右史在工作上是有所劃分的。比較流行的說法是,「左史記言,右史記事。事爲《春秋》,言爲《尙書》。」[190]然而,實齋指出,分爲言、事兩端是不合理的,並認爲「古人事見於言,言以爲事,未嘗分事、言爲二物也。」[191]上引柯氏的說法中,他指出史家(理想史家)不會只關注其中的一面,而必係兩面兼顧。余氏認爲,中國史官的「記言」,相當於柯氏所說的「思想」或內在面;「記事」,則相當於柯氏所說的單純的「事」或外在面。(頁 209)換言之,章、柯二人的說法若合符節。余氏又進一步指出,根據柯氏意,「歷史家研究歷史事件時必須深入當時人們的思想之中」(頁 211),否則難以找到該事件發生的眞正原因。余氏並由此而認爲「在這一點上,柯氏不但與章實齋的一家之言極爲近似,而且還符合中國一般的傳統歷史思想的路數。我們實可說,中國的史學,自孔子修《春秋》以降,即注重思想。」(頁 211)余氏這個說法,是探驪得珠而深具慧解的。

　　「章實齋與柯靈烏的歷史思想──中西歷史哲學的一點比較」還有一節是論述實齋的「筆削之義」與「一家之言」的。在這一節中,余氏指出,實齋這兩個觀念與柯氏的若干觀念也有類同或近似之處。茲爲省篇幅,筆者就不再展開了。

　　余書外篇中,還有一章是跟實齋有關的,名「章實齋與童二樹──一條史料的考證」。按:《文獻徵存錄》卷 8〈邵晉涵傳〉附錄了實齋的傳記,但《存錄》的編者誤把邵氏的傳記資料納入實齋的傳記中。後人不察,以譌傳譌者,比比

---

be described in terms of thought.......The historian is never concerned with either of these to the exclusion of the other. He is investigating not mere events（ where by a mere event I mean one which has only an outside and no inside ） but actions, and an action is the unity of the outside and inside of an event." *The Idea of History*（Oxford, 1946）, p. 213.余英時把 actions／action 譯爲「行動」,而筆者則譯爲「行爲」。按:譯爲「行動」應更貼近 actions／action 的本義。但因爲歷史的主人是人;其所爲者即行爲,其過去所爲者即歷史行爲。如譯爲「行動」,似乎有點怪怪的,所以筆者乃譯之爲「行爲」。當然余氏譯之爲「行動」,亦自有其可取之處。

190　《漢書・藝文志》。

191　章學誠,〈書教〉(上篇),《文史通義》,頁 9。

皆是。余氏做了翔實的糾正,甚有貢獻於學界。

余氏一書,勝義紛陳。余書面世後的兩三年間,即至少有五篇書評予以評介[192],其爲時人所重可知。然而,書評中不乏批評的文字,今筆者願意再作一些補充,其或爲贅言亦未可知。

余書除用歷史取徑外,也用心理分析的取徑來研究實齋。來自東原以至來自整個清中葉的「考證的挑戰」如何對實齋構成心理上的鉅大壓力及實齋如何予以化解,余氏分析得淋漓盡致。此上文已有所闡釋。然而,稍可提出討論的是,心理學作爲一門科學來說,其「穩定性」或「成熟度」不若自然科學,譬如物理學、化學、地質學等等之高;因此其解釋能力的有效性,便不免啓人疑竇。用以解釋今人行爲的動機,尚且具一定的爭議;然則用以解釋歷史上某人行爲的動機,其有效性恐怕就更不無商榷餘地了[193]。

再討論余書另一可商榷之處。余氏說:

依照這種說法,中國在極古遠的時代即已有兩派史家,一記言(相當柯氏

---

192 杜潔祥,〈從方法上看余英時「論戴震與章學誠」〉,《出版與研究》,臺北,1977 年 11 月 16 日;朱曉海,〈近代學術史課題之商榷 ——《論戴震與章學誠》書後〉,《東方文化》,卷 16,期 1、期 2(1978),頁 194-210;勞榦,〈書評:《論戴震與章學誠》〉,《中國文化研究所學報》,10 期上(香港:1979 年 1 月),頁 219-225;河田悌一著,高明士節譯,〈評余英時著「論戴震與章學誠」〉,《史學評論》,期 1(臺北:1979 年 6 月),頁 257-260;汪榮祖,〈《論戴震與章學誠》書後〉,《中國時報》(臺北:1979 年 9 月 19 日)。順便一提的是,汪氏有另一文章雖不是書評,但對余書亦有點書評的味道,且都是比較負面的。汪榮祖,〈章實齋六經皆史說再議〉,《史學九章》(臺北:麥田出版社,2002),第九章,頁 314-315、322-327、336-338。

193 筆者原則上並不反對援用社會科學(含心理學)以從事史學研究。但援用得對不對、恰不恰當,那要看具體情況,不能一概而論。順便一提:1983 年 4、5 月筆者從巴黎返港。時在香港新亞研究所擔任客座教授的臺灣大學中文系何佑森教授(與余英時皆爲錢穆先生在香港辦教育時期的高足)適在研究所開課(大概是「中國近三百年學術史」)。課中談到余英時從心理學的角度分析實齋的學術趨向問題。心理學上的「挑戰與回應」,何氏頗不以爲然,即不認同余氏所說的實齋之處理當時的考證學問題,是源自心理上的一種反應。

所謂思想或內在面），一記事（相當柯氏所謂單純的「事」或外在面）。
（頁 209）

依筆者所見，余氏這個說法稍微牽強了一點。就中國史家「記事」方面來說，筆者認為這的確相當於柯氏所說的 mere event（單純的「事」）或 the outside of the event（事件的外在面）。這方面上文已申述過。然而，就中國史家「記言」方面來說，難道「言」不也同樣是歷史人物的一種行為或一種行動，而同樣應屬於該人物所表現的外在面嗎？何以「言」是相當於柯氏所說的「思想」或「內在面」呢？余氏的考量似未為周延。

最後針對「六經皆史」說，余氏以下的判斷，似乎可以做點討論。余氏說：「『六經皆史』是一種十分含蓄的說法，不能僅從字面上作孤立的了解，深一層看，這個命題實帶有尊史抑經的意味。」（頁 52）這個問題，前人討論相當多，甚至有學者認為實齋提出這個命題是跟他的政治理念或政治期許有密切關係的[194]。這也許是說得太遠了一點；茲不贅。眾多學者中，個人認為戴密微的看法深具啟發性，且或可與余英時的說法互參而很值得關注。戴氏說：

把這個命題倒轉過來看：史書反過來也成為了經書（即「諸史皆經」），（然則）史學將具備經學的價值（功能），即具備一種法則和社會規範的價值（功能）。……我相信章學誠的目的，不在於褻瀆經學，反而是要把史學經學化（即把史學提升至經學的位階）。[195]

我們討論戴微密以上的看法和余英時相關的看法之前，我們不妨先說一下經、史

---

[194] 詳見王知常，〈論章學誠學術思想中的政治觀點〉，《學術月刊》，期 10（1963），頁 47。

[195] "Turn the proposition around, and inversely history will also constitute a Canon, history will have a canonical value, a value as a rule and norm.......Chang Hsüeh-ch'eng's purpose, I believe, was not to profanize the Canon, but rather to canonize history." P. Demiéville, *Historians of China and Japan*, p. 178.

尊、抑的問題。若依排列組合的設計，經、史的尊、抑，似乎可得出以下各種情況：（1）既尊經，也尊史（或可稱爲雙尊；戴氏認爲此乃實齋的目的）；（2）既抑經，也抑史（雙抑；中國大陸文革時期的作法）；（3）尊經抑史（清中葉一般考據學者的作法）；（4）尊史抑經（余氏認爲此乃實齋的作法）；（5）尊經而不抑史；（6）尊史而不抑經（戴氏認爲實齋即如此）；（7）不尊經也不尊史（有點類似上面 2 的雙抑）；（8）不尊經但尊史（有點類似上面 4 尊史抑經）；（9）不尊史但尊經（有點類似上面 3 尊經抑史）；（10）不尊史也不尊經（此即等同上面第 7）。以上 10 種情況，其中 1、4、6 和現今所討論的戴氏、余氏的意見相關。又其中 1、6 類同，可視爲一項；4 本身則爲另一項。

　　戴氏的看法——認爲實齋把史學提升至經學的位階，即上文所說的雙尊或尊史而不抑經的看法，與余氏的看法——認爲實齋「帶有尊史抑經的意味」的看法，此兩看法頗不相同。然而，細審之，則兩者有其共通之處，或至少兩者不相矛盾。何以言之？個人認爲，把史學提升至經學的位階，此乃實齋努力奮鬥要達到的理想，或所謂終極目標。然而，乾嘉時代，經學地位至尊，是以實齋在奮鬥的過程中，要提升史學地位與之相垺，其手段非「尊史抑經」不爲功。試設一淺譬：假設經學爲 100 分，史學爲 80 分。一下子要把史學拉拔至 100 分，其事不易易。若各走一步，即經學下調 10 分，史學努力上調 10 分，其結果爲兩者皆同爲 90 分，其事或較易。實齋即採取此一作法。這就是余氏的看法：認爲實齋尊史（即上調之）抑經（即下調之）。然而，實齋的理想或最終目標，固係把史學提升至經學原有的地位，即同爲 100 分，而不以 90 分爲滿足。此即戴氏的意見：認爲實齋雙尊或尊史而不抑經。要言之，余氏乃就實齋奮鬥的過程言或手段言，戴氏乃就實齋之終極目標言。兩人各執一端，故不相矛盾；且有其共通互濟之處[196]。

196　余書可以再做討論，或不免見仁見智者，尚可多舉一例。余氏說：「說實在的，劉知幾決非章實齋之比。……」（頁 233-234，註 6）業師許冠三先生則褒劉而貶章，看法與余氏絕異。個人則以爲，實齋博大，知幾微實。借用實齋的說法，兩人「截然兩途，不相入也。」（《文史通義‧家書二》）吾人似不必強分軒輊。許氏說法，詳〈劉、章史學

　　參觀戴、余兩家及眾多他家之說後，筆者得出如下一個"結論"：就經、史之位階言，以時人重經，實齋為提昇史學地位，不得不把史比擬於經。換言之，實齋藉「六經皆史說」轉個彎（即余氏所說的「含蓄」）提昇史學之地位至與經學相埒；以致用功能言，史學即事言理而貼近人生日用（異於經學離事言理之流於空言；且實齋又不擅經學），是以就實齋來說，其功能乃在經學之上。上引文中，余英時嘗云：「深一層看，這個命題實帶有尊史抑經的意味。」就客觀面而言（即從經、史的致用功能而言），或就主觀面而言（即從實齋的個人學術偏好而言），余英時這個判斷，個人認為都是很恰當的。其實，余氏並沒有把話說得太滿、太死。他只是說：「帶有尊史抑經的意味」。所以戴氏「經史並尊」或「尊史而不抑經」的一種解讀，恐怕余氏不至於全然不認同。就筆者來說，余氏的判斷固諦當；但戴氏的解讀，相信在一定程度上還是相當符合實齋的理念的。其實，依許冠三，實齋之經、史關係論，終其一生，約有四變。就實齋之晚年來說，或就其經、史關係論之最後一、二階段之立論來說，或確如余英時所說的有「尊史抑經的意味」。**197**而「六經皆史也」一語既見諸撰於晚年（嘉慶元年，實齋年 59 歲）之〈易教篇〉，則「尊史抑經」當為該語所蘊涵之義。

　　之異同〉，香港，《中國文化研究所學報》，卷 13（1982）。此文又收入許冠三，《劉知幾的實錄史學》（香港：香港中文大學，1983），頁 163-201。

197　許冠三，〈劉、章史學之異同〉，頁 49。其詳，可參本書第三章對許氏相關研究的論述。這裡筆者有如下看法：如果說「六經皆史」的命題「帶有尊史抑經的意味」，那實齋所抑之經乃乾嘉時代之經學，而非傳統意義（即深具經世致用意義）下之經學。這問題，可參本書附錄三第三節之（五）：「纂類與著述」項下筆者的論述。然而，光就「六經皆史也」一命題而言，實齋似有陷經學／經書於不義之嫌。何以言之？簡單來說，經書所言者，道也，義理也，即宇宙人生的大道理。果為宇宙人生的大道理，則此等道理必為深具永恆性、普遍性的真理、真諦無疑。言真理、真諦，則一經（譬如恆言宇宙人生之變易之《易經》）足矣，甚至一語（如孔子所說的「吾道一以貫之」這一語）亦足矣，何須六經？！史學／史書的性質則異於是。如上所云，經書所闡述、彰顯之義理為其備永恆性、普遍性者；而史書所載者，事也，其必為個別性、特殊性無疑。今實齋把經定位為史，其本旨雖欲藉以提高、拉拔史學的地位，但於不知不覺之間，即於無形中恐已降低、下調經學的地位矣！就實齋來說，因為六經只是史，而史所載者，過去之事變也，往跡也，所以「事變之出於後者」，作為史的六經便「不能言」了。（「事變之出於後

　　上文用了不下 20,000 字的篇幅來闡釋余英時的大著。接下來，我們繼續述
說 70 年代其他實齋研究。分別出版於 1975 年和 1976 年的兩篇小文章對實齋研
究可說毫無助益，茲從略[198]。歐陽烱的文章也失諸泛泛，且犯若干錯誤[199]。文
中云：「（實齋）裁成後學甚眾」。按：實齋嘗在五所書院任職，前後凡 12 年
之久[200]。「裁成後學甚眾」（頁 8）一語，大抵即本此而來。然而，作者宜進一
步舉出相關文獻以佐證其說法。再者，1781 年夏，實齋任教於清漳書院。此書
院位於肥鄉。作者說：「大名清漳書院」（頁 8）；頗失檢。按：肥鄉、大名，
兩地皆位於直隸，然相距約 40 公里；肥鄉隸廣平府，非隸大名府。當年冬天，
實齋離開該書院而前往大名[201]。大抵歐陽烱把這兩個事實混淆在一起了。此
外，作者如同其他不少研究者一樣，把《文獻徵存錄》中邵晉涵的傳記資料錯誤
地納入實齋的生平傳記中。作者不參考前人研究成果也是文章另一欠周延之

者」及「六經不能言」等語，皆實齋本人用語。見《文史通義》，〈原道下篇〉。）因
為六經只是史，所以縱使所載之史事含藏義蘊，亦不過宇宙人生過去之義蘊而已，而非
永恆性、普遍性之義蘊也。要言之，實齋發明「六經皆史也」一命題，雖旨在提高、拉
拔史學的地位，以打擊藉章句訓詁以明經的乾嘉考據學者，但不知不覺間恐已降低、下
調經學的地位！這恐怕是實齋意想不到的。如其命題改為「凡史皆經」，似乎便可避免
此缺失。戴密微大概也想到為了避免因辭害意，所以便有"Turn the proposition around, and
inversely history will also constitute a Canon"的一個構想。詳上註 195。

[198]　董樹藩，〈治學謹嚴的章學誠〉，臺灣，《青年戰士報》，1975 年 12 月 14 日。文中嘗
　　　云：「章學誠的治學態度非常嚴謹。」按：實齋的貢獻在於「史學大義」和「校讎心法」。
　　　換言之，乃在史學理論、方志學理論和校讎學理論方面。然而，就治學態度而言，實稱
　　　不上嚴謹。這方面，學者早已有所指陳，上文亦做了說明，今不擬多說。另一文的撰者
　　　名白面書生，〈文史哲學家章學誠〉，《浙江月刊》，卷 8，期 6，1976 年 6 月，頁 15。
　　　文章中有如下一語：「章氏究竟是清初的人。」光是這句話就使筆者提不起勁對該文做
　　　任何研究分析了。

[199]　歐陽烱，〈章學誠學術思想窺要〉，《東吳大學中國文學系系刊》，期 2，1976 年 6 月
　　　20 日，頁 8-11。

[200]　實齋的教學情況，詳參 D. Nivison, *The Life and Thought of Chang Hsüeh-ch'eng*，頁
　　　82-105，尤其頁 82。

[201]　*The Life and Thought of Chang Hsüeh-ch'eng,* pp. 85-86；上揭胡適著、姚名達訂補，《章實
　　　齋先生年譜》，頁 48-53。

處。這情況，同時代的大陸學人尤其普遍。當然，〈章學誠學術思想窺要〉是一篇小文章（僅 4 頁），吾人不必予以深責。至於黃秀慧的文章[202]，則有如下毛病：該文的題目為〈從《文史通義》概觀章學誠之學術思想〉。實齋的學術思想如何可以光從《文史通義》一書便概觀出來呢？此外，實齋把他和劉知幾的史學所做的比較（詳見《文史通義·家書二》），作者不加檢別而照單全收。實齋認為司馬遷「未敢謗主」的說法，作者亦輕信不疑[203]。這些都是黃文值得商榷之處。

1979 年日人河田悌一所發表的一篇文章頗值得關注[204]。該文旨在透過實齋與同時代學人（朱筠、邵晉涵、洪亮吉）的交誼與論學，以揭示實齋的生平、性格及學術思想。朱筠乃實齋之恩師[205]。從 1765 年實齋始學文章於朱氏迄 1781 年朱氏之卒，實齋在學問上（尤指文章寫作技巧方面）及生活上，都受惠於朱氏[206]。乾隆 36 年至 38 年（1771-1773）朱氏奉命提督安徽學政。其間，戴震（1724-1777）、汪中（1745-1794）、王念孫（1744-1832）、邵晉涵（1743-1796）、洪亮吉（1746-1809）等等著名學者及本書主人翁實齋皆嘗從遊。（頁 88）。河田悌一在文章中詳述了實齋從朱氏學習寫作文章的經過。（頁 90）[207]朱氏弟子

---

202 黃秀慧，〈從《文史通義》概觀章學誠之學術思想〉，《史繹》（國立臺灣大學歷史學會會刊），1977 年 9 月 10 日，頁 48-73。從黃文的題目「概觀」二字讓筆者聯想到另一文：顧史考，〈學誠摘錄〉，陳仕華主編，《章學誠研究論叢》（臺北：臺灣學生書局，2005），頁 173-188。顧文有句云：「今先從其名著《文史通義》中略論其論學之大綱。」（頁 175）用「略論」，而不用「概論」、「概觀」等語，雖僅一字之差，但似乎便可以避免以偏概全之弊了。於此或可見遣詞用字之關鍵。

203 業師徐復觀認為「章氏為史公所作的辯解，尤為中專制之毒太深，鄙陋可笑。」徐復觀，〈論《史記》〉，《兩漢思想史》（臺北：臺灣學生書局，1979），卷三，頁 323、432（註 18）。實齋說法，見《文史通義·史德》，頁 146-147。

204 河田悌一，〈清代學術の一側面〉，《東方學》，第 57 輯（1979 年 1 月），頁 84-105。此文乃日本文部省所資助以下研究計畫的部份成果：「清代思想史における章學誠の位置」。參頁 105〈附記〉。

205 朱氏生平，可參羅繼祖，《朱筠河先生年譜》（臺北：廣文書局，1971）。

206 姚名達，〈章實齋之史學〉，上揭《章學誠研究專輯》，頁 21-22；胡、姚，《章實齋先生年譜》，頁 15-16；*The Life and Thought of Chang Hsüeh-ch'eng*, pp. 31-34.

207 又可參胡、姚，《章實齋先生年譜》，頁 23-24。

李威對實齋之「姍笑無弟子禮」，而朱筠「反爲之破顏」的描述，亦爲河田氏所引錄，藉以見實齋不拘守禮節之性格之一斑。（頁 98-99）[208]

至於邵晉涵，實齋云：「於余愛若兄弟，前後二十餘年，南北離合，歷歷可溯。得志未嘗不相慰悅。至於風塵潦倒，疾病患難，亦強半以君爲依附焉。」[209]晉涵與實齋交往情誼之深厚，上引語很可以概見。實齋族子章廷楓又嘗引實齋之語曰：「叔父（按：指實齋）嘗自謂：生平蘊蓄，惟先師（按：指邵晉涵）知之最深，亦自詡謂能知先師之深。」[210]然則兩人相知之深，不必多說了。然而，就學問方面來說，實齋倒是深受晉涵的從祖邵廷采（1648-1711）的影響[211]。實齋對廷采推崇備至，以至班、馬、韓、歐、程、朱、陸、王，亦等乎其下[212]。以上八人，分別爲中國最上乘的史學家、文學家、理學家。換言之，實齋視廷采乃史學家、文學家、理學家中的史學家、文學家、理學家。其推尊之高，稱揚之崇，可謂至乎其極。此外，實齋又極推崇廷采的經世意識，其與邵晉涵書嘗云：「念魯先生（廷采字念魯）有言：『文章有關世道，不可不作；文采未極，亦不妨作。』僕非能文者也，服膺先生遺言，不敢無所撰著。」[213]廷采的思想、經世意識及實齋對他的推崇，與本文主旨不相關。筆者所以有如上的述介，乃藉以揭示實齋本人的學術趨向，乃至其終極關懷。其推尊廷采之學術面向，即不啻其本人學術面向之自道。實齋的代表作乃《文史通義》；觀其書名，其兼重文、史可知。其看重義理、哲思（其專業，或至少專業之一，用今天的述語來

---

208 朱筠，〈卷首〉，《笥河文集》（北京：1815）；胡、姚，《章實齋先生年譜》，頁 34。

209 章學誠，〈邵與桐別傳〉，《章氏遺書》（臺北：漢聲出版社，1973），卷 18，頁 397 上。

210 〈邵與桐別傳〉，《章氏遺書》，卷 18，頁 397 下。

211 上揭《文史通義·家書三》，頁 334；姚名達，〈章實齋之史學〉，上揭《章學誠研究專輯》，頁 18-20。

212 實齋云：「吾實景仰邵氏而媿未能及也。蓋馬、班之史，韓、歐之文，程、朱之理，陸、王之學，萃合以成一子之書，自有宋歐、曾以還，未有若是之立言者也。……吾由是定所趨向。其討論修飾，得之於朱先生，則後起之功也，而根底則出邵氏，……。」上引語，見《文史通義·家書三》，頁 334；又〈邵與桐別傳〉亦有類似之描述。詳見《章氏遺書》，卷 18，頁 398 上。

213 〈與邵二雲論學〉，《文史通義》，頁 292。

說，乃歷史哲學），吾人不必再重複。茲引姚名達之言以總結實齋與廷采的學術承傳關係。姚說：「綜此數端，則實齋之學，導源於念魯，從可見矣。」[214]按：「數端」乃指上面所說過的文史哲及經世意識方面而言。

至於實齋與洪亮吉的關係，比較值得注意的是，河田氏引錄亮吉詩兩首以揭示彼對實齋的容貌、個性及文筆等等方面的個人印象。大體來說，實齋絕非美男子，且個性剛鯁衝動，文筆（筆力）又不如汪中[215]。（頁 100-101）

河田氏從實齋與上述三人（朱筠、邵晉涵、洪亮吉）的交往關係中，得出如下幾個結論。此等結論頗值得注意，其重點如下：

——朱筠如同其胞弟朱珪（1731-1807）、畢沅（1730-1797）、馮廷丞（1728-1784）、梁國治（1723-1785）、阮元（1764-1849）等，均乾嘉學者的大恩主[216]。彼等的經援對促進當時的學術風氣及學人間之交流，貢獻良多。

——當時不少學者（實齋即其一）編纂方志及爲達官顯宦（如上述諸人）編、校書籍，乃彼等經濟收入主要來源之一。

——學者們在達官顯宦的幕下，經常形成交誼唱酬的學術文化圈。

——作爲邵廷采的後繼者的章實齋，發展出一套歷史哲學。此歷史哲學所代表的學術趨向大異於當時極爲鼎盛的考證學。

——實齋與晉涵皆有意發揚光大當時宋學所護持的儒學傳統。

——實齋剛鯁的個性恆與同時代學人相衝突。

大體來說，河田氏〈清代學術の一側面〉一文對「實齋研究」無大發明，亦無嶄新的貢獻；然而，透過實齋與朱、邵、洪的關係，以揭示實齋生平、學術比較不爲一般學者所注意的一個面向，乃至清代學術的一個面向（即文題中所說的「一側面」），是饒有趣味的。

214　姚名達，〈章實齋之史學〉，上揭《章學誠研究專輯》，頁 19。

215　曾燠，〈贈章實齋國博詩〉對實齋容貌及筆力等等方面，亦有所描繪。大體來說，實齋長得醜陋，蓋為事實。然而，就筆力而言，〈贈章實齋國博詩〉云：「筆有雷霆聲。」然則其筆力亦未必遠遜汪中；蓋見仁見智之論而已。〈贈章實齋國博詩〉，見胡、姚，《章實齋先生年譜》，頁 128。又可參見本書附錄二。

216　所謂「大恩主」，廣東方言「米飯班主」一語似乎最足以表之。

八、1980 年代的著作

（1、俞兆鵬——實齋乃「極權主義」（totalitarianism）、「威權主義」（authoritarianism）
或「封建主義」的支持者？實齋猛烈地抨擊了清朝統治者的文化專制政策？2、羅光；3、
王克明；4、程千帆——實齋之「言公」何義？5、傅孫久——實齋的「博約論」；其「博
約論」與史家四長的關係、與《四庫全書》之纂修之關係？6、Umberto Bresciani（白安
理）——實齋思想之特色：經世、著述、別識心裁、開風氣。落實這些特色則靠以下三
組觀念：「學與思」、「博與約」及「藏往與知來」；針對實齋的道論、史義、三代論、
文學觀及實齋為權威主義者與否等課題，糾駁西方漢學家對實齋的 "誤解"；衡論實齋在
中國學術史上的地位；針對實齋與以下三人：維科、黑格爾、R. G. Collingwood 的思想，
進行比較；西方漢學家對實齋產生誤解的理由；西方漢學家研究實齋思想的意義；中西
思想比較的經過和瞻望；7、劉漢屛——實齋是龔自珍、魏源、林則徐的前驅；「道」與
「人類社會」；8、周啓榮、劉廣京——學術經世：章學誠之文史論與經世思想；9、繆
全吉——實齋的方志學及經世思想；10、倉修良——實齋之時代背景及其潦倒的一生；《文
史通義》一書各要旨。）

　　文革後，尤其是第 11 屆三中全會（1978 年年底所召開的中國共產黨第 11
屆中央委員會第三次全體委員會議）之後，中國大陸積極推動改革開放，整個環
境氛圍大異往昔；學術界亦漸次露出曙光。然而，起始的一段時期，馬列主義
的意識型態仍然深植人心。下文乃針對 1980 年代開首幾年的「實齋研究」做點
論述。

　　俞兆鵬出版於 1981 年的一篇論文中，認為實齋的治學理論「在今天仍有它
的借鑑意義」，於是便對相關理論「進行初步的評論」[217]。該文對「實齋研究」，
個人認為並無若何貢獻，且反映了馬列主義的意識型態在當時的學術界仍深具
影響的時代特色。茲引錄兩段文字以為說明。俞氏說：「……但必須指出，章學

217　俞兆鵬，〈章學誠的治學思想〉，《學術月刊》，上海：人民出版社（1981 年 5 月），
　　頁 42、79。

誠畢竟是個地主階級的知識分子，他所維護的『眞理』往往就是封建主義，他所
要爲之服務的也無非是封建制度。……」（頁42）實齋到底眞的如兪氏所說的要
維護封建主義嗎，我們下文再說。如上文所示，戴密微氏對實齋嘗作過深入的
研究，我們不妨先看看他如何描繪實齋的出身。戴氏說：「章學誠來自民間；儘
管他的父親嘗擔任收入微薄的低級官員，然而其家庭遠源自農村鄉野間，則是
很明顯的。」[218]至於實齋本人，雖然41歲（乾隆43年，1778）已成進士，但以
當官來說，還比不上他的父親，即連知縣也未當過；可說一生窮困潦倒。我們
不排斥其一生當中或許曾經擁有過一些土地，但來自民間的實齋，兪氏卻把他
定位爲「地主階級」，則似乎是欠周延的。

　　至於說到實齋的政治思想和他對清政權的態度，也許說實齋深具「極權主義」
（totalitarianism）的思想或如D. Nivison所說的「威權主義」（authoritarianism）[219]
的思想，遠比兪氏所說的「封建主義」的思想，更能恰當地描繪實齋的意識型態
吧。至於兪氏說實齋爲封建制度服務，那也近乎無的放矢。蓋清朝何「封建制
度」之可言？當然，我們不能以港臺學人所理解的「封建制度」的涵意來定義大
陸學人（如本文作者兪兆鵬）所說的「封建制度」。以上幾句話，筆者旨在指出：
兪氏等大陸學人縱使在1980年代仍未能擺脫馬列主義意識型態的糾纏。其結果
便是以今觀古，並進而以今非古，而無法依實齋當時的具體情況，實事求是
地，歷史主義地看待實齋，以還原實齋的本來面目。在意識型態，尤其政治意
識型態掛帥的大氣圍下，要獲取獨立客觀的研究成果，恐怕是非常困難的。我
們又何忍深責兪氏或同時代的其他大陸學人呢？

---

[218] "（Zhang était）issu du peuple; car, si son père fut petit fonctionnaire besogneux, les origines
　　paysannes de sa famille étaient proches."P. Demiéville, *Annuaire du Collège de France*（Paris,
　　1951），p. 203. 按：實齋父親名鑣，乾隆丙辰（1736）舉人，壬戌（1742）進士，辛未
　　（1751）官湖北應城知縣，丙子（1756）罷官，貧不能歸，戊子（1768）卒。詳參胡、
　　姚，《章實齋先生年譜》，頁2。戴氏說「低級官員」（petit fonctionnaire，小公務員），
　　乃指章鑣嘗官應城知縣而言。戴氏意謂章鑣雖然曾經當過官，但其家庭先祖顯係出身自
　　農村。實齋之富於民間氣息（即對農村、農民深具關懷之念），可見是淵源有自的。

[219] *The Life and Thought of Chang Hsüeh-ch'eng*, p. 150.

　　上段話曾經談到實齋對清政權的態度。下文進一步引錄俞氏本人所說的話，以明確知悉他心目中實齋是如何看待滿清政權，尤其如何看待清朝統治者所實施的文化政策。俞氏說：「章學誠的治學思想的意義，不僅在於批判了乾嘉考據學中的弊病，更重要的是在客觀上猛烈地抨擊了清朝統治者的文化專制政策。」（頁 79）我們要指出的是實齋的確是批判了當時的考據學。然而，這並不意味著他的批判在客觀上充當了猛烈地抨擊清朝統治者的文化專制政策的工具。我們也許可以這麼說，縱使他的批判在客觀意義上充當了這方面的工具，但就實齋本人的主觀意願來說，他其實是衷心誠意接受並支持滿清政權的。何以言之？我們且引錄實齋本人的話語為證。他說：「自唐虞三代以還，得天下之正者，未有如我大清。……惟我朝以討賊入關，繼絕興廢，褒忠錄義，　天與人歸。」[220]這就難怪 D. Nivison 作出了如下的判斷：「我持有以下的觀點：儘管滿清政權乃一威權主義的政權，18 世紀的文人接受了它，且章學誠是全心全意地接受它。」[221]

　　然而，擅於疑惑的讀者也許會問：接受、承認其政權難道就必然意味著同時接受、承認其文化政策嗎？這個問題提得好；因為據閱覽所及，實齋似確未嘗明白地表示他支持滿清的文化政策。在這裡，也許我們可以作點猜測或所謂類推（analogy）：實齋對古代政權及對其文化政策的意見也許可以提供一點相關訊息。實齋說：

> 有官斯有法，故法具於官；有法斯有書，故官守其書；有書斯有學，故師傳其學；有學斯有業，故弟子習其業。官、守、學、業，皆出於一，而天下以同文為治，故私門無著述文字。……秦人……曰「以吏為師」，則猶官、守、學、業合一之謂也。由秦人「以吏為師」之言，想見三代盛時，

220　章學誠，〈丙辰箚記〉，《章氏遺書》，外編三，頁 875 上。實齋對清政權的態度，柴德賡分析得相當深入。柴德賡，〈試論章學誠的學術思想〉，《史學叢考》（北京：中華書局，1982），頁 307-309。又可參上揭《論戴震與章學誠》，頁 77-78，註 15。引文中，「大清」、「朝」、「天」之前的空格，皆原文所固有，乃實齋藉以表示推尊之意。

221　*The Life and Thought of Chang Hsüeh-ch'eng*, p. 181.

《禮》以宗伯為師，《樂》以司樂為師，《詩》以太師為師，《書》以外
史為師，《三易》、《春秋》亦若是則已矣，又安有私門之著述哉？……
劉歆蓋深明乎古人官師合一之道，……222

上引文之主旨在於說明古人無私門著述之事。這在孔子著《春秋》以前，確為事
實。然而，筆者引錄實齋之言，著眼點並不在於討論古人私門著述的問題。筆者
予以引錄，是藉以反映實齋對以下問題的看法：很明顯，「官、守、學、業，皆
出於一」、「古人官、師合一之道」，乃實齋所極為欣賞者。如用現代術語來說，
則以上實齋所說的「法」、「官」，即今天所說的「政府」；「書」、「學」，
即「文化」、「學術」；「師」、「弟子」、「業」，即「教育」。三代之學術、
教育、文化，皆官府一手包辦；換言之，即以政領教（文化、學術及教育事業）。
由實齋對三代及對秦代，以至對劉歆以政領教的欣賞，吾人不妨作點類推：其所
期許於現實滿清政權者，亦必係以政領教無疑。筆者由類推而作出的這個判斷，
其實 D. Nivison 早作出過類似的論斷，蓋彼嘗云：「實齋所認為的國家（政權）
在文教界中所應佔據的重要地位，隱涵於彼對古代世界秩序和由思想過渡至現實
的論述中。」223

　　俞兆鵬針對實齋曾作過如下的判斷：「章學誠……在客觀上猛烈地抨擊了清
朝統治者的文化專制政策。」（詳上文）實齋批判乾嘉考據學中的弊病，是否在
客觀意義上即蘊涵著他抨擊了清朝的文化專制政策呢，這不是筆者要關注的。
但很明顯的是，批判、抨擊清朝文化專制政策絕非實齋的本意。他支持、推
崇、擁護該政策都唯恐不及，那來予以抨擊？！也許因為實齋這方面的意見，
如 Nivison 所說的太"深藏不露"（implicit）了，所以俞氏便無所察識歟？

　　1982 年 2 月和 11 月羅光和王克明分別發表文章述介實齋的哲學思想和學術
思想224。以二文並無特別之處，茲從略。同年（1982 年）程千帆所發表的一篇

222　〈原道第一〉，《校讎通義》，內篇一。

223　*The Life and Thought of Chang Hsüeh-ch'eng*, p. 181-182.

224　羅光，〈章學誠的歷史哲學思想〉，《哲學與文化》，卷 9，期 2（臺北，1982 年 2 月），
　　頁 36-40；王克明，〈章學誠先生的學術思想概述〉，《致理學報》，第二期（1982 年

論文，則頗值得關注[225]。程氏認爲實齋論述古人「言公」的問題，其論旨散見《章氏遺書》多處，而專門討論這個問題的〈言公〉一文[226]反未暇充份闡發相關論旨。程氏乃有意彙整會通，由是撰就其文。D. Djamouri 嘗述介程氏這篇文章的內容，筆者不擬重複[227]。今僅指出兩點。根據錢鍾書，實齋所說的「言公」，含兩義：「一謂言由公出，非創於一人；次謂言爲公立，不矜乎一己。前者無著作主名，如風謠民歌是。後者即具著作主名，而不擅著作主權。實齋論言公所云，古人立言爲公，不矜文詞爲私有以爭名，蓋多指後意而言。」[228]「言公」可含的兩義中，錢氏明確指出實齋所云究係何義。這是程氏文章沒有處理到的。

　　另一值得關注的要點是：實齋嘗指出：「古人之言，所以爲公也；未嘗矜於文辭而私據爲己有也。」[229]所謂「未嘗矜於文辭而私據爲己有也」，筆者理解爲：文辭（著作）之相關作者同意其著作在「具著作主名」（程千帆語）的情況下，其著作公諸於世後，可任由讀者大眾享用、引用，甚至不必徵得原作者同意也可以再版，以廣流傳；沒有今天的智慧財產權的問題，否則便達不到「……言，所以爲公也」這個理想。然而，吾人不應由此而誤會實齋，以爲實齋所說的不應據爲己有的「文辭」，只是「纂輯比類」、「整齊故事」的一類的東西而已。這類文辭，固然可以完全公諸於世。然而，另有一類文辭恐怕纔是實齋最爲看重的。這就是緣乎「獨斷於一心」而撰就的「一家之言」的文辭，也就是造就作者成爲「筆削獨斷之專家」的「文辭」[230]。實齋所認爲不應據爲己有而達到「言，

　　11 月），頁 52-59。順帶一提的是，羅光是相當看重章學誠的，在所撰僅 371 頁通論古今中外歷史哲學的一本專著中，便用了超過 10 頁的篇幅來述說實齋的歷史哲學。羅光，《歷史哲學》（臺北：臺灣商務印書館，1983），頁 61-72。

225　程千帆，〈言公通義—章學誠學術思想綜述之一〉，《南京大學學報》，第二期（1982年），頁 9-15。

226　按：實齋〈言公〉一文頗長，分上、中、下三篇，見《文史通義》，頁 103-115。

227　1983 年 D. Djamouri 發表一篇不足一頁（約 15 行）的小文章介紹程氏〈言公通義〉一文。文章雖短，但大旨可概見。見 Revue Bibliographique de Sinology（Paris: Ecole pratique des Hautes Etudes, 1983）. D. Djamouri 的「文評」乃該 Revue 中第 329 篇文評。

228　錢鍾書，〈附說二十三：言公有二意〉，上揭《談藝錄》，頁 319。

229　〈言公〉上篇，《文史通義》，頁 103。

230　「纂輯比類」、「整齊故事」等等用語，出自〈答客問〉上篇，《文史通義》，頁 136。

所以爲公也」的文辭，筆者以爲，尤指這一類文辭而言。實齋極重「別識心裁」、「獨斷於一心」、「一家之言」的文辭。這類文辭固然是個人創作。但這種創作不能理解爲僅供原作者個人獨享的「私言」，否則便跟實齋多次強調的「言，所以爲公也」的「公言」對立起來；而轉誤會實齋，視實齋在觀念上產生矛盾。程千帆在其大文中似乎應對這方面作點闡述。因爲只有這樣才可以充份揭示以下事實：實齋所最重視的獨斷於一心的個人創作——「私言」或「一家之言」，其實依實齋本意，也是「言，所以爲公也」的「公言」。換言之，兩者是不相排斥的。不僅不相排斥，且只有在「私言」由言公而變成「公言」之後，私言（一家之言）才得以充份公諸於世、廣爲流傳。

同爲 1982 年，大陸學人傅孫久發表了一篇頗値得關注的文章[231]。傅氏主要是從《文史通義》一書中抽繹出實齋論述如何有效地獲得知識的問題，或所謂治學的問題。籠統言之，這就是實齋的「博約論」。該論文有如下各節：「學忌泛無所主」；「專非守陋自是」；「博而不雜、約而不漏」；「博聚約收與德識才學」；「溫故可以知新」。以上五節，除第四節外，其他各節的重點，大抵都可以顧名思義而知之。至於第四節：「博聚約收與德識才學」，則主要是說，「要眞正妥善處理好博約兩者關係，必須具有德、識、才、學四者兼備。」（頁 119；這方面，筆者在後面還會說到。）

以上五節，其中比較値得注意的地方，如下：傅氏指出，清統治者纂修《四庫全書》的過程中，「不但系統地整理清初以前的古代典籍……，而且把明末開始引進的西方學術成果也吸收進去。因此書籍浩博、知識增長。章學誠不可能沒有耳濡目染。」（頁 121）我們可以完全同意傅氏的看法[232]。然而，作爲最關注「辨彰學術，考鏡源流」的實齋來說，他雖然沒有機會直接參與編纂的計畫，卻不可能不從中得到一定的啓發，譬如書籍分類的相關理念，以及在浩如煙海

---

231 傅孫久，〈博而不雜，約而不漏－讀《文史通義》博約論〉，《福建論壇》，期 1（1982年），頁 116-122。

232 乾隆 40 年乙未（1775）實齋至北京，其好友侍朝（乾隆 25 年進士）時爲四庫總校，實齋時相過從，「藉觀群書，且多識其館客。」章學誠，〈庚辛之間亡友列傳〉，上揭《章氏遺書》，卷 19，文集 4，頁 425 上。

的書籍中，如何御繁博於簡易等等的相關知識的[233]。實齋治學方面發展出「博約論」，筆者個人以爲當與當時《四庫全書》之纂修有一定的關係。傅氏只注意到實齋因「耳濡目染」而獲得「知識增長」，是小看了該纂修計畫對實齋的校讎目錄學思想及其「博約論」可有的啓發。

　　針對御繁博於簡易，即針對以約御博的問題最有研究的實齋，對乾嘉考據學家之博而流於雜，流於繁瑣，流於餖飣，當然深致不滿。當時的學術大環境可說已流於「細節微末的研究，其本身成爲了目的；瑣碎毫芒的發現，滿足了博學者的虛榮心。」[234]爲了矯正這種過偏的治學趨勢，實齋在不同文章中都提出了深具卓識的慧見。用今語來說，大旨是教人要依循其個人的學術性向，並據一定的主軸（宗趣），以彙整、綜合、通貫不同的知識、資訊。換言之，細節微末的研究，其本身不應是目的。反之，這種研究，應只是用以建構通貫性的學

---

233 實齋眾多著作中，除《文史通義》最值得注意外，便要數《校讎通義》了。該書便是校讎目錄學方面的鉅著。如上所述，實齋雖無緣參與纂修《四庫全書》的工作（乾隆 38 年（1773），《四庫》開館時，實齋時年 36，然尚未成舉人、進士；在京師亦無大名氣），然而，《四庫全書》計畫發起人朱筠（實齋的恩師），當從實齋處獲得纂修該書的若干啓發。參閱爾昌，《碑傳集補》（北京，1931）卷 47，頁 4a。實齋的校讎目錄思想，於乾隆 44 年（1779）結晶爲《校讎通義》一書（定本則是 1788 年之事），但相關構思當早於《四庫全書》開館前已形成。也許正由於無緣參與纂修計畫，所以纔促使實齋奮力完成該大作也說不定。不少前賢嘗探討實齋的校讎思想，或進而探討其校讎思想與其史學理論形成的關係。但筆者本書並沒有特闢章節處理這方面的議題。然而，可以指出的是，實齋的史學見解（或所謂史學理論）與其校讎學見解，實有著密不可分的關係。可詳參羅師炳綿，〈章實齋的校讎論及其演變〉，《新亞書院學術年刊》，期 8（1966 年 9 月），頁 77-95；喬治忠，〈論章學誠史學理論形成的三項根基〉，上揭《中國官方史學與私家史學》，頁 554-573。按：羅師並沒有明確指出實齋之史學理論與其校讎理論有著密切的關係。然而，羅師嘗云：「《文史通義》中的見解，是由（思）敏精神爲校讎之學上探班劉的結果而來。」（頁 78）無庸置疑的是，《文史通義》中的見解，固以史學見解占最大的比重，是以筆者的判斷：實齋的史學理論與其校讎理論有著密不可分的關係，想當爲羅師所首肯。

234 "La recherche du détail est devenue une fin en soi et la découverte la plus futile satisfait la vanité des érudits." J. Gernet, *Le Monde chinois*（Paris: Armand Colin, 1983），p. 450.記得君毅先師嘗批評紅學（紅樓夢研究）。大意是說紅學非無價值，但如流於把一點小考據的研究成果視爲好比發現了一顆恆星一樣的偉大，則顯然是不足取的。

問，即圍繞一主軸以建構知識，的一種工具而已（頁 116-117）。爲學若要成家，則「博以聚之，約以收之」的方法，是很關鍵的。蓋「非有專精致力之處，則如錢之散積於地，不可繩以貫也。」[235]所謂「專精致力之處」，不應理解爲只是在一小小的研究重點上（一小小的專題研究上）努力；而應理解爲：學者應把由博學、博識而獲得的各種知識、資訊，環繞、扣緊一主軸而展開其研究。實齋文中「博聚」和「約收」二詞，正足以說明其中的底蘊。實齋並嘗用一個很具象性的描繪來做說明，如下：「張羅求鳥，得鳥者不過一目；以一目爲羅，則鳥不可得也。然則羅之多目，所以爲一目地也。博文以爲約禮之資，詳說以爲反約之具，博、約非二事也。」[236]換言之，「博」只是工具，「約」才是目的。但非博不足以致約。

　　實齋論治學的言論，是非常扼要到位的。《文史通義‧博約》一文慧解精識盈篇，其下篇最後的幾句話更是劃龍點睛之筆，今引錄如下以概其餘：

> 是以學必求其心得，業必貴於專精，類必要於擴充，道必抵於全量，性情喻於憂喜憤樂，理勢達於窮變通久，博而不雜，約而不漏，庶幾學術醇固，而於守先待後之道，如或將見之矣。[237]

沒有「心得」，則所得者皆人家的東西而不能內化；今日得之，明日失之，猶浮光掠影，甚至鏡花水月，全不牢固也。不「專精」，則如上文說過的，所得者猶散錢之無串，終無所用，更無法成一家之言。「類」不得其「擴充」，甚至所得者無所分類[238]，則所得者皆零散、零碎，或所得者僅混沌漆黑的一坨東西而已—

235　〈與林秀才〉，上揭《文史通義》，頁 324。相關言論，尚見《文史通義》，頁 190-192、202-203、277-278、338。

236　〈博雜〉，上揭《文史通義》，頁 190。

237　〈博約〉下篇，上揭《文史通義》，頁 51。

238　「無所分類」也可說所有雜七雜八的東西都湊合在一起，共成一類。共成一類，即不分類之別稱。

所得者，恐怕只是一堆數據、資訊，連零碎之知識都說不上[239]！「道」而未「抵於全量」，則知其一不知其二，必無法得全盤通貫之了解（就史學研究而言，則所呈現者只是偏頗的報導，而不是全面的平衡報導）。研究者的「性情」不「喻於憂喜憤樂」，則無法設身處地對古人產生同情的理解；由是所見皆古人表面的行為，非其內心世界；史事的重建必受一定的影響而難語乎理想的結果。「理勢」無法「達於窮變通久」，則所見皆事變之一隅，而無法對一局面之全般發展依內在理路（inner logic）之必然趨勢而獲得充份掌握。「博」而流於「雜」，則只成一掌故家，猶今一資訊庫、資料庫，無預於史家之林；「約」而流於「漏」，則孤陋寡聞，甚至掛一漏萬；何成家之可言？！

　　就「博」、「約」來說，約是目的。欲成家者，必得約。就今天的行銷術來說，你所打出的廣告，其用語必得精煉，一語到位；切忌長篇大論。能用一句表達清楚，就不要說兩句。能用一字說明其底蘊（如臺灣常用一「讚」字，以表示對某對象的肯定），則不要用兩個字。然而，如果必須兩個字才表達清楚，才不會產生誤會的，那也不可隨意省去一字，否則便產生實齋所說的「漏」了[240]。同理，非博聚不足以約收。所以博也是非常重要的。然而，細大不捐，貪多務得，甚麼雜七雜八都一概收錄進來，那也不是辦法。在這裡就要講究取捨了；否則最後你根本「約收」不了，約化不了。你只成了一個資料庫，而不是一家之言。換言之，你成不了家。實齋最期盼學者成家，這所以他最重視博約之道。

---

[239] 這裡說到「類」的問題，讓人想起唐君毅先生把荀子所說的心定位為一「統類心」的問題。建構知識，當然以唐先生所說的墨子的「知識心」最為關鍵。然而，用以建構人文世界的統類心，此心之最大作用雖不在於建構知識，然而在建構人文世界之過程中，知識之分類為絕不可少者；否則人文世界只成混沌一團的一個世界而已，何成就各色各樣人文活動之人文世界之可言？唐君毅，《中國哲學原論·導論篇》（香港：香港新亞研究所，1974），頁 112；唐君毅，《中國哲學原論·原道篇（一）》（香港：香港新亞研究所，1976），頁 437。

[240] 茲舉一例。2014 年 5 月上旬本校（東吳大學）人文社會學院開會，我們曾經請一位承辦人員去製作選票。但一下子不經意而說請他去「作（做）票」。（做票是在票上動手腳，作弊之意）。在這個情況下，為了避免誤會，我們就必得說「製作選票」四字，而不宜約化為「作（做）票」二字。

其「博約論」特見精彩即以此故。

最後我們要說一說實齋的「博約論」與他同樣重視的「史家四長」的關係[241]。所謂史家四長，指的是才、學、識、德[242]。針對「博約」來說，要言之，史識幫助吾人作出取捨、篩選、選擇合宜的判斷，所謂「非識無以斷其義也」。只有這樣才可以達致「約收」之效。史才則幫助吾人落實史識以成就史文，所謂「非才無以善其文也」。識、才固然重要，但如果對史事一無所悉──不具備任何相關知識（說得白一點，即不知道過去發生過甚麼），或雖知悉，但所知不多（即不夠博），或雖博，但全不深入，無法了然於胸──欠缺真切的了解，那麼識、才，便只是一個空架構，空殼子，而缺乏任何可以作為施力、著力對象的一個實物；換言之，必須實之以物，而架構始不為空架構，殼子始不為空殼子。而「史事」（歷史知識）即其物也。（頁 119-120）

要言之，史家乃根據其道德修養（史德）；復透過種種學問以真切掌握、了悟過去的實況（史學）[243]；再者，運用其撰文技巧（史才）[244]；復次，本乎眼

241　其實，實齋並沒有很明確的討論其間的關係。然而，傳氏把兩者拉上關係並由此而做出的詮釋，應不背離實齋意，而當為實齋思想所涵。

242　詳見章學誠，〈史德〉，上揭《文史通義》，頁 144-146。唐劉知幾（661-721）首倡史家三長說。詳兩唐書，本傳。不少學人認為實齋在三長（才、學、識）之外多加上「史德」一項而成為四長。其實，劉氏三長說中的「史識」一項已隱含「史德」；只是劉氏未用上其名而已。這一點我們需要指出。再者，就人類知識的發展過程來看，經常是歷史事實先出現，再來是相關概念的形成（或兩者同時出現、形成），最後才是相應的述語的正式出現。「史德」即如此。我們斷不能說在「史德」一述語出現前，中外史家不具備撰寫歷史、研究歷史的道德，也沒有寫出過具有史德的歷史著作；也不能說相關概念不存在於史家腦海中。由此可見，「史德」一詞（一述語），儘管其創始者或確為實齋，但只要有人類，並有把「過去」筆之於書（即寫史）的歷史事實，則史德便存乎其間。有關史識中含史德的說法，詳下註 243，又見下章相關討論。

243　這就是實齋所說的：「非學無以練其事。」針對此語，茲作進一步說明。「學」指「學問」、「學識」；意謂如果不具備足夠的學問，便無法充份掌握、了悟史事。那麼這裡所謂的「學問」，指的又是怎麼樣的學問呢？筆者以為，凡一切可以幫助史家掌握、了悟史事的學問，皆屬之。就今天來說，這些學問，稱為史學的「輔助學科」。計可分三類：（一）為史學研究提供理論說明的學科，如心理學、經濟學、文化人類學、社會學等等皆是。（二）工具學科，如古文字學、電腦科學、統計學等等皆是。（三）其他：

光、識見，擇其所宜以下判斷（史識）[245]。只有這四者（德、學、才、識）結合在一起成爲一個有機的組合，才可以達致「約收」的效果。「博聚約收」與「德識才學」的關係，經上述的說明，其大旨大概清楚了。

實齋治學的議論相當多[246]，「博約論」只是其一而已。又傅氏之前，學人對「博約論」已有所論述[247]。然而，以筆者所見，似以傅氏所討論者最爲深入。其

如考古學、紋章學、錢幣學，尤其是如錢大昕所說的官制、輿地、氏族等等皆是。這所以實齋說：「記誦以爲學」，非良史之所謂學也。可知史學不是指（至少不光是指）你對史書的內容（即文本）記誦得很多、很熟，或對史事的本身有依稀、表面、片面的知識，便算具備史學，而應是指透過種種學問（如上所說的三項）以對錯綜複雜、經緯萬端的歷史事實產生充份而真切的了解之謂。當然，史家三長或四長中的「史學」，就其狹義來說，也可光指「歷史知識」之本身，而不必兼指上述三類知識。要言之，「史學」之「學」，含廣、狹兩義。廣義指「歷史知識」加上史學的「輔助學科」的相關知識。狹義則僅指「歷史知識」。錢大昕重視官制、輿地、氏族的言論，見所著〈北史三‧外戚傳〉，《廿二史考異》，卷40。

244　當然，嚴格來說，史才不僅是，或甚至不應是撰文技巧而已。而當指、當含：對史料予以彙整、綜合、消化、融貫，而最後整份研究成果能夠章節分明、結構嚴整，很系統地敷陳呈現出來。這所以實齋說：「辭采以爲文」，非良史之所謂才也。

245　實齋說：「擊斷以爲識」，非良史之所謂識也。實齋之意當謂勇於下判斷、敢於下判斷不算是史識。那麼怎樣才算是史識呢？實齋說：「能具史識者，必知史德。……」換言之，不知史德者，即不能具備了史識。也可以說：史德是史識的必要條件。史家所下的歷史判斷，看看是否根據人類的道德良心，即是否發乎道德良心；且是否能符合、回應世道人心（由此來說，歷史判斷便不當道德判斷或價值判斷。但這說來話長。簡單說，好的歷史判斷因爲必發自人類的道德良心，所以也必然是道德判斷──即具道德意涵的判斷）。史家所下的判斷，縱使根據再高的眼光、洞見（insight），但如果違反人類的道德良心，又不符合世道人心的話，那也不算是良史的史識。順便一說的是：實齋的《文史通義》雖然針對「史德」特別撰寫了〈史德〉一文，但原來他所說的「史德」是扣緊「史識」來說的。史家之識必含德而始可謂具良史之識。由此來說，不必另立「史家四長」一目，而逕保留「史家三長」（才、學、識）一名即可，蓋史德已內含於史識之中了。

246　如爲學不應趨風氣（反之，應開風氣）、學思並重、重視札錄等等皆是。

247　如上揭董金裕，《章實齋學記》，第三章〈章實齋之治學態度〉即嘗處理「博約」的問題。羅思美，《章實齋文學理論研究》，第二章〈章氏文學論的基本思想〉和第四章〈章氏成學因素論〉即嘗分別處理「博」的問題和「三長」的問題。

大旨已概見上文。傳文比較不足的是，除引錄實齋《文史通義》一書作爲原始材料外，並未參考、引錄實齋其他文字，更不要說前賢研究成果了。這是比較可惜的。

1983 年 5 月摯友義大利漢學家 Umberto Bresciani（白安理，1942-）提交了其臺灣大學博士畢業論文〈西方漢學家研究《文史通義》的商兌〉（以下簡稱〈商兌〉；論文導師乃錢穆先生高足何佑森教授；〈商兌〉迄今未正式出版）。筆者 1980 年中期撰寫博論時不認識白氏，更無緣獲睹其鉅著。〈商兌〉對「實齋研究」，尤其對評價西方漢學家的「實齋研究」，很值得參考。以當年未嘗處理該文，今茲因陋就簡，不擬細述、闡釋其內容。僅略作述評如下：

〈商兌〉共四章，其前爲一序言，文後爲參考書目。全文含目次、序言共 253 頁，約 11 萬言。首章共五節，旨在揭示實齋的思想特色，其主要者有四：經世、著述、別識心裁、開風氣。末節名爲「綜合的觀念」；旨在處理「學與思」、「博與約」、「藏往與知來」這三組觀念。要言之，作者認爲實齋透過深具別識心裁的著述以達乎經世之旨，並由此而開啓學術風氣。至於「學與思」等的三組觀念，乃上文「經世」等四個面向得以落實的"催化劑"、"促進器"；此"催化劑"、"促進器"並進而把這四個面向綰合在一起。次章共六節，旨在糾正西方漢學家（主要是 D. Nivison、P. Demiéville 二人；偶及業師 J. Gernet 及余英時等學人）對實齋的"誤解"。首節力陳實齋絕非權威主義者。第二、三、四及第五節分別闡釋實齋的道論、史義、三代論及文學觀；指出 D. Nivison、P. Demiéville 等人均誤解實齋的學術旨趣。末節（第六節）則衡論實齋在中國學術史上的地位。第三章共三節，旨在闡釋西方漢學家研究實齋思想所獲得的心得。第一、第二和第三節分別針對實齋與維科（G. Vico）、實齋與黑格爾（G. W. F. Hegel）、實齋與柯靈烏（R. G. Collingwood）的思想，進行比較。第四章乃一結論，共三節。首二節分別探討西方漢學家對實齋產生誤解的理由、西方漢學家研究實齋思想的意義。末節乃「中西思想比較的經過和瞻望」。

〈商兌〉一文，勝義紛陳，可謂深具別識心裁；固可成一家之言無疑。然當中或不無見仁見智之論。姑舉一例。顧名思義，〈商兌〉一文主要是針對西方漢學家對《文史通義》的研究展開商榷。然而，作者恆作出概括性的論斷，如指出

實齋不是「威權主義」的擁護者、推崇者等等即其例。此等論斷之恰當與否，其實必須通檢、詳閱實齋的所有著作[248]而始作得準的；僅憑依，或大體上僅憑依《文史通義》一書是不足夠的[249]。反觀 D. Nivison、P. Demiéville 等西方漢學家，他們是通觀、詳閱《章氏遺書》後，始作出相應的判斷的。白氏未能通檢、詳閱實齋所有著作，便駁斥前賢，並進而作出概括性的論斷，這恐怕難免失諸偏頗、欠周延。實齋是否「威權主義」的擁護者，筆者未能苟同白氏的說法，即以此故。筆者對「威權主義」的相關論述，已見諸上文。至於〈商兌〉的其他看法，不贅[250]。其實，〈商兌〉一文的貢獻，倒不在於結論的本身；即白氏是否比 D. Nivison、P. Demiéville、J. Gernet 及余英時等西方漢學家[251]，作出了更符合實齋原意的判斷或詮釋，倒不是最關緊要的。其貢獻實在於他在這些著名的漢學家之外，勇於提出一己的看法。筆者認為，這足以促使讀者們重新反省、思索，乃至重新檢視 D. Nivison 等人的既有研究成果。這也許是〈商兌〉一文最大的貢獻所在。且就博士論文來說，其水準可說已在一般博論之上了。

　　1984 年大陸學者劉漢屏發表了一篇旨在推崇實齋的學術思想的文章[252]。劉氏首先認為龔自珍（1792-1841）、魏源（1794-1856）、林則徐（1785-1850），「實為具有啟蒙思想的明星，在他們以前則有章學誠為其前驅。」劉氏認為過去研究者論述實齋的啟蒙思想的不多，因此便意圖作點嘗試。（頁 42）劉文含三節，如下：坎坷的一生、樸素的唯物主義世界觀、經世致用的思想。第一節「坎

248　實齋著作今可見者，大抵皆收入上揭《章氏遺書》／《章學誠遺書》。

249　據〈商兌〉的參考書目，白氏參考過的實齋著作，除《文史通義》外，尚有《校讎通義》、《方志略例》及《章實齋札記》等文字。又據〈商兌〉第二章，頁 131，註 51，白氏亦參閱過《章氏遺書‧太上感應篇序》。筆者嘗細閱白書兩遍。白氏所參閱者，主要是《文史通義》一書。

250　〈商兌〉雖旨在批駁、抨擊 D. Nivison、P. Demiéville 等西方學人對實齋的論說，但不無正面肯定彼等論說中之可取者。白氏這種「惡而知其美」的治學態度是很可取的。

251　余英時是美籍華人，且長期居住在美國。去年（2014）更獲得唐獎漢學獎，所以稱之西方漢學家，似不為過。

252　劉漢屏，〈章學誠是清中葉啟蒙思想家的前驅〉，《史學月刊》，第 1 期（1984），頁 42-47。

坷的一生」，茲從略。第二節主要是處理實齋討論「道」與「人類社會」之間的關係的問題。我們先看看實齋本人的說法。

針對「道」的出現、形成及其與人類社會的關係，實齋云：

> 「道之大原出於天」。天固諄諄然命之乎？曰：天地之前，則吾不得而知也；天地生人，斯有道矣，而未形也；三人居室，而道形矣，猶未著也；人有什伍而至百千，一室所不能容，部別班分，而道著矣。……人之生也，自有其道，人不自知，故未有形。三人居室，……既非一身，則必有分任者矣。或各司其事，或番易其班，所謂不得不然之勢也。而均平秩序之義出矣。*253*

據上文，可知實齋視「道」*254*爲因人而生起，不是憑空而來的；「道不離器，猶影不離形。」*255*，正指此而言。用現代的術語來講，實齋的道不是獨立自存的形而上的一個存在體。至於其具體情況，乃表現而爲人之群居社會活動。實齋的相關論述，除見諸〈原道篇〉的上引文外，還見諸〈原道篇〉他處。劉文即廣爲引述。此外，劉文亦援引以下各文，作爲論述之資：〈天喻〉、〈匡謬〉、〈易教〉、〈假年〉、〈原學〉、〈文理〉、〈說林〉等（均見《文史通義》）。其所得的結論如下：（一）繼承了先秦的「天道自然」思想，形成了自己的唯物主義自然觀；（二）正確論述認識過程中主觀和客觀的關係，主張「在行事中體道」，提出了實踐的檢驗問題。（三）主張「以天道協人事」，從而得出了人類社會進化的觀點。劉氏對實齋是相當佩服的；但亦不無保留，嘗云：「他（實齋）同費爾巴哈一樣，僅僅把人看做是『類存在物』、『自然存在物』，沒有看到除了自然規律，還有社會規律，因而還談不上歷史唯物主義的觀點。……」（頁 44-45）因此劉文本節（第二節）只用上「樸素的唯物主義世界觀」這個標題，把實齋的

---

253 〈原道〉，上篇，上揭《文史通義》，頁 34。

254 所謂「道」，實齋最簡明的說明如下：「道者，萬事萬物之所以然。」〈原道〉上篇，上揭《文史通義》，頁 34。

255 〈原道〉中篇，上揭《文史通義》，頁 39。

唯物主義思想定位爲樸素的，而不是歷史的。

至於第三節，劉氏指出實齋繼承了浙東學派的傳統，並反對繁瑣考據的學風，且認爲實齋提出了改革時政的進步思想。這些方面，學者早已有所指陳。茲從略。

筆者對劉文的觀察如下：

（一）就啓蒙思想方面而言，劉氏認爲實齋是龔自珍、魏源、林則徐的前驅。此有點泛泛而論。作者宜稍微詳說何以他鎖定龔、魏、林是啓蒙思想家，而不是他人，或爲甚麼不鎖定更多人；且宜把此三人與實齋之間承傳關係的線索梳理出來，甚至指出其異同[256]。

（二）實齋父擔任湖北應城知縣前後凡六年（1751-1756）[257]，非如作者所說的三年即遭罷官。（頁 42）

（三）劉氏云：「學誠應和州知州劉長城的聘請編《和州志》，次年書成，名爲《志隅》，是他的第一部方志著作。」（頁 42）按：劉氏對《和州志》的編纂情況不甚了解。首先，此《志》絕非實齋第一部方志著作[258]。再者，此《志》就叫《和州志》，不叫《志隅》。《志隅》（20 篇），顧名思義，乃原《志》（《和州志》42 篇）的縮本，所謂《志》之一隅而已[259]。

（四）劉氏云：「學誠對同時代的唯物主義思想家戴震甚爲推崇。」（頁 47）首先，戴震是否唯物主義思想家，實可再商榷。但這是題外話，從略。然而，劉氏所以下這麼一個判斷，其目的恐在於使人跟他一樣，認同實齋本人就是唯物主義思想家；否則他不會如此推崇、稱揚其同時代的戴震的。我們要指出的是，一方面，實齋固然推尊戴震；然而，他方面，又批評戴氏

---

256 當然，這只是筆者求全責備的期許而已。就劉文的主旨來說，這方面不予以深入討論亦未爲缺失。

257 參胡、姚，〈乾隆 16 年條〉、〈乾隆 21 年條〉，《年譜》，頁 6、8。

258 《和州志》應是實齋方志方面的第三部著作。參吳天任，上揭《章實齋的史學》，頁 206。

259 《章氏遺書》，外編，卷 16，1a-1b（漢聲版，頁 1236 下）；外編，卷 18，77a（漢聲版，頁 1295 上）：「乾隆二十九年撰《和州志》四十二篇」，應作「乾隆三十九年撰《和州志》四十二篇」。參胡、姚，《年譜》，頁 31；吳天任，上揭《章實齋的史學》，頁 209；董金裕，上揭《章實齋學記》，頁 69。

不遺餘力[260]。也許作者劉氏太被「唯物主義」的信念影響了，所以只了解到事實的一半！

（五）劉氏引用《章氏遺書》之文章，只註出《遺書》卷數及文章篇名；宜註出頁碼。又：全文不參考前人研究成果。唯一例外的是，在文末引錄了梁啓超的《清代學術概論》。

大體來說，劉文不是很嚴謹的學術著作。

1984 年 4 月臺灣中央研究院近代史研究所針對所舉辦的一個學術研討會出版了一本論文集，其中收錄了周啓榮和劉廣京二人共同發表的一篇論文[261]。該論文的質素是相當高的，然而筆者不擬予以詳細述介討論[262]。今僅略加介紹如下。

如眾所周知，實齋是深具經世關懷的一位學者。「經世致用」是其理想。然而，彼當時既不當官從政；又從今天的「行業分類」來說，他既非政治家，也非社運領袖、宗教改革家等等，而只是思想家；所擅長者，或所從事者，用周、劉的說法來說，乃「文史之學」。（頁 119）換言之，實齋只是一個文學、史學等等方面的理論家（當然，也是方志方面的實踐家）。果爾，則所謂「經世致用」，到底彼如何「經世」法，又如何「致用」法？這頗值得探究。其實，以文史作爲專業的一個學者來說，實齋所能做的，乃係把其理想、抱負，形諸筆墨，融貫至其著作之中而已。用傳統說法來說，即透過其專業（含文、史、方志學等等方面）之「立言」以明道。而文、史、方志，皆所謂學術也。換言之，即透過學術以經世；簡言之，即「學術經世」。一言以蔽之，周、劉一文乃從實齋的文史論述中，相當深入地闡發了他的經世思想。這是很值得一讀的一篇好文章。

260　羅炳綿，上揭〈章實齋對清代學者的譏評〉，頁 316-329。

261　周啟榮、劉廣京，〈學術經世：章學誠之文史論與經世思想〉，中央研究院近史所編，《近世中國經世思想研討會論文集》（1984 年 4 月），頁 117-156。全文（頁 117-154）約兩萬多字，含引言及餘論，共九節。頁 155-156 是當時研討會參與者的評論（評論人為繆全吉先生）、自由發言（發言者為程一凡先生）及周啟榮的答覆。

262　一方面，由於該文章的主題與本章主旨無直接關係；再者，最關鍵的是，三十年前筆者撰寫拙博論時，該文不克納入討論的範圍內，今茲因陋就簡，不擬再做這方面的工作。

在同一個研討會（即「近世中國經世思想研討會」）上，繆全吉先生發表了一篇扣緊實齋的方志學以論說其經世思想的文章[263]。該文也甚具參考價值。然而，以同一理由（參註 262），筆者也不擬予以述介討論。

1984 年 12 月大陸史家及方志學家倉修良先生出版了研究實齋的一部專著[264]。全書共 5 章，156,000 字。該書泰半以上的篇幅（即第 3、4、5 章）皆嘗以小論文的方式發表（收入該書之前，作者作了點修改）[265]；其內容在於闡釋《文史通義》一書各要旨。至於第 1 章和第 2 章，大概是新增的。第 1 章著意於勾勒實齋的時代背景，第 2 章描繪實齋潦倒的一生；此乃知人論世之言，固宜置諸全書之首。

倉氏研究實齋的眾多論著中，從筆者所見出版於 1962 年的首篇文章算起，迄 1982 年爲止，倉氏的相關論著已超過 10 篇[266]，且實齋學術的多個面向都被關注到了。倉氏對實齋的廣泛興趣很可以概見。然而，倉氏的研究似乎並不是很

263　繆全吉，〈章學誠議立志（乘）科的經世思想探索〉，上揭《近世中國經世思想研討會論文集》（1984 年 4 月），頁 157-175。

264　倉修良，《章學誠和《文史通義》》（北京：中華書局，1984 年 12 月 1 版）。

265　以下大體上按照出版年月先後，臚列其目錄：（一）〈章學誠和方志學〉，《江海學刊》，期 5，1962 年；又收入吳澤、袁光英，《中國史學史論集》（上海：上海人民出版社，1980），冊二，頁 585-594。（二）〈從章學誠的“史德”談起〉，《光明日報》，1978 年 6 月 18 日。（三）〈章學誠的歷史哲學〉，《杭州大學學報》，期 3（1978），頁 101-111，133。（四）〈論章學誠的《文史通義》〉，《杭州大學學報》，期 1、2（1979 年 5 月），頁 175-184。（五）〈“史德”、“史識”辨〉，《中華文史論叢》，期 3（1979 年 9 月），頁 95-98。（六）〈章學誠對劉知幾史學的批判、繼承和發展〉，《杭州師院學報》，期 1（1979）。（七）〈章實齋評戴東原〉，《開封師範學院學報》，期 2（1979），頁 50-57。（八）〈章學誠的方志學〉，《文史哲》（1980 年 4 月），頁 50-56。（九）〈章學誠與浙東史學〉，《中國史研究》，期 1（1981 年 3 月），頁 111-123。（十）〈也論章學誠“六經皆史”〉，《史學月刊》，期 2（1981 年），頁 32-40。（十一）〈再論章學誠的方志學〉，《中國地方史志》，期 1（1982），頁 13-27。

266　其後續有所論，今僅舉專書三例：倉修良、葉建華，《章學誠評傳》（南京：南京大學出版社，1996）；倉修良、倉曉梅，《章學誠評傳——獨樹一幟的史學評論家》（南寧：廣西教育出版社，1996）；倉修良，《《文史通義》新編新注》（杭州：浙江古籍出版社，2005 年）。

嚴謹細密的，其分析似乎也欠缺深度。譬如他輕信實齋所言[267]；且又幾乎全不參考前人研究成果：外文研究成果和中國大陸以外的中文研究成果，皆未嘗參考[268]。研究主題相若的專著，至少計有倪文遜（D. Nivison）和余英時兩書。兩書比倉書分別早出版 18 年和 8 年。然而，依筆者所見，倉書與倪、余兩書相比，其水平似有一定的差距。這是比較可惜的。

九、結語

1920 年代後，「實齋研究」如雨後春筍。就中針對實齋思想作整體性（一般性）探討者，其著作數量相當多。此中值得關注者，依時代順序，至少計有以下諸學人的著作：1920 年代梁啓超，30 年代錢穆，40 年代余嘉錫、李長之、侯外廬，50、60 年代 D. Nivison，70 年代董金裕、余英時，80 年代傅孫久、白安理（U. Bresciani）、倉修良等等。「實齋研究」固已成為顯學無疑。

就「實齋研究」的面向而言，如實齋的生平事蹟、個人性向（即所謂 EQ）、學術性向（如擅長文史義理，不喜訓詁考據，為學旨在經世等等）、史學史上的地位（與劉知幾、鄭樵相比）、清代學術史上的地位（與戴震相比）、史學理論（尤其「六經皆史說」）、治學理論（如「博約論」）、道論、方志理論、與同時代人的關係（尤其與戴震的交誼與論學），以至把實齋定位為唯物主義者，又或視之為具「威權主義」、「極權主義」的傾向，乃至實齋對後世的影響等等課題，都是學者們關注的對象。

至於就研究成果來說，本「結語」首段所提到的各家，尤其錢穆、余嘉錫、李長之、侯外廬、D. Nivison、余英時，甚至白安理（U. Bresciani）等，彼等之研究成果，個人認為都是經得起考驗的。當然，「經得起考驗」非「完美無瑕」

---

267 實齋〈浙東學術〉一文，吾人不能照單全收。倉氏即流於輕信。這方面，本書下一章處理實齋的史學思想時將再談到。

268 甚至在大陸出版與實齋有直接關係的研究成果，倉氏參考的也不多。據筆者不完全的統計，這些成果，概見倉書以下各頁而已：頁 69、101、110、114、203。當然倉氏是老一輩學人，且限於 1960-80 年代的條件，倉氏這方面稍欠理想的表現，我們應予以體諒。

之謂。其中余嘉錫未能指出實齋治學乃旨在經世、侯外廬恆從唯物主義角度解讀實齋、D. Nivison 誤讀《章氏遺書》的文句、余英時從心理分析角度解讀實齋針對「考證挑戰」所作出的回應、白安理未能遍讀《章氏遺書》便駁斥西方漢學家的立論等等，都可以說是彼等著作欠周延之處，或值得商榷之處。筆者上文即嘗試做點處理。當然，相應的探討、闡釋、糾謬，或失諸一偏之見也未可知。然而，筆者於處理「實齋研究」各專著之餘，對實齋若干論說之本身（譬如其「六經皆史說」、「博約論」，乃至本書下章所深入討論的「史識論」、「史德論」等等），在闡釋或詮釋上，頗自信稍具心得而能發前人所未發。「前修未密，後出轉精」，學術之發展，固如是也；何敢居功自誇！

徵引書目

（大抵按徵引秩序排列）

劉咸炘，《推十書》，成都，成都古籍書店影印，1996 年。

梁啓超，《清代學術概論》，臺北：臺灣商務印書館，1966 年。

梁啓超，《中國近三百年學術史》，上海：中華書局，1936 年 3 月。

陳訓慈，〈清代浙東之史學〉，《史學雜誌》，第 2 卷，第 6 期，1930 年 12 月，頁 1-40。

柴德賡，〈試論章學誠的學術思想〉，《光明日報》，《史學》，第 261 號，1963 年 5 月 8 日。

柴德賡，《史學叢考》，北京：中華書局，1982 年 6 月。

錢基博，《國學要籍解題及其讀法》，上海：上海古籍出版社，2012 年。

Nivison, D., *The Life and Thought of Chang Hsüeh-ch'eng , 1738-1801,* Stanford: Stanford University Press, 1966.

錢穆，《中國近三百年學術史》，臺北：臺灣商務印書館，1976 年。

錢穆，《錢賓四先生全集》，臺北：聯經出版事業公司，1992 年。

徐世昌編，沈芝盈、梁運華點校，《清儒學案》，北京：中華書局，2008 年。

Boorman, Howard, *Biographical Dictionary of Republican China* , New York: Columbia University Press, 1967-1979, vol. II.

董金裕，《章實齋學記》，臺北：嘉新水泥公司文化基金會，1976 年。

章學誠，《章氏遺書》，臺北：漢聲出版社，影印劉承幹刻本，1973 年。

余英時，《論戴震與章學誠》，香港：龍門書店，1976 年。

章學誠，《文史通義》，北京：北京古籍出版社，1956 年。

錢林、王藻，《文獻徵存錄》，臺北：明文書局，1985 年。

李桓，《國朝耆獻類徵初篇》，臺北：明文書局，1985 年。

余嘉錫，《余嘉錫論學雜著》，下冊，北京：中華書局，1963 年。

李慈銘，《越縵堂讀書記》，臺北：世界書局，1975。

蕭穆，〈跋《文史通義》〉，《敬孚類稿》，1906 年，第 5 卷，頁 31b-33a。

羅炳綿，〈章實齋對清代學者的譏評〉，《新亞學報》，第 8 卷，第 1 期，1967 年 2 月。

李長之，〈章學誠思想的三點——史學見地、文化觀、哲學〉，《經世（月刊）》，第 2 卷，
　　　第 1 期，1941 年 8 月。

李長之，〈章學誠精神進展的幾個階段〉，《中國青年》，第 10 卷，第 4 期，1944 年 4 月，
　　　頁 52-55。

Demiéville, P., *Journal of the American Oriental Society*, vol. 87, no. 4, New Haven: American
　　　Oriental Society, 1967.（此乃 Demiéville 針對 Nivison *The Life and Thought of Chang
　　　Hsüeh-ch'eng* 一書在此 *Journal* 所做的一篇書評）

岡崎文夫，〈章學誠——其人と其學〉，《東洋史研究》，第 8 卷，第 1 號，1943 年 2 月，
　　　頁 1-19。

羅炳綿，〈章實齋對清代學者的譏評〉，《新亞學報》，第 8 卷，第 1 期，1967 年 2 月，頁
　　　297-365。

《通報》（T'oung Pao），卷 55，冊 1-3（Vol. LV, livre 1-3, 1969）。

侯外廬，《近代中國思想學說史》，上海：生活書店，1947 年。

司馬遷，《史記》，香港：中華書局，1969 年。

王守仁，《傳習錄》，臺北：臺灣商務印書館，1976 年。

中共中央馬克思、恩格斯、列寧、斯大林著作編譯局，《馬克思恩格斯著作在中國的傳播》，
　　　北京：人民出版社，1983 年。

白安理（U. Bresciani），〈西方漢學家研究《文史通義》的商兌〉，1983，臺灣大學博士論文。

Nivison, D.,"The Philosophy of Chang Hsüeh-ch'eng", *Occasional Papers*（專輯），Kyoto Kansai
　　　Asiatic Society（京都關西亞洲學會），1955。

羅球慶，〈章實齋《文史通義》述略〉，《新亞校刊》，第 7 期，1955 年，頁 11-13。

侯外廬，〈章學誠的思想〉，《中國思想通史》，1956 年 8 月，第 5 卷，北京：北京人民出
　　　版社，頁 485-540。

王知常，〈論章學誠學術思想中的政治觀點——《文史通義·原道篇》研究〉，《學術月刊》，
　　　第 10 期，1963 年，頁 39-49。

蘇淵雷，〈章學誠文史校讎之學〉，《哈爾濱師院學報》，第 3 期，1963 年，頁 399-407。

Demiéville, P.,"Chang Hsüeh-ch'eng and his Historiography", ed. W. G. Beasley & E. G.
　　　Pulleyblank, *Historians of China and Japan*, London: Oxford University Press. 1961.

錢大昕，〈序〉，趙翼，《廿二史箚記》，臺北：華世出版社，1977 年。

錢鍾書，〈附說二十二：實齋六經皆史說探源補闕〉，《談藝錄》，上海：啓明書局，1948，頁 315-318。

郭紹虞，〈袁簡齋與章實齋之思想與其文論〉，《學林》，第 8 期，1941 年，頁 59-86。

Eminent Chinese of the Ch'ing Period, Washington: US Government Printing Office, 1943.

Chu shih-chia，*Chang Hsüeh-ch'eng, his contribution to Chinese local Historiography*, New York: Columbia University, 1950, 231pp.

Nivison, D. 著，楊立華譯，《章學誠的生平及其思想》，南京：江蘇人民出版社，2008 年。

顧頡剛，《古史辨》，香港：太平書局，1962 年，冊一。

馮友蘭，《中國哲學史》，香港：開明書店，缺出版年份。

吳天任，《章實齋的史學》，香港：東南書局，1958 年。

董金裕，《章實齋學記》，臺北：嘉新水泥公司，1976 年。

羅思美，《章實齋文學理論研究》，臺北：臺灣學生書局，1976 年。

洪金進，《章實齋之方志學說》，高雄：高雄師範學院國文研究所，1978 年。

余英時，《論戴震與章學誠》，臺北：聯經出版事業公司，1976。

錢大昕，《潛研堂集》，上海：上海古籍出版社，1989 年。

余我，〈章實齋的學術思想〉，《暢流》，第 38 卷，第 12 期，1969 年 2 月，頁 6-9。

黃錦鋐，〈章實齋和《文史通義》〉，《書和人》，第 185 期，臺北，1972 年 4 月 29 日，頁 1-7。

姜勝利，〈劉章"史識"論及其相互關係〉，《史學史研究》，第 3 期，1983 年，頁 55-59。

羅炳綿，〈章實齋對清代學者的譏評〉，《新亞學報》，第 8 卷，第 1 期，1967 年 2 月。

甲凱，〈《文史通義》與章實齋〉，《中央月刊》，第 5 卷，第 11 期，臺北，1973 年 9 月 1 日，頁 121-126。

甲凱，〈章實齋的文史哲學〉，《中央月刊》，第 6 卷，第 5 期，臺北，1974 年 3 月 1 日，頁 111-116。

余英時，《歷史與思想》，臺北：聯經出版事業公司，1976 年。

徐復觀，〈「清代漢學」衡論〉，《兩漢思想史》，卷三，臺北：臺灣學生書局，1979 年，頁 567-629。

侯外廬，〈十七世紀的中國社會和啓蒙思潮的特點〉，《中國早期啓蒙思想史》，北京：人民出版社，1956 年。

程頤，《二程遺書》，臺北：臺灣商務印書館，1983 年。

朱熹，〈徽州婺源縣學藏書閣記〉，《朱文公文集》，臺北：臺灣商務印書館，1975 年。

陸九淵，《陸九淵集》，北京：中華書局，1980 年。

徐復觀，《中國思想史論集》，臺北：臺灣學生書局，1975 年。

杜潔祥，〈從方法上看余英時「論戴震與章學誠」〉，《出版與研究》半月刊，臺北，1977
　　年 11 月 16 日。

胡適著，姚名達訂補，《章實齋先生年譜》，上海：上海商務印書館，1931 年。

周康燮編，《章學誠研究專輯》，香港：崇文書店，1975 年。

蘇慶彬，〈章實齋史學溯源〉，《新亞學報》，第 8 卷，第 2 期，1968 年，頁 389-412。

顧亭林，〈與施愚山書〉，〈詩文集〉，卷三，《顧炎武全集》，上海：上海古籍出版社，
　　2011 年。

全祖望著，黃雲眉選注，〈亭林先生神道表〉，《鮚埼亭文集選注》，濟南：齊魯書社，
　　1982 年。

Collingwood, R. G., *The Idea of History,* Oxford: Clarendon Press, 1946.

班固，《漢書》，北京：中華書局，1962 年。

朱曉海，〈近代學術史課題之商榷——《論戴震與章學誠》書後〉，《東方文化》，卷 16，
　　第 1 期、第 2 期，1978 年。

勞榦，〈書評：《論戴震與章學誠》〉，《中國文化研究所學報》，第 10 期，1979 年 1 月，
　　香港，頁 219-225。

河田悌一著，高明士節譯，〈評余英時著「論戴震與章學誠」〉，《史學評論》，第 1 期，1979
　　年 6 月，臺北，頁 257-260。

汪榮祖，〈《論戴震與章學誠》書後〉，《中國時報》，臺北，1979 年 9 月 19 日。

汪榮祖，《史學九章》，臺北：麥田出版社，2002 年。

王知常，〈論章學誠學術思想中的政治觀點〉，《學術月刊》，第 10 期，1963 年。

許冠三，《劉知幾的實錄史學》，香港：香港中文大學，1983 年。

董樹藩，〈治學謹嚴的章學誠〉，臺灣，《青年戰士報》，1975 年 12 月 14 日。

歐陽烱，〈章學誠學術思想窺要〉，《東吳大學中國文學系系刊》，第 2 期，1976 年 6 月 20
　　日，頁 8-11。

黃秀慧，〈從《文史通義》概觀章學誠之學術思想〉，《史繹》，1977 年 9 月 10 日，國立
　　臺灣大學歷史學會會刊，頁 48-73。

河田悌一，〈清代學術の一側面〉，《東方學》，第 57 輯，1979 年 1 月，頁 84-105。

羅繼祖，《朱笥河先生年譜》，臺北：廣文書局，1971 年。

朱筠，《笥河文集》，北京：中華書局，1985 年。

俞兆鵬，〈章學誠的治學思想〉，《學術月刊》，上海：人民出版社，1981 年 5 月。

Demiéville, P., *Annuaire du Collège de France*, Paris, 1951.

柴德賡，《史學叢考》，北京：中華書局，1982 年，。

章學誠，《校讎通義》，北京：北京古籍出版社，1956 年。

羅光，〈章學誠的歷史哲學思想〉，《哲學與文化》，第 9 卷，第 2 期， 1982 年 2 月，臺北，
　　頁 36-40。

羅光，《歷史哲學》，臺北，臺灣商務印書館，1983 年。

王克明，〈章學誠先生的學術思想概述〉，《致理學報》，第二期，1982 年 11 月，頁 52-59。

程千帆，〈言公通義——章學誠學術思想綜述之一〉，《南京大學學報》，第二期，1982 年，
　　頁 9-15。

Djamouri,D., *Revue bibliographique de sinology*, Paris: Ecole pratique des Hautes Etudes, 1983.（此
　　乃 Djamouri 在此 *Revue* 上介紹程千帆〈言公通義——章學誠學術思想綜述之一〉一文的
　　一篇評論。）

傅孫久，〈博而不雜，約而不漏——讀《文史通義》博約論〉，《福建論壇》，第 1 期，1982
　　年，頁 116-122。

閔爾昌，《碑傳集補》，臺北：明文書局，1985 年。

Gernet, J., *Le Monde chinois*, Paris: Armand Colin, 1983.

唐君毅，《中國哲學原論‧導論篇》，香港：香港新亞研究所，1974 年。

唐君毅，《中國哲學原論‧原道篇（一）》，香港：香港新亞研究所，1976 年。

錢大昕，《廿二史考異》，《嘉定錢大昕全集》，南京：江蘇古籍出版社，1997 年。

劉漢屏，〈章學誠是清中葉啓蒙思想家的前驅〉，《史學月刊》，第 1 期，1984 年，頁 42-47。

周啓榮、劉廣京，〈學術經世：章學誠之文史論與經世思想〉，中研院近史所編，《近世中國
　　經世思想研討會論文集》，1984 年 4 月，頁 117-156。

繆全吉，〈章學誠議立志（乘）科的經世思想探索〉，中研院近史所編，《近世中國經世思想
　　研討會論文集》，1984 年 4 月，頁 157-175。

倉修良，《章學誠和《文史通義》》，北京：中華書局，1984 年 12 月 1 版。

倉修良、葉建華，《章學誠評傳》，南京：南京大學出版社，1996 年。

倉修良、倉曉梅，《章學誠評傳——獨樹一幟的史學評論家》，南寧：廣西教育出版社，
　　1996 年。

倉修良，《《文史通義》新編新注》，杭州：浙江古籍出版社，2005 年。

第三章 章學誠史學思想研究之述評

摘 要

　　1920-1985 年，學人研究實齋史學思想的專著（專文及專書合算），筆者知悉其存在者，已超過 60 種，其中筆者閱覽所及者亦超過 50 種。實齋史學上的各個面向、成就或貢獻，學者都注意到了。彼最具爭議性的史學名論「六經皆史」說，彼所謂的「史學」到底何所指，其「史德論」與劉知幾的「史識論」的相互關係，實齋具民族感情、民族思想否，實齋為浙東史學派成員之一否，其史學思想淵源何所自，劉、章史學比較（含承傳關係）及何者成就較高，以至實齋非常重視而與史學有一定關係的方志學、校讎學，乃至其道論及何以彼不撰寫〈春秋教〉等等議題，學者們都在不同程度上作了探討。近現代史學名家，或甚至史學大家，其研究實齋的相關專著撰成於或發表於 1920 年代的張其昀、姚名達、何炳松、內藤虎次郎，1930 年代的陳訓慈、傅振倫、岡崎文夫、呂思勉，40 年代的金毓黻，50 年代的戴密微（P. Demiéville）、張舜徽、吳天任、杜維運，60 年代的周予同、湯志鈞、高田淳、傅振倫、蘇慶彬，70 年代的錢穆、倉修良，80 年代的許冠三、倉修良、姜勝利等等，對實齋的史學研究，都作出了不同程度的貢獻，其中戴密微、吳天任及許冠三的研究成果，尤其值得注意。然而，人無完人，書無完書。站在百尺竿頭，仍可更進一步的考量下，筆者下文述介各家專著之餘，並嘗試提出一己之淺見，其中或發前人所未發亦未可知。

關鍵詞：實齋、史學、史德、史識、道論、六經皆史、浙東學術、浙東史學、方志、民族思想、民族感情、劉、章比較、史學思想溯源

一、前言

　　章學誠的學術面向相當廣。他是思想家,歷史學家、歷史哲學家、文學理論家、方志學家、校讎學家、方志纂修者等等。然而,究以史學成就及貢獻最為卓著;學人對他所作的研究,亦以史學方面為最多。是以本書述畢其總體性(一般性)的學術思想研究史(即本書第二章)之後,便馬上接述其史學思想方面的研究史。以下仍按年代先後,以每 10 年為一時段,闡述學人的研究成果。

二、實齋之卒迄 1920 年代的著作

　　(1、阮元/王宗炎──與王充、劉知幾、鄭樵比較;2、伍崇曜──比擬劉知幾;3、王潛剛──與劉、鄭比較;4、梁啓超──與劉、鄭比較;5、張其昀──與知幾比較;6、張壽林;7、孫德謙──申論「六經皆史」;8、姚名達──實齋史學思想溯源;實齋之史學思想;9、何炳松──實齋之史學思想(天人之際──客觀主義、主觀主義);10、內藤虎次郎──實齋之史學、實齋何以不寫〈春秋教〉、論「六經皆史」。)

　　阮元(1764-1840)所編而成書於 1803 年的《兩浙輶軒錄補遺》[1],內中含〈章學誠傳〉一篇[2]。就筆者所見,該小傳是實齋卒後(實齋卒於 1801 年)最早

1　《兩浙輶軒錄》40 卷及《兩浙輶軒錄補遺》10 卷分別成書於 1801 年和 1803 年。參房兆楹,"Juan Yüan", in *Eminent Chinese of the Ch'ing Period,* ed. A. Hummel, p.400。兩書乃清代兩浙(浙東,浙西,相當於今浙江全省)詩人作品的總集,收錄之作品起清初迄乾隆,為阮元出任浙江學使時所編。詩作前冠以詩人之小傳。

2　《兩浙輶軒錄補遺》,7.4b-5a。此章學誠傳除起首二十來字(「章學誠,字實齋,會稽人,乾隆戊戌進士,官國子監典簿(小字注:案當作典籍)」)為阮元所撰(其實,應為阮氏幕賓所撰)外,餘皆為實齋好友王宗炎對實齋之描繪。此章氏小傳又收入《章氏遺書・附錄》(臺北:漢聲出版社,1973),頁 1392 下-1393 上。以上「案當作『典籍』」一語,其作者應係孫德謙或王秉恩。參高志彬,〈景印劉刻本《章氏遺書》前言〉,《章氏遺書》,頁 2-3。知其為「典籍」而非「典簿」者,乃源自實齋本人之描述。實齋云:「丙申(乾隆 41 年,1776)援例授國子典籍。」見〈庚申之間七友列傳〉,《章氏遺書》,頁 424 下。

論述其史學表現的一篇作品。〈傳〉中引實齋友好王宗炎（1755-1826 或 1825）之語曰：「實齋地產霸材，天挺史識，……班、范而下，皆遭指摘，自謂卑論仲任，俯視子元，未免過詡。平心而論，夾漈之伯仲也。……」換言之，就王宗炎來說，實齋之史學不及或未能勝過漢人王充（27-97）和唐人劉知幾（661-721）[3]。然而，與夾漈（鄭樵，1104-1162）相較，則不分軒輊[4]。

以販賣鴉片煙起家之伍崇曜（1810-1863）於 1851 年重印《文史通義》、《校讎通義》兩書，並將兩書收入其所編之《粵雅堂叢書》時，嘗撰跋文一篇置諸兩《通義》末[5]，中云：

> ……淹貫經史，谿然洞究本原。……其上下數千年，縱橫九萬里，洵足推倒一時豪傑，開拓萬古心胸，匪兼才學識三長者不能作。其亦我朝之劉子元乎。

很明顯，在史學表現方面，伍氏是把實齋比之於劉知幾的。

1910 年安徽霍邱王潛剛於湖北通志局得實齋所編撰之《湖北通志》（殘稿）[6]若干冊；乃釐為六卷，並附上〈辨例〉及稿本〈敘傳〉，題曰《章實齋遺書》[7]，

---

3 實齋的史學是否勝過知幾，不無爭議，今可置弗論。但實齋「卑論仲任」，王宗炎以為實齋之自許「未免過詡」，則似乎過於保守。王充固東漢傑出思想家，但今見於《論衡》者，惟展示其批判（含懷疑）精神、嚴謹之邏輯思維及具一定深度之思考而已。語乎史學，則固瞠乎實齋之後。業師徐復觀先生對王充之評價，更是負面多於正面。參〈王充論考〉，《兩漢思想史》（臺北：臺灣學生書局，1976），卷二，頁 563-640。

4 鄭樵《通志》二十略中之若干略，如六書、七音、氏族、校讎、圖譜、金石、昆蟲草木等，在體例上固不無創新。然而，就史學理論來說，鄭樵何能與實齋比肩？其相關論說，主要見諸《通志・總序》一文。此與實齋幾乎是全方位的討論歷史理論問題，譬如討論歷史演進問題（見諸《文史通義・原道》等文章）、史學問題（借用業師許冠三先生語，即「史學致知」（歷史知識論）問題，如見諸〈史德〉等文章）等，鄭樵完全是望塵莫及的。

5 辛亥（1851 年）乃伍氏跋文文末所標示之年份。此跋文亦收入《章氏遺書・附錄》（臺北：漢聲出版社，1973），頁 1394 上-1394 下。

6 實齋《湖北通志》之編纂情況，吳天任述之綦詳。吳天任，〈附錄一：章實齋經修方志考略〉，《章實齋的史學》（香港：東南書局，1958），頁 220-238。

並撰跋文一篇[8]；其中云：「……可謂良史之才，博物善作者也。……竊以先生宏識深，足上掩鄭漁仲、劉子元。」[9]即視實齋史學上之表現乃在鄭樵及劉知幾之上。

　　阮元、伍崇曜、王潛剛皆清人，其中阮氏以經師而致身顯宦，固亦學界中人[10]；然而，史學畢竟非三人所擅長，是以彼等對實齋史學專業之評價，只能算是門外漢之見識。換言之，僅具參考價值，是作不得準的。逮民國肇建，兼具學術通識及史家專業素養之任公登高一呼，認為：

> 自有史學以來二千年間，得三人焉，在唐則劉知幾，其學說在《史通》，在宋則鄭樵，其學說在《通志・總序》及〈藝文略〉、〈校讎略〉、〈圖譜略〉，在清則章學誠，其學說在《文史通義》。……章氏生劉、鄭之後，較其短長以自出機杼，自更易為功，而彼於學術大原，實自有一種融會貫通之特別見地，故所論與近代西方之史家言多有冥契。[11]

然則實齋之史學乃為世人所重視[12]，而得與劉知幾及鄭樵比肩，或更上一層樓。任公獨具慧眼，上引文「……（章氏）所論與近代西方之史家言多有冥契」一語非常值得注意。自清末以還，世人恆崇洋媚外。實齋為世人所重視，大抵正以其史學與洋人「多有冥契」之故。

7　此與 1922 年吳興劉承幹所輯刻之幾近實齋全書之《章氏遺書》不能混為一談，讀者切勿誤會。筆者下文凡引錄《章氏遺書》，皆指此劉承幹所輯刻而於 1973 年為臺北漢聲出版社所景印出版的本子而言。

8　詳參孫次舟，〈章實齋著述流傳譜〉，《章實齋先生年譜彙編》（香港：崇文書店，1975），頁 236。

9　〈附錄〉，《章氏遺書》，頁 1397 上。

10　任公稱阮氏為乾嘉學術之「護法神」。見所著《清代學術概論》，節十八。

11　梁啟超，《中國歷史研究法》（上海：中華書局，1936），頁 24-25。此書源自任公在南開及清華之講稿，而成書於 1922 年（參任公〈自序〉）。任公對實齋之總體評價，可參本書上一章。

12　當然，同年（1922）胡適所撰之《章實齋先生年譜》及早兩年（1920）內藤虎次郎之同名年譜，對促進實齋史學為世人所認識，亦作出了相當貢獻，不具論。

　　以上阮、伍、王及任公對實齋史學的評價，或見諸阮氏所爲之實齋傳記，或見諸伍、王相關著作之跋文，或散見任公書中若干處；要之，均非針對實齋之史學而撰就的專門論著。1922 年（即任公《中國歷史研究法》及胡適《章實齋先生年譜》成書之同年）專門論著終於出現了。此即張其昀（1901-1985）〈讀《史通》與《文史通義》、《校讎通義》〉一文[13]。張氏有感於德人貝恆（E. Bernheim，1850-1942）之《史法教科書》（Lehrbuch der Historischen Methode）[14]成書雖晚（出版於 1889 年），然而其後，「學者踵起，……或究義理，或述史冊；故年未半百，而成效卓然。」反觀「吾國有千二百年前，百五十年前史學大家，發凡起例，特著專篇，至今竟以無學聞於世……」[15]。張氏所說的 1200 年前及 150 年前的中國史家，指的就是劉知幾和章學誠。對於中國史學無聞於世，心中感慨繫之；是以撰就上述一文，藉闡發二人之史學以彰顯中國史學之精粹，並認爲：「其書（按：指《文史通義》）大抵倣《史通》之體，而詳其所略，補其所不足。」（頁 135）又認爲兩人之史學「互相補益，相需而備；章君實劉君之功臣，其論史之精神，先後一貫，故合而述之。」（頁 136，注 3）張氏撰文的動機及合論二人之史學的原因，上引文很可以概見。張文起首處開列了一個目次，今轉載如下，藉以概見其旨趣：

（一）導言
（二）典籍之搜羅
（三）校讎與考證
（四）論紀載之眞確

13　該文章的全稱爲：〈故書新評：讀《史通》與《文史通義》、《校讎通義》〔劉知幾與章實齋之史學〕〉。原載《學衡》，第 5 期（1922 年 5 月），後轉載於南京高師史地研究會編輯，《史地學報》，1 卷 3 期（1922 年 5 月），頁 133-149；1 卷 4 期（1922 年 8 月），頁 105-131。本文引文頁碼概據《史地學報》之版本。

14　國人陳韜譯作《史學方法論》（臺北：臺灣商務印書館，1970），該書作者 E. Bernheim，則譯作伯倫漢。

15　詳見上揭〈讀《史通》與《文史通義》、《校讎通義》〉，《史地學報》，1 卷 3 期，頁 134-136。

（五）史之義例

　　1. 類例

　　2. 斷限

　　3. 史之宗旨

（六）史之述作

（七）結論上

（八）結論下

以上（二）至（六），共五目，皆對比論述劉、章二人史學上的相關觀念。「結論上」則如同一般論文之結論，乃以綜述全文爲旨趣，並稍作引申；可說亦頗有餘論的意味。至於另一結論：「結論下」，乃作者張氏對史界之期許。其對象有三：

（一）大學之史學科：盼其「廣羅典籍，分別部居」

（二）史學會：盼其「確定步驟，分工研究」

（三）史書及史學雜誌：盼其「行文自注，言必徵信」。

　　作爲早期（1920 年代初）論述實齋史學的一篇論文來說，張文已相當不錯。文中對比論述劉、章之史學，以見兩者之相同處；此外又指出後者乃前者之進一步恢張、補益。此尤其值得吾人關注。張氏發潛德之幽光之餘，並欲藉劉、章二人以彰顯如下事實：我國史學義理之探究實遠早於西洋。凡此皆張文價值之所在。再者，張文有不少地方是借用西方史學觀念來說明劉、章史學的若干觀念的。這是該文另一可喜之處，蓋「藉西學之光以照我中學之晦」也。

　　然而，張文不無若干可商榷或甚至錯誤之處，茲開列如下：

（一）張氏認爲實齋之著作（概指《文史通義》）：「大抵倣《史通》之體」（頁135）、「章君紹劉君之學，其書體例相似，而互有詳略。」（頁 128）此說法明顯失諸太浮泛；非實事求是之言。讀者不必細究兩書之內容，而只須稍一對比《史通》和《文史通義》兩書之目次，即可了然其異同。當然，就史學致知，或就歷史認識論的角度來說，二書確有相一致之處，蓋二書

之作者皆同樣處理史學致知之課題[16]。然而，實齋欲藉「道」之說明以建立一套歷史哲學（特指建立自古迄今歷史演變之規律、法則方面而言），此則知幾書中所厥如者。按：歷史哲學可細分為二：玄思式的歷史哲學（Speculative Philosophy of History）、思辯式的歷史哲學（Critical/Analytical Philosophy of History）。就前者來說，知幾未嘗究心。反之，前後兩者皆實齋注目究心之所在。然而，就後者－思辯式的歷史哲學[17]，即所謂第二序[18]的研究來說，個人認為，知幾之表現或貢獻，實不在實齋之下，其對史書體例等等的論述尤其深具價值。當然，前修未密，後出轉精。此乃學術發展的自然軌轍。因此就某些方面來說，實齋固有更上一層樓的表現。

（二）「（實齋）卒時年六十一。」（頁 138）按：實齋生於乾隆 3 年（1738），卒於嘉慶 6 年（1801）。可說享壽 63 歲或甚至可說 64 歲。作「六十一」，誤。

（三）「三十許，肄業國子監。」（頁 138）按：實齋自乾隆 27 年起，年 25 歲便肄業國子監。「三十許」蓋為「二十許」之誤[19]。

（四）張文有如下一表（見頁 125）：

孔子	劉君	章君	本篇	西洋史家
事	學	考據	史之考證	Analytical Operations
義	識	義理	史之義例	Synthetic Operations
文	才	詞章	史之述作	Exposition

---

16 當然，細究起來，兩人仍是有差別的。余英時即認為，能「對史學本身及其有關各方面作有系統的哲學性的思考，則二千餘年來，我們祇能舉出章學誠一人，而《文史通義》一書也是唯一的歷史哲學的專著。」並作出結論謂：「劉知幾決非章實齋之比。」余英時，《論戴震與章學誠》（香港：龍門書店，1976），頁 201、233。

17 思辯式的歷史哲學旨在針對歷史認識論的問題、史書之編纂（含史法、史學義例、史家思想）等等作探討。

18 相對於第二序的研究來說，針對歷史本身（即"過去"，the past itself）之研究，一般稱為第一序的研究。

19 參胡、姚，上揭《章實齋先生年譜》，頁 11。

「孔子」、「劉君」、「章君」及「本篇」（張文自稱）四欄位相關項目的比擬，就大體情況來說，是恰當的。張文把四者通貫起來論述，以見中國古今史學之前後一貫，固不無識見。然而，就「西洋史家」一欄位來說，其下 Analytical Operations（分析方面的操作），視爲相當於孔子所言之「事」、知幾之「學」、實齋之「考據」及其文（張氏所說的「本篇」）之「史之考證」，已十分牽強。至於 Synthetic Operations（綜合方面的操作），視爲相當於孔子所言之「義」、知幾之「識」、實齋之「義理」及其文（本篇）之「史之義例」，則可謂比擬之流於不倫不類者也。其實，透過各相關項目的對比／比擬，如能增加文章題旨之說明力及清晰度，那絕對是好事。但如流於牽強，甚至比擬流於不倫，那反而產生反效果。張文上表最後一欄位（即「西洋史家」以下首二項），似乎便犯了這個毛病。

（五）劉、章史學固有其相同或相近似之處。此張文闡釋綦詳。然而，相異處呢？則張文全厥如！這不能不說是張文之另一缺失。

上述張文發表於 1922 年。一年後，即 1923 年 8 月，出現了另一討論劉、章二人史學之文章[20]。以未能遇目，今從略。同年 12 月，孫德謙（1869-1935）撰寫了一篇看似是討論實齋史學的文章[21]。其實，這篇文章的主旨不在於闡發實齋「六經皆史也」這句話的涵義，而在於借這句話來鼓勵人們多讀「乃治天下之具也」（頁 71）的經書。然而，何以要多讀經書？則以經書實源自「前聖施行之事實，非託之空言」（頁 71）之史書。既把經書解讀爲記載前人實事實行之史書，則經書固非空言而實係把前聖人倫日用之經驗提供給後世參考借鑑的書籍。至於「經之爲世詬病」，則孫德謙認爲「豈六經之過哉？人自不善用耳。」（頁 72）總體來說，孫氏借實齋「六經皆史」一句話來勸勉世人多研讀經書。然「則孔子之經，所以垂法萬古者，庶能發揮而光大之也。」（頁 72-73）孫氏命名其文章

---

20 張壽林（民初經學家），〈劉知幾與章實齋之史料搜集法與鑒別法〉，《晨報副刊》，1923年 8 月。

21 孫德謙，〈申章實齋六經皆史說〉，《學衡》，期 24（1923 年 12 月）；又收入存萃學社編集，《中國近三百年學術思想論集》（香港：崇文書店，1975），六編，頁 69-73。以下引文，乃根據後者。

爲：〈申……〉，其所謂「申」者，正以申此意。

就筆者所見，直至 1925 年才出現第一篇純粹以討論實齋的史學來命名的文章[22]。這就是何炳松所撰的〈章學誠史學管窺〉一文[23]。此文未得遇目。雖未遇目，但應該不算太大的損失，因爲何氏本人認爲該文「極其無聊而且非常膚淺」[24]。大概正由於這個原因，所以何氏在胡適《章實齋先生年譜》的訂補本（訂補人爲姚名達）已完成並即將出版之時，撰寫了不下萬言的一篇長序，以贖前愆。這篇撰寫於 1928 年的序言，後面將再做處理。我們先來討論姚名達（1905-1942）撰寫於 1926 年的一篇文章[25]。姚文共 14 節，其中僅最後三節處理實齋的史學。其前各節乃述說實齋之先世、鄉先輩邵廷采與實齋、實齋與浙東學派、實齋之師友（朱筠、戴震、邵晉涵、其他友朋）、實齋之境遇、當時學風、實齋之志趣造詣、爲學之次第等。換言之，姚文主要是從外緣因素（含乾嘉學風、實齋之交誼、個人境遇等）來說明實齋史學思想的成因。至於實齋史學思想的本身，姚文首先就實齋所否認者以逆推其史學思想（史學觀）。再來是擷取實齋著作中的若干文字以闡明「史」、「學」二字的本誼。最後是綜述實齋對史學的各種看法，如指出史學的目的在於「綱紀天人，推明大道」；又說到史義、史事、史文及比類與著述（比類之書與獨斷之學）等等的問題。以姚文無大發明，今不細究其內容。

---

22 上揭 1922 年張其昀的文章是對比論述劉、章二人的史學，而非僅限於討論實齋史學的文章。

23 見《民鐸雜誌》，卷 6，期 2（1925 年 2 月）。

24 何炳松，〈何序〉，胡、姚，上揭《章實齋先生年譜》，頁 4。「極其無聊而且非常膚淺」一語也許只是何氏的客套話。喬治忠嘗指出：該文「以提要方式列舉章學誠史學見解 20 多條」。喬治忠，〈章學誠學術的百年來研究及其啟示〉，《史學理論與史學史學刊》，2003 年卷（2004 年 12 月），頁 176。

25 姚名達，〈章實齋之史學〉，《國學月報》，卷 2，期 1，期 2（1927 年 1 月、2 月）；收入上揭《中國近三百年學術思想論集》，六編，頁 17-48。文末姚氏標示之撰文日期爲 1926 年 5 月 30 日。

　　1926-1927 年任公在清華大學國學研究所講授的中國歷史研究法，後來以補編的形式出版[26]。其中嘗泛論劉知幾、鄭樵及實齋的史學，並特別針對實齋「史德」的概念做論述。大體來說，所論述的內容，不異於其前兩書：《清代學術概論》、《中國近三百年學術史》。上文已說過，任公登高一呼對實齋學術之傳播及發揚光大，作出了鉅大的貢獻（當然胡適的貢獻亦不在任公之下）。中國目錄學史開山之作並第一部以《中國目錄學史》命名的專著，其作者姚名達便是任公的高足。按：姚氏研究實齋除寫了上揭文外，尚作出其他貢獻[27]。彼之所以對實齋非常感興趣，蓋啓迪自任公及胡氏[28]。

　　現在我們回過頭來再談何炳松爲胡適著，姚名達訂補的《章實齋先生年譜》所寫的序文。據何氏序文末的標示，這篇序文完成於 1928 年 10 月 18 日。文長不下萬言，茲論述如下。

　　上文已說過何炳松自我表白說：〈章學誠史學管窺〉一文，寫得「極其無聊而且非常膚淺」。所以他便利用爲《章實齋先生年譜》寫序文的機會，「說幾句懺悔的話。」（頁 6）何氏指出，經今文家及古文家，分別拿《文史通義》一書，尤其拿書中「六經皆史也」一句話，作爲批評或稱頌實齋的利器。這是把實齋看作「門戶」中人了。何氏又指出，又有些學者是賞識《文史通義》的文章，視之爲「模範的『墨卷』和寶貴的『冊頁』。」（頁 7）何氏同意實齋的文章是好文章，但指出實齋「文章中所存的義」，才是實齋的眞正面目和偉大貢獻之所在。

26　梁啓超，《中國歷史研究法補編》（上海：上海商務印書館，1930 年）。其中談到實齋史學之處計有：頁 16-18、頁 232-239（當然，亦同時談到劉、鄭二人的史學）。根據姚名達的跋文（撰於 1930 年 5 月 8 日），知悉任公在清華大學講授中國歷史研究法的時間爲 1926 年 10 月 6 日至 1927 年 5 月底及 1927 年 8 月 13 日至 28 日。後來任公根據周傳儒及姚名達二人的筆記予以校閱之後出版是書。按：前三分一爲周氏所記，其餘則出自姚氏手筆。

27　計有以下四種著作：姚名達，〈《章實齋遺書》敍目〉，《國學月報》，卷 2，期 3（1927 年 3 月）；姚名達，〈會稽章實齋先生年譜〉，《國學月報》，卷 2，期 4（1927 年 4 月）；上揭胡適著，姚名達訂補，《章實齋先生年譜》；姚名達，〈紀年經緯考・序〉。按：實齋所撰之〈歷代紀年經緯考〉，收入劉承幹，《章氏遺書外編》，卷 19。姚氏所撰之〈序文〉，並未納入此〈考〉內。今知姚氏嘗撰寫該〈序文〉，乃據胡適著，姚名達訂補，《章實齋先生年譜》，頁 93。

28　詳參姚名達，〈姚序〉，胡適著，姚名達訂補，《章實齋先生年譜》，尤其頁 1-3、10。

而所謂「義」，是指實齋「對於史學的卓見」。其主要者有三：（一）「記注和撰述的分家」（何氏意謂，實齋把史著區分爲二類：記注與撰述）；（二）「把通史的旗幟樹得非常的鮮明奪目」；（三）「他所說的『天人之際』完全就是我們現在所說的歷史上的客觀主義和主觀主義。」（詳頁 8-20）對於最後一項（即史學上主、客觀的區分），何氏甚至認爲遠勝德人 J. G. Herder（1744-1803）的觀念說、德人 G. W. F. Hegel（1770-1831）的民族精神說和英人 H. G. Buckle（1821-1862）的文化進步的定律等等的歷史哲學。何氏自謂對實齋「實在不能不五體投地崇拜到萬分」（頁 21）。在序文的最後，何氏對《章實齋先生年譜》提出了幾點他認爲值得「再加以討論」的地方。何氏的序文固有其貢獻，但也有值得商榷之處，茲討論其中三項：

（一）有關通史問題：推何氏意，他大概認爲實齋對史學的看法是超過劉知幾和鄭樵的，譬如對通史的看法即其一例。何氏並認爲「章氏所主張的通史和我們現在所說的通史完全一樣。這是章氏青出於藍的卓識。他的偉大，就在這種地方。」（頁 13）實齋主張的通史是否完全等同今天（何氏當時）的通史，今不擬細辨。但我們不妨先看一下爲甚麼何氏認爲實齋的通史觀勝於知幾的通史觀。知幾云：「書事之法，其理宜明。使讀者求一家之廢興，則前後相會；討一人之出入，則始末可尋。」[29]何氏據「前後相會」、「始末可尋」兩語，便認爲知幾「稍稍流露一點通史的意思，決不能和章氏所抱的『縱橫經緯』的觀念相提並論。」（頁 13）其實筆者以爲，知幾所說的幾句話，其主旨全在「書事之法，其理宜明」這句話上，否則一家（王室家族／君主家族）興廢的前後情況或一人出入的來龍去脈，讀者便全不清楚了。當然，「前後相會」、「始末可尋」這兩句語，固然在客觀意義上，勉強可以說「稍稍流露一點通史的意思」。然而，個人並不認爲知幾在主觀的意義上，是希望藉此以表達他對通史的看法的。我們只需要

---

29 劉知幾撰，浦起龍釋，〈惑經〉，《史通通釋》（上海：上海古籍出版社，1978），外篇，頁 408。

把上引知幾的話的全文引錄下來，便知悉知幾相關文字的主旨。按：「始末可尋」一語，其下的語句是：

> 如定六年，書「鄭滅許，以許男斯歸」。而哀元年，書「許男與楚圍蔡」。夫許既滅矣，君執家亡，能重列諸侯，舉兵圍國者何哉？蓋其間行事，必當有說。《經》既不書，《傳》又闕載，缺略如此，尋繹難知。其所未諭十也。**30**

知幾意謂，《春秋經》定公六年（前 504）既記載許國的君主姜斯被執而國破家亡，則其後哀公元年（前 494）的記載：「許男與楚圍蔡」，便使人如墮五里霧中！但知幾並不視兩記載為前後矛盾，而是指出兩記載之間，必有缺略／缺漏。而正因為這個缺略／缺漏，便使人難以知悉整個事情發展（前 504 至 494，前後共 10 年）的來龍去脈**31**。知幾的出發點是對《春秋經》的記載有所不滿，對它產生疑惑。可以說，此正〈惑經〉一文所由作也。明白到知幾該文立言之用意後，便可得知這跟何炳松所說的通史問題是毫不相干的。

其實，如果一定要探討知幾對通史的看法，我們要看的文獻，倒不是上面引錄過的幾句話。我們要參考的文獻，那寧可是《史通》的第一篇文章〈六家〉。從〈六家〉對《史記》和《漢書》的論述，我們倒可以嗅出知幾對通史的看法是比較負面的。他比較欣賞的反而是斷代為史的《漢書》**32**。

（二）有關實齋與西方歷史哲學家的比較：上文已指出，何氏認為實齋對史學研究之客觀、主觀的區分遠勝德人 J. G. Herder、G. W. F. Hegel 和英人 H. G. Buckle 的歷史哲學。其實，如上所述，歷史哲學可區分為二：玄思式的歷史哲學（Speculative Philosophy of History）和批判式的歷史哲學（Critical/Analytical Philosophy of History）。何氏所說的以上三名洋人的歷史哲學，

---

30 上揭《史通通釋》，外篇，頁 408。

31 針對「其間行事，必當有說」，浦起龍的《史通通釋》是有所說明的。參上揭《史通通釋》，外篇，頁 408。

32 上揭《史通通釋》，頁 19-22。

可說是屬於第一類的，即處理、探討歷史行程／歷史演進、發展的問題。
然而，就實齋所說的「盡其天而不益以人」[33]來說（即何氏所說的史學上
的客觀（天）、主觀（人）問題），顯然是屬於第二類歷史哲學。這屬於
史學致知或歷史認識論的問題。一般來說，它要求史家之歷史研究，當如
同歷史本身之客觀面貌而重建之；在重建的過程中，避免人主觀情緒、感
情的干擾。一言以蔽之，實齋與以上三洋人的歷史哲學是分屬兩種不同類
型的（當然，實齋也談到玄思式的歷史哲學，但這是題外話）。然而，何
氏是把這兩種不同的歷史哲學混爲一談來比論實齋與三洋人的高下！這
顯然是相互不對值而流於風馬牛不相及。

（三）不必再進一步研究實齋：何氏說：

> 我以爲實齋的學說固然值得我們的研究，但是我覺得現在這樣程度已經足
> 夠了。我們似乎不應該過分的熱心。我以爲過分了就有「腐化」的危險。
> （頁 25）

個人對實齋研究經年。所以膽敢說，何氏這個說法，說對了一半，又說錯了一半。
個人以爲，在原則上，任何課題都可以再做，再予以深入研究，只要「後出轉精」
就可以了。「實齋研究」固不爲例外[34]。何氏的〈序文〉寫於 1928 年，其時「實
齋研究」才剛剛開始起步。其後 P. Demiéville（1894-1979）、錢穆（1895-1990）、
D. Nivison（1923-2014）、余英時等等有份量，有識見的專文、專書迭起繼出，
遠勝何氏的〈序文〉多矣；此可證何氏所說的「現在這樣程度已經足夠了」，是
過份武斷了一點。但何氏也有說對的地方。坦白說，除了屈指可數的若干種著作
（如上面所說的 P. Demiéville 等四家，或再多加上若干家）外，就筆者所遇目過

33　《文史通義・史德》。

34　筆者之前，P. Demiéville 於 1967 年早已指出說，吾人對實齋的研究，「永遠都不會足夠。」
　　（On ne l'interrogera jamais assez）。參 Demiéville 針對 D. Nivison *The Life and Thought of
　　Chang Hsüeh-ch'eng* 所寫的書評。*Journal of the American Oriental Society*, vol. 87, No. 4
　　（1967），p. 600b.

的 1985 年以前所出版的大量著作來說，一般的質素都是很一般的。這的確有流
於何氏所說的有「腐化」的危險。而所謂「腐化」，按筆者閱讀該等著作的經驗
和印象，我把它理解爲「炒冷飯」、「架床疊屋」、「了無新意」。如果何氏所
說的「腐化」是這個意思的話，那他這個指責，倒是說對了，且可說是頗有先見
之明的一個判斷。

　　何氏撰寫上文的同年，日本人內藤虎次郎（1866-1934）發表了一個口頭報告
（講演），內容是有關實齋的史學的[35]。筆者以下評介所根據的本子是蘇振申的
中譯本，並亦參考了馬彪的中譯本。內藤文以下幾點似乎頗值得注意。

（一）內藤說：「他（實齋）所標榜的史學，一切學問皆從方法論的原理來研究，
　　　可以說再沒有更好的卓見了。」（頁 19）內藤氏並沒有進一步說明何謂「方
　　　法論的原理」。筆者則以爲這或許可以從實齋的名著《校讎通義》的〈序
　　　文〉略窺其梗概。〈序文〉中的關鍵語句爲：「辨章學術，考鏡源流」。
　　　前者謂對不同之學術，必須要瞭悟其內涵；其彼此間之差異，也要分辨得
　　　清清楚楚。後者謂對不同學術，要尋源竟委，知悉其發展情況。而所謂「源
　　　流」，個人以爲，即「發展」，亦即「歷史」之別稱。果如是，則內藤氏
　　　所說的「從方法論的原理來研究」，恐怕即「從史學方法或史學方法論的
　　　原理來研究」之意。內藤氏的文章也談到《文史通義》〈原學〉一文。其
　　　相關說明，似乎正好符合筆者以上的解讀。其大意如下：學問乃層疊累積

---

[35] 此口頭報告發表於大阪懷德堂，名爲〈章學誠の史學〉，後收入《懷德》，第 8 號（1930）；
　　又作爲〈附錄〉收入內藤虎次郎，《支那史學史》（東京，1949），頁 612-628：馬彪譯，
　　〈附錄〉，《中國史學史》（上海：上海古籍出版社，2008），頁 370-379。馬彪之前，
　　內藤文早有另一譯本。此即：蘇振申譯，〈章學誠的史學〉，臺北，《文藝復興》，期 2
　　（1970 年 2 月 16 日），頁 18-21。內藤發表上述報告的時間（1928 年 10 月 6 日），乃根
　　據內藤乾吉（內藤虎次郎之長子，1899-1978），〈例言〉，馬彪譯，《中國史學史》，頁
　　4。又：《支那史學史》是根據內藤虎次郎在京都大學授課之內容（前後共三次：1914-1915、
　　1919-1921、1925）整理而成的。整理者是內藤乾吉和內藤虎次郎的高足神田喜一郎。參內
　　藤乾吉，〈例言〉。又可參高田淳，〈章學誠の史學について〉，《東洋學報》，卷 47，
　　期 1（1964 年 6 月），頁 92，註 6；上揭蘇振申，〈章學誠的史學〉，頁 18；P. Demiéville,"Chang
　　Hsüeh-ch'eng and his Historiography", ed. W. G.. Beasley, E. G. Pulleyblank, in *Historians of
　　China and Japan*（London: OUP, 1961），p. 167, note 1.

而來，後人研究前人的學問，其重點應先了解其學問的根源。內藤氏並作出如下的判語：「……若根據此一意義來解釋，則一切學問非史學不可。」（頁20）筆者以爲內藤的解讀是很能符合實齋學問的精神的[36]。

(二) 實齋固然不僅是史學家，但無論如何，史學是其學問的核心。這恐怕沒有學者會否認。然而，他的《文史通義》竟然只寫了〈易教〉、〈書教〉、〈詩教〉、〈禮教〉四篇文章，而不寫與歷史最相關的〈春秋教〉！這是一個很耐人尋味的問題。學者試圖作出解釋的很多[37]。內藤便有如下的解釋：「章在〈書教篇〉中曾論《春秋》之事，故既已撰〈書教〉，就不必再有〈春秋教〉了。」（頁 21）內藤的說法，不失爲一家之言；但事實是否確係如此，則恐怕見仁見智了。

(三) 內藤氏又指出，不少學者誤解實齋「六經皆史也」這句話。內藤認爲這句把經視爲史的話，其實並沒有污辱經學的意思[38]。（頁20）

36　「辨章學術，考鏡源流」，作爲《校讎通義》的〈序文〉起首處的一句話來說，一般讀者自然會把它理解爲是跟目錄學和跟思想學術流派的探索相關的一句話。如筆者本段的疏釋不誤，則似乎可以引申說，內藤氏定必把這句話理解爲與歷史探研的取徑（historical approach）相干。換言之，依內藤意，實齋必認爲學者必須訴諸歷史取徑來探討目錄學和學術思想流派的問題，因爲實齋所感興趣的正是這些學術／學術思想的演變和發展。

37　實齋好友王宗炎嘗致函實齋，函中問及：「〈禮教篇〉已著成否」之後，嘗希望〈春秋教〉一篇「尤思早成而快睹」。然則實齋或有意撰寫該文，後或以他故而不果歟？王函載《章氏遺書》，頁 1397-1398。至於近現代學人，除內藤氏外，尚有錢穆、高田淳、余英時、朱曉海、王克明、白安理、周啟榮等，皆嘗關注〈春秋教〉成篇的問題。錢穆，〈孔子與《論語》〉，《兩漢經學今古文平議》（臺北，1978），頁 270；高田淳，上揭〈章學誠の史學について〉，頁 64、66-67；余英時，上揭〈論戴震與章學誠〉，頁 77-78，注 15；朱曉海，〈圖書叢談──近代學術史課題之商榷──《論戴震與章學誠》書後〉，香港大學，《東方文化》，卷 16，期 1，期 2（1978），頁 204-207；王克明，〈章學誠先生的學術思想概述〉，《致理學報》，期 2（1982 年 11 月），頁 52-59；白安理，前揭〈西方漢學家研究《文史通義》的商兌〉，頁 58。周啟榮，〈史學經世：試論章學誠《文史通義》獨缺〈春秋教〉的問題〉，臺灣師範大學，《歷史學報》，期 18（1990 年 6 月），頁 169-182。

38　P. Demiéville 把實齋這句話作了很好的詮釋。彼指出實齋不僅沒有貶視經學的意味；反之，是把史學提升至經學的地位。上揭 P. Demiéville,"Chang Hsüeh-ch'eng and his Historiography", p.178. 值得指出的是，P. Demiéville 的說法也許來自內藤的啟發也說不

（四）內藤又說：「此人之學問理論，組織細密，如不根據其組織方法來研究，則不易索解。」（頁 19）實齋的「學問理論」是否「組織細密」，今不擬細究。然而，內藤氏指出其學問理論「不易索解」，則恐怕道說出不少研究者的心聲。如 D. Nivison 便指出說：「彼既獨樹一幟，但又據守傳統；是以他永遠無法（為人所）預測。」[39]Nivison 的判斷，尤其最後一句，似乎是實齋何以近百年來不斷受人關注，不斷被人探索、研究的最重要原因之一。

（五）內藤氏鍾情於實齋有年，彼直言明治 35 年（1902）讀《文史通義》和《校讎通義》，便對兩書大感興趣。並指出：「其後，日本各大學中，頗有人鼓吹其學問。於是日本人讀其著作的漸多。」1920 年，內藤氏並為實齋撰寫了一部年譜。又指出其後胡適更以其年譜為底本而撰寫另一實齋年譜。在胡適之前，「中國的舊學者，如張爾田、孫德謙諸人，皆慕章學誠之學風而特別加以鑽研。」（頁 19）內藤以上所揭示的資訊，頗可反映民國初年，中、日兩國學者競研實齋的梗概。筆者要指出的是，內藤所撰的年譜雖為「實齋研究」之嚆矢，但該年譜篇幅不大，且對實齋的學術，尤其史學等觀念的闡發，著墨不多。至於其《支那史學史》，其中對實齋史學觀念的釋述，亦不過寥寥數語而已[40]。幸好〈章學誠の史學〉一文彌補了這個缺漏。

　　以上述說內藤文竟。最後，容筆者指出其文可能啟人誤會之處，如下：

　　內藤氏指出：實齋「主張研究史學不用考據的方法，而完全從理論的方法來着手研究。」（頁 19）筆者要指出的是，實齋所排斥的，是餖飣瑣碎的考據學；

定。余英時對「六經皆史說」的闡釋，亦甚具參考價值，參所著《論戴震與章學誠》，頁 45-53。又可參本書上章相關說明。有關實齋的「六經皆史」說及筆者的相關闡釋，散見本書各處，讀者可據書末「索引」予以聚焦。

39　"His is a flag of independence as well as orthodoxy and he remains unpredictable." D. Nivison 意謂實齋的學術性向相當多元化，是以始終無法讓人掌握其學術之究竟。上揭 The Life and Thought of Chang Hsüeh-ch'eng, p. 244.

40　上揭《支那史學史》（東京，1949），頁 467、584-585。

然而，作爲治學（含治史、研究史學）、求學方法之一的考據學，他是接受的。下引文可以爲證。他說：「考據學，學問之所有事耳。……學問之有考據，猶詩文之有事實耳。」[41]又說：「考據之家，亦不易易。……是亦專門之業，不可忽也。」[42]此即可佐證實齋頗重視，或至少不排斥考據學。內藤的原意應是指，實齋治史，其所從事者爲史學理論上的探討，而不是針對史事之本身（事實本身）進行研究。因爲不研究史事之本身，所以便不必用考據方法爲之。以內藤的說法可能導致誤會，故稍予釐清說明如上。

三、1930 年代的著作

（**1、陳訓慈——浙東史學、實齋論史寄故國之思**；2、傅振倫——實齋之史學、方志學；3、岡崎文夫——實齋之史學；4、呂思勉——實齋之史學、《文史通義》內篇各文章之摘要）

　　1930 年陳訓慈（1901-1991）發表了論述清代浙東史學的一篇文章[43]，其中也論述了實齋的史學。（實齋，會稽（今紹興）人，固浙東史家無疑。）我們首先要指出的是，實齋去世前一年，即 1800 年，他發表了一篇雖不足千言，但很重要的文章，名〈浙東學術〉[44]。實齋在該文中雖沒有明確自道其學術淵源自浙東，但明眼人一看即知之[45]。文中實齋又指出浙東地區的重要學者，如黃宗羲（1610-1695）、萬氏兄弟（筆者按：其要者，如萬斯大（1633-1683）、斯同（1638-1702）兄弟）及全祖望（1705-1755），皆浙東學術的重要成員。實齋甚

41　《文史通義・詩話》，頁 162。

42　《文史通義・答沈楓墀論學》，頁 309。

43　陳訓慈，〈清代浙東之史學〉，《史學雜誌》，卷 2，期 6（1930 年 12 月），頁 1-41；收入杜維運、黃進興，《中國史學史論文選集》（臺北：華世出版社，1976 年 9 月），冊 2，頁 597-666。以下引文之頁碼，以《中國史學史論文選集》本爲準。

44　《文史通義》，頁 51-53。

45　余英時即認爲該文的主旨之一乃實齋藉以「自道其學術之淵源」。余英時，上揭《論戴震與章學誠》，頁 55。

至認爲該學術傳統可以上溯至陸九淵（1140-1192）、王守仁（1472-1582）及劉宗周（1578-1645）。

　　近現代學者，如上文說到的陳訓慈外，尚有錢穆、何炳松、蘇慶彬、杜維運、倉修良等，大都同意實齋之學術淵源自浙東[46]。換言之，即同意實齋〈浙東學術〉一文的看法。然而，據閱覽所及，陳訓慈似乎是第一位作如此表示的學者，且表示得甚早，蓋在 1922 年[47]。

　　陳文共 10 節，其中僅第 7 節「章實齋之史學與方志學」與本章主旨直接相關。然而，因無特殊創見，茲從略。第 2 節「清代浙東史學之統系」及第 10 節「浙東史學之特色」，也多少與實齋相關。第 10 節指出浙東史學的特色有五。其中第四點爲：「民族思想之精神」。筆者則以爲實齋是否具備民族思想之精神，頗可商榷。陳氏云：「明之亡也，江南義師四起。……義烈所詔，積爲風尙。而遺老大師，益復以表揚忠烈爲務。浙東之史學，遂矯然自染民族主義之色彩。」（頁 642）、「萬全諸氏，咸拳拳於黍離之痛。嘉道以後，此風猶未泯。」（頁 638）陳氏這個說法，就黃宗羲、萬斯同、全祖望諸人來說，確是如此。但就實齋來說，則未見其然。上一章已說過，柴德賡、Nivison 諸人已指出，實齋文字中頌清的言論是很明顯的[48]。陳氏又云：「實齋論史，於明季史事，猶寄

46　陳訓慈，上揭文，頁 1-41；錢穆，上揭《中國近三百年學術史》，頁 386-388；何炳松，《浙東學派溯源》（上海：商務印書館，1932），頁 5；蘇慶彬，〈章實齋史學溯源〉，《新亞學報》，卷 8，期 2（1968），頁 375-412；杜維運，《清乾嘉時代之史學與史家》（臺北：臺灣大學文學院，1962），頁 49-51、66-97；杜維運，《清代史學與史家》（臺北：東大圖書公司，1984），頁 335-390；倉修良，〈章學誠與浙東史學〉，《中國史研究》，期 1（1981），頁 111-123。

47　〈清代浙東之史學〉文末附有陳氏的一個附識，其大意謂該文實乎撰於民國 11 年（1922年）名爲〈浙東學術管窺〉的舊作重加整理補葺而成，而此舊作的部份內容係與友人張其昀合力而成的，並又得到其業師柳詒徵之指示而撰就云。

48　茲舉二例。實齋云：「亡國之音，哀而不怨。……不哀己之所失，但怨興朝之得，是猶痛親之死而怨人之有父母也。故遺民故老，沒齒無言，或有所著詩文，必忠厚而悱惻。其有謾罵譏謗爲能事者，必非真遺民也。」其中「遺民故老，沒齒無言」，不啻癡人說夢話。至於「痛親之死而怨人之有父母也」一語，實齋用以比擬明亡清興，尤其不倫不類。其親之死於自然乎？抑死於非命乎？果死於非命，又誰致之乎？顧上引語雖荒謬絕倫，但仍不

故國之思。」(頁 644)並以附註方式舉出以下二文以爲佐證:〈徐漢官學士傳〉、〈章恪菴遺書目錄序〉。筆者覆檢二文,其中確有若干地方含故國之思。然而,亦有不盡然以至相反者。如後文有云:「明丁厄運,公是日非。……迨至天步既改,東南小朝廷竊據朝夕。……昔人讀《尙書》,至〈戡黎〉、〈微子〉諸篇,以謂諸臣但能咎商之亡,不能詆周之興,乃爲周德之至,豈不信歟?」[49]其中「東南小朝廷竊據朝夕」一語,即可見實齋故國之思爲何如矣!其民族精神之厥如,據此語則所思亦可過半矣。

當然,我們可以討論的是,民族精神是否衡量一個學人到底是不是浙東學派成員的一個不可或缺的條件。但這與實齋本人的學術表現、成就,並不直接相關,今暫不討論(相關討論將詳見下文)。

1930 年是「實齋史學研究」相當豐碩的一年。除上揭陳文外,尙有傅振倫(1906-1999)[50]和岡崎文夫(1888-1950)[51]的文章。傅文篇幅不大,共 11 節(原文的用字爲「章」)。據文章起首處所述,該文原爲《中國史學思想史》之一篇。文中主要內容是介紹實齋史學方面的若干觀念、構思。最後一節並兼述實齋方志學的若干見解。傅文純粹是針對實齋史學思想的本身作探討。筆者以爲,傅氏如果能夠兼述以下各項,文章似更見周延:實齋史學思想溯源(含時代學術主流對他的影響及其反彈)、其史學思想對後世之影響等等。傅文未嘗參考前人研究成果。總體來說,傅文對實齋史學之闡發,並無過人之處。至於岡崎文夫的文章(共 8 頁),也無特殊貢獻。而且該文並不僅闡發實齋的史學思想,寧可說

至於拍清人馬屁而頌清。(上引語,見〈乙卯劄記〉,上揭《章氏遺書》,頁 847 下-848 上。)但下文則明顯係頌清之言論,實齋云:「自唐虞三代以還,得天下之正者,未有如我大清。……惟我朝以討賊入關,繼絕興廢,襃忠錄義,天與人歸。」(見〈丙辰劄記〉,上揭《章氏遺書》,頁 875 上。)又可參徐復觀,《兩漢思想史》(臺北:臺灣學生書局,1976),卷三,頁 323;頁 432,註 18。

49 〈章恪菴遺書目錄序〉,上揭《章氏遺書》,頁 466 上、下。

50 傅振倫,〈章實齋之史學〉,《史學年報》,卷 1,期 5(1933 年 8 月);又收入上揭《章學誠研究專輯》,《中國近三百年學術思想論集》,六編,頁 49-67。知悉是文撰寫於 1930 年者,乃根據傅振倫,《中國方志學通論》(上海:商務印書館,1935),頁 61。

51 岡崎文夫,〈章學誠の史學大要〉,《史學研究》,卷 2,期 3(1930),頁 329-337。

是針對實齋的整體學術思想做一般性的說明。文章首頁提到胡適，作者大概是
參考過胡氏所撰的《章實齋先生年譜》一書。岡崎氏處理實齋的學術思想之前，
嘗根據皮錫瑞（1850-1908）的《經學歷史》而對中國的經學史做了點撮述。皮著
對經學史的研究，當然有其貢獻；然而，對實齋研究來說，似無若何幫助。換
言之，岡崎氏除稍微參考過上揭胡氏《年譜》外，幾乎沒有參考對實齋研究有幫
助的其他前人研究成果。甚至對非參考不可的一手史料（即實齋本人之著作），
作者也參考得不多，其中引用最多的似乎是《文史通義》中〈原道〉一文。作者
引文又不詳細注明出處。換言之，岡崎文並非一篇內容紮實、論證嚴謹的著作。

　　1930 年代中期，著名史家呂思勉（1884-1957）對《文史通義》和實齋的史
學思想也做過研究[52]。史學思想部份雖短（僅 6 頁），但對實齋的相關思想所作
的分析是相當透闢的[53]。然而，大體來說，與錢穆《中國近三百年學術史》中的
相關論述無大差異。本書附錄將特別對錢著做處理，所以這裡便從略[54]。至於針
對《文史通義》部份，則係呂氏對該書內篇各文章所做的摘要[55]。各摘要甚簡短，
今亦從略。

---

[52] 呂思勉，〈《文史通義》評〉、〈附錄：章學誠之史學思想〉，《史學四種》（上海：上
　　海人民出版社，1981），頁 192-234；頁 234-238。筆者無法獲悉呂氏撰寫以上兩著作的確
　　切年月。但就〈《文史通義》評〉來說，應撰就於 1930 年代。參李永圻、張耕華，〈導
　　讀〉，章學誠撰，呂思勉評，《文史通義》（上海：上海世紀出版集團、上海古籍出版社，
　　2008），頁 12。又可參本書上章，註 8。

[53] 實齋的相關思想，主要見諸《文史通義》。顧名思義，該書是對文學理論和歷史／史學理
　　論做通釋，指出其大義的一本書。然而，實齋畢竟是一位史家。所以他治文學也離不開史
　　學的觀點。呂氏固然是如此看待實齋的（視《文史通義》不啻一史學論集）。其實除呂氏
　　外，其他學者抱持同一觀點（認為實齋恆從歷史觀點看問題）者，亦所在多有，如李長之
　　和內藤虎次郎即其例。李長之，上揭〈章學誠思想的三點〉，《中國近三百年學術思想論
　　集》，六編，頁 1-2；內藤虎次郎著，蘇振申譯，上揭〈章學誠的史學〉，頁 18-21。

[54] 筆者的意思並不是說呂氏的論述是從錢穆鈔襲過來（錢先生是呂先生常州府中學堂的學
　　生）。相反，呂著應比錢著更早撰就，惜出版較晚而已。

[55] 北京古籍出版社 1956 年的版本含內篇 66 文，呂氏針對其中 60 篇做摘要。

1930 年代尚有若干「實齋史學研究」的著作，以不克過目，今只好割愛[56]。

四、1940 年代的著作

（**1、金毓黻**──劉、章史學比較、實齋之方志學及校讎學、《章氏遺書》之編刊、「六經皆史」論、浙東史學；**2、黃慶華**──實齋之史學（記注與撰述）；**3、三田村泰助**──實齋史學溯源）

實齋在中國史學史上的地位如此顯赫，成就如此卓越，任何一部論述中國史學史或史學概要之類的書籍都不可能不論述他，或至少亦會略予介紹的。然而，這些教科書式的著作[57]，不太可能對實齋做出深入的研究。其中似有一例外，此即金毓黻（1887-1962）的著作。該書的成書時間相當早（1941 年便出版），且對實齋也做出相當翔實的論述[58]。再者，就中國史學史來說，該書迄今仍應算是經典之作。是以下文將做點論述。

---

[56] 筆者撰寫博論時，知悉其存在，但不克獲睹者，尚有以下各著作：絜非，〈章實齋先生與新史學〉，《圖書展望》，卷 1，期 5（1936 年 2 月）；錢卓升，〈劉章史學之異同〉，《遺族校刊》，卷 4，期 1（1936 年 10 月）；井貫軍二，〈章學誠の史學思想〉，《山下先生還曆記念東洋史論文集》，東京，1938 年 9 月，頁 727-746。 P. Demiéville（戴密微）評 D. Nivison, *The Life and Thought of Chang Hsüeh-ch'eng* 一書時，嘗對井貫軍二這篇文章有所論說。彼云：「（這篇文章）對章學誠史學思想中的哲學觀念討論得相當深入（assez poussée），但猶欠明晰（peu éclairante）。」上揭 Journal of the American oriental Society, vol.87, no.4, p. 599, note 9. 除以上三文外，1941 年也有一篇文章是討論實齋史學思想而筆者未獲睹的，今一併開列如下：容潔英，〈章實齋史學思想述評〉，《現代史學》，卷 4，期 3（1941 年 1 月），頁 59-63。

[57] 就以 1940 年代來說，筆者所見者，即有以下各著作：王玉璋《中國史學概論》（上海：上海商務印書館，1944）（作者自序的日期為 1941 年 6 月），頁 80-86；魏應麒，《中國史學史》（上海：上海商務印書館，1941），頁 265-282；方壯猷，《中國史學概要》（上海：中國文化服務社，1947）（作者自序的日期為 1944 年 4 月 20 日），頁 253-261。1950 年代以後類似的著作，不再舉例，亦不予以論述。

[58] 金毓黻，《中國史學史》（臺北：鼎文書局，1974），頁 279-300。該書原為作者的大學講稿，創稿於 1938 年，1941 年 8 月出版。詳見該書〈排印說明〉，頁 1。

　　中國東北史及中國史學史專家金毓黻先生在所著《中國史學史》第 8 章〈劉知幾與章學誠之史學〉中，處理了實齋的史學。該章共 29 節，其中一半篇幅（20多頁）處理實齋；又對比論述了知幾與實齋之史學，並指出鄭樵非二氏之匹。該章除論述實齋之史學外，亦闡述了實齋方志學及校讎學方面的主張。實齋所主修之方志及受實齋《校讎通義》之啓發而來之續作[59]，金書都做了論述。實齋兩《通義》之校刊，乃至《章氏遺書》全稿之編刊，金書都有所說明。在相當有限的篇幅中，實齋學術的方方面面，金氏大概都處理了，且相當深入透闢。

　　然而，沒有一本書（文章亦然）是十全十美的，金書豈爲例外。金氏不認同實齋「六經皆史也」一說。金氏說：

> 夫《尚書》、《春秋》之爲古史，人人得而知之矣。古人於典章儀注，通稱爲禮，是《禮》爲典志之一，亦得稱史，而《易》爲卜筮之專書，《詩》爲韻文之總集，《樂》則詩歌被於管絃之譜也，何爲命以史稱？……信如所言，古之典籍，無不得名爲史，史之範疇，抑何廣乎。……是故謂《尚書》、《春秋》爲史，可也。謂《易》、《詩》、《禮》《樂》爲史，不可也。謂《易》、《詩》、《禮》《樂》爲史料，可也，遽謂爲史著，不可也。此吾夙日所持之論也。（頁 280-281）

我們似乎可以這麼說：就六經本身的性質來說，金氏的說法及質疑是對的。然而，實齋所以提出「六經皆史也」這個命題，其背後是有一套哲學的。換言之，爲了符合這套哲學，彰顯這套哲學，突出這套哲學，實齋故意發出此驚人之語。他這句話是不能從字面義予以理解、解讀的[60]。可惜金氏是從常識義，即憑藉他對「經」、「史」等概念的常識來理解這句話；而不進一步思考爲何實齋要提出看似違反常識的一個說法！難道實齋的智慧連常識的層次都達不到？即連最基本的經史常識都沒有嗎？

59　金氏指出有二家：劉咸炘《續校讎通義》、杜定友《校讎新義》。《中國史學史》，頁 299。

60　詳參本書上章筆者對余英時《論戴震與章學誠》一書所作的闡述。

　　又：有關實齋是否算是浙東學派成員之一的問題，學人頗有不同的意見。金氏大抵是傾向於持否定意見的。他說：「章、邵二氏，異軍特起，自致通達，非與黃、全諸氏有何因緣，謂爲壤地相接，聞風興起則可，謂具有家法互相傳受則不可。」（頁302）這個問題，頗值得討論。首先應該指出的是，實齋著有〈浙東學術〉一文[61]，其自我認同於浙東學術這個傳統，是不待細辯的（詳上文）。然而，文中並無「浙東學派」一名，甚至「學派」一詞亦未嘗出現。實齋文中所用者爲「浙東之學」一名。「浙東之學」蓋一泛指、泛稱；異於具家法、分門別戶之「學派」。當然，「學派」一詞，有時亦可泛指，不必然非具家法、分門別戶不可的[62]。然而，「之學」、「學術」，總較寬泛；相對來說，「學派」總讓人有以ｘｘ爲範圍，爲界限的感覺。筆者以爲從寬泛義來說，實齋無疑是浙東學術這個傳統的成員之一。筆者並認爲此學術具以下特色：以爲學之目的言，乃強調經世致用；以治學之旨趣、途徑言，則重會通、創闢，並兼之以博聞約守的精神；以學問之對象言，則必治／必兼治史學（清朝以來尤然）；尤厭棄繁瑣餖飣之考據訓詁。至於是否必須具備民族（指：漢族）精神，伸張民族大義，則似乎可以再討論[63]。

　　最後，筆者願意指出金文二誤處。其一：浙江圖書館把鈔本《章氏遺書》排印行世的年份是1920年；金文作「一九二一年」（頁295），誤[64]。其二：《史籍考》共323卷；金文作「三百二十五卷」（頁297），誤[65]。

61　上揭《文史通義》，頁51-53。

62　余英時討論相關問題時，即指出說，「浙東學派之說本不能看得太嚴格，浙東也沒有一個組織嚴密而延續不斷的『學派』。因此自來論者言『浙東學派』，都不過是把它了解爲一種大體上共同的治學精神，……」余氏並本此而指出 D. Nivison 的說法過於機械，認爲彼對實齋之駁論「頗有無的放矢之嫌。」余英時，上揭《論戴震與章學誠》，頁56。D. Nivison 說，見所著 *The Life and Thought of Chang Hsüeh-ch'eng*, pp.249-250, 279-280.

63　下文討論倉修良先生〈章學誠與浙東史學〉一文時，再作進一步論述。

64　詳參張述祖，〈《文史通義》版本考〉，《史學年報》，卷3，期1（1939年12月），頁78。

65　詳參羅炳綿，〈《史籍考》修纂的探討〉，《新亞學報》，卷7，期1（1965年2月），頁455。

　　要言之，作爲處理中國史學史課題的一本通論性質的著作來說，金書對實齋所作的論述，其質量是遠在一般史學史水準之上的。

　　金書出版的同年（即 1941 年），黃慶華撰寫了研究實齋史學的一篇文章[66]。文章標題後註明「摘自《章實齋史學思想》之一章」，然則黃氏嘗撰著是書。然而，該書遍尋不獲；或書成後未嘗付梓？至於黃文，則無若何創見值得注意。文章主要是說明、處理實齋史學的若干觀念。下文只針對黃文的其中一個說法進行討論。

　　黃文對《文史通義·書教篇》中的一對很重要的觀念：「記注」和「撰述」，做了闡釋。該闡釋似乎是有問題的。黃氏說：「他（實齋）以爲記注便僅是材料的敘述而已。可是撰述，卻是求敘述和解釋底合一的。」（頁 104）其實，〈書教篇〉中「記注」一詞，猶現今吾人所常說的「（文字）史料」而已。記注彙整在一起，便成一彙編，即「史料彙編」。是以「記注」也可以說是「史料彙編」。換言之，即還不到針對史事予以敘述的層次。黃氏用「敘述」一詞，似乎走得遠了一點，恐非實齋本意。此其一。至於實齋的「撰述」，黃氏把它定位爲「敘述和解釋底合一」，似乎也不很到位，而把「撰述」窄化了，貶低了它的位階；至少說得太輕描淡寫了一點。實齋以「圓而神」來描繪「撰述」，並認爲撰述乃「傳世行遠之業，……必待其人而後行，非聖哲神明，深知二帝三王精微之極致，不足以與此。」（〈書教下篇〉），則可知在實齋心目中，撰述的位階是非常高的。然而，落實到現實上，其具體操作又如何而始可以讓史家成就歷史撰述的事業呢？上引文黃氏所說的「敘述和解釋底合一」，可以說是指出了一條可行的途徑；然而，似乎流於輕描淡寫、粗枝大葉了一點。個人以爲，黃氏應進一步說明史家該如何敘述和如何解釋才可以讓他成就撰述的事業。然而，黃氏在這個地方「緘口而不言，默然而無述」。其實，知幾所倡議的史家三長，或加上實齋所特別看重、強調的「史德」，應該是讓一個史家成就撰述事業很關鍵的條件。而本於撰述事業所成就的著作，其性質，要言之，恐怕必須是「詳人之所

66　黃慶華，〈章實齋史學研究〉，國立中山大學，《現代史學》，卷 4，期 4（1942 年 3 月），
　　頁 97-106。文末所標示的日期爲 1941 年 12 月 10 日，大概此即黃文完稿的日期。

略，異人之所同，重人之所輕，忽人之所謹」的一種別出心裁成「一家之言」[67]的著作而後可。黃氏不此之圖而僅說「敘述和解釋底合一」，似乎是太抽象，太簡略了一點。

1945 年黃慶華又發表了另一篇研究實齋史學的文章[68]，惜不克獲睹。

1948 年日人三田村泰助（1909-1988）也撰寫了一篇研究實齋史學的文章[69]。該文主要是探討實齋史學的思想根源。換言之，即針對實齋之史學思想做「溯源」；文章標題中所謂「立場」，其重點蓋指此而言。文中三田村氏相當深入地分析《文史通義》的若干觀念後，指出說，實齋的思想（尤指其哲學思維）應是源自王陽明（1472-1528）和劉宗周（1587-1645）的，譬如「六經皆史也」一語，即源自陽明[70]。

五、1950 年代的著作

（1、P. Demiéville——實齋之生平及其史學；**2、張舜徽——實齋之史學（紀事本末體溯源）**；3、徐善同；**4、P. Demiéville——實齋之生平、史學、方志學（含實齋重視方志之原因）、與西方史家 Vico 比較、六經皆史論、道論（含周公、孔子比較）、「實齋研究」概況**；5、吳天任——實齋史學各重要觀念、**實齋方志學說對後世的影響、方志學家對實齋批評的商榷**；6、杜維運——**實齋之史學（含史德）、方志學**）

67　《文史通義・答客問上》，頁 136。

68　黃慶華，〈章實齋的史學方法論〉，重慶，《時代精神》，卷 12，期 1（1945 年 5 月）。

69　三田村泰助，〈章學誠の「史學」の立場〉，《東洋史研究》，卷 12，號 1（1952 年 9月），頁 1-17。據文末，三田村氏此文乃獲昭和 23 年度（公元 1948）人文科學研究費之補助而撰就。

70　王陽明嘗云：「以事言謂之史，以道言謂之經。事即道，道即事。《春秋》亦經，五經亦史。」王守仁，《傳習錄》（臺北：臺灣商務印書館，1967），卷上，頁 25。三田村氏把實齋「六經皆史」說，視為源自陽明。三田村氏這個看法，不能算錯；然而，這個問題，宜深入分析。陽明和實齋雖有相同的說法，但二人背後各有不同的理念。換言之，實齋借用同一用語來承載不同的內涵。本書上章對這個問題已有所探討，茲從略。

　　日人高橋武雄於 1951 年 6 月、12 月和 1952 年分別發表研究實齋史學的文章[71]，惜三文皆未獲睹。法國漢學泰斗 P. Demiéville（1894-1979）在法國法蘭西學院開授的課程中嘗講授以下主題：「章學誠的生平及其史學」。相關內容（或可稱為授課大綱）嘗刊登於 Annuaire du Collège de France[72]。這個授課大綱頗值得注意。然而，5 年後，即 1956 年，Demiéville 嘗以英文發表專文處理相同的課題。所以筆者將留待下文闡釋該專文時，再探討 Demiéville 對實齋的論述[73]。

　　史學家、文獻學家張舜徽（1911-1992）在大學教書時，嘗針對《史通》、《通志‧總序》及《文史通義》做過論述。相關講稿的整理、修訂，便成為了《史學三書平議》[74]。（前言，頁 1）其中〈《文史通義》平議〉[75]乃針對《文史通義》中的 41 篇文章的若干觀念做分析、申述或批評[76]。其中個別地方雖或不無創

71　高橋武雄，〈章實齋の普遍史學〉，《史學研究》，期 6（1951 年 6 月）；高橋武雄，〈章實齋史學に於ける「全」の構想の展開〉，《史學研究》，期 8（1951 年 12 月）；高橋武雄，〈中國に於ける普遍史論の一展開──鄭樵より章學誠い〉，《史學研究》，期 11（1952）。

72　P. Demiéville, *Annuaire du Collège de France*, 1951, pp. 203-209.

73　Demiéville 對實齋的關注始自 1923 年。該年 Demiéville 針對胡適的《章實齋先生年譜》用法文寫了一個書評（詳本書第一章）。該書評很詳盡，然而以直接對實齋展開研究來說，應該從其授課大綱算起。這個發表於 1951 年的大綱無疑是法語世界中，第一篇研究實齋的文章。1956 年 7 月，英國倫敦大學亞非學院舉辦了一個有關中日史學家的研討會。會中論文或其後應邀而撰寫之論文，經彙整編輯而成冊，此即事後由倫敦的 Oxford University Press 所出版的 *Historians of China and Japan* 一書（1961 年）。詳參 *Historians of China and Japan* 一書的封套。上述 Demiéville 的授課大綱，經增訂後，乃改以英文撰寫並以正式論文發表的形式收入這個論文集內。眾多「實齋研究」中，上文提過多次的 Nivison 的專著，無疑是迄今所見西方文字中最理想的一種。然而，全書 300 多頁，一般讀者或望而卻步。Demiéville 收入於 *Historians of China and Japan* 的文章，不足 20 頁，實是一個很好的"濃縮本"。

74　張舜徽，《史學三書平議》（北京：中華書局，1983 年 2 月），其中〈《文史通義》平議〉佔頁 175-222。張氏嘗為〈《文史通義》平議〉撰一序文（《史學三書平議》，頁 178），其日期為 1952 年 5 月 6 日。是以筆者把〈《文史通義》平議〉視為張氏 1950 年代的著作。

75　《文史通義》的版本極多，張氏所閱讀的是收入劉承幹《章氏遺書》（1922）內的版本。

76　前面處理過呂思勉對《文史通義》所做的研究。呂氏幾乎是把該書內篇各文章的大義都做摘要。今張氏所做的處理顯然與呂氏不同。

見，但大體來說，似乎並不能掌握實齋史學之要義，更不要說實齋史學觀念背後的一套哲學了[77]。茲舉一例。實齋認爲袁樞的《通鑑紀事本末》在體裁上是受《尚書》的啓發而來。其言曰：

> 袁樞《紀事本末》，又病《通鑑》之合而分之以事類。按本末之爲體也，因事命篇，不爲常格，非深知古今大體、天下經綸，不能網羅隱括，無遺無濫。文省於紀傳，事豁於編年，決斷去取，體圓用神，斯眞《尚書》之遺也。在袁氏初無其意，且其學亦未足與此，……[78]

張氏不同意實齋這個說法，指出說：「……若記事本末之書，則實古無是體，而宋人創之。……何必遠攀三古，謂爲《尚書》之遺教乎？」（頁182）

有關中國史書之體裁，可以說，自漢以來，最流行者有二體，此即編年和紀傳。兩者分別以時間和人物作爲記載的主軸；然所記者，無非事也。即以恆被視爲記言的鼻祖的《尚書》來說，其中〈金縢〉、〈顧命〉、〈禹貢〉、〈洪範〉等篇，所記者亦莫非史事。是可知袁書之前，已有記事之專篇。又：南朝宋蕭思話《平定漢中本末》、北魏宗室元暉（？-519）命崔鴻等編《科錄》270卷（上起伏羲，下迄晉朝），乃至隋王劭寫成以類相從之《隋書》、唐朝姚汝能《安祿山事蹟》、隋路《平淮西記》等，非紀事之專篇而何？然而，特以袁書剪裁自鼎鼎大名之《通鑑》，且篇幅鉅大，是以世人恆誤會爲紀事本末之鼻祖耳！即以精擅史學及史書體裁之實齋來說，也不過倡言袁書得《尚書》之遺而不語及袁書前之《平定漢中本末》等史書，他人固無論矣。然而，博學如張舜徽，亦逕認爲記事本末之書創自宋人，即既不認同實齋「得《尚書》之遺」的說法，復不悉宋前已有是體，是可惜矣。

---

77 當然，張氏本人很博學，且國學（含史學）根柢深厚，但似乎無法掌握實齋學術的大旨。張氏嘗自稱：「余生平喜誦司馬《通鑑》，治之三反。」（《史學三書平議》，頁219）。張氏博聞多識，其實看他的〈《文史通義》平議〉，已可窺知一二。文中旁徵博引之文獻，觸目皆是。

78 《文史通義‧書教下》，頁15。

　　至於實齋謂袁書「得《尚書》之遺」的說法，可稍作申論，以佐證張氏實不諳悉實齋學問性格之究竟。從《文史通義・原道上篇》的立論：「天地之前，則吾不得而知也；天地生人，斯有道矣，而未形也；三人居室，而道形也，猶未著也；人有……而道著矣。」，可推知實齋大概是認爲文化、文明是逐步演進而來的；且後一階段勝於前一階段。如果筆者這個解釋／詮釋不誤的話，則實齋這個觀念套用在史書體裁（史體）上來說，也應該是前修未密，而後出轉精的。果如是，則後出的袁書應該是紀傳、編年之進一步發展而生起之新體裁，且必然超過三代的《尚書》才對，何必捨此不由而反將袁書定位爲「《尚書》之遺」呢？一言以蔽之，原來實齋固有視文化、文明不斷向前演進的念頭（以上的道論可證），但他也有追溯遠古而視古代優於後世的一種學術性格！如《尚書》、《春秋》在彼眼中，不啻神聖製作即可爲證[79]。P. Demiéville 不愧漢學名家，乃獨具慧眼，嘗指出說：

> 對於這位難以預測（把握、理解）的人（指實齋）來說，他以下的表現並不是較少矛盾之一例：他自我投擲到過去中，投擲到聖王統治下的遠古中、烏托邦的國度中。[80]

依照演化、進化的理論，後出者必優於其前者。由是後出的紀事本末體，理應優勝於上古之《尚書》才對。然而，雖重視演化、進化，但同時又鍾情於歷史上的過去（尤其上古三代）的實齋來說，最古老的史書，當然非神聖製作的《尚書》莫屬了。《尚書》成爲了實齋的"偶像"、"眞神"。所以雖爲後出，但被視爲「文省於紀傳，事豁於編年，決斷去取，體圓用神」的《通鑑紀事本末》，實齋怎能不大聲呼喊：「斯眞《尚書》之遺也」呢[81]？

79　詳〈書教篇〉；其下篇以下數語不啻視兩書爲「神聖製作」：「《尚書》、《春秋》，皆聖人之典也。」；「《尚書》圓而神，其於史也，可謂天之至矣。」；「不知紀傳原本《春秋》，《春秋》原合《尚書》之初意也。」

80　上揭 *Journal of the American oriental Society*, vol. 87, no. 4, p. 596b.

81　《文史通義・書教下》，頁 15。

　　如果以上的例子及相關說明作得了準的話，我們似乎可以說，實齋是具有雙重學術性格的學者。也許由於這一點，且張舜徽對本末體的定位似乎也太拘泥了一些，所以便指責實齋說：「何必遠攀三古，謂爲《尙書》之遺教乎？」其實，不認同實齋之遠攀三古的，也不止張氏一人。譬如呂思勉對實齋之牽古事以合己說的作法，即不以爲然；並據此而視實齋之說爲「矯誣之說」。但又爲實齋辯護說：「然此亦非章氏故爲矯誣之說以欺人；以吾所設想盡美盡善之境，托之於古，傳之於經，昔時固有此風氣，人生其時，自不免爲所囿也。」[82]「托之於古，傳之於經」，這種昔時固有的風氣，其實構成了中國學術的一個大傳統，爲主流所在。實齋只不過是這個大傳統下的一個見證人、實踐者吧了。稍一不同的是，實齋也從演化的觀點，甚至進化的觀點看待歷史（不少左派史家把實齋視爲唯物論者，其中的原因之一便是認爲實齋持這種觀點看待事事物物）。這便構成了實齋的雙重性格。這一點，恐怕連實齋本人也不自覺。其實他不僅從進化觀點看問題，他本人其實也受惠於這種觀點。他史學上的識見之所以能夠超越時代，擺脫時代，而具備現代性，被視爲能夠接上西方近代史學的精神，就是因爲其本人具進化觀念，是以能夠有進於傳統，跳脫傳統，超乎傳統。

　　1955 年及 1956 年徐善同對實齋的史學也做了論述[83]，以水準平平，恕從略。

　　上面提到過多次的 Demiéville 撰就於 1956 年的文章[84]，今論述其要旨如下。我們先說一下戴氏的「實齋研究史」。1967 年，戴氏針對 Nivison（倪文遜）研究實齋的專書撰寫了書評，書評中說到他本人接觸實齋超過 40 年[85]。這確係事實，因爲 1923 年他爲胡適所撰的《章實齋先生年譜》寫過書評；1950 年前後在法蘭西學院所開授的課程中又特別講授實齋的生平及其史學；1956 年又改寫增

82　呂思勉，上揭《史學四種》，頁 199。

83　徐善同，〈清代大史學家章學誠〉，香港，《新希望》，期 61，62，63（1955 年）；徐善同，〈章學誠的史學〉，香港，《大學生活》，卷 2，期 3（1956 年 7 月），頁 27-32。據後一文的起首處，徐善同自稱，長久以來他是有心深入研究知幾和實齋的史學的。然而，以不克如願，所以只好撰寫如該文之類的一些小文章了。

84　Demiéville,"Chang Hsüeh-ch'eng and his historiography", pp. 167-185.

85　戴氏說："Depuis plus de quarante ans que je fréquente moi-même Chang Hsüeh-ch'eng, j'ai fais la même expérience….."上揭 *Journal of the American oriental Society*, vol. 87, no. 4, p. 595a.

訂彼原用法文發表於 *Annuaire du Collège de France*（1951）的授課大綱爲英文版
的"Chang Hsüeh-ch'eng and his historiography"一文。連同他 1967 年爲 Nivison 的
專書所寫的書評一起算，他確實接觸實齋超過 40 年──1923-1967[86]。西方學人
中最鍾情於實齋的，恐怕無過戴氏了。所謂「日子有功」，他 1956 年的著作雖
不足 20 頁，但確屬可圈可點。內容紮實、架構嚴整、釋理透闢，眞不愧名家之
作。「實齋研究」的專書，如吳天任的《章實齋的史學》（1958）、倪文遜的 *The
Life and Thought of Chang Hsüeh-ch'eng*（1966）和余英時的《論戴震與章學誠》
（1976）面世前，戴氏即有此佳作，實屬難得之至[87]。

　　清初至清中葉考據訓詁的學風大行於時。洪波所及，史學自不得不受其影
響。第一流的史學天才（historical genius of the first magnitude）章學誠便是誕生
在這個時代。以上是戴文開篇的說明（頁 167-169）。其後主要分兩部份（戴文
不分節：沒有節的標題）。首部份（頁 169-177）主要是描述實齋的生平；其中
又穿插著對實齋的著作及從不同視角對實齋的史學理論、方志學理論作剖析。
此外，又對實齋遺書的出版及學者們的「實齋研究」概況，做了報導。第二部份
（頁 177-185）旨在處理實齋的史學觀念，觀念背後的哲學成份尤其係戴氏措意
之所在。甚麼原因促使實齋奉獻其畢生心力於史學上，戴氏亦做了探討。最
後，爲了幫助對中國陌生的讀者形塑出實齋在中國學術史上的形象和地位，戴

86　其實，戴氏除對胡適及倪文遜的專書寫過書評外，尚對以下的著作寫過評論：吳天任，《章
　　　實齋的史學》，*Revue bibliographique de Sinologie*, 1959（書中第 801 條）；周予同、湯志
　　　鈞，〈章實齋「六經皆史說」初探〉，*Revue bibliographique de Sinologie*, 1962（書中第 825
　　　條）。換言之，就筆者所悉，戴氏至少嘗對四種實齋研究的專著（三專書，一專文），撰
　　　寫過評論。

87　「惜英雄，重英雄」，倪文遜和余英時對戴氏的著作稱頌不已。前者云：「對章氏做通論
　　　性探討的任何語文的著作中，我把這篇文章視爲最好的一篇；其洞見卓越、其對實齋生平
　　　資訊之翔實掌握，及對實齋思想之剖析，都是出類拔萃的。」（"I consider this article to be
　　　the best general study of Chang in any language; it is outstanding for its insights, its biographical
　　　detail, and its analysis of Chang's ideas."）余英時又認爲，戴密微對 18 世紀浙東、浙西代表
　　　人物的判斷及對「以博雅而論，則錢大昕的成就實在東原與實齋之上」的判斷，均係「殊
　　　爲有見」的判斷。倪氏說，見 *The Life and Thought of Chang Hsüeh-ch'eng, p. 320*；余氏說，
　　　見《論戴震與章學誠》，頁 90。

氏還把實齋和義大利著名史學家、哲學家維科（G. Vico，1688-1744）做了點比較論述。戴氏眞可謂善於爲讀者設想了。

　　下文只對戴文的第二部份做綜述及研究。戴氏指出，實齋「蓋有天授」、「似夙所攻習」——即有生以來即甚具天賦、興趣——的史學，既非當時科舉考試之所需，亦非當時主流學風之所尚。然而，實齋逆流而上，針對當時過度重視的經書研究及針對爲研究經書相應而來的繁瑣餖飣之考據訓詁的主流學風，都予以蔑視、表示抗議（頁 177）。反之，他期許史學能在學校課程中及考試中回復應有的地位，他甚至希望史學能居於首要的地位（頁 178）。

　　戴氏指出，自漢朝儒學勃興以來，中國早期出現的文獻即被定位爲經。而所謂「經」，其實是一些具規範性、權威性的著作，即對生活具指導作用的著作。而這些著作，自唐代圖書四分法以來，即被置於史書之前（頁 178）[88]。作爲謹守儒家教義的章學誠來說（頁 185），他當然衷心承認經書對人們的生活深具規範性的意義。然而，經書後來之所以獲得「經」這個尊稱，要言之，乃受惠於孔子，蓋孔子欲藉以對後世產生教育性及啓導性的功能。就經書本身來說，只不過是歷史文獻，即「史」而已：連孔子本人也是如此認爲的（頁 178）。戴氏很客氣的指出說，如果他本人的理解不誤的話，則《文史通義》開篇的第一句話：「六經皆史也」，便應當作如上的解讀。戴氏並進一步指出說，實齋這個說法，與他的整套歷史哲學是關聯在一起的。戴氏又認爲，實齋這句話揭示他對經、史的關係作出了一個轉換性、對換性（ambivalence）的理解。實齋視經（孔門聖經）爲史這句話，也可以倒過來說；果如是，則史也成爲了經——史書便具備了經書的價值、功能，即具備規範性的一種功能。戴氏深信，實齋確是如此認爲的。戴氏甚至說：「孔門聖經是史，因爲史就是孔門聖經。我相信章學誠的目的，不是要褻瀆經書；反之，他是要把史書經書化；要聖化之，恰似黑格爾

---

[88] 戴氏這個說法稍欠周延。經、史、子、集的圖書四分法，雖流行於唐代（618-907），然而，實可溯源自東晉（317-420）之李充。詳參昌彼得，〈中國目錄學的源流〉，《版本目錄學論叢》（臺北：學海出版社，1977），冊二，頁 134-138。

之神聖化它。」（頁 178）對這個問題深入展開的，見實齋撰寫於 1789 年的〈原道篇〉一文[89]。

文中實齋嘗引《易經》：「一陰一陽之謂道」一語。據此，所謂「道」，就實齋來說，指的就是大自然演變進化的軌跡。簡言之，亦可謂即大自然的本身[90]（實齋即嘗云：「道者，非聖人智力之所能為，皆其事勢自然。」）。既如此，則這個源自上天的道[91]，「是未有人而道已具」的。據此，則道是先人，或甚至先天地而生的。但實齋又說：「天固諄諄然命之乎？曰：『天地之前，則吾不得而知也；天地生人，斯有道矣，而未形也；』」以上一方面說「未有人而道已具」，另一方面又說「天地生人，斯有道矣」。兩者豈不自相矛盾？其實，只是看似矛盾而已，實則不然；因為道既係客觀的、自然界中的一個存在，那當然是「未有人而道已具」的；即不因人之出現與否而始獲得其存在的。然而，就認知立場來說，只有當人出現之後（即認知主體出現之後），這個道才能夠被認知，被知悉其存在。換言之，「天地生人，斯有道矣」，是從認知立場上說的。即其一從客觀本然面說，另一從人之認知面說。兩層面本不相同，是以無所謂矛盾。然而，這個問題（一牽涉形上學方面，一牽涉認識論方面；皆與本文所探討的實齋的「史觀」不直接相關），筆者不擬詳細討論。筆者感興趣的是實齋以下的論述：

> 天地生人，斯有道矣，而未形也；三人居室，而道形矣，猶未著也；人有什伍而至百千，一室所不能容，部別班分，而道著矣。仁義忠孝之名，刑政禮樂之制，皆其不得已而後起者也。

89　該文頗長，計分上、中、下三篇。《文史通義》，頁 34-44。

90　「一陰一陽」乃代表事物之「正、反」或事物的「循環往復變易更替」，而這種具辨證關係的演變、發展，恐怕正係「大自然」的特色。由此來說，寬泛言之，「道」猶「大自然」。然而，實齋又說：「道者，萬事萬物之所以然。」這是要尋找出事物之所以如此的原因，即從原因上來說明「道」。如此來說，「道」恰似西洋哲學上所說的「首因」（First cause, Primary cause）。此可見實齋所說的「道」，實具多重性格，惟今不擬細表。

91　〈原道上篇〉劈頭第一句話是：「道之大原出於天」。此語原出董仲舒，是董氏向漢武帝對策時所說的話。見〈董仲舒傳〉，《漢書》（北京：中華書局，1962），頁 2518-2519。

即道被人所認知而獲得其存在[92]，進而具芻形，再進而彰著。這其間是有一個發展過程的，其中三人居室是道得以落實的最關鍵的條件。「三人」的「三」字，我們不宜看得太死。「三人」改爲「二人」、「四人」，也未嘗不可；但絕不能是「一人」。因爲二人、三人、四人，都有群體的意思（群體住在一起便成爲群居）。一人便沒有這個意思了。所以絕不能改爲「一人」。二三人或三四人相處在一起（實齋把這個情況形象化爲「三人居室」），不可能沒有互動；互動必有其道（共識、約束、規範）[93]，否則矛盾衝突頓生。換言之，共識、約束、規範，必由人之相處而得以漸次形成，這就是實齋所說的「而道形矣」。然而，二三人畢竟是少數。因爲人少，所以互動的形式（人際關係）不可能是很多的；相應的共識、約束、規範等等，亦不可能很多，且亦不需要太多。人數累積至伍什，乃至百千之後，情況便有所不同，蓋互動形式必相應的增多。互動形式增多了以後，「部別班分」（實齋本人用語）等等的架構，必相應的一一建立；更多，更嚴格的社會規範亦隨之而產生。錯縱複雜的互動脈絡下所建構的社會秩序，亦由是而出現。這就是實齋所說的「而道著矣」。用現代的話來說，就是：地球的資源、社會的資源是有限的，人多了以後，無論是柔性的「仁義忠孝」（實齋用語），或相對來說，比較剛性的「刑政禮樂」（實齋用語），便得派上用場。實齋又說到，年長、才傑、德懋、作君、作師者，乃因應社會的需要而扮演其相應的角色。這可以說也是因應「道」（人類自然而然的發展）的客觀要求而生起的，「故道者，非聖人智力之所能爲；皆其事勢自然，漸形漸著，不得已而出之[94]，故曰『天』也。」

92　依上文，道爲一客觀的存在，不必爲人所認知而始獲得其存在。所以筆者「道被人所認知而獲得其存在」，這句話的意思是說：「道被人所認知而始獲得其存在之意義」，否則這個道只是自個兒孤懸在那裡；其存在猶不存在也。

93　「共識、約束、規範」是今天的流行用語；落實下來，其具體情形，便相當於實齋所說的「仁義忠孝之名，刑政禮樂之制」。

94　「出之」中的「之」這個代名詞，用在這裡是代替上文所說到的「君」和「師」。即君、師等等的出現，乃爲因應自然而然的社會需求而來，非人（以聖人爲代表）可以人爲地把他們產生出來的。

　　總結上文，我們可以說，人類社會秩序的建立，究其根源，雖源自上天（上天提供你這個機會、條件），但其實可說是人類社會出現之後事勢自然發展的必然結果。而在過程中聖人所扮演的角色，只不過是依乎人心本有之仁義忠孝，並透過刑政禮樂等等的社會規範，把上天賦予人類之道落實下來而已。換言之，社會秩序的出現、建立，乃社會發展的必然結果；聖人只是臨門一腳，把必然者，予以實現，予以落實（即實齋所說的「體道」）。然而，這臨門一腳也是非常重要的。沒有這一腳，社會秩序就是無法達陣，即無法眞眞正正的成爲人類的社會秩序。聖人之重要性及在達陣中所扮演的角色由此可見。實齋話鋒一轉，認爲眾人其實比聖人更重要。何以言之？因爲眾人「不知其然而然」而自自然然地體道了；反之，聖人是「有所見」（聖人比較聰明，即所謂先知先覺），所以才「不得不然」地去體道（不得不然就是不自然！所以比不上眾人）。所以眾人反而是聖人學習的對象、榜樣。實齋便說：「學於眾人，斯爲聖人。」但聖人明比眾人先知先覺，那他／他們又如何可能從眾人身上學習得到東西而體道呢？實齋大概知道聖人「學於眾人」這個說法在理論上可通，但在實踐上，具體操作上，是有其困難的。所以話鋒再一轉而說：「非眾可學也，求道必於一陰一陽之迹也。」所謂「一陰一陽之迹」，即自然變化、自然演變之軌迹。一言以蔽之，即聖人不過是順乎人類社會發展之「事勢自然」（含眾人，即愚夫愚婦自自然然的表現）而作出相應的施爲、舉措而已。換言之，其建制立法，或所謂刑政禮樂，皆順隨「事勢自然」而作出相應的配合[95]。

　　上文扯得有點遠了（當然筆者還是扣緊實齋本人的意見作闡釋），我們現在回過頭來看看戴氏的說法。戴氏指出說，實齋深信中國的黃金時代是在上古，其後的發展是走下坡的（即實齋的史觀是一種退步史觀）。道在遠古，即三代時，已發展至完美的境界；其間西周的周公時期更達至巔峰。就實齋來說，孔子依然是聖人，然而與其前的聖人是有所不同的，因爲他已不再是王者（因爲「有德而無位」）：他不像前聖擁有權力能夠把道落實在現實上。他所能做的只是用周公的「道」，透過紀載昔日事實而形塑成之舊典（written documents），

95　以上對實齋道論的說明，其相關引文，皆根據〈原道上篇〉，《文史通義》，頁34-35。

來教化萬民。這些舊典便成為了孔門聖經。根據實齋，孔子對這些舊典只扮演述而不作的角色；即讓這些舊典的內容——歷史上的客觀事實—自己說話。（頁179-180）

原則上來說，實齋固然認為史家應忠實於史事，在紀錄史事時做到「盡其天而不益以人」（《文史通義·史德》），即據事實之本然（天）做報導、重建，而不應加油添醋或避重就輕。然而，這個說法並不意味著史家的個性（個人性向，含創造性別出心裁的個人判斷—獨斷）在撰史的過程中應完全排除在外。史考、史纂固然是史著的一種表現形式。然而，戴氏更進一步用近現代的史學述語指出說，篩選（choice）、詮釋（interpretation）、評估——施價值判斷（evaluation），也是實齋所看重的史著表現的另一種形式。其實，實齋認為「整輯排比謂之史纂，參互搜討謂之史考」；然而，「皆非史學」。所以就他來說，只有寓獨斷於撰述之中的史著，才稱得上是「史學」的著作；且也只有具備這種表現的史家才稱得上是「成一家之言」的史家。（頁 181-182）這也就是為甚麼實齋看輕唐代以來的官修正史，因為此等史書已遠離前四史（《史記》、《漢書》、《後漢書》、《三國志》）的傳統，而只成為沒有生命的空架子了（lifeless framework）。對實齋來說，通史（相對於毫無個性可言的唐以後的斷代史來說），才是理想的史著。這也是為甚麼他特別欣賞鄭樵《通志》的原因，雖然他深知該書的缺失。（頁 182-183）

對實齋來說，史學既不應流為官方主持下的一種純資料彙整，也不應充當學者的消閒品。史學所以經世也——把天道落實到世間上；其終極目的是實用的，具道德意義的。（頁 183）

對於方志的史學價值、功能，實齋也獨具隻眼而深予肯定。彼認為「志乃史體」，視方志為「一國之史」[96]，又可為爾後的正史（即紀傳體斷代史；實齋所說的「朝史」，蓋指此）所取材。是以應以同樣的用心（care）及同樣的徹底程度（thoroughness）來纂修方志。（頁 174-175）實齋又倡議主事者每三十年或頂

---

[96] 實齋嘗云：「部府縣志，一國之史也。……州縣志書，……實朝史之要刪也。」章學誠，〈州縣請立志科議〉，上揭《章氏遺書》，頁 278 下。此中實齋所說的「一國」，乃指「一方之國」（如古代的方國），非指「全中國」。

多百年便應重修一次方志。爲了達到這個目的，實齋認爲各州縣應設立主管其事的志科，並應設專人管理，隨時增補各案牘。（頁 175）

實齋重視歷史，而方志既被視爲歷史（志乃史體），且又爲爾後正史所取材，則宜乎實齋重視方志。然而，實齋之重視方志，戴氏做出了一個頗值得注意的新解，今開列如下。戴氏說：或由於實齋生活不穩定，故只好如同當時不少學人一樣，不得不纂修方志；受到當時流行的樸學風氣所影響而方志之纂修也盛行起來，實齋或以此而不免從俗；（其纂修方志）又或由於其他比較不明顯的原因。（頁 174）戴氏這個新解，個人以爲彼所推測的第一個原因（經濟生活不穩定），最能成立。至於第二個原因，則其事似不甚可能，蓋樸學與方志之纂修無必然關係；且實齋又不喜樸學，何從俗之有？就筆者來說，個人認爲，實齋本人既首肯方志的價值，且又基於經濟生活上的需要，這兩個因素（一主觀上的認同，一客觀上的需要）輻輳在一起乃促成實齋重視方志，並進而纂修方志。

總體來說，戴文甚佳，顯示出戴氏已通讀《章氏遺書》或至少細讀其中最關鍵的文字。戴氏嘗描繪該書曰：「《章氏遺書》乃以下物品的大雜燴：零篇斷簡、著作提綱、計畫草案；其中的思想綱要又充滿了糾纏不清的相互矛盾衝突（有時固然只是表面上的，如果吾人深入其內涵），可說是充滿了昏暗晦澀與熠熠靈光的一個大混合體。」[97]個人以爲，戴氏所言，或許稍微誇張了一點，但實齋書確實不易研讀，則筆者有同感。至少就其史學見地或立論來說，見於《章氏遺書》者，並不完全相一致，且散見書中各處。予以彙整綜合而求其貫通，頗不易易。然而，高手即高手，戴氏並不因此而被難倒；反之，他舉重若輕，實齋的史學精粹乃從其遺書中一一紬繹而出。其中實齋歷史哲學思想中天與地的關係，或天道與地上事物相應的開展（以社會秩序予以開展），戴氏的剖析都是入木三分而讓人印象深刻的。戴文之佳勝，即此一端便可以概其餘。然而，天下

97　"un magma de fragments, de plans, de projets et, sur le plan de la pensée, un fouillis de contradictions-parfois plus apparentes que réelles si l'on sonde sous la surface-, un foisonnement d'obscurités et d' éclairs." 上揭 *Journal of the American Oriental Society*, vol. 87, no. 4, p. 594b.

間無十全十美的至文，戴文又豈爲例外。其中資訊上有誤者（大概由於一時誤記），茲舉一例如下。戴氏說：

> 他（實齋）在三十歲成功中舉之前，他已經參與鄉試三次了；且又只能在十年後（1778），他才中進士。（頁 171）

按：實齋確於 1778 年，即行年 41 歲時才中進士。然而，其中舉則不在 30 歲時；而係在 40 歲時（1777 年），即中進士之前一年。此其一。又：實齋嘗 7 應鄉試，而成功中舉於第 7 次[98]。

此外，戴氏對文義的理解也有未確當、妥貼之處。由於理解偏差而作出錯誤翻譯者，至少也有一例。實齋〈與族孫汝楠論學書〉有句云：「顧又無從挾資走江湖，羅販逐什一。」[99]簡言之，此句意謂：不克從商以追逐什一（十分之一，即 10%）之利。但戴氏把它理解爲：找不到錢來過走江湖的生活；（於是只好）嘗試做些小買賣以追逐什一之利了。從戴氏這個翻譯，可知他對這句話的理解是錯誤的[100]。

戴文還有一些小毛病，譬如個別地方並沒有對資料／觀念的來源出處，作出完整的說明[101]。又：戴文篇幅不算大，但也有 19 頁。然而，文章沒有細分爲若干節：即全文只有文章的一個大題目（"Chang Hsüeh-ch'eng and his

---

[98] 詳參上揭《章氏遺書》，頁 748 上；胡、姚，上揭《章實齋先生年譜》，頁 36、42；上揭《論戴震與章學誠》，頁 145-146，註 1；頁 313。

[99] 上揭《章氏遺書》，頁 503 下。

[100] 這個問題，詳見本書第六章〈綜論〉第一節的討論；戴氏原文亦附見其中。

[101] 譬如頁 169，註 6 作："Shih-ts'ai. Yao Ming-ta, 7."翻成中文，即：「史才。姚名達，7。」其完整的資訊當如下：「史才。胡適著，姚名達訂補，《章實齋先生年譜》，頁 7。」甚至在《章實齋先生年譜》之後，還應該寫上出版地、出版社及出版年份（註 10、註 22 引姚書處，其情況相同）。又：頁 173，註 17 作："......Ch'ien Mu, 427, ..."。翻成中文，即：「錢穆，427，」。其完整的資訊當如下：「……錢穆，《中國近三百年學術史》，頁 427。……」。幸好錢先生名氣大，且彼治實齋之《中國近三百年學術史》又係名著，所以讀者大概可以猜想得出其完整的資訊。

historiography"），其下不再分節（更不要說節的標題），連一、二、三、四或
（一）、（二）、（三）、（四）等等以示區分的數目字也厥如。這對希望藉著
小標題以掌握文章中不同重點的讀者來說，恐怕是很失望的[102]。從客觀意義上
來說，也有文章重點不分明的毛病。

以上所指出的各點，其實都是一些小毛病而已；所謂瑕不掩瑜，實不足以
影響文章的價值和對學術界的貢獻。以一個外國人來說，用不足 20 頁的篇幅，
便把章學誠的一生及彼在一定程度上看似矛盾或被視爲前後不太相一致的思想
要點，予以梳理、闡述得這麼清楚明白，是極不容易的[103]。戴文在「實齋研究
史」上，肯定能佔一永恆的地位，這是無待龜蓍的。

戴文固然很值得推崇，然而，畢竟並非對實齋的史學做全面性探討的專
書。這樣子的一本專書終於在 1957 年（即戴文撰就的翌年）由香港一位頗具名
氣的文史學家吳天任（1916-1992）所完成並於翌年（1958）出版[104]。

吳書寫作態度認眞嚴謹，內容亦相當透闢深入；是迄今所見針對實齋史學
上的表現作全面探討並以此命名（特別標舉「史學」，且僅標舉「史學」）的唯
一專書[105]；且爲香港史家所撰，筆者與有榮焉。以下筆者僅針對書中的兩節做

---

102 當然，戴氏的文字相當流暢，理路也很清晰。又：實齋的思想，除個別地方有一定矛盾，
　　或看似矛盾讓人費解外，大體來說，是相當嚴密，理路一致的。這便提供了戴氏依序逐
　　一予以梳理及闡釋上的方便。換言之，文中不加上小標題，不再細分爲若干節目也未嘗
　　不可。然而，加上去的話，應更能幫助讀者握掌文章的各精彩重點。

103 針對戴文，長期旅居法國的陳祚龍先生用中文寫了一個書評。該書評犯了若干錯誤（中
　　國大陸所說的"硬傷"？）。筆者以爲陳氏既沒有細讀戴文，更不要說對實齋原著下過甚麼
　　功夫了。陳祚龍的書評，見臺北，《中華文化復興月刊》，卷 4，期 10（1971），頁 46-48。

104 吳天任，《章實齋的史學》（香港：東南書局，1958），6 頁（序文及目錄）+296 頁。
　　序文（3 頁）撰寫於 1957 年 11 月 12 日。是以筆者視該書完成於 1957 年。該書正文雖接
　　近 300 頁，但其中只有 204 頁是探討實齋史學的，其餘 92 頁由兩附錄組成。前者探討實
　　齋所經修的方志，共 14 種。（按：14 種方志中，只有《永清縣志》完整無缺地保存下來；
　　載上揭《章氏遺書》，頁 929-1236）。後者則係針對胡適著，姚名達訂補的《章實齋先
　　生年譜》，提出一些商榷。

105 筆者必須指出，吳書正文 204 頁中超過一半的篇幅（第六章〈方志的改造〉，頁 65-175）
　　旨在討論實齋的方志學。由此可見，吳書中「史學」一詞，乃採其廣義用法。此外，我

闡釋[106]，原因是該兩節的本身很值得注意外，最要者是其他研究者（尤指 1985 年之前）似從未對相關主題做過像吳天任這麼深入的研究。

首節（頁 128-139）名「影響的宏遠」；可以區分爲兩部份。前一部份可說是一個前言，吳氏在參證梁啓超、李泰棻（1896-1972）及瞿宣穎（1894-1973）三位學人的意見下，指出說，實齋對方志的貢獻是很偉大的[107]。第二部份名「修志事例概要」。吳氏轉錄了這個「概要」共 22 目後，便列舉了多個例案以佐證實齋方志學上的卓見，對近現代方志學理論及對不同層級的方志的纂修，都是造成一定影響的[108]。次節（頁 139-175）名「駁議的商榷」。吳氏開列了 7 位學者對實齋的方志理論所提出的 17 項批評（吳氏稱爲駁議）[109]。以駁議的內容泰半流於瑣碎，且如吳氏所言，亦不免見仁見智之論而已，因此筆者不擬細談。

下文是筆者對吳書的一些觀察。吳書固然相當翔實，但似乎對實齋史學的形成及演變過程，缺乏深入的瞭解。實齋的史學其實跟他的整套哲學思想是緊密地結合在一起的，也可以說他的史學是他的哲學的組成部份。職是之故，繞過他的哲學，其實是無法很相應地，或很深入地，了解其史學的。戴密微以下的分析，很可以說明筆者這個看法。戴氏說：

們也必須指出，本書前一章所處理的倪文遜和余英時的專書，該兩書對實齋的史學也做了很深入的研究。但倪、余兩書並非針對實齋的史學做全面的探討；且最要者，倪書偏重哲學式的闡釋，而余書則從思想史的進路切入。這對僅希望對實齋的史學獲得一個一般性的了解的讀者來說，似乎是太高深了一點，太迂迴了一點。而吳書正好在這個地方，做出了它的貢獻。

106 該兩節乃第 6 章〈方志的改造〉的第 14 節和第 15 節，前者名「影響的宏遠」，後者名「駁議的商榷」。

107 任公的意見，見上揭《中國近三百年學術史》，頁 304-305、309-312；李泰棻的意見，見《方志學》（上海：商務印書館，1935），頁 31、33-34；瞿宣穎的意見，見〈自序〉，《方志考稿（甲集）》（北平：天春書社，1930），又見頁 2b-3a。

108 吳氏指出，民國 18 年 12 月內政部奉國民政府令准通行的〈修志事例概要〉、各省市通志及縣志，乃至私人著述方面，都可以看到實齋方志學意見的影子。

109 17 項駁議中，其中 9 項發自李泰棻，其餘則來自對文史，對方志都有相當造詣的以下數人：陶元珍（1908-1980）、傅振倫（1906-1999）、王葆心（1867-1944）、瞿宣穎（1894-1973）、唐祖培（1898- ？）、黎錦熙（1890-1978）。

在實齋整個生平的考量之外[110]，該書對實齋的思想進行了系統的分析[111]。其分析是認真嚴謹且相當深入的。然而，實齋的思想在本質上是以哲學思維為基礎的，吳氏大概並沒有充份透過回思逆溯的取徑來對此基礎做考察。[112]

此外，吳書有如下幾個小瑕疵：

（一）吳書徵引不少文獻，但皆欠詳細出版資訊。

---

[110] 意謂：在全不考量實齋的生平下，便對其思想進行研究。其實，要深入獲悉一思想家的思想或其哲學，除針對其人之哲學觀念進行分析、闡釋外，恐怕不對其人之生平、社會氛圍，甚至政經大環境，具相當的瞭解不可。頃閱大陸一學者以下的一段文字，其說法頗與筆者所見相同。他說：「……只有把哲學概念和範疇放進特定的時代和生活境遇中進行分析，詮譯出其中沉默的『微言』和『大義』，我們才能達到對中國哲學基本概念和內在精神的真正把握。」朱人求，〈話語分析與中國哲學研究範式的轉換〉，臺灣大學高研院主辦，「第一屆臺大高研院訪問學者學術研討會」論文集，2014 年 12 月 27-28 日，頁 385。研究中國哲學的態度固然當如此。其實研究一思想家、哲學家，如實齋者，又何獨不然？

[111] 戴氏原文是 "analyse systématique"，這大概相當於英文的 systematic analysis。就法文 "systématique" 一詞來說，固有正面的涵意，如：有系統的，成系統的，有條不紊的，有步驟的；但也同樣具有比較負面的一義，如：刻板的，執拗的，偏執的。據戴文的上下文意，恐怕正、負面的涵意都有，大概稍偏重前者；即既係有系統的，但同時也不免流於刻板。若扣緊吳書的內容來說，乃透過如下幾個主題來分析實齋的史學：記注與撰述、史德的倡導、通史的主張、史體的變革、方志的改造等。這當然可以說是相當具系統的、井然有序的一種陳述方式——以若干概念為主軸，抓取相關資料來敷陳該等概念。系統即系統矣，但亦流於刻板而不見概念與概念間的相互關係，亦不見概念與作者的人生經歷有若何關聯、互動。於是作者活生生的生命，便與他的思想（概念）分為二橛而不見相互間的交流互動。

[112] 法文原文如下："C'est un essai d'analyse systématique de la pensée de Chang Hsüeh-ch'eng, en dehors de toute consideration biographique. Analyse sérieuse et assez approfondie, encore que les fondements proprement philosophiques de l'idéologie de Chang Hsüeh-ch'eng ne soient peut-être pas scrutés avec un recul suffisant."*Revue bibliographique de Sinologie*, 1959 年（書中第 801 條），頁 387。

（二）如同不少「實齋研究」的作者，吳氏輕信《文獻徵存錄》中的〈章學誠傳〉，視實齋「少年曾從山陰劉文蔚、童鈺游」。（頁 3）[113]

（三）吳氏以為實齋的文章「多無年月可考，題注也很缺略。」（頁 196）按：今所見通行本《章氏遺書》（源自劉承幹所刊刻），內中各文章確係欠缺撰著年月。然而，據錢穆所見之鈔本，「篇目均附小註，載列年月」[114]。今通行本《章氏遺書》之所以從缺，蓋為編者或鈔胥所刪去。

　　大體來說，吳書雖有如上的一些缺失，但能夠把實齋的史學及方志學思想做通盤且相當深入的述介、分析，這對一般讀者來說，是實齋史學、方志學入門不可或缺的好書。其中對實齋所經修的十多種方志的述介，亦深具參考價值。

　　中國史學史及史學方法的名家杜維運先生（1928-2012）早於 1950 年代末期便對實齋展開研究。此見諸其撰就於 1959 年的碩士論文[115]。杜氏為何把實齋納入其碩論中，又相對其他史家來說，為何給予最大篇幅的處理，下文大概可使讀者窺見一點消息。杜氏說：

　　　　清代史學界之有章學誠，清代史學之光也。迄至今日，集中國史學大成之人物，惟有章氏當之而無愧。章氏亦為中國惟一之史學思想家。……論者

113　詳參本書第一章。亦可參《論戴震與章學誠》，頁 243-248。按：實齋傳附〈邵晉涵傳〉末。

114　錢穆，〈記鈔本《章氏遺書》〉，《新編本《文史通義》》（臺北：華世出版社，1980），頁 702。

115　此碩論於 1962 年付梓。杜維運，《清乾嘉時代之史學與史家》（臺北：國立臺灣大學文學院，1962 年 10 月）。研究實齋的部份名〈章學誠之史學〉，共 33 頁半（頁 66-99），即全書 129 頁（不含目錄及參考書目）的 1/4 強。按：杜書所研究的史家共 5 人，依次為王鳴盛、錢大昕、全祖望、章學誠、趙翼。實齋為 5 人中佔篇幅最多者，可見杜氏對實齋的重視。杜氏這篇碩論所處理的實齋部份稍經修改並增訂後，也收入杜氏另一著作中。所增訂的部份名為：「章氏生前之孤寂與身後聲名之遠播」，佔全書僅 4 頁（頁 365-368）。針對實齋生前之孤寂，其史學「不為時代所容」、「終為時代所掩」，杜氏引錄若干文獻以為佐證。至於身後聲名之遠播部份，杜氏引錄了中外著名學者（共 4 人：內藤虎次郎、胡適、戴微密、余英時）的相關專著，藉以說明實齋卒後，其名聲遠播海內外，「躋身世界史家之林」。杜維運，《清代史學與史家》（臺北：東大圖書公司，1984），頁 335-368，尤其頁 365-368。

多比章氏於劉知幾，實則章氏遠超出劉氏之上，劉氏為史籍體例批評家，
章氏則史學思想家也。（頁 66）

大體來說，杜文對實齋史學的研究並沒有超越前人。如果說到貢獻，那寧可說由
於杜氏在臺灣史學界，甚至在大陸史學界具一定的聲譽和影響力，所以他之重視
實齋，對進一步推動「實齋研究」來說，相信是有一定的助益的。以下是筆者對
杜文的若干觀察：

(一) 杜氏誤信《文獻徵存錄・章學誠傳》中的若干資訊（頁 67）[116]。

(二) 杜氏的若干判斷似乎是誇張了一點。茲舉二例。杜氏說：「章氏亦為中國
惟一之史學思想家。」（頁 66）杜氏本人大概也察覺到這個說法與事實頗
有落差，所以後來"改口"說：「章氏亦為中國罕見之史學思想家，……」。[117]
這樣說便穩重多了，且亦比較符合事實。杜氏又說：「章氏於著史之整個
過程……有一極精密之方法論，論者罕言及之，吾自《章氏遺書》中，鈎
稽爬梳而得之。」（頁 79）按：杜文撰就於 1959 年。該年之前，學人對
實齋之史學，甚至對其方法論，已有所論述。「論者罕言及之」一語，似
乎與事實不盡符合[118]。

116　此上文已數度指出，今從略。稍微可說的是：在杜氏後出的《清代史學與史家》一書中，
　　此資訊已被刪去。筆者以為，這大概是受到余英時相關考證之啟迪所致。余英時，《論
　　戴震與章學誠》，頁 243-248。

117　上揭《清代史學與史家》，頁 335。

118　其實杜氏本人在《清乾嘉時代之史學與史家》的參考書目中，也開列了 5 種與實齋史學
　　相關，或至少有一定關係的研究成果。其中便有 3 種（撰者為傅振倫、張其昀、吳天任）
　　直接跟實齋的史學相關。當然，這 5 種著作在事實上，也許並未用上「（實齋著史的）
　　方法」或「（實齋著史的）方法論」等等字眼；然而在精神上，學人論述實齋之史學，
　　不可能不論及其方法或方法論的。換言之，他們多少都一定會談到，觸及到實齋史學方
　　法論這個層面的。茲以張其昀一文舉例說明。張文中「典籍之搜羅」一節便明言：「言
　　徵集史料之法，章君之所發明，遠較劉君為詳。綜而述之，蓋有六端。……」至於另一
　　節「論紀載之真確」，則更暢論實齋之「史德論」、「闕疑論」等等。此非論述實齋之
　　史學方法而何？當然，我們也可以反過來說，杜氏扣緊「方法」、「方法論」等概念，
　　並以之為線索，從《章氏遺書》中，鈎稽爬梳相關資料，所謂「詳人之所略」以異於前

（三）杜氏畢讀三方志？杜氏說：「所撰《和州志》、《永清志》、《亳州志》、《湖北通志》諸書，不特為方志之聖，亦罕見之史學佳作。」[119]（頁67）按：《和州志》早佚，今所見不過約全書三分之一[120]。《亳州志》，今所見僅二文：〈人物表例議〉、〈掌故例議〉[121]。至於《湖北通志》，亦僅存全書的一部份而已[122]。至於《永清縣志》，則為4志中，保存最完整者。今見於《章氏遺書》者，凡10卷[123]。總言之，除《永清志》外，餘三志，今所見者僅志之一小部份而已。換言之，杜氏是不可能讀到此三志的完整版本的。然而，據本條上引杜文，吾人固不宜說，杜氏意欲導引讀者以為彼畢讀4志。惟似乎至少可以說，杜氏行文不甚謹嚴，恐或導致不知情者以為4方志迄今仍保存完整而嘗為彼所畢讀也[124]。

人，超越前人，這無疑也是杜氏相關研究之特色，甚至貢獻之所在。再補充一句：杜文雖沒有甚麼創新，然而能夠環繞若干主題，很有系統的彙整歸納（梳理）實齋的史學觀念。所以光就其碩士論文中實齋這一部份來說，其表現已在一般碩論之上。

[119] 任公論述實齋對方志的貢獻時，嘗舉《永清志》、《亳州志》、《湖北通志》諸書（尤其《湖北通志》）為例，作出以下的說明：「固已為史界獨有千古之作品，不獨方志之聖而已。」杜氏所論，蓋本此。梁啟超，《中國近三百年學術史》（上海：中華書局，1936），頁309。

[120] 今收入上揭《章氏遺書》，外編，卷16、17、18，頁1236下-1296下。亦可參吳天任，上揭《章實齋的史學》，頁209-213，尤其頁209-211；董金裕，上揭《章實齋學記》，頁69。

[121] 上揭《章氏遺書‧方志略例二》，卷15，頁303上-307上。按：每一〈例議〉，均含上、中、下三篇。亦可參吳天任，上揭《章實齋的史學》，頁216-220。

[122] 未悉今所存者為全書多少分之一。見於《章氏遺書》者，乃檢存稿一至四，即《章氏遺書》卷24、25、26、27，共4卷，頁545上-684下。以一省通志言，今所存者僅4卷，100多頁，則所佚必多。又可參吳天任，《章實齋的史學》，頁220-238，尤其頁225、229-230；董金裕，《章實齋學記》，頁73-74；陳蔚松，〈章學誠與《湖北通志》〉，《江漢論壇》，總14期（1981年7月），頁98-103。

[123] 《章氏遺書》，外編，卷6-15，頁929上-1236上。又可參《章實齋的史學》，頁213-216。

[124] 若對照上引任公所言，則見任公嚴謹多了。任公云：「今《和》、《亳》二志，傳本既甚希，……《湖北通志》，則畢秋帆去職後，全局皆翻，……遺書中有檢存稿及未成稿數十篇，得以窺其崖略，然固已為史界獨有千古之作品，不獨方志之聖而已。」梁啟超，《中國近三百年學術史》，頁309。

（四）史德非實齋所倡。杜氏說：「劉知幾倡史家三長，章氏益以史德」。（頁
　　85）上文說過多次，知幾所倡議之史家三長，其中史識一項已隱涵史德；
　　惜知幾未其名而已，即未用「史德」一述語。今杜氏云：「章氏益以史
　　德」，則易導致讀者誤會，以爲知幾全不談及史家著史時應具備道德也[125]。

六、1960 年代的著作

（**1**、周予同、湯志鈞──「六經皆史論」；2、高田淳──實齋之史學（含實齋對時政
的看法）、「實齋研究」簡述；**3**、**傅振倫──實齋史學上之貢獻及其史學思想之源自知
幾者；4、蘇慶彬──實齋史學思想溯源**（含評論前人相關說法））

　　實齋「六經皆史也」這個命題，不少學者都給予關注。然而，正式作爲文章
標題予以探討的，似乎始於周予同、湯志鈞的文章[126]。周、湯文計分三節，
作者「試圖採取『以章證章』的方式，以探索它（指「六經皆史說」）的眞相。」
（頁 211）[127]其重點分別如下：首節（頁 211-215）釋「六經皆史」的涵意，重
點在於說明六經乃先王之政典，具「史意」，而非空洞說教之言；因此是可以經
世的。次節（頁 215-219）指出，前人早已討論過經、史關係的問題，但實齋之
說與彼等說法大有區別[128]。蓋實齋之說法構成一種系統，有其經世之意義在。

125　筆者「史識已涵史德」的看法，詳見下文相關討論。

126　周予同、湯志鈞，〈章學誠『六經皆史說』初探〉，中華書局，《中華文史論叢》，第 1
　　輯（1962 年 8 月），頁 211-227。說到實齋「六經皆史說」這個命題，其實早在 1923 年
　　孫德謙撰文時，已把它作爲文章題目的一部份。但其實該文的主旨並不在於探討實齋這
　　個命題。這一點上文討論孫文時已說過，今從略。

127　「以章證章」，此證諸該文之註釋便可了然。該文註釋共 41 條，其中只有 4 條並不引用
　　實齋的著作。

128　所謂前人，作者舉例指出說，如王通，其說見〈王道篇〉，《文中子中說》，卷 1；陳傅
　　良，其說見〈徐得之《左氏國紀》・序〉，《止齋先生文集》，卷 40；宋濂，其說見〈大
　　學微〉，《龍門子凝道記》卷下；王守仁，其說見〈傳習錄〉上，《王文成公全書》，
　　卷 1；李贄，其說見〈經史相爲表裏〉，《焚書》，卷 5。又：錢鍾書對「六經皆史」的
　　說法，亦探討其源流，可並參。《談藝錄》（上海：開明書店，1948），頁 315-319。

換言之，實齋賦予其命題新的涵義。第三節（頁 219-224）指出，實齋之所以提出該命題，一方面，乃旨在抨擊當時學術界之過份重視考據訓詁的漢學；他方面，也在於針砭流於空洞說教，不顧歷史的宋學。換言之，實齋本乎經世立場，左右開弓，對當時漢、宋之學，都是「有的放矢」。

以上乃周、湯文之大旨。茲提出兩點觀察：

（一）針對實齋對東原的批評，周、湯文云：

> 〈朱陸篇〉是專為「正戴」的，是專為批判戴震的。但他（指實齋）所正的，實不足為戴病。戴氏用訓詁學的形式以探求儒家「本義」，以建立自己的哲學，以痛斥當時代表統治地位的「宋學」，而章學誠卻以為是其所病，……（頁 224）

筆者以為作者誤會了實齋批評的重點。其實，實齋並沒有批評流行於當時而為東原所擅長的訓詁考證。反之，實齋是承認訓詁考據學的價值和貢獻的，儘管實齋本人性向之所近為文史校讎、文史義理之學。正因為實齋對訓詁考據學持正面的評價，所以他能夠欣賞東原。我們不妨引錄實齋本人的話作為佐證：

> 凡戴君所學，深通訓詁，究於名物制度，而得其所以然，將以明道也。時人方貴博雅考訂，見其訓詁名物有合時好，以謂戴之絕詣在此。及戴著〈論性〉、〈原善〉諸篇，於天人理氣，實有發前人所未發者，時人則謂空說義理，可以無作，是固不知戴學者矣。**129**

據上引文，我們實在看不出實齋對東原藉考據訓詁以治學，即周、湯文所說的「以探求儒家『本義』，以建立自己的哲學」，是持批判、貶視的態度。那實齋到底有沒批評過東原呢？如果有，那又是批評東原哪些方面呢？按：實齋確曾批評過東原；所批評者，是時人（含東原）之過份重視考據訓詁，以為天下學問盡在於

---

129 《文史通義‧書朱陸篇後》，頁 57。

此的見解。這才是實齋批評的重點所在。實齋的意見如下：

> 其（指東原）自尊所業，以謂學者不究於此（按指：考據訓詁），無由聞
> 道；不知訓詁名物，亦一端耳。

綜合以上兩段引文，可知實齋所批評的並不是訓詁考據，更不是東原之藉訓詁考
據以明道。所批評的是當時東原的過份重視訓詁考據，視之爲治學及求道的不二
法門、唯一良方。但其實，實齋批評東原，這還不是最關鍵之所在。那麼最關鍵
的又是甚麼呢？原來是東原的心術。實齋云：「戴君學問，深見古人大體，不愧
一代鉅儒。」這個稱頌又夠崇高的了。但話鋒一轉，實齋繼續說：「而心術未醇，
頗爲近日學者之患。故余作〈朱陸篇〉正之。」[130] 上引周、湯文說：「〈朱陸篇〉
是專爲「正戴」的，是專爲批判戴震的。」這說對了，但正戴之處，不在於其重
視考據訓詁，更不在其藉此「以探求儒家『本義』」（周、湯文用語），而在於
實齋認爲東原「心術未醇」[131]，且大概以其名氣特大，所以還影響到其他學者，
成爲學者們求學得道的禍患（障礙）。這對於以經世致用爲治學標的，甚至爲終
極目的的實齋來說，以東原所造成之「流風大可懼」（〈朱陸篇後〉之用語），
便只好「作〈朱陸篇〉正之」了。

（二）針對實齋對「達人顯貴」的態度，周、湯文云：「章學誠提出學貴『持世
　　而救偏』，但他對『達人顯貴』，還是有所顧慮。……（其「驚世駭俗」
　　之言，）他不欲多爲人知。……可見他還未能逕攖『權貴』。」（頁 224）
　　周、湯的指責可謂「有的放矢」，不能算不符合事實。然而，也許太不近

130　《文史通義・書朱陸篇後》，頁 57。

131　據〈朱陸篇後〉，實齋對東原的批評至爲苛刻。其相關語句，舉例如下：「久遊江湖，
　　恥其有所不知，往往強爲解事，應人之求又不安於習故，妄矜獨斷。」、「此則識解漸
　　入庸妄；然不過自欺，尚未有心於欺人也。」、「全襲鄭樵譏班之言，以謂己之創見。」、
　　「則由自欺而至於欺人，心已忍矣，然未得罪於名教也。」、「戴君學術，實自朱子道
　　問學而得之。……顧於訓詁名義，偶有出於朱子所不及者，因而醜詆朱子，至斥以悖謬，
　　詆以妄作。」、「害義傷教，豈淺鮮哉！」這些批評，可以說，完全是就道德，即所謂
　　就人之心術，來說的。上引語，皆見《文史通義・書朱陸篇後》，頁 58。

人情了一些，而未能參照歷史的大環境以對實齋賦予同情的諒解。按：當時清廷所崇尚的是宋學（當然，清廷也不是眞心誠意的重視宋明理學，而只是利用之。），民間流行的則是漢學。實齋所治者爲文史校讎之學，可謂兩頭皆不著邊，在當時是另類，是"異端"。實齋爲持世而救偏，只好藉「六經皆史也」這一相當隱晦的命題，以達致學術經世的目的。其用心也可謂夠良苦的了。吾人又何忍責以「未能逕擾『權貴』」呢？這個指責不是有點不近情理，違反同情諒解、設身處地、實事求是的精神嗎？進一步看，當時以漢、宋爲主流的學術界是充斥著「達人顯貴」的。實齋生長在文網甚密的乾嘉時代（尤其乾隆中葉前），逕擾「權貴」便有陷入文網、犧牲性命的可能。這絕不是鬧著玩的。所以在這個地方，我們似乎宜對實齋"網開一面"，不宜深責。筆者以爲，如果一定要指責實齋的話，那他在完全不必要的情況下，在寫給自己看的讀書札記（〈丙辰札記〉）上頌清[132]，拍清廷馬屁，那才是不可原諒的呢。至於「未能逕擾『權貴』」，其小爲者矣！

總體來說，周、湯文雖有上述的一些瑕疵，但瑕不掩瑜，仍不失爲一篇具相當學術價值的文章。

1964 年探討實齋史學的文章，中、日各有一文。此即傅振倫和高田淳的著作[133]。我們先談高田氏的著作。該著作含 4 個部份。第一部份沒有標題，或可視爲全文之前言（頁 61-64）；旨在述說實齋顛困坎坷的一生、與世俗不諧協之個性、《文史通義》之面世及流傳情況。最後，高田氏略說近現代學者「實齋研究」的概況。文章的第二部份（正文第一部份，頁 64-81）是作者對實齋的史學所做的簡述[134]。第三部份（正文第二部份，頁 81-85）論述實齋對時政的看法，

---

[132] 這個問題，本書上文已說過多次，今從略。

[133] 傅振倫，〈章學誠在史學上的貢獻〉，《史學月刊》，期 9（1964）。又收入吳澤主編，《中國史學史論集》（上海：上海人民出版社，1980），冊 2，頁 550-562。高田淳，〈章學誠の史學思想について〉，《東洋學報》，卷 47，期 1（1964 年 6 月），頁 61-93。

[134] 這部份高田氏嘗討論實齋何以沒有撰寫〈春秋教〉的問題。按實齋嘗對儒家經典的《易經》、《書經》、《詩經》及《禮經》，分別撰寫〈易教〉、〈書教〉、〈詩教〉及〈禮

其中含實齋對時政及行政蔽端的批評[135]。第四部份（正文第三部份，頁 86-90）
爲文章之結論，其中含作者對實齋的一些批評[136]。

　　至於傅振倫，他從 1929 年起便對實齋展開研究。從該年開始至 1964 年，他
前後寫過 4 篇研究實齋不同學術面向的專著（含專書中一章）[137]。現今要探討的
一文：〈章學誠在史學上的貢獻〉，作者傅氏的撰文動機，見諸文章首段最後一
句，如下：「他在我國史學上是有一定的貢獻的。」（頁 550）以該文無若何特
別之處，今不作述介，下文逐予評論。

　　大陸學者看事物，尤其 1978 年改革開放前，甚或改革開放後不久，泰半不
脫唯物主義的色彩，傅氏亦不爲例外。彼對實齋或對實齋相關大環境之描繪，
以下詞彙，幾觸目皆是：「封建社會」（頁 552、556、560、561）、「封建地主
階級」（頁 553）、「統治階級的唯心主義思想」（頁 560-561）等。

　　傅氏認爲實齋的史學思想來源自劉知幾者計有六項，如下：（一）對古代經
典的看法、（二）分史學爲著作和纂輯二部份、（三）抨擊文史合一的弊病、（四）

　　教〉四文章。然而，作爲史家的章學誠竟然沒有對儒家經典中最具史書性質的《春秋經》
　　撰寫〈春秋教〉！這促使不少學人針對這個問題撰文探討。高田氏認爲，〈春秋教〉已
　　包括在〈書教〉一文中，是以不必另撰〈春秋教〉。余英時不同意斯說，嘗指出：「他
　　（指：高田淳）的說法很不可信」。余英時，上揭《論戴震與章學誠》，頁 78，註 15。
　　按：高田氏的說法蓋源自其業師內藤虎次郎。內藤說見所著〈章學誠の史學〉。針對這
　　個問題，上文討論〈章學誠の史學〉時，已有所說明。參本章註 37。

135 這部份可參章學誠，〈上執政時務書〉，上揭《章氏遺書》，頁 732 下-744 上。此〈時
　　務書〉必撰於實齋之晚年，蓋其中論及至嘉慶三年（1798）止，「和珅用事幾三十年」。

136 筆者的日文閱讀能力非常有限。今只能把高田文作一極簡單的述介而已，其中甚或有誤
　　也說不定。又可參法人 J. F. Billeter 的介紹（極簡單，約一二百字），*Revue bibliographique*
　　de Sinologie，1964 年（書中第 848 條）。

137 傅振倫，〈章學誠《史籍考》體例之評論〉，《國立北京大學圖書館部月刊》，卷 1，期
　　1（1929 年 11 月），頁 19-33（據作者文末所載之日爲 1929 年 9 月，蓋即文章完成之
　　日期）；傅振倫，〈章實齋之史學〉，《史學年報》，卷 1，期 5（1933 年 8 月；有關撰
　　文日期，詳參上註 50）；傅振倫，〈章學誠之方志學〉，《中國方志學通論》，（上海：
　　上海商務印書館，1935 年 12 月），頁 60-77。以上共三文，若連同 1964 年的一文，便有
　　4 文。若再連同下開的一文合算，總共便有 5 文。傅振倫，〈清代目錄學家章學誠〉，《史
　　學史資料》，期 1（1980 年 4 月），頁 12-14。

對史學家應有的條件和態度、(五)詳今略古、(六)記事必須眞實(頁 552-554)。我們試看其中第二和第六項[138]。筆者以爲這兩項，尤其後者，不是一般史家都知道，且撰史時都會遵守、該遵守的嗎？強調「辨彰學術，考鏡源流」，且自認爲對「史部之書，乍接於目，便似夙所攻習然者」[139]的實齋來說，他自然是兼採百家之所長，而不可能如傅氏所說僅採自知幾一家的[140]。所以傅氏的說法，是不是眞如許冠三所說的太「簡直」(簡單直接)了一些呢？

傅文也犯了一些小錯誤，如下：傅氏開篇即說：「章學誠(1738-1801)，號實齋」(頁 550)。其實，「實齋」乃學誠之「字」；其號爲「少巖」。傅氏又說：「章學誠倣朱彝尊《經義考》，謝啓昆《小學考》和《四庫全書總目提要》等體例，編修了《史籍考》。……這是研究我國已往史書的目錄。可惜這部稿子落入謝啓昆手，……」(頁 558-559)筆者要指出的是：首先，《史籍考》之纂修始於 1787 年，而《小學考》則始於 1795 年。實齋又如何可能模倣後者(後出之書)來纂修前者呢[141]？此外，謝啓昆乃實齋修纂該書的第二位恩主(第一位是畢沅)。謝氏支援實齋都有點來不及了，而傅氏竟以「可惜這部稿子落入謝啓昆手」來描繪該書稿的流傳情況，轉似謝氏應爲該書稿後來不幸的遭遇負起責任[142]。大體來說，傅文對實齋史學的研究，並無若何值得推崇之處。

任何學人的思想、理念，罕能"從天而降"、"憑空而起"的。它一定有其源頭，實齋固不爲例外。何炳松認爲清代浙東之史學(一般來說，實齋被視爲係其中一重要成員)，其源頭可溯自北宋之程頤(1033-1107)[143]。上面探討過的金

138　實齋對於這兩項的相關意見，詳見《文史通義‧書教》、《文史通義‧報黃大俞先生》。

139　《文史通義‧家書六》。

140　業師許冠三先生則認爲實齋之採自知幾者，不止 6 項，且「其間之承襲痕跡，亦不盡如傅氏所見之簡直。」許冠三，上揭〈劉、章史學之異同〉，頁 52。這方面，下面討論許文及蘇慶彬的論文時，再詳述。

141　兩書的纂修年代，詳參羅炳綿，上揭〈《史籍考》修纂的探討〉(上)，頁 374。

142　上揭〈《史籍考》修纂的探討〉(上)，頁 389-398。

143　何氏曰：「儒家本身則因程頤主張多識前言往行以蓄其德之故，蔚成浙東之史學。……初闢浙東史學之鸞叢者，實以程頤爲先導。」何炳松，〈自序〉，《浙東學派溯源》(上海：商務印書館，1932)，頁 3-4。

毓黻，則認爲實齋與浙東史學無若何家法傳受因緣[144]。蘇慶彬另有所論，而認爲何、金二人皆不到位。其文章發表於 1968 年[145]。按：前人論述實齋史學之文章極多，其中亦有稍涉及其史學淵源者。然而，就閱覽所及，特別針對這方面予以深入論述者，則以蘇文爲首見；其價值由此或可概見。

在文章的第一節（「引言」，頁 376-379），蘇氏認爲何炳松「未暇從其（按指：浙東諸儒）思想之根源加以分析，僅就時人或後人記載其傳授經過作一概說。」（頁 377）至於金毓黻，蘇氏又認爲：「似未能深究實齋之史學與清代浙東諸史家之異同。」（頁 378）並由此得出以下結論：「何氏之說重視師門之授受而上溯於程頤；金氏之說則又忽略其共同精神而失諸學脈之一貫[146]，兩者各有所見而亦有所偏。」（頁 378）蘇氏即以此而另撰一文，藉以如實追踪實齋史學淵源之所自。文中，蘇氏認爲實齋固屬於此學派，又認爲其學「上溯陽明」（頁379）。換言之，其學不必上溯程頤也。

文章第二節（頁 380-388）名「王陽明、劉蕺山、黃梨洲之學與章實齋之史觀」，乃旨在扣緊理與氣、理與事這兩對觀念以論述實齋與王、劉、黃的共同精神。簡言之，蘇氏認爲實齋的思想有啓迪自陽明、蕺山及宗羲者。其中實齋極爲重要的一個觀念爲「道不離器」[147]。溯其根源，蘇氏認爲此觀念實源自陽明、蕺山，乃至梨洲之「理氣一元」、「理氣合一」之說[148]。實齋又云：「道不離器，

---

[144] 上揭金毓黻，《中國史學史》，頁 302。

[145] 蘇慶彬，〈章實齋史學溯源〉，《新亞學報》，卷 8，期 2（1968 年 8 月），頁 375-412。

[146] 「失諸學脈之一貫」，語句稍欠明晰，或手民之誤，或印刷排版時字句有遺漏耶？推蘇氏意，蓋謂：金氏不悟黃宗羲、萬斯同、全祖望、章學誠等人之學術脈絡（源流）是承先啓後，同條共貫的；於此不悟，故失之矣。

[147] 詳見〈易教上〉、〈原道中〉，《文史通義》，頁 1、38-40。其中所謂「器」，簡言之，乃指政治及社會上的具體操作、表現。「道不離器」即意謂：形而上的「天道」，只有透過政治及社會上的具體實踐，才得以彰顯而落實下來。

[148] 參王守仁，〈答陸原靜書〉，《傳習錄（中）》（臺北：臺灣商務印書館，1967），頁143；劉宗周，〈讀易圖說〉，《劉子全書》，卷 2，頁 1a-11b；黃宗羲，〈自序〉，《明儒學案》。其實，王、劉、黃三人對「理」、「氣」相互關係的看法，並不完全一致。然而，就「理氣一元」、「理氣合一」的見解來說，則相當一致。按：《明儒學案・自序》不逕言理、氣；而言本體、工夫。然而，此本體、工夫，推而論之，猶理、氣也。

猶影不離形」、「夫道因器而顯，不因人而名也。」[149]推而論之，此猶「理在事中」之意。蘇氏指出，此與「陽明、蕺山以人倫日用以明本體之義相合，亦『即器以明道』之說實無二致」（頁388）。蘇氏於本節作一結論云：「綜上所述實齋之史觀，實可溯之陽明、蕺山、梨洲之學，顯而易見者也。」（頁388）

在清朝來說，浙東之史家，如黃宗羲、萬斯同、邵廷采（1648-1711）、全祖望等等，一般來說，皆被視為其鄉先輩陽明及蕺山之學說（部份學說）之繼承者。黃、萬、邵、全，固史家也，又為浙東產，且繼承王、劉之學說（當然他們四人本身之史學亦自有其共通相近之處，此不贅），因此被視為同一學派，而「浙東史學」或「浙東（史）學派」之名由是不脛而走[150]。在文章的第三節（頁389-409），蘇氏認為實齋乃該學派成員之一，因為實齋，恰似其鄉先輩黃、萬、邵、全等人，其史學同樣具備以下特色：詳近徵實、表彰人物、因時制宜。

在第四節（頁410-412），蘇氏認為實齋「藏往知來」之理念應淵源自其鄉先輩黃、萬、邵、全等人「藉事以垂訓」之理念。

最後一節乃一不足400字的結論（頁412）。實齋嘗自詡其史學「蓋有天授」[151]。蘇氏嚴斥之，以為「絕非實言」[152]。而其所以異於諸儒者，蘇氏以為

---

[149] 〈原道中〉，《文史通義》，頁39、40。

[150] 把黃、萬、邵、全視為同一學派（即同一學術傳統），且認為彼等淵源自陽明、蕺山，實齋也許是第一人。詳〈浙東學術〉，《文史通義》，頁51-53。從〈浙東學術〉一文，可窺知實齋自我認同為該學派（學術傳統）之一成員。倪文遜對此頗持異議，認為實齋不能算是其中一成員。余英時則以為不能把浙東學派之說法看得太嚴格，更不宜據過於機械之理由以否定實齋為其中一成員。余說，詳見上揭《論戴震與章學誠》，頁56；倪說，則見上揭 *The Life and Thought of Chang Hsüeh-ch'eng*, pp. 279-280.

[151] 〈家書二〉，《文史通義》，頁333。

[152] 實齋云：「吾於史學，蓋有天授，自信發凡起例，多為後世開山。」（《文史通義·家書二》）又云：「史部之書，乍接於目，便似夙所攻習然者，其中利病得失，隨口能舉，舉而輒當，……」（《文史通義·家書六》）就「蓋有天授」一語來說，或視為乃實齋之自誇。其實所謂「天授」，意謂天賦，天生如此。果爾，所謂「天授」，即指其個人性向，天生便愛好史學。在這裡先說一下個人的體驗。個人小時候讀《論語》（家兄兆顯「強迫」我背誦部份內容），碰上有關修身方面的"道德箴言"，便特別有感覺，特別喜歡；真孟子所說的「義理之悅我心，猶芻豢之悅我口。」（《孟子·告子上》）這種對某方

「在能集諸家之大成，綜合諸家之說，闡述其義蘊而更臻精微，再加之以一有系統之史學理論」。實齋又嘗「抨擊當代學人之不言當代之史而專以訂譌正謬，或以校補箋注爲務。」蘇氏認爲這種抨擊，「是昧於清代文網甚密」之故！並指出實齋雖能洞悉古人學術原委，但仍發此論，則「知古而不知今矣」。

　　下文是筆者對蘇文的一些觀察。首先筆者要指出的是，實齋的史學觀念，固有源自陽明、戴山及其清代鄉先輩黃、萬、邵、全等人者。然而，實齋的史學思想只不過是他的整體思想的一部份而已。而他的整體思想，其來源則甚廣，絕不以上述諸人爲囿限。是以對實齋的整體思想，宜先有所了解，否則不足具備充份條件來理解其整體思想底下的史學觀念。這是第一步。隨後，我們似乎應對其整體思想予以探源。這是第二步。最後才應該針對其整體思想中的史學思想（史學觀念）部份，做探源。筆者深信，只有在充份了解實齋的整體思想及了解此整體思想的根源，並時刻以此整體思想作爲一個有效的參照系，始可充份了解其史學思想及此思想的根源。其實，這種作法應該是思想史研究的一個普遍的法則。換言之，這個作法對於研究其他思想家／史學思想家亦有

面特別有感覺，就實齋來說，就是史學，即對史學特別有感覺。所以「史部之書，乍接於目，便似夙所攻習然者」，不應算是大話，更不是謊言。「蓋有天授」一語，無論被視爲係「自誇」也好，或被蘇氏視爲「絕非實言」也罷，其實，「誇」和「非實」，似乎可以分開兩層面來看。個人以爲，就實齋本人來說，「蓋有天授」一語，並非「非實」之誇言。因爲他自信確係如此；即對其本人來說，乃係心中的一種真實感受、真實存在。換言之，他依心直說，並沒有欺騙讀者之意（語出〈家書〉，讀者不是一般的讀者）。然而，如果所謂「實」或「非實」，是就另一層面（客觀事實、客觀真實）來說，則該語是否「非實」，便可以再討論。「蓋有天授」有佐證嗎？有的，實齋所舉的證據是：「發凡起例，多爲後世開山。」這應該是實情；且實齋並沒有把話說滿、說死，他用「多爲」一詞，而沒有用「概爲」、「均爲」、「皆爲」之類的全稱用語。再者，「發凡起例」之前，實齋冠以「自信」一詞，意謂其個人相信如此而已；即是否在事實上確係如此，其本人亦不敢必。要言之，蘇氏把「蓋有天授」視爲「絕非實言」，是頗有問題的。一言以蔽之，個人以爲「蓋有天授」一語，就實齋個人的內心來說，絕對係實言；就客觀情況來說，也可以說相當符合事實，蓋其所發之凡，所起之例，事實上確是「多爲後世開山」。如果一定要說實齋自誇，所說的話遠離事實，或至少與事實有一定的落差的話，則「舉而輒當」一語，或可視爲一例，蓋「輒當」意謂一無例外而 100% 恰當之謂。其實，讀者只要逮到一個不當的例子，則「舉而輒當」一語便完全破功。

效，只不過實齋的學術淵源似乎比他人更廣，所以更必須用這種方法來研究而已。

　　現在回過頭來，看看實齋的整體思想是甚麼，又其整體思想及其來源有異於其史學思想否？如果無所異同，則上文所論便是虛發的空論，而流於無的放矢、入蘇氏於罪，並以此而對蘇氏作出過份不切實際的要求。實齋的整體思想，今不擬細說；而僅就其淵源方面，做點說明。簡言之，個人認為，實齋的整體思想中，相當重要的一部份是啟迪自西漢劉向（前 77-前 6）及劉歆（前 53？-公元 23）父子的。譬如《文史通義》中論經、史關係（其最著名的代表語句，不消說，便是「六經皆史」這個命題）[153]及《校讎通義》中論書籍分類之旨（精神）[154]，溯其源頭，便應是來自二劉的。校讎目錄之學，就古代（含清朝）而言，是屬於史部的範疇。由此來說，實齋的史學思想（廣義的），至少部份內容是源自二劉的[155]。

　　我們再看看蘇氏的意見。實齋說：「道不離器，猶影不形。」對陽明、蕺山，乃至對梨洲來說，理氣是一元的，是合一的（詳上）。蘇氏以此而認為實齋

153　實齋云：「……，劉歆蓋深明乎古人官師合一之道，而有以知乎私門初無著述……」（《校讎通義》，頁 2）。又云：「六經皆先王之政典」（《文史通義‧易教上》）；而所謂「政典」，簡言之，依實齋，即人倫日用的歷史記錄，即史書。合以上兩語言之，官師合一而產生之六經＝先王政典＝史。依此，我們似乎可以大膽的說，實齋是受劉歆的啟迪而知悉「『經』乃『古人官師合一』而產生的」這個道理。而「經」既係「史」，則我們又可以進一步的說，實齋對經、史關係的認識，並由此而作出「六經皆史」的判斷，其源頭似可追溯至劉氏。

154　參〈原道第一〉、〈宗劉第二〉，《校讎通義》（北京：古籍出版社，1956），頁 2-3。其中實齋指出，《七略》之流為四部（書籍六分法演變為四分法），「皆勢之所不容已者也」。然而，「辨章（彰）學術，考竟（鏡）源流」（語出〈焦竑誤校《漢志》第十二〉，《校讎通義》，頁 22），這個源自《七略》的精神，還是必須承襲下來的。順便一說，實齋窮源竟委的意識是很強的：從三數百字中多次出現「條辨流別」、「辨章流別」、「討論流別」（均見〈原道第一〉、〈宗劉第二〉）等語來看，實齋討論校讎目錄學時，他這個歷史演變意識、歷史發展意識依然是很強的。大體上來說，實齋看問題，恆從歷史觀點出發。

155　詳參周予同、湯志鈞，上揭〈章學誠「六經皆史說」初探〉，頁 217-218。

啓迪自彼三人。這個看法，筆者可以認同。然而，問題來了：我們可以進一步追問：爲追溯實齋的史學淵源，在其眾多觀念中，作者爲何獨舉「道器說」而不舉其他？這個觀念是否最足以代表實齋的史學思想？其他觀念[156]，譬如最著名的「六經皆史」說，不是更具代表性嗎？筆者的意思是說：假使吾人取另一觀念，而非如蘇氏所取的「道器說」來檢視實齋的史學淵源，其結果可能便很不一樣了！

　　如上所述，何炳松認爲實齋之史學，其源頭可溯自北宋之程頤。至於金毓黻，他不同意實齋與所謂浙東史學具家法承傳因緣。周予同和湯志鈞固不否認實齋與浙東史學有一定的關係，但又上溯實齋之學術思想至劉歆及班固。倪文遜又認爲實齋自己做自己，而與其前輩學人在思想上無密切的關係[157]。至於余英時，又有頗異於前述數人的其他看法[158]。就蘇氏而論，其論旨又與前述 6 人（何、金、周、湯、倪、余）不同，或至少不盡相同。這些眾多不同，甚至在一定程度上相互矛盾的意見，似乎很可以揭示，實齋的學術淵源（含史學觀念的淵源），不是那麼清晰明確而可以一目瞭然，一語道破的。折衷而穩妥的說法也許是：以上各家（含蘇氏共 7 家）的見解，皆有其恰當、中肯之處；且均可以部份地說明實齋學術思想的淵源。然而，似乎又各有所偏，而不足語乎周延[159]。合而觀之，併而論之，似乎才足以說明其全般情況。如果筆者這個判斷還算可以的話，則蘇氏視實齋的史學淵源自浙東諸儒，而不兼論其他可能的淵源，便似

---

156 吳天任對實齋的眾多史學觀念，其要者，如記注與撰述、史德的倡導、通史的主張、史體的變革、方志的改造等，都作了闡述。此外，又對實齋比較次要的 8 個史學名論作了說明。一起合算的話，實齋的史學名論或史學觀念，至少有 10 多個！參上揭《章實齋的史學》一書。

157 倪文遜（D. Nivison）說：「……影響或許有之。然而，實齋自我認同於一個特別的浙東學術的傳統；他這個想法，蓋其晚年的追論而已。要言之，實齋是自己做自己。」D. Nivison, *The Life and Thought of Chang Hsüeh-ch'eng, p.* 279。

158 余英時，《論戴震與章學誠》，頁 31-41、57-59、61、75、139。

159 當然，部份學人（如周予同、湯志鈞、余英時），其相關著作的主旨並不在於探尋實齋思想的根源。他們論述其他問題時，稍微觸及這個問題而已，而不是特別針對這個問題作通盤而完整的探討。所以不能以此而怪責他們不夠周延。至於何炳松及倪文遜的相關判斷，則或流於過份斬截，執一而廢百，或流於過份機械。

乎有點偏離事實；而不是一個周延、整全的看法。這是比較可惜的。當然，蘇氏在文章中並沒有否定實齋之史學可有其他淵源。但文章始終僅著墨於浙東而不語及其他，則終嫌過於狹隘而流於一偏也。

　　1969 年日本著名漢學家島田虔次（1917-2000）也發表了一文研究實齋的「六經皆史說」[160]，以未獲睹，今從略[161]。

七、1970 年代的著作

（1、錢穆——實齋之史學（含對實齋之多項批評）；2、甲凱——劉、章史學比較；3、倉修良——實齋的歷史哲學）

　　錢穆先生以大學講義為底本而成書於 1930 年代的《中國近三百年學術史》，其中一章嘗處理實齋的學術思想，篇中充滿慧解卓識，本書附錄三將特別予以處理，今從略。《學術史》成書 3、40 多年後，即 1973 年，錢先生出版了《中國史學名著》，其中實齋的《文史通義》也成為了論述的對象[162]。該論述與見諸《中國近三百年學術史》者，差異相當大，這就是為甚麼筆者再處理相關主題的原因。錢先生的論述，下文不作撮要，而逕陳述筆者的個人觀察。

　　首先錢先生認為實齋治文史的取徑是他的一個不可及之處。錢氏說：

160　島田虔次，〈歷史的理性批判－六經皆史の說〉，《岩波講座》，期 4（1969），頁 123-157。

161　筆者需要再指出，所謂「未獲睹」，乃指 1980 年代中期撰寫博論時未獲睹。當時未獲睹，故無法進行分析、批判。茲因陋就簡，凡當年未獲睹者，今亦從略。稍有例外者，則必作出說明。

162　錢穆，《中國史學名著》（臺北：三民書局，1974 年 4 月），下冊，頁 311-337。序文撰寫日期為 1972 年 11 月 13 日。按：錢書共 22 單元，其中單元 21：「從黃全兩《學案》講到章實齋《文史通義》」及單元 22：「章實齋《文史通義》」，均說到實齋的學術思想。又：《中國史學名著》源自錢先生在臺灣中國文化學院（1980 年升格為「中國文化大學」）任教時的講課紀錄。開課年度為 1969-1970 及 1970-1971。1980 年錢先生對該書「作通體之增刪修潤，八十六年（1997）編《全集》本，即以增修遺稿為底本出版。」詳參〈出版說明〉，《中國史學名著》（臺北：素書樓文教基金會，2001）。三民書局版與素書樓版，就實齋部份來說，無大差異。以下所引錄之文字及頁碼，仍以三民書局的版本（1974 年 4 月）為準。

> 章實齋講歷史有一更大不可及之處，他不站在史學立場來講史學，而是站
> 在整個的學術史立場來講史學。這是我們應該特別注意的。也等於實齋講
> 文學，他也並不是站在文學立場來講文學，而是站在一個更大的學術立場
> 來講文學。⋯⋯我自己也並不是只站在史學的地位上來講史學。若如此，
> 這就會像劉知幾，而我是站在一般性的學術地位上來講史學，所以我要特
> 別欣賞章實齋。（頁 312）

錢先生這個意見不僅說明了實齋的治學進路，甚至治學精神，也有所揭示；最要
者是由此而讓人知悉錢先生所以欣賞實齋的原因；並進而窺見其他學者（部份學
者）之所以對實齋感興趣，也可能是由於同一原因[163]。

　　實齋很欣賞南宋袁樞（1131-1205）的《通鑑紀事本末》[164]。錢先生認為：
「他們（按指：西方人）的歷史卻就是紀事本末體，所以清末一輩學人，大家更
推尊章實齋。民初學人也沿著推重章氏，⋯⋯」（頁 328）。錢先生意謂：自清
末以來，世人之所以欣賞實齋，即以其獨具隻眼，深具前瞻性，見解暗合西方
人史學實踐之故。

　　錢先生固欣賞實齋，但好而知其惡，對實齋不乏批評的言詞。首先，實齋
自認為自己的學問屬於浙東學派。這個自我認同，錢先生認為並不很可靠；其
自居為陽明傳統或浙東史學，「則是不值得我們認真的。」（頁 312-313）再者，
錢先生認為實齋僅高度頌揚古代之經學；對於先秦諸子的百家言，則持貶視的
態度。實齋這個「尊經抑子」的看法，錢先生也不能認同（頁 314）。復次，錢
先生認為《史記》是接著《春秋》而來，而非接《尚書》而來。所以認為實齋所
說的《史記》「得《尚書》之遺」這句話有問題。（頁 325）再次，錢先生認為
「實齋並未能對孔子《春秋》特有發揮，又未能於《尚書》成書經過有一番考訂。」
（頁 325）。又再：實齋很不欣賞馬端臨的《文獻通考》；視《通考》遠不如鄭

163　當然，近現代學者對實齋感興趣並隨而展開研究，其原因眾多。欣賞實齋之治學取徑只
　　可能是眾多原因之一而已。本書他處對這個問題有所說明，可並參。

164　〈書教下〉，《文史通義》，頁 15。

樵的《通志》[165]。錢先生對實齋這個意見，也很不以爲然（頁 332-333）。

筆者注意到錢先生《中國史學名著》中討論實齋的部份與其 3、40 多年前的名著《中國近三百年學術史》中〈章實齋〉的一章，在意見的表達上，有相當差異。今表列如下：

見諸《中國近三百年學術史》者	見諸《中國史學名著》者
實齋屬浙東學派一員	否定此說
對實齋不持負面評價	對實齋某些觀點提出批評
指出若干學人不解「六經皆史也」一命題之意義	明確指出此等學人的名字：梁啓超、胡適（錢書中的用語爲：梁任公、胡適之）
針對右述問題，錢先生不發表個人意見	由論述實齋的學問而進一步說到學人該有的治學方法／重點及研究學問的個人操守（如存心、動機、心術等問題）

筆者以爲，以上兩書的差異，大概由兩方面的原因導致之。首先，兩書性質本不相同。〈章實齋〉屬《中國近三百年學術史》中一章。此書雖源自授課講綱，但錢先生在北京大學教授該課前後凡 5 年；則據以整齊成書，自較謹嚴。（《中國史學名著》則源自大學授課之錄音紀錄[166]，且錢先生講授該課僅二年。）然而，這應該不是兩書差異——一嚴謹，一疏濶，的最大關鍵所在。其最大關鍵恐如下：錢先生在中國文化學院開課並在一二年後出書時，已是 1970 年代。其時，先生已名滿天下。此絕非 3、40 多年前在北大開課時可比。這似乎可以解

---

165 實齋認爲《文獻通考》疏陋；甚至非常嚴苛批評馬端臨云：「馬貴與無獨斷之學，而《通考》不足以成比次之功，⋯⋯俗學便其類例之易尋，喜其論說之平善，相與翕然交稱之，而不知著作源流之無似，此嘔啞嘲哳之曲所以屬和萬人也。」詳見〈申鄭〉，《文史通義》，頁 135；〈答客問中〉，《文史通義》，頁 139。

166 此紀錄後由聽課學生彙整成文字檔。錢先生雖嘗予以刪潤，但與其本人從頭至尾親自執筆者，其嚴謹程度自有差別。

釋爲甚麼錢先生可以逕稱某些學人的名字而不諱[167]。

最後，容許筆者指出錢文可有的"瑕疵"。首先，相關論述，偶或流於零散，稍欠一貫；亦有重複，辭繁不殺者。再者，引文欠詳細出處。三者，錢先生所發表的意見，有時不盡然與主題相關[168]。當然，這都與該書的性質有絕大關係。既源自上課的紀錄（錢先生高足戴景賢先生隨堂錄音寫出），其流於疏濶，甚至偶爾零散，是很可以理解的；不足爲該書病。然而，錢先生偶爾會說一些過頭話。這似乎是不能爲錢先生諱的。茲舉一例。錢先生說：「西方人本先沒有歷史，遠從希臘、羅馬一路下來，到中古時期，悠長年代中並沒有眞像樣的歷史，到了現代的西方人，才要來寫歷史。」（頁 321）這個說法，便似乎有大漢沙文主義之嫌，且對西方史學欠缺應有的了解與尊重。這對於一位對中國史學深具慧解精識且著作等身的史家如錢先生來說，不能不說是相當令人遺憾的[169]。

臺灣學者甲凱於 1974 年及 1977 年分別撰文討論劉、章二人的史學[170]。甲氏撰寫前文的目的，以下文字可以概見。他說：「二人之身世、性情、治學而言，

---

[167]　被逕稱名字者，如任公、適之，皆先後謝世多年。當然，我們不是說錢先生不敢"直斥"彼等之非。就學術而言，「吾愛吾師，吾尤愛真理。」更何況梁、胡不是錢先生的業師。我們寧可說，錢先生宅心仁厚，所以不會指名道姓直斥並世學人的「不是」（錢先生寫《中國近三百年學術史》時，胡適仍在世），儘管這些「不是」只是學術上的，與人格扯不上任何關係。

[168]　當然，從另一角度看，題外話也經常可以讓人增加其他知識。這對治史、治學，甚至對做人處事而言，也許更有幫助、啟發，也說不定。錢先生在書中〈自序〉即明言：「一意反覆申明，……多題外發揮，語多誡勸。」

[169]　錢先生對西方歷史及西方史學的見解，筆者嘗有討論。詳見〈錢穆先生的治學精神——以《中國史學名著》爲主軸作探討〉，《錢穆思想學術研討會論文集》（臺北：東吳大學錢穆故居管理處編印，2005）頁 309-312。

[170]　甲凱，〈劉知幾與章學誠〉，臺北，《東方雜誌》（復刊），卷 8，期 3（1974 年 9 月），頁 53-56；甲凱，〈史法與史意——論劉知幾章學誠兩家史學的差異〉，臺北，《人文學報》，期 6（1977 年 6 月），頁 125-142。其實，這二文之外，甲凱在 1970 年代尚有另外二文是討論實齋的，惟內容並不直接與其史學相關（或雖相關，但流於泛泛而論）。甲凱，〈《文史通義》與章學誠〉，臺灣，《中央月刊》，卷 5，期 11（1973 年 9 月 1

實有極大的差異，且章學誠亦不自許於劉知幾。此點似未爲治史者所特別注意，宜乎加以辨析。」（頁53）甲氏在文中又表示如下的意見：劉、章二人，無論就身世背景方面（含個人生活遭遇），或就志趣性情方面來說，都有相當大的差異。至於學術上的造詣，則二人各有所長。然而，就史學眼光來說，甲氏認爲實齋「自較劉知幾進步」。（頁56）。此外，實齋對當時的理學（宋學）空談義理之蔽，嘗欲匡正之。知幾則未有相同的抱負，以知幾生在唐代，其時固未有所謂宋學也。甲文只有四頁。在非常有限的篇幅上，甲文只能對劉、章二人，做了很一般的比較論述，完全談不上深入。今不予細論，惟針對該文，筆者擬指出一點。甲氏認爲知幾的個性是「激越剛直，恃才傲物」；而實齋則是「性格簡正沈毅」、「深沉」（頁54-55）。這個看法似乎看差了。知幾情況，不擬討論。惟就實齋而言，「激越剛直，恃才傲物」，正好就是他的個性。他對袁枚（1716-1798）和汪中（1745-1794）的批評，很可以佐證一斑[171]。至於甲氏所發表的另一文章，即發表於1977年討論劉、章史法與史意的一文（參上注170），個人認爲並沒有甚麼特別之處，今從略。

　　1970年代研究、論述實齋史學的文章尚有多篇，其中有水準平平，無甚特出者，也有筆者當年撰寫博論時僅知悉其存在而不克獲睹者，今一概從略，不予詳細論述[172]。唯其中稍可一說的是倉修良先生的一篇文章。按：無論從廣義

　　　日），頁121-126；甲凱，〈章學誠的文史哲學〉，臺灣，《中央月刊》，卷6，期5（1974年3月1日），頁111-116。

171　詳見羅師炳綿，〈章實齋對清代學者的譏評〉，香港，《新亞學報》，卷8，期1（1967年2月），頁297-311、329-340。

172　此等文章，依其出版先後，開列如下：倉修良，〈從章學誠的「史德」談起〉，《光明日報》，1978年7月18日；倉修良，〈章學誠的歷史哲學——章學誠研究之一〉，《杭州大學學報》，期3（1978年9月），頁101-111、頁133；蘇淵雷，〈劉知幾、鄭樵、章學誠的史學成就及其異同〉，《上海師範大學學報》，期4（1979年11月），頁80-89；期2（1982年4月），頁82-89（作者文末所標示的日期爲1978年9月）；陳光崇，〈章學誠的史學〉，《遼寧大學學報》，（1979年2月），頁52-56（又收入上揭《中國史學史論集》（上海，1980），冊2，頁563-574。）；倉修良，〈"史德""史識"辨〉，《中華文史論叢》，期3（1979年3月），頁95-98；倉修良，〈章學誠對劉知幾史學的批判、繼承和發展〉，《杭州師院學報》，期1（1979）。以上6文，其中4文是倉修良先生撰

來說，或狹義來說，實齋皆可稱爲歷史哲學家[173]，甚至哲學家[174]。然而 1970 年代中期前，除楊天錫一文外，未嘗多見其他文章是特別針對實齋的哲學或歷史哲學予以探討的[175]。1978 年倉修良先生〈章學誠的歷史哲學〉一文的出現使情況有所改進。這是很可喜的現象。當然，有些文章雖不用「哲學」或「歷史哲學」一詞，但對實齋的相關思想也是有所闡述的，這裡就不細作區分了。

八、1980 年代的著作

（1、倉修良——浙東學術、浙東學派、浙東史學派、民族感情、民族思想；2、趙之璣——經世致用；3、許冠三——劉章比較、史義、史意、史德、史學、六經皆史（含經史關係）、通史、斷代史、史文論、譏評古人、方志、史家三長四長；4、倉修良——六經皆史；5、趙淡元——《文史通義》的版本；6、饒展雄及高國抗——史德；7、姜勝利——劉、章史識論、實齋史德論）

迄 1980 年代，實齋是否清代浙東學派、浙東史學派成員之一，仍係一個爭

寫的。〈"史德" "史識"辨〉一文，頗值得一說。要言之，倉文一方面認爲實齋乃「史德說」的倡議者；他方面則批評某些學人（倉文並未指名道姓說出這些「人」是誰），指出這些學人認爲知幾所倡議的「史家三長」中「史識」一項已包含實齋所說的「史德」，是值得商榷的。換言之，倉氏不認同這些學人的說法。筆者對這個問題，另有看法。詳參本章下文。

[173] 實齋是史學家——史學理論及史學方法之專家（研究者）、評論家。實齋又論說天道與人類社會演進的關係（見《文史通義·原道》，頁 34-44），可見形而上學的哲學義理是他的歷史觀念（史觀）的組成部份，或可說兩者是融合在一起的。此可見無論就「歷史哲學」一詞的廣義或狹義來說，實齋都可以稱得上是歷史哲學家。

[174] 倪文遜便把實齋定位為「一位中國哲學家」（a Chinese philosopher）。倪文遜，上揭 *The Life and Thought of Chang Hsüeh-ch'eng,* p. 2.

[175] 楊天錫（楊榮國），〈章實齋的哲學思想〉，《群眾周刊》，卷 7，期 24（1942 年 12 月）。楊文未嘗獲睹，想篇幅不大。1955 年，倪文遜也特別針對實齋的哲學撰寫過文章。D. Nivison, "The Philosophy of Chang Hsüeh-ch'eng", *Occasional Papers*, 3（Kansai Asiatic Society, Kyōto, 1955）, pp.22-34. 參 P. Demiéville, 上揭 "Chang Hsüeh-ch'eng and his Historiography", p.177, note 36.

論不休的議題。柴德賡不認爲實齋是浙東史學家[176]（反之，認爲同爲浙東人士的全祖望則爲具民族思想的浙東史學家）。柴氏云：「章與全無共同點，擺在一起很不相稱。」[177]對此倉修良很不以爲然，1981 年發表文章，暢申其說[178]。

倉氏並沒有明言他爲何撰寫〈章學誠與浙東史學〉一文。然而，文中多次表示他不同意柴氏所說的實齋與祖望「無共同點，擺在一起很不相稱」的說法（頁 113、115、118、120-123）。所謂「無共同點」，是指全氏對漢族深具民族感情、民族思想，而實齋則否[179]。很明顯，恐怕主要是因爲這個原因，即意圖爲實齋平反，倉氏才撰寫上文的。此外，倉氏陳述多項理由，證明實齋乃浙東史學派的重要成員之一。這應該也是他撰文的另一原因（主要見倉文頁 20）。以下擬針對實齋是否具備民族感情、民族思想和是否浙東學派成員的問題，分別進行討論。

倉氏撰文的主要目的既係反駁柴德賡的意見，我們就先看看柴氏到底怎麼說。柴說：

> 比章學誠早生三十三年的全祖望是有民族思想的人。他的文集大量表揚明末抗清的忠臣義士，對當時的影響非常大。章學誠不了解全祖望，……把全祖望表彰民族氣節的深心，看成爲自己的文集爭體面，更暴露他自己思想的淺陋。何炳松作《浙東學派溯源》，在〈自序〉中把全祖望和章學誠列爲黃宗羲以後的浙東兩大史學系。其實，章與全無共同點，擺在一起很不相稱。[180]

相反，倉氏則認爲全、章兩人是有共同點的，其一就是民族感情、民族思想。倉

---

176 詳參柴德賡，〈試論章學誠的學術思想〉，《光明日報・史學》，期 261（1963 年 5 月 8 日）；又收入上揭《史學叢考》，頁 300-312。

177 〈試論章學誠的學術思想〉，《史學叢考》，頁 309。

178 倉修良，〈章學誠與浙東史學〉，《中國史研究》，期 1（1981 年年 3 月），頁 111-123。

179 在清朝，一般來說，對漢人而言，所謂「民族感情」、「民族思想」，是指忠於由漢人所建立的前朝（明朝），而不是指忠於當時執政的政權（清朝）。

180 〈試論章學誠的學術思想〉，《史學叢考》，頁 309。

氏說：「章全兩人就是在民族思想感情方面亦並不像柴先生所說那樣『無共同之處』，而是大有共同之處。」（頁 122）然而，我們似乎應該仔細看看，這種「民族感情」、「民族思想」，全、章兩人的具體表現（含相關言論）又是甚麼？如果柴、倉兩人根據全、章的表現而作出的指謂、認定，根本不是同一回事；或所指謂的雖然是同一回事，但全、章兩人同有相同的表現，或兩人俱無相同的表現，那麼就前者（同有相同表現）來說，兩人便同有民族感情、民族精神，就後者（俱無相同表現）來說，兩人便同樣沒有民族感情、民族精神。所以在這個地方，我們必須仔細辨析。倉氏即如此說：

> ……如果單從表彰明季忠烈，就確定他（按：指全祖望）有民族思想，那麼，在《章氏遺書》中也有許多是表彰明季忠烈的文章，如〈徐漢官學士傳〉、〈《章烙庵遺書》目錄〉等篇就具有這些內容，我們據此說章學誠亦有故國之思的民族思想，也未嘗不可了。（頁 118）

倉氏的意思應該是很清楚的，即認為全、章兩人同具有民族思想、民族感情，惟不能單從表彰明季忠烈這一點便判斷兩人具備了民族思想、民族感情[181]；且倉氏進一步認為「不能用『民族思想精神』作為清代浙東史學的特色之一。」（頁 118）換言之，「表彰明季忠烈」不能作為具備民族思想、民族感情的判準。那麼又應該具備甚麼才作得了判準呢？令人意外的是倉氏並沒有給予"答案"。然而，倉氏既然提到《章氏遺書》的兩篇文章，我們不妨細審其內容，藉以印證實齋到底是

---

[181] 在這個地方，筆者不太同意倉氏的看法。個人認為，對明季忠烈予以表彰，吾人不應只從表面看，而僅視為一單純的表彰。我們必須先仔細審察這些忠烈的具體事跡，否則不足以認清相應的表彰其背後可有的意義。很明顯，這些所謂忠烈，指的是忠於明室，烈於明室。然而，為何而有忠於明室，烈於明室之舉呢？一言以蔽之，就是因為滿洲人的入侵！所以對這些明季忠烈之士，予以表彰，或予以撻伐，便在相當大的程度上分別反映對滿清政權的不滿或滿意。個人認為，這種反映足以說明文章的作者（無論全或章）是否具有民族思想、民族精神。全、章皆滿人入主中國百數十年後始誕生的漢人，其時如果對明季忠烈之士仍予以表彰，予以頌揚，則應該很可以證明兩人深具民族思想、民族感情。

不是眞眞正正具有民族思想、民族感情的學者[182]。按：兩文很清楚的揭示，實齋對徐漢官（？-？）[183]和對章格庵（？-1646）[184]，是相當推重的。然而實齋所推重的或倉氏指稱實齋所表彰的，要言之，均非徐、章二人明末的忠烈事跡；換言之，即文章並沒有扣緊兩人的民族思想、民族感情或民族精神方面而爲說[185]。今細說如下。〈徐漢官學士傳〉云：

> 乙酉之變，王師渡江，金陵瓦解，列城趨降。孤臣（按：指徐漢官）銜命，萬里遐荒，崎嶇危難，險阻備嘗。……知時事之難爲，遂聞道以趨還，進謝高堂白髮之心，退深故國黍離之痛。指黃泉以爲期，仰蒼天而長慟。可以不死而克死，先生之仁成矣，先生之義取矣，先生之死且不朽矣。……先生自以致身通顯，國恩難忘。糞勝比潔，伯夷爭光，與其汗顏以生，孰若潔身以亡。

就上引文來說，筆者原先認定，實齋對徐氏的推重亦可謂至矣。果爾，則很明顯反映實齋本人深具民族思想、民族精神。然而，筆者再三細讀〈徐漢官學士傳〉之後，則赫然發現，原來上引文不是實齋本人所寫的，而係出自與徐氏隸屬同一府的諸生傅列張等人的手筆，乃徐氏祭文中原有的語句。此等語句後爲實齋轉錄於彼所撰之〈傳〉中。當然，予以轉錄，也多少反映出實齋本人認同其內容；甚至可說借他人之筆以代替自己本來要說的話。然而，出自己撰或只是轉錄，其背後所反映的民族精神的深淺認同程度，應是大有分別的。

---

[182] 首文見《章氏遺書》，卷 17，頁 66a-69a（漢聲出版社，頁 391 上-392 下）；次文見卷 21，頁 18b-20a（漢聲出版社，頁 465 下-466 下）。

[183] 徐漢官乃徐復儀之字，號雪潭，錢塘人（《小腆紀年》云：上虞人），崇禎 16 年癸未（1643）進士。

[184] 明末清初會稽人，名正宸，字羽侯，號格庵。早年師從劉宗周，崇禎 4 年辛未（1631 年）進士。

[185] 實齋撰〈《章格庵遺書》目錄序〉之用意，見諸該文文末。實齋云：「……論其文之有裨於當世而不可磨滅者，揭之簡端，庶見淵源之有自。……族孫學誠謹敍。」實齋既係章格庵之族孫，且有意發揚其潛德之幽光，因此便針對其《遺書目錄》撰寫一序文。

　　然而，如果〈徐漢官學士傳〉還多少反映實齋具有表彰明季忠烈之意圖，因而說他具有民族思想、民族精神的話，那麼上面說到的實齋的另一文〈《章格庵遺書》目錄序〉，似乎便毫不足以佐證實齋具有這方面之意圖了。其文云：「先生生有明末季，出劉先生宗周之門，粹然爲當世醇儒。觀其對策及選擇將帥諸議，慨然思以所學經緯天下。」這個稱頌是相當正面的。然而，實齋話鋒一轉，繼云：

> 而明丁厄運，公是日非。先生立朝，卒與椎鑿牴牾，再起再蹶。生平所負，僅以風節振竦一時，何其窮也。迨天步既改，東南小朝廷竊據朝夕。……昔人讀《尚書》，至〈戡黎〉、〈微子〉諸篇，以謂諸臣但能咎商之亡，不能詆周之興，乃爲周德之至，豈不信歟？

據上引文，章格庵再起再蹶的生平抱負，乃被實齋定位爲「僅以風節振竦一時」的一種不得已的表現而已，實齋並以「何其窮也」一語概括之，則可謂極盡諷刺揶揄之能事。據此，則實齋是否具有民族思想、民族精神，便不必多說了。南明忠臣義士抗清 18 年，所擁戴之政權轉被視爲「竊據朝夕」之「東南小朝廷」！當然，就事實而論，相對清廷來說，南明各朝廷當然是小朝廷，但果有民族意識，民族精神之士大夫，則「小朝廷」一語不能宣諸口也。因爲「大」、「小」，在這裡不是一事實問題，而是一價值問題。至於上引文最後兩語：「諸臣但能咎商之亡……豈不信歟?」，即強烈暗示吾人但能追究、譴責明室之亡。換言之，明室亡，活該！咎由自取！反過來，清室之興，則爲其盛德之至。從上段引文，我們甚至可以稍微引申的說，實齋必同意以下的判斷：「明亡，活該有此下場！清興，盛德之至之必然結果也」。「豈不信歟」這句話，翻成語體文，則或可作：「難道不是最適切之判斷而吾人當予以充份採信，並喝采叫好嗎」？如果連同實齋在《章氏遺書·丙辰札記》中「自唐虞三代以還，得天下之正者，未有如我大清。……惟我朝以討賊入關，繼絕興廢，褒忠錄義，天與人歸。」[186]這幾句話合起來看，則吾人希冀實齋具備民族精神、民族思想，實不啻緣木求魚！

---

[186] 《章氏遺書》，外編，卷3，頁 25b（漢聲出版社，1973），頁 875 上。

　　現在再處理另一問題，即實齋是否浙東史學派成員之一的問題。這個問題，頗見仁見智[187]，上文嘗稍予探討。至於倉氏，他是肯定實齋是浙東史學派成員之一的。倉氏說：

> 我們認為何炳松在該書（按指：何氏所撰的《浙東學派溯源》）〈序〉中把"寧波萬斯同、全祖望及紹興邵廷采、章學誠等"並列為黃宗羲以後浙東兩大史學系，這點是正確的。他們大有共同之點，同屬於一個學派，是可以擺在一起相提並論的。（頁113）

　　如上文指出，倉氏主要是針對柴德賡而寫出上段文字。很明顯，「他們（黃、萬、全、邵、章）大有共同之點」[188]和「同屬於一個學派」，是上段文字的關鍵所在。現在稍加討論。「他們（主要指祖望和實齋）同屬於一個學派」這句話，連同前面的「史學系」來說，其言下之意是：（在清朝）有一個學派名為「浙東史學派」。然而，筆者以為其情況並不定然如此。不消說，清朝不少史家是出生於浙東一地。但「史家」與「出自浙東」（出生於浙東）並不必然有機地結合在一起而成為一個「浙東史學派」[189]；換言之，即不能說，凡出自浙東的史家，便自自然然地屬於這個學派而成為其中一成員的。筆者的意思是，「浙東史學派」之得以成立（及某史家是否其中的一員），必須有賴其他更令人信服的條件[190]。問題是，這些條

187　上文，或本書他處，即嘗揭示以下諸人有不同的看法：錢穆、金毓黻、陳訓慈、倪文遜（D. Nivison）、余英時、蘇慶彬等。

188　細審倉文上下文意，「他們」是指這5人。當然，就針對柴氏的原文來說，5人中，當以全、章為對比論述的主要對象。

189　這好比說：「不少史家或歷史學者出生於臺北」，但不能由此便說臺北有一個「臺北史學派」。

190　在這裡，我們也可以說，「出自浙東」（即浙東人士）當然也是某史家是否屬於「浙東史學派」的一個條件。這種地緣條件，也可以說是很重要的。如果某史家連出生地都不是浙東或甚至對浙東精神都無所認同，那他無論如何（至少就清朝來說），不能稱為浙東史學派的一成員。然而，「出自浙東」如果是一項條件的話，那它頂多是必要條件，而絕非充份條件。當然，必要條件也很重要。

件是甚麼呢？這個問題，後面再詳說。我們先探討「浙東史學」或「浙東史學派」一名稱的由來。

就閱覽所及，實齋應該是此詞彙的創始人。我們試從《章氏遺書》中舉兩例。〈邵與桐別傳〉撰寫於實齋逝世前一年，即嘉慶 5 年（1800），其中有云：「南宋以來，浙東儒哲講性命者，多攻史學，歷有師承[191]。宋明兩朝紀載，皆稿薈於浙東；史館取爲衷據。」[192]文中提到「浙東」，又提到「史學」；兩者間的密切關係可見；只差「浙東史學」一概念尚未出現耳；但已呼之欲出。在〈與阮學使論求遺書〉中，實齋云：「……《元》、《明》兩史，其初稿皆輯成於甬東人士，故浙東史學，歷有淵源，而乙部儲藏亦甲他處。」[193]被實齋視爲歷有淵源的「浙東史學」一觀念便正式誕生。實齋討論浙東史學或浙東學術最詳盡，最明確的文章是撰寫於逝世前一年（嘉慶 5 年，1800）的〈浙東學術〉一文[194]。這可以視爲係實齋對相關問題的晚年定論。顧名思義，〈浙東學術〉一文主要是闡述浙東學術這個傳統的概況，尤其是該傳統在史學上的表現[195]。文中，實齋

191　這個說法與歷史事實不盡相符合。下文再作討論。

192　《章氏遺書》，卷 18，頁 6a（漢聲，頁 396 上）。

193　《章氏遺書》，卷 29，頁 59b-60a（漢聲，頁 744 下-745 上）。 又：實齋以下一語：「《元》、《明》兩史，其初稿皆輯成於甬東人士」，不盡符合歷史事實。蓋就《元史》之總纂來說，計有宋濂、王禕二人。宋氏爲浦江人，王氏爲義烏人，皆地屬浙中的金華；換言之，視宋、王爲浙東人士，頗牽強。至於監修李善長，則安徽人也，其與甬東何涉！當然，《元史》之纂修，除宋、王二人外，尚有儒臣不下 30 人，其中或不無甬東人士，惟今不擬細考。 又：本註上文提到金華地屬「浙中」，乃就地理上金華居浙江省之中部來說。如按纂修於乾隆的《浙江通志》來說，則相當於現今浙江省的地區，自元朝以來，僅分爲浙東（清時轄 8 府）、浙西（清時轄 3 府：杭州、嘉興、湖州）兩部份，即所謂兩浙。而寧波、紹興、台州、金華、衢州、嚴州、溫州、處州八府，同屬浙東。參四庫全書本《浙江通志》，卷 1，頁 7。

194　文章不長，不足千字，見《文史通義》，頁 51-52。

195　筆者要指出，「浙東學派」或「浙東史學派」等辭，在〈浙東學術〉一文中，乃至在《章氏遺書》他文中，並沒有出現過（不排除看走了眼的部份）。然而，根據〈浙東學術〉及上文提過的〈邵與桐別傳〉、〈與阮學使論求遺書〉等篇章，其實，這兩個詞彙，已隱涵在實齋的相關論述中。這也就是爲甚麼對實齋研究作出鉅大貢獻且做學問十分嚴謹認真的近現代學者，如錢穆、倪文遜、余英時等學人，於闡釋實齋的學術時，都不約而

把黃宗羲、萬斯同及全祖望視爲清代此學派中的著名代表，且把此學派追溯至劉宗周及王陽明[196]。然而，筆者以爲實齋視劉、王爲此學派的源頭，並進而認爲：「南宋以來，浙東儒哲講性命者，多攻史學，歷有師承」（見前文），這個說法是不太符合歷史事實的。根據〈浙東學術〉，南宋以來的「浙東儒哲」，指的是三袁（袁燮（1144-1224）及其二子袁肅及袁甫）[197]、陽明及蕺山。然而，三袁及王、劉，言天人性命之理學家也，並不究治史學[198]。是以追溯清代浙東史學之淵源而至於斯，是頗值得商榷的。筆者的意思是，就算承認確有「浙東史學派」之存在，但把源頭追溯至王、劉，是不智的[199]。

〈浙東學術〉中，實齋又說：「浙東之學，言性命者必究於史，此其所以卓也。」順著這個理路，我們也許可以這樣說，「浙東學派」／「浙東史學派」的成員在治學方面，必須：治史及治義理（義理，猶今天所說的哲學）。即史、哲乃此學派治學的共同要素。當然，史、哲的比重，可以因人而異；但無論如何，兩者不可缺其一。如果同意筆者這個認定，則黃宗羲應可視爲此學派的開山祖師，因爲他符合了以下條件：（1）浙東人、（2）治史、（3）治義理、（4）

同用上這兩個詞彙。錢穆，上揭《中國史學名著》，頁312：「浙東學派」；倪文遜，上揭 *The Life and Thought of Chang Hsüeh-ch'eng,* p. 277："Eastern Chekiang historical school"；p. 279："Eastern Chekiang school"；余英時，上揭《論戴震與章學誠》，頁56：「浙東學派」。爲了下文討論上的方便，我們姑且假定實齋已用上此兩詞。

196 清代浙東地區的著名學人，如黃宗羲、萬斯同、全祖望、邵廷采、邵晉涵等，皆究心史學（歷史研究），是以近現代學者在實齋的「啟發」下，均把此等著名學人視爲具有相同／類同的學術性向，並本此而視爲屬於同一學派（浙東史學派）。然而，蕺山與陽明其實並不治史。是以若把此學派往上追溯至二人，並把二人一起涵括進來時，此學派則籠統的被稱爲「浙東學派」，而不是「浙東史學派」。

197 三袁，浙東鄞縣（今寧波）人。袁燮，字和叔，學者稱絜齋先生，《宋史》（卷400）及《宋元學案》（卷75〈絜齋學案〉）有傳，其中記載袁氏嘗師事陸九淵。袁燮之二子肅及甫兄弟，《宋元學案》稍述及彼等之生平事蹟。其中指出：「（甫）所聞多陸氏宗旨。」袁甫，《宋史》（卷405）亦有傳。

198 此意見，余英時先我而發。余英時，《論戴震與章學誠》，頁58-59。

199 這裡或可進一步伸說：我們不排除「浙東史學派」之部份成員亦兼言天人性命（即兼治義理之學，如宗羲及實齋本人即其例），但畢竟以治史爲主軸。王、劉諸人則反是。

實齋〈浙東學術〉一文所屢屢稱道者（且又爲清初三大師之一）。

現在回過頭來處理以下課題：實齋屢屢稱道的「浙東史學派」[200]，在清代，到底存不存在？細說之，筆者的意思是，就清代從黃宗羲至章學誠[201]，在浙東一地，是否有一個不變，或至少大體一致的史學傳統？若寬泛一點，我們的問題也許可以改爲：清代浙東一地，是否有些史家具有若干共同或共通的學術興味／學術性向？上文嘗談及，實齋大概是系統地論述「浙東學派」或「浙東史學派」的第一人。他也許也是浙東史家中自稱繼承浙東學術傳統，或繼承該學派共

---

[200]　上文已說過，實齋並沒有用上此名詞，而僅言「浙東學術」。但細究〈浙東學術〉一文，「浙東學術」已蘊涵「浙東學派」、「浙東史學派」二概念。而且「學派」乃今日之用語，實齋雖不之用，但實有此意。

[201]　黃是明末清初人，是以就清朝來說，始於黃應是沒有爭議的。至於終於實齋，是因為實齋之後，就清朝來說，後繼無人。《清史稿》卷485，〈文苑二〉「章學誠」後附載三人：章宗源、姚振宗、吳蘭庭。章、姚固係浙東人士；吳之出生地則為歸安，地屬浙西。章、姚乃文獻目錄學家，其成就與史學無涉。蘭庭與實齋則為同時代人，且彼此相熟，蘭庭亦治史學，然浙西人士也，不得以浙東視之，且其出生比實齋早，談不上繼承。至於被錢穆先生視為「著書亦頗剿竊實齋」的龔自珍，則浙江仁和人也。仁和在錢塘江以北，嚴格言之，實非浙東產。錢穆，上揭《中國近三百年學術史》，上冊，頁416。至於被視為「研究實齋之學負有盛名」的張爾田（1874-1945，相關影響見諸《史微》一書）及對實齋學問極深研幾而自視私淑實齋並撰有《文史通義識語》的劉咸炘（1896-1932），前者仁和人也，後者則四川雙流人（出生於成都）；且二人之後半生皆在民國，不宜逕視為清人。當然，如果學者的出生地不以浙東一地為其範圍，時間上又不以學者卒於清朝為下限，則浙東學術，乃至實齋的學問，其實對後世是有一定影響的。譬如浙江仁和龔自珍（1792-1841）、湖南邵陽魏源（1794-1857）、浙江會稽李慈銘（1830-1894）、浙江仁和譚獻（1831-1901）、廣東香山鄭觀應（1842-1921）、廣東南海康有為（1858-1927）、浙江山陰蔡元培（1868-1940）、廣東新會梁啟超（1873-1929）等，即被視為嘗受到實齋的啟迪或影響。當然，個人認為以上數人所受到的影響，其大小深淺程度自有別。詳參陳鵬鳴，〈試論章學誠對於近代學者的影響〉，上揭《章學誠國際學術研討會論文集》，頁408-426。以上數人中，定盦與實齋之承傳關係似最為學者所關注。除本註上文提到的錢穆外，尚可多舉一例：梁紹傑，〈章學誠對龔自珍學術思想的影響衍論〉，陳仕華主編，《章學誠研究論叢》（臺北：臺灣學生書局，2005），頁219-242。梁文之所謂「衍論」，指的是繼承並敷衍錢穆之論說而言。至於本註上文所說到的張爾田和劉咸炘的實齋研究，詳參〈《推十書》影印本序〉及〈劉咸炘先生學術述略〉，《推十書》（成都：成都古籍書店影印，1996），尤其頁10、13。

同學術興味／學術性向的第一人。在獲悉這兩項資訊後,我們現在似乎可以嘗試回應上面的問題:在清代,到底存不存在一個「浙東史學派」?

根據學人對實齋所做的心理分析[202],我們大概可以進一步做出如下的判斷:自我期許要成為清代儒家知識主義傳統中一個重要成員,是實齋內心非常強烈的一個意圖。

就清代(尤其清中葉)儒家知識主義的傳統來說,以東原為代表的當世顯學——考據學,對實齋形成了一股非常強大的壓力,可說構成了心理上莫大的挑戰[203]。實齋的學術性向既不在於經學之考據訓詁,是以面對這股強大的挑戰,他似乎非得另謀出路不可。

就清代的考據學來說,顧炎武(1613-1682)恆被定位為開山祖師。其同時代人而學術成就及名氣完全可以與之匹敵者,則有姚餘之黃宗羲。然而,與亭林不同的是,梨洲的專長則為義理之學及史學。梨洲對同時人及後世影響極大。浙東地區不少著名史家,或為其弟子,如萬氏兄弟及邵廷采,或為其私淑,如全祖望等等;即可見梨洲影響之一斑。以上三項:(1)浙東人士(2)重視史學或究治史學 (3)梨洲名氣及成就可與清代考據學鼻祖亭林匹敵[204],正好提供了很關鍵的條件,使得實齋把梨洲及其後學視為屬於同一個學術傳統;浙東史學派,便由是得以"成立"。實齋自視為繼承此學派而為其中的重要成員,便意味著可以跟同時代執考據學牛耳的戴原東齊驅而並駕。一言以蔽之,他構築一個淵源自梨洲(甚至往前追溯至蕺山,或進而及於陽明)的浙東史學傳統,究其目的,乃在於抗衡代表另一個學術傳統的一個關鍵人物-戴東原。實齋在這個地方其實作了一個類比(analogy):梨洲既可匹敵同時代的亭林,則實齋乃自認為

---

202 詳見余英時,《論戴震與章學誠》,頁53-64,尤其頁55。

203 詳參上章筆者對《論戴震與章學誠》一書的相關論述。

204 順帶一提:梨洲的成就及名氣當然足可與亭林平頭而並駕。然而,也許仍"不夠看"。這所以實齋把浙東學術上溯至蕺山,更上至陽明。論學術成就,尤其論對後世的影響,浙東學者恐怕無人能出陽明之右了。陽明再上溯則為象山(當然象山不是浙東人士);而與象山平起平坐者,當然非朱子莫屬。〈浙東學術〉一文出現「多宗江西陸氏」、「不悖於朱子之教」、「宗陸而不悖於朱者也」等等語句,乃可謂實齋一網打盡,囊括無遺的"處心積慮"的構思下而說出的話。如果再上溯,恐怕就只得搬出孔子了。

他本人當然也可以匹敵其同時代的東原了。在這個構思（設計）下，由東原所引起而在彼心理上構成強大壓力的考據學挑戰，便得以化解於無形[205]。

從以上的說明中，吾人得悉，在實齋之前，根本沒有一個學派名「浙東史學派」，但實齋既發明此詞（其確切的用語是「浙東學術」）以指稱浙東的某些著名史家，那麼難道我們就不可以順著他的意思而承認這些浙東史家（含實齋本人）是屬於這個學派嗎？個人認為，承認不承認，這取決於吾人用甚麼條件／標準來界定「學派」一詞。如果把「具有家法互相傳受」[206]視為不可或缺的條件，那麼「浙東史學派」一詞便似乎不適宜用在梨洲、萬氏兄弟、祖望、廷采、晉涵等人身上（師承則有之，因萬氏兄弟及廷采乃梨洲的學生），因為他們之間似乎並沒有甚麼上傳下受之「家法」可言（某些價值觀、理想之承傳則有之）。然而，若對「學派」一詞採取一個較為寬泛的認定標準，譬如視之為等同「學者具有相同／相通的學術性向、學術興趣、價值觀，以至相同的使命感」[207]的話，那麼「浙東史學派」一詞便似乎可以被接受了，因為梨洲以下的史家，確係符合了這個標準。

至於倉修良，他明言實齋是浙東史學派的成員（詳上文），因實齋與其鄉先輩在學術上「大有共同之點」。所謂共同之點，倉氏開列了以下三項：反對門戶之見、貴專家之學、主張學術經世致用（頁 113-120）[208]。嚴格來說，浙東史學派成員是否完全具備這三項所謂共同點，恐怕不無討論餘地；譬如梨洲本人就免不了有點黨人習氣，其史學代表作《明儒學案》也有點門戶派別之見。然而，

---

205 可並參《論戴震與章學誠》，頁 55-56。

206 金毓黻即依此標準以否定實齋、晉涵與黃、萬、全有傳受關係。見所著《中國史學史》，頁 302。

207 細言之，所謂「學術性向」，譬如專研考據，或專研義理；「學術興趣」，譬如專研儒家義理，或專研道家義理（道理）；「價值觀」，譬如以追求成聖成賢為尚，或以追求當官發財為尚；「使命感」，譬如具儒家以追求、落實太和世界為目的之用心，抑具墨家以追求、落實尚賢尚同的大同世界為目的之用心。

208 陳訓慈則列舉了 5 個項目，可並參：博約之精神、躬行之精神、經世實用之精神、民族思想之精神、不立門戶與大公之精神。陳訓慈，〈清代浙東之史學〉，收入杜維運、黃進興，《中國史學史論文選集》（臺北：華世出版社，1976 年 9 月），冊 2，頁 637-650。

寬泛來說，倉氏所開列的這三點仍是可以被接受的。

以上論說文繁不殺。茲總結如下：（1）個人不認為實齋具有民族精神、民族思想。（2）實齋屬於「浙東史學派」成員之一，如果「學派」二字取其廣義用法[209]。

倉修良發表文章的同年，即 1981 年，趙之瑊也發表了一篇論述實齋史學的文章[210]。文末，作者指出說：

> 進入民國以後，……治章氏學大抵刺取「方志」、「記注」[211]的主張以合西洋史學之意，而忽略學術與政治相關的精神。……今天欣賞章學誠的人，若不真正體會他治學的用心，與當時誤解他的人，會有性質上的分別嗎？（頁 39）

據上文可知，作者撰文的動機，就是讓讀者知悉，實齋治學、治史的目的旨在教人做學問必須結合到政治上去，即做學問要符合經世致用的精神，而不光是為學問而學問。《文史通義・浙東學術》即明白的指出說：「史學所以經世，固非空言著述也。」

以下試圖對趙文作點論述。趙文很短，只有約 3,000 字；然而，作者大體上已掌握到實齋治學、治史的精神，這是很可喜的。作者即以此精神為主線以析

---

[209] 個人傾向於依廣義、寬泛的標準來定義「學派」一詞；所以認為實齋屬於「浙東史學派」而為其成員之一。

[210] 趙之瑊，〈略論章學誠革新史學的方案〉，《鵝湖月刊》，卷 7，總第 74 期（1981 年 8 月），頁 38-39。趙先生是筆者唸大學時的同學，高筆者一屆，轉眼認識超過 40 年。據悉，約 1978-1979 年，趙氏在香港樹仁學院（2006 年底升格為大學）開授《文史通義》一課。〈略論章學誠革新史學的方案〉一文大概是趙氏教研心得的一個總結。

[211] 實齋方志學的主張，詳見〈方志略例一〉及〈方志略例二〉，《章氏遺書》，卷 14、15；其中〈方志辨體〉、〈地志統部〉、〈方志立三書議〉、〈州縣請立志科議〉、〈修志十議〉等文章最具代表性。又：就「記注」來說，《文史通義》中，實齋把「記注」（相當於今人所說之「文字史料」、「文字史料彙編」）與「撰述」（這是中國人最看重的所謂成一家之言之著作），對舉而為說；藉以展示史學／史書所呈現的兩種型態。詳〈書教〉，《文史通義》，頁 7-16，尤其 7-8、12-14。

論實齋的史學思想、方志學思想、校讎學思想。筆者以爲，一思想家的思想恆呈現衆多不同的面向；也可以說其思想恆含有繁多龐雜的不同成素。如果不根據一主線（或若干主線）、一主軸（或若干主軸）予以分析、闡明，則可能陷於所謂「散錢無串」而無法掌握其主要精神面貌的窘境。換言之，筆者原則上非常同意以一主線（或若干主線）來處理思想家的思想這個作法的。然而，筆者必須同時指出的是，這種處理方法之所以可行是有其條件的。這些條件包括：（1）研究者必須充份，甚至竭澤而漁地蒐羅、利用該思想家的相關著作／文獻；（2）對相關文獻，不能作過度的解讀（over interpretation），（當然不足的解讀（under interpretation）也不足以濟事）；（3）處理過程中，避免把思想家的思想陷於簡單化的危機；（4）研究者本身具相當識力洞見（insight）。恐怕必須具備以上 4 條件（當然亦有其他條件，不備舉）才可以獲致成功的研究成果。思想史大家，如錢穆、倪文遜、余英時等的研究成果（詳參本書他處）便是成功的案例。然而，不幸的是，筆者看到的是，失敗的案例或不甚成功的案例，遠多於成功的案例。不必說別的，上述 4 條件中，就以第一項來說，研究者能夠做到的便不多！若干研究者甚至僅憑藉《文史通義》一書，或書中若干文章，甚或文章中的單詞片語，便來論述實齋的思想，其結果之必然歸諸失敗便無待龜著了。再者，若研究者處理問題而過份流於"系統化"，或妄據心中故有的成見所型塑出來的主線、主軸來處理思想家的思想，便很可能得出強人（被研究的思想家）從己、屈人從己的研究成果！

　　我們再來看趙文，筆者認爲它確能指出實齋治學、治史的用心所在。換言之，它的結論、判斷是正確的。然而，也許因爲文章太簡短了（僅 2 頁，約 3,000 字），所以相關文獻、論證皆不足以支持其結論。甚至若干語句也相當費解[212]。上引文中作者希望讀者體會實齋治學的用心。筆者要指出，作者這個用心的本

212　茲舉一例如下：趙氏說：「……基本上說：方志是事情的乘勢而下，校讎是學說的溯源而上；方志是已然的記錄，校讎是所以然的掌握。」（頁 39）筆者研究實齋有年，所以觀上引文的上下文意，大體上尚能領悟這些語句的主旨。但這樣子的行文用語，恐怕不是一般讀者所能理解的。究其實，與其說這是語句本身的問題，那寧可說是太簡單化實齋的相關學說，因而在行文上得出上述"無厘頭"的文句。

身是很崇高、正確的；然而，不幸的是似乎他這個用心最後只得落空，因為作者「心有餘而力不足」，其文章實在肩負不了他這個偉大的抱負[213]。這是很可惜的。

劉知幾（字子玄，以字行，661-721）與章實齋恆為近現代學者所相提並論[214]。20 世紀以降，學人論述中國史學，二人絕不缺席；稱之為中國史學之雙璧，殆不為過[215]。1922 年以降，針對二人的史學作比較研究的，為數實在不少[216]。這些眾多著作中，業師許冠三先生的一文很值得注意。許師固以史學方法[217]及中國近現代史學[218]之研究而著名於時；此外，對劉知幾的史學也撰有專著[219]。彼對實齋的史學亦絕不陌生，嘗撰文比論劉、章二人史學的異同[220]。許文約 30,000 多字，不算鴻篇鉅製；然而，內容嚴謹，析理透闢，解讀無過或不及之弊，也許是眾多同類著作中最值得稱道的。

許文計分三部份（三節）。首節（頁 45-52）比較劉、章二人史學之異同；重點在於指出：「二人之史學非徒不『截然兩途』，且大有關係」（頁 45）。然而，以治史、撰史之精神、動機（許文中稱為「史義」或「史意」）而言，劉、

---

213 其實，筆者這樣說，其目的不是要批評趙文的不是。筆者是藉此一例以通論其他性質相類似的著作。這些著作的基本結論大皆正確不易，但用以佐證的文獻則恆流於不足或論證不免份薄弱。

214 其實，實齋也把他本人和子玄放在一起論述過。該論述也揭示了實齋知悉有學者把他和子玄作過比較論述。然而，實齋未明言其人是誰。詳參〈家書二〉，《文史通義》，頁 333。就閱覽所及，最早見諸文字論述劉、章史學之異同或高下者，似以實齋好友王宗炎為第一人。其後則有伍崇曜及王潛剛諸人。詳參本書本章起首處。

215 民國初年，任公、適之登高一呼，其後接踵繼武者極多。參本章起首處。史學界之劉、章，猶詩歌界之李、杜，元、白。

216 上文提到過的便有張其昀（1922）、張壽林（1923）和錢卓升（1936）等人的著作，其中張其昀的著作，應該是劉、章比較研究中的第一文。

217 其代表作是《史學與史學方法》（香港：自由出版社，1958、1959）。

218 其代表作是《新史學九十年》（香港：香港中文大學出版社，1988）。

219 許冠三，《劉知幾的實錄史學》（香港：香港中文大學出版社，1983）。

220 許冠三，〈劉、章史學之異同〉，香港，《中國文化研究所學報》，卷 13（1982），頁 45-69。文末許氏註明其清稿日期為 1981 年 10 月 22 日。文章又收入上揭《劉知幾的實錄史學》，頁 163-201。

章二人則大異其趣。大體來說，子玄「就史學以言史學」（頁46），其《史通》
旨在陳說如何客觀如實地重建已消逝之過去，實齋則旨在爲時王之治統及道統
服務。許氏如是說：

> 以史意或史義而言，其所論即大相逕庭。如二家俱宣稱，其所言之義遠紹
> 《春秋》。但知幾宗《左氏》，主善惡必書，亦如「明鏡之照物，妍媸必
> 露，」「虛空之傳響，清濁必聞，」史者執筆，雖「愛而知其醜，」雖「憎
> 而知其善，」不因其愛而掩惡而虛美，亦不因其憎而加惡而隱善，是以對
> 《春秋》之爲尊親諱大有微辭。（許氏自注：見《史通・惑經》）而實齋
> 所宗者，則爲《公羊》，重口授心傳之微言大義。其所尚之義，籠統而言，
> 在綱紀天人，推明大道，所以「通古今之變而成一家之言。」具體言之，……
> 須爲時王之治統與道統服務。（頁47）

劉、章治史之精神（史義）或動機既異，其影響所及，對何謂「史德」，其理解
亦各殊。許氏言：

> 要言之，劉氏所重之史德，在忠於客觀真實，假善惡必書之實錄以收好善
> 嫉惡之效[221]；而實齋所倡之史德，在忠於時王之制，君父之道及人倫之敎。
> 善善惡惡，一概以此爲定準。（頁47）

許氏又認爲，「史學」一詞之命義，劉、章二人亦大異其趣[222]。許氏並進一步指

---

[221]　許氏並據子玄之意而細析「良史」之定義，其說甚可注意。其言曰：「據事直書，致使
　　　『善惡畢彰，真僞盡露』，乃史家之天職；好善嫉惡，乃史家之大德。二者能得其一，
　　　即爲良史；兩者兼有，則爲良史之良史。」（頁47）要言之，據許氏，最好的「良史」
　　　或「良史之良史」須具二條件：據事直書，藉以重建歷史之真實；施褒貶（「好善嫉惡」一
　　　詞可見），以落實史家之大德。前者求真，而後者求善。據此可推知許氏對史家之期許。

[222]　子玄之所謂「史學」，許氏指出：「凡記述過往言行事蹟之作，皆屬史學。」（頁48）
　　　就實齋來說，所撰《章氏遺書》中討論「史學」的文字相當多，惟其旨意則隨文脈而不
　　　盡相同。一般學人對此不甚了了。許氏異於是，彼本其善於分解疏析、辨同別異的學術

出說，史義、史德及史學之指謂之所以有別，實源自二人對經、史關係所取之立場有根本之分歧故也。「顯然知幾力求經、史分離[223]，而實齋則傾向經史會通。」[224]許氏並認為：「《史通》一書，自始至終，皆就史論史，不涉儒家經義傳注疏解之爭。」（頁49）然而，《章氏遺書》則異於是。許氏云：

> 《遺書》顯示，自其有述作之日始，章氏一直拉攏甲乙，牽扯經史；分由經史互原與經史共義兩端立說，強調經史固不可判然二分，同為明道經世之正途。由致用觀點言，經學竟或不如史學切實有效，就乾隆時代以考據為務之經學視之，此說尤確。終其一生，實齋之經史合一論約有四變，史之地位恆因其個人於史學義例上之成就而逐漸上升。綜觀其說，大致是初期牽史附經；中期以史敵經；晚期屈經就史；最後則言經以史貴。（頁49）

據上引文及許氏探究實齋對「史學」的看法後所得出的結論，很可以看出許氏對《章氏遺書》的相關文字研究得極深入、剖析得極仔細。就經史的關係來說，更能依時間順序，梳理實齋的前後觀點而得出其「四變說」，這是一個相當具創意的見解。當然，其所謂「四變」，似乎不無再討論的空間；且四變中，「晚期屈

造詣，指出說：「查實齋筆下之史學，實有特義、專義與泛義之分。……」其相關歸整梳理，大皆深中肯綮；其中把實齋的「史說」（意謂：對史學之各種申說、闡述）視為「具有濃厚之封建保守性」（頁48），尤其值得注意，今不暇細論。詳參原文，頁47-48。其中的「泛義」，許氏有時又稱為「廣義」（頁48）。說到許氏的學術造詣，他對西方的史學理論是很在行的，嘗翻譯這方面的洋人論著，名《歷史解釋》（香港：香港震旦圖書公司，1963）。彼對研究方法也非常在行，除著有上揭《史學與史學方法》一書外，也譯有《社會學研究法》（香港：自由出版社，1958）一書。

223　經學重視經世致用，乃以實用價值為依歸。史學如能從經學中獨立出來，擺脫其羈絆，則可以成為以獲致客觀研究成果—求真，為首要目的的一門學問。

224　「經史會通」，以《文史通義》劈頭第一句話「六經皆史也」為結穴之所在。許氏於詳細評比前賢之眾多研究成果後，得出如下的結論：「按『六經皆史』一語之含義，時人之解說頗為紛歧，或渾奧，或別致。但總以『六經皆先王之政典』，皆『周官掌故』，即文化、政治史料一解，最為通達。」（頁54-55）筆者對許氏這個讀解，不甚認同，詳下文。

經就史」的一變，許氏並未舉出佐證的文獻。但總體來說，許說自成一家，而迥出時流之上，則可以斷言也。

許氏又嘗論述劉、章二人對通史及斷代史的看法。大體來說，子玄尙斷代爲書，而實齋則重視通史。許氏認爲，這種分歧，亦涉及二人對史義的看法有所不同所致。按實齋之所以重視通史，乃認爲通史之體，具有六便二長[225]。許氏指出，「所謂通史六便之說，實孕育於《史通》之議論，其得自《六家》、《二體》、《本紀》、《列傳》、《斷限》、《編次》與《曲筆》等篇者尤多。」[226]（頁51）許氏又指出，「史義」定義之不同而導致劉、章二人產生原則性之歧異主張外，自技術層次言之，亦導致二人產生不同的看法。就實齋的看法來說，許氏並不欣賞，而認爲：「……凡此種種，已非以義評史籍之優劣，而是以意奪史學之是非矣！」（頁51）最後，許氏指出，實齋的不少言論，「就表面而言，雖反於知幾之主張，但就其淵源言，實有因於《史通》之議論。」（頁52）。

許氏文章的第二節（頁 52-67）頗長，其重點如下。許氏開首即說：「實齋亦繼承並發展知幾之歷史學說。章氏史志義例之同於、本於《史通》者，實遠多於二人在史意及其有關問題上之分歧與牴牾。」（頁52）除史志義例之同於、本於《史通》外，許氏又指出，就實齋的代表作《文史通義》來說，其標題類似《史通》者，或襲用《史通》原文成語者，可謂比比皆是。許氏云：

> 撇開內容不談，此書自標名、篇目，以至章法、筆路，皆令人思及《文心》與《史通》，其類似《史通》之處尤多。以標題而論，最顯眼者當為《申鄭》之於《申左》，《史注》之於《補注》，他如《釋通》之於《古今正史》，《知難》之於《鑒識》、《忤時》，《繁稱》之於《稱謂》、《題目》、《邑里》等。至於直引《史通》原文成語，以數言立說而詳加引申者，亦比比皆是。……又再三為《通義》所襲用。（頁53-54）

---

225 詳〈釋通〉，《文史通義》，頁 128-133。

226 此外，許氏又指出，實齋六便之說，亦根植於子玄以下各文：〈因習〉、〈直書〉、〈史官建置〉。見許文，頁 54。許氏又說：「其通史六便之說，條條皆本於劉、鄭二家之議論。」（頁 57-58），則又可知依許氏的看法，除子玄外，鄭樵亦爲實齋師承之所自。

許氏又指出，「實齋之學，以校讎與史志二門最精。……其史志學中之方志與家譜兩科，其實皆導源於《史通》。」（頁54）

以上所論，可視為許文第二節之前言。其後，許氏把本節之重點概括為四大門。第一門之特質為：「實齋史學議論多有本於，因於，或師於知幾者」（許氏以「史學天地之開拓」作說明）；第二門之特質為：「實齋議論之承於知幾而同於或稍異於知幾者」（以「史籍體例之改進」作說明）；第三門之特質為：「二人之史文論頗多類似之處」（以「史、文瓜葛之釐清」作說明）；第四門之特質為：「二人皆好譏彈古人」。

針對第一門：「史學天地之開拓」來說，許氏認為，這方面之「首要表現在史料領域之擴張。」（頁54）實齋嘗云：「愚之所見，以為盈天地間，凡涉著作之林，皆是史學，《六經》特聖人取此六種之史以垂訓耳。」[227]許氏認為就實齋來說，「史學」一詞具多種涵意；可分為特義、專義與泛義三類（詳參上文）。就泛義（廣義）來說，「史學」猶同「史料」。本此，許氏在文章中（頁54）遂把上引文的「史學」改為「史料」。於是實齋的原句便成為：「凡涉著作之林，皆為史料」（頁54）。一言以蔽之，許氏認為在史料的認定上，實齋比子玄採取更為寬廣的立場。

許氏又說：

> 實齋開拓史學天地之另一表現，在壯大史氏宗族。於此一領域言，其主要貢獻分兩層。一是糾正流俗以方志為地理書之成見。……二是併史氏之小宗支子入史氏之大宗嫡系，合方志、家乘、年譜與古史、正史為一體，由是形成一系統空前壯大之史族。（頁55）

上文許氏所說的實齋的第一層貢獻：「糾正流俗以方志為地理書之成見」，很明顯是針對以戴震為代表的相關意見來說的，今不擬展開。就後一層之貢獻來說，許氏認為實齋之說「雖新，其意亦原於《史通》」而已。又：方志、家乘與年譜，

---

227 〈報孫淵如書〉，《文史通義》，頁312。

既以支子入附史氏之大宗，則自然當以「史家法度」繩之。除繩之以史家法度外，實齋針對方志之體例，亦有所主張。這方面，許氏透過第二門：「史籍體例之改進」予以處理。就方志的體例而言，實齋有所謂立三書的一種構想[228]。這個構想，表面看來雖新，但許氏指出，「據實齋自述，此立三書之議亦胎元於知幾。」（頁57）[229]要言之，許氏認爲實齋不少所謂創新的理念，其實 1000 年前之子玄已發其端緒。

　　許氏又指出，除方志外，實齋尙有不少史籍體例之改進的觀念是承襲子玄的（頁 58-60）。當然，所謂「承襲」，除包含相同的部份外，亦不排除稍微相異的部份。茲開列如下：

（一）對《史通》二體論[230]之肯定。

（二）就記述之載籍言，實齋分之爲「記注」與「撰述」。此略相當於子玄之「當時之簡」與「後來之筆」[231]。

（三）就「後人攻取前人之史以爲學」之史家述作言，實齋分之爲考訂、義例、評論與蒙求四門。許氏認爲，此例雖爲《史通》所無，其事實由《史通》

228　三書指：「仿紀傳正史之體而作志，仿律令典例之體而作掌故，仿《文選》、《文苑》之體而作文徵。」實齋並認爲：「三書相輔而行，闕一不可。合而爲一，尤不可也。」見〈方志立三書議〉、《章氏遺書》，卷 14。換言之，方志含三部份：志、掌故、文徵。這三個部份各自成爲一「書」。

229　許氏並進一步指出說：「實齋之此一更易，或得自於浦起龍之啟發，亦未可知。」所謂「更易」，乃指三書中之「文徵」部份，實齋置之於「志」和「掌故」之外而其本身單獨成篇（即成爲方志三書中之一書），乃異於知幾之「書」之仍納入紀傳之史之內。按：浦氏《史通通釋・載言》批評知幾云：「……更成文集，不且自矛乎？」意謂不應在史書內收錄文人的文章，否則便自相矛盾。然而，不應在史書內收錄文章，又何妨不可以在史書之外，另造一冊以收錄之？許氏大概即以此而想到實齋構思在「志」和「掌故」之外，另立「文徵」一體，乃啟發自浦氏之言。許氏竟然從浦氏所反對者而想到實齋反從中得到啟發，這種把浦氏的意見和實齋的構思貫串起來的聯想能力，真不得不讓人佩服。上引浦氏文，見《史通通釋》（上海：上海古籍出版社，1978），頁 35。

230　二體指編年、紀傳。

231　「當時之簡」與「後來之筆」，子玄稱之爲二流，乃指史學的二個支流。《史通・史官建置》云：「夫史之道，其流有二」，即指此而言。

開其先河。

（四）實齋詳近略遠一說，亦同於子玄。

（五）史傳應否插入論贊以示褒貶，承襲自鄭樵與子玄。

（六）實齋之史體源流說，亦不乏附和子玄之言。

（七）其他：《通義》之論述編年與紀傳二體之弊，全依《史通・二體》；斥後
　　　人擬《尚書》之妄，乃本於《史通・六家》；駁《史記》不紀義帝而紀項
　　　羽，書秦事於莊襄以上皆入秦紀，則分別承襲自《史通》之〈本紀〉及〈列
　　　傳〉二文。

　　針對第三門：「二人之史文論頗多類似之處」一點，許氏認為，知幾與實齋
皆「甚重視史文與傳真的關係。」（頁 60）然而，如何方可傳真？一言以蔽之，
其關鍵乃在於：不以文士之文以撰史[232]。要言之，史家之文，必以「述而不造」
為原則。「具體言之，即記言適如其言，敘事適如其事，傳人適如其人。……其
中古語不入今，俚言不雜雅；辭必稱其體，語必肖其人；等等，率皆《史通》所
諄諄致意之論。」（頁 60）[233]實齋對「名號必副實，古稱不入今一義」，亦甚
重視。大體來說，有關史文論，實齋有甚多理念是源自子玄者，或至少受子玄
之啟發而生起者。許氏即如此判斷說：「細核以上諸說，亦可於《史通》尋得其
端緒。還有，以虛文套語入史，實齋亦步知幾後塵大力排斥。」（頁 62）最後許
氏作出如下的判語：「章氏改容易貌之術雖巧，然銳眼之士不難看出，前引各
文，實皆出自《史通》，乃〈載文〉篇『一概』說之翻易。」（頁 62）很明顯，

---

[232] 實齋云：「文士撰文，惟恐不自己出；史家之文，惟恐出之於己；其大本先不同矣。」
　　文士之文（含文章內容及文筆）是創作式的，講求創新的，是可以杜撰虛構的；史家之
　　文則必有所本，是相應於史事而作如實報導的。是以不得以文士之文以撰史。

[233] 在這裡，許氏下一轉語曰：「然於實踐方面，實齋並未恪遵前述之繩墨。據其自述，……」
　　筆者在這裡很感慨的指出，實齋跟很多史家都一樣。即理論上，誰都會說，且說得冠冕
　　堂皇。但實踐方面，則恆有極大的落差。今姑舉史家應否「以褒貶示法戒」為例。清代
　　大史家王鳴盛嘗云：「讀史者不必以議論求法戒，而但當考其典制之實；不必以褒貶為
　　與奪，而但當考其事蹟之實，亦猶是也。」（《十七史商榷・序》）其說法可謂擲地有
　　聲。然而《十七史商榷》中褒貶與奪之處正復不少。又：王氏力詆馳騁議論。但書中亦
　　絕不乏馳騁議論之處。

許氏自喻爲「銳眼之士」。依筆者之見，許氏於《史通》固精熟；於《遺書》亦獨具隻眼。是以二書之異同，如數家珍焉。宜乎其能見人之所不及見，道人之所不及道。

針對第四門：「史林先賢之譏彈」一項，許氏指出，「實齋對知幾之另一重大摹擬，爲勇譏先哲，猛彈古人，其入微處，甚至及於彩筆圈點古人史文之法。」（頁62）其實，實齋之譏評古人，與子玄同中又有異。許氏眼光獨到，指出說：《史通》之譏彈，泰牛以事爲主，實事求是；實齋則黨同伐異，意氣用事，甚至跡近「吹毛求疵」，「故入人罪」。

實齋所批評的眾多古人中，其一便是許文的主角之一的史學大師劉知幾。至於另一史學大師鄭樵，也被抨擊得幾乎體無完膚。然而，據許氏，實齋對鄭樵則肯定多於否定；惟相當辛辣嚴苛的批評文字仍見諸《遺書》中，如「體大而才疏」、「立論高遠，實不副名」、「例有餘而質不足以副」、「鄭夾漈最爲疏漏」即其例（頁63）。對唐宋八大家之一的曾鞏，實齋對他的批評，許氏認爲「相當平實」。至於宋人其餘五家（歐陽、安石與三蘇），則實齋大抵以「文人而未通史學」、「史學非所深造」等語譏彈之。唐宋八大家之首而撰有《唐順宗實錄》的韓愈（按：唐代眾多皇帝實錄中，此實錄爲唯一保存至今者），則實齋認爲彼於史學亦無所解，更非所長（頁64）。總括來說，許氏認爲，實齋對以上諸人的批評，「大致皆以其狹義史學爲繩墨。故亦可謂以一己之是而定他人之非。」（頁64）

至於方志方面，則素以名志見稱，如范成大（1126-1173）《吳郡志》、羅願（1136-1184）《新安志》，或以高簡見稱，如韓邦靖（1488-1523）《朝邑志》、康海（1475-1540）《武功志》，甚至爲世所盛稱之王鏊（1450-1524）之《姑蘇志》等等，實齋亦不稍予假借。實齋更由此而得出「文人不可與修志」的結論。

本節（第二節）中，許氏最後指出，實齋有若干議論是先同而後異於知幾者，亦有先異而後同者。茲先說前者。就一般學者所說的「史家四長」來說，實齋先贊同知幾的三長說，其後加上史德而爲四長。然而，許氏指出，此所謂後出之「史德」說，其原亦在於《史通》。又：三長中之「識」，實齋以爲知幾所言僅係「文士之識」，異乎彼所言之「史識」。於此，許氏不予苟同，且更進一

步指出，就知幾來說，乃以史家能夠「善惡畢彰、眞僞盡露」，不虛美，不掩惡，「不君父是黨」，不爲尊者諱之直書爲識，爲德。實齋則以「不背於名教」，無有「亂臣賊子之心」爲德。此可見二人之所謂「德」，實大異其趣[234]。至於實齋先異而後同於知幾者，許氏以爲實齋晚年之推崇《左傳》，並視之爲紀傳古文之祖，即其一例。

二人相類似之見解，尙有下列各項：實齋認爲小說稗乘不可偏廢但亦不可輕信，此說即同於知幾。此外，於五行災祥之書法，傳、記可以互訓[235]及重視時變之議論[236]等，皆可溯源於知幾。

許文最後一節（第三節，頁 67-69）之重點有三：首先是總結前文，指出實齋在史學上的貢獻（含創意、立論之偉大）及影響，遠不及知幾；且其史學議論適足使史學「淪爲官定義理之僕役，既成權勢之工具」[237]。再者，許氏批評近人

---

234 實齋對「史德」的論述，業師徐復觀闡釋司馬遷的史學時，嘗予以非常嚴厲的批判。先師意見深具啟發性，茲引錄如下：「他（司馬遷）作史的目的，則是要使他的著作成『禮義之大宗』，標示以人民爲主體的『王事』的大方向。《史記》之所以能成爲『實錄』的原因在此，《史記》之所以有千古不磨的真價值也在此。乃章學誠不從這種地方去了解史公，而謂『吾則以爲史遷未敢謗主，讀者之心自不平耳。……而不學無識者流，且謂誹君謗主，不妨尊爲文辭之宗焉，大義何由得明，心術何由得正乎？』以此而言『史德』，此真所謂卑賤的奴隸道德，章氏實在沒有資格論《史記》。」徐復觀，〈論《史記》〉，《兩漢思想史》（臺北：臺灣學生書局，1979），卷三，頁 323。徐先生所引實齋語，見《文史通義‧史德》。平情而論，筆者則以爲，實齋之史德論，固不脫「君父之義」、「時王之教」的旨趣；然而亦不宜遽謂其「史德論」於史學全無貢獻。如〈史德篇〉中載：「蓋欲爲良史者，當慎辨於天人之際，盡其天而不益以人也」等等的言論以闡述史家之心術，則對於史家藉道德修養（自律、自節）以成就客觀的史學來說，便提供了可行而有效的方向。然而，就實齋對《史記》一書的理解，尤其對史公用心的理解來說，固有誤解而妄說之嫌。其深爲徐先生所指斥，宜也。

235 但此中亦有異。許氏指出：「劉氏以經傳解史傳，而章氏則以史傳喻經傳。」（頁 67）

236 許氏指出：「所不同者，實齋之重時，是重『時王之制』；而知幾所重者，在敘事之文與史學義例當隨時而遷，與時更張。」（頁 67）

237 這裡或許需要再指出，依許氏，實齋之「史意」（「史義」：治史、撰史之精神）乃在「假『整齊故事』之業以尊時王之制，以舉君父之綱而明人倫之教，故史家不得不爲尊親諱。」至於劉、章二人論經、史之關係，許氏以下的判斷，亦甚中肯綮。許氏說：「劉截然以經史分家，而章則力圖拉攏會通，並以六經皆史，史以載道論與通經明道說爭長

以「不見二家史學思想先後相承之轍迹」，所以便誤認「實齋史學大於知幾」！
三者，是肯定實齋之歷史學說不乏新見；方志學領域之突破，尤爲前無古人。
就前者而言，「六經皆史」論、「史之起原先於經」、「經之流別必入於史」及
道不盡於經而與史俱存爲諸說，許氏評爲：「各說雖亦有所本，要皆劃時代之卓
見，其識解之高，遠在劉氏之上。」（頁 69）惟許氏下一轉語指出說，依「史學」
之界說而言，以上各說，「實已逸出史學畛域之外，而落入哲學或歷史哲學範疇
之中。」一言以蔽之，就史學論史學，實齋與鄭樵相較，伯仲之間也；就其史學
之貢獻及影響言，擬諸知幾，實齋實瞠乎其後矣。

　　以上綜述許文，其篇幅頗長，不下 8,000 字。要言之，許氏論述劉、章史學
之異同，其議論極精到。上文已指出，許文「內容嚴謹，析理透闢，解讀無過或
不及之弊，也許是眾多同類著作中最值得稱道的。」筆者在這裡需要進一步指
出，許氏對比論述劉、章之史學，絕非只是從二家之著作中蒐羅彙整出若干史
學觀念，並據以作出僵化之排列組合而獲悉其異、同而已。反之，許氏恆能依
時間先後，以梳理實齋之史學觀念，藉以得出其演變之跡。如指出實齋論經、
史之關係，其說前後凡四變（頁 49）；又如指出實齋對歐陽修之史學之見解，其
早歲及晚年便有所不同（頁 64）等等即其例。

　　按治史，必得依史之爲史之特性（即必得扣緊依先後時序而來之演變、發展
之特性）爲之。治思想史（含史家一人之思想）尤當如此。如抽離一史家思想先
後發展之脈絡，而只針對彼之若干史學觀念便作出排列組合，則所獲得的所謂
異、同，恐怕只是局部的，非全面、整體之異、同。甚或誤把若干觀念視爲前
後矛盾，而不知這所謂矛盾很可能只是該史家前後不同思想階段之演變而已。
換言之，實不應以「矛盾」視之。如產生這種誤判，則不單止不能如實地重建、
還原該史家之思想之本來面目、其前後發展之軌跡，且甚或陷於厚誣古人（即該
史家）之嫌。

　　除以時序作爲縱軸以處理實齋之史學外，吾人亦可說許氏又從"橫斷面"以

　　短較輕重，雖貌似尊史平經，實則已於不知不覺中淪史學爲一家義理之工具，一朝政權
　　之僕役。」（頁 67）

剖析劉、章二人史學之異、同。大體言之,許氏之分析解剖,其眼光極爲銳利精到,除能發現二家之大同、大異外,又恆能從大同中發現小異,大異中發現小同;且就實齋之於知幾來說,其若干史學觀念之先同而後異,或先異而後同者,許氏亦恆能予以指陳揭發,並能進一步發其微,闡其幽。此非深具極敏銳犀利之眼光不爲功。其剖析子玄、實齋之史學觀念,又恆能從最關鍵之基本處入手,即從「史義」(史意)入手,以揭發二人治史、撰史之基本精神、抱負,乃至彼此歧異之使命感之所在。並進一步以此爲基礎以闡發二人「史德」、「史學」等語命意之所指。就「史學」一詞來說,許氏又能細密地爬梳彙整實齋之文字,最後得出在不同文脈中,此詞實具有截然不同之三義(頁 47-48)。這對於釐清實齋之史學思想,可謂居功厥偉。

許氏透過上述縱橫交錯之方式以處理二家史學之異同,宜乎其研究成果遠出時人之上[238]。

說到許氏眼光敏銳犀利,可以再舉一例。實齋云:「劉言史法,吾言史意。劉議館局纂修,吾議一家著述。截然兩途,不相入也。」[239]上句中的「議」字,作議論(討論)解。實齋意謂:劉知幾,他所議論的僅限於館局纂修方面;至於我呢,我是議論(倡議)一家之言的啊!其實,實齋這個自白,流於誇張失實(不合乎歷史事實)。是以許氏逕斥之曰:「其實,劉何嘗不言史意,不議一家著述?」(頁 67)即依許氏意,知幾也論說史意和議論(倡議)一家之言的啊;所以實齋你就不要自負誇大,自認爲只有你才論說史意和議論(倡議)一家之言啊!許氏這個指責極是。許氏又繼續說:「章又何嘗不言史法,不議館局纂修?」這個判斷,亦完全合乎事實。意謂史法和館局纂修,實齋你又何嘗不論說

---

238 說到治史以縱橫交錯之方式爲之的問題,讓人想起筆者最佩服的清人之一的錢大昕。錢有詩云:「讀史縱橫貫弗功,眼光如月破群蒙。」「縱橫貫串」乃可謂讀史、治史時,吾人之觸角必須深具敏銳度,到處伸延,左右采獲,博採約收之謂。「眼光如月」,則有助史家之「縱橫貫串」。蓋不克「眼光如月」,則無法達致「縱橫貫串」,更無法「破群蒙」。錢氏此二語,洵許氏足以當之。錢大昕,〈過許州追悼亡友周西陳剌史四首〉之三,《潛研堂詩集》,卷6,《嘉定錢大昕全集》(南京:江蘇古籍出版社,1997),冊10,頁109。

239 《文史通義・家書二》,頁333。

和議論呢？所以實齋你就不要針對這兩端來批評知幾了。按：「劉議館局纂修」一句中的「議」字，除作「議論」解外，當亦有「非議」（意謂批評、批判、指責）之意。

許文的重點及其精彩處，相信上文已做了相當詳盡的述介、闡釋。然而，似乎沒有任何研究成果是十全十美而"無懈可擊"的。茲試指出許文或可商榷之處。

許氏指出，實齋史學議論本於、因於，或師於知幾者，為數甚夥（頁 54）。這點筆者絕對同意。然而，實齋是集大成的人物。其校讎學實有啓迪自二劉、班固及鄭樵。這方面，許氏也注意到（頁 54）。也許由於許氏只扣緊史學立論，所以不奢談這一方面。但就「史傳應否插入論贊以示褒貶」來說，許氏既認為實齋之見，「全襲知幾與鄭樵」（頁 59），則似乎應對鄭、章之相關交涉處多予論述。再者，浙東前輩，如黃、萬、全、邵諸公之史學，對實齋亦具有一定程度之影響或啓發。這方面，許氏似亦未嘗理會。至若實齋之同時代人，如戴震考證學的挑戰對實齋所造成之影響，許氏亦全不道及。也許戴氏之影響主要是導致實齋「六經皆史」說之提出，而這個經史會通的見解，許氏視為實齋之哲學或歷史哲學之範疇，非純粹的史學範疇，因此而不予理會[240]？此外，實齋纂修方志及《史籍考》的經歷和經驗也豐富了實齋的史學觀點的建立[241]。筆者本段文字的主要意思，不是不同意許氏「實齋史學議論本於、因於，或師於知幾者，為數甚夥」的立論，而是旨在指出，實齋之史學亦有本於，因於，師於其他前人或受同時代人之刺激而來者。如許氏能夠在這方面多予著墨，則其立論似乎更見周延完整。然而，這只是筆者求全責備，恨鐵不成鋼之意見而已。不知先師冠三先生以為劃蛇添足之贅言否？

最後針對「著作」與「史料」的問題，筆者願意稍申己見。許氏認為，相對子玄來說，實齋擴張了史料的領域。這個判斷，筆者完全同意。至於「著作」，

---

240 當然，另一可能性是，考證學的挑戰帶給實齋心理上的壓力，乃余英時的見解，此許氏或未能苟同，因此便不由此切入以究論戴氏對實齋史學之影響也說不定。許氏釋實齋的「六經皆史」說，僅認同胡、姚《章實齋先生年譜》（61 歲條，頁 137）、傅振倫及金毓黻之說，而不及余英時，或可以見其端倪。許說，見頁 54-55。

241 詳參《論戴震與章學誠》，頁 39-41。

實齋云：「凡涉著作之林，皆是史學，《六經》特聖人取此六種之史以垂訓者耳。」[242]許氏認爲上引文中之「史學」，「實質上只作『史料』解。」（頁 55）。具體來說，「凡涉著作之林，皆是史學」，許氏改易爲：「凡涉著作之林，皆爲史料」（頁 54）。這個把「史學」等同爲「史料」的見解，筆者認爲很值得商榷。要言之，就「著作」來說，實齋是很高看它的地位的。依筆者之見，「著作」等同與「記注」對比而爲論的「撰述」。換言之，著作就是撰述，而絕不同於記注（依近現代史學來說，「記注」相當於今天所常說的「文字史料」）；本此，則著作絕不等同於史料，即著作不是史料。實齋很高看「史學」（指狹義的「史學」，亦即許氏所說的特義下的「史學」），同時實齋亦高看「著作」（撰述），所以能夠稱得上是「著作之林」的作品，都是史學作品。再者，根據「《六經》特聖人取此六種之史以垂訓者耳」一語，如果「史學」只是史料，那麼難道實齋僅把《六經》視爲史料嗎？許氏說：「按『六經皆史』一語，……總以『六經皆先王之政典』，皆『周官掌故』，即文化、政治史料一解，最爲通達。」（頁 55）依上所言，恐怕讀者可以看出，筆者其實是不同意許氏對「六經皆史也」一語的解讀的。蓋依實齋，《六經》怎可能只是史料呢？！

　　末了，筆者願意指出一小瑕疵。就《章氏遺書》的字數來說，許氏云：「凡五十餘卷，都五十萬言。」（頁 45）這大抵是就姚名達所編的本子來說的[243]，如就現今最通行的臺北漢聲出版社（1973 年；以劉承幹的版本爲底本）或北京文物出版社（1985 年）的本子來說，其字數應不下百萬言。

　　綜上所論，許文除個別地方（如上所指陳者）外，總體來說，是一篇非常值得一讀的好文章。

　　如上所述，許文嘗探討實齋的「六經皆史」說。這個議題，恆爲學者所關注。對實齋寫過不下 10 篇文章的倉修良先生也對「六經皆史」的問題發表過論

---

242 〈報孫淵如書〉，《文史通義》，頁 312。

243 姚名達說：「右《章實齋遺著》，……爲字約在五十萬以上。」姚名達，〈《章實齋遺書》敘目〉，存萃學社編集，《中國近三百年學術思想論集》（香港：崇文書店，1975），六編，頁 231。

著[244]。其緣起爲不同意柴德賡、周予同及湯志鈞三人的見解，認爲他們的見解「是與歷史事實不相符合的。」（頁 32）[245]以倉文無甚特別，今不予攝述，而逕提出筆者的看法。倉氏說：

> ……因此，"六經皆史"的"史"，既具有"歷史資料"的"史"的含義，……又具有"經世致用"的"史"的內容，……這種"史"無可辯駁是具有"歷史資料"的"史"。……從著作體例來看，"夫子述而不作"，"夫子未嘗著述"，《六經》只不過是他刪訂而已。故《六經》是選輯、是掌故、是記注，而不是著述。（頁 33-34）

據上引文，倉氏的主旨是把實齋「六經皆史也」一語中的「史」字，認定爲「歷史資料」（簡言之，即「史料」）。這個見解，不異上文許冠三的見解。針對這方面，筆者上文已表示過異議。現在作進一步的說明。我們似乎可以這麼說，作爲古代重要的歷史文獻而言，《六經》固然是後人認識古代歷史的一種重要資產；或逕視爲後人重建古史的一種歷史資料（史料），亦未嘗不可。然而，筆者需要指出的是，這種對待《六經》的態度，乃係今人（近現代學者）的態度[246]；古人（含實齋）應該不是這樣看待《六經》的。針對這個問題，我們不妨從「《六經》皆史也」這句話的下文說起。其繼起的下文是：「古人不著書，古人未嘗離事而言理，《六經》皆先王之政典也。」[247]

---

244 倉修良，〈也談章學誠"六經皆史"〉，《史學月刊》，期 2（1981 年），頁 32-40。

245 柴氏和周、湯二氏的文章，上面曾經處理過。其出版資訊，已見上文，茲從略。

246 倉氏之前，早有學者秉持類同的見解；任公、胡適及上文提到的許冠三先生等學人即其例。梁啓超，上揭《中國歷史研究法補編》（上海，1934），頁 234；胡適，《章實齋先生年譜》，頁 105-106；許冠三，上揭〈劉、章史學之異同〉，頁 55。然而，不認同這種見解者，亦大不乏人；如錢穆及姚名達即其例。惟其中又稍有差異。1930 年代時，錢穆未嘗指名道姓明確指出何人以史料定位《六經》；而姚名達則早於 1927 年時，即連名帶姓指出其人即「胡適之先生」。錢穆，上揭《中國近三百年學術史》，頁 390-392；姚名達，上揭〈章實齋之史學〉，《中國近三百年學術思想論集》，六編，頁 48。

247 〈易教上〉，《文史通義》，頁 1。

　　上引文提到三個很關鍵的概念：《六經》、史、政典。依引文的上下文意，要言之，《六經》＝史＝政典。然而，此中之「史」，是否等同不少近現代學者所說的「史料」（史＝史料？），既係一頗具爭議性的問題，我們就不妨嘗試從其等同項「政典」一詞做點考察。如果政典就是史料，那麼問題便迎刃而解而不必再爭論了。然而，很明顯，這種「未嘗離事而言理」（此語見《文史通義・經解中》）的政典，乃「先王得位行道，經緯世宙之迹，而非託於空言。」[248]用今語來說，《六經》、政典絕非抽象的理論（空言）、形而上的道理。反之，就先王及其治下的老百姓來說，《六經》、政典乃治憲明時的「一代法憲」。實齋以〈易象〉嘗稱許周禮，遂指出說《易》乃「政教典章，切於民用而非一己空言」[249]。《六經》中固以《易》（今順實齋意，《易經》、《易傳》統稱爲《易》）最爲抽象，則其他五經（若不算《樂經》，亦可謂四經），其爲更切於民用而非抽象之空言可知。要言之，周、孔等至聖根據先王經緯世宙的事迹，予以神明變化而纂成的紀錄（史），必然不是一己（一家）之空言；反之，必係切於民用的「政教典章」、「一代法憲」之"至言"、"實言"。如果筆者這個理解不差的話，則「《六經》皆史也」一語中之「史」字，怎麼可以理解爲是「史料」呢？我們不排斥近現代學人研究古代史時，本於所謂實證立場、科學立場，把《六經》、政典定位爲史料而加以利用。然而，這是一種時代之言、時代之見[250]。作爲古人（清末以前的學人）的實齋來說，其識見怎麼可能陡降至這種地步呢？筆者的意思是說，近現代若干史家囿於時趨，因此其所言，所見，其實只是時代之言、時代之見；也可以說只是成見、偏見而已；而非實事求是，反映歷史事實之實然之見、當然之見。把「《六經》皆史也」一語中之「史」字，解讀爲「史料」，筆者認爲是一種錯誤的解讀。既不解實齋這句話的原意、本意，更不解其背後所

248　〈易教上〉，《文史通義》，頁3。

249　〈易教上〉，《文史通義》，頁2。

250　清末民國以降，尤其五四以後，《六經》地位早已今不如昔，大不如前。《六經》被視爲史料——被定位爲僅足供治史之用的材料而已，乃時世使然，即當時大氣圍下的必然結論、必然判斷。然而，這是"時代之言"，"時代之見"；也可說是若干歷史研究者的"一家之言"而已，非實事求是的至言、的論。

隱涵意圖針砭時代學風，藉以建立一家之言的一套構想、一套哲學。這是很可惜的[251]。

倉修良把「《六經》皆史也」一語中之「史」字，理解爲「歷史資料」。筆者未敢苟同，是以作出了上文的長篇大論。倉文其他論點的討論，恕從略。

倉文發表的同年（1981 年），施丁也發表了一篇研究實齋史學的文章[252]。以其內容無甚特別，今從略。倉、施發表文章的同年，趙淡元也發表了一篇研究實齋思想的文章[253]。全文計分三節，分別從以下三方面處理相關主題：（一）實齋所處的時代；（二）實齋的社會歷史觀；（三）實齋的史學思想。作者趙氏明言：「本文試從《文史通義》論史部份，探討章學誠的社會歷史觀及史學思想。」（頁 74）筆者要指出的是，《文史通義》固然係實齋的代表作，然而，無論如何，僅根據該書是不足以充份了解、掌握實齋的社會歷史觀及其史學思想的。是以趙文的學術價值，便無待龜著了。其內容，今不予撮述；僅討論其中一個說法。

就實齋的代表作《文史通義》而言，其版本甚多，而趙氏所根據的版本，大概是中華書局，1956 年的本子（頁 74）。針對該書，趙氏說：「章學誠……一生著作甚多，絕大部份生前未能刊行，死後，散佚很多，今天，僅《文史通義》一書尚屬完整，……」（頁 74）現今筆者打算對《文史通義》完整與否的問題，做點說明。據所知，該書從來沒有完整過。或者說得嚴謹一點，我們實在不知

251　從實齋對《尚書》的見解，我們更可以證明彼所說的「《六經》皆史也」一語中之「史」字，實不宜解讀為「史料」。根據《文中通義・書教（下篇）》，《六經》之一的《尚書》乃聖哲神明圓而神之製作；換言之，即一撰述。與「撰述」對反的是方以智的「記注」。記注，簡言之，即今人所說的史料。然則《尚書》豈史料耶？！其他五經，其情況正同；不必再多說了。前輩學人，如錢穆、姚名達、周予同、湯志鈞等等，早已指出「《六經》皆史也」一語中之「史」字，不能解讀為「史料」，可並參。錢、姚說的出處，見上註 246；周予同、湯志鈞，上揭〈章學誠「六經皆史說」初探〉，中華書局，《中華文史論叢》，第 1 輯（1962 年 8 月），頁 211-227，尤其頁 213。

252　施丁，〈章學誠的史學思想〉，《史學史研究》，期 3（1981），頁 59-68。

253　趙淡元，〈試論章學誠的社會歷史觀及史學思想〉，《西南師範學院學報》，期 1（1981 年），頁 74-83。

道該書在怎麼樣的情況下，始可稱爲「完整」。今所見者，該書乃一文集。茲從該書的編纂過程說起。按：實齋有意撰寫《文史通義》一書，乃始於乾隆 37 年（1772）[254]。寫於同年的〈與嚴冬友侍讀書〉可以爲證。書云：「……甄別名實，品藻流別，爲《文史通義》一書，草創未多，頗用自賞。」[255]據張述祖的判斷，實齋「本以《文史通義》一書，爲其終身事業，凡隻辭片語足以入著作之林者，無不包羅於此，而後人之欲究章氏之學者，亦不必他求。」[256]然而，遺憾的是，迄實齋之卒，其「終身事業」竟未得竣其功。而今所見之《文史通義》，乃其後嗣、友朋、或好事者（如藏書家、刻書家、出版業者）從其遺書中輯出重要文章而成者。事實上，早在 1940 年之前，《文史通義》已出現收錄不同文章的很多不同版本了[257]。所以嚴格來說，我們根本不知道《文史通義》該收錄甚麼文章始可暗合實齋意[258]；更遑論收錄得完不完整了。

還有一點似乎也值得指出來。如同撰寫於文革前、文革期間，甚至文革結束後若干年的不少文章一樣，趙文充斥著馬列主義的色彩。以下的用語似乎可以說明其情況：把清朝視爲「我國封建社會後期」（頁 74）；「生產力與生產關

---

254 錢穆先生嘗編輯〈實齋文字編年要目〉，收入上揭《中國三百年學術史》，頁 416-428。其中「乾隆 37 年壬辰（1772）實齋年 35」條，即明確標示實齋「是年始著《文史通義》」。錢穆之所以知悉實齋該年始著《文史通義》，乃根據實齋寫於同年的〈與嚴冬友侍讀書〉。詳參下註。

255 〈與嚴冬友侍讀〉，《章氏遺書》，卷 29，頁 65a，臺北：漢聲出版社，頁 747 下。又筆者今所據之北京古籍出版社（1956）之《文史通義》，內中尚有多處提及《文史通義》一書，如頁 284、311、314 即其例。

256 張述祖，〈《文史通義》版本考〉，燕京大學史學會，《史學年報》，卷 3，期 1（1939年 12 月），頁 73b-74a；又可參姚名達，〈《章實齋遺書》敘目〉，上揭《中國近三百年學術思想論集》，六編，頁 232-233。

257 參詳張述祖，上揭〈《文史通義》版本考〉。

258 當然，話又得說回來，因爲實齋本人在其逝世的數年前已選刻約 20 文。然而，在實齋的眾多文章中，彼所選刻的到底是那 20 文，則學者（如錢穆、張述祖）的意見又並不完全一致！錢氏乃實齋研究的大家，且嘗見鈔本《章氏遺書》；張氏對《文史通義》的版本又極深研幾。錢、張二人尚且持異說，則他人固無論矣。錢穆，〈記鈔本《章氏遺書》〉，《新編本《文史通義》》（臺北：華世出版社，1980），頁 702-703；張述祖，〈《文史通義》版本考〉，頁 97a-b，注 13。

係的矛盾」（頁 76）；「經濟基礎與上層建築的矛盾」（頁 76）；「章學誠認為封
建舊史學的體例」（頁 80）；「地主階級的立場」（頁 82）；「封建統治階級的利
益」(頁 82)等等。筆者不反對任何作者都可以有其一己的個人政治信念；然而，
據一特定的政治信念或意識型態來說明、解讀實齋的社會歷史觀及其史學思
想，筆者以為乃不必要、不相應的作法。劃地自限，恐無法獲得優異之研究成果
的，殊為可惜。幸好，最近二三十年來，教條主義文化在學術界已日漸退隱了。

大陸學人匡裕徹於 1982 年 3 月也撰著了一篇研究實齋史學的文章[259]。文章
不足 7 頁，計分 3 節。以內容與前人之研究成果無大差別，茲不予撮述、評釋。

實齋的「史德論」恆為學者所關注。饒展雄及高國抗於 1983 年也撰文討論
該問題[260]。以筆者淺見，饒、高一文有其可取之處；然而，亦有可商榷之處。
茲細述如下。按：胡適、何炳松及錢穆嘗先後論述實齋的「史德論」[261]。饒、高

---

259 匡裕徹，〈章學誠史學的目的論和方法論〉，《中南民族學院學報》，期 1（1984），頁
50-56。據文末的標示，該文改定於 1982 年 3 月。

260 饒展雄、高國抗，〈章學誠"史德"論辨析〉，《濟南學報》，期 2（1983 年 4 月），頁
77-80。

261 我們先談饒，高二氏所說的胡適與何炳松的見解。二人說：「胡適、何炳松就認為『〈史
德篇〉論主觀可以奪真實，其言極精。』」並特別以括號加注，說明胡、何二氏之見解，
見諸胡適所撰《章實齋先生年譜》，頁 91。筆者必須指出的是，該《年譜》確為胡適所
撰。然而，其後（1928 年），姚名達嘗為之訂補。筆者詳細對照比較胡氏之原譜（上海：
商務印書館，1922 年初版）與姚氏之訂補譜（上海：商務印書館，1931 年初版）後，乃
得悉《年譜》頁 91 論述實齋之〈史德篇〉者，其人為姚名達，而非胡適，更非何炳松。
換言之，饒、高二人張冠李戴，批評錯了對象。至於何炳松，他針對實齋的〈史德篇〉，
特別討論了「天人之際」的問題。實齋說：「欲為良史者，當慎辨於天人之際，盡其天
而不益以人也。」（《文史通義》，頁 144-145）何氏認為：「他所說的『天人之際』，
完全就是我們現在所說的歷史上的客觀主義和主觀主義。」何氏又說：「……我以為單
就這『天人之際』一個見解，章氏已經當得起世界上史學界裏面一個『天才』的稱號。」
何說見〈何序〉，胡、姚《章實齋先生年譜》，頁 17-22，上引文分別見頁 17、21-22。
余英時不同意何氏的見解。余說詳見上揭《論戴震與章學誠》，頁 213-214，頁 237，註
46。最後，我們一提錢穆的說法。錢說：「何者為天，何者為人，何者為『盡其天而不
益以人』，這裏又有甚深大義。平淺說之，寫史應一本原來事實，不要把作者者人的成
份添進去。拿現在話來講，只是要客觀地把事實真相寫出，這即是『天』了。但不要把
自己人的方面加進去，這事極不容易。」上引文見錢穆，上揭《中國史學名著》，頁 329。

二氏認爲實齋所說的「史德」與實事求是的史家們撰史時所落實的史德，是有著天差地別的。其言曰：「把章氏所謂『天』、『人』解釋爲『客觀主義』、『主觀主義』，把『天人之際』解釋爲『客觀與主觀之間的關係』的說法，並非章氏的本意。」（頁 78）總括來說，二氏認爲，作爲出身於封建社會的史學家來說，實齋所說的史德（史家撰史該具備、擁有的道德），實係「三綱五常之類的封建道德」（頁 78）。並進一步指出說：

> （實齋的史德論）透露了它的階級本質，原來一向被說得冠冕堂皇的「史識」或「史德」，就是不誹君謗主，不背名教，時刻按封建倫理道德來著史，以鞏固封建統治。這也是封建史家經常吹噓的「善惡必錄」、「秉筆直書」、「實錄」、「信史」等等的階級實質，實際上都是不同程度的歪曲歷史。這種封建史家的「史德」同我們所說的實事求是，把歷史的內容還給歷史，恢復歷史的本來面目，是風馬牛不相及的。（頁 80）

上引文中「善惡必錄」、「秉筆直書」、「實錄」、「信史」等等的史德概念，我們下文再說。至於作者把實齋的「史德說」定位爲「不誹君謗主，不背名教，時刻按封建倫理道德來著史，以鞏固封建統治」的說法，筆者大體上是同意的[262]。其實，在饒、高二氏之前，早有學者對實齋的「史德說」展開批判，其中或以業師徐復觀先生之說最爲嚴刻。徐先生批評實齋不解司馬遷的《史記》之所以能夠

---

[262] 然而，饒、高所用的「封建倫理道德」一詞，筆者則大有保留，以實齋所生長的清代，早已遠離封建時代。以「君主專制時代」稱之或更近實情。當然，大陸學人所用的「封建」一詞與港臺學人所用者大有區別，今不予細論。總言之，敝開兩岸學人這個頗具爭議性的詞彙不論，筆者是同意饒、高二人的看法的。從「三綱五常之類的封建道德」一語（頁 78），其實我們已明確知悉饒、高二氏所說的「封建道德」的內涵，其所指原來只不過是漢代以來所常說的「三綱五常」而已。「封建」二字，以至於在同一意識型態下所表達的類似的概念（如「階級實質」、「封建統治」之類的概念），我們應該予以繞過而不予理會，即不要因詞害意。因爲似乎只有這樣做，我們才能夠明白、掌握饒、高一文的實義。其實，我們應該本著同一態度來對待改革開放前（甚至改革開放後不久）大陸學人的文章。

成爲「實錄」時，指出說：「……以此而言『史德』，此眞所謂卑賤的奴隸道德，章氏實在沒有資格論《史記》。」徐先生又說：「章氏（〈史德篇〉）爲史公所作的辯解，尤爲中專制之毒太深，鄙陋可笑。」[263]業師許冠三先生亦有類似的批評，也許用語稍微溫和一點。許氏說：「實齋所倡之史德，在忠於時王之制，君父之道及人倫之教，善善惡惡，一概以此爲準。」[264]一言以蔽之，實齋之史德，主要是以倫理道德爲判準。這方面，余英時更一針見血的指出說：

> 章氏史德之說，於史學中重天人之辨，其主旨雖在說明歷史家於善惡是非之際必須力求公正，毋使一己偏私之見（人）損害史的「大道之公」（天）！但是這種天人之辨仍與西方近代史學界所常討論的歷史的客觀性和主觀性有不同之處。蓋章氏的天人之辨並非針對着歷史知識之眞僞問題而發。我們必須知道，他的話是站在中國傳統史學中的倫理層面上說的。[265]

上引文，尤其「他（實齋）的話是站在中國傳統史學中的倫理層面上說的」一語，很能道出實齋「天人之辨」的精髓。然而，我們似乎仍然可以進一步追問：難道實齋全不考量在史學研究的過程中，需要謹守客觀性（所謂「天」），且同時又需要限制人的主觀性（所謂「人」）嗎？個人認爲，實齋並不至於此。細讀〈史德篇〉一文，則可察覺，從知識立場上謹守客觀性，並限制主觀性，仍是實齋所追求的（筆者這個論點，詳見下文）。然而，這種追求是落在第二義上的、次要的；其第一義，至關緊要的"守則"，恐怕還是三綱五常的人倫規範。積極方面的且不說；就消極方面來說，實齋認爲必須守住的底線是：「不誹君謗主」，「不背名教」。其解讀史公之不敢訕上（君主），並由此而引申到訕上者必成爲「名教中之罪人，天理所誅」，則可知在實齋的心目中，知性（客觀知識之建立）與

263　徐復觀，〈論《史記》〉，上揭《兩漢思想史》，卷三，頁 323；頁 432，註 18。

264　許冠三，上揭〈劉、章史學之異同〉，頁 47。D. Nivison 亦有類似的批評，嘗指出實齋深具擁戴極權主義的性格。D. Nivison, *The Life and Thought of Chang Hsüeh-ch'eng,* p. 17, 67, 149-150.

265　余英時，上揭《論戴震與章學誠》，頁 213-214。

德性（謹守上下尊卑之倫常規範）在治史過程中之孰輕孰重了。對實齋來說，人倫規範是熊掌，史事求眞是魚。若能兼得，當然上上大吉。反之，當不能兼得時，則「捨魚而取熊掌可也」。

我們現在再來看饒、高二氏的文章。我們可以說，針對歷史研究，實齋確係重視人的道德（心術）所扮演的角色的。這點筆者同意饒、高的論點。然而，他們似乎走得太遠了一點。其產生的惡果是不必要的政治意識型態恆摻入文章中，而把實齋的道德意識理解爲、解讀爲「封建倫理道德」。這多少扭曲了，或至少不足以充份反映實齋所說的「史德」的本質。此其一。再者尤關緊要的是，作者們忽略了實齋的「史德論」就歷史重構的客觀性[266]來說（即對知性的追求以成就「實錄」、「信史」來說），仍是有一定的助益的，不盡然僅係「時刻按封建倫理道德來著史，以鞏固封建統治」而已。

除史德外，實齋《文史通義‧史德篇》所討論的「史識」亦係學者們關注的對象。1983 年姜勝利便發表了一文商討其事[267]。據姜氏，學界一致認爲實齋所論述之「史德」乃獨立於史家三長[268]之外而爲實齋首倡的一個史家條件。這個見解，姜氏不予認同。再者，又認爲實齋「誤解了劉氏史識論的涵義，特撰《史德篇》強調史德是史識之不可缺少的組成部份」。姜氏大概是要糾正學界及實齋以上的見解，所以便撰文討論之。姜氏在文中明確表示說：「史德的基本內容在劉知幾所論的"史識"中即已具備了；……因此，章氏對史家應具備的條件所作的理論闡發，不在於首倡史德論，而是發展和深化了劉氏的"史才三長論"。」（頁 55）要言之，即姜氏認爲：（一）「史德」非如學界所說的乃實齋所首倡，且並

---

266 細言之，即遵守知識建構的客觀性規範（盡其天），並限制人的主觀性（不益以人）。其實，操作起來，這兩者是一體的兩面，互相輔益的。

267 姜勝利，〈劉、章"史識"論及其相互關係〉、《史學史研究》，期 3（1983），頁 55-59。

268 姜氏在文中並沒有明示這些學界中人的姓名。據筆者所知，至少有如下數人：杜維運，上揭《清乾嘉時代之史學與史家》，頁 85；黃錦鋐，〈章學誠和《文史通義》〉，《書和人》，期 185（1972 年 4 月 29 日），頁 2；趙淡元，上揭〈試論章學誠的社會歷史觀及史學思想〉，《西南師範學院學報》，期 1（1981），頁 81。又：所謂「史家三長」或「史才三長」，指的是才、學、識。其說倡自劉知幾。詳見〈劉子玄傳〉，《舊唐書》（上海：中華書局，1975），卷 102，頁 3168-3174，尤其頁 3173。

非獨立於三長之外；（二）實齋不察知幾所言之「史識」其實已含「史德」，是以毋待彼之說明。

　　以上是姜文的主旨，以下是細述。姜文首節旨在闡述知幾的「史識論」。以其內容與本書不直接相關，茲從略。次節則特別闡釋實齋的「史識論」。其主旨為：實齋之所以指責知幾，不是因為知幾並未在史家三長外另立「史德」一目，而是因為知幾所說的「史識」，其內容並不完備、正確。據實齋，史家必須具備史德（即把「史德」涵括進去「史識」內），他才夠資格被稱為「具史識」的史家[269]。也就是說，只有把史德涵進去，史識之內容始周備完整。換言之，兩者是有著涵攝關係的，非各自獨立不相干的。這方面，實齋是知曉的。是以姜氏作出如下的判斷：實齋本人「並無將史德與才、學、識並稱"四長"之意。」（頁57）按：不少學者認為實齋在知幾「史家三長」外另立「史德」一目，遂有所謂「史家四長」之說[270]。然而，史德既係史識的組成部份，是以根本無四長可言，而仍係三長。姜氏以上的判斷，正好駁斥了這些學者的看法。再者，姜氏又認為，就實齋來說，他誤解了知幾，以為知幾所說的「史識」不含「史德」。究其實，知幾之「史識」已含「史德」。所以姜氏說：「在史識論上劉知幾、章學誠二人的觀點實際是一致的。」[271]（頁 58）所謂「一致」是指，二人所說的「史

269　實齋明確指出說：「能具史識者，必知史德。」〈史德〉，《文史通義》，頁144。翻成今語，即係：「能夠稱得上是具備史識的人（史家），他必然是認識（含實踐）史德的。」如用邏輯來表達，即「史識」一詞蘊涵了（implies）「史德」。即一旦說某史家具備史識，即意味著他必然同時是具備史德的。也可以說，史德是史識的必要條件；缺乏史德者，即不足以成為具史識的史家。

270　「史家四長」的概念，不知最先出自何人？然而，最遲至任公撰《中國歷史研究法（補編）》時已出現，任公並以「史家的四長」作為其書第二章的命名。開篇即云：「劉子元說史家應有三長，即史才、史學、史識。章實齋添上一個史德，並為四長。實齋此種補充，甚是。」

271　楊翼驤、許冠三、饒展雄、高國抗等人有類似的看法。他們都認為實齋史德論的見解，蓋源自知幾。楊氏說：「雖然清朝人章學誠曾為之補充了一個"史德"，但"史德"實際上是包括在劉氏所說的史識之內的。」許氏說：「（實齋）後出之『史德』一說，其原亦在《史通》。」饒、高二氏說：「章氏在"史德"論這個問題上，並不具有獨創性。如果一定要說他有什麼"進步"的話，那就是他把劉知幾的"史識"論，解釋得更加清楚明白了，……」

識」其實都包含了「史德」。姜文最後一節（即第三節）論述劉、章二人「史識論」的關係。其主旨在於指出，實齋的史識論其實是知幾的史識論的繼承和發展。

以上是姜氏一文的撮述。姜文篇幅不大，約 6,000 字。然而，內容言而有徵，論據確鑿，析理明晰；可稱佳作。且文章雖發表於 1983 年，但全看不出受到不必要的政治意識型態的影響（「封建」、「唯物」、「階級」等等相關詞彙未嘗出現），這是一個很可喜的現象。然而，實齋的「史識論」，其中有一個相當值得注意的觀點似乎逃離了作者的法眼。今嘗試指出、申論。細玩實齋〈史德篇〉的文意，個人認為，文中所言的史德，其實具二義；既有道德意涵，亦有認知意涵。按：中國人所說的「德」，一般來說（尤其理學極盛的宋、明兩代），恆扣緊道德層次而言，而與認知層次不相干；其所成就者為中國人傲視全球的德性之學（心性之學）、義理之學或今人所說的道德形上學。然而，逮乎清代，其學術風氣已然改易。知識主義轉據上風，德性之學的樞軸地位乃被所謂徵實的考據訓詁之學所取代（簡言之，也可說「道問學」取代了「尊德性」）。實齋生當其時，自不免受其影響[272]。此影響見諸我們現今所討論的實齋之「史德論」[273]。據〈史德篇〉，吾人隱約可見，彼所言之史德，其範圍已然擴大，即不

楊翼驤，〈劉知幾與《史通》〉，《歷史教學》，期 7、8（1963）；又收入吳澤主編，《中國史學史論集》（上海：上海人民出版社，1980），冊 2，頁 158；許冠三，上揭〈劉、章史學之異同〉，頁 65；饒展雄、高國抗，上揭〈章學誠"史德"論辨析〉，頁 80。

272 詳參周啟榮、劉廣京，上揭〈學術經世：章學誠之文史論與經世思想〉，頁 149-150；余英時嘗討論清代「尊德性」向「道問學」轉向的問題，見余英時，〈自序〉，上揭《論戴震與章學誠》頁 1-10；余英時，〈儒家智識主義的興起〉，《論戴震與章學誠》，頁 15-30。

273 當然，亦見諸實齋對其他問題的討論及見諸非學術討論的文字（如實齋給友人的書信），今不擬轉引、細論。余英時對實齋之學術探賾索隱，極具啟發；即嘗根據該等文字而指出實齋深具知識主義的傾向。今試引錄《論戴震與章學誠》一書中相關文字數段如下，以見梗概：「深一層看則（實齋）仍不免與東原的經學考證同屬於儒家智識主義籠罩下的學術產品。」（頁 41）；「實齋於此充份地表現了清代儒學的共同精神；他這種寓虛理於實學的觀點和東原所謂『德性資於學問』同是儒家智識主義興起以後的思想產品。……因此，東原與實齋雖亦言『尊德性』，而這種『尊德性』則衹是『道問學』中

盡然以道德層次為囿限，而兼及知性層次了。其實，知性與德性，雖分屬二個不同的領域，然而，深一層看，兩者固可區分，但不宜分割；換言之，兩者非截然為二者，蓋「德性資取於學問」、「學問未嘗不可成就德性」。反之亦然，蓋「德性亦可成就學問」也。莊子嘗云：「有真人而後有真知。」《莊子‧大宗師》得此啓發，個人近年更進而生起如下的一個信念：「有真性情始有真學問」。此「性情」，筆者取其廣義用法，人之德性固蘊涵其中。本此，則「學問資於德性」，即德性成為了成就學問（具真知灼見的真學問）的必要條件。

上文最後幾句話扯遠了，現在扣緊〈史德篇〉而為說。此篇八言「心術」，可知實齋乃扣緊「心術」以言「史德」[274]。文中第一次提到「史德」時，實齋便開宗明義的說：「……必知史德。德者何？謂著書者之心術心也。」這無疑是對「史德」一詞下定義。按：「心術」一詞，恐怕一般人恆從人之道德修養方面去理解。這個理解，固確當不易。就〈史德篇〉中的「史德」來說，固涵斯義。然而，筆者則以為，斯義不足以盡〈史德篇〉中「史德」一詞之全幅涵義。換言之，該詞並非純粹針對人之道德修養層面而發；而實兼涵人之知性層面而言。上引文中有「必知史德」一語，其前一語是：「能具史識者」。這幾句話，綜合來說便是：史識本乎史德。而史德則存乎心術。筆者以為，此中所說的「心術」，蓋有二義：既指「道德心」，亦指「認知心」。（前者成就德性之知，後者成就聞見之知。）〈史德篇〉中又數言養心術，又數言天、人。統合言之，道德心及認知心，皆有賴乎養。二者之修養而底於成，即可達致「盡其天而不益於人」的境界。上文說得抽象了一點，現在試具體言之。茲先引錄實齋的一段話：

<hr>

的『尊德性』。」（頁 63）；「清代儒學發展至東原、實齋，其『道問學』之涵義始全出。……他為了與東原的經學考證對抗，便強調史學中也有考訂一門。」（頁 139）；「東原與實齋是乾隆時代的經史考證學運動的理論代言人。」（頁 143）

[274] 相關語句如下：（一）「謂著書者之心術也」；（二）「所患乎心術者」；（三）「亦足以稱著書者之心術矣」；（四）「不知辨心術以議史德」；（五）「然而心術不可不慮者」；（六）「故曰心術不可不慎也」；（七）「蓋言心術貴於養也」；（八）「心術何由得正乎」。

劉氏……故曰：「古人史取成家，退處士而進姦雄，排死節而飾主闕。」
亦曰一家之道然也。此猶文士之識，非史識也。能具史識者，必知史德。
德者何？謂著書者之心術也。夫穢史者所以自穢，謗書者所以自謗，素行
為人所羞，文辭何足取重！魏收之矯誣，沈約之陰惡，讀其書者先不信其
人，其患未至於甚也。所患夫心術者，謂其有君子之心而所養未底於粹也；
夫有君子之心而所養未粹，大賢以下所不能免也，……以此責人，不亦難
乎？是亦不然也。蓋欲為良史者，當慎辨於天人之際，盡其天而不益以人
也。盡其天而不益以人，雖不能至，苟允知之，亦足以稱著書者之心術
矣。……至於善善惡惡，褒正而嫉邪，凡欲託文辭以不朽者，莫不有是心
也。然而心術不可不慮者，則以天與人參，其端甚微，非是區區之明所可
恃也。

上引文「退處士而進姦雄，排死節而飾主闕」，語出《史通·忤時篇》[275]。首句
源自班固對司馬遷《史記》的評論[276]，次句乃傅玄對班固《漢書》的評論[277]。
實齋引錄知幾這兩句話之後，指出說：這是知幾一家之言（一家之道）。這「一
家之言」指的又是甚麼呢？細玩這兩句話的文意，則可察知這兩句話是知幾針對
《史》、《漢》兩書所作出的個人價值判斷；而不是針對《史》、《漢》作出事
實判斷[278]。實齋針對知幾這兩句話，下一斷語說：「……此猶文士之識，非史識
也。」這個斷語，翻成語體文便是：「（知幾（倡言史識，然而）這個價值判斷，
依我看，）只是相當於（猶）文士之識而已，不真的是史家之識啊。」在這裡我
們不擬討論「文士之識」與「史家之識」的分別，也不討論知幾的識是否確如實

---

[275] 《史通·忤時篇》原文作：「《史記》則退處士而進姦雄，《漢書》則抑忠臣而飾主闕。」
[276] 語出《漢書·司馬遷傳》。
[277] 語出嚴可均所輯之《全晉文》，卷49，《全上古三代秦漢三國六朝文》。其中「《傅子》
曰：『吾觀班固《漢書》，論國體則飾主闕而抑忠臣。……』」
[278] 針對《史》、《漢》來說，史家作出的事實判斷可如下。譬如說：前者所記錄的史事起
黃帝，迄漢武帝；後者所記錄者乃西漢一代之史事。這種針對客觀事實而作出的判斷稱
為事實判斷，固異乎針對兩書的所謂優劣所作出意含褒貶的價值判斷也。

齋所說的只是相當於「文士之識」的一種識。我們要注意的是，細審其前後文意，這種被實齋僅命名爲「文士之識」的價值判斷，絕不是實齋所欣賞的；因爲實齋所欣賞的無疑是「史識」──「史家之識」。然則實齋所欣賞的所謂「史識」，指的又是甚麼呢？我們可以說，實齋所欣賞的一定不是他所批評的意含褒貶的價值判斷，如「退處士而進姦雄，排死節而飾主闕」之類的判斷（否則他就自相矛盾，自打嘴巴），而一定是其他判斷。這個所謂「其他判斷」又可能是甚麼判斷呢？相對於價值判斷來說，恐怕就是史家最常作出的另一種判斷，即事實判斷。所以實齋欣賞的，大概就是事實判斷。然而，實齋在「此猶文士之識，非史識也」之後，來了一句：「能具史識者，必知史德；德者何？謂著書者之心術也。」據此，我們可以說他所說的「史識」是以「史德」爲基礎，爲其不可缺少的重要組成部份的。而這個「史德」又等同「心術」，則可知：治史者能據實直書，不作價值判斷就是具史德的人，即心術修養底於粹的人。

我們現在依序進一步分析上引文。實齋在原則上既不欣賞作價值判斷的史家，則在他眼中肆情褒貶，濫作價值判斷的史家，如魏收、沈約等，他更不會稍予假借。然而，吊詭的是，實齋於此下一轉語說：「其（指魏、沈二人）患未至於甚也。」實齋之所以嚴斥魏、沈二人，當然是因爲他們濫作價值判斷而破壞、扭曲、顛倒史事之本來面貌。那他爲甚麼又說，「其患未至於甚也」呢？這是不是有點高高舉起，但又輕輕放下，予以放過呢？不是的。實齋指出說：「讀其書者先不信其人」，所以其患便不至於太甚了。因爲他們兩人平日的行爲表現，人們早看透了，看穿了，或他們的書太多任情褒貶之處了，所以讀者便會先存警戒之心，可以說先打預防針，所以盡管你說得冠冕堂皇（這裡用廣東話「盡管你說得天花龍鳳」來描繪，似乎更傳神），但讀者只當你是瞎掰、天花亂墜；一句話，就是不信你啊！所以便不會被你所騙。如果不必擔心被魏、沈二人所騙，那麼我們治史者、撰史者，或作爲讀史者來說，又要擔心甚麼呢？實齋以下兩句話甚具智慧。他說：「所患夫心術者，謂其有君子之心而所養未底於粹也。」我不是如魏、沈般的小人啊。我是君子啊，我不會胡亂寫史，任情褒貶來騙你們讀者的。然而，問題是，你撰史雖有君子之心，但仍不足以濟事。因爲這不是，或至少不僅是，有心無心的問題。「有心」（有君子之心）只是一必

要條件，而不是充份條件啊。然則要怎樣做才可把必要條件變成充份條件呢？依實齋，這需要兩個字：「養」字、「粹」字。合而言之，此「養」必要至乎其極，即所謂「底於粹」始足以濟事。

現在我們要問：「養其心而底於粹」，難嗎？這一問似乎便來到了問題的核心。上面我們說過，心術既指「道德心」，亦指「認知心」。我們先就道德心來說。孔子曰：「仁遠乎哉？我欲仁，斯仁至矣。」[279]佛家不是也說：「放下屠刀，立地成佛」[280]嗎？所以似乎我們可以得出一個結論：假使你意志堅定，有決然、毅然的鬥志、勇氣的話，「養其心而底於粹」，應不是太困難的[281]。然而，就認知心來說，似乎便困難多了。參透人生甘苦的莊子不是說過下面的一句話嗎：「吾生也有涯，而知也無涯。」[282]「學海無涯」這句話反映了知識領域的無窮無盡。這在今天知識大爆炸的時代尤見其然。所以「養其心而底於粹」，就知識領域，即就傳統用語所謂「學養」來說，真的是千難萬難的；甚至是不可能的。按：中國人從來不否定人可以為堯舜，可以成聖成賢。當然，這是就原則上來說。但由此可見，至少原則上人是可以成聖成賢的。然而，從不曾聽說人在知識領域中，可以一口吸盡西江水。因為這在原則上根本是不可能的。所以實齋所說的「以此責人，不亦難乎？」這句話，指的不可能是德性領域上的「底於粹」，而應該是指知性領域上的「底於粹」。前面已說過，德性上的底於粹不是很困難的；原則上，凡人皆可達致的。所以只有責人在知性上要底於粹，才是難的。實齋對此有充份的理解、了悟，所以才說出：「不亦難乎？（這不是強人所難嗎？）」這句話。

總結上段話，個人認為，〈史德篇〉中實齋所說的史家之德的所謂「心術」，與其說是就德性層面的道德心來說，那寧可說是針對知性層面的認知心而為說[283]

279　《論語·述而》。

280　釋普濟，《五燈會元》，卷 53。

281　當然說難，其實也的確是千難萬難。因為要堅持下去，且要底於粹，那又談何容易呢？！

282　《莊子·養生主》。

283　實齋撰文、撰史知性傾向的相關言論，不僅見諸撰寫於乾隆 56 年（1791，實齋時年 54 歲）的〈史德〉一文。彼撰寫於 5 年後，即嘉慶元年（1796，實齋時年 59 歲）的〈文德〉

（當然，若保守一點說，實齋所說的「心術」，個人認為，乃兼指二者。但就學理而言，指的是認知心比較說得通－比較符合「所養難以底於粹」的實況）。治史所需之學養可說是無窮無盡的。（由此也可見，史德其實也牽涉到史學。兩者不是截然為二的。這個問題，這裡就不展開了。）[284]然而，難道史家便以此而卻步，就不治史了嗎？答案當然是一個「不」字。簡單來說，史家是知其不可而為之的。然而，總得要有一個原則，一個定盤針，來作為「養」所努力的方向。在

一文亦有相關論述。該文云：「臨文必敬，非修德之謂也；論古必恕，非寬容之謂也。敬非修德之謂者，氣攝而不縱，縱必不能中節也；恕非寬容之謂者，能為古人設身而處地也。嗟乎！知德者鮮，知臨文之不可無敬恕，則知文德矣。」（《文史通義》，頁60）其中「能為古人設身而處地也」，洵上引文中最關鍵的一語。蓋設身處地的目的，不在於站在德道立場上自我要求包容古人（恕非寬容之謂），而實在於藉以充份知悉、理解古人的行為；否則由此而來的修辭、撰文（含撰史）便不足以如實地報導、反映古人的真情實況。當然，「恕非寬容之謂者，能為古人設身而處地也」一語，似乎也不能說毫無德性意涵；但筆者總以為其知性意涵重於德性意涵。（這個問題，詳參本書下章針對書麟文章的相關論述。）實齋撰寫〈史德篇〉和〈文德篇〉的年份，乃根據錢穆上揭《中國近三年年學術史》，頁 423、424。這裡容再做點補充說明。中國傳統史家，幾乎一無例外的是，道德倫理上的要求勝於客觀知性上的要求。換言之，即致用的要求勝於求真的要求（當然，這種功利主義的致用要求也不全是壞的、負面的，這裡不細談。）實齋又豈為例外？！ 所以〈史德篇〉中有關「心術」的說明，實齋在立論上雖自覺的要求為史學上的求真說話，但其內心深處，恐怕「君父是黨」、「不背名教」、「為尊者、親者、賢者諱」等等的 "無明"，還是蠱惑作祟其間。其立論的初衷由是不能不大打折扣。（順便一提：也許正是由於其立論欠明晰，或因忌諱而不敢太明晰，所以不少學人便純粹從倫理層面來解讀他的話）。就史學求真的一義來說，這是很讓人扼腕的。我們既為實齋感到可惜，甚至感到痛心，也同時為中國傳統史學之不能走上 "正途"（即求真一途），感到無奈。"傳統史學" 在這方面最極端的表現，恐怕無過於文革時期的影射史學了。史學求真的路真不好走！

[284] 按：「史學」指兩方面。一指歷史知識的本身（即對過去的歷史，你知道得多少？），另一指歷史學的輔助知識。不要以為「歷史學的輔助知識」，近現代人治史才有這個想法，才出現這個稱謂。當然，理論性的輔助知識或輔助學科，如社會學、心理學、文化人類學、經濟學等等，近現代才出現。至於工具性的輔助學科，如統計學、電腦演算等等，那更是近今之事。然而，清中葉錢大昕治史，便叫人要重視輿地、官制、氏族了。這在當時來說，即其時的輔助學科也。要言之，史學若連同其相關的輔助學科來算，其範圍是非常廣大的。任何史家都不會天真到說，他在這方面的「養」是底於粹的。

這個地方，實齋端出一個「天」字，要治史者「盡其天」。用今語來說，就是在道德上自我要求，提高自律，要盡量（盡其所能）根據、順乎、遵守治史的客觀規範（這就牽涉到上文所說的「善惡必書」、「秉筆直書」、「實錄」、「信史」等的問題。）；當然也要盡量攝取廣博的歷史知識，否則光憑道德心而沒有相應的歷史知識（史學）來支撐，來予以充實，那也絕不足以濟事，而無法追求到客觀的歷史真相，並進而寫出足以反映事實的史書的。但光是正面端出一個「天」字，似乎並不很足夠。所以實齋又多端出一個「人」字，要治史者「不益以人」。用今語來說，就是不要無端妄作、加油添醋[285]、捏造事實；更不要任情褒貶。其實「盡其天」和「不益以人」是一體的兩面。盡其前者，即表示不益以後者；不益以後者，乃得以盡其前者。所以「盡其天而不益以人」是實齋加強其力道（大陸說法是「力度」）的一個說法而已。其實要完全做到「盡其天而不益以人」，不是很容易的。實齋是很務實的，於是便為治史者，甚至為良史，當然也為自己，找一個臺階下。他說：「盡其天而不益以人，雖不能至，苟允知之，亦足以稱著書者之心術矣。」換言之，雖然不見得可達到「盡其天而不益以人」的境界，但原則上，精神上，理想上，總是應該立志於此而作出努力的。

　　上引文最後幾句話很有意思。因為這幾句話似乎很可以反映實齋所說的「史德」、「心術」，似乎認知心的意味比道德心的意味來得更強。我們不妨再引錄一次這幾句話。他說：「至於善善惡惡，褒正而嫉邪，凡欲託文辭以不朽者，莫不有是心也。然而心術不可不慮者，則以天與人參，其端甚微，非是區區之明所可恃也。」其意是說：「欲託文辭以不朽者」莫不具備「善善惡惡，褒正而嫉邪」的道德心。然而，不能依恃這一點點（區區）的小聰明便以為可以成為一位良史，據以寫出如實反映事實的史書的。因為如何本乎道德心以制限人為（人）的無端妄作、任情褒貶，似乎還是比較容易做到的。反之，本乎認知心如實地認識依歷史的本然（天）而來的歷史真相，這才是比較困難的呢。原因是這其間

285　加油添醋，如果是故意的，那是德性層面之事。如果不是故意而是自認為事實確係如此的，那是認知不足的結果；這便是認知層面，或知性層面之事了。所以養心，需要兩方面都養。

牽扯到天、人交錯，天、人交涉的問題。兩者的關係是很微妙的，蓋此強則彼弱，此弱則彼強也。

我們似乎可以簡單的做如下的一個結論：對實齋來說，要成爲一位良史，當然很重要的一個條件是要具備道德心，藉以據實直書。然而，道德心恐怕只是必要條件而已（即只是門檻）。更重要的似乎是要盡量發揮認知心，藉以擁有廣博的歷史知識（史學：歷史方面的學養）。我們似乎也可以說，史家的道德心是建築在他的認知心上面的，即以認知心爲基礎的。沒有這個基礎，道德心是虛浮的，不踏實的。原因很簡單，假使過去的史事，你甚麼都不知道，那你這個道德心如何協助你如實地重現過去，重構過去的眞情實況呢？！道德心可以讓你據實直書。但如果你根本沒有實，不知何謂實，掌握不到實，那麼你又如何得以直書呢？！一言以蔽之，〈史德篇〉所談的「史德」、「心術」，應兼含道德心、認知心兩義。實齋對史德的論述，在清代知識主義這個傳統影響下，也許可以視爲尊德性漸次過度至道問學的過程中的一個案例吧[286]。

就筆者所悉，1984 年仍有若干文章是討論實齋的史學的，如曹秉漢一文及

---

[286] 何炳松嘗從知性層面的立場分別以客觀主義和主觀主義來理解、對應實齋所說的「天人之際」的「天」和「人」。余英時不表同意，指出說：「他（實齋）的話是站在中國傳統史學中的倫理層面上說的。」如依筆者上文的分析來看，何氏的理解雖或過於簡直（簡單、直接了一些），但似未爲大謬。要言之，依筆者看，實齋的話不全然是站在倫理層面上說的；他的話應該也是站在知性層面上說的。何炳松，〈何序〉，胡、姚，上揭《章實齋先生年譜》，頁 17。余英時，上揭《論戴震與章學誠》，頁 214，頁 237，註 46。寫到這裡，讓人想起美國漢學家艾爾曼（B.A. Elman）在其名著 *From Philosophy to Philology* 一書中的相關判斷。艾氏借用傅柯（M. Foucault, 1926-1984）有關「話語」（英文：Discourse；法文：Discours）的理論來闡述 17、18 世紀的中國的學術趨向。B.A. Elman, "Preface", xx, *From Philosophy to Philology*（Cambridge & London: Harvard University Press, 1984）.其重點在於指出，這兩個世紀標誌著從道德主義話語轉向知識主義話語。實齋正生當其時（18 世紀），艾氏的判斷似乎很可以說明實齋的「史德論」何以深具知性的特色。傅柯的話語理論，見所著《知識考古學》（*L'Archéologie du savoir*, Paris: Gallimard, 1969）一書。按：艾書有中文翻譯，即趙剛所譯之《從理學到樸學》（南京：江蘇人民出版社，1995）。

見於杜維運書中的一章即其例[287]。以未見曹文（指撰寫博論期間），乃無從討論。至於杜文，除部份內容稍予增添外，其大旨實與 1959 年的碩士論文無大差異，且所增添者，上文談及杜氏的碩論時已做了處理，今不擬重覆。

九、結語

實齋學術成就面向極廣，其中最傑出者當為史學無疑；「實齋研究」亦以史學方面的論著為最多。實齋生前好友汪輝祖即已關注其史學上之表現，並嘗比論實齋與王充、劉知幾、鄭樵等人的史學。此後比論劉、章史學者極多。從 1920 年代「實齋研究」成為顯學開始，學者便關注此課題。當然，就實齋史學之本身或相關課題進行探討者亦大不乏人。以下大體依時代順序，綜述其研究概況。

就劉、章史學之比較研究而言，最早撰成專文者，當以 1920 年代張其昀的文章為最早。1940 年代金毓黻在其名著《中國史學史》中，亦嘗比論兩家之史學。1970 年代甲凱針對同一主題更先後撰寫過二篇文章。相關研究迄 1980 年代而未衰。先師許冠三先生〈劉、章史學之異同〉一文全面探討兩家之異同，乃擲地有聲之偉構無疑。「前修未密，後出轉精」；許氏發前人所未發，其成就可謂迴出前賢之上。1983 年姜勝利則特別針對劉、章史識論發表了一篇專文，其成果亦深具參考價值。

至於針對實齋史學觀念本身的研究來說，其中「六經皆史」的課題，幾乎是所有研究者都關注的。譬如 1920 年代的孫德謙、內藤虎次郎，1940 年代的金毓黻，50 年代的 P. Demiéville、吳天任，60 年代的周予同、湯志鈞，80 年代的許冠三、倉修良等等皆係其例（上一章處理過的 D. Nivison、余英時等等亦關注過這個主題，不贅）。此外，實齋的史德論（含史德與史識的關係）、方志學說（含

---

[287] 韓國歷史學會於 1984 年 6 月及 10 月分別舉行東洋史學研究發表會。曹秉漢嘗與會並宣讀以下論文：〈章學誠經世史學之折衝性的理論基礎〉。杜維運，〈章學誠之史學〉，《清代史學與史家》（臺北：東大圖書公司，1984），頁 335-368。

對後世的影響）、校讎學說、實齋何以不撰〈春秋教〉、與浙東學派的關係、其史學思想淵源所自、史學思想背後的道論、實齋與西方思想家／史家的比較、實齋本人算是浙東學派成員否等等的課題，都獲得研究者們不同程度的關注。總之，實齋史學思想的方方面面，都是研究者們探索的重點所在。

　　「實齋史學研究」的眾多論著中，有些水平是欠佳的，當然也有不少論著的質量是相當高的。水平欠佳的，我們在這裡就不多說了。就質量佳的論著來說，其中部份內容也經常是可以再商榷的。我們試舉數例：（1）何炳松純粹從知性層面出發，分別以「客觀主義」和「主觀主義」解讀實齋史學中「天人之際」的「天」和「人」這兩個概念，便似乎流於一偏之見，或至少把實齋的相關學說過份簡單化了。（2）內藤虎次郎以下的判斷：實齋所撰寫之〈書教篇〉已討論過《春秋》，故不必再撰寫〈春秋教〉了。這個判斷恐怕是見仁見智之論。（3）陳訓慈討論浙東史學而論及實齋時，認為實齋論史寄故國之思。這個論斷恐怕仍有待商榷。至於其他研究者（如倉修良）斷言實齋乃具民族感情、民族思想的學者，恐怕亦係仁智之論。（4）實齋最具爭議的立論：「六經皆史也」，學者討論至多，其中實不乏慧解卓識。但語其究竟，亦可謂眾說紛紜，迄無定論！譬如對實齋研究極為深入透闢而深具善解精識的許冠三嘗以「史料」解讀「六經皆史」中之「史」字，似仍失諸一間未達。（5）實齋史學思想淵源所自，學者（如何炳松、金毓黻、蘇慶彬等）恆有不同看法，但或不免陷於一偏之見而未為周延。（6）實齋所論述的「史德」，是否劉知幾史家三長說（三長指：史才、史學、史識）外的另一新說，學者亦有不同的見解。（7）錢穆固「實齋研究」中的名家、大家，但所撰《中國近三百年學術史》及《中國史學名著》對實齋作出不相一致而幾近昨是而今非的立論，則頗啟人疑竇！

　　以上各人，如何炳松、陳訓慈、蘇慶彬、錢穆、倉修良、許冠三等等學者的「實齋研究」，實在功不可沒，皆可謂實齋之功臣。但相關論著似仍不乏稍欠周延之處，譬如解讀上可再商榷，或見解上不免陷於一偏之見等，上文皆隨彼等之專著而順序予以處理、揭示。所作出的個人判斷或不免一得之見而已，唯盼望不至於太過荒腔走板！

徵引書目

（大抵按徵引秩序排列）

阮元，《兩浙輶軒錄》，杭州：浙江古籍出版社，2012 年。

阮元，《兩浙輶軒錄補遺》，杭州：浙江古籍出版社，2012 年。。

Hummel, Arthur W., *Eminent Chinese of the Ch'ing Period,* Washington: Government Printing Office, 1943.

章學誠，《章氏遺書》，臺北：漢聲出版社，影印劉承幹刻本，1973 年。

徐復觀，《兩漢思想史》，臺北：臺灣學生書局，1976 年。

吳天任，《章實齋的史學》，香港：東南書局，1958 年。

孫次舟，〈章實齋著述流傳譜〉，《章實齋先生年譜彙編》，香港：崇文書店，1975 年。

梁啟超，《中國歷史研究法》，上海：中華書局，1936。

張其昀，〈故書新評：讀《史通》與《文史通義》、《校讎通義》〔劉知幾與章實齋之史學〕〉，《史地學報》，第 1 卷，第 3 期，1922 年 5 月，頁 133-149；第 1 卷，第 4 期，1922 年 8 月，頁 105-131。

Bernheim, E., 陳韜譯，《史學方法論》，臺北：臺灣商務印書館，1970 年。

張壽林，〈劉知幾與章實齋之史料搜集法與鑒別法〉，《晨報副刊》，1923 年 8 月。

孫德謙，〈申章實齋六經皆史說〉，《學衡》，期 24，1923 年 12 月，又收入《中國近三百年學術思想論集》，香港：崇文書店，1975 年。

胡適著，姚名達訂補，《章實齋先生年譜》，上海：商務印書館，1931 年。

姚名達，〈章實齋之史學〉，《國學月報》，第 2 卷，第 1 期、第 2 期，1927 年 1 月、2 月。

梁啟超，《中國歷史研究法補編》，上海：商務印書館，1930 年。

姚名達，〈《章實齋遺書》敍目〉，《國學月報》，第 2 卷，第 3 期，1927 年 3 月。

姚名達，〈會稽章實齋先生年譜〉，《國學月報》，第 2 卷，第 4 期，1927 年 4 月。

劉知幾撰，浦起龍釋，《史通通釋》，上海：上海古籍出版社，1978 年。

Demiéville, P., 針對 D. Nivison, *The Life and Thought of Chang Hsüeh-ch'eng* 所寫的書評，*Journal of the American Oriental Society*, vol. 87, No. 4, 1967.

內藤虎次郎，〈章學誠の史學〉，大阪懷德堂，《懷德》，第 8 號，1930 年。

章學誠，《校讎通義》，北京：古籍出版社，1956 年。

錢穆，《兩漢經學今古文平議》，臺北：東大圖書公司，1978 年。

余英時，《論戴震與章學誠》，香港：龍門書店，1976 年。

朱曉海，〈圖書叢談──近代學術史課題之商榷──《論戴震與章學誠》書後〉，《東方文化》，香港大學，第 16 卷，第 1 期、第 2 期，1978 年，頁 204-207。

王克明，〈章學誠先生的學術思想概述〉，《致理學報》，第 2 期，1982 年 11 月，頁 52-59。

Bresciani, U.（白安理），〈西方漢學家研究《文史通義》的商兌〉，臺灣大學博士論文，1983 年。

周啓榮，〈史學經世：試論章學誠《文史通義》獨缺〈春秋教〉的問題〉，臺灣師範大學，《歷史學報》，第 18 期，1990 年 6 月，頁 169-182。

Nivison ,D., *The Life and Thought of Chang Hsüeh-ch'eng,1738-1801,* Stanford: Stanford University Press,1967.

內藤虎次郎，《支那史學史》，東京：弘文堂書房，1949 年。

杜維運、黃進興，《中國史學史論文選集》，臺北：華世出版社，1976 年。

何炳松，《浙東學派溯源》，上海：商務印書館，1932 年。

杜維運，《清乾嘉時代之史學與史家》，臺北：臺灣大學文學院，1962 年。

杜維運，《清代史學與史家》，臺北：東大圖書公司，1984 年。

倉修良，〈章學誠與浙東史學〉，《中國史研究》，第 1 期，1981 年，頁 111-123。

陳訓慈，〈清代浙東之史學〉，《史學雜誌》，卷 2，期 6，1930 年 12 月，頁 1-41；又收入杜維運、黃進興，《中國史學史論文選集》，臺北：華世出版社，1976 年 9 月，冊 2。

傅振倫，〈章實齋之史學〉，《史學年報》，第 1 卷，第 5 期，1933 年 8 月。

傅振倫，《中國方志學通論》，上海：商務印書館，1935 年。

呂思勉，〈《文史通義》評〉、〈附錄：章學誠之史學思想〉，《史學四種》，上海：上海人民出版社，1981 年。

金毓黻，《中國史學史》，臺北：鼎文書局，1974 年。

張述祖，〈《文史通義》版本考〉，《史學年報》，第 3 卷，第 1 期，1939 年 12 月。

羅炳綿，〈《史籍考》修纂的探討〉，《新亞學報》，第 7 卷，第 1 期，1965 年 2 月。

黃慶華，〈章實齋史學研究〉，國立中山大學，《現代史學》，第 4 卷，第 4 期，1942 年 3 月。

三田村泰助，〈章學誠の「史學」の立場〉，《東洋史研究》，第 12 卷，第 1 號，1952 年 9 月。

王守仁，《傳習錄》，臺北：臺灣商務印書館，1967 年。

高橋武雄，〈章實齋の普遍史學〉，《史學研究》，第 6 期，1951 年 6 月。

高橋武雄，〈章實齋史學に於ける「全」的構想の展開〉，《史學研究》，第 8 期，1951 年 12 月。

高橋武雄，〈中國に於ける普遍史論の一展開──鄭樵より章學誠い〉，《史學研究》，第 11 期，1952 年。

Demiéville, P., *Annuaire du Collège de France*, 1951, pp. 203-209

張舜徽，《史學三書平議》，北京：中華書局，1983 年 2 月。

徐善同，〈清代大學史家章學誠〉，香港，《新希望》，第 61、62、63 期，1955 年。

徐善同，〈章學誠的史學〉，香港，《大學生活》，第 2 卷，第 3 期，1956 年 7 月。

Demiéville, P.,"Chang Hsüeh-ch'eng and his historiography", W.G. Beasley and E.G. Pulleyblank, *Historians of China and Japan*（London, OUP, 1961），pp. 167-185.

朱人求，〈話語分析與中國哲學研究範式的轉換〉，臺灣大學高研院主辦，「第一屆臺大高研院訪問學者學術研討會」論文集，2014 年 12 月 27-28 日，頁 375-388。

昌彼得，《版本目錄學論叢》，臺北：學海出版社，1977 年。

班固，《漢書》，北京：中華書局，1962 年。

陳祚龍，針對上揭 Demiéville 的文章所做的書評，《中華文化復興月刊》，第 4 卷，第 10 期，1971 年，頁 46-48。

李泰棻，《方志學》，上海：商務印書館，1935 年。

瞿宣穎，《方志考稿（甲集）》，北平：天春書社，1930 年。

錢穆，〈記鈔本《章氏遺書》〉，《新編本《文史通義》》，臺北：華世出版社，1980 年。

陳蔚松，〈章學誠與《湖北通志》〉，《江漢論壇》，總第 14 期，1981 年 7 月，頁 98-103。

姜勝利，〈劉章史識論及其相互關係〉，《史學史研究》，第 3 期，1983 年，頁 55-59。

許冠三，〈劉、章史學之異同〉，香港中文大學，《中國文化研究所學報》，第 13 卷，第 3 期，1982 年，頁 65-66。

周予同、湯志鈞，〈章學誠「六經皆史說」初探〉，中華書局，《中華文史論叢》，第 1 輯，1962 年 8 月，頁 211-227。

傅振倫，〈章學誠在史學上的貢獻〉，《史學月刊》，第 9 期，1964 年。

吳澤主編，《中國史學史論集》，冊 2，上海：上海人民出版社，1980 年。

高田淳，〈章學誠の史學思想について〉，《東洋學報》，第47卷，第1期，1964年6月，頁61-93。

Billeter, J. F., 針對高田淳上揭文章做一書評，*Revue bibliographique de Sinologie*, 1964.

傅振倫，〈章學誠《史籍考》體例之評論〉，《國立北京大學圖書館部月刊》，第1卷，第1期，1929年11月，頁19-33。

傅振倫，〈清代目錄學家章學誠〉，《史學史資料》，第1期，1980年4月，頁12-14。

何炳松，《浙東學派溯源》，上海：商務印書館，1932年。

蘇慶彬，〈章實齋史學溯源〉，《新亞學報》，第8卷，第2期，1968年8月，頁375-412。

王守仁，〈答陸原靜書〉，《傳習錄》（中），臺北：臺灣商務印書館，1967年。

劉宗周，〈讀易圖說〉，《劉子全書》，臺北：華文書局，1968年。

黃宗羲，《明儒學案》，臺北：世界書局，1973年。

島田虔次，〈歷史的理性批判──六經皆史の說〉，《岩波講座》，第4期，1969年，頁123-157。

錢穆，《中國史學名著》，臺北：三民書局，1974年。

黃兆強，〈錢穆先生的治學精神──以《中國史學名著》為主軸作探討〉，《錢穆思想學術研討會論文集》，臺北：東吳大學錢穆故居管理處編印，2005年。

甲凱，〈劉知幾與章學誠〉，臺北，《東方雜誌》（復刊），第8卷，第3期，1974年9月，頁53-56。

甲凱，〈史法與史意──論劉知幾章學誠兩家史學的差異〉，《人文學報》，第6期，1977年6月，臺北，頁125-142。

甲凱，〈《文史通義》與章學誠〉，《中央月刊》，第5卷，第11期，1973年9月1日，頁121-126。

甲凱，〈章學誠的文史哲學〉，《中央月刊》，第6卷，第5期，1974年3月1日，頁111-116。

羅炳綿，〈章實齋對清代學者的譏評〉，《新亞學報》，第8卷，第1期，1967年2月。

倉修良，〈從章學誠的「史德」談起〉，《光明日報》，1978年7月18日。

倉修良，〈章學誠的歷史哲學──章學誠研究之一〉，《杭州大學學報》，第3期3，1978年9月。

蘇淵雷，〈劉知幾、鄭樵、章學誠的史學成就及其異同〉，《上海師範大學學報》，第4期，1979年11月，頁80-89；第2期，1982年4月。

陳光崇，〈章學誠的史學〉，《遼寧大學學報》，1979年2月，頁52-56。

倉修良，〈"史德""史識"辨〉，《中華文史論叢》，第3期，1979年3月，頁95-98。

倉修良，〈章學誠對劉知幾史學的批判、繼承和發展〉，《杭州師院學報》，第 1 期，
　　1979 年。

Nivison , D.,"The Philosophy of Chang Hsüeh-ch'eng", *Occasional Papers*, 3, Kansai Asiatic
　　Society, Kyōto, 1955, pp.22-34.

柴德賡，〈試論章學誠的學術思想〉，《光明日報·史學》，第 261 期，1963 年 5 月 8 日。

柴德賡，《史學叢考》，北京：中華書局，1982 年。

倉修良，〈章學誠與浙東史學〉，《中國史研究》，第 1 期，1981 年 3 月，頁 111-123。

脫脫，《宋史》，北京：中華書局，1977 年。

黃宗羲、全祖望，《宋元學案》，臺北：世界書局，1983 年。

趙爾巽，《清史稿》，北京：中華書局，1977 年。

趙之璣，〈略論章學誠革新史學的方案〉，《鵝湖月刊》，卷 7，總第 74 期，1981 年 8 月，
　　頁 38-39。

許冠三，《史學與史學方法》，香港：自由出版社，1958 年、1959 年。

許冠三，《新史學九十年》，香港：香港中文大學出版社，1988 年。

許冠三，《劉知幾的實錄史學》，香港：香港中文大學出版社，1983 年。

許冠三，〈劉、章史學之異同〉，香港，《中國文化研究所學報》，第 13 卷，1982 年，頁 45-69。

王鳴盛，《十七史商榷》，上海：上海書店，2005 年。

錢大昕，《嘉定錢大昕全集》，南京：江蘇古籍出版社，1997 年。

倉修良，〈也談章學誠"六經皆史"〉，《史學月刊》，第 2 期，1981 年，頁 32-40。

施丁，〈章學誠的史學思想〉，《史學史研究》，第 3 期，1981 年，頁 59-68。

嚴可均輯，《全上古三代秦漢三國六朝文》，臺北：世界書局，1982 年。

趙淡元，〈試論章學誠的社會歷史觀及史學思想〉，《西南師範學院學報》，第 1 期，1981
　　年，頁 74-83。

張述祖，〈《文史通義》版本考〉，燕京大學史學會，《史學年報》，第 3 卷，第 1 期，1939
　　年 12 月，頁 73b-74a。

饒展雄、高國抗，〈章學誠"史德"論辨析〉，《濟南學報》，第 2 期，1983 年 4 月，頁 77-80。

黃錦鋐，〈章學誠和《文史通義》〉，《書和人》，第 185 期，1972 年 4 月 29 日。

《舊唐書》，上海：中華書局，1975 年。

周啓榮、劉廣京，〈學術經世：章學誠之文史論與經世思想〉，中央研究院近代史研究所編，
　　《近世中國經世思想研討會論文集》， 1984 年 4 月。

《論語》，上海：中華書局，1936 年。

王夫之，《莊子解》，香港：中華書局，1976 年。

Elman, B.A. From Philosophy to Philology, Cambridge & London: Harvard University Press, 1984。

艾爾曼著，趙剛譯，《從理學到樸學》，南京：江蘇人民出版社，1995。

第四章　章學誠文學思想研究之述評

摘　要

　　實齋是文史專家。他的史論，學人闡發綦詳。至於其文論，學者闡述得比較少。筆者知悉已面世之相關專著（出版於 1920-1985 年），共 7 種；就閱覽所及並進行討論者，則僅得 4 種，其作者如下：郭紹虞、書麟、羅思美、王冰彥。其中羅氏所撰者為一專書，餘 3 人所撰者為論文。郭、書、羅三先生大體上是全面性的探討實齋的文論，而王氏則扣緊一主軸（實齋之用世思想）而進行探討。筆者個人認為，實齋文論與其史論相較，其"精彩度"實伯仲之間。或以《章氏遺書》（含《文史通義》）中相關論述較史論為少，學人藉以闡釋、發揮者由是有限，是以關注程度乃不及其史論歟？

關鍵詞：實齋、文論、經世、古文、文理、文例、文法、清真之教、史家之文與
　　　　文士之文、敘事文

一、前言

以實齋在學術上的表現來說，我們可以把他冠上「歷史學家」、「歷史哲學家」、「史學理論家」、「方志學理論家」、「方志纂修者」等等稱謂。因為以上種種稱謂，都可以說是如實地反映他的學術專長，即所謂符合事實的。但似乎從來沒有聽過近現代學人把實齋稱為文學家或定位為文學家的，如果「文學家」一名指的是擅長寫文章的一位文人而言[1]。當然，筆者的意思不是說實齋不會寫文章，但會寫文章與以寫文章名世（譬如唐宋八大家），是兩回事。正因為如此，所以就閱覽所及（指成文於或出版於 1920-1985 者），近現代學人從沒有針對實齋在文章上的表現，譬如特別針對其謀篇布局、文章風格、遣詞用字等等方面，進行研究的。然而，個人認為，實齋除對歷史進程之本身有研究[2]而可以稱得上是一位「歷史哲學家」，又因為對史學理論（特指如何客觀地重建歷史）有研究[3]而可以稱得上是一位「史學理論家」外，他其實也是一位傑出的文學理論家。譬如針對當時的制藝（時文、八股文）來說，實齋便有他的一番看法[4]。近現代學者針對實齋文學理論上的表現，曾經作過相當努力。下文將予以闡釋。

針對 1920 年至 1985 年來說，筆者看到的相關研究，計有 4 種。知悉其存在

1　中國紀傳體正史（25 史或 26 史）的列傳中，文化學術界的人士，一般分置入以下兩類中：或入〈儒林傳〉，或入〈文苑傳〉。具使命感的文人，或所謂具經世意圖，尤其在這方面作出具體表現的文人，一般置諸〈儒林傳〉中；否則便入〈文苑傳〉。實齋是具經世意圖（學術經世）的一位學者，但其列傳在《清史稿》（北京：中華書局，1977）中入〈文苑傳（二）〉（卷 485），這是纂修者的固陋。細讀該列傳（僅 200 多字），其內容全不及實齋針對當時考證訓詁之流於裂績補苴、瑣碎繁冗之弊。由此一端即可知傳文作者實不解實齋治學之用心；然則無怪乎僅視實齋為〈文苑傳〉中人，而非〈儒林傳〉中的人物了。

2　這方面，《文史通義》的〈易教篇〉可為代表。

3　這方面相關的文章很多，其中最具代表性者，似可以舉《文史通義》中的〈史德篇〉為例。

4　這方面，可參考《文史通義》以下的文章：〈文德〉、〈文理〉〈古文公式〉、〈古文十弊〉等。

但未獲睹者,又有 3 種[5],即總共 7 種[6]。所獲睹的 4 種專著,筆者將依其撰寫或出版先後,逐一述評其內容。

二、1940 年代的著作

（1、郭紹虞——實齋與簡齋之思想及文論比較；實齋之「道論」、「學論」、「文論」（尤指針對以下各目作討論：古文、文理與文例、爲文之法——文法、清眞之教）；2、書麟——實齋論史家之文與文士之文的差別；實齋本史家立場治古文辭之學；實齋之爲學,先窮流別,然後判類例,究隱微；實齋認爲文章以敘事爲依歸,而敘事之目的則在乎明道；「棄其形貌,求其本質」乃爲文之旨趣；實齋針對史文展開以下四方面的論述：質性、合道、類例、修辭。）

以未見 1920、30 年代的著作,今逕論述 1940 年代的著作。以《中國文學批評史》一名著而享譽士林的文學家、語言學家及文學批評家郭紹虞（1893-1984）早在 1941 年便撰文研究、比較實齋與簡齋（袁枚,1716-1797）的思想及其文論[7]。郭文計分 4 節。首節爲「導論」（頁 59-60）。郭氏認爲：「清代學者中間,足以當『通人』二字者,還應首推袁、章二人。」彼對實齋與簡齋推崇之高,可以概見。但爲甚麼如此推崇這二人呢?原來郭氏把中國學術分爲「三通」：文辭上的通,其代表者爲唐人；知識上的通,其代表者爲漢人；思想上的通,其代表者爲宋人。郭氏認爲,就清代來說,「求其深受宋學影響,而又能自闢田地,組成一貫的思想者,獨無其人。有之,則惟有袁簡齋,惟有章實齋。」（頁 59）

---

5 相關作者及文章標題如下：宮崎市定,〈章學誠の文章論〉,《學海》,卷 4,號 1（1947）；何明,〈章學誠的"文德"說〉,《光明日報》,1961 年 3 月 11 日；金勾,〈從章學誠論"文德"說起〉,《文匯報》,1964 年 8 月 18 日。

6 當然,實際數量當不止此。鮑永軍也開列了 7 種著作。剔除其中兩種與筆者所開列的相同者外,即還有 5 種是筆者不知悉其存在的。換言之,1920 年至 1985 年間,至少有 12 種著作是研究實齋的文論的。鮑永軍,〈章學誠研究論文著作索引（1801-2003）〉,中國歷史文獻研究會編,《章學誠國際學術研討會論文集》（北京：北京圖書館,2004）,頁 469。

7 郭紹虞,〈袁簡齋與章實齋之思想與其文論〉,《學林》,期 8（1941 年）,頁 59-86。

郭文第 2 節（頁 60-68）之主旨在於論述袁簡齋。以與本文無涉，不贅。第 3
節（頁 68-83）篇幅最大，主旨在於論述實齋。計分 7 目，其起首 3 目之名稱如下：
「道公而學私」[8]、「成家之學」[9]、「義理博學文章之合」[10]。這 3 目與實齋之整
體思想相關，其立論重點不是特別針對他的文學理論的，茲不細說。

第 4 目名爲「道與學與文之關係」。作者說：

> 實齋蓋以詞章爲其著述之文，而以考據與義理爲其自得之學。著述之文與
> 自得之學不能分開，所以此三者均道中一事，也均學中一途。他是在此種
> 關係上以說明他對學問的態度，同時也說明他對文學的主張。（頁 73）

至於實齋之所謂「道」，作者指出，並非「道學家之所謂道」。作者由道學家，
又說到宋儒。其意乃謂道學家可以宋儒爲代表。作者認爲，「宋儒不免在六籍中
以言道，……而在當時古文家之言道，卻正蹈宋儒覆轍，仍守六籍以言道，所以
只成爲高頭講章之道。」（頁 73）而實齋之「道」，則與宋儒絕異；而見諸天下
事物、政教典章、人倫日用[11]。「用現代的話，實在即是所謂文化。」（頁 73）
至於實齋之所謂「學」，作者說：「由道言，以窺古學之全體者爲能見其大；由
學言，又以能明道者爲能見其精。」（頁 74）作者闡述了實齋的「道論」與「學
論」之後，便以此爲基礎而進一步闡述其「文論」。作者認爲，實齋把文分爲兩
類，即文人之文與著述之文。前者可稱爲有意爲文之文，志在求工於文字之末；
後者則無意爲文之文，旨在期於道，所謂言以明志，而不尚空言。「文人之文興，
而人才愈下，學識愈以卑污，那正是實齋所痛惜的了。」（頁 75）簡言之，實齋

---

8 在這一目中，作者郭氏闡述實齋以下的觀念：由人之私學可達致天之公道。

9 學問之所以能夠卓然自立，足以成家，「在於有所見，即在於通」（頁 70）。作者扣緊《章
氏遺書》的相關文字以闡述實齋這個論點。

10 作者認爲實齋對學問的態度是一個綜合的主張：義理、博學（在清代以「考據」爲代表）、
文章（辭章），必須三者結合在一起。如此方可明道、得道。

11 詳〈原道（中）〉，《文史通義》，頁 39-40；〈與朱滄湄中翰論學書〉，《章氏遺書》，
卷 9，頁 29-34，漢聲版，頁 187 上-189 下。

所欣賞的當然是言之有物，即能夠明道的著述之文，而不是求工於文字的文人之文[12]。

　　第5目名爲「對於古文的看法」。作者指出，實齋之文論，固不同「道學家之故爲高論，視爲玩物喪志，然亦不同古文家之溺於文辭，徒取詠歎抑揚之致以自娛。」（頁76）然而，實齋又不排斥以時文的語句排比方式，譬如排偶、駢驪等等的方式入文。其實，《文史通義》中便時雜有類似的語句。實齋更辯解道：「……夫文求其是耳，豈有古與時哉！」[13]所以作者說：「這種說法仍是論文不拘形貌的主張。他先要人去掉一種執而不化的古文體裁，然後爲能知古文辭。……這樣說，從時文也可以窺古文之奧，以到古文的境界，而且由文體升降言，正須如此纔能開古人未開之境，……」（頁76-77）就作者看來，「古文家雖講言之有物，但實在無物，所以只能在分段結構、意度波瀾上揣摩，實齋之所謂古文則不然。他所謂古文即是上文所謂貴於中有所見之文辭。」[14]（頁77）所謂「中有所見」，其實是很難說的，因爲怎麼樣的一種「見」，才算是「有所見」呢？這不免見仁見智。筆者倒認爲，我們不妨設計一個最低標準以作爲衡斷的依據。如果很難判斷文章是否「有所見」的話，那麼文章是否「言之有物」也許便比較容易獲得一個大家共同接受的結論了。所以我們不妨把「言之有物」視爲所謂「有所見」的最低標。如果用這個標準來衡量，那麼史家（指：理想史家、即所謂良史）之文實足以當之，蓋史家之文章不可能不本乎事實，或不本乎史料而光說空理的，否則其文非史文，其人亦非史家。綜括上文，我們可以說，至少要本乎事實，即至少要言之有物之文－史文，才符合實齋所說的「古文」。

　　上文所說到的「古文」、「史文」、「言之有物」，我們不妨再細說之。郭

12　詳〈文理〉，《文史通義》，頁62。

13　〈與史餘村簡〉，《章氏遺書》，卷9，頁25上，漢聲版，頁185上。

14　胡秋原指出，徐師復觀嘗批評其文章云：「有名家之文，有大家之文。名家之文，修辭造句，均經鍛鍊。胡秋原之文是大家之文，不冠不屨，自然理足氣盛而壯觀。」如果用復觀師這個標準來看，那古文家之文只是名家之文，而實齋之文，才是大家之文。胡秋原，〈回憶徐復觀先生〉，曹永洋編，《徐復觀教授紀念文集》（臺北：時報文化出版事業公司，1984），頁34。

紹虞指出說：「蓋實齋爲學既不隨風氣爲轉移，而且能發展其個性，故他所謂古文，即是史家之古文。……實齋既以《六經》爲史，故以爲經之流變必入於史，而惟史纔可當古文。」（頁77-78）然而，爲甚麼作者認爲：「惟史纔可當古文」呢？原來作者是本乎實齋之說推衍而得出這個結論的。實齋說：「古人著述必以史學爲歸，蓋文辭以敘事爲難。……古文必推敘事，敘事實出史學。」[15]實齋素來高看史學，這所以他說出「古人著述必以史學爲歸」這句話。史學又必以敘事爲根本（按：既敘事，是可謂言之有物），所以實齋乃逕謂「古文必推敘事」[16]，而「敘事實出史學」。此意謂古文能夠稱得上有成就的，必表現在敘事上。即敘事到家之文始得稱爲古文。而敘事之文，又源自史學。換言之，敘事之文，乃史家的拿手好戲。吾人由此可見，實齋其實是把史家之文、敘事之文和古文劃上等號的。某些文章既以敘事爲依歸，則一定不是空洞、言之無物之文。史家之文又必本乎敘事，則史家之文必非空洞無物之文。實齋所說的古文，其性格正係如此。是以吾人不妨說，實齋必認爲：只有史家之文纔可以稱得上是古文。

作者郭氏在本（第5）節的最後一段，對比論述實齋與簡齋對古文看法的異同。作者概括二人的看法如下：「簡齋重在文，實齋重在學」（頁79），即一重形式，一重內容。實齋之文論，其重視內容遠過於重視形式，於此又可見一斑。

15　〈上大司馬論文〉，《文史通義》，頁345。有關「歷史敘事」，這是當前很夯的一個議題。容筆者稍一述以：大約從20世紀70年代開始，西方史學理論領域發生了學術範式的轉型。二戰後，極盛一時的分析的或批判式的歷史哲學（Analytical/Critical Philosophy of History）逐漸被以敘事爲主軸（敘事主義）的歷史哲學所取代。而這種哲學迄今仍係當代西方史學理論中居主流地位的一種理論型態。這一學術範式的轉型一般被稱爲「敘事的轉向」。詳參彭剛，《敘事的轉向—當代西方史學理論的考察》（北京：北京大學出版社，2009）；針對彭書的內容簡介，參「豆瓣讀書」（http://book.douban.com/subject/4064400；筆者查詢左列網址的時間爲：2015.05.29）。實齋之重視敘事（其實，此乃中國自《春秋》以來的史學傳統），與現今流行於西方的史學學術範式，頗遙相契合。即此一端，便可見實齋學問具一定的現代性。當然，細析起來，兩者之精粗固不同，蓋實齋是逕重視敘事，而西方歷史敘事學的研究者／倡議者是對歷史敘事的本質加以反省、考察。

16　簡單來說，敘事乃史學之核心。史學的其他表現，譬如評論、詮釋等等，相對來說，便是次要的。

第6目名爲「文理與文例」。就作者來說，實齋所講的「文理」，乃指撰文所當遵守之法則、原則，即撰文所該遵照、恪守的一些道理、理論。而這些道理、理論，實有助於建立爲文之法（文法、方法）。簡言之，文理即撰文者所當恪守的一些原則，而其具體表現即爲文例，即撰文者在文章中所應用的稱名用詞。由此說來，文例也可以說是文理之一，屬文理下面的一個子項。實齋在〈與邵二雲論文書〉、〈答周永清辨論文法〉、〈答某友請碑誌書〉、〈繁稱篇〉及〈論文示貽選〉[17]等文章中，嘗討論文例的問題。作者由是說：

> 諸文所討論的，都是辨正稱名用語之誤，而其標準則折衷於事理，取則於史法，所以文例之說也不是與文理無關。……我們假使以文例爲規矩方圓，那麼文理即是所謂文心了。所以文理之說必得文例而始具體，而文例之說也必得文理而始完備。（頁 79-80）

以上引文，可說的有兩點：（一）上引文一方面說到撰文應符合規矩方圓，但又說到要折衷於事理。這兩說看似有些矛盾。因前者是人爲的，爲人所訂定的；而後者則意謂當順乎自然之情（事）、自然之理，否則便無所謂「折衷於事理」。然則實齋之說，果眞矛盾衝突乎？其實，非也。蓋無論撰寫任何文章，不得不有一定之規矩。無規矩，豈能成方圓？方圓即文也。是以無規矩，是不能成文的。然而，任何規矩，都不能或不應是硬繃繃的、僵化的、違反自然的。就文章來說，規矩所扮演的角色應是使得文章文從理順，即以折衷於事理爲依歸。換言之，規矩是爲「折衷事理」服務的，是爲了使事理更得以折衷，更得以彰顯，而製訂出來的；而絕不是爲了要窒礙事理纔製訂出來的[18]。（二）根據上引文，文例與文

---

17 以上各文，除最後一文見諸《章氏遺書》（卷29，漢聲版，頁752下-754上）外，其餘皆見諸《文史通義》一書。

18 我們不妨借實齋「懷人見月而思」、「久客聽雨而悲」這兩句話來做說明。彼認爲「月下之懷，雨中之感，豈非天地至文。」懷人見月而思、久客聽雨而悲，既係人最自然之情，亦係撰文者最符合規矩方圓的一種表情達意的語句。反過來，如果撰文者不寫「懷人見月而思」、「久客聽雨而悲」或類似的文句，而寫出出人意表不可思議的其他文句，那便既

理之關係——文例乃文理之一，是很清楚的。作者的說明，應該是很符合實齋的
原意的。但是為甚麼作者又說，文例要「取則於史法」呢？難道是因為實齋高看
史學、史法，那麼作者便隨之而產生他這個說法嗎？實齋的確是高看史學、重視
史學；這是不必多說的。但文例該「取則於史法」這個判斷，也是有其客觀根據
的，非作者推估實齋之學術偏好而代他立言。作者說：「論文定例，原不始於實
齋。……所以清代學者之講文例，自是一時風氣使然。然而文例之起，實始碑誌
之學。自潘昂霄《金石例》後，繼者紛起，可知文例實出於史學。實齋論文所以
好言義例者在此。」（頁 79）按：根據《四庫全書總目提要》，《金石例》入集
部〈詩文評類〉。然而，就碑誌所記載之內容來說，蓋以人物、史事為主，故碑
誌之學當入史學類無礙。是以好言史學義例之實齋又豈能不取則於史法來講文例
呢？

上文又說到為文之法（文法、方法）的問題，今稍作補充說明。實齋所說的
法，不是古文家所說的法，這點我們必須明白的指出來。作者對這方面作了一個
很清楚的說明。他說：「古文家之所謂法，實在是格，而不是法。實齋之所謂法，
則是上文所謂規矩方圓，而不是評點標識之格。」（頁 79）用語雖同而指謂各異，
是以吾人不得把兩者混為一談，否則便誤會實齋了。

第 7 目名為「清眞之教」。郭紹虞指出說，「實齋文論一以貫之者，即清眞
二字而已。」（頁 80）這「清眞之教」，作者指出實齋在這方面有 4 項通達的見
解。首先，甚麼是「清眞」？實齋說：「清眞者，學問有得於中，而以詩文抒寫
其所見，無意工辭，而盡力於辭者莫及也。（實齋自注：毋論詩文，皆須學問；

違反人情，也違反為文的規矩方圓了。細言之，無論是本乎文理而來的規矩方圓，或依據
文例而生起的稱名用語，我們似乎都不可能把「懷人見月而思」改寫成「懷人見月而殆」，
把「久客聽雨而悲」改寫成「久客聽雨而喜」吧，因為改寫後的新語句是不能如實地、相
應地描繪、反映懷人和久客的真情實感的。如此說來，設計者必得順乎人情、事理、物理
而設計其規矩方圓；否則其設計品（規矩方圓）因為不具工具上的實用價值而必遭淘汰。
一言以蔽之，吾人之撰述、行文，只有：（一）本乎人情、事理、物理而設計其規矩方圓，
（二）並依此規矩方圓而產生相應的稱名用語，吾人之文章始可怡然而理順、折衷於事理，
而成為實齋所說的「天地至文」。以上所引實齋的文句，均出自〈文理〉，《文史通義》，
頁 63。

空言性情，畢竟小家。）」[19]但問題是，學問必藉著述（詩文）而見。換言之，捨著述又如何展現其學問呢？所以著述是必要的。然而，「著述必有立於文辭之先者，假文辭以達之而已。」[20]意思是說，文辭只是載體，只是工具，它之所以存在是爲了提供服務的。那它爲甚麼東西提供服務呢？依作者的見解，這個東西就是上文所說是一套「學問」。換言之，即文辭是爲學問提供服務：文辭服務於學問。這套學問的核心或內涵又是甚麼呢？答：是理和事。「理與事合，溝通了宋學與史學，而成爲實齋之學。」[21]而文辭所承載的便正是這個「學」。所以作者說：「實齋之學是如此，故實齋之文也如此。實齋之學與文如此，而又符於孔子述作之旨。這是他的通達之點一。」（頁 80）換言之，學與文是互補的，相須爲用的[22]。沒有文，則學無所附麗（表現不出來）[23]。沒有學，則文徒成空文；

19　〈詩話〉，《文史通義》，頁 161。

20　〈答問〉，《文史通義》，頁 181。

21　「理」和「事」當然是二物，是可以區分的。然而，可以區分，不等同可以分割。所以理和事也可以說是結合爲一的，是一體的兩面。實齋即說：「其至焉者，則述事而理以昭焉；言理而事以範焉。」意思是說，從理和事的究極處看（或可說從高一層次看），事的背後就是理，所以事情講得清楚了（這個「講」字，或實齋所用的「述」字，是取其廣義，意謂清楚地呈現出來），其背後的道理（或相應的道理）也隨之而得以清楚地揭示出來。譬如說，平常我們毫無條件地提供父母衣食、住宿；他們生病時，必侍奉之以湯藥即其例。這是一種「事」（行爲、表現）。爲甚麼會毫無條件，不作任何利益上的考量呢？原來其背後是有很多人知其然而不知其所以然的一番道理在的。這個道理便是依乎天理而來不容自己的「孝」——孝道。至於「言理而事以範焉」這句話又是甚麼意思呢？個人認爲它的意思是：道理是不能空講的（即空言、空講是沒有意義的；其實，道理本身便是空言！）；而必得以事充實之，以事爲其模範，以事爲其典型之內涵。劉咸炘（1896-1932）嘗云：「史主事而御以理，子主理而證以事，子史合一。」劉氏這個說法，對筆者提供了一點啓發。一言以蔽之，實齋的意思是，從理和事的究極處看，其實兩者是互補的，相須爲用的，相輔相成的，甚至是合一的。以上所引實齋文，見〈原道（下）〉，《文史通義》，頁 42。劉咸炘語出自〈文史通義識語・原道下〉，《推十書》（成都：成都古籍書店，1996 年影印），頁 702。

22　實齋即如是說：「夫文非學不立，學非文不行。二者相須若左右手。」〈答沈楓墀論學〉，《文史通義》，頁 309。

23　這在過去，確是如此，恐怕也只能如此。今天便不同了。因爲學問，可以藉著多種媒介或所謂管道／手段表現出來，表達出來的，如聲、光、影、視等等是也。

然則亦不成其文之所以爲文（如上所說，文只是載體。如沒有承載物，則載體亦不成其載體。如必謂其爲載體，亦只是具備承載功能的一個潛存載體而已；非現實上的一個載體。）

　　現在再來討論作者所說的實齋第二個通達的見解。實齋說：「論文以清眞爲訓。清之爲言不雜也。眞之爲言實有所得而著於言也。清則就文而論，眞則未論文而先言學問也。」[24]作者由是說：「清是文的問題，……眞是學的問題。」甚麼是「不雜」，下文再說。現在先說「眞」、「實有所得」與「學問」的關係。據上引文，意謂必須眞眞實實的有所得纔可稱得上是學問。這個「實有所得」指的當然是「道」，即明道、得道。而據上文，所謂道，落實下來，便是理與事。眞眞實實的對理與事有所明白，始可稱得上是獲得了學問。否則所謂學問，所謂明道、得道，都是枉然。作者作出如下的一個判斷：「理與事合，所以成其學，也即所以成其文。是則清眞二字，分屬文與學兩方面原未爲不可。」（頁 81）由此來說，作者所謂實齋的第二個通達的見解，其實視之爲上面第一個通達見解（即論文與學的相互關係的見解）的引申說法，也未嘗不可。

　　上文說到學問方面「眞」的問題，願把個人近年的心得跟讀者分享。學問上的眞，似乎可以分爲好幾個層次。（一）其最下者爲研究成果乃鈔襲、剽竊自他人；或請他人代勞，即所謂請槍、請人捉刀。這當然便毫無學問上之「眞」可言。（二）所謂研究成果，根本上是跟人腳筋、拾人牙慧之陳腔濫調（俗謂之炒冷飯）；或改頭換面的一份作業而已。當然，這種陳腔濫調，也可能是眞知識。然而，從道德立場來說，其從事者之本人，即無眞（眞者，誠也）可言。（三）研究成果確係根據客觀眞實可靠之數據、材料，並透過有效之致知方法或工序（假設、實驗、重複驗證等等）而獲致的。由是所建構者乃係眞知識。（四）上條所說到的「眞知識」，若以史學研究來舉例，譬如研究出秦始皇到底焚毀多少本圖書、阬殺多少位儒生（據《史記·秦始皇本紀》所載，乃 460 餘人，但此說不無爭議；且彼等確爲儒生否，亦不無疑問。）、項羽烏江自刎的年月日、李贄自殺及王國維自溺的心理因素等等，所得出的客觀研究成果，都可說是「眞知」──符合歷

24　〈信摭〉，《章氏遺書》，外編一，頁 16 上；漢聲版，頁 826 上。

史實況的眞知識。然而,不能稱爲灼見。「灼見」似乎是高一層次的;意謂研究者在其成果中展現出卓越的見解,而不止客觀歷史眞際之重現而已。(五)研究成果(學問)與道相結合一致——學問可以使人明白做人做事的道理;或使人既懂事,又明理;甚至進而使人懂得「事」與「理」未嘗二致,而實乃一體之兩面,如實齋所主張者。(六)學問與生命相結合:學問幫助成就生命,學問爲生命(指:人之安身立命;不是指自然的軀體生命——physical body)服務,爲成就德性——修身養性、超克私欲——服務。由是「學問」便成了唐君毅、牟宗三二位先生所恆說的:「生命的學問」。這也可說把學問內化而使之成爲吾人生命中的組成部份[25]。從儒家義理而言,只有當學問能夠與吾人的眞實生命相結合,或學問能夠成就吾人之心性、德性,滋潤身心,這種學問纔可以被稱爲眞學問,吾人受用得著的一種學問。

那麼就實齋而言,他所說的學問上之眞,或簡單說,他所意指的「眞學問」(當然,實齋沒有用這個名詞),到底可歸類爲上面六類中的哪一類呢?個人認爲,很明顯,應屬第五類;甚至第六類。然而,如果歸入第六類,他的情況與唐、牟二先生又稍有不同。對唐、牟來說,談到學問與生命的關係,其實是要把學問內化於生命之中;學問的終極目的,是要成就以德性爲主體的生命;由是學問的獨立地位便不顯。然而,實齋似乎不是如此。對他來說,學問固旨在明道、達道。但如上所說,實齋之所謂「道」,具體來說,就是「事」與「理」。而「事」與「理」,不必然是扣緊德性來說的。簡言之,就德性被看重的程度來說,實齋不如唐、牟(即唐、牟重視德性,其程度超過實齋。)這也許是主智主義、知識主義流行的清中葉的大環境下,實齋自然而然受到一定程度的 "感染" 的結果吧。

順帶一說:莊子說:「有眞人而後有眞知。」[26]筆者得此啓發而近年恆云:「有眞性情,始有眞學問。」性情不眞、失眞而流於僞,則難語乎眞學問。所以

---

25 當然牟先生說要三統(道統、學統、政統)並建。這使人覺得牟先生是要把學問獨立出去,而與其他二統平頭並列。但個人覺得,就牟先生的內心深處而言,應仍係認爲學問應爲生命(即爲德性)服務的。然而,言亦各有所當。傳統中國向來道德掛帥、德性優位,而知性相對較弱,甚至被貶視。爲了妥適地回應當今的世局,他老人家不得不說三統並建的話。

26 《莊子‧大宗師》。

做學問必須其人先有眞性情。莊子所說的「眞知」──眞學問[27]，如果一定要分類、歸類，那到底可歸入上面六類中的哪一類呢？個人以爲，三、四、五、六，皆屬之。

　　作者認爲實齋第三個通達的見解是有關「氣淸」、「理無支」的問題。實齋說：「文律不外淸眞二字。淸則氣不雜也，眞則理無支也。」[28]作者認爲這分講氣與理的問題，「未嘗不與文與學有關係。」（頁82）首先，就氣淸、不雜來說，怎樣纔算「淸、不雜」呢？作者認爲：「他（實齋）似乎較偏於文例的見解以說明淸的原則。」（頁82）按：實齋嘗云：「淸則主於文之氣體，所謂讀《易》如無《書》，讀《書》如無《詩》，一例之言，不可有所夾雜也。」《易》、《書》、《詩》，其體裁各異。吾人撰文，其例正同（實齋之所謂「一例」也）。即在同一文章內，不宜夾雜不同的體裁。實齋又云：「時代升降，文體亦有不同。用一代之體，不容雜入不類之語。」[29]所以如果扣緊現時代（21世紀）來說，吾人撰文，便不容寫文言文了。實齋又進一步認爲，體製不純，則辭不潔。其言曰：「辭不潔而氣先受其病。……辭不潔則氣不淸矣。……辭賦綺言，不可以入紀傳」[30]。作者根據以上三項：同一文章不宜夾雜不同體裁、文體應相應於時代、文章用語又該相應於文體，得出如下結論：「可知文例之嚴，即所以使其氣之不雜，即所以求其文之淸。」（頁82）

　　至於「理無支」，上文引實齋之言云：「眞則理無支。」然而，怎樣纔算「眞」和「無支」呢？實齋云：「學思其所以然。」作者作出判斷說：「學思其所以然，是求眞之道。」其實，知其然（知道事事物物的眞實情況），已經算是求眞之道。但這不夠，應進一步知其所以然（要知道其所以如此的背後的道理）。這可以說是眞上加眞，即期許吾人學會對相關事事物物要具備更透徹的認識。但是光是

27　當然，莊子所說的「真知」，不宜簡單化為「真學問」。筆者在這裡只是借用這個名詞，藉以說明性情（今特指心術）與真學問的關係而已。讀者勿泥。

28　〈與邵二雲〉，《章氏遺書》，卷9，頁19，漢聲版，頁182上。

29　以上兩引實齋文，均見〈乙卯劄記〉，《章氏遺書》，外編，卷2，頁15，漢聲版，頁845上。

30　〈評沈梅村古文〉，《文史通義》，頁348。

「學」（具備知識）是不夠的。懂得「理」才是最要緊的。而「理出於識」，「學以練識」[31]。作者由是得出如下的結論：「由學以練識，而進究夫理，則其識之至者，自然也不會支了。」（頁82）這是說，進於理後，其「識」便會趨於一定、一貫，而不會歧出、旁鶩，而流爲支離破碎了。綜括來說，「氣清不雜」是就文章之體裁、體例及用語來說，「理無支」是就文章的內容來說。

作者認爲實齋的文論尚有第四個通達的見解。但其實這個見解是第三個見解的引申。其重點如下：作者首先說：「實齋之論清眞，雖可有此分別，卻更重在溝通。因此，他講到『清』，也有理的問題；講到『眞』，也有氣的問題。」所謂「溝通」，即今天所常說的「互爲主客」、「互爲一體」，或相當於俗語「你中有我，我中有你」的意思。「清」本來是就氣來說，「眞」本來是就理來說。今兩者既可以溝通，則氣之清與理之眞，便可以互動起來，相輔爲用了。譬如說到「理無支」，此固然可以如上文所說的：「由學以練識，而進究夫理。」；在以學爲基礎的識的 "指導" 下、"監督" 下，理便當然可以無支了。理論上，確可如此。但操作起來，則恐怕非得氣之幫忙不可。實齋在〈史德篇〉說：「氣貴於平」、「情貴於正」[32]。恐怕只有在氣平情正的情況下，理纔可以眞眞正正的達到無支的境界。但如何始可以氣平情正呢？〈文德篇〉的說法正提供了一個最切實可行的方案：「凡爲古文辭者，必敬以恕。」[33]（以上兩個說法，一出〈史德篇〉，一出〈文德篇〉，可見文史不分家而可以互通。宜乎實齋之書名曰《文史通義》。）作者乃進一步說：「論古必恕便是理，臨文必敬便是氣。」（其實，筆者以爲在這個地方不必太拘泥而把「恕」定位爲理，把「敬」定爲氣。）推作者之意，他大概是把理視爲原則，把氣視爲依此原則而來的一種實踐。那麼就上文來說，便成爲：凡論述古人（其實，凡論述人）[34]，便應該本乎恕這個原則；「恕」具體落實到寫文章上，其作法便是敬。其實，恕也好，敬也罷，都是就人

---

31 〈爲梁少傅撰杜書山時文序〉，《章氏遺書》，卷29，頁4，漢聲版，頁717上。

32 〈史德〉，《文史通義》，頁145。

33 〈文德〉，《文史通義》，頁60。

34 除吾人之同時代人外，餘皆古人也。所以所謂「古人」，幾乎相等於「所有人」。由此來說，「古人」猶「人」的另一種說法而已。

之道德修養來說，即就人之德性來說。易言之，也就是就人的「心術」來說。如果修養到家，心術底於粹，則做人處事（含寫文章），便不可能是違理的。所以從這方面來說，心術是「理」，是原則；而做人處事的具體表現便是這個理下之氣。即理是指導原則，氣是此原則下的種種活動（當然包括寫文章）。但人之心術不是憑空而來便是好的，便是底於粹的。它是由修養而來的。而修養也是一種學問（當然，這裡所說的「學問」，是就「學問」一詞的廣義來說，不是指，或不是僅指，書本上的學問）。所以作者便說：「養其心術，即是學問。」（頁 83）上面作者說過：「由學以練識，而進究夫理」。即以學為基礎以提煉出識，並進而達乎理。然而，在這個過程中，氣（指不良之氣，壞的氣）可以干預其間，而使你無法提煉識，並從而使你無法達乎理的！然而，不打緊，因為「學」一方面可以幫助吾人提煉識，並進而達乎理；另一方面也可以幫助人變化、消解不良（或不夠好）的氣質，其結果也可以使人達乎理。作者即說：「『理無支』云者，即靠學以變化其氣質。」（頁 83）上文說得似乎過於冗長了一點。其實，作者的意思只是一句話：理和氣，彼此是互動的，是有所溝通的，互相影響，互為因果的。至於應用到文學上，理是指文章的內容，氣則是指文章這個載體，即文章的形式（含修辭）。理、氣既互動，相互影響，所以作者便作出判斷說：「形式決定了內容，同時內容又決定了形式。……這樣說，清與真又不能分為二事了。」[35]（頁83）

　　以上寫得頗長。作者郭紹虞是把實齋的思想及其文論，從 7 個方面予以闡述。筆者把其中與文論相關的 4 個方面闡述如上。郭文最後一節（頁 83-86）名為：「袁章學術思想之歧點」。其重點是探討「章實齋何以要對袁簡齋攻擊的理由。」（頁 83）這與實齋的文論無甚關係，茲從略。

　　郭文說理清楚，引證翔實。文中不僅把袁、章二人的文論作獨立的處理而已；且又經常把二人作交叉對比的論述、闡釋。在交光互映的情況下，二人的文論更能清晰地呈現在讀者的跟前，真可謂發潛德之幽光。就實齋來說，郭氏對其思想

---

[35]　清（氣不雜）與真（理無支）不能分為二事，作者也有如下的說明：「清與真原不能分為二事。由文章之體製風格言，宜求其不雜；由文章之內容思想言，宜求其無支。氣不雜，易使理無支；理無支，也能使氣不雜。」（其文，頁 83）

及文論，作出了極高的評價。按：實齋的史論，研究者極多。至若其文論，研究者相對的少得多。郭文發表於 1941 年，乃筆者所見研究實齋文論相當早的一種著作[36]，這可以說是難能可貴的。如果一定要對郭文提出點批評的意見的話，那筆者可說的是，實齋的文論是有其經世致用的意圖的。這方面，似未爲作者所充份關注。這是比較可惜的[37]。

郭文發表兩年後，約莫同一主題的一篇文章也面世了[38]，文章的發表者是書麟。書文有一特點，就是在某些議題上能夠考量實齋之思想、觀點，乃隨其年齒之增長而間有所不同。以下先對書文做一個述介。作者首先指出，實齋恆基於「其史學之見地以立論，溯流別，明質性，探道源，窮類例，而亦不廢修辭，信乎學人之言有非文士之所能見及者矣。抑實齋於文學亦自有其卓見，非徒工於論史家之文。比次爲篇，又足考見其學問有中年晚年之異。」（頁 208）意思是說，實齋的文論，其主軸固然是論史家之文；但文士之文，亦不爲實齋所輕忽。

史家之文與文士之文自有所不同，書氏闡釋實齋的觀點如下：文士之文恆重視華言辭采。然「不足與言史文，恐其溺於華采而失史學之求信一也。」（頁 208）又文之所貴者，在乎：「氣積而文昌，情深而文摯。」[39]然而，此不足以盡史文。何以故？作者指出說：「情深文摯者，恐有背乎史學之公而不足以當史文者二也。」史文與文士之文還有第三項差異。實齋嘗論古文與時文之別（詳上文）。實齋云：「古文必推敘事，敘事實出史學，其源本於《春秋》比事屬辭。」[40]韓愈及歐陽修被奉爲文章宗匠。然而，實齋認爲：「不越文士學究之見，其於史學，未可言

---

36 當然，郭文不算是最早的著作。因爲早在 1920 年代已有學人對實齋的文論展開研究了。其中含甘蟄仙的文章，發表於 1922 年 12 月，另一爲李振東的文章，發表於 1927 年 7 月。詳參鮑永軍，上揭〈章學誠研究論文著作索引（1801-2003）〉，頁 469。

37 這方面，可參王冰彥，〈論章學誠文貴"用世"的思想〉，《古代文學理論研究》，第 9 輯（1984 年 4 月），頁 114-126。又可參本章下文對王文的論述。

38 書麟，〈章實齋之文章論〉，《學術界》，卷 1，期 2（1943 年 9 月），頁 1-9；卷 1，期 3（1943 年 10 月），頁 47-56。文章亦收入存萃學社編集，《中國近三百年學術思想論集》，（香港：崇文書店，1975），第一編，頁 208-226。

39 語出〈史德〉，《文史通義》，頁 145。

40 〈上朱大司馬論文〉，《文史通義》，頁 345。

也。」[41]作者由是指出說：「不當屬辭比事之教，不足以爲史文者三也。」（頁209）實齋並認爲桐城派之古文，不過爲時文家之古文，實際上並非眞古文。蓋彼等所撰之文章，言之無物也。又認爲：「纂類摘比之書，標識評點之冊，本爲文之末務。」[42]（詳參頁 209）作者由是歸納說：「是文士所自矜秘之文章宗傳，亦無當於史文之法者四也。」以上 4 項是作者據實齋意的進一步推衍。其主旨是說明文士之文不足以當史家之文。

　　然則史家之文與文士之文，其差異又在甚麼地方呢？其大別有四。作者據實齋之意作出如下的說明：（一）史文貴因襲，文士（文學）之文貴獨創[43]。（二）史不避點竄塗改而文不可擅爲更易[44]。（三）史崇質直而文尙假象[45]。（四）史主明義而文主抒情。在這一點上，作者的闡釋極允當，茲迻錄其原文如下：「惟旨在抒情，故『氣積而文昌，情深而文摯，天下之至文也。』惟旨在明義，故氣昌懼於『違理以自用』，情深則懼於『泪性以自恣』。『因事生感』則懼於氣之失宕、失激、失驕。因感生情，則懼於情之失流、失溺、失偏。務求達於『氣貴於

41　〈上朱大司馬論文〉，《文史通義》，頁 345。

42　〈文理〉，《文史通義》，頁 63。

43　詳參〈與陳觀民工部論史學〉，《章氏遺書》，卷 14，頁 23，漢聲版，頁 280 上。

44　詳參上揭〈與陳觀民工部論史學〉。筆者按：這一點所說到的「史不避點竄塗改」與第一點「史文貴因襲」，看似相矛盾，其實不然。第一點所說的「史文」，其實是指史文所描繪的對象，即史文所記述之內容、事件、歷史事實。就常識義來說，歷史事實／歷史實況，是如何即如何，前人的相關記述或相應史料，史家只有因襲的餘地，而不能改易變更其內容的。這可說是治史的原則。然而，同一史事之史料有時多至千千萬萬，在不違背其核心內容的大前提下，史家自可予以彙整，甚至自出機杼而予以點竄塗改的。否則史料紛然雜陳，史家又如何可據以重構以促使讀者懂得、理解的一幅歷史圖像，並進而勒成一家之書呢？至於「文不可擅爲更易」，作者說：「至於一家創作，既勒成定本，則雖重刊百回，選錄千過，亦當仍其真相，不可擅加改易。」原來所謂「不可擅加改易」，是指在引錄作者原文時，不能夠擅自予以更動。其實，無論是史家也好，文學家也罷，既係引錄前人之文章，豈能擅自予以更改變易呢？所以作者把「史不避點竄塗改」與「文不可擅爲更易」，分別視爲史家之文與文人之文各自具備的特點，並把兩者對立起來，可說是觀念上混淆不清，且亦非實齋本意。

45　這點大概是常識，不必多所說明。

平，情貴於正』之境地是也。」（頁 211）[46]文人之文所以不可入史，作者以實齋之論說為基礎，做了很好的發揮。

作者又指出，實齋「稱其專門亦在治古文辭之學。」[47]原來實齋所謂之「古文辭」，仍是本其史家立場來說的。其言曰：「古文辭必由紀傳史學進步，方能有得。」[48]是學人、文人之古文辭是否有所得（「得」蓋指有所成就，有所表現而言）全視乎其紀傳史學是否有所進步？換言之，學人、文人所為之紀傳史學有所進步，乃其人之古文辭有所成就之必要條件。實齋之看重史學，尤其紀傳史學，由此很可以概見。個人以為，其實，任何體裁之史學（不獨紀傳史學為然），無不以敘事為依歸。原因很簡單，因為歷史乃由事所構成。是以針對事予以記載而產生之史學，非以敘事為主軸又以何為主軸呢[49]？依實齋，「敘事之文，出於《春秋》比事屬辭之教也。」[50]按：「屬辭比事，《春秋》之教也」，語出《禮記・經解》。而所謂「屬辭比事」，簡言之，即「連綴文辭，排比史事」。就此來說，《禮記・經解》及實齋的說法，不無討論的空間，蓋就某一程度來說，《尚書》的若干篇章已具備這個性質，而不待《春秋》始產生「屬辭比事」這個做法的。筆者在這裡需要指出的是，實齋的說法，是為敘事之文找其源頭。當然，找得對不對，正如上文所說的，不無討論空間。但這裡就不細究了。作者書氏說：「實齋之為學，先窮流別，然後判類例，究隱微。」（頁 211） 實齋談敘事之文，謂其出於《春秋》，正可說明作者「實齋之為學，先窮流別」的說法是言之有據的。

---

46 〈史德〉，《文史通義》，頁 145。

47 詳見〈家書二〉，《文史通義》，頁 334。其相關語句如下：「吾之所為，則舉世所不為者也。如古文辭，……」

48 〈與汪龍莊書〉，《文史通義》，頁 299。

49 當然，事因人而成。然而，人非事不顯。是以，歷史稱以事為主軸，固可；稱以人為主軸，亦未嘗不可。二者，亦一體之兩面耳。今人恆言「人事」，此正可見二者不宜截然遽分為二。2015.05.15-16 東吳大學歷史學系舉辦第 10 屆史學與文獻學學術研討會，中央研究院王汎森院士臨涖作主題演講：〈人的消失？！20 世紀史學的一種反思〉。筆者甚受啟發，獲益良多。毫無疑問，「人」乃歷史的主體，歷史敘述中見事不見人，固失焦；更甚者，實違反作為人文學科的歷史學的本質。然而，人非事不顯。在歷史敘事中，事中見人，人中見事，乃為得之。

50 〈與汪龍莊書〉，《文史通義》，頁 299。

　　實齋談史學，不是就史學的本身談史學。即實齋不是爲了，或至少不僅是爲了要建構一門具客觀認知意義的史學而談史學。（詳參本書上一章，尤其其中討論許冠三：〈劉、章史學的異同〉的部份。）史學所以經世也。而經世的目的是要達道、明道。實齋即如是說：「古人志期於道，言以明志，文以足言。」[51]作者由是說：「其所謂屬辭比事，要其歸趨，亦同歸於道。」（頁212）簡言之，即透過屬辭比事之史文以敘事，而敘事之目的則在乎明道、歸於道。所以作者在這點上得出如下的結論：「文必源於史，歸於道，實齋之所謂文，其爲史文信矣。」（頁212）然而，作者隨即下一轉語，指出說，以上所論，乃特就實齋論爲文的宗主來說的，「非謂其無所得於文學之文也。」　按：實齋論文學之文，其論點主要見於《文史通義・詩教篇》。戰國之世，術士合縱連橫於塗；縱橫之士必以辭命邀譽攫寵。索其源，實齋以爲辭命之文源於詩教。作者引錄〈詩教篇〉一大段約四、五百字的文字後，作出如下的結論：「是就文學之文而論，其源皆出於戰國，本於詩騷，同爲古行人辭命之遺教；與史文之源於《春秋》屬辭比事者判爲二途。」作者並以此而下判語說，實齋的文論，揭示彼對史文具專門的見解，但亦「通及於辭章，信乎既具專門之學，復有通方之識也。」（頁212）

　　作者雖然認爲實齋於文學之文非無所得，然而，在某些方面，似乎仍是一間未達。作者嘗舉二例作爲說明，如下：（一）史文雖或如實齋所說的，亡於韓愈；但不得籠統的說「古文之法亡於韓。」（頁213）作者由是指責實齋說：「以實齋之明辨而不別白言之，何歟？」（二）認爲實齋太過受到詩作應「有裨風教」這個觀念的影響，因此產生了詩人行文命篇，其用意皆不得背離此旨趣的一個看法[52]。作者由是批評道：「……斯言也，若不解文學之甚者也。夫文學所貴者情，即就其有裨風教而言，亦在乎讀者之因情生感，豈可鑿求其用意之所在邪？」（頁213）然而，作者大體上還是相當欣賞實齋的，嘗云：「論詩而至於盡棄其形貌，求其本質，是非深於知詩者不能也。」（頁213）這個肯定應該算是很高的。實齋太過囿限於「有裨風教」的看法（此看法，見諸〈言公上篇〉），從作者的觀

51　〈言公上篇〉，《文史通義》，頁103。

52　作者指出說，實齋的相關看法，出於〈言公上篇〉。按：〈言公上篇〉，其文頗長。相關看法，見《文史通義》，頁103。

點來看，或可視爲係實齋文論不成熟的一個見解。而「棄其形貌，求其本質」這個值得高度肯定的看法，乃見諸其撰寫於晚年（嘉慶 2 年，年 60 歲。按：實齋卒於 64 歲；60 歲，固晚年無疑）的文章。所以作者作出判斷說：「然則據實齋晚年之論，則其所見於文學者亦至當不易。」（頁 214）現在問題來了：「有裨風教」的看法，是實齋甚麼時候（早年、中年，或晚年）的一個看法呢？如果同爲晚年的一個看法，則何以會一「至當不易」？而另一則陷於筆者所說的「不成熟」呢？作者說：「〈言公篇〉作年雖不可知」（頁 214）。其實，這是作者書氏的失考。作者嘗據錢穆《中國近三百年學術史・實齋文字編年要目》，而得悉彼稱實齋「至當不易」的看法，乃出自實齋晚年的文章（實齋時年 60 歲）。然而同一〈要目〉之「乾隆 48 年，實齋年 46」歲條[53]，即註明實齋是年撰有〈言公上中下〉三篇。作者察彼而不察此，何失考之甚也！但無論如何，46 歲，固實齋之中年無疑。換言之，作者雖失考，但其整體的判斷是正確的。即實齋晚年之作乃「至當不易」，固異於其中年時之持論。就這方面來說，筆者是很欣賞作者的。人之思想恆有其發展／演變，其早年、中年、晚年，甚至只相差一二年，也可有截然不同的見解。所以研究者具備歷史意識：發展、演變的意識，並藉此以考量該學者（被研究者）的不同見解，得出該學者的思想是 "與時俱進" 的結論，這種研究取徑是很值得欣賞、推崇的，蓋非此不足以充份獲悉該學者的思想；反之，若動輒以前後矛盾、相互衝突來判斷一學者前後不同的見解，這是無法深入該學者思想的堂奧，且也流於厚誣古人之嫌。在這裡補充一句。也許因爲作者本人深具歷史意識，所以也特別能夠欣賞、體會實齋的同一意識。以下之言，即爲明證：「……是則實齋之於文集，固以一人之史視之，其用心仍不離於史也。」（頁 214）實齋之「用心仍不離於史」，蓋爲事實無疑。然而，若作者本人無歷史意識，則也許視而不見，聽而無聞，似仍無法領略實齋之同一用心的。

　　以上所陳說的各點，其論旨頗紛雜。大體上是作者書氏把實齋以下各論點加以彙整、述介：如史家之文與文士之文之異同、以敘事爲主軸之史文與屬辭比事

---

[53]　「乾隆四十八年，實齋年四十六」條及「嘉慶二年，實齋年六十」條，分別見錢穆，上揭《中國近三百年學術史》，頁 420 及頁 427。

的關係、文必源於史歸於道、實齋以史家立場論說古文辭、實齋之學重視先窮流別等等。作者又嘗特別舉證指陳實齋中年與晚年某些觀點並不一致。又作者認為實齋某些論點不無問題的，也提出他個人的看法。作者以上的彙整、述介，佔了文章接近一半的篇幅。另超過一半的篇幅是處理實齋有關史文的各種議論。據作者的分類，其項目有四：（一）質性；（二）合道；（三）類例；（四）修辭。今逐一說明如下：

（一）質性：作者首先指出說：「質性者言文之本質或本性也。」[54]（頁 214）其中最要者，不外「清真」二字。「清則氣不雜」，「真則理無支」。（這方面，上文處理郭紹虞的文章時，討論綦詳，今從略。）實齋嘗云：「論文者當明理以養氣。……古之能文者必先養氣。養氣之功在於集義。」[55]（頁 214）簡言之，由集義以明理，由明理以養氣。然而，就史學來說，又如何可以集義？作者根據實齋之意，指出說：「史文貴於徵實，故必所積者厚而後氣昌而文明。」（頁 214）這是說，就史文（史學）來說，所謂集義，是以徵實為根本的。如果連徵實都談不上，則不必奢談甚麼集義了。作者根據實齋的〈史德篇〉，又指出說，如果文章流於流宕、偏激、驕矜、溺情，便「不復能存事實之真相矣」。這可以說因個人情緒失控，或任情率性（現今所說的 EQ 欠佳）而導致史文害義。於是徵實求真的史學本旨便有所失；此即所謂史失其義。其補救之法在於控管吾人之性情、情緒。此即實齋所說的必須「氣平情正」。氣平情正，就史言，即史德；就文言，即文德。是史德、文德，作者說，「其義實一也。」氣平情正，落實下來，便是臨文必敬，論古必恕。實齋特別強調，「敬非修德之謂」。敬之目的在於攝氣而不縱。意謂不能放縱自己的感情、情緒而隨口罵人，隨手寫文章。至於「論古必恕」呢？實齋以下的說明極好，非常符合近現代的史學精神。他說：「恕非寬容之謂，能為古人設身而處地也」。意思是：不是寬容古人，包容古人。寬容、包容，是道德層面上的表現。然而，這不是

---

54 實齋有關質性的討論，見〈質性篇〉，《文史通義》，頁 85-89。

55 〈跋香泉讀書記〉，《章氏遺書》，卷 29，頁 14，漢聲版，頁 722 上。

史家所追求的，至少不是史家所追求的核心價值。那麼史家所追求的又是甚麼呢？答：是設身處地站在古人的立場上去想，去思考。因為只有這樣做，纔可以確然明白古人為何要做出某些表現，譬如行為上的取（有所為）、捨（有所不為）。要言之，史家得進入古人的內心，即自我假設你本身就是古人。即換作你，你當時會有如何的表現呢——為或不為呢？假設是為，又如何為法呢？由此可見，實齋「設身處地」這個見解，是深具史學認知意義的，蓋非此不足以了解古人。當然，也不能說它完全沒有道德意義。因為具備開放的心靈／心量，纔可以使得自己設身處地從古人的立場上去想，去思考。然而，開放其心靈／心量的目的，不是要去寬恕古人，而寧可說是藉此以了解古人行事的動機，並從而了解其相關行事（歷史上之行事便成史事）之真相、來龍去脈。所以實齋這個命題，是從認知意義上出發的；或至少可說其認知意義遠多於道德意義[56]。

（二）合道：作者在本小節中，開首即指出說：「文之所以貴氣平情正以求得事之真相者，在合道也。」作者又說：「實齋之言史文者雖必歸於道，……與唐、宋儒者之言明道者異」。作者為了表示實齋要求史文要合其道，與唐宋儒者欲明其道（明道）有所區別，乃用「合」一字以表示之，而創造了「合道」[57]一詞。實齋嘗云：「文與道為一貫，言與事為同條。」[58]作者說：「實齋知道體之廣大而不易窮，故其言文求合事實之真相，真相明而時勢之變異可見，知時勢之變異而道之因革損益者亦可見，是以文合道而非以明道。」這是說文章是無法直接明道的（其實，不是不想明，而是無法明），甚至連直接合道也不可能（不是不想合，而是無法直接合）。文章（史文）之用意在乎依事實的本然（即所謂真相）而把它老老實實的表達出來。換言之，文章只能貼合、湊泊事實之真相。貼合、湊泊成功達

---

56 以上「臨文必敬」、「論古必恕」等的相關論述，見〈文德篇〉，《文史通義》，頁60。又可參本書上章針對姜勝利一文的相關論述，尤其註283。

57 據閱覽所及，實齋並沒有用「合道」一詞。然而，作者書氏在「合道」一節中的解讀，應是符合實齋意的。

58 見〈言公上篇〉，《文史通義》，頁103。

陣之後，文章便可說間接地合道了。作者用「合」字，表示「事實」、「道」是客觀的存在著。文章只能如其客觀的存在情況而配合之，呈現之。如用「明」字，則轉似史家有一主觀能力能把原爲不明者明之了。作者意謂史家不具備這種能力。退一步來說，縱然具備這種能力，也不宜把它運用出來，否則便可能妨礙事實眞相之呈現，也妨礙客觀的道的呈現。所以如果你有意要明事實，明道的話，那可說是你個人一己之私。實齋嘗云：「至人無夢，至文無私。」[59]無私的至文，其用意止在於合事實，合道，而不是明事實，明道。由此來說，實齋的客觀認知意識是很強的。「符合事實」、「符合道」這種主張，有點類似哲學上的「符合說」（coherence theory）。

上文談了不少「合道」的問題，但具體來說，史文該如何操作，即史家該如何下筆撰文，纔可以合道呢？作者作出了如下四點說明：1、「明變一也。然於明變之中，而知其有不變者存，則善矣。」所謂「歷史」，其核心就是「演變、變遷」。所以記載歷史之史文，就是要記載這種演變、變遷，即所謂「明變」。然而，變中也未嘗無「不變者」，所以明變之外，也要明其不變者、記載其中的不變者，否則不得謂之善。2、「文之變異必因順自然而爲之，則順自然二也。」「人之質性不同，則當因順自然而各致其功庶可矣。」「是則文章之奇與黯亦皆本於質性之自然，而非可以強襲也。」這是說要因順你個人的特質（質性）來行文（撰寫史文），不應鈔襲他人的言詞。3、「明變異順自然以求合道，則尤辨旨歸三也。」所謂「旨歸」即文章之宗趣、主題。史家撰文（其實任何人撰文），都得有個宗旨、主題，不應無病呻吟。實齋云：「要必有爲而發，則指月可以示人；如其無病而呻，雖抽蒲何益亡子耶！」[60] 4、「特是作文而先立旨歸者，往往有私智穿鑿之弊，則有背乎道之自然，而失史事之眞相矣，則貴乎崇質直者四也。」這是說任何史文得有個宗旨，有個主題。這是必須的。但擔心的是走過了頭。甚麼是走過了頭呢？筆者以爲，譬如史家預存了一個觀念，或先建立了一個論點；而爲了符合這個觀念、論點，便拚命找符合你這個觀念、論點的材料予以

59　〈說林〉，《文史通義》，頁 121。

60　〈雜說中〉，《文史通義》，頁 341。

"佐證"，予以 "證明"！這便陷於作者所說的「私智穿鑿之弊」了。其救治之法，是要「崇質直」，即老老實實的處理相關主題。具體言之，正反面的材料都要兼顧。絕不應只採納合乎自己觀念、論點的材料；其不合者、相反者，便視若無睹，聽若罔聞，棄之而不顧！最後作者在「合道」這一小節中引錄了〈古文十弊〉中以下的七弊：八面求圓、剜肉爲瘡、削趾適履、私署頭銜、同里銘旌、優伶演劇、井底天文[61]；並作出判語說：「七弊去而事之眞相可見，事之眞相可見，則可以合道矣。」（以上引文，俱見頁 217-221）

（三）類例

　　實齋云：「文無定格，意之所至而文以至焉。」[62]意思是說文章不可拘執於一定的文格[63]。雖不爲文格所拘，但還是可以談文章的類例的。作者即明白說：「實齋於文體之論間有發明，所謂天機自呈，不同於有意之分別類例也。」那到底實齋又如何談論文體呢？實齋云：「論事之文，疏通致遠，書教也。傳贊之文（實齋自註：即論人之文），抑揚詠歎；辭命之文，長於諷諭，皆詩教也。敘例之文與考訂之文，明體達用，辨名正物，皆禮教也。敘事之文，比事屬辭，《春秋》教也。五經之教，於是得其四矣。若夫《易》之爲教，〈繫辭〉盡言，類情體撰，其要歸於潔淨精微，說理之文所從出也。」[64]以上實齋泛論各種文體（共六類），但其中最欣賞的，似乎還是敘事（含論事）之文。敘事（含論事）之文，固史文無疑。說到敘事之文，其首選定然是《左傳》了。實齋非常看重《左傳》，其教蒙童學文法，便指出說：「左氏論事，文短理長，語平指遠，故自三語五語，以至三數百言，皆孺子意中之所有。資於左氏而順以導之，故能迎機而無所滯也。其後……論贊倣焉，……辭命敷焉，……敘例著焉，……（蒙童）學爲敘事[65]，……

61　〈古文十弊〉，《文史通義》，頁 67-72。

62　〈文格舉隅序〉，《章氏遺書》，卷 29，頁 6，漢聲版，頁 718 上。

63　所謂「格」，實齋明言，「格者，因題制法之謂也。」（詳〈文格舉隅序〉，漢聲版，頁 718 上。）桐城派五色評點之學之無當於文理，便是因爲受到「因題制法」的連累。詳參書氏文，頁 221。

64　〈論課蒙學文法〉，《章氏遺書·補遺》，臺北：漢聲版，頁 1358 下-1359 上。

65　這裡的「敘事」，似乎跟同段上引文「左氏論事」的「論事」，是截然不同之二物，所成之文體便由是而有二種，其一爲敘事之文，而另一則爲論事之文。當然，嚴格來說，「敘」

習爲考訂，……」[66]作者根據實齋以上的說法，乃作出如下的一個結論：「是所重在史文也。」（頁223）

（四）修辭

「言之無文，行之不遠。」行得遠不遠，先不談。以史家來說，行文修辭上若有問題，或所謂修辭不善，那要如實地傳播史事之眞相，恐怕是會大打折扣的；其嚴重者，更會陷於失眞、顚倒是非黑白。至於具體操作來說，針對不同情況，實齋嘗細說如下：

> 古語不可入今，則當疏以達之，俚言之不可雜雅，則當溫以潤之。辭則必稱其體，語則必肖其人。質野不可用文語，而猥鄙須刪；急遽不可爲宛辭，而曲折仍見。文移須從公式，而案牘又不宜徇。駢麗不入史裁，而詔表亦豈可廢？此皆中有調劑。[67]

此外，實齋尤嚴於稱謂之辨。作者根據實齋的相關說法，歸納出以下各項：1、今古異宜，當遵時制，不當用古稱。2、二名當用全稱，偏舉或可或否，不容任意省略，否則容易產生誤會。3、辭義複疊，不當駢稱以免重出[68]。4、前後稱謂，例當畫一，不宜繁稱錯見，殽惑耳目。5、名姓可徵者，不當虛稱以失實。6、記

與「論」，自有別異。然而，就史文來說，尤其就中國古人（過去之史家）來說，議論恆寓於敘述之中。所謂敘中有論，論中有敘也。是以敘事也好，論事也罷，皆係史文之任務。上面六體（論事之文、傳贊之文、辭命之文、敘例之文與考訂之文、敘事之文、說理之文），實齋特別重視此體（視爲一體，或視爲二體，皆可），此即反映實齋之重視史文也。

66　〈論課蒙學文法〉，《章氏遺書・補遺》，漢聲版，頁1359上。

67　〈與陳觀民工部論史學〉，《章氏遺書》，卷14，頁24，漢聲版，頁280下。

68　作者舉例說：王夫之自署「橋杌外史」。實齋斥爲「乃明人好奇之習氣，不可訓也。」作者進一步解釋道：楚之外史稱爲橋杌。橋杌即外史，所以不必在「橋杌」之外，又來一個「外史」，否則便義重而辭複了。實齋的指控，見〈信摭〉，《章氏遺書外篇》，卷1，頁21，漢聲版，頁828下。

事崇實，不可用代稱以失眞[69]。7、稱謂必符其實，不宜以偏蓋全，或以全指偏。8、序次不可求符象數，命名不可強求深意，以免附會穿鑿[70]。

　　實齋還有不少有關修辭的慧解卓識的言論，茲引錄三條如下：1、「李耆卿〈文章精義〉云：『《國語》不如《左傳》，《左傳》不如〈檀弓〉』，……必從繁簡立論，則儘有繁或勝簡之處，不可一例拘也。〈檀弓〉短書小記，易爲精潔。滎澗清泉，不可與洪河比涓淨也。」[71]根據實齋這個立論，作者作如下的說明：「言修辭者尤當知文之美惡不得以繁簡論，文之精潔不得以大小論。」一般來說，文章繁簡相較，自以簡爲勝；但又有不盡然者。實齋這個見解好懂，不必再說明。至於作者所說的「不得以大小論」中的「大小」，到底指的是甚麼呢？今筆者稍作說明如下：〈檀弓〉短書小記，所以易爲精潔。這可以說是理所當然的。《國語》、《左傳》的篇幅比〈檀弓〉大得多。所以其中偶或有不夠精潔處是可以理解，可以宥諒的。所以用篇幅小的文章，由是易見精潔如〈檀弓〉者，來和《左》、《國》相較，這是不公平的。換言之，以大篇幅的作品來說，《左》、《國》已經算是很精潔的了。所以要比精潔的話，不能以《左》、《國》來和〈檀弓〉相比。2、「文章不難於巧而難於拙，不難於華而難於樸。後人學古，……於平淡無奇處忽略不復在意。不知平淡無奇處敷辭宅句，均有法度，關於大體。」[72]能爲巧華，而出之以拙樸。「拙樸」看來平淡無奇，其實，這種平淡無奇，是最

---

[69] 作者引錄實齋以下的文字作爲例子：「今爲節婦著傳，不敍節婦行事，往往稱爲矢志柏舟。文指不可得而解也。夫柏舟者，以柏木爲舟耳。詩人託以起興，非柏舟遂爲貞節之實事也。」文見〈與石首王明府論志例〉，《章氏遺書》，卷14，頁32-33，漢聲版，頁284下-285上。

[70] 作者引錄實齋以下的說明：「……治遷書者之紛紛好附會也，則曰十二本紀法十二月也，八書法八風，十表法十干，三十世家法一月三十日，七十列傳法七十二候，百三十篇法一歲加閏，此則支離而難喻者矣。……說者不求篇內之義理而過求篇外之標題，則於義爲鑿也。」見〈匡謬〉，《文史通義》，頁81-82。

[71] 〈丙辰箚記〉，《章氏遺書外編》，臺北：漢聲版，頁889下。

[72] 〈丙辰箚記〉，《章氏遺書外編》，臺北：漢聲版，頁889下。引文中，文章巧拙、華樸之論，原出李耆卿〈文章精義〉，然而，實齋以爲「其言極是。」是以不妨逕視之爲實齋之見解。筆者或可舉另一例以爲佐證。譬如一家財萬貫之富人，本可過夜夜笙歌，非常奢華的生活。但是他就是甘於過平淡無奇的生活。這是很不容易的。因爲很不容易，所以更見精彩難得。

不容易做到的。3、「求義理與徵考訂者皆薄文辭，以爲文取事理明白而已矣，他又何求焉！而不知辭氣受病，觀者鬱而不暢，將並所載之事與理而亦病矣。……譬之爲調笑者，同述一言而聞者索然；或同述一言而聞者笑不能止，得其情也。……」[73]作者根據實齋這個見解，做出如下的一個結論：「斯則文雖不當爲情役，而不可以不窮事理之情，使人由情而恍然於其事其理，則有非輕文辭而重義理與考訂者之所能知矣。」（以上論修辭部份，均見頁 223-226）

　　以上筆者把書麟的文章做了一個闡述。實齋文論的精彩處應該可以概見。就書文來說，或有一二處可以進一步商榷（上文已有所指陳），但總體來說，筆者認爲書文是寫得很好的，很到位的。如果一定要從雞蛋中挑骨頭的話，那書氏引實齋的文字，只標示篇名，完全缺頁碼；甚至有一兩條引文缺出處，翻檢維艱！再者，引文中的省略處，不用省略號（刪節號）。且又偶犯錯誤者，如頁 219：「《春秋》比事屬辭，……雖抽蒲何益亡子耶！」的一段，實出自《文史通義·外篇三》之〈雜說中篇〉；然而，作者則作「內篇六雜說」。此外，全文皆不分節，更不要說各節該有的題目了。然而，瑕不掩瑜，不足爲書文病。

三、1970 年代的著作

（羅思美──實齋文學理論之基本思想、其文學功能論、成學因素論、文學修養論、文學創作論、文學批評論、文學體裁論）

　　1976 年羅思美出版了他的碩士論文[74]。撰文動機，作者說得很清楚，如下：

　　筆者寫這論文的初意，也不過想從實齋先生的遺著中發掘一些治學的方法，以爲個人進修之助而已。……先生雖以史學名家，他的文章與文學理論，卻有很多可供我們採擇的地方。……希望讀者能遵循先生的遺教，知

73　〈雜說〉，《文史通義》，頁 200-201。

74　羅思美，《章實齋文學理論研究》（臺北：臺灣學生書局，1976），iii+166 頁。這本專著源自作者就讀臺灣師範大學國文研究所時所寫的一篇碩士論文（1976 年）。

道為文之術，而且若有從事於文學批評的人，希望他們「論世知人」，給
先生在文學史上一個適當的地位。（作者自序，頁 1-2）

一言以蔽之，就是站在為己（增加自己的相關知識）和為人（藉以讓讀者獲悉為
文之術和為實齋在文學史上尋得一個適當的位階）的考量下，作者撰寫了他這篇
碩士論文。

羅文共計 8 章，其章目如下：緒論、章氏文學論之基本思想、章氏文學功能
論、章氏成學因素論、章氏文學修養論、章氏文學創作論、章氏文學批評論、章
氏文學體裁論[75]。首章「緒論」旨在述介實齋之生平事蹟，並說明實齋之學術殊
異於乾嘉之主流學風，但自有其不朽者在。其餘 7 章之內容，讀者應可顧名思義
從各章之標目而獲悉其重點，今不擬細述[76]。要言之，除第 2 章及第 4 章分別處
理實齋文學理論的基礎（所謂「基本思想」）和述介其「成學因素論」之外，其
餘 6 章，皆分別針對實齋文章理論的各個面向（各種見解），予以闡述。在闡述
的過程中，作者亦不時把實齋的文論和其他文人學者的相關觀念做對比論述，藉
以揭示實齋文論的精粹。

以下是筆者對羅書的一些觀察。羅書篇幅不大，約 10 餘萬字；但已是迄今
所見研究實齋文論的各著作中，篇幅最大，且又是最全面的一種研究成果。所謂
最全面，指的是實齋文論的各種見解幾乎都被關注到了。尤其難得的是羅書源自
碩士論文。以碩論來說，羅文可說已在一般水準之上。實齋文論的文字，散見《章
氏遺書》各處。作者從中勾稽爬梳、彙整歸納，有條不紊地開列、闡述實齋各種
相關見解，這是相當費時間、功夫，且其背後需要具備一定相應的學養（如一般
的文學素養、資料彙整分類的能力、邏輯聯貫及推理的能力等等），纔能夠底於

---

75 書中各章之註釋（附註）集中一起置放在全書末。羅氏的碩士論文在附註後原有一「參考
書目」（共 6 頁），惜在專書中被刪去。

76 全書共 8 章，每章均再分為若干節，少者兩節，多者 7 節，節下甚至有目。稍一閱覽這些
章、節、目的名稱，便大體上可知實齋文論之見解及作者擬闡述者之重點所在。是以不擬
再作述介。

成的。所以就此來說，羅著是相當值得推崇的。當然羅著也有不少缺點[77]。茲開列如下：（一）第 2 章「章氏文學論之基本思想」（頁 7-59）佔全書正文 1/3 以上。然而，這跟實齋的文學理論並不直接相關。筆者之意是，寫這一章是可以的，也是應該的，但篇幅是否可以縮減一些呢？否則恐或有喧賓奪主之嫌！（二）第 4 章「章氏成學因素論」與實齋之文論更無直接關係，且與前後各章（第 3、5、6、7、8）相較，其性質又絕不相同，可說是另類（讀者稍一覆閱上所開列之章目即知之）。筆者以為，此章或宜與第 2 章合併為一，或逕納入第 2 章內，成為其中的部份內容。（三）羅書以彙整、說明實齋之文學理論為主。如果作者能夠多做點闡釋，多發揮一些個人意見，其研究成果似乎更理想：更能夠呈現作者研究之深度及廣度。（四）作者雖參考不少前人研究成果，但僅限於專書類，而不及論文。（五）部份引文不引錄原書，而是轉引自二手研究成果，甚至是轉引自教科書[78]。且引文之出處又欠詳盡資訊，如缺出版年份、出版商、頁碼等。（六）不參考外文研究成果[79]。

　　以上六項過於求全責備，也許是要求高了一點。若退一步來說，則正如筆者上面已說過的，羅著是迄今（「今」指拙博論撰寫期間的 1980 年代中期）所見研究實齋文論唯一的專書，且本來只是一部碩士論文而已。所以就此來說，羅氏的表現已是可圈可點的了。

77　這方面，羅氏本人是有所自覺的；嘗自白云：「篇次失當、體例不一的地方，雖欲加以更正，但由於排版上的種種困難，只好『將錯就錯』了。」（序，頁 2）所以羅書現今所呈現的，基本上就是其碩論的原貌。

78　茲舉 3 例：章二，節一，註 21，宋陳騤之言轉引自薛鳳昌《文體論》；同章，同節，註 40，章太炎之言轉引自錢基博《現代中國文學史》；章二，節三，註21，方孝孺之言，轉引自《中國文學批評史》（羅氏未註明作者；此書作者應係郭紹虞）。按：以上三人（陳騤、章太炎、方孝孺），其中陳騤之言或比較不好找，但章、方之言應不難找。作者羅氏應逕引其言，不宜轉引自他書。

79　這方面，並不是羅氏個人問題，而是不少學人的通病。以筆者所見，絕大部份大陸和臺灣文史方面的研究著作（尤其中文系同仁的研究成果），都不參考洋人以外文撰寫的專著。這是很可惜的。研究實齋而享譽士林的 Nivison 的名著：*The Life and Thought of Chang Hsüeh-Ch'eng, 1738-1801*，其中第 5 章 "Art and Substance" 便是特別討論實齋的文學理論的，且其內容亦頗有創獲。惜作者羅氏未嘗參考。

四、1980年代的著作

（王冰彥——闡述實齋「立言之要，在於有物」、「以文明道」及文章要「有補於世」
（即經世致用）的觀點；認為實齋的道論很切合人事；**實齋以辭章、考訂、義理分別對
應史家三長：才、學、識；實齋文貴「用世」的觀點；「六經皆史說」；「氣、情論」。**）

以上二文（撰者：郭紹虞、書麟）、一專書（撰者：羅思美），大體上都是
針對實齋的文論作全面性探討的。1984年出現了一篇特別扣緊實齋文論中某一見
解展開討論的文章。文章作者為王冰彥（大概為大陸學者）[80]。

王文計分三節。首節（頁114-116）旨在闡述實齋「立言之要，在於有物」，
文章要「有補於世」的觀點，並強調實齋深具以文明道的思想。此外，王文也正
面肯定實齋的道論，認為其道論是切合人事的。再者，王文也闡釋實齋對才、學、
識的論述。按：唐人劉知幾認為良史當具備以下三項條件：才、學、識。此即世
所稱的「史才（史家）三長」[81]。實齋乃進一步以才、學、識，分別對應於學人
之辭章、考訂、義理這三個領域。王文的第二節（頁117-120）是扣緊實齋文貴
「用世」的思想作進一步的闡述。王氏認為實齋反對空言以明道，而認為實齋「把
"義理" 明確歸結為 "識" 或 "志識"，也就是個人的獨立見解。在他看來，這是
文章的根本。」[82]並認為實齋「賦予 "義理" 以新的意義，這是因為他對當時不
良的學風和文風有著深切的感受。」（頁117）換言之，即強調實齋乃從經世致
用的觀點來討論當時的學風和文風。第二節也討論了實齋「六經皆史也」這個著

---

[80] 王冰彥，〈論章學誠文貴 "用世" 的思想〉，《古代文學理論研究》，第9輯（1984年4
月），頁114-126。

[81] 詳見《舊唐書》，卷102，知幾本傳。

[82] 實齋討論文章而及於理和識、志識的問題，見〈為梁少傳撰杜書山時文序〉，《章氏遺書》，
卷29，漢聲版，頁717。其中云：「理出於識。」又見〈說林〉，上揭《文史通義》，頁
119。其中云：「文辭，猶三軍也；志識，其將帥也。……文辭，猶舟車也；志識，其乘
者也。……文辭，猶品物也；志識，其工師也。……文辭，猶金石也；志識，其鑪錘也。……
文辭，猶財貨也；志識，其良賈也。……文辭，猶藥毒也；志識，其醫工也。」

名論點。依王氏意，這個論點也深具經世致用的意涵（這個看法，王氏在文中並沒有明確表達出來。但依其上文下理，當蘊涵此意）。王文第三節（頁 121-126）可細分為二部份。首部份扣緊實齋文學理論中的「氣、情論」來闡發他的經世意圖[83]。次部份乃作者王氏對實齋的批評。

　　以上撮述王文竟。大體來說，王文是寫得相當不錯的。一者，王氏扣緊實齋的「用世」意圖來探究其文論，可謂具相當針對性，非泛泛而論者可比。二者，王氏參考了不少實齋的文字（非限於《文史通義》，且亦兼及《章氏遺書》），其立論由是有根有據。茲舉一例以綜合揭示王氏以上二優點。上文指出說，實齋嘗「以才、學、識，分別對應於學人之辭章、考訂、義理這三個領域。」其具體說法如下：

　　　……由風尚之所成言之，則曰考訂、詞章、義理；由吾人之所具言之，則才、學、識也；由童蒙之初啟言之，則記性、作性、悟性也。考訂主於學，辭章主於才，義理主於識，人當自辨其所長矣；記性積而成學，作性擴而成才，悟性達而成識，雖童蒙可與入德，又知斯道之不遠人矣。[84]

實齋認為才、學、識，分別相應於詞章、考訂、義理，亦相應於作性、記性、悟性。王氏徵引實齋以上的說法後，指出說：「這段話的重要意義，並不在於說明根據個人之所長在三者之中可各有所側重，而是表明了他從致用的觀點出發，對義理、考據等都賦予了新的意義。」（頁 116）按：義理比較抽象，所以治此學者，其人須有一定之悟性，具一定之識見、眼光；考據則本乎博聞強識，記誦之

---

[83]　實齋的相關論述，主要見〈史德〉，《文史通義》，頁 145。其中云：「凡文不足以動人，所以動人者，氣也；凡文不足以入人，所以入人者，情也。氣積而文昌，情深而文摯；氣昌而文摯，天下之至文也。」

[84]　〈答沈楓墀論學〉，《文史通義》，頁 308。王氏也引錄了實齋這段話，但於「由風尚之所成言之，」一語之後，便馬上接上另一語：「則記性、作性、悟性也。……」。下面幾句話：「則曰考訂、詞章、義理；由吾人之所具言之，則才、學、識也；由童蒙之初啟言之，」，全被刪去（或手民之誤而漏去？），其間又不用刪節號；關鍵的內容便全不見了。

功由是絕不可少。簡言之，義理本乎識和悟性；考據則本乎學和記性。王氏根據實齋以上的類比，作出如下的判語：實齋「對義理、考據等都賦予了新的意義」。根據上文的疏釋，可知這個判語是順理成章而言之有據的。然而，王氏又說：實齋的話，「表明了他從致用的觀點出發」。驟視之，筆者實在想不出實齋以上的類比，何以被視爲係「從致用的觀點出發」？然而，細讀上引文，其中有句云：「雖童蒙可與入德，又知斯道之不遠人矣。」原來實齋是從「童蒙入德」、「道不遠人」[85]這個視角立論的。如果從這個視角立論（即從童蒙入德、達道而作出相應之考量），那麼所立論的項目：以詞章、考據、義理，尤其以作性、記性、悟性來詮釋、類比才、學、識，當然是立論者（實齋）的一套 "啓蒙設計"。"啓蒙設計"，其目的當然是爲了要達乎經世致用。（其實，啓蒙設計必是經世致用觀點下的產物。）王氏的判語：實齋是「從致用的觀點出發」這句話，便亦隨之而得以成立。總括來說，王氏以實齋本人的文字爲憑依，所以文章寫來相當紮實，可說有根有據，非泛論之空言；其相應的闡釋、詮釋也很恰當、到位；其隨之而來之立論、判斷便由是相當中肯，深具說服力。

如果一定要找王文的瑕疵的話，那筆者唯一可以說的是，作者如同同一時期（文革時期更不用說了）大多數的其他大陸學者一樣，似乎仍擺脫不了意識型態或所謂教條主義的囿限。幸好他由是而產生的觀點大體上只是 "說說而已"，似乎並沒有在實質上影響到文章的核心論旨。作爲讀者來說，文章在一定意識型態影響下所產生的相關辭彙，如「保守、落後的封建性的糟粕」（頁 125）、「封建統治階級的學者」、「階級的局限性」（頁 126）等等及相應的觀點，個人認爲，我們一概予以繞過，視而不見可矣。

---

85 當然，這「德」字是取其廣義用法，非指狹義的「道德」，而是指才、學、識這三項。其體言之，依童蒙性向之所近，以培育其才（其相應者為作性，所成就者為辭章），或培育其學（其相應者為記性，所成就者為考據），或培育其識（其相應者為悟性，所成就者為義理）。至於「道」，當然是指掌握才、學、識這個「道理」來說。這個「道理」是好懂，易懂的。所以實齋便說出「知斯道之不遠人矣」這句話。

五、結語

　　以上述評郭紹虞、書麟、羅思美、王冰彥的著作竟。個人認爲四先生的專著已相當充份地闡述了實齋文論的各要旨；實齋文論背後的治學精神，甚至其終極關懷亦由是概見。各專著各有其特色及貢獻，此已概見上文。當然，四文亦不無瑕疵。如郭文未能充份關注實齋文論背後的經世意圖，書文則引文出處有誤、缺詳細出版資訊等等。羅文的瑕疵更多。但其“硬傷”似乎在於相關討論欠深入，且述介多而闡釋少。但羅文源自碩士論文。本此，則不必求其全而責其備。至於王文，如果作者能夠把不必要的意識型態下的一些用語刪去，那就更爲理想了。

徵引書目

（大抵按徵引秩序排列）

趙爾巽等，《清史稿》，北京：中華書局，1977 年。

鮑永軍、中國歷史文獻研究會編，《章學誠國際學術研討會論文集》，北京：北京圖書館，2004 年。

郭紹虞，〈袁簡齋與章實齋之思想與其文論〉，《學林》，第八期，1941 年，頁 59-86。

章學誠，《文史通義》，北京：古籍出版社，1956 年。

章學誠，《章氏遺書》，臺北：漢聲出版社，影印劉承幹刻本，1973 年。

曹永洋編，《徐復觀教授紀念文集》，臺北：時報文化出版事業公司，1984 年。

永瑢等，《四庫全書總目》，北京：中華書局，1987 年。

王夫之，《莊子解》，香港：中華書局，1976 年。

書麟，〈章實齋之文章論〉，《學術界》，第 1 卷，第 2 期，1943 年 9 月，頁 1-9；第 1 卷，第 3 期，1943 年 10 月，頁 47-56。

王汎森：〈人的消失？！20 世紀史學的一種反思〉，主題演講，東吳大學歷史學系第 10 屆史學與文獻學學術研討會，2015.05.15。

劉咸炘，《推十書》，成都：成都古籍書店，1996 年影印。

王冰彥，〈論章學誠文貴 “用世” 的思想〉，《古代文學理論研究》，第 9 輯，1984 年 4 月，頁 114-126。

錢穆，《中國近三百年學術史》，上海：上海商務印書館，1937 年。

羅思美，《章實齋文學理論研究》，臺北：臺灣學生書局，1976 年。

劉昫等，《舊唐書》，北京：中華書局，1975 年。

第五章 章學誠遺著研究之述評[*]

摘 要

章學誠作為一位思想家或史學家來說，其學術思想或史學上的表現和貢獻，當然是不少學者關注的對象，否則「實齋研究」在近現代（尤指上世紀 20 年代以來）不會成為顯學。然而，實齋思想的載體，即實齋著作之本身（尤其《文史通義》一書），其流傳、輯佚、彫刻、版本等等問題，亦吸引不少學者的關注。1922 年浙江吳興嘉業堂劉承幹嘗根據實齋著作的多個不同版本（含鈔本），編輯、出版了《章氏遺書》。劉刻應算是當時最完備的一部 "章氏全書"。上世紀 20 年代對「實齋研究」貢獻過不少研究成果的姚名達，大概是最早關注劉刻的眾多學者之一，彼嘗撰文對該刻本提出意見。其後 1930 年代，侯云圻和陶存煦對該刻本亦提出一些意見／批評，其中陶氏的批評相當嚴厲。至於針對實齋遺著各版本的流傳情況予以探討的，則有張述祖及孫次舟二先生。二先生之研究至為深

---

[*] 本文原係應東吳大學歷史學系之邀請，發表於「第十屆史學與文獻學學術研討會——兩岸史學的研究與對話」。會議日期：2015 年 5 月 15-16 日。會議地點：臺北市東吳大學外雙溪校區國際會議廳。今稍作修改，納入本書內。附識：論文發表的當日，承蒙評論人臺北大學李朝津教授惠予指正，又蒙香港樹仁大學歷史系區志堅教授惠予提問，今一併致上謝忱。本文的前半部（即第一、二、三，共三節）嘗以〈近現代學者所撰「章學誠遺著研究」述評（1920-1940）〉的題目，發表於去年（2014 年）11 月 14-16 日假浙江省寧波大學浙東文化與海外華人研究院所舉辦之會議上。會議名稱為「浙東文獻與藏書文化學術研討會」。今對已發表者稍作修訂，並把該文尚未處理的部份（即第四、五、六，共三節，處理 1940-1980 年間的著作），予以處理如本文。

入、細緻，甚具參考價值。錢穆先生乃「實齋研究」的大家。彼除對實齋的學術思想有所闡發外，對實齋遺著亦甚為關注。1940 年代除刊布實齋佚文 17 篇而豐富了實齋研究的素材外，並嘗撰文記述其獲得鈔本遺書之經過。相關文章尚開列實齋生前《文史通義》自選刻本之篇目。這對研究實齋的個人學術取向提供了相當大的參考價值。就大陸學者來說，倉修良先生應是最鍾情於「實齋研究」的眾多學者之一。彼對《文史通義》的流傳及應納入甚麼文章才算符合實齋的本意，嘗發表專著予以論述。該文頗具參考價值。下文除對以上諸家研究成果有所述介外，尚針對其欠周延之處，或疏漏之處，提出一些個人看法。

關鍵詞：實齋、《章氏遺書》、姚名達、張述祖、孫次舟、錢穆、倉修良

一、前言

　　章學誠生前未嘗完整地彙整、出版其本人之著作。卒前嘗以全稿交付好友蕭山王宗炎（1755-1826），乞爲校定。然而，王氏不及處理而仙逝，其事遂寢，而僅成目錄一卷[1]。其後，遺稿幾經流傳，頗有散佚[2]；又傳鈔既多，歧誤自夥。逮實齋卒後百餘年，其遺著始比較完整地公諸於世。其中彙輯、刊刻得最完備而出版較早者，首推 1922 年浙江吳興嘉業堂劉承幹[3]所輯刻的本子，命名爲《章氏遺書》[4]。然而，這個板本仍闕漏不少重要文章，譬如〈歷代紀年經緯考〉、〈歷

---

1 章華紱，〈《文史通義》跋〉，章學誠，《章氏遺書》（臺北：漢聲出版社，1973），頁 1393。按：章華紱，乃實齋次子。

2 張述祖根據兩《通義》（《文史通義》、《校讎通義》）不同篇章所提及者，舉出實齋之佚文計有 11 篇，如下：〈圓通篇〉、〈諸子篇〉、〈俗忌篇〉、〈方志篇〉、〈家史篇〉、〈列女篇〉〈三變篇〉、〈文選篇〉、〈韓柳篇〉、〈較讎略〉及〈亳州志議〉。張述祖，〈《文史通義》版本考〉，《史學年報》，卷 3，期 1（1939 年 12 月），頁 96-97。其中〈較讎略〉，非佚；詳下文。至於〈圓通篇〉，胡適認爲非佚，而係「始終不曾做成」。胡適，上揭《章實齋先生年譜》，頁 71。此《年譜》嘗爲姚名達所訂補。張氏大概沒有把胡氏原譜與姚氏訂補譜詳加比較，由是把胡氏「始終不曾做成」的判斷誤爲姚名達的判斷。

3 劉承幹（1882-1963）乃浙江著名藏書家及《清朝續文獻通考》的作者劉錦藻（1854-1929）的哲嗣。按：劉氏刻本蒐羅最爲完備，蓋多種章氏遺著之鈔本及刻本，皆爲其參考之列，然疏漏之處，尚未能免。張述祖，上揭〈《文史通義》版本考〉，頁 79-81；李宗鄴，《中國歷史要籍介紹》（上海：上海古籍出版社，1982），頁 407、487。

4 其實，劉刻之前，實齋的著作早已面世。即以實齋在生之時來說，其著作刊行於世者已不下 20 文，此即所謂《文史通義》自選刻本。又實齋著作彙輯爲兩《通義》（《文史通義》、《校讎通義》）者，其事乃在實齋逝世 31 年之後，時維道光 12 年（1832）。該書刻印於大梁（河南開封），共 11 卷。主其事者乃實齋次子華紱，當時華紱取《章氏遺書》一名以顏其書。其後又有廣州、杭州及貴州等刻本，編次皆與大梁本無殊。按：此等板本與吳興嘉業堂劉氏所刻之板本，雖同名爲《章氏遺書》，然詳略相去甚遠（劉刻共 50 卷，其篇幅大概是大梁本的五倍），讀者不可混。民國 9 年（1920）浙江省立圖書館又將所蒐獲之章氏遺著鈔本，編爲 24 卷，並爲之排印出版。這個版本應該是嘉業堂本出版前最完整的版本。1922 年胡適撰《章實齋先生年譜》即據此版本。詳參高志彬，〈景印劉刻本《章氏遺書》前言〉，《章氏遺書》（臺北：漢聲出版社，1973），頁 1-2；張述祖，上揭〈《文

代紀元韻覽〉即其例。1973 年臺北漢聲出版社景印出版劉氏刻本，此 2 文乃得
以補入[5]。錢穆（1895-1990）嘗獲得未納入劉刻本的實齋遺著 17 篇；1942 年乃
予以付梓[6]。其中 5 篇亦收入漢聲版之《遺書》中，置諸書末，編者顏之曰「補
遺續」。1985 年北京文物出版社亦出版實齋之遺著。此版本比漢聲版完備。除仍
舊收錄漢聲版「補遺續」之 5 篇外，又多收錢穆所見 17 篇之 9 篇，即共收錄 14
文；此外，又再收錄其他文章 5 篇。此 19 文，編者乃以「章學誠遺書佚篇」之
名目稱之，置諸全書末。就筆者所見，實齋著作，當以北京文物出版社之版本最
為完備。

　　如上所述，實齋之著作在其生前未嘗全面、統一出版。卒後其流傳、出版及
板刻之情況，頗引起不少近現代學者的關注。其事約始於 1920 年代。以下將按
照相關研究成果之撰著或出版年代之先後，予以論述。

　　史通義》版本考〉，頁 71-79；胡適，〈胡序〉，胡適著，姚名達訂補，《章實齋先生年
　　譜》（臺北：臺灣商務印書館，1968），頁 2。按：劉氏的嘉業堂本為不斷句之木刻本。
　　上揭臺北：漢聲出版社之版本乃據此影印而來（然而，補上逸文 5 篇，命名為「補遺續」），
　　亦不斷句。北京文物出版社 1985 年出版之版本亦影印自嘉業堂本（然而，補上文章近 20
　　篇，命名為「佚篇」），然而已為斷句本，並改名為《章學誠遺書》。參史城，〈影印《章
　　學誠遺書》序〉，《章學誠遺書》（北京：文物出版社，1985），頁 9。上海商務印書館
　　於 1936 年所出版之《章氏遺書》，則為鉛印斷句本。

5　此 2 文收入書中外編，成為該書卷 19、20。其實，前文於 1927 年即為劉承幹刊刻於上海。
　　參孫次舟，〈章實齋著述流傳譜〉，《說文月刊》，卷 3，期 2、期 3 合刊（1941 年 9 月）；
　　孫文又收入存萃學社編，《章實齋先生年譜彙編》（香港：崇文書店，1975），頁 229-245；
　　相關說明，見頁 238。至於次文，則筆者未悉其刊刻歲月；大抵亦為 1927 年前後，蓋文章
　　性質與前文相類。

6　此等文字，乃以〈《章氏遺書》逸篇〉之名目出版，刊於四川省立圖書館，《圖書集刊》，
　　期 2、期 3（1942 年 6 月、11 月）。然而，見於期 2 者僅 5 文（1973 年臺北：漢聲版《遺
　　書》所收納者即此 5 文），期 3 者僅 9 文，共 14 文，非 17 文。余英時推測，所餘 3 文，
　　「想已續刊於《圖書集刊》之第四期。」惟筆者細檢該刊之 4、5 兩期，均未見該 3 文。
　　余英時，《論戴震與章學誠》（香港：龍門書店，1976），頁 365。錢穆嘗開列該 17 篇文
　　字之篇目，見〈記鈔本《章氏遺書》〉，四川省立圖書館，《圖書集刊》，期 2（1942 年
　　6 月）；此文又收入余英時，上揭《論戴震與章學誠》，頁 367-373；篇目名稱見頁 372-373；
　　又收入《新編本《文史通義》》（臺北：華世出版社，1980），頁 700-706。

二、1920 年代的著作

（姚名達——實齋著作之流傳及出版經過；編纂《章實齋遺著》；《章實齋遺著》之體例）

　　近現代學者中，對實齋的生平事蹟、學術思想嘗貢獻多篇研究著作的姚名達（1905-1942），也對實齋遺著的彙整、編纂，表示過意見，並欲自編異於嘉業堂板的另一板本的實齋遺書，認為總字數不下 50 萬字（約嘉業堂板《章氏遺書》的一半）即足，而顏其書曰《章實齋遺著》[7]，姚氏並為此《遺著》撰〈序目〉一文[8]。此〈序目〉之重點如下：首先描繪百年來實齋著作之流傳及出版經過（頁 234-237）；再來是開列其書（《章實齋遺著》）之體例，凡 11 例，如下：一書名，二節本，三部類，四整篇，五附錄，六析錄，七節錄，八別錄，九標題，十註，十一標點（頁 240-242）。筆者要指出一點：今所見實齋之著作皆不標示年月。然而，姚氏指出說：「實齋……所為文稿，月日早晚陰晴風雨無不備記於其篇末。後人不解，編刻其書，即年月亦不為保存。」（頁 239）

　　姚氏所編之《章實齋遺著》，相較於劉承幹所編者，是否更勝一籌，筆者不擬置一辭。然而，姚氏乃基於改進、創新之考量而予以改編，僅就此一構想之本身而言，個人認為已甚值得吾人肯定。以下擬針對姚氏之〈序目〉，提出點個人觀察。

　　（一）姚氏新編之《章實齋遺著》，筆者未嘗獲睹，亦從未聽聞任何研究實齋之學者曾提及見過該書。姚氏在〈序目〉之文末云：「《章實齋遺著》在數月

7　姚名達，〈《章實齋遺書》序目〉，《國學月報》，卷 2，期 3（1927 年）；又收入存萃學社編，《中國近三百年學術思想論集》（香港：崇文書店，1975），六編，頁 231-243。作者在文末所標示的日期為民國 16 年（1927）2 月 9 日。根據作者在文中多處（頁 231、240、243）之揭示，文章之題目應作〈《章實齋遺著》序目〉，而不是〈《章實齋遺書》序目〉。後者當為手民之誤。此外，〈姚序〉，胡、姚，上揭《章實齋先生年譜》，頁 3，亦作《章實齋遺著》。由此可知姚氏所編纂者，其名稱應作《章實齋遺著》。作「遺書」者，蓋手民之誤。

8　姚名達，上揭〈《章實齋遺書》序目〉，頁 231、240。

內可以出版，」（頁 243）。今所以未見該書，很可能該書根本未嘗出版。（二）
姚氏云：「章實齋……生平大節，詳見拙著《章實齋先生傳》。」（頁 231）此
所謂《傳》，筆者亦未嘗遇目，所指或即姚氏個人所編之《會稽章實齋先生年譜》
也說不定[9]（注意：此《年譜》非姚氏針對胡適原著予以訂補之《章實齋先生年
譜》。）（三）劉輯刻之《章氏遺書》流傳雖廣，然而恐仍有大幅可以改進之空
間。姚氏所以推陳出新，另起爐灶者，大抵以此。（四）姚氏云：「所謂文史通
義者，即文史的普通意義，亦即史意。」（頁 232）其實，針對實齋代表作《文
史通義》中之「文史」一詞，予以詮釋者大不乏人。早於姚氏者，如內藤虎次郎
（1866-1934），晚於姚氏者，如戴密微（Paul Demiéville，1894-1979），皆各按
照其個人意見予以詮釋[10]。（五）姚氏認爲：「《史籍考》，皆實齋已成之專著」
（頁 232）。姚氏大概不甚清楚《史籍考》的編纂過程。要言之，實齋編纂該書
用力甚勤，但幾經周折而終未能成書[11]！（六）姚氏云：「臨沒，盡以生平撰著，
寄蕭山王宗炎，乞編次。」（頁 234）其實，實齋卒前數月已將其著作寄予好友
王宗炎[12]，所以「臨沒」一詞不確。（七）姚文引實齋文字甚多，然大都缺明細
出處；頗可惜。

---

9 載《國學月報》卷 2，期 4（1927 年 4 月）；亦收入存萃學社編，《章實齋先生年譜彙編》
（香港：崇文書店，1975），頁 199-227。此《年譜》雖 1927 年始出版，然據《年譜》末
所標示之日期則為民國 15 年（1926）7 月。此日期蓋為稿成之日期。姚氏撰就於 1927 年
2 月 9 日之〈序目〉所以云「詳見拙著」者，即以此故。

10 內藤虎次郎，〈章實齋先生年譜〉，《支那學》，卷 1，期 3（1920），頁 16；戴密微，"Chang
Hsüeh-ch'eng and his Historiography"，*Historians of China and Japan*（London: OUP, 1961），p.
176, note 29. 大體來說，二氏皆針對「文史」一詞，指出其淵源所自。

11 詳參業師羅炳綿，〈《史籍考》修纂的探討〉，《新亞學報》，卷 6，期 1（1964 年 2 月），
頁 367-414；卷 7，期 1（1965 年 2 月），頁 411-455。

12 道光 12 年（1832）實齋次子華紱撰〈《文史通義》跋〉，其中有云：「（先君子）易簀
時，以全稿付蕭山王穀塍先生，乞為校定。時嘉慶辛酉年也。」王穀塍即王宗炎。易簀，
人將死曰「易簀」（見《辭海》(香港：中華書局，1973)，「易簀」條）。上引姚名達文，
其中「臨沒」一詞，意同「易簀」。姚氏所以作「臨沒」者，大抵即根據華紱之跋文。然
而，根據實齋友好汪輝祖《夢痕錄餘·嘉慶辛酉六年條》之記載，實齋文稿交付王宗炎，
乃在實齋之卒「數月前」。此明異於實齋子華紱之記載。華紱之相關記載寫於 1832 年，

　　姚名達撰〈《章實齋遺書》序目〉之同年（1927），又撰寫了《紀年經緯考·序》。此〈序〉文，筆者未見。是以無從撮述其內容，更無從評論其優劣[13]。

三、1930 年代的著作

（1、侯云圻——跋章實齋遺書稿本；**2、陶存煦——嚴厲批評劉氏嘉業堂所輯刻的《章氏遺書》；姚名達對「實齋研究」作出貢獻；3、張述祖——《文史通義》諸本述略；各本篇目異同；各本源流；實齋佚文 11 篇述略。**）

　　實齋的遺著經劉承幹 1922 年木刻面世後，其遺著的鈔本仍不時被發現。1931年侯云圻所遇目者即其一例，侯氏並撰跋文一篇以紀其事[14]。以下為筆者對該跋

　　　時距實齋之卒已 31 年。以理推之，時日既久，記憶恐誤。再者，實齋文稿付宗炎後，宗炎嘗覆函實齋討論編校事，此即〈復章實齋書〉。此復書載王宗炎，《晚聞居士遺集》，卷 5，頁 20b。此《遺集》，筆者所據者為清代詩文集彙編委員會，《清代詩文集彙編》（上海：上海古籍出版社，2010）之版本。〈復章實齋書〉起首即云：「奉到大著，未及編定體例，昨蒙垂問，欲使獻其所知。……」按道理，實齋全稿付宗炎後，不可能便馬上詢問人家編訂得如何的，因為這很不禮貌。換言之，從宗炎「奉到大著」到「昨蒙垂問」，必經過一段不會太短的時日。筆者認為，恐不少於三、五個月。綜合上述所言，當以汪輝祖「數月前」之記載為可靠；華紱作「易簀時」，恐誤記。華紱跋文，載《章氏遺書》，漢聲版，頁 1393-1394。汪輝祖，《夢痕錄餘》（江蘇書局，不標出版年月），65b-66a。胡、姚，《章實齋先生年譜》，頁 146-147。王宗炎之復書，又載《章氏遺書》，漢聲版，頁 1397 下-1398 上。

13　筆者所以知悉姚氏有此著作者，乃根據胡、姚，〈乾隆五十七年〉條，《章實齋先生年譜》，頁 93。又：所以云該〈序〉撰於 1927 年者，乃筆者推測而來。按：1927 年，劉承幹重刊實齋之〈紀年經緯考〉於上海。筆者由是推測姚氏撰序之年份亦當於同年，然稍晚。姚氏嘗為其所訂補之《章實齋先生年譜》之訂補完成後撰序文乙篇，其日期為 1928 年 10 月 15日。筆者由是推斷，姚氏為《紀年經緯考》所撰之序文，假使並非撰寫於 1927 年，則至遲亦不應晚於 1928 年 10 月 15 日，蓋《章實齋先生年譜》（頁 93）已記載姚氏撰寫序文之事。按：胡適所撰而未經姚氏訂補之《章實齋先生年譜》沒有相關記載，是可知此相關記載定為姚氏所為。知悉 1927 年劉承幹重刊〈紀年經緯考〉於上海者，乃根據上揭孫次舟，〈章實齋著述流傳譜〉，頁 238 上，〈民國十六年〉條。

14　侯云圻，〈跋《章實齋遺書》稿本〉，《燕京大學圖書館報》，期 28（1932 年 4 月 30 日），頁 1-3。

文的一些觀察。（一）實齋嘗云：「凡立言之士，必著撰述歲月，以備後人之考證。」[15]然而，實齋著作今見諸兩《通義》所收錄者也好，《章氏遺書》所收錄者也罷，均不載歲月。這使人懷疑實齋以上所言只是空言，即言而不行也。然而，侯文使人知悉實齋幾乎所有文章均註明歲月[16]。（二）侯氏所見的鈔本、劉承幹嘉業堂木刻本、上面說過的浙江圖書館 1920 年的排印本[17]，三者比較後，侯氏認為當以鈔本為最佳[18]。

侯氏所獲睹之鈔本是否優於劉承幹嘉業堂所校刻之板本，筆者不予置評。然而，此劉承幹校刻的嘉業堂本（以下簡稱劉刻本）未能盡善盡美，則恐為事實。陶存煦（1913-1933）即嘗針對此劉刻本，撰文予以嚴厲的批評[19]。陶氏的批評主要有三方面，陶氏云：「第一，章氏的遺稿，照他本意，似乎不應該是這樣編的」。此意謂編輯方面有違實齋原意。「第二，劉先生之對章氏遺文，搜羅似尚未遍，

15　章學誠，〈韓柳二先生年譜書後〉，《文史通義》（北京：古籍出版社，1956），頁 254。

16　這方面，不少學者亦有類同的說法，如姚名達及錢穆即其例。姚氏說，見筆者上文。錢氏說，則見錢穆，《中國近三百年學術史》（臺北：臺灣商務印書館，1976），頁 417；錢穆，〈記鈔本章氏遺書〉，余英時，〈附錄〉，上揭《論戴震與章學誠》，頁 368。

17　浙江圖書館所排印的《章氏遺書》之相關介紹，可參張述祖，上揭〈《文史通義》版本考〉，頁 78-79。

18　實齋遺著之原稿早佚。然而，不同鈔本則流傳於世，其一即為侯氏所獲睹之鈔本。侯文有句云：「……光緒癸未從章碩卿藏本借鈔，共十四冊。」（按：光緒癸未為西元 1883 年）是可知侯氏所見之鈔本，乃源自（借鈔自）章碩卿之藏本。按：實齋原稿經流傳、傳鈔後，嘗為沈霞西所藏，是為「沈霞西藏鈔本遺書本」；沈本後傳至章小雅，是為「章小雅藏鈔本遺書本」；又再傳至章碩卿，是為「章碩卿藏鈔本遺書本」。此碩卿本後為柯逢時所轉鈔，是為「柯逢時轉鈔遺書本」。此柯氏本後為燕京大學圖書館所藏，是為「燕京大學圖書館藏鈔本遺書本」。劉氏嘉業堂 1922 年之刻本乃參稽眾多鈔本、刻本而始書，其一即燕大本。各版本之源流，參張述祖，「各本源流表」，〈《文史通義》版本考〉，頁 95；蕭穆，〈記《章氏遺書》〉，《章氏遺書》，漢聲版，頁 1399 上-1401 上。侯文說到的「章碩卿」，乃實齋之族裔，名壽康（1850-1906，藏書家，金石學家）。碩卿，其字也。章小雅，則壽康之胞弟也。參蕭穆，〈記《章氏遺書》〉，《章氏遺書》，漢聲版，頁 1399 上-1399 下。

19　陶存煦，〈劉承幹校刻的《章氏遺書》〉，南京，《圖書評論》，卷 1，期 12（1933 年 8 月），頁 19-23。作者文末所標示的日期為：22 年（1933）2 月 13 日。

校勘亦太敷衍；」這個指責是相當重的。「第三，劉先生之編次前人文集，尚不免有守舊的偏見，所有附錄和刻書的格式，都不完善。」（頁19）這個指責便更重了。陶氏最後總結說：「總之，照劉先生所刻的這部書，要使我們窺見章氏的學問，除非自己再作整理外，當然是不可能的。……同時，我更希望全國藏書家，對於編校前人遺書，先後的類序，總要依照他的原意。」（頁23）陶氏的總結，個人認爲有對的地方，也有可以再斟酌的地方。

　　陶文開首處及末尾處皆強調，編輯者應按照作者（在此指實齋）的原意編輯其遺著。筆者很同意這個意見。因爲理論上來說，作者應該是最了解其本人的學問的。所以按照作者原意來編輯其遺著應該是讓讀者了解作者的學問最可行，最理想的一種編輯方法。然而，再理想的編輯方法恐怕只能扮演一輔助角色，即從旁提供點幫助而已。要窺見、了解作者的學問，恐怕必得讀者、研究者本身去鑽研，去細讀，甚至去參悟、神入其著作才行。再理想的編整（編輯、整理），都不可能代替讀者、研究者本身的努力的。如果只透過人家的編整，甚至透過自己的編整，便可以如陶氏所說的「窺見章氏的學問」[20]，那實齋的學問恐怕是很膚淺的，沒有甚麼地方可以值得深究、發覆的了。

　　最後筆者要說的是，陶文提供了3個頗爲值得注意的資訊。（一）文章起首處有如下的文字：「清章學誠著　王宗炎編次　上海愛文義路八八九號劉宅出售　民國十一年校刻　定價二十四元」（頁19）。90多年後的今天，在原版劉書已不易獲得的情況下，吾人由是得知劉書是自售而不是透過甚麼書店代售或出版的。此其一。其二，雖然該書最後是由劉承幹編次（輯刻），但因爲實齋在卒前嘗將全稿交付王宗炎，乞爲校定，且王氏又確曾訂定目錄一卷（「校定」及「訂定目錄一卷」兩詞，皆爲實齋次子華紱〈《文史通義》跋〉的原用語），是以劉氏便用「王宗炎編次」一詞。劉氏用此詞，大概一方面示不掠美；再者，亦表示淵源有自；三者，宗炎爲實齋好友，是以劉氏亦或藉此以提高《章氏遺書》的銷售量也說不定。（二）陶氏云：「……詳見拙著《章學誠評傳》第四篇。」（頁

20　所謂「窺見」，如果指的只是：「稍微知道一下」，那麼好的編整，當然是可以提供點幫助的。然而，如果「窺見」一詞是作如此解讀的話，則個人認爲，劉刻本也未嘗不可以讓讀者稍微知道實齋的學問的。是以筆者認爲，侯氏對劉刻本的指責似乎是過當了一點。

20）《章學誠評傳》一書未見，未悉該書出版的相關資訊（含出版地、出版社、出版日期）[21]。按：陶氏嘗撰寫〈章學誠學案〉一文，然則陶書或即此文之長編（初稿），而最後歸約成此文耶[22]？（三）陶氏云：「關於章氏所編校的書，姚名達先生已考出四十餘種，成〈章學誠著述考〉一篇，日內即將發表。」（頁21）[23]〈章學誠著述考〉一文未見，不知確曾發表否[24]？然而，就所見姚名達針對實齋的生平、學術等面向而撰著的相關著作來說，已有年譜、年譜訂補（針對胡適原著予以訂補）、遺書敘目、實齋史學等多篇文章，且皆發表於 1927 年、1928 年。這一方面充份顯示姚氏對實齋 "情有獨鍾"。再者，對推動「實齋研究」成為顯學，姚氏與有功焉。（「實齋研究」成為顯學，約始於 1920 年。）

　　實齋眾多著作中，流傳最廣的，不消說就是其代表作《文史通義》。《通義》一書，版本甚多。1939 年張述祖針對各種版本詳加考訂，發表了〈《文史通義》版本考〉一文[25]。該文對相關問題的研究，甚具參考價值。茲先談張氏撰文之動機。這方面，張氏嘗作如下的表白：

21　鮑永軍對「實齋研究」的著作蒐羅得相當完備，但相關索引亦不見陶書，也許陶書根本沒有出版。鮑永軍，〈章學誠研究論文著作索引（1801-2003）〉，中國歷史文獻研究會編，《章學誠國際學術研討會論文集》（北京：北京圖書館，2004），頁 446-482。

22　陶存煦，〈章學誠學案（卷上）〉，《國專月刊》，卷 5，期 2，期 5（1937 年 3 月、6月）。筆者未見是文。此據上揭鮑永軍，〈章學誠研究論文著作索引（1801-2003）〉，頁446。〈索引〉頁 455 又再開列是文，其為重複無疑。

23　筆者所關注的以上三個資訊，其中第三個資訊，即「章氏所編校的書，姚名達先生已考出四十餘種」一項，孫次舟比筆者更先注意到並嘗予以指出。不敢掠美，茲特表出之。上揭孫次舟，〈章實齋著述流傳譜〉，頁 240 上。

24　上揭鮑永軍，〈章學誠研究論文著作索引（1801-2003）〉亦未開列是文，蓋鮑氏亦未之見。

25　張述祖的文章，上文已屢次提及，其出版資訊，今從略。張氏文章中所說的《文史通義》，乃可謂取此詞之 "廣義用法"。此廣義用法，實源自實齋原先之構想。此構想為：凡隻辭片語足以入著述之林者，無不囊括入《文史通義》一書內。實齋嘗以撰著這種性質之《文史通義》為其終身事業。然而迄實齋之卒，此終身事業惜未能竟其功。張文中的《文史通義》，乃本乎實齋此原先構想，是以文中《文史通義》一書名，實際上指實齋的全部著作。換言之，張文中的《文史通義》，絕非坊間所見一般僅含內篇 6 篇，外篇 3 篇（譬如北京：古籍出版社，1956 年之版本即如此）的實齋文章選集，而實際上即相當於實齋全部著作的實齋個人全集。有關《文史通義》擬收錄何種文章的原先構想，詳實齋以下各文：〈與嚴

大梁本[26]刊行後，繙刻甚多；文字之間，各隨意更改，舛誤時見。民國以來，世人競重章氏之學，翻印日夥，同時鈔本大出，篇第卷次，復迴異刻本，讀者惑焉。爰就所知各版本之源流異同，筆之於後，以便研究先生之學者之參考焉。（頁 71）

張文凡 4 節，其重點如下：首節名「諸本述略」。張氏按照出版時間先後，介紹《文史通義》16 個不同的版本，始實齋在生時之「選刻本」（刊刻年代至遲不晚於乾隆 60 年（1795）），迄「志古堂本」（1925 年刊刻），其中含上文屢次提及的劉承幹 1922 年所輯刻的嘉業堂版本（頁 71-81）。次節名「各本篇目異同表」。此表含以下三欄：書名、卷數、版本。其中書名只開列實齋以下二種著作：《文史通義》[27]和《校讎通義》；版本計有 5 項：依次為「王宗炎編目」（約 1801年）、「浙江書局補刻本」（按：此源自 1832 年之大梁本）、「浙江圖書館排印遺書本」（1920 年）、「劉氏嘉業堂刻遺書本」（1922 年）、「廬江何氏鈔本」（不晚於 1897 年）（頁 81-94）。第三節名「各本源流表」。其實張文首節已對各本源流有所介紹。茲為更為清晰起見，作者乃於第三節將各本流傳關係，予以表列（頁 94-95）。末節（第四節）名「佚篇」。張氏開列並略述實齋佚文

冬友侍讀書〉、〈論文上弇山尚書〉、〈又與永清論文〉、〈跋丙辰山中草〉。以上各文，分見漢聲版《章氏遺書》，頁 747、176、194、714，其中均提及「《文史通義》」一名；而所指者均非今日流行坊間之《文史通義》。又可參華世出版社編輯部，〈出版說明〉，《新編本《文史通義》》（臺北：華世出版社，1980），頁 4-5；張述祖，〈《文史通義》版本考〉，頁 73 下。

26 大梁本為實齋次子華紱所刊刻，乃實齋卒後其遺著第一次面世之版本，開雕於道光 12 年（1832）冬，13 年（1833）春畢事；凡《文史通義》8 卷，《校讎通義》3 卷。因刊刻於河南開封，故世稱大梁本。參上揭〈《文史通義》版本考〉，頁 72。按：實齋之著作（不下 20 文），其在生之時即為實齋本人所選刻面世。詳參上註 4。

27 此表所開列之《文史通義》，乃指坊間所見一般 9 卷本（內篇 6 卷，外篇 3 卷）之《文史通義》。其實，9 卷本的《文史通義》可說只是實齋文章的一個選集，內中所收錄的文章與張文他處所提的相當於實齋全書的《文史通義》所收錄的文章相較，在數量上相去甚遠。詳參本文上註 25。

共 11 種（頁 96-97）**28**。首節之前有數百字，蓋扮演「前言」之角色；末節之後乃全文之註釋，共 41 條。

　　以下為筆者對張文的一些觀察：

（一）張氏對實齋遺著（文中大體上以《文史通義》稱之，參註 25）各版本之流傳、出版情況，作了非常翔實的考察。文章言之有物，論證細密。又：自實齋用《文史通義》一書名以囊括其認為有價值之著作後，此名稱流傳至今超過 200 年。然而，不同版本之《文史通義》，其內所收錄之文章恆非一致。即以篇幅論，有多至 50 卷，如劉承幹輯刻之《章氏遺書》者，有少至坊間一般所流通之 9 卷本者。張氏的研究，對相關問題的釐清，作出了相當大的貢獻。

（二）張文有二項可商榷之處：1、文中引述《章實齋先生年譜》之處共 8 條**29**，其意見泰半源自《年譜》之作者胡適。然而，作者誤認為皆源自《年譜》之訂補者姚名達。筆者將胡氏原譜與經姚氏訂補者，稍一對比，即知張氏張冠李戴（胡冠姚戴，誤胡誤為姚誤）。2、張氏認為實齋之《較讎略》已佚，而與其仍傳世之《校讎通義》為 2 種不同著作，並指出說：「不可……混為一談。」（頁 96）筆者要指出，《較讎略》其實並未佚；此即今日仍廣為流傳之《校讎通義》。要言之，實齋本來撰有《校讎通義》一書，後來打算併此書入《文史通義》一書內，以成為後者的外篇，於是便改《校讎通義》一名為《較讎略》。然而，因《文史通義》久未成書，實齋乃回改其名為《校讎通義》以別行。一言以蔽之，《校讎通義》與《較讎略》，實同一著作也，顧前後兩名稱而已**30**。

---

28 張氏據兩《通義》若干篇章所述及者而得悉實齋嘗撰有此 11 文。

29 頁 71（其相應者為注 2）、頁 71（其相應者為注 6；此含 2 條）、頁 72（其相應者為注 2、10、11）、頁 80（其相應者為注 40）、頁 96（其相應者為注 41）。

30 詳參姚名達，〈《章實齋遺書》敘目〉，上揭《中國近三百年學術思想論集》，六編，頁 232-233。

四、1940 年代的著作

（1、孫次舟——依年代先後，記述實齋著作之流傳、編輯、彙整、校勘、出版等情況；評介近現代學者的若干種實齋研究；2、**錢穆**——記述獲得《章氏遺書》鈔本的經過；**刊行實齋佚文 17 篇；使讀者知悉實齋生前自選本之篇目（自選本當可讓讀者知悉實齋個人學術取向之所在）。**）

上文所討論的張述祖發表於 1939 年的文章，其主旨是針對實齋著作的各種版本進行研究。兩年後，即 1941 年，學人針對實齋著作的流傳情況也展開了研究，其人即孫次舟是也[31]。孫氏在文章中指出：

> 先生（指實齋）之卒，已有百餘年矣！先生遺著獲得流傳，一賴子姓之不忘先業，一賴好事者之搜求梓行，然仍抑之百餘年始得全部行世[32]。在此百餘年中，遺著之升沈顯晦，不無可記。茲特依年譜之，使知學者著述有違風尚，其得流傳之不易。（頁 229 上）

實齋學問之成為顯學，約始自 20 世紀 20 年代。其在生之時（甚至卒後百餘年間），則以學術興趣迥異時流，其名聲、學術皆相當暗晦。雖暗晦，但不得謂全不為人所知，特知之者鮮矣。孫氏乃發潛德之幽光，由是而有是篇之作。其撰文之動機暨文章敷陳之方式，上引文可以概見。

實齋著作之流傳、編輯、彙整、校勘、出版等等，孫氏皆按照年代之先後——始實齋之卒年（1801），迄 1940 年（即孫氏文章出版之前一年）——詳細予以記述。此外，針對近現代學者的若干種實齋研究，孫氏也作了簡單的述介，並偶

31　孫次舟的文章，上文已屢次提及，其出版資訊，今從略。

32　上文處理張述祖之文章時已指出，實齋全部遺稿（除若干佚文外）於 1922 年始由劉承幹予以刻印面世。實齋卒於 1801 年。1922 年上距 1801 年已 121 年。

爾加上一兩句評語，如批評姚名達之著作即其例[33]。如上文所指出，近現代學者對實齋展開研究，其事約始於 1920 年。嚆矢之作乃日人內藤虎次郎發表於 1920 年之《章實齋先生年譜》（詳本書首章相關論述）。至於國人的相關研究，乃始自胡適 1922 年之同名著作。孫氏之述介乃從適之先生之著作開始。

　　以上述介孫文竟。筆者對孫文之觀察，計有如下二項：（一）研究態度認眞、嚴謹，且內容深入，參考資料亦相當豐富[34]。就筆者所見，孫文乃研究實齋本人著述的流傳、出版情況及述介近現代學人「實齋研究」的第一篇文章。就此來說，孫文更具有劃時代的意義。（二）如上文所述，孫文乃按照年份先後以記述實齋著述的流傳情況。其按年的記述中，其中從「光緒元年，乙亥（一八七五）」條開始，至最後一條「民國二十九年（一九四〇）」爲止（共 28 條目），孫氏都錯標實齋之卒年。茲舉一例。按：實齋卒於嘉慶六年辛酉（一八〇一）。從實齋卒後的第一年算至一八七五年，共計不過七十四年。然而，「光緒元年，乙亥（一八七五）」條下，孫氏作出如下之標示：「先生卒後八十四年」。其實，應作：「先生卒後七十四年」。當然，這只是一個小小的瑕疵。正所謂瑕不掩瑜，總體來說，孫次舟的文章是相當有價值的。

　　1930 年代以撰著《中國近三百年學術史》〈章實齋〉一章而對「實齋研究」作出重大貢獻的錢穆先生，在 1940 年代對「實齋研究」繼續作出貢獻。彼所撰寫之相關文章名〈記鈔本《章氏遺書》〉[35]。文章中，錢氏指出說，書肆嘗挾鈔本《章氏遺書》至北京大學求售[36]，疑其即爲實齋次子華紱道光壬辰（1832 年）所錄之副本也（頁 700-701）。按：章氏遺著蒐羅得較爲完備且出版較早者，當推 1922 年劉承幹所刻印之《章氏遺書》（詳參上文）。錢氏所獲得之鈔本，與

33　姚名達嘗訂補胡適所著的《章實齋先生年譜》。然而，仍有不少譌誤遺漏。孫氏即嘗二度指出此毛病。見頁 238 上、頁 242 下。

34　或許值得指出的是，比孫文早 2 年發表的〈《文史通義》版本考〉（參上文），其性質與孫文頗相類，孫氏不及參考，實在有點可惜。

35　錢穆，〈記鈔本《章氏遺書》〉，四川省立圖書館，《圖書集刊》，期 2（1942 年 6 月）；又收入上揭《新編本《文史通義》》，頁 700-706；又收入余英時，上揭《論戴震與章學誠》，頁 367-373。以下引錄此文，悉據《新編本《文史通義》》之頁碼。

36　1931-1937 年錢氏任教於北京大學。書肆攜書求售，其事當發生於這一時段內。

劉刻相較，在篇章上、文字上，頗有異同[37]。錢氏由是指出說：「……若彙而刊之，近有二十篇，誠可爲愛讀章氏文者一極可喜之發現矣。」（頁 701）又說：「……此等關係文字，仍多湮滅不彰，爰亟寫錄其軼文不傳者，彙爲一卷，」（頁 705）其結果便是這近 20 文（據錢氏文章末所開列之篇目，共得 17 文）的刊行[38]，錢氏並寫有〈記鈔本《章氏遺書》〉一短文以紀其因緣。

錢氏刊行實齋軼文共 17 文，其貢獻固已不少。然而，即以〈記鈔本《章氏遺書》〉此短文之本身而言，其對學術界亦作出一定的貢獻。舉例如下：實齋生前即嘗刊刻其本人之著作──文章（頁 702-703）。據錢氏所獲之鈔本，凡遇已刻者，「即分頁散訂，不再鈔寫，遂可得章氏生前所刻文字之全目。」（頁 702）

---

37 所以「頗有異同」，筆者以爲原因之一如下：實齋卒前數月嘗把全稿交付好友王宗炎，囑爲校定（詳上文）。錢氏指出說：「……王穀塍（即王宗炎）處明明有此諸文，不應此後獨失〈十規〉一稿，殆亦諱而滅之耳。……疑今王本無其文，乃由王氏遞爲刪去，……此亦皆後人所爲，而章氏之評詆逾量。……牽涉及於當時勝流名士種種實相，遂亦有所諱而滅之耶？」按：實齋好譏評前人及時人。錢說可謂得其實。王宗炎稿本及劉承幹刻本中若干文字（甚至整篇文章）之所以被刪去，實與實齋評詆逾量，而王、劉等人遂有所顧忌有關。

38 錢氏概以〈章氏遺書逸篇〉的名目把這些文章轉錄於上揭四川省立圖書館之《圖書集刊》第 2、3 期內。上文嘗指出，《圖書集刊》第 2、3 期僅收錄 14 文，餘 3 文未見。筆者嘗檢視《圖書集刊》第 4 期及第 5 期，然而亦未見該 3 文。此 17 文的篇目如下：〈與孫淵如觀察論學十規〉、〈又與朱少白論文〉、〈又與朱少白〉、〈與史餘村〉、〈答邵二雲書〉、〈與史氏諸表姪論對策書〉、〈史考摘鈔〉、〈「書宋孝女」附錄案牘〉、〈書李孝婦事〉、〈書李節婦事〉、〈家石亭封君七十初度屛風題辭〉、〈許可型七十初度幢子題辭〉、〈清漳書院留別條訓〉、〈定武書院教諸生識字訓約〉、〈定武書院教諸生集經傳文字異同凡例〉、〈寇難〉、〈熊倩〉。此 17 文，除最後 3 文外，餘悉附載《論戴震與章學誠》，頁 295-365。上文嘗指出，以上起首的 5 文，臺北：漢聲版之《章氏遺書》乃以〈補遺續〉一名目納入該 5 文。至於北京：文物出版社（1985 年）之《章學誠遺書》，則以〈章學誠遺書佚篇〉之名目納入起首之 14 文；此外，又加上以下 5 文：〈論課蒙學文法〉、〈書左墨溪事〉、〈嘉善茜涇浦氏支譜序〉、〈與朱少白書〉、〈與錢獻之書〉。此 5 文源自北京圖書館所藏之鈔本。詳參史城，〈影印《章學誠遺書》序〉，《章學誠遺書》（北京：文物出版社，1985），頁 9；惟其中云：「北京圖書館所藏……〈書左墨溪事〉等四篇」，則「四篇」應係「五篇」之誤。可並參本文上註 4。

據錢氏所開列，此全目共 15 文[39]。按：15 文僅佔實齋全部文章比例上極少的一部份。換言之，此 15 文必係實齋本人千挑萬選下脫穎而出的精品。今錢氏揭示其篇目，真可謂發潛德之幽光，蓋使讀者知悉實齋生前學術價值取向之所在[40]。據張述祖，實齋刊刻此等文章，至遲不晚於乾隆 60 年（1795）[41]。乾隆 60 年下距實齋之卒（1801）僅 5、6 年。是 15 文（若加上張氏所開列之 2 文——〈雜說一〉及〈雜說三〉，則共 17 文）很可以反映實齋晚年至愛之所在。

　　上文（詳註 37）嘗指出，錢氏認為實齋若干文字之所以被王、劉等人刪去，乃與實齋對時人（如戴震、袁枚等）「評詆逾量」，由是王、劉遂有所顧忌有關。又：被刪去之文字中，亦有頗可反映實齋個人性格及學術性向之所在者。錢氏乃作出如下的判斷：

---

39 此 15 文，可釐析為 22 篇；其名目如下：〈易教〉上中下、〈書教〉上中下、〈詩教〉上下、〈言公〉上中下、〈說林〉、〈知難〉、〈評沈梅村古文〉、〈論課蒙學文法〉、〈與邵二雲論文〉、〈評周永清書其婦孫孺人事〉、〈與史餘村論文〉、〈又與史餘村〉、〈答陳鑑亭〉、〈方志立三書議〉、〈州縣請立志科議〉。張述祖據燕京大學所藏之鈔本，則開列以下 10 文，共 17 篇：〈易教三〉、〈書教三〉、〈詩教二〉、〈雜說一〉、〈評沈梅村古文一〉、〈評周永清書其婦孫孺人事一〉、〈與邵二雲論文一〉〈又與史餘村一〉、〈與史餘村論文一〉、〈雜說三〉。筆者按：以上〈雜說一〉及〈雜說三〉，分別指今所見通行本《文史通義》內、外篇之不同篇章：其篇名雖同，但內容殊異。又：錢氏所開列者與張氏據燕大所開列者，不盡相同，有此有彼無，彼有此無者，蓋源自不同鈔本故也。張述祖，上揭〈《文史通義》版本考〉，頁 71-72；頁 97。

40 當然，在錢氏之前，張述祖已揭示文章之目錄（詳上註），但錢氏所開列之文章，除不含張氏所開列之〈雜說一〉及〈雜說三〉外，則仍比張氏多出以下各文：〈說林〉、〈知難〉、〈論課蒙學文法〉、〈答陳鑑亭〉、〈方志立三書議〉、〈州縣請立志科議〉，共六文。換言之，錢氏比張氏揭示更多的資訊。又：錢著《中國近三百年學術史》（頁 425-426）嘗據柯氏鈔本目錄開列已刻之篇目。此則全同於張述祖所開列者，惟加上〈方志立三書議〉、〈州縣請立志科議〉。換言之，張氏開列 10 文，而《中國近三百年學術史》則開列 12 文。又：除錢、張二氏外，當代學人對實齋《文史通義》自選刻本亦頗關注，其中中國人民大學梁繼紅即一例。梁繼紅，〈章學誠《文史通義》自刻本的發現及其研究價值〉，上揭《章學誠國際學術研討會論文集》，頁 199-213。

41 張述祖，上揭〈《文史通義》版本考〉，頁 72。

……此本（筆者按：指章氏遺書之鈔本）〈言公篇〉，係已刻本散頁訂入，篇首有一行云：「道聽塗說，爭名趨詭，腑械心竇，斯文如燬，著〈言公〉上、中、下篇」。黏紙云：「此行宜刪」。今華緻刻本無之，劉刻本亦無之，此亦後人之意。……居今而論，則留此一行文字，亦未始不足為知人論世之一助也。……賞弦外之音於聲塵寂寞之後，……。（頁 704-705）

實齋撰寫〈言公〉一文（此文乃實齋在生時自選刻本所收錄之文章，詳上註 39）之動機，上引文很可以概見。又：錢氏〈章氏遺書逸篇〉及〈記鈔本《章氏遺書》〉二文刊布於 1942 年。1940 年代後，學人研究實齋者甚多，文章幾近汗牛充棟。然而，據所悉，學人能夠充份利用錢氏所刊出之實齋軼文以為研究之助者，實在不多見。這是比較可惜的。

錢文及錢氏所刊出之實齋軼篇對「實齋研究」可有的學術價值及貢獻，大抵已如上述。錢氏文中各論點，筆者甚表贊同。惟其中一看法，或可以再討論。茲先引錢說如下：

此本又有〈又與朱少白〉一書，謂「鄙著《通義》之書，諸知己者，許其可與論文，不知中多有為之言，不盡為文史計者。關於身世有所根觸，發憤而筆於書，嘗謂百年而後，有能許《通義》文辭與老杜歌詩同其沈鬱，是僕身後之桓譚也。」此文收入《文史通義》卷九，王目、劉刻，乃並篇目而失之。……讀此文，自比其著作於老杜之歌詩，不禁深唔長吁，若想見乎其人。余以其生前刻本流傳，皆非著作深意所寄。及身後愛重其學者，為之搜刻全書，而此等關係文字，仍多湮滅不彰。……（頁 705）

上引文中：「余以其生前刻本流傳，皆非著作深意所寄。」一語，筆者未盡能同意。按：實齋生前所刻之 15 文（共 22 篇，詳上），筆者皆嘗細閱。上文業已指出，此 15 文乃實齋本人自眾多文章中挑選而出者[42]。此等文章，筆者以為，實足

---

[42] 嘉慶元年（1796），章學誠給好友汪輝祖的一封信中嘗云：「拙撰《文史通義》，中間議

以反映實齋學術要旨而可謂極關緊要之篇章。其中世人討論最多的「六經皆史也」這句話，即載 15 文中之〈易教〉上篇，而爲其開篇的第一句話[43]。然則錢氏所作的判語：「皆非著作深意所寄」，筆者實不明其所以。錢氏《中國近三百年學術史》亦作出類似的判語，並進一步解解爲何實齋選刻這些「皆非著作深意所寄」的文字。錢說如下：「……大抵實齋初刻《文史通義》，僅僅如是。其論學精要文字均未刻。所謂『恐驚世駭俗，爲不知己者詬厲』，決非虛泛言之。」[44]筆者的看法則如下：筆者以爲實齋 1795 年（或 1796 年）刻印之自選本《文史通義》，內中雀屏中選之文章，固非其「著作深意所寄」及「論學精要文字」之全部；然而，似不得謂非實齋深意所寄及論學精要文字中相當重要的一部份。錢氏則認爲「皆非著作深意所寄」；又判斷爲「其論學精要文字均未刻」。個人認爲「皆非」、「均未」等用語，似乎稍微過重了一些，過滿了一些；蓋與實況頗有落差也。然而，治學嚴謹如錢氏者，又何以用語過當？筆者思之者再，乃作一臆測如下：軼篇 17 文之刊布，固大有貢獻於學界。錢氏或爲突出其貢獻，故不惜貶抑實齋生

論開闢，實有不得已而發揮，爲千古史學闢其蓁蕪，然恐驚世駭俗，爲不知己者詬厲，姑擇其近情而可聽者，稍刊一二，以爲就正同志之質，亦尚不欲徧示於人也。」可知實齋生前所刊刻之《文史通義》，內中所收錄之各文，皆爲實齋本人生前所挑選。〈與汪龍莊書〉，上揭《文史通義》，頁 300。

43　錢氏《中國近三百年學術史》討論實齋的一章，就「學術要旨」的部份來說，內含 12 目。首目爲「《文史通義》與經學」；其中即嘗討論「六經皆史」的問題。然則此問題在錢氏心中的重要性，可以概見。當然，以文章論，錢氏最看重者，乃係《文史通義》中的〈原道篇〉，而不是討論「六經皆史」的〈易教篇〉。錢氏云：「而實齋所持最精義理，則在今《文史通義》內篇卷二之〈原道〉上中下三篇。」（《中國近三百年學術史》，頁 382）按：實齋之道論，乃其論學之主軸；然而，道在六經，抑六經不足以盡道？這在實齋來說，乃問題之關鍵。欲探究此問題，則不得不鑽研「六經皆史也」這個命題。而「六經皆史也」的命題，乃〈易教篇〉起首的第一句話。由此來說，〈易教〉在錢氏心中之地位，雖或不如〈原道篇〉，但其地位自不輕。錢氏又云：「乾隆五十七年壬子，實齋年五十五。……〈書教〉三篇，蓋成於今年，實可代表實齋晚年成熟的史學見解也。」（《中國近三百年學術史》，頁 424）按：〈書教〉三篇亦爲實齋《文史通義》自選本所收納之篇章（參上註 39）。錢氏既認定〈書教篇〉代表「實齋晚年成熟的史學見解」，則〈書教篇〉固係實齋「著作深意所寄」無疑。然則錢氏「非著作深意所寄」一判語，頗陷自相矛盾之嫌。

44　錢穆，上揭《中國近三百年學術史》，頁 426。

前之自選刻本歟？又錢氏認爲：「恐驚世駭俗，爲不知己者詬厲」一語[45]，「決非虛泛言之」（詳上）。然而，筆者以爲，此語似不宜照單全收。實齋「工訶時人，輕議今哲」，對彼等作出今日所謂之人身攻擊[46]，實齋尚且無所畏懼彼等之反彈，則何懼「爲千古史學闢其蓁蕪」之學術創見反而會引起不知己者所詬厲呢？！然則實齋何以不納入更多可以流傳後世的文字？針對這個問題，個人之初步判斷是：以此等文字尚未成熟而需要進一步斟酌、潤飾故也。換言之，不是因爲害怕人家之批評，而是因爲自覺己說之不足[47]，所以才不予多收。當然，另一可能原因是出版經費不足。然而，是否眞的經費不足，以無實據，不敢多說；今姑且提出以供後來者之諟正焉[48]。

　　一言以蔽之，錢氏刊布實齋軼著 17 文（今所見者 14 文），又發表〈記鈔本《章氏遺書》〉一文，實大有貢獻於學界。至於其判斷或流於用語過當者，恐不免見仁見智而爲筆者之臆測而已，實不足爲錢氏病。

五、1970 年代的著作

（1、高逸塵──簡介實齋遺著的流傳、出版情況；2、**倉修良──論述《文史通義》的版本。**）

　　1950、60 年代的「章學誠遺著研究」，筆者未見[49]。今逕探討 1970 年代的

45　語出〈與汪龍莊書〉，《文史通義》，頁 300。

46　類似「工訶時人，輕議今哲」的問題，可參羅師炳綿，〈章實齋對清代學者的譏評〉，《新亞學報》，卷 8，期 1（1967 年 2 月），頁 297-365。

47　當然，就學術來說，有這種反省而希望自己精益求精，這種態度是值得推崇的，吾人應予以肯定。所以實齋實在不必找藉口，把問題推在別人身上，而說出「恐驚世駭俗，爲不知己者詬厲」這句話！

48　筆者又想到一點：有興趣的讀者不妨針對該 15 文仔細鑽研，持之與實齋 1795 年（1796 年？）不予刊刻之其他文章作一比較，並試從實齋之觀點，評比兩組文章學術價值的高下及驚世駭俗程度之深淺。透過這種細密的探研，很可能能夠確切掌握何以實齋僅選刻該 15 文，而不選刻其他文章。

49　所謂「未見」，指的是 1980 年代中期筆者撰寫博士論文時未見。其後雖或有所見，茲因

相關著作。

上文屢次提及的吳興嘉業堂劉承幹輯刻的《章氏遺書》，出版於民國 11 年
（1922）。50 年後，即 1973 年臺北：漢聲出版社補上實齋逸文五篇後，予以重
印[50]。此重印本出版不久後，一位名高逸塵的先生寫了一篇書評，予以述介[51]。
文章約 2,000 餘字，對實齋遺著的流傳、出版情況，作了一個簡略的介紹。文章
起首處則爲實齋生平的簡述。整篇書評，其內容大抵本諸高志彬的〈景印劉刻本
《章氏遺書》前言〉，文章部份段落甚至有逕轉錄自此〈前言〉者。（不悉書評
作者高逸塵即高志彬之別名否？）。以內容無甚創見，今不擬多予論述。文章有
一個錯誤。高塵逸云：「民國十年，四川省立圖書館《圖書集刊》所載之『《章
氏遺書》逸篇』，……賓四先生彙爲一卷付印」。〈景印劉刻本《章氏遺書》前
言〉有類似之記載，但「民國十年」則作「民國十一年」。其實，兩者皆誤；以
作「民國三十一年」爲是，蓋錢先生彙爲一卷付梓之年份爲民國三十一年（1942）。
按：「《章氏遺書》逸篇」載當年出版之《圖書集刊》，期 2、期 3（詳上文）。

對「實齋研究」寫過不下十篇文章的倉修良先生，對如何重編實齋的《文史
通義》，亦深感興趣。1979 年所發表的文章[52]，其中部份內容即討論其事。倉文
計分三節（文章中僅以（一）、（二）、（三）以示區別，並沒有爲每一節冠上
標目）。細審各節之內容，其主旨大抵如下：首節論述《文史通義》的版本，次
節闡述實齋之史學主張，三節乃倉氏從唯物史觀的角度對實齋提出批評。二、三

陋就簡，一概從略，不予探討。

50 高志彬，〈景印劉刻本《章氏遺書》前言〉，《章氏遺書》（臺北：漢聲出版社，1973
年 1 月），頁 3。其實早在 1936 年，上海商務印書館已重印該書，但改以鉛字排印，並予
以斷句。

51 高逸塵，〈劉刻本《章氏遺書》介紹〉，臺中，《青年戰士報》（《青年日報》之前身），
1974 年 3 月 1 日。文章題目「遺書」二字誤作「遺言」；此顯爲手民之誤。

52 倉修良，〈論章學誠的《文史通義》〉，《杭州大學學報》，期 1、2（1979 年 5 月），
頁 175-184。此外，倉氏又特別撰著研究實齋及其《文史通義》的專書，如下：《章學誠
和《文史通義》》（北京：新華書局，1984）。其中第三章：〈《文史通義》編著的目的、
內容和版本〉的內容與〈論章學誠的《文史通義》〉一文的內容差異不大，蓋倉氏修訂該
文後，乃將之納入其專書內。

兩節與本章主旨不相關，茲僅針對首節，做如下的論述。倉氏考察《文史通義》
一書後，指出該書現今流傳的版本，主要有兩個：其一乃劉承幹嘉業堂《章氏遺
書》中所納入之《文史通義》；而嘉業堂所輯刻的《章氏遺書》，是「劉承幹依
王宗炎所編之目加以補訂刊行」的。（頁 176）其二乃實齋次子華紱於道光 12
年（1832）在河南開封所刻印者，此世稱大梁本。二版本之《通義》皆含內、外
篇。倉氏指出說，二版本內篇的篇章，「大體可說無多殊異。惟外篇雖皆分爲三
卷，內容則完全不同，前者是論述方志之文，後者爲『駁議序跋書說』。」（頁
176）針對方志應否收入《通義》一書內，倉氏有以下見解：「我們認爲，方志
之文，是否爲《文史通義》一部分，應以作者本人意願爲準。從現有情況看來，
作者本意是把方志論文放在《文史通義》之中的。」（頁176）編輯人家的文集，
當然應該尊重原作者的本意。實齋既有意把他的方志論文納入《通義》內，則後
來的編輯者自當予以尊重。所以個人認爲倉氏這個說法是很正確的。

　　除方志論文應納入《文史通義》內，倉氏對該書應含的文章還有其他構想。
他說：

> 綜上所述，我們認爲，爲了使《文史通義》按照作者撰述本意所具之面目
> 出現，不僅上述兩種版本[53]外篇皆需收入（當然，王氏所編之外篇也不全
> 是《文史通義》的篇章），而且《章氏遺書》中現存有關論述文史的篇章
> 也應加以選錄。（頁 176-177）

根據上引文，倉氏意謂，實齋以下兩組文章：方志論文和駁議序跋書說，皆應納
入《文史通義》內，作爲外篇的組成部份。然而，爲甚麼《章氏遺書》中「有關
論述文史的篇章」，也應該加以選錄呢？原因很簡單，因爲倉氏的考量是：「《文
史通義》是一部縱論文史、品評古今學術的著作。」（頁 177）

　　簡言之，根據倉修良，新編本《文史通義》，除大梁本和嘉業堂本的內篇（依

53　兩種版本乃指，實齋次子華紱的大梁本和根據實齋好友王宗炎所編之目錄加以補訂刊行的
　　劉承幹嘉業堂本。參上文。

倉氏，兩版本內篇所收文章大抵相同。詳參上文。）應依舊保存下來外，兩版本外篇所收錄的不同文章也應該一併納入。此外，還應該加上兩版本內外篇不收而其性質乃係「論述文史的篇章」。倉氏有以上的一個構想，究其緣由有二：其一，倉氏說：「這樣做對於研究章氏學說的人來說，無疑將會提供更為方便的條件。」（頁 177）其二是：「事實上由於版本的不統一，學術界有關論著的引文曾出現了混亂情況，這種局面應當早日改變。」（頁 177）無論是為了對學者提供更為方便的條件也好，或為了改善混亂的局面也罷，倉氏的主觀願望和對學界的客觀期許（期許新編本早日出現）⁵⁴，都是非常值得肯定的。當然，新編本的內容是否非如倉氏所構思的不可，或可再斟酌。見仁見智，實在難有確然不可易的定論。但能夠在現有的通行版本外，基於精益求精的考量而提出一個新構想，那總是值得肯定的。

　　末了，讓筆者指出一點。1950-80 年代（甚至 90 年代）大多數的大陸學者所撰寫的論文都不大參考前人研究成果，倉修良先生也不為例外。倉氏文中提到彼撰寫〈論章學誠的《文史通義》〉一文時，當時流傳的《通義》的版本，主要是大梁本和嘉業堂本。（頁 176）這個說法，大體上符合事實。然而，自實齋本人生前的自選本《文史通義》迄 1940 年為止，《文史通義》的版本已不下 10 多個。倉文發表於 1979 年。比倉文早 40 年發表的〈《文史通義》版本考〉（發表於 1939 年，作者為張述祖，參上文）早已處理了該書眾多不同版本的問題。雖然這個問題跟倉文所處理的主題並不直接相關或不完全相關，但如果倉氏能夠參考張述祖的文章始下筆撰寫他現今的文章，那他的文章應該更見周延。茲舉一例。倉氏文中嘗討論《通義》外篇應含甚麼文章的問題（詳上文）。如果倉氏參考過張述祖的論文，並在此研究成果的 "啟發" 下，按圖索驥而進一步參考《通義》10 多個不同版本的內容，那麼依他的建議而納入《通義》外篇的文章，也許更能夠符合實齋的本意也說不定。再者，倉氏認為納入《文史通義》之文章，應「按照作者撰述本意所具之面目出現。」（詳上文）這個說法，筆者非常贊同。這方面，上

54　出版一個新編本，倉氏本人在 20 多年後自己做到了。這就是《《文史通義》新編新注》（杭州：浙江古籍出版社，2005）。

文已說過了。其實，早在 1933 年，陶存煦已表示過完全相同的意見。陶氏說，章氏的遺稿，應照實齋的本意來編[55]。所以倉氏的意見，便不能算是他的 "新發明"。一句話，筆者以爲前賢的研究成果，總應該多參考[56]；否則所謂「研究」[57]，很可能是既浪費自己的時間；且對學術界也無法作出眞正的貢獻呢。那豈非很可惜！

六、結語

近現代學者中率先撰文探討實齋的著作的，應以姚名達的兩篇文章爲嚆矢。文章發表時間爲 1927 年；而其時正係「實齋研究」成爲一時顯學的起始階段。換言之，從「實齋研究」成爲顯學的起始階段開始，姚氏即關注實齋遺書的布刊情況。具體來說，姚氏所探討的是 1922 年吳興嘉業堂劉承幹所輯刻的木刻本《章氏遺書》。《章氏遺書》雖已輯刻，但稿本（鈔本）的實齋遺著，仍不時被發現。侯云圻及錢穆皆嘗針對不同的鈔本，分別於 1932 年及 1942 年撰文論述其事。此等鈔本的發現，頗可使人知悉劉刻本《章氏遺書》的不足。至於實齋卒後，其著述的流傳情況及眾多不同版本的布刊梗概，張述祖及孫次舟皆嘗深入探討，並分別於 1939 年及 1941 年發表甚具學術價值的論文論述其事。這是非常可喜的現

55　陶存煦，上揭〈劉承幹校刻的《章氏遺書》〉，頁 19。

56　按：倉氏全文除了曾引錄實齋好友王宗炎的《晚聞居士集》，卷 5，〈復章實齋書〉這一條資料外（倉文，頁 176，註 1），整篇文章只參考、引錄實齋本人的文字，而不及其他材料，更不用說前賢的研究成果了。這是比較可惜的。

57　倉修良的文章：〈論章學誠的《文史通義》〉，其下有一個副標題：「章學誠史學研究之三」。平情而論，上文說到的張述祖和陶存煦所發表研究實齋遺著的相關文章，其發表時間距今已 7、80 年以上；即與倉文相較，亦比倉文早 4、50 年。7、80 年前的文章，近現代學人不見得都可以輕易看到。從這個視角來看，倉氏的文章，儘管沒有甚麼創見，但不能說毫無價值。然而，若說到「研究」，則倉文似乎還談不上。或至少不能算是很認真、嚴謹，或很周延的一個研究成果。

象。大陸學者倉修良對「實齋研究」甚感興趣，既出版專書[58]，亦撰寫不下 10 篇文章以闡發實齋的學術底蘊。《文史通義》的版本問題，亦爲倉氏關注的重點之一。相關文章發表於 1979 年[59]。當然，1980 年代後，學人對《通義》及《遺書》，仍不斷有所著墨，予以探討[60]。今則因陋就簡，一概從略[61]。

---

[58] 倉氏研究實齋的專書，據閱覽所及，至少計有如下的著作：倉修良，《章學誠和《文史通義》》（北京：中華書局，1984）；倉修良、倉曉梅（修良先生女公子），《章學誠評傳——獨樹一幟的史學評論家》（南寧：廣西教育出版社，1996）；倉修良、葉建華，《章學誠評傳》（南京：南京大學出版社，1996）；倉修良，《《文史通義》新編新注》（杭州：浙江古籍出版社，2005）。

[59] 倉修良，〈論章學誠的《文史通義》〉（章學誠史學研究之三），《杭州大學學報》，期 1、2（1979 年 5 月），頁 175-184。

[60] 相關研究目錄，可參考鮑永軍，上揭〈章學誠研究論文著作索引〉，「著述整理研究」部份，頁 448-454。

[61] 據鮑永軍之相關〈索引〉，1980-1985 年間，或有一二文章是討論實齋遺著的（見頁 453）。唯筆者當年撰博論時不克獲睹此等文章，今亦因陋就簡，不予探研。

徵引書目

（大抵按徵引秩序排列）

章學誠，《章氏遺書》，臺北：漢聲出版社，1973 年。

張述祖，〈《文史通義》版本考〉，《史學年報》，第 3 卷，第 1 期，1939 年 12 月。

李宗鄴，《中國歷史要籍介紹》，上海：上海古籍出版社，1982 年。

胡適，《章實齋先生年譜》，上海：上海商務印書館，1922 年。

胡適著，姚名達訂補，《章實齋先生年譜》，上海：上海商務印書館，1931 年。

章學誠，《章學誠遺書》，北京：文物出版社，1985 年。

孫次舟，〈章實齋著述流傳譜〉，《說文月刊》，第 3 卷，第 2 期，第 3 期合刊，1941 年 9 月。

存萃學社編，《章實齋先生年譜彙編》，香港：崇文書店，1975 年。

余英時，《論戴震與章學誠》，香港：龍門書店，1976 年。

錢穆，〈記鈔本《章氏遺書》〉，四川省立圖書館，《圖書集刊》，第 2 期，1942 年 6 月。

姚名達，〈《章實齋遺書》序目〉，《國學月報》，第 2 卷，第 3 期，1927 年。

存萃學社編，《中國近三百年學術思想論集》，香港：崇文書店，1975。

姚名達，〈會稽章實齋先生年譜〉，《國學月報》，第 2 卷，第 4 期，1927 年。

內藤虎次郎，〈章實齋先生年譜〉，《支那學》，第 1 卷，第 3、4 期，1920 年。

Demiéville, P., "Chang Hsüeh-ch'eng and his Historiography", ed. Beasley, W.G. & Pulleyblank, E.G., *Historians of China and Japan*, London: OUP, 1961.

羅炳綿，〈《史籍考》修纂的探討〉，《新亞學報》，第 6 卷，第 1 期，1964 年 2 月，頁 367-414；第 7 卷，第 1 期，1965 年 2 月，頁 411-455。

王宗炎，《晚聞居士遺集》，《清代詩文集彙編》，上海：上海古籍出版社，2010。

汪輝祖，《夢痕錄餘》，江蘇書局，不標出版年月。

侯云圻，〈跋章實齋遺書稿本〉，《燕京大學圖書館報》，第 28 期，1932 年 4 月。

章學誠，《文史通義》，北京：古籍出版社，1956 年。

錢穆，《中國近三百年學術史》，臺北：臺灣商務印書館，1976 年。

陶存煦，〈劉承幹校刻的《章氏遺書》〉，南京，《圖書評論》，第 1 卷，第 12 期，1933 年
　　8 月。

鮑永軍，〈章學誠研究論文著作索引（1801-2003）〉，中國歷史文獻研究會編，《章學誠國
　　際學術研討會論文集》，北京：北京圖書館，2004 年，頁 446-482。

華世出版社編輯部，《新編本《文史通義》》，臺北：華世出版社，1980 年。

羅炳綿，〈章實齋對清代學者的譏評〉，《新亞學報》，第 8 卷，第 1 期，1967 年 2 月，頁
　　297-365。

高逸塵，〈劉刻本《章氏遺書》介紹〉，臺中，《青年戰士報》，1974 年 3 月 1 日。

倉修良，〈論章學誠的《文史通義》〉（章學誠史學研究之三），《杭州大學學報》，第 1、
　　2 期，1979 年 5 月，頁 175-184。

倉修良，《章學誠和《文史通義》》，北京：中華書局，1984 年。

倉修良、倉曉梅，《章學誠評傳──獨樹一幟的史學評論家》，南寧：廣西教育出版社，
　　1996 年。

倉修良、葉建華，《章學誠評傳》，南京：南京大學出版社，1996 年。

倉修良，《《文史通義》新編新注》，杭州：浙江古籍出版社，2005 年。

第六章　綜論：近現代「實齋研究」評議、發展概覽及 1920 年代之後成為顯學的原因[*]

摘　要

本綜論計分四節，其重點如下：

首節：自 1920 年日本人內藤虎次郎《章實齋先生年譜》面世之後，章學誠研究便成為一時顯學。90 多年來，國人、日本人及西方人各式各樣的研究論著已超過 600 種[1]。本節之主旨在於對這些論著（以 1920-1985 年為準；筆者所獲悉者，

---

[*]　這個綜論由兩篇已發表的論文組成。首文名〈近現代章學誠研究評議〉，發表於淡江大學漢語文化暨文獻資源研究所所舉辦之「文獻的學理與應用」研討會（會議日期：2003.11.28-29；地點：臺北淡江大學）。研討會論文經彙整後，以專書形式面世。陳仕華主編，林惠珍編輯，《章學誠研究論叢－第四屆中國文獻學學術研討會論文集》（臺北：臺灣學生書局，2005）。拙文見頁 11-33。次文名〈六十五年來之章學誠研究〉，發表於《東吳文史學報》，第六號（臺北：東吳大學，1988），頁 211-236。以上兩文皆源自拙博士論文的部份篇章。今經多次修改、增刪、彙整後，納入本書內，作為全書的一個總結，並以〈綜論〉命名之。

[1]　浙江大學鮑永軍教授嘗撰著〈章學誠研究論文著作索引（1801-2003）〉一文，文末指出：「本索引……收錄資料從章學誠去世前後至 2003 年 10 月。」文中收錄論著資料共 692 筆，含中、日、韓、美、法等學者的撰著。（日、韓、美、法學者的撰著——論著題目，均以中文翻譯呈現）。這 692 筆資料，除學者對章氏所做的研究外，還包含一些章氏本人的論著，如《章氏遺著》、《永清縣志》、〈婦學〉、〈紀年經緯考〉等即其例。鮑文收入中

計 200 種以上）予以一個綜合性的評議。評議／批判的對象含以下三項：一、取
材；二、表述模式及取徑；三、研究態度及方向。至於各種論著的具體貢獻，已
詳見本書首五章。本文（本章首節）之撰，希望能對爾後的章學誠研究提供一個
參考：獲悉前人的研究重點及長短優劣後，想必能對一己的研究有正面的幫助。
章學誠《文史通義》收錄〈言公〉上中下三篇，其旨趣乃在於申說：學術乃天下
之公器。前輩學人公諸於世的學術成果，可謂公器也；今人予以品嚐瀏覽，藉以
作為己作之稽徵參考，則公器未嘗不可以"私用"。學術之得以逐步向前邁進，實
有以是賴。

次節：透過若干圖表的幫助，以揭示並說明 1920 年至 1985 年 60 多年來「實
齋研究」的演進情況。

第三節：筆者企圖透過中國近代新學風及近代思想史撰著者的學術性向，以
說明及闡釋「實齋研究」從上世紀 20 年代開始成為顯學的原因。近代思想史的
撰著者，乃以梁啟超、錢穆和侯外廬三家為代表。

第四節：乃一簡短的「餘論」。

關鍵詞：章學誠、《章氏遺書》、史學、方志學、目錄學、評議、新學風、梁啟
　　　　超、錢穆、侯外廬

國歷史文獻研究會編，《章學誠國際學術研討會論文集》（北京：北京圖書館，2004），
頁 446-482。

一、「實齋研究」評議

本節計有以下各項：撰文材料之批判、表述模式（體裁）及取徑之批判、研究態度及方向之批判。最後是一個簡單的結論－結語。

（一）撰文材料之批判

1. 取材欠充份

《章氏遺書》可說是研究章學誠最首要而不可或缺的基料[2]，研究章氏的思想，尤其不可不參考該書。然而，有不少研究者只引據章氏的代表作《文史通義》[3]而為文；這顯然是不足夠的[4]。

除原始材料《章氏遺書》外，前人研究章氏的成果，或所謂二手材料，亦是不可或缺的。遺憾的是，不少學者，尤其是中國大陸的史家，絕少參考洋人或臺灣的研究成果[5]。臺灣方面研究章學誠的史家，參考前人的著作則相對地比較

2　《章氏遺書》近今流通最廣之版本至少計有以下兩個：（1）臺北：漢聲出版社 1973 年的本子；（2）北京：文物出版社 1985 年的本子。詳參本書第五章。

3　今坊間所流行之各版《文史通義》，其內容不盡相同，且實齋生前，此書尚未定稿。然而，《文史通義》一名，已見諸乾隆 37 年（1772）實齋所撰〈候國子監司業朱春浦先生書〉及〈與嚴冬友侍讀書〉，然則可知該書書名於實齋生前已確定下來。詳參本書第五章。知悉以上兩書撰於乾隆 37 年者，乃據錢穆，《中國近三百年學術史》（臺北：臺灣商務印書館，1976），頁 418。

4　趙淡元說：「本文試從《文史通義》論史部份探討章學誠社會歷史觀及史學思想。」按：僅從《文史通義》論史部份便試圖探討章學誠社會歷史觀及史學思想，這顯然是不夠的。黃秀慧的論文亦有同樣的毛病。從其論文題目：〈從《文史通義》概觀章學誠的學術思想〉，即可知作者是企圖處理大問題的，然而，所據者僅《文史通義》一書！羅光嘗撰〈章學誠的歷史哲學〉一文，這是研究章學誠的一個大題目，但筆者細讀其文，知悉其所引據的資料僅《文史通義》中的若干篇章，其不厭人望，是可以斷言的。趙淡元，〈章學誠的社會歷史觀及史學思想〉，《西南師範學院學報》，第 1 期（1981），頁 74-83；黃文見《史繹》，臺灣大學歷史學會會刊（1977 年 9 月），頁 48-73；羅文見《哲學與文化》，卷 9，期 2（1982），頁 36-40。

5　據筆者所知，在 1978 年改革開放前，甚至 1985 年前，大陸學人研究章氏的著作幾乎無不如此。饒展雄、高國抗的論文可能是唯一的例外。該文參考了錢穆在臺灣出版的《中國史

多[6]。然而，1980 年代中期之前，即臺灣解嚴前，則從不參考大陸1949 年以後的
著作[7]；即以研究章學誠爲題而撰寫之碩士論文也不爲例外[8]。

　　章學誠的思想，可說 "與時俱進" ，一生中並不是一成不變的，其目錄
學、校讎學及方志學方面的思想變化尤大[9]。此種變化，個人認爲與其以 "矛盾"
視之，那寧可視爲一種演變[10]。此種演變，必須蒐集、細閱、按年代順序排列及
彙整《章氏遺書》中之相關材料，並予以消化、融會貫通，始可得其究竟。

　　學名著》（臺北：三民書局，1973）。二三十年前，中國大陸學術資源比較貧乏，不容易
　　獲得外界出版物或獲悉出版資訊。錢穆爲大家，其書流傳較廣。這大概是其書有機會被閱
　　讀的一重要原因。此外，過去不少年來，臺灣的反共意識相當強，三四十年前尤其如此。
　　大陸學人爲求慎重，便不輕易引據臺灣之出版品。當然，最重要的原因還是接觸不多，資
　　源較貧乏的緣故。饒、高合撰的論文名〈章學誠"史德"論辨析〉，見《濟南學報》，第 2
　　期（1983），頁 77-80。

6　據筆者統計，1949 年至 1985 年章學誠研究的出版品，以中文撰著者，中國大陸有 60 多種，
　　臺灣有 30 多種，香港 10 多種。詳參本章下一節。必須指出的是，大陸的著作在數量方面
　　雖遠勝臺灣及香港的著作，但素質方面，則普遍地不及兩地；當然個別例外的另當別論。

7　周啟榮及劉廣京所發表的論文則爲例外：外文著作及大陸著作均被參考引用。但必須指出
　　的是，周、劉合撰的論文是以美國學人身份參加中研院近史所所舉辦的學術研討會而發表
　　的。周啟榮、劉廣京：〈學術經世：章學誠之文史論與經世思想〉，《近世中國經世思想
　　研討會論文集》（臺北：中央研究院近代史研究所，1984），頁 117-154。

8　1985 年前臺灣方面以章學誠爲題而撰就之碩士論文計有三篇：董金裕：《章實齋學記》（臺
　　北：嘉新水泥公司，1976）；羅思美：《章實齋文學理論研究》（臺北：臺灣學生書局，
　　1976）；洪金進：《章實齋之方志學說》（高雄：高雄師範學院碩士論文，1979）。以上
　　三論文，惟洪文未出版。又：3 論文皆不參考中文以外之著作；董文則嘗參考內藤虎次郎
　　《章實齋先生年譜》，這是唯一的例外。內藤譜收入《支那學》，1920，卷 1，期 3，頁
　　14-24；期 4，頁 44-52。

9　美國著名學者 D. Nivison 甚至用"unpredictable"（不可預測）一詞來描述章氏思想上的轉
　　變。說見氏著 The Life and Thought of Chang Hsüeh-ch'eng 1738-1801（Stanford: Stanford
　　University Press, 1966）, p. 244. 法國漢學泰斗 P. Demiéville 撰書評評述 Nivison 書時，亦
　　嘗用 "contradiction"（矛盾）一詞來形容章氏的思想。說見 Journal of the American Oriental
　　Society, Vol. 87, No. 4（New Haven, Conn.: American Oriental Society），p.594, 596-597.

10　有關章學誠目錄學、校讎學方面思想的演變，可參羅炳綿：〈章實齋的校讎論及其演變〉，
　　《新亞書院學術年刊》，1966，頁 77-95。有關方志學方面思想的演變，可參吳懷祺：〈章

　　未能全面參稽《章氏遺書》、前人研究成果及與章氏思想相關之著作便論斷章氏之學問，是很不足取的，我們更可能被矇騙，茲舉一例。

　　唐代史家劉知幾（661-721）提倡史家三長說[11]。不少研究者認爲知幾的立論未爲周延，而章學誠所暢論之史德說則正係三長說的補充[12]。其實，知幾三長說中「史識」的一項早已涵蘊史德的內容。《舊唐書・本傳》引知幾論述「史識」的言論如下：「……猶須好是正直，善惡必書，使驕主賊臣所以知懼。」「好是正直，善惡必書」，這就是史德[13]。如不具備此史德，則史識便無從談起；換言之，史識是史德的充份條件，即一旦具備史識，史德便必內含其中。可見知幾所言之史識早已涵蘊史德的內容，惜知幾未用上此詞而已[14]。然而，不少研究實齋的學者，大抵沒有細閱知幾之著作，亦沒有翻閱兩唐書本傳或參考前人研究知幾史學理論的學術成果，便過份解讀實齋「史德」方面的論述，以爲此概念、

學誠與和州志〉，《安徽師大學報》，期 4，1981，頁 83-87；劉光祿：〈略談章學誠關於方志體例的主張〉，《貴州文史叢刊》，期 2（1982），頁 41-45。

11　三長指史才、史學、史識。說見〈劉子玄（劉知幾）傳〉，《舊唐書》，卷 102；《新唐書》，卷 132。

12　章氏說見《文史通義・史德》。其實，嚴格來說，劉氏所倡言之史識已隱含史德，惜未冠上此名詞而已。詳參本書第三章的相關說明。在這裡稍作引申說明：人類知識的歷程常是先有事實，然後才出現相關觀念，再來才是相應於該觀念而來的一個述語／用語的出現。歷史家之具備史德，那是古早的事了。凡是不忝斯名的史家，其實都必具備史德，就中國來說，如丘明、南、董、班、馬等等，皆其選也。斷不能因「史德」一詞出現得比較晚，便認爲相應的事實是隨著該用語的出現才出現。本此，則章學誠《文史通義・史德篇》大談「史德」，把這個觀念提升到理論層次，這是一回事；但不能因此而誤會史家撰史之具備史德，是章氏大談這個觀念，並用上這個述語之後才出現之事。

13　「猶須好是正直，善惡必書，使驕主賊臣所以知懼」一語，雖然劉氏並未說明是特別針對「史識」來說的。然而，其前數語（「夫有學而無才，……」、「如有才而無學，……」）很明確是討論史學和史才的。所以繼此而來的「猶須好是正直，善惡必書」一語，只能是針對史家三長最後一長的「史識」來說。讀者細檢原文，自然明白。

14　姜勝利相關論述頗精審，見所著〈劉章史識論及其相互關係〉，《史學史研究》，期 3（1983），頁 55-59；劉瑞，〈試論劉知幾對史學的貢獻〉，《學術月刊》（1980），期 10。又可參本書第三章的相關說明。

用語是彼一人的全新創作[15]。此外，實齋不少其他論說是淵源自前人而彼僅予以發揮而已；然而，不少研究者不察，概認爲係實齋之新創[16]。

2. 輕信所選取之材料

就取材研究來說，取得史料原件，或原件不存而盡量恢復其原貌，是研究的先決條件，或至少是很重要的條件。其次，就是考證史料的內容是否符合史事的本然實況。就前者來說，研究章氏不可或缺的基本素材是《章氏遺書》，這方面前面已說過。現今最通行的本子，蓋爲臺北漢聲出版社及北京文物出版社的本子。兩個本子均源自 1922 年劉承幹劉氏嘉業堂的版本。劉本主要內容乃源自手鈔本[17]。據侯云圻及錢穆（1895-1990）所考，劉本係與原手鈔本無異[18]。是以，藉著上述臺北及北京的兩個通行本子來研究章學誠，就版本方面來說，應該是沒有甚麼問題的。問題是這一符合章氏著作原貌的《章氏遺書》，其內容是否就是事實的報導／歷史事實的眞實反映、寫照？換言之，章學誠有沒有故意的或非故意的欺騙讀者？（按：故意即有心作弊，非故意即無心之失）據筆者研究，《章氏遺書》的內容不全然是事實的報導！可惜的是，研究章氏的學者，未經細考而輕信並採納其說者大有人在。茲舉數例：

15　吳天任及董金裕即有此誤會。吳說見所著《章實齋的史學》（香港：東南書局，1958），頁 22；董金裕，上揭《章實齋學記》，頁 113-115。

16　許師冠三（1924-2011）指出，章氏的不少論說其實是從劉知幾的學說轉手而來的。劉氏學說皆偏重在史學方面；據此，則章學誠史學理論上的貢獻，實相當有限。許說見所著〈劉章史學之異同〉，《中國文化研究所學報》，卷 13（1982），頁 45-69。筆者對許文的探討，詳本書第三章。

17　詳參高志彬，〈景印劉刻本《章氏遺書》前言〉，《章氏遺書》（臺北：漢聲出版社，1973）頁 2；並可參本書第五章。

18　侯云圻及錢穆嘗各自獲得《章氏遺書》的手鈔本。除個別文字差異外，此兩手鈔本均與劉承幹本無異。侯云圻，〈跋《章實齋遺書》稿本〉，《燕京大學圖書館學報》，第 28 期（1932 年 4 月），頁 1-3；錢穆，〈記鈔本《章氏遺書》〉，《圖書館刊》，第 2 期（四川省圖書館出版，1942 年 6 月）。錢文又收入《新編本《文史通義》》（臺北：華世出版社，1980），頁 700-706；又收入余英時：《論戴震與章學誠》（香港：龍門書店，1976），頁 367-373。詳參本書第五章。

（1）章學誠乃《史籍考》最主要的纂修者[19]。畢沅（1730-1797）最主要的
　　　貢獻在於出貲贊助而已。然而，當《史籍考》的內容被人抨擊時，章學
　　　誠乃謂該書為「畢公所創稿」，自己不過是「重訂凡例；半藉原文，增
　　　加潤飾，為成其志」而已[20]。早於 1929 年便對章氏展開研究的方志學
　　　大家傅振倫（1906-1999）便輕信章氏所言，這是很令人遺憾的[21]。

（2）章學誠說：「劉言史法，吾言史意；劉議館局纂修，吾議一家著述。截
　　　然兩途，不相入也。」[22]按：實齋所言，有欠周延；至少易導人誤會。
　　　《章氏遺書》或《文史通義》所言之史學，固側重史意之闡述[23]，然亦
　　　未嘗不言史法。「劉言史法，吾言史意」一語，易使人誤會，以為章氏
　　　全不言史法了！至於劉知幾，難道只言史法，不言史意？又難道只議論
　　　館局纂修，而從不議論／倡言一家著述嗎？其實正相反。知幾言史意／
　　　史義之言論雖不多，但絕不能謂彼不重視史意。《史通・史官建置》
　　　即嘗云：「史之為用，其利甚博。乃生人之急務，為國家之要道。有
　　　國有家者，其可缺之哉？」[24]至於史書，官修比較好？抑私撰較優？知

---

[19] 羅師炳綿對《史籍考》的纂修過程作過很深入的研究。羅師指出，纂修該書，實齋乃發起
　　 人並擔任主筆。該書之纂修可溯源於乾隆 53 年實齋在畢沅（1730-1797）門下作客之時。
　　 逮實齋卒（1801），《史籍考》之纂修尚未完竣。其後又有所賡續，惜最後全燬於太平軍。
　　 羅師該文雖以研究《史籍考》之纂修為目的，然而，《史籍考》一書實揭露了實齋目錄學
　　 及史學方面的思想。羅師研究該書，乃進而探究、闡析這兩方面的觀念。是以羅文十分值
　　 得研究者注意。羅炳綿，〈《史籍考》纂修的探討〉，《新亞學報》，卷 6，期 1（1964），
　　 頁 367-414；卷 7，期 1（1965），頁 411-455。

[20] 章學誠的自我辯解，見《章氏遺書》（臺北：漢聲出版社，1973），頁 1384 上。

[21] 傅振倫，〈章學誠《史籍考》體例之評論〉，《國立北京大學圖書館部月刊》，卷 1，期
　　 1（1929 年 11 月），頁 19-33。章學誠與畢沅修纂《史籍考》的相關問題，可參 D. Nivison，
　　 上揭 The Life and Thought of Chang Hsüeh-ch'eng 1738-1801，頁 253-260。

[22] 章學誠，《文史通義》（北京：古籍出版社，1956），頁 333。

[23] 所謂「史意」，猶「史義」之謂。簡言之，即治史精神、治史目的、史家的使命、抱負。

[24] 劉知幾著，浦起龍釋，《史通通釋》（上海：上海古籍出版社，1978），下冊，頁 303-304。

幾在《史通・忤時篇》中已說得非常明白。這裡便從略了[25]。個人頗認為，學誠並不是不認識知幾的史學觀念及學說。其所以說知幾如何如何，用意蓋旨在揚己貶劉而已。然而，有學人研究章學誠時，便誤信其說辭，這是過份輕率的表現[26]。

（3）《文史通義・文德》云：「凡言義理，有前人疏而後人加密者，不可不致其思也。……未見有論『文德』者，學者所宜深省也。」[27]周啓榮及劉廣京以實齋之說為是，認為其說乃一創新[28]。

除章學誠本人的言論需要予以考證、查核始可採信外，其他與他相關的資訊，亦不宜照單全收。然而，不嚴格遵守此「治史法則」，而輕率援用此等資訊者，仍大有人在。茲舉兩例：

（1）咸豐八年（1858）刊行的《文獻徵存錄》卷 8 載錄〈邵晉涵傳〉。約只有百字的〈章學誠傳〉附見其中，其文云：「晉涵友會稽張學誠……以明經終。少從山陰劉文蔚豹君、童鈺二樹游，習聞蕺山、南雷之說，言明季黨禍緣起，奄寺亂政，及唐、魯二王本末，往往出於正史之外。自學誠謝世，而南江之文獻亡矣！」此傳文犯下嚴重錯誤三個：傳文之作者錢林及王藻把章學誠之「章」誤作「張」；又誤認為傳主一輩子「以明經終」[29]；錢、王誤認邵晉涵之生平資料為章學誠之資料，因此學誠

25　許冠三嘗暢論劉、章史學之異同。對章學誠上述言論，十分不以為然。參上揭許冠三，〈劉章史學之異同〉，頁 45。

26　黃秀慧即如此；見所著〈從《文史通義》概觀章學誠之學術思想〉，《史繹》（臺北：臺灣大學歷史學會會刊，1977 年 9 月），頁 58。

27　章學誠，上揭《文史通義》，頁 59-60。章炳麟對章學誠此說甚不以為然，嘗施予嚴厲的批評。說見〈與人論國學書〉，《章氏叢書・太炎文錄》，初編，別錄二（1919），頁 42a。

28　周啟榮、劉廣京，上揭〈學術經世：章學誠之文史論與經世思想〉，頁 137。

29　按：清制，貢生亦稱明經。《清會典》（上海：商務印書館，1936）嘗開列不同名目的貢生，見頁 350a-352a。《文獻徵存錄》的作者用「明經」一詞稱呼章學誠，大抵認為章氏一生皆為貢生，從未考取過進士。其實章學誠於乾隆 43 年（1778），年 41 歲時考取二甲第 51 名（二甲最後一名）進士。詳參本書第一章，註 5。

便被視爲嘗從游於劉文蔚及童鈺，並對明季史事甚有研究。據筆者所知，至少有五名研究很認眞的學者均部份地採信上述錯誤的資訊[30]。

（2）章學誠於卒前數月把生平著作之全稿交付好友王宗炎，請其校定。章之次子華紱於所撰《文史通義・跋》中云，章於易簀時始以全稿付王氏。華紱於時間上顯然誤記，至少時間上說得太籠統一點[31]。然而，對章學誠做過相當深入研究並寫過不少相關文章之史家、目錄學家姚名達（1905-1942）分別於論述《文史通義》及《章氏遺書》時，便採信華紱所言[32]。這顯係學者不細考事實而輕信之又一例。

筆者上文針對研究章氏之原始素材《章氏遺書》及針對後人對章氏之記述（如見諸《文獻徵存錄》者及見諸《文史通義・跋》者），作出考證、批判，其出發點不外乎是期許研究者在引用此等材料時，應認眞考查此等材料是否符合歷史實況。然而，進行考查時，必得具備一先決條件：吾人須充份且確切的明白、掌握此等材料的涵意；否則，如理解錯誤，或解讀錯誤，則相關材料便不足以反映／揭示事實的眞相[33]。享譽國際的漢學大師 P. Demiéville 及研究章學誠撰有

30　參余英時，上揭《論戴震與章學誠》，頁 243-248。余氏僅列出四人的名字：吳孝琳、吳天任、三田村泰助及 D. Nivison。 其實，余英時之業師錢穆亦誤採《文獻徵存錄・章學誠傳》中的錯誤資訊，惟余氏未開列其名。錢誤見所著《中國近三百年學術史》（上海：商務印書館，1937），頁 415。

31　按：章學誠以全稿交付王宗炎之後，二人嘗互有書信往來。其中，王之去信中，全看不出章即將逝世。書信往來需時，章學誠果真於易簀時始以全稿付宗炎，恐必無氣力、時間再寫信的，且更等不及宗炎之覆信。認識學誠 32 年之好友汪輝祖於學誠卒後即曾明確指出謂，學誠以全稿付宗炎乃在其卒前數月。汪說見所著《夢痕錄餘》（江蘇書局，缺出版年份），〈嘉慶六年條〉（嘉慶六年，即章氏逝世的 1801 年），頁 65b-66a。又可參孫次舟，〈章實齋著述流傳譜〉，《說文月刊》，卷 3，期 2、期 3（1941 年 9 月）。孫文又收入《章實齋先生年譜彙編》（香港：崇文書店，1975），頁 229-245。相關問題，見頁 229。又可參本書第一章之相關討論。

32　姚名達，〈《章實齋遺書》序目〉，《國學月報》，卷 2，期 3（1927 年 3 月）。此文又收入周康燮，《章學誠研究專輯》（香港：崇文書店，1975），頁 231-243。姚氏之誤，見頁 234。姚氏嘗訂補胡適所撰之《章實齋先生年譜》，時維 1928 年。詳參本書第一章。

33　更有甚者，符合史實的史料，轉視爲錯誤的報導；或者，僞誤的史料，反視爲史事的如實寫照。那追求歷史真相，便定然緣木求魚了。

專書的 D. Nivison，亦不能免去此病。二人理解章氏的文章，即偶有誤解之處，史事便由是致誤。茲各舉一例如下：

　　章學誠嘗向族中晚輩描述自己不擅經營生計，其言云：「……顧又無從挾資走江湖、羅販逐什一。」[34] P. Demiéville 之翻譯爲："……I don't know where to find the money I need for my perpetual shiftings. I try my hand at little business deals, running after 10 percent profits." [35]按：章氏之意爲：無從挾資走江湖，是以無從羅販逐什一。換言之，「無從」一片語既管轄「挾資走江湖」，亦管轄「羅販逐什一」。兩語之間，若使用新式標點，應加上「、」號。然而，P. Demiéville 理解爲各自獨立的兩句話；兩句話之間便被加上一「.」號（句號）。因此，從未以經商方式謀生的章學誠，便被理解爲嘗追逐什一之利了。文意被錯誤解讀[36]，史實便由是致誤。其實，P. Demiéville 未嘗細稽章學誠的生平行誼。否則，若確知學誠不曾經商過，便不會把「無從挾資走江湖」和「羅販逐什一」視爲各自獨立的語句而輕率致誤了。

　　至於 D. Nivison 對章氏文章理解上之謬誤，我們也舉一例。學誠嘗致函好友，述說其生活及著述方面等等的事情，其中有句云：「日月倏忽，得過日多。檢點前後，識力頗進而記誦益衰。」[37] D. Nivison 之翻譯爲："As time flies on, I am daily getting through more and more in my reading. As I go through it carefully, my understanding grows apace and my preoccupation with data subsides more and more."[38]按：「日月倏忽，得過日多」乃章氏自謙語，意謂：「自己不擅於掌握倏忽流逝的光陰〔而好好的讀書撰述〕，眞是罪過（字面意思爲：過錯便愈來愈多）。」此中之「過」，不能理解爲「通過」（getting through）。「得過日多」

34　《章氏遺書》（臺北，1973），頁 503 下。

35　P. Demiéville（戴密微），"Chang Hsüeh-ch'eng and his historiography（章學誠及其史學）"，ed. W. G. Beasley and E. G. Pulleyblank, *Historians of China and Japan*（中日史學家）（London: Oxford University Press, 1961），p. 172.

36　嚴格來說，這並非解讀（interpretation）的問題，而實係中文閱讀程度欠佳（或只是一時不慎？），而導致理解錯誤的問題。

37　《章氏遺書》（臺北，1973），頁 747 下。

38　上揭 D. Nivison, *The Life and Thought of Chang Hsüeh-ch'eng* 1738-1801, p. 42.

尤不能理解爲 "I am daily getting through more and more in my reading."（我的閱讀量與時俱進）**_39_**

　　P. Demiéville 及 D. Nivison 二氏，西方之純粹學人也；研治章學誠，可謂不帶任何偏見。彼等所犯之錯誤，實係無心之失。然而，若干學人，譬如若干中國大陸的學者，因過於強調意識型態（如恆以唯物史觀、辯證唯物論等等爲指導思想、指導原則），於解讀文獻上所犯之錯誤便更多了。此情況尤其改革開放前更是普遍；今已大幅改善，茲不擬列舉。

　　3. 材料之採用僅爲滿足一己所預設之立場

　　有些研究著作，乍視其題目，乃係對章氏所作之研究。然而，究其實，乃借用章氏之相關資料，甚至章氏本人之論說，而「遂作者一人之私」而已。章氏各種史學論說中，以《文史通義》劈頭第一句話「六經皆史也」最爲學人所注目；然解讀上則至爲紛歧。民初學人孫德謙亦嘗作申說；認爲六經作爲史書來說，「乃治天下之具也」**_40_**。因此，特呼籲世人必須予以研讀。至於經書於用世方面所產生的負面結果，那是人們在應用上的不得其法，此與經書本身無關。當然，讀經、治經，於世道人心上，或確有幫助。然而，這是孫氏一己之見解，他大可以逕行倡導之。今借所謂申述實齋「六經皆史」之說而實係爲己說張目，此不免乖違學術著作應有之本旨。大陸學人倉修良於四人幫被捕後不到兩年的時間，於 1978 年 7 月 18 日在《光明日報》**_41_**上撰著研究章氏的文章：〈從章學誠的「史德」談起〉。筆者個人認爲，該文主旨僅在於響應當時的政治局勢而已：剷除四人幫餘毒。按：四人幫餘毒固當剷除；然而，似不宜與純學術的研究牽

_39_　行文至此，忽然想起業師嚴耕望先生治學方面的慧解。記得有一次上課時，老師說：外人（當時特指日本人）治中國史用力甚勤，亦恆有創穫，然在理解古文方面，則時有失誤之處。上引 P. Demiéville 及 D. Nivison 對章氏文章的誤解，正係嚴師說法最好的註腳。又：內藤虎次郎嘗誤解朱筠以下的一句話：「姊迁其言，父曰耐思。」（朱筠，〈祭章實齋之母孺人文〉，《筍河文集》，卷 16）。詳參本書第一章，註 37。

_40_　孫德謙：〈申章實齋六經皆史說〉，《學衡》，第 24 期（1923 年 12 月）。又收入周康燮，上揭《章學誠研究專輯》，頁 69-73。

_41_　《光明日報》乃大陸官方之喉舌報，所刊登之學術論著，所以重政治遠過於重學術，是很可以理解的。

扯在一起。

以上孫、倉兩文，儘管乍看下，論文標題容易使人認爲是就學術方面來研究章學誠的，然而，文章內容明確，作者用意亦非常清楚明白，讀者應不會產生誤會或被矇騙。但是，有些研究者卻似有意欺騙讀者，因爲不可能被忽略的資訊，研究者卻視而不見。劉漢屛的論文即爲一顯例；嘗云：「章學誠對同時代的唯物主義思想家戴震甚爲推崇」。[42]戴震是不是一個唯物主義思想家，不是筆者所要關心的，因爲這與本論文題旨不相干。然而，被劉漢屛視爲「啓蒙思想家前驅」（「」內的文字爲文章題目的用語）的章學誠，在劉氏的眼中，很明顯是一個唯物主義者。同聲相應，同氣相求，戴、章既同爲唯物主義者，劉氏大抵即本此而認爲實齋稱許了戴震。實齋是不是唯物主義者，我們現今亦不擬細究。筆者要指出的是，的確，如劉氏所言，章學誠是很推崇戴震的[43]。然而，同一個章學誠，其抨擊戴震亦不遺餘力。換言之，劉漢屛只說對了一半；對另一半，何以緘口而不言，默然而無述[44]？筆者的看法是：依劉氏之意，戴震是一個唯物主義思想家。在大陸，「唯物主義思想家」是何等崇高的美譽（上世紀 50-90年代尤其如此）！大概正由於作者這個個人信念（爲配合政治而須具備的信念？），所以戴震被章學誠批評的部份，作者劉氏只好視而不見了。

爲研究章學誠對某人的評價，客觀的作法是竭澤而漁地全面蒐集、彙整、分析相關資料。可惜有研究者竟只是摘取、採用對其一己之主張、信念有價

42　劉漢屛：〈章學誠是清中葉啓蒙思想家的前驅〉，《史學月刊》，期 1（1984），頁 47。

43　參羅炳綿：〈章實齋對清代學者的譏評〉，《新亞學報》，卷 8，期 1（1967 年 2 月），頁 316-329。

44　章氏對戴震的稱許及批評，同見《文史通義‧書朱陸篇後》。細讀〈章學誠是清中葉啓蒙思想家的前驅〉一文，即可知作者劉漢屛撰寫該文時是參閱過〈書朱陸篇後〉的。然則章批戴的言論，劉漢屛不可能看不見。除了視而不見，故意隱瞞外，筆者實在想不出其他更恰當的理由爲之解說。實齋對戴震的正負面評價，當代學人不乏相關研究。茲舉二例：趙慶偉，〈論章學誠對戴學的理解〉，《章學誠國際學術研討會論文集》（北京：北京圖書館出版社，2004），頁 340-350。趙氏認爲實齋「未能成爲戴學的真正知音。」（頁 349）；李康範，〈超越與獨行——章學誠對戴東原之貶與襃〉，《章學誠研究論叢》（臺北：臺灣學生書局，2005），頁 189-204。按：李氏對實齋之整體評價與趙慶偉之評價截然不同。李云：「……可謂知東原者實齋矣！」（頁 190）

值、有利的材料，而故意遺棄不利或所謂無價值的材料，這是很讓人惋惜的。劉漢屏的研究態度及實際作法，恐怕只是眾多例子中的一例而已，改革開放前的例子恐怕更多。

（二）表述模式（體裁）及取徑之批判

　　蒐集、理解、分析擬作為研究之用之史料，當然是很重要的。然而，這不過是研究的第一步。如何予以彙整，並選取一理想的方式予以表述，藉以有效地呈現研究成果，也是很重要的。以「實齋研究」來說，研究者選取了各種不同的表述模式／體裁。以生平研究來說，可見者至少有二模式：傳記體、年譜體。以後者來說，又展現出若干差異。有研究者，按年代順序，對章學誠之生平活動，只作簡單之陳述[45]。亦有研究者，如胡適，不光是敷陳史事，且亦作評析[46]。再者，如內藤虎次郎在其著作中，則先簡述章氏所生長之乾嘉時代之學術發展大勢；年譜末，則轉錄章氏為其父所撰之傳記[47]。

　　至於對章學誠的思想作研究的，其表述模式／取徑，便更多了。為了方便說明，茲歸納為兩類：觀念式研究、歷史式（演進式）研究（studies by means of historical approach）。前者乃針對實齋之不同思想觀念逐一探討。這是研究者最常用的方式／取徑。章學誠的史學論說，如「六經皆史」、「史德」、「方志立三書議」等等，皆係學者以此方式進行研究的顯例。研究章氏的一般思想或史學思想的論著皆嘗用此一方式。早在上世紀 50 年代便對章氏的史學展開研究的專書《章實齋的史學》便是採用這一方式[48]。此方式自有其優點：清晰、明確、具系統。然而，以此方式撰就之著作，嚴格來說，似不得名為史學著作。何以言之？蓋所有觀念，皆可謂時代之產物。歷史研究，除了針對歷史的各構成要素（史事也好、制度也好、觀念也好），予以研究、重建外，更重要的，恐怕得把

45　姚名達之著作即如是。姚名達：〈會稽章實齋先生年譜〉，《國學月報彙刊》，卷 2，期 4（1927 年 4 月）。又收入周康燮，上揭《章實齋先生年譜彙編》，頁 199-227。

46　詳見胡適：《章實齋先生年譜》（上海：商務印書館，1922）。

47　內藤虎次郎：〈章實齋先生年譜〉，《支那學》，卷 1，期 3（1920），頁 14-24；期 4（1920），頁 44-52。

48　吳天任：《章實齋的史學》（香港：東南書局，1958）。

這些要素歸位、繫置於其原來錯綜複雜的歷史脈絡的大環境中，扣緊其他要素，而予以一有機的、解讀式的研究。這種研究才能構成一有血有肉的「立體式」的研究——歷史本來就是一立體，乃時空交錯下的產物。簡言之，既非一點、一線、一面；而實係一個立體。反之，若只純粹針對一觀念，視之為一定然不變的東西而對它展開研究，既不考慮此觀念在該思想家一生中可有的各種變化，又不思索此觀念與該思想家其他觀念可有的相互關係、影響，更不探討此觀念與時代環境之種種轇轕，則其研究成果，恐怕是不無問題的，至少是不周延的；或至少不能算是嚴格的史學研究。當然，廣義來說，這也算是一種史學研究－史學觀念之研究。這種研究亦自有其價值。但這似乎是哲學式的研究，而不是史學，乃至不是思想史的研究。

上文所說的另一種研究模式／取徑：歷史式（演進式）研究，則正可彌補觀念式研究模式之不足。章學誠的思想可謂「與時俱進」，其目錄學及方志學方面的思想尤其如此。因此，歷史式（演進式）研究，對研究章學誠來說，可謂最適合不過。章氏之時代學術氛圍，被視為對彼產生了鉅大的影響，並孕育了他的思想[49]。然而，對章氏作研究的眾多著作中，以此模式針對其思想上的演變及時代學術氛圍作探討者，實不多見。可喜的是，凡以此模式／取徑進行研究者，皆獲致令人讚嘆之成果。D. Nivison、余英時、張長明及羅炳綿等學者之著作皆係顯例[50]。

（三）研究態度及方向之批判

---

[49] 乾嘉時代對經書所作之考據、訓詁，深入毫芒，自有其不可磨滅的貢獻；然而，已漸次到了見樹木不見森林的窘境。章氏「六經皆史」說及相關言論之見於《文史通義》、《校讎通義》者，乃被視為係針砭經學流弊而發。參見錢穆，上揭《中國近三百年學術史》，頁381-382，390-392。又乾隆中葉《四庫全書》之纂修大抵促使了章學誠深化其目錄學思想及圖書分類方面的思想。羅炳綿研究章學誠所撰寫的各篇論文中，其中兩文涉及此問題，可參看。一為上揭文：〈《史籍考》修纂的探討〉；另一名：〈章實齋的校讎論及其演變〉，收入《新亞書院學術年刊》（香港：香港中文大學新亞書院，1966），頁77-95。

[50] D. Nivison，上揭 *The Life and Thought of Chang Hsüeh-ch'eng 1738-1801*；余英時，上揭《論戴震與章學誠》；張長明，〈章學誠「方志立三書說」的形成過程〉，《江海學刊》，期5（1982年9月），頁97-99；羅炳綿，上揭〈章實齋的校讎論及其演變〉。

　　不恰當的研究模式／取徑，當然會造成不良的研究結果。其實，輕率的、預設立場的，甚或爲政治服務等等的研究態度，亦會導致同樣的結果。中國大陸在改革開放前，甚至在其後的數年間的學術研究，幾乎無一例外，完全是制限於政治的大環境。盲目左傾的政治氛圍根本窒息了任何學術的自由、獨立的正常發展。我們在此便不一一舉例說明了[51]。

　　態度上的偏差固然導致不良的研究成果，錯誤的研究方向恐怕貽害更大。論述章學誠的數百種各式各樣的著作中，對方志學和紅學（紅樓夢）有相當研究的清末優貢生壽鵬飛（1873-1961）[52]對章學誠方志學之研究，或可視爲最庸劣的一種[53]。錯誤的研究方向恐怕是主因。茲稍述如下：

　　壽鵬飛僅憑章學誠生長在以考據、訓詁爲治學主流的乾嘉時代這個不成理由的理由，便肯定他是一個「經生」，並指出說：「以經生研經之法，治史因以治志，所由重例而輕義也。」[54]又說：「於史家大義微言，勸懲法戒之精神，則略而不言。」[55]要言之，壽鵬飛視章學誠只是一學究，僅著眼於章節字句間無關

---

[51] 研究章學誠的各種論著中，有些是援用若干理論或學說的。應否援用理論或學說作研究，無一標準答案；可說全視乎該等理論或學說本身是否周延、成熟，又要考慮具體地套用在章學誠身上是否得宜、恰當。就大陸方面來說，辯證唯物論經常被濫用。這對「實齋研究」來說，似乎亦係如此。其本身既非一圓熟的普世真理（普適真理）；套用在「實齋研究」上，亦有待商權。大陸以外的學人，如余英時，則應用近代始出現的社會科學：心理學，來解釋章學誠的「六經皆史說」，視爲實齋對「考證挑戰」的一個最具系統性的反應。（余英時，上揭《論戴震與章學誠》，頁 45。）當然，余英時的說法很富啟發性。然而，實齋的心理狀態，是否確然如余英時所作的解讀，那仍是不無疑問的。繆全吉則應用另一學科：行政學，來解釋章氏倡議設立志科的機動。繆氏認爲實齋倡議設立志科（按指：辦理方志業務之胥吏單位組織），不光是旨在纂修方志而已，尚視之爲一行政服務之機關。繆氏更進一步指出章實齋實際上是藉著此志科來改革行政，藉以促進其治理社會之效能；乃係其經世致用思想下的一種特殊設計。繆全吉：〈章學誠議立志（乘）科的經世思想探索〉，《近世中國經世思想研討會論文集》（臺北：中央研究院近代史研究所，1984 年 4 月），頁 157-175。

[52] 壽氏生平，參網路互動百科，〈壽鵬飛〉條。

[53] 壽鵬飛：〈讀章實齋書質疑〉，《方志通義》（1941），頁 30b-36b，缺出版地。

[54] 同上註，頁 31a。

[55] 同上註，頁 30b。

宏旨之含意[56]。

如果不是細讀壽鵬飛的論述，筆者還以爲他所描述的是另有其人，而不是章學誠。章學誠豈像他所描述的是一個經生呢？！首先，章氏治學，對當時經生所過份側重的考據訓詁，章學誠實在是不感興趣（當然，我們也可說他的天賦、能力不在於此）。尋章摘句、只著眼於文字間的碎言剩義，絕不是章學誠關注的重心所在。更關鍵的是，作爲一個有抱負、有理想，以經世爲要務的知識分子，藉著書立說以提振社會道德風氣，尤其扭轉當時的學風，始終是他的終極關懷[57]。我們可以肯定地說，壽鵬飛完全是誤解，甚至是不解、不悉章學誠的思想精神所在；對其經世致用之終極關懷，亦全憒然不知。個人認爲壽鵬飛所以認定章學誠是經生，完全是因爲對章學誠之著作，未嘗細加研讀，甚至可說未嘗稍作瀏覽，而先認定凡乾嘉學者必係以考據訓詁方式治學之學究、經生。章氏既生當其時，因此便必爲經生無疑。壽鵬飛以此方式論述章學誠，根本是搞錯了方向；與章學誠的學術本旨完全是背道而馳的。壽氏之誤，蓋爲無心之失。然而，有些學人卻是有心「作弊」。若干大陸的章學誠研究者，即係如此。

一般來說，在改革開放前，大陸一切科研的進行，幾無例外是奉馬列主義、毛澤東思想或唯物主義辯證法爲唯一的指導思想。克就章學誠來說，其學說在某種程度上或某些方面，是確有進化論，甚或唯物主義的傾向的。其論道、論社會人群之組織發展，均足以佐證[58]。職是之故，縱使以唯物主義辯證法作爲研究的指導思想，並把章學誠定位爲唯物主義思想家來對他進行研究，也不定然是方向錯誤，即不全然與其思想背道而馳[59]。問題是，吾人似不宜過份強

---

56 同上註，頁31a。

57 繆全吉嘗揭示章學誠方志論述中對社會關懷的意識。參上揭繆氏〈章學誠議立志（乘）科的經世思想探索〉一文。吾人不必然同意繆氏從行政學觀點所作的闡述。然而，該文把章氏方志學論述中的社會關懷意識予以清晰的展露，這是繆文的一大貢獻。其他論述章氏方志學的近現代著作，亦大都指出章氏此一特色，不煩一一開列。

58 見上揭《文史通義》，頁33-44，尤其頁34，39。

59 個人以爲如果一定要認定章學誠是一個唯物主義的思想家，或認定其思想中具有辯證唯物論的成份，那吾人可說：他以正反合的辯證法（辯證邏輯）來審視、解釋歷史的發展（人類歷史的行程），遠多於以唯物論的觀點來審視各種問題；換言之，其思想中的辯證成份

調章學誠思想中唯物主義的傾向，以至全然忽視了其思想中別的成份，譬如形而上學的成份[60]。

（四）結語

　　上文含三個部份，分別評述近現代章學誠研究在取材方面、表述模式／取徑方面及研究態度／方向等方面的表現。就筆者 1985-86 年（即博論的最後階段）及其前所仔細閱讀過的二百多種的研究成果來看，其發表方式[61]及表述方式[62]是極其多樣化的。以學術水平言，亦極爲參差不齊。大體來說，臺灣、香港及外國人所發表的文章，以取材之廣度來說[63]，以研究之深度及態度之超然客觀等等方面來說[64]，其表現皆較中國大陸同時期之著作爲佳[65]；因此，貢獻亦較卓越。當

遠多於唯物成份。人類歷史行程的辯證發展不必然與唯物論有不可分割的關係。憶 30 多年前上牟宗三先生課時，牟先生即嘗云，歷史發展是依辯證方式進行的。然則以辯證法看待、探究歷史的發展，是相應歷史本身的演進情況的。牟先生絕不是唯物論者。由此即可見，贊成辯證法，絕不等同認同唯物論。

60 在這裡，筆者願稍作申述。照個人閱覽所及，中國大陸以外的學人，無論是臺、港學界或是洋人，似從不以馬列主義觀點研究章學誠。部份中國大陸的學人，尤其改革開放後，亦避免用這個觀點作研究。就以應用馬列觀點之研究來說，不同學者之應用程度及應用之動機似亦千差萬別：在一些論著中，馬列主義，或說得確切一點，馬列主義的字眼，幾乎通篇皆是。這些論著的作者或真的誠心誠意地相信馬列主義。果爾，我們應當予以尊重。其他論著用上相關字眼，很可能只是為了滿足個人往上鑽營的企圖心，或為了表示熱烈地響應某方面的要求，因此便配合客觀大環境（譬如政治氛圍），而故意摻入幾個相關字眼。大陸學人「章學誠研究」背後的意識型態與其相應字眼的應用的相互關係，其實很可以作深入分析研究。蓋學人心態，以至不同階段的政治氣候如何對學術產生影響，大抵可藉以窺見。這似乎是研究學術與政治之間的關係很好的一個切入點。

61 發表方式計有：專書、期刊論文、研討會論文、博碩士論文、報章雜誌小論文等等。詳本章下一節。

62 表述方式，請參閱上文（二）。

63 取材方面，含參稽、引述章氏本人的著作及前人的研究成果。後者含各種語文撰寫之相關論著。

64 當然，所謂「超然客觀」，不免見仁見智。然而，個人認為，先不要預存立場或設定某些觀點，似乎是達致「超然客觀」的先決條件。所謂「立場」或「觀點」，舉例如下：視章學誠係辯證唯物思想家，或認定必須從馬列主義、辯證唯物論等等視角切入作研究，即其例。

然，1978 年改革開放之後，大陸亦有長足的進步。然而，總體來說，似仍有可以進一步改善的空間。

此外，筆者必須一說的是，不少著作是不大參考，甚至是完全沒有參考前人的研究成果便倉卒爲文的。有些作者甚至只是援據一、二種章學誠的著作便下筆爲文！所撰就之文章，其簡陋粗糙及所見之偏頗狹隘，可想而知。就 50 年代、60 年代的學術界，尤其在同一時期中國大陸的學術界來說，這些閉門造車、固步自封的作法或者情有可原，但在今天文獻資訊及網路資訊已極度發達的情況來說，我們必須力求自省改進。反之，如果仍然閉門造車下去，或同一個研究課題，而不斷重複再做且了無新意，這恐怕不是學術界之福，也非章學誠之福。幸好，近些年來，這種情況已經越來越改善了。

二、「實齋研究」發展概覽（1920-85）

以下擬透過若干圖表的幫助來對 1920 年至 1985 年 60 多年來「章學誠研究」的演進作簡要的說明。就筆者所知悉或過目者，自從 1920 年的第一種章氏研究[66]算起至 1985 年爲止，研究作品的總數量不下 200 種。其中專書計有 18 種[67]。這

65　當然，外國人的研究，亦時有缺點。其最嚴重者爲：誤解章氏著作之文句；由此並衍生其他理解上的問題。此緣乎中文根柢始終不及國人故也。然而，以外國人（尤指西方人）而言，解讀古漢語而犯上若干錯誤，吾人實不必深責。反觀我們中國人，或華人，有多少人在研究西方文化、歷史，或研究埃及文化、歷史，能有洋人在漢學（中國學）上所達致的高度，而稱得上是希臘學大師、埃及學大師？對此稍一反省，吾人只有汗顏無地。

66　本書屢次提及的出版於 1920 年的日人內藤虎次郎〈章實齋先生年譜〉，應該算是近現代「實齋研究」的第一種專著。

67　十八種專書如下（儘量按照撰寫／出版之年份先後排序，藉以見「實齋研究」之發展梗概）：
　　1.胡適，《章實齋先生年譜》，上海：商務印書館，1922。
　　2.胡適著，姚名達訂補，《章實齋先生年譜》，上海：商務印書館，1931。姚序撰於 1928年。
　　3.錢基博，《《文史通義》解題及其讀法》，上海：中山書局，1929。
　　4.許德厚，《詳註《文史通義》》，上海：真美書社，1927。此書未見。今轉錄自 D. Nivison, *The Life and Thought of Chang Hsüeh-Ch'eng, 1738-1801*（Stanford：Stanford University

Press, 1966），p. 302. Nivison 未注明該書作者之中文姓名，而只寫 Hsu Te-hou。趙譽船所編之《章實齋先生年譜》附載在 Hsu 氏本書內。楊殿珣《中國歷代年譜綜錄》（北京：書目文獻出版社，1980）「章學誠」條下登錄趙書時，注明《詳註《文史通義》》出版於 1929 年（頁 270；北京圖書館出版社 1996 年增訂版則為頁 267）。Nivison 書則注明該書出版於 1927 年。今未審孰是。今作 1927 年，並知其作者為「許德厚」，出版社為真美書社者，乃根據鮑永軍，〈章學誠研究論文著作索引〉，《章學誠國際學術研討會論文集》（北京：北京圖書館出版社，2004），頁 446。按：鮑文完成於 2003 年 10 月之後；所蒐集之資訊較筆者完備，甚具參考價值。惟所蒐錄之論文、專著，僅限於中文著作或翻譯成中文之外文著作，這是比較可惜的。

5. 陶存煦，《章學誠評傳》，1933 年前。陶書未見。陶存煦出版於 1933 年的另一著作曾提及此書，故知此書當出版於 1933 年或更早。陶存煦，〈劉承幹校刻的《章氏遺書》〉，《圖書評論》，卷一，期二（南京：1933），頁 23。

6. 葉長青，《《文史通義》注》，臺北：廣文書局，1970。本書自序撰於 1935 年。

7. 呂思勉，《《文史通義》評》，《史學四種》，上海：人民出版社，1981。未悉此書之確切撰寫年月，惟應撰就於 1930 年代。參李永圻、張耕華，〈導讀〉，章學誠撰，呂思勉評，《文史通義》（上海：上海世紀出版集團、上海古籍出版社，2008），頁 12。

8. 黃慶華，《章實齋史學思想》，1941 年前。此書未見。黃氏曾從本書抽出一章發表在國立中山大學出版之《現代史學》，卷四，期四（1942）。文末注明該文撰於 1941 年 12 月。以是知黃氏該書當完成於 1941 年或更早。

9. 葉瑛，《《文史通義》校注》，北京：中華書局，1985。〈出版說明〉謂該書完成於 1948 年。

10. 張舜徽，《《文史通義》平議》，《史學三書平議》，北京：中華書局，1983。序文成於 1952 年。

11. 吳天任，《章實齋的史學》，香港：東南書局，1958。

12. David Nivison, *The Life and Thought Of Chang Hsüeh-Ch'eng,1738-1801,* Stanford: Stanford University Press, 1966.

13. 董金裕，《章實齋學記》，臺北：嘉新水泥公司文化基金會，1976。作者序言撰於 1973 年 6 月。

14. 余英時，《論戴震與章學誠》，香港：龍門書局，1976。作者自序撰於 1975 年 9 月。

15. 周康燮（編者），《章實齋研究專輯》，《中國近三百年學術思想論集）（第六編）》，香港：崇文書店，1975。

16. 周康燮（編者），《章實齋先生年譜彙編》，香港：崇文書店，1975。

17. 羅思美，《章實齋文學理論研究》，臺北：臺灣學生書局，1976。

18. 倉修良，《章學誠和《文史通義》》，北京，中華書局，1984。

可算是第一類研究。專文百餘種**68**。這可算是第二類研究。有關章氏研究更可分別從一般通論性的著作（如中國學術思想史、中國史學史、中國方志學史、中國文學批評史等）中找到一章或至少一節的敘述**69**。這類研究有 20 多種。這可算是第三類研究。此外，本論文（指原本之博士論文）尚採納若干書籍中的序文、書

按：以上呂思勉《《文史通義》評》及張舜徽《《文史通義》平議》分別收入《史學四種》和《史學三書平議》內，所以不必然以專書視之。

68　專文中有一篇是臺灣方面未刊碩士論文，計 400 多頁（洪金進，《章實齋之方志學說》，高雄師範學院，1979 年，428 頁）。這一專文，連同上述董金裕和羅思美之著作便共有三文是以研究章氏為題材而撰著之碩士論文。（董、羅二文後正式出版，此即上註 67 之 13 及 17 兩著作。）這多少反映出章學誠備受臺灣大專院校師生之關注。專文中更有一篇是用英文撰寫的博士論文，惜未梓行。此為朱士嘉之著作，名為 *Chang Hsüeh-Ch'eng: his contribution to Chinese local Historiography,* Columbia University, 1950, 231 pp.

69　一般來說，很少國人把章氏定位為純粹的哲學家的。因此，中國哲學史一類的著作很少特闢專章討論他。就筆者所知，黃公偉的《中國哲學史》（臺北：帕米爾書店，1966）及孫叔平的《中國哲學史稿》（上海：上海人民出版社，1980）算是例外。但黃氏只用不足二頁（頁 433-434）的篇幅討論實齋，故實齋在黃氏心中實算不上是大家。馮友蘭（1895-1990）《中國哲學史（附補編）》（香港：開明書店，缺出版年）討論清代學者，計有兩章（第 15、16 章），而實齋不與焉。勞思光（1927-2012）《中國哲學史》（香港：友聯出版社，1980），卷三，下冊最後處理的是清乾嘉學風及戴震的哲學思想；而不及實齋。至於羅光，則在其《中國哲學思想史——清代篇》（臺北：臺灣學生書局，1981）第四章中，嘗以「史學中的哲學思想」一節（頁 428-437）論述實齋的思想，惟當中特別指出說：「章學誠在史學上的貢獻，不在於歷史哲學思想，而在於史學方法論，……」（頁 437）。此可見，就羅氏來說，實齋實算不上是哲學家。近現代偉大哲學家及哲學史家唐君毅先生（1909-1978），在其相當於中國哲學史的《中國哲學原論》的《原教篇》（香港：新亞研究所，1977）下冊中，特別論述了實齋（頁 702-703）；篇幅雖僅千言，但內容精審透闢無匹，甚值參考。惟唐先生以「清學之方向及其七型」而指出實齋乃七型之一以論述之，似不以哲學家定位實齋。拙著《學術與經世——唐君毅的歷史哲學及其終極關懷》（臺北：臺灣學生書局，2010）嘗予以闡發（頁 376-379），可並參。稍可補充的是，20 年前由王茂、蔣國保、余秉頤、陶清所撰著的《清代哲學》（安徽人民出版社，1992）則用了一專章（第 23 章：〈章學誠的歷史哲學〉，頁 766-793）來描繪實齋的思想。然而，需要指出的是，很明顯，《清代哲學》中「哲學」一詞乃採其廣義用法，蓋顧炎武、黃宗義，乃至崔述，都是該書所處理的對象。

評及有份量的書籍中的零散語句作為研究的對象[70]。這算是第四類研究。

　　200 多種分別用四種語文[71]撰寫的專著中，中文佔比重最大，近 200 種。日文次之，共 18 種[72]。英文次之，共 6 種。法文再次之，僅 2 種[73]。綜觀這些數

---

[70]　梁啟超、何炳松及國際漢學泰斗戴密微（P. Demiéville）在「實齋研究」的始初階段均曾作出過貢獻。因此筆者本書便收錄了他們這時期（1920 年代）的作品作為探討的對象，儘管他們三人這時期的「實齋研究」都比較簡略。梁氏的「研究」只是一些零散的語句（各語句分見梁著《清代學術概論》、《中國近三百年學術史》、《中國歷史研究法及補篇》。）何氏的研究主要見諸一篇序文（即何氏為胡適撰，姚名達訂補之《章實齋先生年譜》所撰寫之〈何序〉，共 26 頁一萬多字）。戴氏之著作僅為一篇書評。此即戴氏針對胡適《章實齋先生年譜》一書所寫的書評，共 12 頁。載 *Bulletin de l'École Française d'Extrême Orient*，卷 23，1923 年。以形式言，只是一書評；但以內容言，則反映出戴氏本人對實齋，其實是有相當深入的認識的。

[71]　由於筆者僅懂中文、英文、法文及略懂日文，所以所蒐集的對象便以這四種語文為限。

[72]　日人漢學研究極盛。研究章氏之專著似絕不可能只得 18 種。真正的數量可能是筆者所找到的數倍以上。

[73]　詳參下文之相關分類表。

　　在這裡需要指出兩點：

　　（一）6 種英文著作中，百瀨弘（Hiromu Momose）所撰寫的章學誠傳記，乃係《清代名人傳略》（*Eminent Chinese of the Ch'ing Period*）中之一篇。所以嚴格來說，不能算是「實齋研究」的一種專文。又 P. Demiéville 1956 年為倫敦大學亞非學術會議所撰寫之論文（收入 W. G. Beasley 及 E. G. Pulleyblank, ed. *Historians of China and Japan*, London: Oxford University Press, 1961），雖闡釋精微，論述深入，然而，追源溯始，實以其五年前所撰著之法文講稿為底本（發表在 *Annuaire du Collège de France*，巴黎，1951）。所以嚴格來說，用英文撰述之專著，便只有 Nivison 的四種。此為：

　　1. *The Literary and Historical Thought of Chang Hsüeh-Ch'eng（1738-1801）：A Study of his Life and Writing, with Translations of Six Essays from Wen-shih t'ung-i*, 1953，哈佛大學未刊博士論文。

　　2. "The Philosophy of Chang Hsüeh-Ch'eng," Occasional Paper, ed., Kyoto Kansai Asiatic Society, 1955。

　　3. 〈佛教に對する章學誠の態度〉，《印度學佛教學研究》，期四，1956。

　　4. 上面註 67 所列出之第 12 種著作：*The Life and Thought Of Chang Hsüeh-Ch'eng, 1738-1801*，可說是英文著作中研究章氏生平及其思想最具系統的解說性的著作。這點大概可以部份地說明為什麼 Nivison 之後，我們便找不到其他比較理想的英文論著。

字，我們可得出如下的結論：章學誠其人其學於 1920 年代為中日兩國學者廣泛研究之後，雖已漸次較為人所認識，但西方學者對實齋感興趣的似乎仍極有限。換言之，實齋之「知名度」仍大體不出東方。Nivison 1966 年出版之專著雖有相當份量，但後來之學者未始不可以超越之。然而迄 1980 代年中期為止，未見西方繼 Nivison 之後有進一步探討章氏之專著出版，似乎可以說明西方學人對章氏不太感興趣。換言之，戴密微及 Nivison 兩人的卓越研究成果，似乎並沒有把風氣帶動起來。

　　過去 60 多年（指 1920-1985 年）「實齋研究」之演進趨勢，大體上時間愈近，作品的數量愈多。但這也不是沒有例外的（參下文圖壹）。今試對這些作品數量的演進趨勢，說明如下[74]。為避免過於瑣碎，茲把 60 多年的研究史斷以 5 年為一時段。1915-20 為第一時段；1921-1925 為第二時段；1926-1930 為第三時段。如此類推，共得 14 個時段。14 個時段中，值得注意的有以下幾點：

　　第五個時段（1936-40）的第二年（1937）中國已進入全面抗日戰爭階段。但中文著作計有 11 種之多，與前一時段之數量適相同。由此可見抗日戰爭並沒有影響或減低國人研究實齋的熱忱。第六個時段（1941-45）的中文著作情況更足以說明這點。其時抗日戰爭的激烈程度不減昔日，甚至更激烈，但章氏研究的中文作品反而增加至 18 種。

　　戰後的第一時段（1946-50）之中文著作僅得四種。這時國共內戰最為激烈，尤其最後二三年。如果「實齋研究」成果的出版可以多少反映整個研究及出版情況，又如果國共內戰是障礙研究、出版的主因，則我們似乎可以說國共內戰比抗日戰爭的國際大戰對中國文化事業更具破壞性。

　　自共黨 1949 年取得大陸政權到 1961 年大躍進完全失敗導致大飢荒為止的 13 年當中，中國大陸的「實齋研究」僅得七種（參圖七）。但自大躍進失敗後中國大陸漸次復甦過來到 1966 年文化大革命爆發的前三年中（即 1962-64 年）——這

　　　　（二）法文方面，兩種著作均為戴氏所撰。但其一只是一書評（參上註70）；另一則是本注
　　　　　　上文所提到的一篇講稿，似不宜以嚴謹的學術專著定位之。然而，前者成於 1923 年，
　　　　　　後者成於 1951 年。就早期「實齋研究」來說，兩文在表現上已算是相當出色的了。
[74]　筆者所蒐得的著作以中文為主，因此這裡所說的演進趨勢主要是指中文著作而言。

幾年乃由劉少奇掌國家大政－中國大陸的「實齋研究」竟有 14 種之多。如果中國大陸的政治運動算是障礙文化事業發展的最大阻力，這情況在「實齋研究」中尤其明顯。10 年浩劫的文革比以前任何政治運動來得更長，更具破壞性。她更足以說明政治運動對文化事業之戕害。1965 年（文革前一年）至 1977 年，大陸方面找不到任何「實齋研究」的專著（參圖七）。反觀同期臺灣方面則有 19 種著作面世，而香港方面亦有 6 種[75]。

　　1978 年以後大陸可說已逐漸從文革的蹂躪中恢復過來。從這年到 1984 年為止，大陸著作共有 41 種。而同期臺灣方面只得 10 種，香港僅 1 種[76]。

　　以上我們扣緊時代背景，對中文著作在數量上的演進情況的幾個關鍵時段作了說明。以下筆者試分別對若干類作品的演進情況作一探討[77]。1981 年至 1983 年是研究章氏方志學的「大躍進」階段。3 年內共得作品 11 種，均出版於中國大陸。近年來（指文革結束後，尤其 1985 年之前數年）中國大陸大事鼓吹、提倡方志學[78]。章學誠既係方志學著名理論家及實踐家，在方志學獲得大陸官方

---

[75] 幾乎所有的中文著作均在大陸、臺灣或香港出版。筆者所能找到的僅有一種是例外。此發表於新加坡，即胡楚生，〈《校讎通義》道器說述評〉，《南洋大學學報》，卷七（1973）。1984 年韓國歷史學會舉辦東洋史研討會。曹秉漢以「章學誠經世史學之折衷性的理論基礎」為題作報告。今未審曹氏有否正式發表其講稿。

[76] 就這個時期來說，中國大陸方面的「實齋研究」的數量乃在臺、港兩地之上，但一般而言，論文質素欠佳。

[77] 各類研究著作之演進趨勢分見各統計圖。是以現今所論述者，其主旨乃在揭示統計圖以外的資訊。又各研究著作的分類乃就著作之大體性質而言，這似乎很難有一個共認的客觀標準。譬如說徐世昌《清儒學案》所收錄的〈實齋學案〉，固可以歸入章學誠生平傳記的研究中。但筆者以為該學案多偏重在陳述實齋之思想方面，是以筆者把它歸入思想類的研究中。岡崎文夫的專文名為〈章學誠——其人與其學〉（載《東洋史研究》，卷一，號一，1943）。依題目來說，把它歸入生平傳記類或思想學說類均無不可。然而，該文之重點似偏重在思想方面，故筆者把它歸入思想類的研究中。有些作品，譬如余英時的《論戴震與章學誠》當然算是思想史方面的著作。但該書「外篇」收錄的其中一篇文章則是考證章氏生平的。因此筆者便把它釐析出來歸入生平類的研究中。吳天任《章實齋的史學》所附錄之兩文與實齋之史學無關，因此筆者也把這兩文析出來歸入他類的研究中。

[78] 自改革開放後迄筆者提交博士論文的數年間，大陸掀起了方志學熱潮。有關書刊對此事屢有記載。可參來新夏，《方志學概論》（福州：福建人民出版社，1983），頁 157；林衍

重視的情況下，他自然也成爲了重要的研究對象[79]。中國大陸方志學潮流至
1986 年仍深具活力（該年之後之發展情況，恕從略），一般的方志學著作及研究
章氏方志學之文章之相繼出版可爲明證[80]。

　　1920 年至 1985 年間，有關章氏生平的研究著作計有 20 種，在總數量上遠少
於研究其史學理論的著作（66 種）。但以開首 20 年來算，則兩者在數量上幾乎
相若。我們不妨把這 20 年劃分若干時段進一步比較。（詳參下圖二「生平研究
演進統計圖」和下圖四「史學思想研究演進統計圖」）：

經，〈寫在前面〉，《方志史話》（開封：河南人民出版社，1983），頁 1。黎錦熙、甘
鵬雲《方志學兩種》（長沙：岳麓書社，1984）所收錄朱士嘉為該書出版所撰寫之序文也
談到這個方志學熱潮（頁 7）。在大陸官方的推動下，大陸學人在短短的 3 年（1980-1982）
當中，已發表百多篇方志學方面的文章。參來新夏，〈解放後論文索引〉，上揭《方志學
概論》，頁 281-288。

79 僅僅三年（1981-1983）便有 11 種專文研究章氏之方志學。這固然可以證明他已成爲了當
時中國大陸方志學熱潮下的重要研究對象（無論從方志纂修者或方志學理論家的角度來
說，章氏都是這個熱潮下最主要的研究對象。有關這方面，可參來新夏，前揭《方志學概
論》，〈解放後論文索引〉）。此外，章氏之成爲重要的研究對象也可以從張長明以下的
說明，窺見一點消息：「本文擬對它（指章之「方志立三書說」的理論）作一些探討，以
祈爲更好地研究章學誠的方志學，特別是對解決目前關於章學誠對方志性質的爭論，能起
一些有益的作用。」張長明，〈章學誠「方志立三書說」的形成過程〉，《江海學刊》，
期五（1982），頁 97。本此，則實齋的方志學不但是個別學者的研究熱點，它兼且成爲了
學者們爭辯的主題了。

80 據所見，1984 至 1986 年中國大陸出版的方志學著作計有：
1. 黎錦熙、甘鵬雲，前揭《方志學兩種》，長沙：岳麓書社，1984。
2. 中國地方史志協會編，《中國地方史志論叢》，北京：中華書局，1984。
3. 薛虹，《中國方志學概論》，哈爾濱：黑龍江人民出版社，1984。
4. 史繼忠，《方志叢談》，貴陽：貴州人民出版社，1985。
5. 浙江省地方志編纂室，《修志須知》，杭州：浙江人民出版社，1986。
6. 林雨如，《新方志編纂問答》，廣州：新華書店，1986。
有關章氏方志學的論文（1985 年出版）則計有以下兩種：
1. 張賽美，〈章學誠與《永清縣志》〉，《河北學刊》，1985 年 4 月。
2. 張洪生，〈試論章學誠方志「特表氏族」及其影響〉，《江西師大學報》，1985 年 4 月。

時段	生平研究	史學思想研究	前者減後者之差額
1915-20	1	0	1
1921-25	4	5	-1
1926-30	5	7	-2
1931-35	2	1	1
1936-40	3	3	0
總數	15	16	-1

　　參看上表可知生平研究在數量上僅比史學思想研究少一種。且就其中第一、第四階段來說，前者均勝後者。再者，若以起首 20 年的生平研究和其他研究相比，則生平研究論著之總數遠勝於其他研究（參圖二、三、五、六）。相反，1941 年至 1985 年的四十多年中，生平方面之論著僅得 5 種，遠少於同期之其他研究。我們怎樣去解釋這現象呢？

　　孟子說：「頌其詩，讀其書，不知其人，可乎？是以論其世也。」（《孟子·萬章下篇》）。意謂研究一人之學問，理應先對其人有所認識（「論世」一點姑不說）。章氏研究的始初階段（1920-40）之所以相當側重其生平事蹟方面，孟子這句話正好給予了一個很好的說明。以研究章氏生平爲主軸的內藤虎次郎的〈章實齋先生年譜〉（《支那學》卷一，第三、四號，1920）出版後，性質相類似的著作便不斷湧現，其部份原因即在於此[81]。復次，我們似乎可以從其他方面更具體地說明這些著作出現的原因。

　　首先我們說一說一系列年譜出現的原因。內藤譜出版之後，便出現了一系列由國人所撰的年譜或年譜補正。這些作品的出現恆由於撰著者對前人所撰之年譜有所不滿。其中胡適、姚名達，吳孝琳所撰的年譜或年譜補正即其例。其次，我們略說章氏各傳記出版的原因。眞可謂事有湊巧，很多種收錄章氏傳記的大部頭著作均相繼出版於 1920 或 30 年代。《清史稿》（1927）、《清史列傳》

_____

[81] 內藤虎次郎對章氏的學問感興趣由來已久。但他先撰文（年譜）研究章氏之生平，十年之後始發表其探討章氏之史學思想之論文。此即〈章學誠の史學〉，載《懷德》，期八（1930）。蘇振申曾翻譯該文爲中文，載《文藝復興》，期二，臺北：1970。這似乎很可以說明孟子的名言足以有效地解釋「實齋研究」不同階段的發展史。

（1928）、《碑傳集補》（1931；收錄 1920 年之後章氏之生平研究兩種）、《清代名人傳略》（*Eminent Chinese of the Ch'ing Period*；此書雖出版於 1943 年，但其中的實齋傳記則撰於 1935 年左右）及《清代七百名人傳》（1936）便是很顯著的例子。「實齋研究」始初階段（1920-40）的生平傳記研究特別多，其原因之一即在此。

　　以上就是 60 多年來（1920-1985）「實齋研究」的演進趨勢值得注意的幾點；其中特別針對章氏方志學研究及生平研究的發展趨勢作了說明。他類研究之演進情況，詳參附圖，茲從略。

　　附識：以下各圖、表的數據，皆以 1985 年及其前筆者所獲悉者為準。閱鮑永軍上揭〈章學誠研究論文著作索引（1801-2003）〉一文，乃知悉未納入統計者尚多。是以下列各圖、表之數據，乃至本節的相關說明，僅具參考性質，不為定論。

研究著作依語文及性質分類一覽表

類別 ＼ 語文	中文	日文	英文	法文	總數
生平	17（5）	1	1	1	20（5）
思想概要	37（3）	3	3（2）		43（5）
史學思想	55（9）	9（5）	1	1	66（14）
文學思想	6（2）	1（1）			7（3）
《章氏遺書》	9（1）				9（1）
方志	21（2）	2（1）	1（1）		24（4）
校讎思想	18（6）				18（6）
《文史通義》《校讎通義》	9（2）				9（2）
雜（難以歸類者）	9	2（1）			11（1）
總數	181（30）	18（8）	6（3）	2	207（41）

*上表圓括號內之數字表示筆者獲悉其存在，但不及寓目之著作之數量。

圖一　研究著作（全部）演進統計圖

（依著作之撰寫或出版年份）

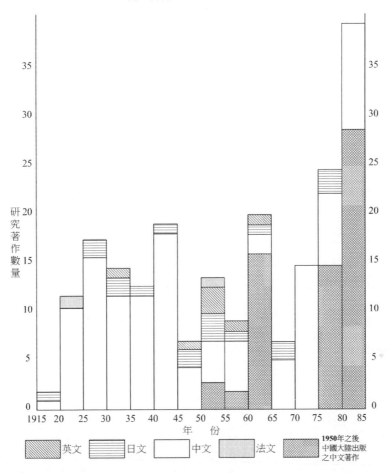

說明：茲以含四種語文的 1950-1955 年的「柱狀」爲例作說明。該柱狀表示這段
　　　時期共有 13 種著作撰就或出版，其中中文計 7 種，7 種中中國大陸佔 3
　　　種，餘 4 種則爲海外之著作；3 種爲日文著作；2 種爲英文著作；1 種爲法
　　　文著作。代表不同時段的其他「柱狀」，其情況相同，不再說明。又：以
　　　下圖二至圖六，其情況亦然。

圖二　研究著作（生平）演進統計圖

（依著作之撰寫或出版年份）

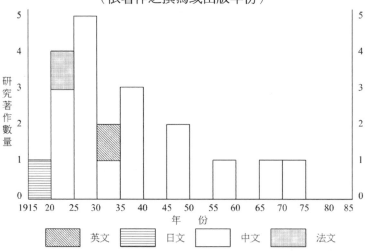

圖三　研究著作（思想概要）演進統計圖

（依著作之撰寫或出版年份）

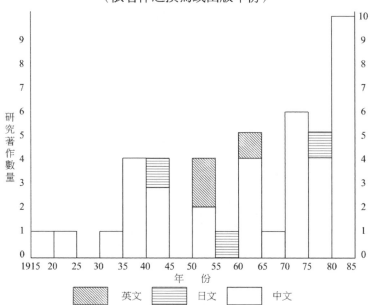

圖四　研究著作（史學思想）演進統計圖

（依著作之撰寫或出版年份）

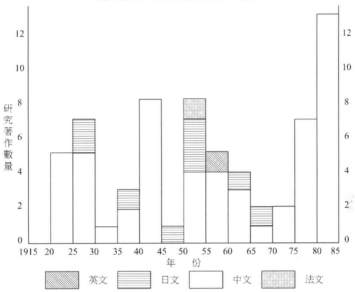

圖五　研究著作（方志）演進統計圖

（依著作之撰寫或出版年份）

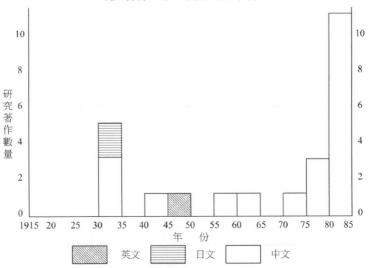

圖六　研究著作（校讎學思想）演進統計圖

（依著作之撰寫或出版年份）

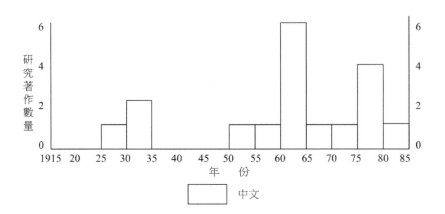

圖七　1950 年之後中國大陸、臺灣及香港「實齋研究」之演進曲線圖

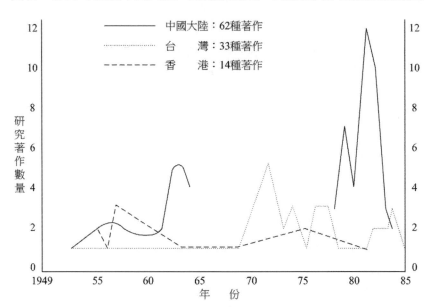

三、「實齋研究」從 1920 年代開始成為顯學的原因

首先應該指出的是，民國成立前後章氏學術備受關注。1922 年胡適《章實齋先生年譜》出版。〈自序〉中有這樣的一句話：

> 漢學家的權威竟使他（章學誠）的著作遲至一百二十年後方纔有完全見天日的機會，竟能使他的生平事蹟埋沒了一百二十年無人知道。（頁 1）

胡適這話說得不免有點誇張，與事實頗有落差。實齋在生之時，他在學術界享有相當知名度的友好，如汪輝祖[82]、洪亮吉[83]，老師輩如朱筠[84]等人對他早有稱述。實齋卒後，不少學者，如阮元[85]、焦循[86]、譚獻[87]對章氏亦多讚美之詞。錢林、王藻編《文獻徵存錄》[88]，李桓編《國朝耆獻類徵》[89]，亦收錄實齋之生平事蹟。近代學者如蕭穆[90]及章太炎[91]對章氏的著作及學問作了不少批評。由此可見早在

---

[82] 見汪輝祖，《病榻夢痕錄》，頁 36b，乾隆 34 年條；《夢痕錄餘》，頁 65b-66a，嘉慶 6 年條。

[83] 見洪亮吉，〈章進士學誠詩〉（此詩撰於 1786-1789 年間），《卷施閣詩》，《靈岩天竺集》；又可參洪氏同一詩集同一題目之另一詩（此詩撰於 1794 年）。

[84] 實齋 28 歲始學文章於朱筠。朱氏一見許以千古。見〈與汪龍莊簡〉，《章氏遺書》，卷 29，頁 66。參胡適著，姚名達訂補，前揭《章實齋先生年譜》，頁 15-16。

[85] 見阮元，〈章學誠傳〉，《兩浙輶軒錄補遺》，卷 7，4b-5a。

[86] 見焦循，〈《文史通義》贊〉，《雕菰集》，藝文印書館版，卷 6，5b。

[87] 見譚獻，〈文林郎國子監典籍會稽章公傳〉，《復堂存稿》。此傳又收入閔爾昌，《碑傳集補》（北京：燕京大學國學研究所，1931），卷 47．4b~6b。

[88] 章學誠傳附錄在《文獻徵存錄》（1858 年版，卷 8，54a）〈邵晉涵傳〉內。上文（本書第一章及本章第一節）已指出，若干邵晉涵之生平資料誤植入章傳內。余英時對此辨正甚詳；參前揭《論戴震與章學誠》，頁 243-248。

[89] 見李桓，《國朝耆獻類徵初編》，卷 420，51a。章傳轉錄自《文獻徵存錄》。

[90] 蕭穆，〈跋《文史通義》〉，《敬孚類稿》，卷 5（1906），31b-33a。

[91] 見〈與人論國學書〉，《章氏叢書》，《太炎文錄初編》，別錄二（1919 年），41a-43a。

胡適撰《章實齋先生年譜》前，無論是實齋的生平事蹟或其著作便已受到關注。只不過他們並沒有對章學誠作全面的，系統性的研究而已。胡適不可能對前人這些述作全不知情[92]。依筆者的看法，他之所以說了上面的一兩句話，其主要原因（用意）恐在於突出、顯彰他本人對章學誠研究的個人貢獻而已。

相對胡適的說法，美國學者 D. Nivison 的說法便比較符合實情而中肯得多。他說：“He was relatively unknown until a century after his death.”（他（實齋）卒後一個世紀才比較爲人所認識）[93] 按：“relatively”（比較、相對來說）一詞，是很關鍵的；是藉以指出 1900 年之前 100 年和其後 100 年的差異，是程度上的不同而已；而並非截然不同的千差萬別。

章氏卒於 1801 年。卒後一個世紀即 1900 年之後。這接近民國創建年份。這與張述祖說吻合。張氏說：「民國以來，世人競重章氏之學。」[94]

以下我們試圖從近代學風之轉變及近代學術思想史撰著者的學術性向這兩方面，來解釋「實齋研究」在民國以後始成爲顯學的原因。

（一）近代新學風

大體言之，實齋之時代學風乃以考據學爲主流[95]。在清官方及大官闊戶的支持獎掖下，考證學如日中天。洪波所及，史學自不得不受其影響。惟著重蒐績

92　譚獻嘗述說章學誠的著作。胡適曾提到過此事。胡適，〈自序〉，《章實齋先生年譜》，頁 1。此可見胡氏對前人論述實齋的著作事，非全不知情者。

93　D. Nivison, *The Life and Thought of Chang Hsüeh-Ch'eng,* p. 1。

94　張述祖，〈《文史通義》版本考〉，《史學年報》，卷三，期一（1939），頁 71。

95　清中葉（實齋在世的乾嘉時代）的歷史學因受同時代考證學風的影響，諸儒治史亦大多以考據爲能事（浙東學派及趙翼（1727-1814）治史之宗旨及途徑可算是例外）。可參祁龍威，〈乾嘉史學初探〉，《江海學刊》，第一期（1962）。祁文又收錄在《中國史學史論集》（上海：上海人民出版社，1980），冊 2，頁 519-535；杜維運，《清乾嘉時代的史學與史家》（臺北：臺灣大學文學院，1962）；杜維運，〈清乾嘉時代之歷史考證學〉，《大陸雜誌》，特刊，第二輯（1962）。此文又收錄在《中國史學史論文選集》（臺北：華世出版社，1976），冊 2，頁 855-893。有關民國以來一般治史風氣，可參看以下各專著：顧頡剛，《當代中國史學》（香港：龍門書店，1964）；周予同，〈五十年來中國之新史學〉，《中國史學史論文選集》（臺北：華世出版社，1980），冊 3，頁 371-428；牟潤孫，〈記所見之二十五年來史學著作〉，同上書，冊 2，頁 1121-1151；余英時，〈中國史學的現階

補苴、訓詁考質的考證學非實齋所長[96]。史學理論，方志學理論，校讎目錄學理論才是他的專業志趣所在。要言之，實齋雖撰有若干種方志，但他畢竟是個理論家。他這種與一時學風大相逕庭的學術性向，無疑是他相對地罕爲同時學人及稍後學人所認識或欣賞的主要原因[97]。

　　如果清中葉的考證學風，可以作爲說明實齋學術地位之遠遜於同時代的考證學家，那麼清末民初以來的另一股學風，似乎便用得上來說明他的聲譽何以在近代日趨隆盛了。余英時先生的一段話很可以說明這點。茲引錄如下，以作爲下文解說的線索。余先生說：

段：反省與展望〉，同上書，冊 3，頁 517-539；杜維運，〈民國以來的學風〉，《中華民國建國史討論會論文集》，1984 年 8 月。此文又收入杜維運，《聽濤集》（臺北：弘文館出版社，1985），頁 207-226；施耐德著，梅寅生譯，《顧頡剛與中國新史學》（臺北：華世出版社，1984）。又中央研究院歷史語言研究所自 1928 年成立以來對我國史學界治史之途徑產生相當大的影響。以該所名義發表的〈歷史語言研究所工作之旨趣〉一文可說係該所的宗旨宣言書。文載《中國史學史論文選集》，冊 2，頁 969-979。又可參 J. Gray, "Historical Writing in 20th century China: Notes on its Background and development", in W.G. Beasley and E. G. Pulleyblank, ed., *Historians of China and Japan*（Oxford: OUP, 1961），pp. 186-212。

[96] 這方面的學術性向，實齋曾作過自我說明。見〈家書三〉，《文史通義》（北京：古籍出版社，1956），頁 335。

[97] 清代考證學巨擘可以戴（震）、段（玉裁）、二王（念孫及其子引之）爲代表。實齋在當時的學術地位遠遜此數人。張爾田嘗列舉五個原因加以解釋。張云：「……吾則以爲先生之召世疾者，蓋有五焉。何則？……故爲先生之學也拙，而爲休寧、高郵之學也巧。人情慕巧而惡拙。一也。……故爲先生之學也難，而爲休寧、高郵之學也易。人情趨易而避難。二也。……故爲先生之學也約，而爲休寧、高郵之學也博。人情尚博而鄙約。三也。……故爲先生之學也虛，而爲休寧、高郵之學也實。人情畏虛而夸實。四也。……故爲先生之學也逆風會，而爲休寧、高郵之學也順風會。逆則不樂從，而順則人人皆驚之。五也。五者浸以成俗，則先生之書之不大顯於時也，固其宜矣。」（戴震爲安徽休寧人，文中休寧即指戴；二王爲江蘇高郵人，文中高郵即指二王。）按：張說很可以再商榷，其中拙巧、難易，恐亦見仁見智而已，惟今不暇細及。然而，就逆風會、順風會一項而言，筆者以爲最具說服力。其說見彼爲吳興劉承幹嘉業堂出版《章氏遺書》所撰之序文。序文撰於辛酉（1921）夏。

何以我們的觀點近實齋而遠於一般乾嘉的考證學家呢？我想，問題的關鍵
是在於評價學術成就所用的標準。近代治學術思想史的人主要是以義理為
評判學術的標準。在這個標準之下，實齋的《文史通義》便受到了前所未
有的重視。**98**

既說到近代學術思想史，我們不妨先回顧一下這方面的歷史。這方面的第一部專
著似乎當數黃宗羲（1610-1695）的《明儒學案》**99**。第二部便是黃氏草創而由其
後學全祖望（1705-1755）完成的《宋元學案》。這兩種專著可說是近代學術思想
史的濫觴。但章氏出生於黃、全二氏之後，而且黃、全上述兩書的研究對象皆明
朝末年以前的人物，章氏固不在研究範圍內。其後江藩（1761-1831）有《國朝（清
朝）漢學師承記》及《國朝宋學淵源記》之作。但章氏不是漢學家，也不是宋學
家，因此他也不成為研究的對象。稍後，唐鑑撰《國朝學案小識》。但唐氏為宋
學門戶中人，章氏亦自見棄**100**。綜觀上述的描繪，我們可以說，章氏卒後迄民國
為止，並不是沒有類似近代的學術思想史方面的著作。換言之，學者的義理之學
早在民國前已經成為了研究者的對象。只不過這時的所謂義理乃以宋學（理學）
之義理為主，章氏之義理因為是另一種類型的義理，故不為學者所關注**101**。

---

98 余英時，上揭《論戴震與章學誠》，頁 1-2。

99 宋朱熹的《伊洛淵源錄》、明周汝登的《聖學宗傳》及清孫奇逢的《理學宗傳》可說是《明
儒學案》的先導。但一般人通常視《明儒學案》為中國學術史之首部專著。參梁啟超，《中
國近三百年學術史》（上海：中華書局，1937），頁 296。梁啟超甚至認為：「黃梨洲著
《明儒學案》，史家未曾有之盛業也。」語見〈新史學〉第一章「中國之舊史」，《飲冰
室文集》（臺北：中華書局，1976），冊四。按：〈新史學〉原載《新民叢報》，第一號
（1902 年 2 月）。

100 梁啟超曾很簡略的介紹過清代學術史的編著。見所著《中國近三百年學術史》，頁
296-298。章氏的生平及其學說最早見於《兩浙輶軒錄補遺》及《文獻徵存錄》。但這兩
書均不是思想史方面的專著。

101 如上所說，實齋之義理乃文史學、方志學、校讎學方面之義理（理論）。前引余英時文
中有句云：「近代治學術思想史的人主要以義理為評判學術成就的標準。」這句話筆者
很能同意，但余先生似乎當在這句話之後，明確指陳實齋之義理之學實別異於宋明儒乃
至一般清儒之義理之學。否則清人（如上述江藩、唐鑑等人）研治前人義理之學而撰著

　　現在我們再來論說近代學人所撰著的近代學術思想史。如以數量言，這些學術思想史是比民元前增加了許多。即以治此學而卓然成家的便有以下幾種：梁啓超《清代學術概論》及《中國近三百年學術史》、錢穆《中國近三百年學術史》、侯外廬《近代中國思想學說史》及《中國早期啓蒙思想史》（余英時的《論戴震與章學誠—清代中期學術思想史研究》亦算是近人成家之作）。而他們都可以說是用了一種寬廣的標準，或至少不完全等同宋學系統的另一種義理標準，來衡量前人學術成就。有關這方面，我們只要細讀上述各書便可以了然。下面我們準備透過各書中論述實齋之文字，兼附之以書中其他相干之文字來具體地揭示這種研究「新趨向」。此「新趨向」更使我們窺見上述學術思想史撰著者的學術性向與實齋之學術性向甚有契合之處。彼等之重視實齋、欣賞實齋，乃可謂順理成章、理有故然。

　　綜上所述，我們作一判語如下：近代更多學人研治及撰寫學術思想史，且撰著者採用寬廣的義理標準來衡斷前人的義理之學，這自然有利實齋學術之重估。但為要說明這兩項有利條件如何把「實齋研究」普遍地落實下來，我們似乎需要對近代學術思想史撰著者的學術性向，以至治學之終極關懷有所認識了解。這方面便構成下文處理、論述的主要內容。

（二）近代學術思想史撰著者的學術性向與實齋被重視之關係

　1. 梁啓超

　　上面說過的幾種近代學術思想史的專著中，梁啓超的兩種成書較早。茲先論述之。任公在近代中國的地位及影響力是不必多說的。學術上亦自有其貢獻，其中筆者以為史學方面最為卓著[102]。

　　之學術思想史何以不兼及實齋之義理之學呢？如不先明言實齋所關注之義理實有別於前人及同時人之義理，則余英時緊接上一語而來之另一語：「在這個標準（義理之標準）之下，實齋的《文史通義》便受到了前所未有的重視」便似乎來得突然了一點。換言之，這兩個語句間似乎缺少了充當聯繫或過渡作用的一個環節。

102　這方面的專著，至少有以下數種：《中國歷史研究法》及《中國歷史研究法補篇》、《清代學術概論》、《中國近三百年學術史》、《國史研究六篇》、《王荊公》、〈新史學〉、〈中國史敘論〉等。

至於本書的主角章學誠來說，其學術上的成就亦不止一端，但其中以史學爲主，殆無疑問[103]。同聲相應，同氣相求。任公之欣賞實齋，殊非偶然。二人學術性向之相近，蓋爲其主因歟？我們現在試分別就以下幾點探討任公之所以欣賞實齋的原因。

(1) 史學方法方面

　　章學誠說：「劉言史法，吾言史意；劉議館局纂修，吾議一家著述。截然兩途，不相入也。」[104]

　　章氏有意自別於劉知幾。史法瑣瑣，故自謂不之言。其實章氏言史法之言論散見《章氏遺書》各處。這裡不煩徵引。任公言史法有兩專書爲證，恕不闡述[105]。

　　當然章、梁兩人所說的史法，內容不盡相同；對史體的看法，亦有所別異[106]，但就史學方法乃係史學研究及撰述史著的一種工具來說，他們兩人的意見是無大差異的[107]。

---

[103] 章氏沒有撰寫過任何歷史著作（方志除外），筆者這裡說他史學上的成就是指他的史學理論而言。

[104] 上揭《文史通義》，頁333。許師冠三先生嘗批評章氏此語，以爲實齋本人非不言史法，子玄亦非不言史意。實齋只是有意自別於子玄，是以說出此誇言。許冠三，〈劉章史學之異同〉，香港中文大學，《中國文化研究所學報》，卷13（1982），頁67。又可參本書第三章。

[105] 晚清民國以來，尤其是五四以來，史學開始擺脫經學羈絆，以嶄新的姿態出現而漸次得其獨立發展。任公之重視史學方法，蓋此趨勢具體表現之一端。任公與民國以來新史學運動的關係，可參看周予同，前揭〈五十年來中國之新史學〉，頁392-396；汪榮祖，〈五四與民國史學之發展〉，《中國史學史論文選集》，冊3，頁505-516。筆者以爲這新史學運動爲國人對實齋的史學方法論及其他史學理論的重估，提供了有利條件。實齋之學與乾嘉學風爲對反。所以筆者認爲任何擺脫狹義的乾嘉學風的壟斷而能依其他標準來衡斷學術成就的，都可以對實齋學問的重估提供有利的條件。

[106] 兩人對史體的看法之所以有所差異，很可能與兩人的時代有關。現試舉一例：紀傳體史書記一事而內容恆散見數處。實齋以爲可用「別錄」（相當於今日不少書籍中置諸書末的「主題索引」——subject index）的方法來補救：讀者按此索引便可以蒐輯到書中同一主題而散見各處的相關資料。我們似乎可以說實齋是接受並承襲了傳統的史學思想——肯定紀傳體史書的價值；不過他亦同時承認它的弊端，故以「別錄」法補救之。至於任公，

任公對實齋的史學方法論稱頌不已。茲舉兩例為證。任公說：「千年以來，研治史家義法能心知其意者唐劉子玄，宋鄭漁仲與清章實齋三人而已。」[108]又說：「（清代）專研究史法者有章學誠之《文史通義》，其價值可比劉知幾《史通》。」[109]實齋主張國史應以地方史為基礎；並提倡、重視史料保存的方法。任公對此亦十分稱許[110]。任公除對實齋的史學方法論有所稱揚外，更對實齋本人史學方法之運用，譬如駕馭及鎔冶資料的能力，予以充份肯定，並認為其文章善於組織，且嘗以「治史別有通裁」一語稱許之[111]。

（2）識見及理論上之探索方面

任公之有識見，觀其書，殆無疑問[112]。實齋亦係一有識見，見解迥異時流的學者。任公之欣賞實齋，殆二人性向相近歟？《清代學術概論》對實齋著墨不多，但以下兩段文字足可反映任公十分看重實齋的見解及識見。任公說：

> ……有一重要人物，曰會稽章學誠……其所著《文史通義》，實為乾嘉後思想解放之源泉……書中創見類此者不可悉數，實為晚清學者開拓心胸，非直史家之傑而已。（頁70-71）

他對紀傳體史書的價值比較是持否定態度的，視之為帝王家譜。這大概是任公生於近代，接受了新史學思想，故對舊史體比較抱持負面的評價。詳見上引《文史通義》，頁235-237，其中：「紀傳苦於篇分，別錄聯而合之，分者不終散矣。」（頁237）最足以說明「別錄」一詞的涵意。梁啟超，〈新史學〉，《飲冰室文集》（臺北：中華書局，1976），冊四，頁3。

107　有關這方面，讀者把《文史通義》中論及史法的篇章來和任公《中國歷史研究法（附補編）》（臺北：臺灣中華書局，1972）對比參讀，便知其詳。

108　上揭《中國近三百年學術史》，頁298。

109　梁啟超，《清代學術概論》（臺北：臺灣商務印書館，1975），頁56。

110　上揭《中國歷史研究法補篇》，頁163-164。

111　《中國近三百年學術史》，頁274，281。

112　筆者曾細讀《中國歷史研究法》、《中國歷史研究法補篇》、《清代學術概論》及《中國近三百年學術史》數遍，任公才氣、識見之橫溢超卓，隨處可見。

又說：「會稽有章學誠，著《文史通義》，學識在劉知幾、鄭樵之上。」（頁 20）《中國近三百年學術史》對實齋識見方面的稱許至多。茲引錄最具代表性之一例如下：「實齋之於史，蓋有天才，而學識又足以副之。其一生工作全費於手撰各志。隨處表現其創造精神，以視劉子玄、鄭漁仲、成績則既過之矣。」（頁 309）

任公對學風與地理之關係相當關注，曾撰著〈清代學者的地理分佈〉一文。實齋撰有〈浙東學術〉一文，闡述浙東地區的學術源流及特性。梁氏對此文相當推許，以為「從地理關係上推論學風，實學術史上極有趣味之一問題。」[113]此語亦可視為係稱揚實齋識見方面的旁證。實齋雖然對於同時代的考證學風時表不滿，但絕不否定考證學在治學上所扮演的角色。換言之，實齋是持批判態度來接受它的，絕非全盤否定。大體來說，綜觀《清代學術概論》及《中國近三百年學術史》兩書，任公對清代考證學所持的態度亦與實齋有共通之處[114]。此外，任公亦持批判的態度以衡斷清儒的輯佚事業，並引實齋言以為張目。文長，恕不轉錄[115]。實齋的識見之見重於任公，於此亦見一斑。任公欣賞實齋，尚有一重要原因可以一提。實齋固然是文史、方志、校讎學方面的理論家[116]。至於任公，他早年則以駁辨的政論著名於時。晚年之志趣則專注於學術研究，好治諸子學。專著有《先秦政治思想史》、《墨子學案》等。要言之，兩人均對學說、理論方面的問題感興趣。任公之賞識實齋，理有故

113　《中國近三百年學術史》，頁 90。

114　參《清代學術概論》，頁 8，47，48-51，71-72，107-113。又任公對清考證學風所持的態度在《中國近三百年學術史》一書中隨處可見，不備舉。

115　見《中國近三百年學術史》，頁 270。

116　D. Nivison 甚至視實齋為哲學家。D. Nivison, *The Life and Thought Of Chang Hsüeh-Ch'eng*, 頁 2。據閱讀所及，任公雖不曾直接以哲學家或歷史哲學家稱呼實齋，但對實齋著作中的哲學成份至為留意；並曾作過如下的斷語：「《文史通義》有四分之一或三分之一是講哲學的，此則所謂歷史哲學……若問世界上誰最先講歷史哲學，恐怕要算章學誠了。」見上揭《中國歷史研究法補篇》，頁 164。

然*117*。

（3）方志學方面

實齋之為方志學的理論家及實踐家是眾所周知的。至於任公，他之看重方志學，下引文可見其梗概。他說：

> 以吾儕今日治史者之所需要言之，則此二三千種十餘萬卷之方志，其間可寶之資料乃無盡藏……猶幸有蕪雜不整之方志，保存「所謂良史者」所吐棄之原料於糞穢中，供吾儕披沙揀金之憑藉。而各地方分化發展之迹及其比較，明眼人遂可以從此中窺見消息，斯則方志之所以可貴也。*118*

任公既重視方志之價值，則進而欣賞實齋在這方面的表現，便很可以理解了。任公說：「……然其間能認識方志之真價值，說明其真意義者，則莫如章實齋。」*119*又說：「方志學之成立，實自章實齋始也。」*120*這兩項意見可說是任公論說實齋方志學理論方面的表現的。其中把方志學之成立歸功於實齋，則其對實齋之推崇可謂至高無尚了。此外，任公尚特別稱讚章氏所修之方志；視「實齋諸作超群絕倫」，「為史界獨有千古之作品，不獨方志之聖而已。」*121*地方志的地位在一般中國人眼中恆不如於史著*122*。從上述引文最後一條來看，恐任公亦不為例外：隱含彼視方志之地位不如史界之著作。但他現今竟然把實齋方志方面的作

---

117 任公十分欣賞實齋之創見。《清代學術概論》中有一段文字極具代表性。此上面已引錄過，茲從略，詳見該書，頁70-71。

118 《中國近三百年學術史》，頁299-300。

119 《中國近三百年學術史》，頁304。

120 《中國近三百年學術史》，頁304。

121 《中國近三百年學術史》，頁309。

122 《四庫全書總目提要》的分類門目很可以反映方志的傳統地位；方志並不能在史部下獨立自成一類，而只能隸屬於史部地理類之下。

品視同史著，且進一步視之爲「史界獨有千古之作品」，則實齋所撰諸
方志在任公眼中之地位可以想見了。

透過上述三方面的討論，筆者相信已經把任公關注、重視實齋之原因揭示
清楚[123]。「世有伯樂然後有千里馬；千里馬常有而伯樂不常有。」[124]我們似乎
也可以套用這句話來說明任公（乃至其他近代學人之欣賞實齋者）與實齋的關
係。實齋之史學理論、方志學理論、校讎學理論及所纂修之方志，可以說是二
百年來早已存在者，好比千里馬之常有。但如果任公不是如伯樂之獨具慧眼，
則不可能注意到實齋，更遑論欣賞實齋。如果任公及近代學人不是依於一相近
於實齋學術性向的標準，或至少依於一遠於乾嘉考證學者的標準來評斷實齋之
學術成就，則實齋之爲千里馬，也只是上帝眼中的千里馬而已。其在人世間與
駑馬又何以異？這個弔詭現象，深值吾人思省。

2. 錢穆

錢賓四先生固然是近現代的一位偉大史學家，但錢氏的學術興味絕不止於
史學。中國整個學術文化領域都可說是他關注的對象。至於實齋，他也當然不
只是個史學家。錢氏的欣賞、看重實齋，實在可以從他們之間的學術興味之相
近看出一點端倪。賓四先生下面的一段自白尤可證實這個端倪的可靠性。先生
說：

> 章實齋講歷史有一更大不可及之處，他不站在史學立場來講歷史，而是站
> 在整個的學術史立場來講史學，這是我們應該特別注意的。也等於章實齋
> 講文學，他也並不是站在文學立場來講文學，而是站在一個更大的學術立
> 場來講文學。這是實齋之眼光卓特處。我也可以說，我同諸位講了一年的
> 史學名著，我自己也並不是只站在史學的地位上來講史學。而是站在一般

123　上文說過近代學人用異於清乾嘉時代學人的學術標準來看待實齋。任公重視史學理論、
　　方志學理論，以至其他方面的理論及創見，此正可在某一程度上代表近代學人衡斷實齋
　　時所持的標準。

124　韓愈，〈雜說〉，《韓昌黎全集》，四部備要本，上海，中華書局，卷11，頁4a。

性的學術地位來講史學，所以我要特別欣賞實齋。[125]

這段話見於 1973 年出版的《中國史學名著》。其實，早在 1930 年代，錢氏已經非常欣賞實齋了。出版於 1937 年的《中國近三百年學術史》[126]可為明證。實齋對當時的漢學流弊，時加鍼砭。錢氏對漢學之餖飣考據亦不懷好感。他甚至不認為漢學本身是一門獨立的學問。錢氏在《中國近三百年學術史·自序》首頁闡述該書之旨趣時，已經很明顯的揭示他對漢學是抱持比較負面的評價的。先生說：「竊謂近代學者每分漢宋疆域。不知宋學，則亦不能知漢學。更無以平漢宋之是非。」換言之，依錢氏意，漢學必須以宋學為根柢始能有所表現－漢學家始能有所成就。

該書第一章引論首段亦重複斯義：

> 近世揭櫫漢學之名與宋學敵。不知宋學則無以平漢宋之是非……時已及乾隆，漢學之名，始稍稍起。而漢學諸家之高下淺深，亦往往視其所得於宋學之高下淺深以為判。道咸以下，則漢宋兼采之說漸盛，抑且多尊宋貶漢。

我們試闡釋上兩段話的涵義如下：

（1）「不知宋學，則亦不能知漢學」；「漢學諸家之高下淺深，亦往往視其所得於宋學之高淺深以為判」。然則漢學及漢學家在錢氏眼中固無獨立之地位可言。

（2）漢學以考證訓詁為其主要內容。是以其名雖或如錢先生所說的，乾隆時才稍稍起（錢氏之意當為：漸為人所知、所稱引而得其地位）[127]。但其

---

[125] 錢穆，《中國史學名著》（臺北：三民書局，1973），冊二，頁 312。

[126] 全書共 14 章，其中第 9 章用 49 頁的篇幅專講實齋。實齋在錢氏眼中之重要性不言而喻。

[127] 「漢學」一名之發展史，可參徐師復觀，〈附錄：清代漢學衡論〉，《兩漢思想史》（臺北：臺灣學生書局，1979），卷三，頁 567-568。

學則顯然早始於乾隆之前[128]。錢氏對此不可能不知。他之所以如是說當然有他的一番深意（詳下文）。又道咸以下的學風是否眞是「尊宋貶漢」，在這裡不必深究。但錢氏之所以有此立論，則明顯地說明了他在意識中僅把漢學（在他眼中已無獨立地位的漢學）範圍在乾嘉兩朝之內。

以上所引錄的兩段文字很清楚的告訴我們，錢氏是十分看重宋學的。籠統言之，宋儒以形而上學的問題，即心性、性理、天理、理氣等等問題，爲其研治之主要對象。此等學問稱爲「理學」。理學極盛於宋，故又名宋學。但錢氏所說的宋學則顯與此義有別。錢氏認爲革新政令、創通經義，乃係宋學精神之兩大端[129]。「革新政令」所以新政教也。其事大行於王安石執政時。「創通經義」，依錢氏意，乃指不憑注疏而新聖人之經。王安石之《三經新義》[130]可爲代表。而《三經新義》之內容則顯與傳統理學所側重的對性理作形而上的探討者有別。《三經新義》乃安石變法之理論根據所在。要之，經世致用爲該書之終極旨趣。因此錢氏所說的宋學精神兩大端，其實只是一端：經世致用是也。至於所謂「創通經義」也者，只不過是達致這目的的一種學術手段而已。錢氏在這裡顯係對

128　明陳第的《毛詩古音考》，明清之交方以智的《通雅》，可說是清考據學之先導。即以清初而言，顧炎武便是此學之魁傑，雖其學術成就不以考據學爲圍限。在此順帶一說：其實，做學問很少不應用點考證訓詁的，問題是用多用少而已。譬如《孟子》一書早說過：「盡信《書》則不如無《書》，吾於〈武成〉，取二三策而已。……」（〈盡心下〉）意思是說，對於古籍（就本問題來說，是指《尚書》），吾人不宜照單全收，而必須有點懷疑精神。爲了把相關問題弄清楚（無論是辨僞書也好，辨書中所記載的史事也罷），即爲了袪疑去惑，吾人都得進行考證（廣義的）。然而，爲了解決一學術問題而不得不做考證，這是一回事；把考證視爲一門學問，把它提升到理論的層次（即建構相應的理論），乃至把它視爲解決問題的必要條件，甚至充份條件、充要條件（清人「訓詁明則義理明」一語即不啻視訓詁考證爲明白義理的充份條件），那又是另一回事。就後者來說，那就成爲了一門學問，一門清人（當然指的是部份清人）視爲至高無尙的學問，此即考證學，或考據學。

129　《中國近三百年學術史》，頁 1-6。本書第二章討論余英時《論戴震與章學誠》時，嘗及錢氏對「宋學」的"新解讀"，可並參。

130　三經指《詩》、《書》、《周禮》（《周官》）。《三經新義》一書對這三本經書作新的解說，現僅存《周官新義》。

「宋學」一詞賦予新解釋。這新解釋是否眞能道出宋學之主要精神，並契合「宋學」（理學）一詞所當涵之義，姑不論。我們上面不憚煩的指出錢氏對漢學抱持貶抑的態度，並對「宋學」（理學）一詞賦予新解釋，其目的不外是爲了方便了解他爲何特別欣賞實齋。

　　《文史通義》，不消說，是實齋最具代表性的一文集。錢穆在《中國近三百年學術史》第九章略述實齋生平之後，便立刻指出說：「《文史通義》爲鍼砭經學流弊而作。」[131]「經學流弊」乃指當時考證學風之過度而言。《文史通義》一書固有不少文字是嚴厲地批評這種學風的。但依筆者看，其中也有不少文字是專論史學、文學，乃至歷史哲學的[132]。換言之，該書至少不盡爲鍼砭經學流弊而作。然則實齋撰著《文史通義》，其動機爲何？或該書的中心旨趣又爲何？嘉慶元年（1796），實齋嘗給好友汪輝祖一函，其中有云：「拙撰《文史通義》，中間議論開闢，實有不得已而發揮，爲千古史學闢其蓁蕪，……」[133]據此即可知，「爲千古史學闢其蓁蕪」，乃實齋撰寫《文史通義》用意之所在；或至少用意之一之所在。當然，「爲史學闢蓁蕪」與「鍼砭經學流弊」，兩者不相衝突；反之，或恰爲一體之兩面，相輔而相成。今則不暇細論。然而，錢氏不作其他斷語（譬如指出實齋撰寫該書的用意，乃在於「爲史學闢蓁蕪」），其論述實齋的一章，開首即謂：「《文史通義》爲鍼砭經學流弊而作」，其故安在？筆者以爲這與錢先生本人的學術好惡有莫大的關係。上面不是說過錢氏抱持貶抑的態度看待乾嘉的考證學嗎？這裡的「經學流弊」，不是指當時的考證學的流弊又是指什麼？筆者不敢斷言錢氏是把一己的學術好惡有意的投射到實齋的身上，因

131　《中國近三百年學術史》，頁 380-381。錢氏又說：「章實齋識彈漢學，著《文史通義》。書不遽刻，而待之身後。然今觀實齋全書，其評漢學大抵辭旨隱約，非善讀者不深曉。故自章氏之卒，迄今百三十年，學者盡推章氏文史見解，而當時所以挽風氣砭經學之深衷，則知者尚尟。」見《中國近三百年學術史》，頁 601。按：「書不遽刻，而待之身後」，此不盡然。實齋生前已刊刻過《文史通義》，惟所收文章遠少於今本（通行本）之《文史通義》。參張述祖，前揭〈《文史通義》版本考〉，頁 71-72。又可參本書第五章。

132　《文史通義》的不同版本收錄了不盡相同的文章。但大體言之，均不出理論性的範圍。有關不同版本的《文史通義》，可參張述祖，前揭〈《文史通義》版本考〉一文。

133　〈與汪龍莊書〉，上揭《文史通義》，頁 300。

而覺得實齋亦持有同一的好惡。但筆者相信要是錢氏本人不是對漢學抱持貶抑的態度的話，他是不會強調並斷說「《文史通義》為鍼砭經學流弊而作」的，儘管這方面確係實齋撰著《文史通義》一書的目的之一[134]。此外，賓四先生屢從《文史通義》中抽繹出實齋之「史學經世」、「學術經世」的見解，特加討論[135]。這大概亦是由於錢氏特別鍾愛彼所解讀下的宋學精神，遂由此而格外讚賞實齋在這方面的見解。

賓四先生之特別欣賞實齋似乎還可以從以下兩方面獲得一點消息：

(1)《中國近三百年學術史》共兩大冊，14 章，總 709 頁（附表不算）。除開第一章（21 頁）引論外，餘 13 章分論清初至民國初年之學者。每一章通常以一人、兩人以至三人為主要的論述對象。此外，一章中亦時附論其他學者數人。因此被論述之學者總數不下 50 人。700 頁之書分論 50 多人，則一人平均各得 10 多頁之篇幅而已。然其間有極大之差異。章學誠則毫無疑問是其中佔最多篇幅之學者之一，共 49 頁[136]。如果篇幅之多寡可以或多或少反映出學者被重視的程度，則實齋顯為錢氏心目中最重要的學者之一。

(2)《中國近三百年學術史》一書中，除第九章專闢為研究實齋（該章共 74 頁，其中附論學者二人）者外，實齋之學說在他處被作者引述者不下百數十處[137]。

---

[134] 學人研究《文史通義》者不少，但持論顯與錢氏不盡相同。茲以倉修良為例作說明。倉氏研究《文史通義》的專文（專書《章學誠和《文史通義》》中第四章）總共十二節。前四節及末七節均不及章氏經世致用的思想。只有第五節談「經世致用的學術思想」時，才湊上幾句話說：「（章學誠）反對專門搞繁瑣考證。高唱經世致用，企圖改變學術研究脫離現實的不良學風。」見倉修良，《章學誠和《文史通義》》（北京：中華書局，1984），頁 98。由此可見「鍼砭經學流弊」在倉氏看來，並不是《文史通義》主要的，或至少不是唯一的撰寫目的。

[135] 《中國近三百年學術史》，頁 389，391-392，415-416。

[136] 戴東原一章共 75 頁。唯當中附論其他學者三人。康有為一章佔 76 頁，當中亦附論三人。因此，如果以一人為算，則章、戴、康三人所佔之篇幅，未審孰為最多，蓋伯仲之間耳。

[137] 讚揚之文字，如頁 156，461，520 即是。此外，尚有指出其影響後人，或後人承襲其學說，又或後人暗合其學說者，如頁 517，535，587，591，603，613，622 即是。相關之

其中稱頌之文字最有代表性的例子如下。錢說：「東原、實齋乃乾嘉最高兩大師。」（頁 475）[138]。然則實齋在錢氏眼中之地位很可以概見了。

3. 侯外廬[139]

梁啓超及錢穆的《中國近三百年學術史》分別成書於 1920 及 30 年代。這剛巧與「實齋研究」之始初階段相脗合。「實齋研究」後來成為顯學，二先生之推動實與有功焉。侯外廬之思想學說史出版於 1947 年。此時「實齋研究」已極盛，可說已成為顯學[140]。是以侯氏對於實齋學問的推動或知名度的提升，似不能謂作出極大的貢獻。但侯氏之著作究為學術思想史之要典，在中國大陸自有其極高的地位及影響力。所以筆者以為「實齋研究」之顯學地位能夠保持不墜而至今

文字中，亦有不利實齋者。但這方面的資料，筆者所蒐集到的僅得兩條。其一指出實齋之某一論說較焦循所論，稍欠宏深圓密（頁 465）。另一則以為實齋專業文史，「非固有悲天憫人之志，擔當天下之意也。」（頁 68）。這後一觀點似乎很值得稍作討論。錢氏這一觀點與前面他所持之另一觀點──稱讚實齋具「史學經世」、「學術經世」的意圖──驟眼視之，似乎有所衝突。但其實這兩種觀點所指謂的對象有所不同，故無所謂衝突。「悲天憫人之志，擔當天下之意」乃指依於悲天憫人之心而有志在現實上創功立業，拯萬民於水火而言。此確為實齋所缺。「史學經世」、「學術經世」則指實齋察覺出當時經學考證有其流弊而思以切合於人事之歷史研究來挽救，來取代狹義的經書考證之學。要言之，此學術經世意圖與前面所說的因有悲天憫人之志而思以實事、實行來經世者，顯然異其塗轍。塗轍既異，指謂不同，是以無所謂衝突。錢先生雖在這裡批評實齋之經世意圖不夠恢宏，但筆者則以他對實齋的欣賞還是遠過於他對實齋的批評的。這從參伍並觀所有他在《中國近三百年學術史》中論述實齋的文字可以看出來。

138 東原乃乾嘉時代考證學之泰斗。然而，彼之見重於近現代者，似在其理一面。此由胡適研究戴氏而重視其哲學方面的表現可以窺見一點消息。錢穆《中國近三百年學術史》中論述戴氏，亦較重視其義理方面之成就。余英時亦持同一觀點推崇戴學。參上揭《論戴震與章學誠》，頁 2；〈自序〉，頁 3。胡適研究東原，見所著《戴東原的哲學》，《胡適全集》（合肥：安徽教育出版社，2003）冊 6，337-481。

139 侯外廬嘗對實齋作全面性的論述，相關闡釋，可參本書第二章。以下主要從侯氏本人的學術性向（學術偏好）來探討他何以特別欣賞實齋。

140 《《文史通義》校注》（北京：中華書局，1985）的作者葉瑛在該書〈題記〉（文成於 1948 年）中指出說：「百餘年來，先生之學漸顯。洎乎今日，幾於家有其書矣。」（頁 1）。「幾於家有其書矣」，或不免稍涉誇張。但實齋之為時人所重，葉瑛此說固可使人窺見一點消息。

仍爲顯學，侯氏亦功不可沒。是以特闢本節以分析侯氏與章氏的學術性向。以下的論述分爲三方面。

（1）實齋繼承清初大儒的學術傳統

侯氏該書研究實齋的一章名爲：「繼承清初學術傳統底文化史學家章學誠」。筆者以爲光從這個標題來看，已經使人多少窺見侯氏欣賞實齋的原因所在了。要說明這點，我們得先明白侯氏對清初的學術傳統抱持怎麼樣的一個看法。

大抵來說，侯外廬是非常欣賞清初（17 世紀）的學術思想的。《近代中國思想學說史》*141*〈自序〉有一句很扼要的斷語，如下：「本書共分三編，第十七世紀的啓蒙思想，氣象博大深遠，應作特獨研究，是爲第一編。」（頁 1）按：第一編討論的思想家計有九人，依次爲：王夫之、黃宗羲、顧炎武、顏元、李塨、傅山、李顒、朱瑜、唐甄。侯氏稱彼等爲啓蒙思想家。「啓蒙思想」，九人各有獨特的面目。要言之，「船山走的路線是知識形式的解放，有濃厚的理性哲學精神，梨洲走的路線是政治理想的烏托邦，而亭林則更走了一種特異路線，即經驗主義的倡導。至於顏李學派，強調勞動，尤趨向於科學思想的實踐。」（頁 165）傅山「研究學問的方法實爲近代的」（頁 284），又把經、子同等看待，更無所謂異端（頁 290），理學之玄思尤所不取（頁 289）。李顒的近代精神在於主張一般大眾皆有權學習，學問不應爲幾位高明人所獨佔的（頁 314）。朱瑜充滿了民族思想，更由此發展成一種民族戰爭論（頁 320）；他亦「非常注重實踐與事功」（頁 325）。唐甄著作中的精華則在於「平民干政精神」（頁 333）。綜觀上述九人的學術要旨，則侯氏所說的啓蒙思想應含以下各義：

a.政治要民主化。

b.政權應由各該民族來掌握：就中國來說，則漢族應爲掌權者。

---

141 該書 1947 年由上海生活書店出版。以下之引文即據此版本。

c.學術上重視實證的方法，擺脫傳統理學之玄思，尤厭棄晚明心學。經、
子應有同等的地位。平民大眾皆有權學習。

d.重視實學──經世致用之學。

上述四點，似可用一語括約之，此即提倡實學，務求達到經國濟世的目
的。明末清初，顧、黃、王等大儒「想替本族保持一分人格。內則隱忍
遷就於悍將暴卒之間，外則與泰山壓卵的新朝爲敵。」[142]這當然可說
是「經國濟世」一理念在現實政治上的具體表現。南明既亡，「經濟」
觀念轉以其他形式表現。此即政治理論及學術思想是也。政治講民主（或
至少民本）及政權講民族乃當時政治理論的兩大端[143]。「厭倦主觀的
冥想而傾向於客觀的考察」及「排斥理論，提倡實踐」[144]爲當時學術
潮流的兩大端。這對晚明心學來說，顯然是一種反動[145]。其實這對清初
官方所提倡的宋學來說，亦未嘗不是一種反動、一種學術抗議[146]。

清初啓蒙運動各大儒的政治思想及學術大旨的了解，實有助於我們領會
侯外廬對實齋所作的判語。他說：

> ……我們在本章所研究的章學誠，即在此專門漢學不談義理的支
> 配潮流中，發出一種學術性的抗議，部份地繼承十七世紀的大儒
> 傳統。所謂「部份地」，乃就其學術性的文化哲學而言，尚沒有
> 全面地深刻光大了清初大儒的近代意識。（頁 423）

142　任公語，上揭《中國近三百年學術史》，頁 13。

143　"民主思想"可以黃宗羲《明夷待訪錄》爲代表。民族思想則散見清初各大家文集，不備舉。

144　任公語，《中國近三百年學術史》，頁 1-2。

145　任公語，《中國近三百年學術史》，頁 1-7。

146　侯外廬即慨乎言之。他說：「……他方面則重儒學，崇儒士。這不但表現在他（康熙皇
　　帝）十二年薦舉山林隱逸，十七年薦博學鴻儒，十八年開明史館。而且表現在他的指導
　　理論，打擊當時新興的『經世致用』之學，即大清康熙皇帝的宋學提倡……」（頁 422）。
　　就清廷方面而言，其提倡宋學，固然以此作爲其打擊「經世致用」之學的利器。然而，
　　當時的大儒們深具不屈不撓的「鬥志」，彼等堅持「經世致用」之學。就此來說，乃係
　　對官方宋學的一種學術抗議。

「清初大儒的近代意識」，依上文的疏解，是既指政治上的，也指學術
上的。「政治講民主」及「政權講民族」的政治理念是實齋學說中所無，
或甚至係實齋所反對的[147]。至於就學術一點來說，清初學海，正如侯
氏所說的，眞是「氣象博大深遠」（自序，頁1）實齋之學術，固然有
其成家的一面，但不逮此氣象遠甚。錢穆斷言實齋「專業文史」，「非
固有悲天憫人之志，擔當天下之意也。」[148]，可謂的論。然而，清初
大儒之學術，究其旨歸，實不出「經世致用」一端。就此而言，實齋之
學術又何嘗異於是[149]？依此義，我們實可以斷說實齋是繼承清初的學
術傳統的。惟實齋既無前輩之政治意識，又不是在學術上「全面地深刻
光大了清初大儒的近代意識」，而只是側重在「文化哲學」方面[150]。
因此，他的繼承，依侯氏來看，便只是「部份」的。

（2）實齋批評漢學

就侯氏來看，章氏批評當時的漢學，猶之乎清初大儒貶視同時代的官方
宋學。這點亦可視爲實齋繼承前輩之近代意識的另一面——即對同時代

---

147 D. Nivison 指出實齋充漢了皇權思想，擁護執政皇朝。D. Nivison, *The Life and Thought of
Chang Hsüeh-Ch'eng*, 頁 16，67，149-150。實齋擁護、諂媚清朝之最具代表性的文字如
下：「……自唐虞三代以還，得天下之正者，未有如我大清……惟我朝以討賊入關，繼
絕興廢，褒忠錄義，天與人歸。」（《章氏遺書》，外編，卷3，頁25b。）另一貶抑晚
明，藉此作為滿清入主中國找合理之理論根據之文字，見《章氏遺書》，卷21，19b-20a。
大陸學人柴德賡極言實齋之無民族意識。柴德賡，〈試論章學誠的學術思想〉，《史學
叢考》（北京：中華書局，1982），頁 300-312，尤其頁 305-309。又可參本書第二章的
相關討論。

148 錢穆，《中國近三百年學術史》，頁68。

149 近人研究實齋經世致用思想的文章不少。其中闡析入微者當數以下一文：周啟榮、劉廣
京，上揭〈學術經世：章學誠之文史論與經世思想〉，頁 117-154。

150 「文化哲學」為侯外廬本人的用語。實齋的文化哲學，要言之，乃指他對中國的傳統學
術文化之流變發展作哲學式的探索、反省而言。實齋論「道」與「社會文化的演變」的
關係及論古代官與師、政與教的關係，可謂這方面的言論的代表。其說見〈原道〉上、
中篇，《文史通義》，頁34-41。又《校讎通義》內篇講學術流變之言論亦可視為實齋對
文化，尤其對學術，所作的哲學性的反省。

由官方提倡或獎掖的學術予以批判[151]。侯氏之看重、欣賞實齋，固有其原因在焉。

在這裡我們需要指出一點：侯外廬對乾嘉漢學也是抱持批判貶視的態度的。既與實齋氣味相投，則無怪乎看重實齋了。以下一段文字最可顯示侯說的精神。彼云：

> 專門漢學，自康熙以至乾嘉二朝，已成為中國文化的統治政策[152]。其間指導的主流，是企圖腰斬清初活文化的人民性與社會性，在古典的經籍中使失去個性的發展，從文化上「開明」的烙印沖淡那異族統治的仇恨。（頁 427）

侯氏這個論斷，雖不無可再討論之餘地。但大體來說，中國當時在異民族的統治下，學術文化是難以獲得正常健康發展的。

（3）實齋是唯物論者

侯外廬的思想大抵是以馬列主義為指導原則的。但這一點在《近代中國思想學說史》研究實齋的一章中並不明顯。只有在他解說章學誠對「人」與「道」的關係的看法及對《易經》的看法上，才透露些微唯物論的訊息（詳見頁 448）。但這情況後來變了。1956 年他在北京出版了《中國思想通史》。儘管「章學誠的思想」一章在內容上沒有甚麼大變動，但唯物論的色彩增加了不少。這顯然與 1949 年中共取得政權／建國，有其相應的關係。侯氏在書中若干地方明確地引用了唯物論來解說或比附章學誠的學說，或甚至逕視實齋為唯物論者[153]。實齋是否唯物論者，

---

[151] 詳見侯外廬，《近代中國思想學說史》，頁 423。

[152] 在這裡吾人不必同意侯氏所說的漢學在康熙朝已成為中國對文化的統治政策。筆者引錄侯氏這段文字的目的，乃在於揭示他對漢學所持的看法而已。有關清初的文化政策，可參葉高樹，《清朝前期的文化政策》（臺北：稻鄉出版社，2002）。

[153] 侯外廬，《中國思想通史》（北京：人民出版社，1956），卷五，頁 497，531，539。

這不是本文要討論的範圍。但侯氏既以此定位之,則實齋在彼眼中固爲同路人無疑。侯氏之欣賞實齋,此豈非另一重要原因[154]?

（三）餘論

近代學風之異於往昔及近代學術思想史撰著者學術性向之契近實齋,固然推動了「實齋研究」蓬勃地向前發展。但它們不是推動力的全部。筆者以爲「實齋研究」在近代能夠蓬勃發展尚有其他原因。只不過這些原因較爲明顯,故不待筆者深入發覆。今僅略述如次,俾便讀者掌握其梗概。

早期研究章氏學術的學者中,撰著中國近三百年學術史的梁啓超和錢穆固然是學術界的頂尖兒人物。此外,胡適、何炳松[155]、內藤虎次郎等著名學者在早期「實齋研究」中亦曾作出過卓越的貢獻。筆者以爲他們之關注、欣賞實齋,對推動「實齋研究」,起了非常大的作用[156]。此外,實齋本身多元的學術性向（史學、文學、歷史哲學、方志學、校讎學等）也爲研究者提供了多個研究切入點。「實齋研究」一經勃興並開展之後,研究者便可各就其性向、興趣之所近而展開對實齋某一面向之研究。再者,較完整的《章氏遺書》出版於 1922 年。這對推動「實齋研究」來說,也是一項絕不能缺少的「物質條件」。

除上述三原因外,似乎尚有另一重要原因,今一併述說。近代學風之轉變應包括史學一項。這方面,上面未能細及,現今作點補充。晚清以來,尤其五四運動之後,史學發展異乎往昔,而有所謂新史學之形成[157]。此中之魁傑應首

154　筆者在此作一補充:在筆者之前,學人如朱曉海,早已撰文論述梁、錢、侯三人之近代學術史之著作,惟內容甚為簡略。朱曉海,〈近代學術史課題之商榷——《論戴震與章學誠》書後〉,《東方文化》,卷 16,第一、第二號（1978）,頁 198-199。

155　胡適及錢穆對「實齋研究」所作出的貢獻,一般學人大概已耳熟能詳。何氏的相關貢獻,恐怕學者知道的並不太多。這方面可參考浙江師大人文學院龔劍峰、陳浙峰,〈論何炳松對章學誠史學研究的貢獻〉,上揭《章學誠國際學術研討會論文集》,頁 91-101。

156　此外,姚名達對「實齋研究」也曾作出過貢獻。他之研究實齋與梁啟超、胡適、何炳松三人的鼓勵有莫大關係。見胡適著,姚名達訂補,〈姚序〉,《章實齋先生年譜》。側聞錢穆鼓吹「實齋研究」也不遺餘力。他的弟子,如余英時,羅炳綿、蘇慶彬撰著不少專文討論實齋。這當是錢先生鼓吹的結果。

157　中國新史學之形成與發展受西方史學之賜甚多。參杜維運,〈西方史學輸入中國考〉,《與西方史家論中國史學》（臺北:東大圖書公司,1981）。此外,日本對 20 世紀初的

推梁啓超、胡適、何炳松等人。彼等均重視史學理論，其中史學方法方面，更是多所著墨。任公、適之與新史學之關係及對新史學之貢獻不必多說[158]。就何氏來說，彼之《通史新義》及《歷史研究法》兩書足以揭示他的新史學思想。彼受西方史學教育，曾於 1921 年翻譯美國史家 J. H. Robin 的 New History（1912 年出版）為中文。何氏喜好西方史學理論及方法。氏於前述兩種著作中均對實齋推崇不已，蓋以後者之史學理論深契西洋近代史學理論之故。西方近代史學與中國新史學理論之關係，可以康虹麗一段文字概括之。康氏說：

> ……至清代，史學又侷促於考證一隅，雖有章學誠的《文史通義》，其精闢論點，不在任何西方史學家之下，但以時代環境所限，影響力不大。至民初由於東方文明居於劣勢，西方的史學理論漸為中國史學界所重視，並且發現其理論和章學誠有不謀而合之處，「新史學」亦應時而生，……[159]

實齋之史學理論被視為與西方史學理論有不謀而合之處，這可說是實齋被近現代學者所重視及欣賞之另一重要原因。

從宏觀的角度來看，「實齋研究」成為一時顯學，當與近現代學術研究的範式轉移（paradigm shift）——從清中葉及其前之偏重考據、訓詁至晚清民初之漸次轉為側重於義理、理論（簡單來說，就是 From Philology to Philosophy），存在著一定的關係。實齋的學術表現及成就固以史學（主要是史學理論）最為卓著。在學術範式轉移的大氛圍下，針對史學理論為主軸的「實齋研究」便自然成為一時顯學。（本段說明，其實上文(如頁 333)說到清末民初的學風轉移時，已有所論及，只是沒有用上近今比較流行的"範式轉移 paradigm shift"一概念而已。）

中國史學，譬如對梁啟超的史學，亦有一定的影響。詳參鄔國義，〈梁啟超新史學思想探源——代序言〉，浮田和民講述，李浩生等譯，鄔國義編校，《史學通論四種》（上海：華東師範大學出版社，2007），頁 1-49。

[158] 參周予同，上揭〈五十年來中國之新史學〉，頁 392-396。

[159] 康虹麗，〈論梁任公的新史學和柳翼謀的國史論〉，杜維運、陳錦忠編，《中國史學史論文選集》（臺北：華世出版社，1980），第三輯，頁 431。

徵引書目

（大抵按徵引秩序排列）

陳仕華主編，林惠珍編輯，《章學誠研究論叢——第四屆中國文獻學學術研討會論文集》，臺
　　北：臺灣學生書局，2005 年。

黃兆強，〈六十五年之章學誠研究〉，《東吳文史學報》，第六號，臺北：東吳大學，1988
　　年，頁 211-236。

李宗鄴：《中國歷史要籍介紹》，上海：上海古籍出版社，1982 年。

錢穆，《中國近三百年學術史》，臺北：臺灣商務印書館，1976 年。

趙淡元，〈章學誠的社會歷史觀及史學思想〉，《西南師範學院學報》，第 1 期，1981 年，
　　頁 74-83。

黃秀慧，〈從《文史通義》概觀章學誠的學術思想〉，《史繹》，臺灣大學歷史學會會刊，1977
　　年 9 月，頁 48-73。

羅光，〈章學誠的歷史哲學〉，《哲學與文化》，第 9 卷，第 2 期，1982 年，頁 36-40。

錢穆，《中國史學名著》，臺北：三民書局，1973 年。

饒展雄、高國抗，〈章學誠「史德」論辨析〉，《濟南學報》，第 2 期，1983 年，頁 77-80。

周啓榮、劉廣京：〈學術經世：章學誠之文史論與經世思想〉，《近世中國經世思想研討會論
　　文集》，臺北：中央研究院近代史研究所，1984 年，頁 117-154。

董金裕，《章實齋學記》，臺北：嘉新水泥公司，1976 年。

羅思美，《章實齋文學理論研究》，臺北：臺灣學生書局，1976 年。

洪金進，《章實齋之方志學說》，高雄：高雄師範學院碩士論文，1979 年。

Nivison, D., *The Life and Thought of Chang Hsüeh-ch'eng 1738-1801*, Stanford: Stanford University
　　Press, 1966.

Demiéville, P., *Journal of the American Oriental Society*, vol. 87, No. 4, New Haven, Conn.:
　　American Oriental Society.

羅炳綿，〈章實齋的校讎論及其演變〉，《新亞書院學術年刊》，1966 年，頁 77-95。

吳懷祺，〈章學誠與和州志〉，《安徽師大學報》，第 4 期，1981 年，頁 83-87。

劉光祿，〈略談章學誠關於方志體例的主張〉，《貴州文史叢刊》，第 2 期，1982 年，頁 41-45。

〈劉子玄（劉知幾）傳〉，《舊唐書》，卷 102；《新唐書》，卷 132。

姜勝利，〈劉章史識論及其相互關係〉，《史學史研究》，第 3 期，1983 年，頁 55-59。

劉瑞，〈試論劉知幾對史學的貢獻〉，《學術月刊》，第 10 期，1980 年。

吳天任，《章實齋的史學》，香港：東南書局，1958 年。

許冠三，〈劉章史學之異同〉，《中國文化研究所學報》，卷 13，1982 年，頁 45-69。

侯云圻，〈跋《章實齋遺書》稿本〉，《燕京大學圖書館學報》，第 28 期，1932 年 4 月。

錢穆，〈記鈔本《章氏遺書》〉，《圖書館刊》，第 2 期，四川省圖書館出版，1942 年 6 月。

羅炳綿，〈《史籍考》纂修的探討〉，《新亞學報》，第 6 卷，第 1 期，1964 年 2 月，頁 367-414；
　　《新亞學報》，第 7 卷，第 1 期，1965 年 2 月，頁 411-455。

傅振倫，〈章學誠《史籍考》體例之評論〉，《國立北京大學圖書館部月刊》，第 1 卷，第 1
　　期，1929 年 11 月，頁 19-33。

章學誠，《文史通義》，北京：古籍出版社，1956 年。

劉知幾著，浦起龍釋，《史通通釋》，上海：上海古籍出版社，1978 年。

劉兆璸，《清代科舉》，臺北：東大圖書公司，1977 年。

汪輝祖，《夢痕錄餘》，江蘇書局，缺出版年份。

姚名達，〈《章實齋遺書》序目〉，《國學月報》，第 2 卷，第 3 期，1927 年 3 月。

周康燮，《章學誠研究專輯》，香港：崇文書店，1975 年。

Demiéville, P.（戴密微），"Chang Hsüeh-ch'eng and his historiography（章學誠及其史學）", ed.
　　W. G. Beasley and E. G. Pulleyblank, *Historians of China and Japan*（中日史學家）, London:
　　Oxford University Press, 1961.

孫德謙，〈申章實齋六經皆史說〉，《學衡》，第 24 期，1923 年 12 月。

劉漢屏，〈章學誠是清中葉啓蒙思想家的前驅〉，《史學月刊》，第 1 期，1984 年。

羅炳綿，〈章實齋對清代學者的譏評〉，《新亞學報》，第 8 卷，第 1 期，1967 年 2 月。

趙慶偉，〈論章學誠對戴學的理解〉，《章學誠國際學術研討會論文集》，北京，北京圖書館
　　出版社，2004 年，頁 340-350。

李康範，〈超越與獨行——章學誠對戴東原之貶與褒〉，《章學誠研究論叢》，臺北：臺灣學
　　生書局，2005 年，頁 189-204。

姚名達，〈會稽章實齋先生年譜〉，《國學月報彙刊》，第 2 卷，第 4 期，1927 年 4 月。

胡適著，姚名達訂補，《章實齋先生年譜》，上海：商務印書館，1931 年。

內藤虎次郎，〈章實齋先生年譜〉，《支那學》，第 1 卷，第 3 號，1920 年，頁 14-24；第 1 卷，第 4 號，1920 年，頁 44-52。

吳天任，《章實齋的史學》，香港：東南書局，1958 年。

張長明，〈章學誠「方志立三書說」的形成過程〉，《江海學刊》，第 5 期，1982 年 9 月。

壽鵬飛，《方志通義》，缺出版地，1941 年。

錢基博，《《文史通義》解題及其讀法》，上海：中山書局，1929 年。

楊殿珣《中國歷代年譜綜錄》，北京：書目文獻出版社，1980 年

陶存煦，〈劉承幹校刻的《章氏遺書》〉，《圖書評論》，第 1 卷，第 2 期，南京：1933 年。

呂思勉，《《文史通義》評》，《史學四種》，上海：人民出版社，1981 年。

葉長青，《《文史通義》注》，臺北：廣文書局，1970 年。

葉瑛，《《文史通義》校注》，北京：中華書局，1985 年。

張舜徽，《《文史通義》平議》，《史學三書平議》，北京：中華書局，1983 年。

余英時，《論戴震與章學誠》，香港：龍門書店，1976 年。

周康燮編，《章實齋研究專輯》，《中國近三百年學術思想論集）》，第六編，香港：崇文書店，1975 年。

周康燮編，《章實齋先生年譜彙編》，香港：崇文書店，1975 年。

倉修良，《章學誠和《文史通義》》，北京，中華書局，1984 年。

朱士嘉，*Chang Hsüeh-Ch'eng: his contribution to Chinese local Historiography,* Columbia University, 1950, pp.231。

黃公偉，《中國哲學史》，臺北：帕米爾書店，1966 年。

孫叔平，《中國哲學史稿》，上海：上海人民出版社，1980 年。

馮友蘭，《中國哲學史（附補編）》，香港：開明書店，缺出版年。

勞思光，《中國哲學史》，香港：友聯出版社，1980 年。

羅光，《中國哲學思想史──清代篇》，臺北：臺灣學生書局，1981 年。

唐君毅，《中國哲學原論》，香港：新亞研究所，1977 年。

黃兆強，《學術與經世──唐君毅的歷史哲學及其終極關懷》，臺北：臺灣學生書局，2010 年。

王茂、蔣國保、余秉頤、陶清，《清代哲學》，合肥：安徽人民出版社，1992 年。

École française d'Extrême-Orient, Hanoi, *Bulletin de I'École Française d'Extrême Orient*，卷 23，1923 年。

Nivison, D., "The Philosophy of Chang Hsüeh-Ch'eng," Occasional Paper, ed., Kyoto Kansai Asiatic Society, 1955。

Nivison, D.,〈佛教に對する章學誠の態度〉，《印度學佛教學研究》，第 4 期，1956 年。

胡楚生，〈《校讎通義》道器說述評〉，《南洋大學學報》，第 7 卷，1973 年。

岡崎文夫，〈章學誠──其人と其學〉，《東洋史研究》，第 1 卷，第 1 號，1943 年。

來新夏，《方志學概論》，福州：福建人民出版社，1983 年。

林衍經，〈寫在前面〉，《方志史話》，開封：河南人民出版社，1983 年。

黎錦熙、甘鵬雲，《方志學兩種》，長沙：岳麓書社，1984 年。

中國地方史志協會編，《中國地方史志論叢》，北京：中華書局，1984 年。

薛虹，《中國方志學概論》，哈爾濱：黑龍江人民出版社，1984 年。

史繼忠，《方志叢談》，貴陽：貴州人民出版社，1985 年。

浙江省地方志編纂室，《修志須知》，杭州：浙江人民出版社，1986 年。

林雨如，《新方志編纂問答》，廣州：新華書店，1986 年。

張賽美，〈章學誠與《永清縣志》〉，《河北學刊》，1985 年 4 月。

張洪生，〈試論章學誠方志「特表氏族」及其影響〉，《江西師大學報》，1985 年 4 月。

洪亮吉，〈章進士學誠詩〉，《卷施閣詩》，乾隆 59 年刊本。

阮元，〈章學誠傳〉，《兩浙輶軒錄補遺》，杭州：浙江古籍出版社，2012 年。

焦循，〈《文史通義》贊〉，《雕菰集》，藝文印書館版，第 6 卷。

譚獻，〈文林郎國子監典籍會稽章公傳〉，收入《章氏遺著》，臺北：漢聲出版社，1973 年。

閔爾昌，《碑傳集補》，北京：燕京大學國學研究所，1931 年。

李桓，《國朝耆獻類徵初編》，臺北：明文書局，1985 年。

蕭穆，〈跋《文史通義》〉，《敬孚類稿》，第 5 卷，1906 年。

張述祖，〈《文史通義》版本考〉，《史學年報》，第 3 卷，第 1 期，1939 年，頁 71。

祁龍威，〈乾嘉史學初探〉，《中國史學史論集》，上海：上海人民出版社，1980 年。

杜維運，《清乾嘉時代的史學與史家》，臺北：臺灣大學文學院，1962 年。

杜維運，〈清乾嘉時代之歷史考證學〉，《大陸雜誌》，特刊，第二輯，1962 年。

顧頡剛，《當代中國史學》，香港：龍門書店，1964 年。

周予同，〈五十年來中國之新史學〉，《中國史學史論文選集》，第 3 冊，臺北：華世出版社，
　　　1980 年，頁 371-428。

梁啟超，〈新史學〉，《飲冰室文集》，臺北：中華書局，1976 年。

牟潤孫，〈記所見之二十五年來史學著作〉，《中國史學史論文選集》，第 2 冊，臺北：華世
　　　出版社，1980 年，頁 1121-1151。

余英時，〈中國史學的現階段：反省與展望〉，《中國史學史論文選集》，第 3 冊，臺北：華世出版社，1980 年，頁 517-539。

杜維運，〈民國以來的學風〉，《中華民國建國史討論會論文集》，1984 年 8 月。

杜維運，《聽濤集》，臺北：弘文館出版社，1985 年。

施耐德著，梅寅生譯，《顧頡剛與中國新史學》，臺北：華世出版社，1984 年。

Gray, J., "Historical Writing in 20th century China: Notes on its Background and development", in W.G. Beasley and E. G. Pulleyblank, ed., *Historians of China and Japan,*Oxford: OUP, 1961, pp. 186-212。

梁啓超，《中國近三百年學術史》，上海：中華書局，1937 年。

許冠三，〈劉章史學之異同〉，《中國文化研究所學報》，第 13 卷，香港中文大學， 1982 年。

汪榮祖，〈五四與民國史學之發展〉，《中國史學史論文選集》，第三冊，臺北：華世出版社，1980 年。

梁啓超，〈新史學〉，《飲冰室文集》，第 4 冊，臺北：中華書局，1976 年。

梁啓超，《清代學術概論》，臺北：臺灣商務印書館，1975 年。

韓愈，《韓昌黎全集》，四部備要本，臺北：中華書局，1966 年。

錢穆，《中國史學名著》，臺北：三民書局，1973 年。

徐復觀，《兩漢思想史》，臺北：臺灣學生書局，1979 年。

倉修良，《章學誠和《文史通義》》，北京：中華書局，1984 年。

胡適，《戴東原的哲學》，《胡適全集》，合肥：安徽教育出版社，2003 年，冊 6。

柴德賡，〈試論章學誠的學術思想〉，《史學叢考》，北京：中華書局，1982 年。

葉高樹，《清朝前期的文化政策》，臺北：稻鄉出版社，2002 年。

侯外廬，《中國思想通史》，北京：人民出版社，1956 年。

朱曉海，〈近代學術史課題之商榷──《論戴震與章學誠》書後〉，《東方文化》，第 16 卷，第 1、第 2 號，1978 年。

龔劍峰、陳浙峰，〈論何炳松對章學誠史學研究的貢獻〉，《章學誠國際學術研討會論文集》，北京：北京圖書館出版社，2004 年，頁 91-101。

杜維運，〈西方史學輸入中國考〉，《與西方史家論中國史學》，臺北：東大圖書公司，1981 年。

鄔國義編校，《史學通論四種》，上海：華東師範大學出版社，2007。

康虹麗，〈論梁任公的新史學和柳翼謀的國史論〉，杜維運、陳錦忠編，《中國史學史論文選集》，臺北：華世出版社，1980 年，第三輯，頁 431。

附錄一　近現代學人章學誠研究述論——以章氏之史學、方志學及目錄學之貢獻及影響為例[1]

摘　要

　　章學誠（1738-1801）研究自從 20 世紀 20 年代日人內藤虎次郎（1866-1934）及國人胡適（1891-1962）相繼撰著年譜之後，便成為一時顯學。相關研究可以充棟、可以汗牛。章學誠的思想極為豐富且面向極廣，諸如史學、文學、方志學、目錄學，以至哲學等等方面皆嘗展露其傑出的個人看法及慧解；章氏對於學術界的貢獻及影響，吾人自不能小覷。學者對章學誠思想各方面的表現，可謂皆作過研究，其中探討其史學、方志學及目錄學方面的著作尤夥；對章學誠這些方面的貢獻及影響，亦恆作出論述或批判。然而，章氏貢獻的大小及影響的深淺，學者們的意見相當不一致。本文乃旨在論述、分析他們的不同意見。此外，亦試圖對章氏的貢獻及影響提出一些個人看法。

---

[1] 本文以拙博士論文（Recherches sur les travaux relatifs à Zhang Xuecheng（1738-1801），historien et philosophe（Paris, 1987））之相關章節為底本：翻譯、彙整、濃縮該等章節後，乃發表於《東吳歷史學報》，第 11 期（臺北：東吳大學歷史學系，2004 年 6 月），頁 303-327。論文原題目為：〈章學誠研究述論——前人所撰有關章學誠對史學、方志學及目錄學之貢獻及影響述論〉。今修訂增刪後，以附錄方式納入本書內。按：拙博論及本書未嘗特闢專章分別針對前賢之「章學誠方志學研究」及「章學誠目錄學研究」，予以探討。本文之撰或可視為一補充。

關鍵詞：章學誠、章學誠研究、史學、方志學、目錄學、歷史哲學

一、前言

　　一般而言，特別賞識章學誠的學者專家，咸認為章氏在歷史學、方志學及目錄學方面，皆作出過鉅大貢獻，並且對後世學者亦深具影響[2]。然而，並不是所有的研究者皆贊同此一看法。是以章氏在以上三方面的實際貢獻及影響猶有待進一步探討。下文擬析述、批判前人在這三方面的各種研究成果，並對章氏的相關貢獻及影響，嘗試提出一己的看法。

二、史學

（一）貢獻

　　章學誠對史學（指史學理論、史學方法、史學批評方面）之貢獻，無庸多

2　實齋的思想，其實不以這三方面為圍限。其對文學，乃至歷史哲學，亦展現出卓異的看法。其代表作以「文史通義」命名，而不純粹以「史學」命名，即可佐證實齋亦甚重視文學；書中內篇〈文德〉、〈文理〉、〈言公〉諸文，所論皆具卓識，且亦有發前人所未發者。錢穆先生（1895-1990）即甚欣賞之，認為「他（章學誠）講文章，有些處比講史更好」。錢穆，《中國史學名著》（臺北：三民書局，1974），頁 330。倉修良、葉建華於《章學誠評傳》（南京：南京大學出版社，1996）一書中且特別闢一專章〈別具一格的文學理論〉（頁 381-400）來論述章實之文學理論。學人且有特別針對其文學思想及歷史哲學思想／歷史文化哲學思想，予以研究而撰就專書者。以下二書即其例。羅思美：《章實齋文學理論研究》（臺北：臺灣學生書局，1976 年）；朱敬武，《章學誠的歷史文化哲學》（臺北：文津出版社，1996 年）。值得一提的是，研究章學誠較近期的學術研究成果亦從不缺乏對其文學方面作探討的著作。譬如 2003 年 11 月底在臺北淡江大學舉辦的以章學誠研究為主軸的「第四屆中國文獻學學術研討會」，便有淡江大學中文系教授林家驪先生以〈章學誠的文學觀〉為題，撰文特別探討章學誠的文學思想。事有湊巧，無獨有偶，同年同月（2003 年 11 月）在章學誠出生地紹興也舉辦了一個章學誠研討會，會中黑龍江大學歷史文化旅遊學院霍明琨先生也發表了類似的著作：〈章學誠的文學理論與其史觀之關係〉。然而，實齋之學術表現，究以史學、方志學及目錄學為主軸，因此相對來說，學人討論其文學思想者，仍屬少數，本文亦由是從略（相關探討，則見本書第四章）。至於歷史哲學方面，則歸入史學方面予以討論。

說，且幾已爲所有研究者所首肯，多半學人且認定其史學思想甚具原創性[3]。然而，亦有學者不盡同意這種說法，而認爲其史學議論淵源自前人或承襲自前人的成說者正復不少。傅振倫（1906-1999）即嘗從思想來源方面指出章學誠與劉知幾（661-721）之關係[4]。許師冠三（1924-2011）亦明言學誠之歷史學說固「有異於離於甚至反於知幾者」；[5]然而，特別強調、指出學誠有不少學說是承襲自知幾而來的，冠三師說：

> 惟不可不注意者，前引章氏之論，就表面言，雖反於知幾之主張，但就其淵源言，實有因於《史通》之議論。然則，實齋亦繼承並發展知幾之歷史學說。章氏史志義例之同於、本於《史通》者，實遠多於二人在史意及其有關問題上之分歧與牴牾。傅振倫教授曾指出，章之「史學思想來源於劉知幾者有六點」：……然核諸二人之相干陳述，章氏史學觀念之胎元於知幾者，並不以此爲限，其間之承襲痕跡，亦不盡如傅氏所見之簡直。[6]

冠三師亦承認學誠之學說固有其貢獻，惟該等學說已逸出史學範疇之外，而落入哲學或歷史哲學的畛域之中。師說：

3　詳參本書第三章。

4　傅振倫指出章氏之史學思想來源於劉知幾者有六點：一、對古代經典的看法；二、分史學爲著作和纂輯二部份；三、抨擊文史合一的弊病；四、對史學家應有的條件和態度；五、詳今略古；六、記事必須真實。傅振倫，〈章學誠在史學上的貢獻〉，《史學月刊》，第九期（1964 年）。此文又收入《中國近三百年學術思想論集》（三編）（香港：崇文書店，1972 年）。上述六點意見，見頁 102-103。此文又見吳澤、袁英光合編：《中國史學史論集》（上海：上海人民出版社，1980），第二冊，550-574。

5　許冠三，〈劉、章史學之異同〉，《中國文化研究所學報》，卷 13（1982 年），頁 46。該文又收入許冠三，《劉知幾的實錄史學》（香港：中文大學出版社，1983）一書內（頁 163-201），作爲書中的第七章。頗有趣的一個現象是，70 多年前，錢卓升於《遺族校刊》，卷四，期一（1936 年 10 月），亦以同一題目（〈劉、章史學之異同〉）發表文章。惟該文未見。

6　許冠三，〈劉、章史學之異同〉，頁 52。

近人或謂實齋史學大於知幾，正坐只見其議論頗有出於《史通》之外者，而不見二家史學思想先後相承之轍蹟，不見章氏自詡為「後世開山」之義例，絕大多數乃是《史通》議論之引申，發展或轉化。實齋之歷史學說固亦不乏新見，其於方志學領域之突破，誠為前無古人。……於理論層次言，最惹人注目之發展，自然要數「六經皆史」論，與「史之起原先於經」，「經之流別必入於史」，以及道不盡於經而與史俱存焉諸說。各說雖亦意有所本，要皆劃時代之卓見，其識解之高，遠在劉氏之上。惟此等議論，無論依章氏本身之「史學」界定或現代職業史家之「史學」界說言，實已逸出史學畛域之外，而落入哲學或歷史哲學範疇之中。[7]

肯定章學誠最大的貢獻在於哲學或歷史哲學，除冠三師外，劉節（1901-1977）亦有類似的言論。劉氏說：

……章學誠說：「浙東之學，言性命者必究於史，此其所以卓也」！章氏的最大貢獻就在於此。連朱子在內，更不必說戴震了，都不知道把哲學同歷史結合起來談人類社會的演進過程。並且要在這個過程中，看出將來社會的趨向，這是歷史家的基本任務。章氏居然能掌握了這一基本的精神，

7　許冠三，〈劉、章史學之異同〉，頁68-69。個人並不完全認同冠三師的說法。就「哲學」或「歷史哲學」的常用義來說，實齋對經、史關係的討論，似不宜逕視為「哲學」或「歷史哲學」範疇之中的討論（有關「歷史哲學」的定義，參下註11）。至於實齋對經、史、道的論述，冠三師理解為：「道不盡於經而與史俱存焉」。本此，則實齋的相關論述，或確與歷史哲學有點關係。其實，此中是否有關係，乃端賴我們如何解讀「與史俱存焉」中的「史」字。如解讀為「史書」，則該句意謂：經書固載道，但道不盡於經書，蓋史書亦載道也。如果做這種解讀，則實齋經、史、道的論述，似乎不屬於歷史哲學範疇下的論述。但如果「與史俱存焉」中的「史」字，解讀為「歷史」，則該句意謂：道除了載諸經書外，道也載諸歷史中，即在人類歷史發展的過程中得以呈現、落實。如果冠三師的意思是後者，且實齋原意亦確係如此的話，則實齋對於史和道的論述，是可以視為係歷史哲學範疇中的一種論述的。

　　　　來批判當時的思想界、學術界，真是一個偉大而有創見的學者。**8**

我們不必同意劉節所說的歷史家的基本任務在於能夠「看出將來社會的趨向」。**9**然而，章學誠的貢獻，的確是「把哲學同歷史結合起來談人類社會的演進過程」的。**10**劉節雖然沒有用上「歷史哲學」一語來定位章氏的學說，但他以上描述的內容的確就是一種歷史哲學。**11**

　　根據個人 30 多年的體會，**12**章學誠的學問特色之一，甚至最大的貢獻之一，的確是在歷史哲學。至於史學方面或其他學術方面（如目錄校讎方面），其承襲前人之處，蹤蹟昭然明白。劉向父子（劉向：前 77-前 6；劉歆：約前 50-後 23）、班固（32-92）、劉知幾、鄭樵（1104-1162）、浙東諸前賢，皆其師

8　劉節，《中國史學史稿》（鄭州：中州書畫社，1982），頁 378。按：劉節書以 19 章的篇幅共 404 頁來處理中國 3,000 多年的史學史。然而，居然用一整章（第 19 章，共 27 頁）的篇幅來論述章學誠，則章氏在劉節心中的地位可見。

9　按：一般來說，大陸史家恆視歷史學為一門社會科學。凡社會科學皆肆言通則。既係通則，則古今中外皆適用；史學之通則固不為例外。具體來說，史學之通則乃在於援古以說今、證今；以至於援古今以預測未來。換言之，史學被賦予了一項功能、任務：預測社會未來發展的趨勢。劉節的說法，正可為代表。就臺灣來說，一般而言，乃視歷史學為文學（廣義的）或人文學的一支；異於大陸視史學為社會科學。臺灣各大學中，歷史學系多隸文學院、人文學院或人文社會學院之下，即可為證。

10　我們只要看章氏的代表作《文史通義》一書中〈易教〉上、中、下三篇，便可知章氏的相關論說。

11　所謂「歷史哲學」，簡單來說，可包含二個面向；即可細分為二支。其一是針對歷史（歷史演進的本身、過去的史事史蹟）作反省、反思；或更進一步據以預測、啟迪，甚或指示人類未來該走的道路的一門學問。另一支是針對史家之歷史研究成果（史學），作反省、反思。但無論是就那一支來說，「歷史哲學」皆係一門反省性的學問，其性質乃可謂是一種第二序的研究。其不同針對史事本身作研究（以重建過去的歷史為旨趣的研究——這種研究可稱為第一序的研究），至為明顯。前一種「歷史哲學」，有稱之為玄思性的歷史哲學（Speculative philosophy of history），而稱後者為批判性或分析性的歷史哲學（Critical or analytical philosophy of history）。從這兩個名稱，便可了悟歷史哲學絕異於歷史研究。

12　研究章學誠而撰就的博士論文，以留法的時間來算，共耗時六年半（1980 年 9 月-1987 年 3 月）；其後又續有體會。迄今可謂超過 30 年。

也！[13]然而，前修未密，後出轉精，此學術發展之必然途轍也。承襲之餘，只要
有所發展，有所引申張皇，吾人自當肯定其貢獻。當然，學誠言詞間恆有自大
誇張失實之處，此則不必為之隱諱。[14]其最為人詬病之處，恐係以下數語：

> 吾於史學，蓋有天授，自信發凡起例，多為後世開山，而人乃擬吾於劉知
> 幾。不知劉言史法，吾言史意；劉議館局纂修，吾議一家著述。截然兩途，
> 不相入也！[15]

其史學是否「天授」，此處不必細論。至於論說劉知幾之處，其與事實有相當大
的落差，則冠三師已明確道說出，[16]吾人不必再費筆墨。總言之，以史學本旨在
於求真這一義來說，學誠之學說，固不逮知幾[17]。若就他義言之（如歷史哲學、

13　學誠與諸人學術上的承傳關係，可參以下諸著作。周予同、湯志鈞認為章氏的學術淵源，
　　「實出於漢代的劉歆、班固，益以清代浙東學術的孳育。」說見二氏所著〈章學誠「六經
　　皆史說」初探〉，《中華文史論叢》，第二輯（1962 年 8 月），頁 217。至於章氏學說與
　　浙東學術之承傳關係，則研究著作尤多。今舉數例：蘇慶彬，〈章實齋史學溯源〉，《新
　　亞學報》，第八卷，第二期（1968 年 8 月），頁 375-412；倉修良，〈章學誠與浙東史學〉，
　　《中國史研究》，第一期（1981 年），頁 111-123。發表上文 10 多年之後，倉修良仍維持
　　其一貫的說法。倉氏與葉建華合著之《章學誠評傳》（南京：南京大學出版社，1996），
　　更直接以〈浙東史學的殿軍〉作為其中一章的名稱來描述學誠與浙東的承傳關係。至若學
　　誠與鄭樵的承傳關係，可參蘇淵雷，〈劉知幾、鄭樵、章學誠的史學成就及其異同〉，《上
　　海師範大學學報》，第四期（1979 年 11 月），頁 80-89；第二期（1980 年 4 月），頁 82-89，
　　尤其頁 83-85。至於揭示劉、章的承傳關係，並就二人之思想學說作比較研究者，相關的
　　論著就更多了，不擬一一開列。
14　側聞有此一說：凡有學問之學者，其內心必相當自負，所異者在於有沒有明白道說出來而
　　已。苟若此，則學誠之自負，吾人實不必深責。惟自負過當，乃至於自大誇張失實，則為
　　可惜矣！
15　《文史通義》，〈家書二〉。冠三師於上揭〈劉、章史學之異同〉一文中，即以此數語起
　　首為文，並以「乃實齋自炫於兒孫輩之夸談」一語以描繪、駁斥章氏之誇張失實。
16　許冠三，〈劉、章史學之異同〉，頁 45。
17　當然，吾人也可以說，學誠史學之精神固不在此。其實，在上引文中，學誠本人早已指出，
　　彼所重者乃史意（史學精神；治史精神）；非如知幾所重者，乃在於史法。當然，知幾亦
　　非全不講史意。但這是題外話，今不贅。可以稍作說明的是：學誠認為知幾看重史法。這

經史關係等等），學誠之學說固有遠出知幾之上而為知幾所不及論者。此則當分別衡論之，不宜遽謂學誠之史學必在知幾之下也。**18**

（二）影響

　　章氏史學對後世之影響，大體而言，乃可謂係對史學著作（史學理論及史學方法等等之著作）來說；而不是對歷史著作（研究歷史事件本身之歷史書）來說。**19**就個人閱覽所及，所有史學著作（今茲以中文方面之著作為限），無論是

　　倒說出了知幾史學關鍵所在。知幾之史學，要言之，乃實錄史學也。欲獲致實錄史學，則非重視史法不可。史學方法教人治史嚴謹、認真、實事求是。而嚴謹的治史方法，正係成就實錄史學的不二法門。

18　史學求真一義，蓋為冠三師最看重者。知幾史學之精髓，其可探討、闡述者極多。冠三師研究知幾，其專書乃以《劉知幾的實錄史學》命名，蓋藉實錄為主軸以綜括知幾史學之各要義，則實錄直書以求真為冠三師所最看重者，不亦昭然若揭乎？在這裡讓人想起錢穆對知幾及對學誠截然不同的評價。錢氏甚欣賞學誠而不欣賞知幾。蓋錢氏治史旨在經世致用，而不純然以求真為唯一要義。是以批評知幾只知道論史書、史法，而不懂史情、史意（據錢氏，「史意」乃指：「歷史實際具有的一種意向」）。相反，錢氏之欣賞學誠，正在於學誠之史學非「知幾式的史學」。冠三師與錢氏對史學之本義及功能，既有不同的認定，宜乎二人對劉、章二史家有截然不同之評價。歸根究柢，此緣乎二人之價值取向本殊異故也。是以平情而論，就廣義之史學來說，劉、章二人，孰優孰劣，固不易言也。以上錢穆之意見，見《中國史學名著》（臺北：三民書局，1974）以下二章書：〈劉知幾《史通》〉、〈章學誠《文史通義》〉。至於史情、史意之說明，則見頁 154。

19　章學誠除編纂方志外，可謂從未撰寫過史書。他對歷史學的貢獻，乃在史學理論或史學觀念上。是以要衡量學誠之學說對後起史家撰寫史著是否產生一定的影響，或後起史家是否應用其理論以撰寫史著，誠不易判斷。試舉二例做說明：一、通史及斷代史，固各有優劣，亦各有其功能。然而章氏偏愛前者，而不欣賞後者。吾人由此引申謂，章氏贊成、倡議纂修歷史不應斷代為史，而必以通史為楷模，亦不為過。（章說見《文史通義·釋通》）20世紀以來，國人所編纂之中國通史不下數十種。然而，吾人似不能遽謂此乃受章氏之影響以至之。二、章氏嘗撰著世所共喻之〈史德〉一文（收入《文史通義》內篇）。以今日言之，治史所需要之條件：態度客觀、議論公正、立場超然、史學素養具備等等，章氏所論皆隱涵之。此等條件，今世史家治史，可謂無不具備，或至少宣稱具備，或期許具備。然而，吾人是否可遽謂此等史家皆由於受到章氏之影響始生起此種種意念並據以實踐？此恐怕未必。是以章氏史學理論之相關學說，針對歷史著作（注意：非史學著作）來說，是否產生一定的影響；或此等史著之重視史德等等的觀念，是否僅由於章氏之啟迪而非由於他人之啟迪，則實未易斷言。

史學史、史學理論或史學方法之著作，只要是談及章學誠的，似無不讚賞之（當然，個別的小批評是不可免的），並且是經常引用其學說的。[20]如果欣賞及引述足以使人判定此等史家業已受到章氏的影響的話，則章氏對史學或對史家之影響，便可謂既廣且深。[21]茲舉數例如下：一、毫無疑問，民初史家何炳松（1890-1946）係受章氏影響最深之史家之一，其史著《歷史研究法》及《通史新義》可為明證。[22]二、以東北史研究及撰著《中國史學史》一書名世的史家金毓黻（1887-1962）在此名著的〈導言〉中即認為「吾國先哲精研史學者，以劉知幾、章學誠二氏為最著」，並明言該書是「依劉、章之義例，緯以梁氏（梁啓超，1873-1929）之條目，牗加詮次」而成的。[23]三、張爾田（1874-1945）在其史學名著《史微》中亦指出彼對「周秦學術之流別，稍有所窺見」，實由於誦讀學誠《通義》之故。[24]四、柳詒徵（1880-1956）闡述史學精神、史學原理及史學方法而甚具學術功力的名著《國史要義》，其中不少觀點很明顯是受到章學誠學說的啓迪而來。如指出中國史學之根本乃出於在義理上同樣以施教論治為依歸之經書（六藝）、[25]如贊同章學誠「史之義出於天」、[26]如倡言史事間需要聯會貫通始避免隔閡（此猶如學誠所言之會通）等等的觀點即是其例。[27]以研治經學著稱之周予

20　如果一定要舉出例外的話，則許冠三上揭文可為代表。然而，冠三師亦非全面否定學誠之貢獻。吾人毋寧謂相對於學誠來說，冠三師比較肯定知幾在史學（尤指實錄史學）上之成就與貢獻。

21　史學著作幾乎無不受其影響，故可謂之「廣」；同一史學著作屢屢徵引其言論，或可謂之「深」。

22　何氏《歷史研究法》（上海：上海商務印書館，1927），第一章〈緒論〉第一頁即引錄章氏之言論一百多字作為該書之起首。此外，《通史新義・自序》起首處亦引錄《文史通義》數百言；同一〈自序〉於他處闡述章氏有關通史之意見者，數見不一見。

23　《中國史學史》（臺北：鼎文書局，1974），頁 1。

24　〈凡例〉，《史微》（臺北：華世出版社，1975）。

25　《國史要義・史義第七》。

26　同上註。

27　《國史要義・史聯第四》。柳氏書分為十個專題：史原、史權、史統、史聯、史德、史例、史識、史義、史術、史化。各論說極精審；其中承襲學誠之蹤蹟固顯然，惟所論有遠出學誠之上，甚至有學誠不及論說者。所謂「前修未密，後出轉精」，柳氏之專著正係一明證。

同（1898-1981）更指出：「現代學者，受二章（章學誠與章炳麟（1869-1936））
的影響，在史學著作界，仍可屈指而數」；並舉例指出「如張爾田的《史微》，
陳漢章（1864-1938）的《史學通論》，柳詒徵的《中國文化史》等」便是。[28]

其實，誠如張述祖（1900-1972）所言：「民國以來，世人競重章氏之學。」[29]自
日人內藤虎次郎及國人胡適分別於 1920 年及 1922 年出版章氏的年譜之後，章學
誠研究便成爲一時的顯學。[30]於此，吾人當補上梁啓超對促進此顯學之貢獻。
按：梁氏並未撰著任一專著以討論學誠的學說。然而，彼成書於 1920 年的《清
代學術概論》及爲天津南開大學講授史學方法而於 1922 年前即成書的《中國歷
史研究法》便甚推許章氏。[31]上述三人既登高一呼，則其後國人之撰寫史學專著
者，[32]其不閱讀章氏書，遂不受其影響、啓迪者，幾稀矣！果爾，則上文所論述
之何炳松、金毓黻、張爾田、柳詒徵等學人，實衆多史學家中比較著名的案例
而已。然而，雖同爲受章氏之影響，但影響之深淺，實可千差萬別。史家中固
然不乏有對章氏佩服至五體投地者，但筆者以爲恐亦有史家或不免隨波逐浪，

有關柳詒徵受到章學誠影響之各項，亦可參朱敬武，《章學誠的歷史文化哲學》（臺北：
文津出版社，1996），頁 257-266。惟其中「名教與道德」一項（見該書頁 263-265），乃
中國人，尤其傳統儒家所恆言，似不得依此而謂二人有「先後相承之關係」（語見該書頁
257）。朱敬武除論述章、柳之承襲關係外，亦分別就《國學發微》及《史微》二書，析
述劉師培及張爾田嘗受章氏學說之影響。此詳見該書頁 235-256。

28 周予同，〈五十年來的中國史學界〉，杜維運、陳錦忠編，《中國史學史論文選集》（臺
北：華世出版社，1980），第三冊，頁 379-380。按：柳氏《中國文化史》（臺北：正中
書局，1970）共三冊，內容博大精深，引證綿密，議論閎肆；可謂集大成之作而能成一家
之言者。若謂有所承襲前人或受前人影響而得熔鑄成此一鉅構，則二章（章學誠、章炳麟）
而外，承襲自其他前賢者多矣，似不宜僅以二章爲圍限也。

29 張述祖，〈《文史通義》版本考〉，《史學年報》，卷三，期一（1939 年 12 月），頁 71。

30 內藤虎次郎，〈章實齋先生年譜〉，《支那學》，卷一，期三（1920），頁 14-24；卷一，
期四（1920），頁 44-52；胡適，《章實齋先生年譜》，上海：上海商務印書館，1922。

31 梁氏《清代學術概論》完稿後即撰就之〈自序〉係撰於 1920 年 10 月 4 日；可知該書乃完
成於 1920 年。又：梁氏爲《中國歷史研究法》一書所寫之序文，其日期爲 1922 年 1 月 18
日；可知該書之成書最晚不過 1922 年。

32 茲再一次說明：史學著作，乃指史學理論、史學批判、史學史、史學方法等方面的書籍，
而不是指研究歷史事件或批評史事或批評歷史人物之書籍。

為了自炫其博雅好古，所以在其專著中，尤其在專著的序言中便一再的提及章氏而已。所以章學誠對近現代史家影響之深淺，實不易斷言。至今（這裡所謂「今」，主要是指 1980 年代中期撰寫博士論文的期間）亦未見研究章氏的學者對這個課題作過深入的探討。[33]

三、方志學

（一）貢獻

　　如果學者對章學誠史學上的貢獻是有不同看法的話，[34]則學者們對章氏方志學理論的貢獻，其看法基本上是一致的。何以對前者看法不一致，而對後者則有較一致的看法，依個人意見，其原因如下：

1. 很明顯，章氏並不是中國第一位史學理論家、史學方法論家或史學評論家。文學批評大家且對史學亦撰有專文的劉勰，因未撰就這方面的專書，吾人且不予計算。[35]然而，即以撰成專著的史家來說，早章氏 1,000 多年前出生的，便有劉知幾（661-721）。若連同早章氏 600 年出生的鄭樵（1104-1162）合

---

33 說到章學誠對學術界的影響，其實，清代時已然，不必等到民初內藤虎次郎、胡適及梁啟超等著名學者之倡導、推崇而始發生。譬如「六經皆史」這個著名的命題或其他相關論說，便嘗對龔自珍（1792-1841）、江瑔（1888-1917）等清代學人產生過一定程度的影響。此可參錢穆，《中國近三百年學術史》（臺北：臺灣商務印書館，1976），頁 392；錢穆，《兩漢經學古今文評議》（臺北：東大圖書公司，1978），頁 272-73；錢穆，《中國史學名著》（臺北：三民書局，1974），頁 315-316；たかだぁっし（高田淳），〈章學誠の史學思想につって〉，《東洋學報》，卷四十七，期一（1964 年 6 月），頁 63；劉節，上揭《中國史學史稿》，頁 375；金毓黻，上揭《中國史學史》，頁 281，頁 300，註 8。然而，「六經皆史」這個命題毋寧是章氏整個思想中的一個主軸，或至少是主軸之一，此與追求致知（相對於致用來說）為依歸的實錄史學所牽涉的理論或方法，相距比較遠。因此，研治史學史或史學方法等的史家，便不太會承襲「六經皆史」的相關論說；換言之，也不會就這方面受其影響。

34 如許冠三師就這個問題上便與一般學者的看法頗有落差。詳參上文。

35 劉勰《文心雕龍》中的〈史傳篇〉對史學／史書早有論述，所言亦極精審，但劉氏僅撰有此一單篇，且篇幅不多，故不宜視為史學家／史學理論家。

算，則章氏之前，便至少有兩大史學家可稱爲章氏史學的前驅者。[36]況且，章氏的歷史學說，至少在一定程度上，是承襲自二人或受二人的影響而來的；換言之，章氏個人到底作出過多少史學上的貢獻，便不免見仁見智。[37]相反，就方志學方面的理論來說，其貢獻之卓越，可謂前無古人；而爲國史上的巨擘無疑。[38]

2. 中國傳統史家中，除劉知幾、鄭樵、章學誠等著名史家外，其他史家幾乎是不撰寫學術專著以闡論史學的[39]。然而，不撰寫學術專著是一回事，這絕不表示中國史家在其記述史事或研究史事的歷史專著中，不表達一己史學上的意見或慧解。只是其表達形式通常是隱寓於史事描述的文字中或僅以短篇論

36　鄭樵對史學理論（含史學史、史學方法、史學批評）雖未撰有專書，但其《通志‧總序》恆被視爲此方面的重要著作。

37　章氏學說（至少部分學說）承襲自《史通》，不必再贅言；蓋冠三師早已揭其底蘊（詳參上文）。至如鄭樵，其重視通史之意見之給予章氏影響者，概見《文史通義》內篇〈釋通〉及〈申鄭〉二文。

38　章氏方志學的論說，主要見諸《章氏遺書》（臺北：漢聲出版社，1973），卷十四〈方志略例一〉、卷十五〈方志略例二〉。學者研究章氏方志學說及其貢獻者甚多，相關書刊目錄，可參上揭拙博士論文，頁 432-436。又可參鮑永軍，〈章學誠研究論文著作索引（1801-2003）〉，《章學誠國際學術研討會論文集》（北京：北京圖書館，2004），頁463-466。鮑文針對章氏方志學方面的表現，所開列的研究論著，計有文章 68 篇。東吳大學系上同事劉龍心教授針對章氏對近現代方志學的影響，嘗撰有專文，析論相當深入，可並參。劉龍心，〈民國方志裡的章學誠——兼論王葆心的方志學〉，「中國現代史學的回顧與前瞻學術研討會」論文（上海：華東師範大學，2013 年 12 月），頁 179-199。

39　近年稍治明代史學，乃得悉明代若干文人學者，對史學理論是頗爲關注的。前、中期文人中，如薛瑄（1389-1464）、葉盛（1420-1474）、王鏊（1450-1524）、黃省曾（1490-1540），便有不少史學理論的文字。此等文字，或見諸其本人之文集，或見諸他人之引錄、轉述。此外，陸深（1477-1544）更著有《史通會要》一書，以纘承和發展《史通》爲旨趣，而非如其書名所示，僅止於會《史通》一書之要而已。再者，視史學有倒退發展趨勢的李夢陽（1473-1529）和瞿景淳（1507-1569），對於史學批評，亦貢獻不少文字。明代中、晚期梁夢龍（1527-1602）和卜大有（1512-1602），則分別纂成《史要編》和《史學要義》。此兩書很可以反映明人對史學理論之重視。前者是眾多史書中的〈序〉和〈跋〉的彙編，後者則是中國歷代學人史學議論的分類彙編。詳參錢茂偉，《明代史學的歷程》（北京：社會科學文獻出版社，2003），頁 149-170。

贊的形式表達於正文篇章之後，使人不易察悉而已。讀者必須讀書得間，方能於字裡行間把這些史學意見、慧解「讀出來」。[40]個人認為章氏史學上的神解精識，縱使其自詡為「天授」的部份，[41]恐有不少內容是淵源自這些史著而成為其史學的有機組成部份的。換言之，其史學應受到前人相關意見、慧解的啟迪。然而，這些意見、慧解，既隱寓且又分散於眾多史著中，吾人實難以逐一檢索、對比、考察，以明瞭其對章氏影響的具體情況。但問題是，如不作這番檢核工夫，則章氏不是承襲前人而實係其個人史學上的創見／貢獻，便很不容易被察悉出來，更遑論得到定論；是以研究者亦難獲得一致的看法。[42]

以上兩項說明或許可以使人瞭解，章氏方志學理論的貢獻或所謂創見部份，比較沒有爭議；然而，其史學上貢獻的大小，或所謂確係其一己的個人創見，便難以獲得一致的看法。

吾人說研究者對章氏方志學理論方面的貢獻比較有一致的看法，並不等同謂研究者在次要的問題上皆持一致的看法；譬如對章氏有關方志體例／義例的貢獻，研究者便有不同的意見。我們試舉兩例。在章氏眾多方志學方面的論說中，方志立三書的意見是相當重要的。[43]此外，修纂方志者應為前人之舊志編著

40　今試以《史記》及《三國志》裴注舉例作說明：《史記》中的「太史公曰」，其內容除了對史事人物作批評外，亦有不少文字是進一步根據史料而對前文作出補充的（含史料批判及史源說明），諸如〈五帝本紀〉及〈淮陰侯列傳〉之「太史公曰」部份即是。換言之，歷史（史事）評論及史學批評（廣義的），《史記》皆兼而有之。至於裴松之（372-451）之〈上三國志注表〉（收入北京：中華書局，1971 版之《三國志》內），按其相關說明，乃知悉注文的性質可分為四類：補闕、備異、懲妄、論辯。此皆可謂針對史料，或廣義的針對史學而來的四種處理方案。職是之故，無論是就史著來說或就史注來說，中國的史書，自古以來，皆隱涵史學的成份。

41　《文史通義・家書二》：「吾於史學，蓋有天授。」

42　章氏史學的研究者，一般來說，只探討劉、鄭等史學理論家對章氏的影響；而不探討史學兩司馬或其他著名歷史學家（非史學理論家）對章氏可能產生的影響。其實這個問題是很值得研究，而猶待發覆的。

43　三書指志、掌故、文徵（並附加上叢談）。詳見《章氏遺書》，卷十四，〈方志略例一〉，〈方志立三書議〉。

一「列傳」，敍述舊志的情況，以見其修志之始末。章氏這種構思發端於要彌補以下的缺失：新志一旦編纂完成，舊志便容易被厭棄、遺忘！章氏遂倡議要編著這種列傳，且認爲應涵攝於現今所編纂的新方志的三書之〈志〉中，而作爲〈列傳〉的組成部份。[44] 然而，立三書及立〈前志列傳〉的倡議，以至相關問題的論說，是否確創始自章學誠，研究者頗持不同的看法。[45]

（二）影響

就閱覽所及，可說所有後生於章氏的方志學理論家，其方志學說皆或多或少受到章氏之啓迪、影響。[46] 再者，就實踐方面來說，不少方志的纂修者（方志學家）在修志體例或內容上，都受其啓迪。[47] 章氏之卒，迄今已超過兩百年。人

---

44 按方志中的「志」含外紀、年譜、考、列傳等部份。見〈答甄秀才論修志第一書〉，《章氏遺書》，卷十五，〈方志略例二〉。有關〈前志列傳〉的眾多論述，見《章氏遺書》，外編，卷十二，《永清縣志·前志列傳第十》；《章氏遺書》，外編，卷十八，《和州志》，列傳第二十三，〈前志〉之〈原史〉、〈辯例〉、〈申志〉各「序例」。值得一提的是正史中的列傳，經常被視為僅係針對歷史人物而作的傳記而已。究其實，「傳」原自「經」而來，乃針對經書所作之註解。如《春秋》之三傳是也。正史中之「紀」僅記錄大事，欲詳悉其究竟，則不得不別有所述（即不得不再作細部描述），此即傳也。太史公最懂得此意，《史記》中之列傳所描述者恆為史事而非僅係人物即可為證。今茲章氏猶續承史遷遺意而有「前志列傳」之命名，實可喜。

45 詳參張長明，〈章學誠"方志立三書說"的形成過程〉，《江海學刊》，第五期（1982年），頁99；黃葦，〈章學誠方志理論研究〉，《歷史學》，第四期（1979年），頁115-118；劉光祿，〈略談章學誠關於方志體例的主張〉，《貴州文史叢刊》，第二期（1982年），頁42，45；傅振倫，〈章學誠在史學上的貢獻〉，上揭《中國史學史論集》，冊二，頁560；劉光祿、胡惠秋，〈方志學講座——第四講：章學誠的方志學主張〉，《中國地方史志》，第三期（1982年），頁7；許冠三，上揭〈劉、章史學之異同〉，頁68；來新夏（1923- ），《方志學概論》（福州：福建人民出版社，1983），頁86-87。

46 來新夏甚至說：「總的看來，他們在理論上都是祖述章學誠的學說。」來新夏，上揭《方志學概論》，頁127；金毓黻對章氏方志學的貢獻，更是推崇備至，嘗以「創通大義，前無古人」一語推許之。金毓黻，上揭《中國史學史》，頁287。

47 方志學名家黎錦熙（1890-1978）即明言，彼研治探究方志，實緣於誦讀章氏的相關著作所致。說見黎錦熙、甘鵬雲（1861-1940），《方志學兩種》（長沙：岳麓書社，1984），頁17。最早研治章氏的史學思想而撰就專書的吳天任（1916-1992）對方志學亦甚感興趣。據吳氏意，近現代方志學家，如清代的謝啟昆（1737-1802）、阮元（1764-1849）、蔣湘南

類社會過去200多年轉變之鉅大，不必多予述說。各地人文風貌、典章制度、鄉情土俗（方志記述之主題、對象）之狀況，尤其讀者之要求，章氏卒後200年間，早已日新月殊而大異於 18 世紀章氏在生的時代。然而，章氏的方志學說竟能對後起之方志理論家及方志實踐家（即方志纂修者）不斷產生影響，此現象甚為值得注意。此緣乎其學說乃金科玉律之永恆真理，故不受時代所囿而可超越之歟？抑後生於章氏之方志理論家及方志纂修者，委實太保守懷舊、不思進取創新，故相關論說及踐履，仍無法大幅度超邁章氏既有之成規歟？

此外，可堪注意者，尚有另一問題。清廷嘗數度下詔纂修／重修《大清一統志》，且事實上亦嘗數度纂修完竣。[48]而每次纂修／重修《大清一統志》之前，清廷皆先下令各地方政府纂修各該地區之方志，藉以作為《一統志》纂修之基礎。是以當時的文化學術界投入纂修行列者便大不乏人。即以章學誠為例，他除了在方志學理論方面作出卓越貢獻外，本身也是一個方志纂修者。他自己主纂，或代人纂修，或提供纂修意見而纂成的方志，便超過十種。[49]然而，章氏生前，文化學術界並不太知悉其人。[50]其原因何在？

（1795-1854）、馮景亭（馮桂芬字景亭，1809-1874）、民國的傅振倫、黎錦熙等，彼等修志時，皆推崇或仿照章氏的修志義例。「此外，其他私人著述方面，主張參仿實齋義例或略為變通的，也多不勝舉，隨便列述幾例，以見一斑：如李泰棻……，唐祖培……，張仲炘，……王葆心。」吳天任，〈自序〉，《章實齋的史學》（香港：東南書局，1958），頁 1，134-139。吳氏又指出，「內政部在民國十八年十二月呈奉行政院轉奉國民政府令准通行〈修志事例概要〉，有許多地方更已實行實齋的理想了。現在把它錄後，以資印證：……。」吳天任，上揭《章實齋的史學》，頁 130。

48　如康熙、乾隆、道光年間皆嘗下令纂修《大清一統志》。參〈《大清一統志》〉條，《中國方志大辭典》（杭州：浙江人民出版社，1988），頁 130。

49　吳天任曾經對這十多種方志的纂修情況逐一作過研究。見上揭《章實齋的史學》，頁 205-249。

50　胡適甚至說：「生平事蹟埋沒了一百二十年無人知道。」見上揭胡適，《章實齋先生年譜》，頁 1。按：章氏卒於 1801 年。胡適撰著章氏年譜在 1922 年（參該書自序）。胡適認為章氏卒後便不為人所知，因此胡適便有如上的說法。胡氏的說法顯然流於誇張、失實。然而，章氏生前及生後一百多年，其知名度與其成就不成比例，則可謂事實。詳參拙博士論文，頁 407-431，〈附錄一：1920 年前學人對章學誠論述之編年研究〉（法文原標題從略）。又可參本書附錄二。

　　乾嘉年間，方志纂修者，可分作兩派：著重考證地理沿革與方位的考據學派／地理學派；視一方之志爲一方之全史的史志學派。[51]章學誠可說是後者的唯一代表；反之，當時幾乎所有著名學者，皆隸屬前一學派。是以，考據學派／地理學派便成爲一時風尙。[52]以理論言，以實踐言，章學誠在方志方面的成就與貢獻，皆遠出時人之上。其知名度所以不成比例的遠在時人之下者，乃由於曲高和寡、獨力難支、孤掌難鳴，其識見超邁時人甚多而所謂與時趨相異歟？[53]

四、目錄學

（一）貢獻

　　就章學誠對於目錄學方面不同領域的貢獻來說，學者的意見是頗分歧的。把人名、地號、官階、書目依韻以編書而成爲韻編（即依韻而編成近現代流行之索引）來說，章氏實有大力倡導之功。[54]因此，就閱覽所及（指 30 年前筆者撰寫

51　方志考據學派的代表人物，計有戴震（1724-1777）、錢大昕（1728-1804）、孫星衍（1753-1818）、洪亮吉（1746-1809）等人。參來新夏，上揭《方志學概論》，頁 111-115。

52　乾嘉年間，經史考據如日中天，乃學術主流。修志者，受考據學之影響而群趨此途，理有固然。

53　根據吳天任及王葆心（1867-1944）的看法，謝啟昆所主纂而完竣於嘉慶年間的《廣西通志》，乃崇奉或仿照章氏義例而微加變通而成者；阮元所主纂而完竣於道光年間的《廣東通志》，則是仿照謝啟昆之體例而成書者。換言之，兩《通志》皆依仿於章氏。按：謝、阮爲名學者，且爲封疆大吏。按：清中葉間，以幕府形式資助學術文化事業者，其貢獻相當卓著。參尚小明，《學人游幕與清代學術》（北京：社會科學文獻出版社，1999），頁 109-121；126-137。謝、阮二人的生平與修志事業，可分別參上揭《中國方志大辭典》，頁 410，416。如二人所主纂之通志，其義例確仿自學誠，則學誠何以在當時及身後皆近乎寂寂無名？是謝、阮二人之名氣不足以彰顯章學誠之名耶？抑二人本無意使學誠揚名於世歟？上述吳天任與王葆心的看法，參上揭《章實齋的史學》，頁 135。至於民國以後學人修志而遙契章氏意者，更不知凡幾。如 1925 年由余紹宋（1883-1949）纂修完成而獲相當好評的《龍游縣志》，即其一例。詳參劉龍心，上揭〈民國方志裡的章學誠─兼論王葆心的方志學〉，尤其頁 182-185。

54　以人名編韻爲書事，見上揭《史文通義》，外篇三，〈與族孫守一論史表〉。在此信函中，章氏指出「初意欲取全史人名通編爲韻，更取諸篇人名重複互見者遍注其下，……」。以

博士論文之時），筆者未見研究者對章氏在這方面的貢獻提出質疑的。[55]再者，就章學誠所撰有關史籍解題方面的專著《史籍考》來說，其創始之功及其可能作出的貢獻，似亦未見學者表示過異議。[56]然而，章氏目錄學另外兩項主張：「互著」，「別裁」，[57]其是否首創自章氏，學者便持不同的意見；因此，對章氏這兩項主張的貢獻的大小，便產生不同的評價。[58]

人名、地號、官階、書目等編韻為書事，則見《章氏遺書》，卷十，〈校讎條理第七·右七之三〉。此中云：「……以謂校讎之先，宜盡取四庫之藏，中外之籍，擇其中之人名、地號、官階、書目，凡一切有名可治、有數可稽者，略倣《佩文韻府》之例，悉編為韻。乃於本韻之下，注明原書出處及先後篇第。自一見再見以至數千百，皆詳注之，藏之館中，以為群書之總類。至校書之時，遇有疑似之處，即名所求其編韻，因韻而檢其本書。參互錯綜，即可得其至是。……」這種韻編，猶如今世流行的群書綜合索引。

[55] 研究章學誠目錄學方面的貢獻的文章很多，其中涉及索引的也不少。錢亞新（1902-1999）特別針對章氏的「索引學」撰著一文，對相關問題的研究、闡析，似最值得注意。錢亞新，〈略論章學誠對我國索引工作的貢獻〉，《圖書》（季刊），期三（1962 年）。又收入《中國近三百年學術思想論集（初編）》（香港：崇文書店，1975），頁 107-111。此外，又可參以下文章：傅振倫，〈清代目錄學家章學誠〉，《史學史資料》，第一期（1980 年），頁 12-14，尤其頁 12；魏德裕、顧志華、盧賢中、徐曉燕，〈試論章學誠對目錄學的貢獻〉，《南京大學學報（哲學社會科學）》，第三期（1979 年），頁 66-70，86，尤其頁 70。

[56] 《史籍考》並未纂修完成而稿本最後又燬於太平天國之亂，是以這裡只能說「可能作出的貢獻」。按：我國書目解題之著作，最早可溯源於劉向之《別錄》及其子劉歆之《七略》。至於專門目錄之解題，則肇於宋而盛於清。以史書而言，則畢沅（1730-1797）資助下章學誠編纂之《史籍考》乃係首創之作。參傅振倫，〈章學誠《史籍考》體例之評論〉，《國立北京大學圖書部月刊》，第一期（1929 年），頁 19。羅師炳綿對《史籍考》整個編纂過程及未成稿之流傳、焚毀經過，嘗作過非常翔實細密的研究。編纂事，可溯自乾隆 53 年（1788）在畢沅資助下章氏所展開之工作。迄章氏卒（1801），其書未修成；續纂所成之稿本最後則毀於太平天國之亂。詳細情況，參羅炳綿，〈《史籍考》修纂的探討〉（上、下），《新亞學報》，第六卷，第一期（1964 年），頁 367-414；第七卷，第一期（1965 年），頁 411-455。

[57] 所謂「互著」，茲作最簡單的說明如下：同一著作（篇章），既著錄於某家某部類之下，又同時著錄於他家他部類之下；即所謂互相著錄也。所謂「別裁」，乃指把一書中某些與此書在性質上相異之著作（篇章），裁出之而歸入別種書籍中；即所謂裁篇別出也。這兩項主張皆旨在達到章學誠校讎學上所最重視的「辨章學術，考鏡源流」這個最高理想。詳見章學誠《校讎通義》內篇一，〈互著第三〉、〈別裁第四〉。又有關「互著」、「別裁」

（二）影響

　　有研究者認為章氏的索引學說對其友人汪輝祖（1730-1807）編纂索引方面的著作時，產生了直接的影響。[59]至於間接受到章氏影響的著作便更多，此如阮元的《經籍纂詁》、陶治元（1848-1917）的《皇清經解敬修堂編目》及不著撰人的

　　的說明，亦可參昌彼得（1921-2011），〈互著與別裁〉，《國立故宮博物院圖書季刊》，卷二，期四（1972 年 4 月）。該文又收入昌彼得，《版本目錄學論叢》（臺北：學海出版社，1977），第二冊，頁 61-75。相關說明，見頁 62。

58 章學誠嘗對互著、別裁的來源有所說明。其意謂劉歆在《七略》（其內容見諸《漢書‧藝文志》）中，早已應用這兩種方法。（說見《校讎通義》內篇一，〈互著第三〉、〈別裁第四〉。）本此，吾人或可說，章氏把這兩種發明的「創作權」歸屬於劉氏。然而，學者對於這個「創作權」歸屬於何人的問題，實有不同的意見。約而言之，可有三說：一、胡楚生認為乃章氏所自創，以之歸屬於劉、班者，「不過是古代學者們慣用的一種『託古改制』的方式而已」；二、劉師培（1884-1919）認為是啟迪自鄭樵；三、昌彼得認為是暗襲自明代目錄學家祁承㸁（音 han，1563-1628，明萬曆 32 年（1604）進士）。三種說法，分別見：胡楚生，〈論章實齋「互著」、「別裁」的來源〉，《中國學術年刊》，第二期（1978 年），頁 159-173，上引語見頁 161；劉師培，〈《校讎通義》箋言〉，《劉申叔先生遺書‧左盦外集》，卷十二；昌彼得，上揭〈互著與別裁〉。胡楚生對互著、別裁兩問題甚有研究，除上揭文外，尚有：〈目錄家「別裁說」平議〉，《書目季刊》，第六卷，第四期（1972 年），頁 115-131；〈目錄家「互著說」平議〉，《南洋大學學報》，第五期（1971 年），頁 49-64。

59 以當幕客 30 多年、撰著史學方面的專著《學治臆說》、《續說》、《說贅》及《佐治藥言》、《續藥言》，又研究《元史》並撰就《元史本證》而知名的汪輝祖，亦編纂了好幾種韻編式的索引。錢亞新推崇章學誠為諸史列傳人名綜合索引及群書中名目綜合索引的首倡者之餘，並進一步認為其友人汪輝祖編纂《史姓韻編》、《三史同名錄》、《九史同姓名略》等書，乃受章氏直接影響而成者。（筆者按：章氏嘗為《史姓韻編》及《三史同名錄》各撰序文乙篇，均見《章氏遺書》，卷八）。錢說見上揭文〈略論章學誠對我國索引工作的貢獻〉，頁 110。汪輝祖史學上的表現，可參拙著〈汪輝祖（1731-1807）之史學〉，東吳大學歷史學系編，《史學與文獻學》（二）（臺北：臺灣學生書局，1998），頁 179-217。又有關汪輝祖當幕客及撰著史學專著方面的表現，參張偉仁，〈良幕循吏汪輝祖——一個法制工作者的典範〉，《臺大法學論叢》，第十九卷，第一、二期（1989 年 12 月，1990 年 6 月）；拙著《清人元史學探研——清初至清中葉》（臺北：稻鄉出版社，2000），亦闢專章探討汪輝祖在史學及姓名錄編纂學方面的表現，可並參，見頁 207-290。

《皇清經解續編目錄》等五、六種同類索引，以至現今通行的《二十五史人名索引》，便是其中較著名的幾個例子。**60**

依筆者之意，章學誠本人對索引工作及相關學說，固然作出了貢獻，可謂理論與實踐，皆兼而有之，但上文（含註文）所提及的各韻編、編目、索引的專著，是否確係直接或間接受章氏的影響（即純粹僅受其影響、不受他人的影響）而纂成，似不無商榷的餘地。換言之，研究者尚須進一步提供足夠的證據始可為定論。**61**

至於章氏的史書解題名著《史籍考》，雖為未成之作而最後又全毀於火，但聞其風而繼起者，實代不乏人，如與章學誠同時的封疆大吏謝啓昆及稍晚的另一封疆大吏潘錫恩（？-1868），便先後聘請學者文人修纂或修訂該專著。**62**於此亦可見該書影響之鉅－深受好事者之關注。後起者相關著作之迭起繼作，蓋亦受其啓迪而來。茲略述其梗概如下。民國肇建，學術界對續纂《史籍考》一事，仍未能忘懷，惟以茲事體大，乃改作斷代或分類考錄。此如余莘皐《史書綱領》、朱希祖（1879-1944）《蕭梁舊史考》、《西夏史籍考》、謝國楨（1901-1982）《晚明史籍考》、《清開國史料考》、《晚明流寇史籍考》、《清初三藩史籍考》、

60　錢亞新，上揭文〈略論章學誠對我國索引工作的貢獻〉，頁 110；傅振倫，上揭文〈清朝目錄學家章學誠〉，頁 14。

61　今以姓名錄為例作說明。自東漢應劭（153-196）接踵前人軌跡，撰《風俗通‧姓氏篇》之後，幾各代皆有類同的專著問世。如劉宋何承天（370-447）《姓苑》、梁元帝蕭繹（508-555）《古今同姓名錄》、宋鄧名世（生卒年不詳，兩宋間人，高宗時進士）《古今姓氏書辨證》、明余寅（1519-1595）《同姓名錄》等等便是。汪輝祖所編輯之姓名錄諸著作（參上文註59），章氏雖嘗為之撰序文，然而，無論章氏序文或汪氏本人之序文皆未見汪氏有受章氏影響或啓迪之蹤蹟。更值得注意的是，章氏「編韻為書」之見解，載於〈與族孫守一論史表〉一文，而該文，據錢穆（1895-1990）所考，乃撰於乾隆 56 年；惟汪氏之《史姓韻編》及《九史同名略》乃分別撰就於乾隆 48 年及乾隆 55 年。換言之，汪氏編韻為書之作法，可直承漢代以來既有之傳統，不必然啓迪自章氏。「閉門造車，出門合轍。」章、汪二人可直接繼承古人而各自編著韻編（索引），不必然互相影響，或汪必受章之影響。汪輝祖著作之繫年，見上揭拙文〈汪輝祖（1731-1807）之史學〉，頁 210-211。錢穆所考〈與族孫守一論史表〉之撰著年份，見上揭《中國近三百年學術史》，頁 423。

62　詳見上揭〈《史籍考》修纂的探討〉，頁 392-398，406-410。

夏棫《五代史書目》、王鍾麒（1880-1913）《廿五史參考書目》等等皆是其例。[63]
羅師炳綿由是指出：「然則章實齋《史籍考》雖不傳，其影響力之大已非始料所
能及了。」[64]劉節（1901-1977）甚至認爲：「《史籍考》之作，實爲史學史之基
礎。」[65]

　　除索引及《史籍考》外，章學誠《文史通義》的姊妹作《校讎通義》，對校
讎目錄學亦作出了不可忽視的貢獻和影響。如該書的續作或性質相同之新作可
視爲受影響而來的成果的話，則章氏對後起者的影響，至少計有兩家。金毓黻
（1887-1962）即嘗指出說：「其於章氏之後，續其書者（按：指《校讎通義》），
凡得兩家：一曰雙流劉咸炘（1896-1932）之《續校讎通義》，一曰杜定友
（1898-1967）之《校讎新義》。」[66]其實，劉咸炘受章學誠之影響，又不僅止於
校讎學。最能注意章學誠，並特別賞識章學誠的錢穆，對章氏學問之影響及於
劉咸炘，亦有所關注。錢氏認爲劉氏講求史學即係章學誠影響的結果。錢氏說：

> 近代學人大家都很看重他（按指章學誠），但也僅是震於其名，而並沒有
> 去深究其實。四川有一位劉咸炘，他著書幾十種，……他是近代能欣賞實
> 齋而來講求史學的。[67]

綜上所言，則章學誠索引學之理論及實踐、史籍解題專著之纂修及校讎學理論等

63　詳見金毓黻，上揭《中國史學史》，頁 298；〈《史籍考》修纂的探討〉，頁 452-453。

64　〈《史籍考》修纂的探討〉，頁 453。

65　劉節，上揭《中國史學史稿》，頁 403。劉氏此說，或稍嫌誇張，蓋北宋真宗朝之官修類
　　書《冊府元龜》中的〈國史部〉已可視爲中國史學史的濫觴、權輿；南宋高似孫（1158-1231）
　　之《史略》，其性質亦然。有關《冊府元龜》〈國史部〉的研究，可參拙著〈《冊府元龜》·
　　國史部研究〉，《東吳歷史學報》，期七（2001 年 3 月），頁 19-51。如寬泛一點看，則
　　劉知幾（661-721）之《史通》，已可定位爲史學史；甚至劉勰（465-520）《文心雕龍》
　　中的〈史傳篇〉亦可視爲史學史的基礎。

66　金毓黻，上揭《中國史學史》，頁 299。

67　上揭錢穆，《中國史學名著》，頁 334。劉咸炘與實齋學術上的承傳關係，可參本書第三
　　章註 201。

方面，皆嘗對後起者產生相當大的影響。

五、結語

　　章學誠在史學、方志學及目錄學方面，固有其卓越之表現，並作出過一定的貢獻及影響。此可謂學術界的共識。然而，貢獻及影響的大小深淺，尤其具體領域及具體情況到底如何，研究者不免見仁見智、迄無定論。為避免泛泛而論，拾人牙慧，或僅作模糊影響之談，筆者乃先蒐集所有可能蒐集到的後人相關論著，先逐一予以剖析、論述[68]；然後再予以綜合的論述。此綜合的論述，即構成上文的主體。其中含兩部份：一為對研究者的各種相關論著做綜述及評論；二為在評論中順帶提出筆者對章學誠在史學、方志學及目錄學方面的貢獻及影響的個人看法、見解。筆者深信，只有充份了解、掌握章氏本人的相關學說暨後人既有的研究成果後，吾人對章氏的相關貢獻及影響，始可獲致定論，或至少獲致比較一致的結論。不參考或不大參考前人研究成果，便貿然從事研究，其研究成果，很可能是白費的、浪費心力的。此其一。此外，亦無法或至少不容易超越前人而作出學術上的貢獻。此其二。如果拙博士論文及本文能夠對章學誠研究，[69]作出一點點貢獻的話，其所謂貢獻便在於此。

---

[68] 其中有關史學部份，見諸拙博論，頁 53-184；今概見本書第三章。至於方志學及目錄學方面，則拙博論及本書未嘗特闢專章予以處理。

[69] 本文是針對拙博論的部份相關章節，予以大幅增刪、彙整、改寫而成，此上文已作過說明。

徵引書目

（大抵按徵引秩序排列）

黃兆強，〈六十五年來之章學誠研究〉，《東吳文史學報》，第六號，1988 年 1 月，頁 211-236。

錢穆，《中國史學名著》，臺北：三民書局，1974 年。

倉修良、葉建華，《章學誠評傳》，南京：南京大學出版社，1996 年。

羅思美：《章實齋文學理論研究》，臺北：臺灣學生書局，1976 年。

朱敬武，《章學誠的歷史文化哲學》，臺北：文津出版社，1996 年。

林家驪，〈章學誠的文學觀〉，《章學誠研究論叢》，臺北：臺灣學生書局，2005 年，頁 301-321。

霍明琨，〈章學誠的文學理論與其史觀之關係〉，《章學誠國際學術研討會論文集》，北京：北京圖書館出版社，2004 年，頁 351-356。

Wong , Siu-keung（黃兆強），*Recherches sur les travaux relatifs à Zhang Xuecheng（1738-1801 ）, historien et philosophe（ Paris,1987 ）*, Thèse du Diplôme de Doctorat（中文譯名或可作：《章學誠研究述評》；本書即以此命名）。

傅振倫，〈章學誠在史學上的貢獻〉，《史學月刊》，1964 年，第九期。此文又收入《中國近三百年學術思想論集》（三編）香港：崇文書店，1972 年；又見吳澤、袁英光合編：《中國史學史論集》，上海：上海人民出版社，1980 年，第二冊，頁 550-574。

許冠三，〈劉、章史學之異同〉，《中國文化研究所學報》，1982 年，卷十三，頁 45-69。本文又收入許冠三，《劉知幾的實錄史學》，香港：中文大學出版社，1983 年，頁 163-201。

劉節，《中國史學史稿》，鄭州：中州書畫社，1982 年。

章學誠，《文史通義》，北京：古籍出版社，1956 年。

章學誠，《校讎通義》，北京：古籍出版社，1956 年。

周予同、湯志鈞，〈章學誠「六經皆史說」初探〉，《中華文史論叢》，第二輯，1962 年 8 月，頁 211-227。

蘇慶彬，〈章實齋史學溯源〉，《新亞學報》，第八卷，第二期，1968 年 8 月，頁 375-412。

倉修良，〈章學誠與浙東史學〉，《中國史研究》，1981 年，第一期。

蘇淵雷，〈劉知幾、鄭樵、章學誠的史學成就及其異同〉，《上海師範大學學報》，1979 年
　　11 月，第四期，頁 80-89；1980 年 4 月，第二期，頁 82-89。

何炳松，《歷史研究法》，上海：上海商務印書館，1927 年。

何炳松，《通史新義》，上海：上海商務印書館，1930 年。

金毓黻，《中國史學史》，臺北：鼎文書局，1974 年。

張爾田，《史微》，臺北：華世出版社，1975 年。

柳詒徵，《國史要義》，北京：中華書局，1948 年。

朱敬武，《章學誠的歷史文化哲學》，臺北：文津出版社，1996 年。

劉師培，《國學發微》，臺北：廣文書局，1970 年。

周予同，〈五十年來的中國史學界〉，杜維運、陳錦忠編，《中國史學史論文選集》，臺北：
　　華世出版社，1980 年。

柳詒徵，《中國文化史》，臺北：正中書局，1970 年。

張述祖，〈《文史通義》版本考〉，《史學年報》卷三，期一，1939 年 12 月。

內藤虎次郎，〈章實齋先生年譜〉，《支那學》，1920，卷一，期三，頁 14-24；卷一，期四，
　　頁 44-52。

胡適，《章實齋先生年譜》，上海：上海商務印書館，1922 年。

錢穆，《中國近三百年學術史》，臺北：臺灣商務印書館，1976 年。

錢穆，《兩漢經學古今文評議》，臺北：東大圖書公司，1978 年。

高田淳（たかだあっし），〈章學誠の史學思想について〉，《東洋學報》，卷四十七，期一，
　　1964 年 6 月。

鄭樵，《通志》，臺北：新興書局，1959 年。

劉龍心，〈民國方志裡的章學誠——兼論王葆心的方志學〉，「中國現代史學的回顧與前瞻學
　　術研討會」論文，上海：華東師範大學，2013 年 12 月，頁 179-199。

錢茂偉，《明代史學的歷程》，北京，社會科學文獻出版社，2003 年。

章學誠，《章氏遺書》，臺北：漢聲出版社，1973 年。

裴松之，〈上《三國志注》表〉，《三國志》，北京：中華書局，1971 年。

張長明，〈章學誠 "方志立三書說" 的形成過程〉，《江海學刊》，1982 年，第五期，頁 97-99。

黃葦，〈章學誠方志理論研究〉，《歷史學》，1979 年，第四期，頁 110-123。

劉光祿，〈略談章學誠關於方志體例的主張〉，《貴州文史叢刊》，1982 年，第二期，頁 41-45。

劉光祿、胡惠秋，〈方志學講座－第四講：章學誠的方志學主張〉，《中國地方史志》，1982
　　年，第三期，頁 5-11。

來新夏，《方志學概論》，福州：福建人民出版社，1983 年。

黎錦熙、甘鵬云，《方志學兩種》，長沙：岳麓書社，1984 年。

吳天任，《章實齋的史學》，香港：東南書局，1958 年。

《中國方志大辭典》，杭州：浙江人民出版社，1988 年。

尙小明，《學人游幕與清代學術》，北京：社會科學文獻出版社，1999 年。

錢亞新，〈略論章學誠對我國索引工作的貢獻〉，《圖書》（季刊），期三，1962 年；又收
　　入《中國近三百年學術思想論集（初編）》，香港：崇文書店，1975，頁 107-111。

傅振倫，〈清代目錄學家章學誠〉，《史學史資料》，1980 年，第一期，頁 12-14。

魏德裕、顧志華、盧賢中、徐曉燕，〈試論章學誠對目錄學的貢獻〉，《南京大學學報（哲學
　　社會科學）》，1979 年，第三期，頁 66-70，80。

傅振倫，〈章學誠《史籍考》體例之評論〉，《國立北京大學圖書部月刊》，1929 年，第一
　　卷，第一期，頁 19-32。

羅炳綿，〈《史籍考》修纂的探討〉（上、下），《新亞學報》，第六卷，第一期，1964 年，
　　頁 367-414；第七卷，第一期，1965 年，頁 411-455。

昌彼得，〈互著與別裁〉，《國立故宮博物院圖書季刊》，卷二，期四，1972 年 4 月。此文
　　又收入昌彼得，《版本目錄學論叢》，第二冊，臺北：學海出版社，1977 年，頁 61-75。

胡楚生，〈論章實齋「互著」、「別裁」的來源〉，《中國學術年刊》，1978 年，第二期，
　　頁 159-173。

劉師培，《劉申叔先生遺書》，臺北：華世出版社，1975 年。

胡楚生，〈目錄家「別裁說」平議〉，《書目季刊》，1972 年，第六卷，第四期，頁 115-131。

胡楚生，〈目錄家「互著說」平議〉，《南洋大學學報》，1971 年，第五期，頁 49-64。

張偉仁，〈良幕循吏汪輝祖——一個法制工作者的典範〉，《臺大法學論叢》，第十九卷，第
　　一、二期，1989 年 12 月，1990 年 6 月。

黃兆強，《清人元史學探研——清初至清中葉》，臺北：稻鄉出版社，2000 年。

黃兆強，〈《冊府元龜》·國史部研究〉，《東吳歷史學報》，2001 年 3 月，第七期，頁 19-51。

黃兆強，〈汪輝祖（1731-1807）之史學〉，東吳大學歷史學系編，《史學與文獻學》（二），
　　臺北：臺灣學生書局，1998，頁 179-217。

附錄二　章學誠在同時代人眼中的看法及相關問題編年研究*

摘　要

胡適在所撰《章實齋先生年譜》中有如下的表述：「漢學家的權威……竟能使他（按指實齋）的生平事蹟埋沒了一百二十年無人知道。」實齋生前，其名聲固不甚顯，但也絕不如胡適所說之甚：事蹟無人知道。同時代的著名學者，如朱筠、邵晉涵、汪輝祖、洪亮吉、段玉裁、吳蘭庭、王宗炎等等，與實齋都有不同程度的認識或交往（含彼此間通信）。在信函中或所為詩文中都可以看到他們對實齋嘗予以正面或負面的論述或評價。筆者把這些論述或評價，按其史源，分為兩類。其一見諸《章氏遺書》中，另一見諸《章氏遺書》以外的其他文獻中。下文把這兩類文獻按其成文先後，逐一予以論述；旨在使讀者知悉實齋生前並非全不為人所認識者。再者，實齋性格上或學術上的某些面向，亦可藉以窺見。（本文採編年方式敷陳；文中重點不似一般文章依主題敷陳之清晰易見。為稍微彌補此"缺失"，乃於各條目（共 22 目）的年份後，標示出該條目之重點。雖頗瑣碎，但大旨應可概見。）

關鍵詞：章實齋、朱筠、邵晉涵、汪輝祖、洪亮吉、段玉裁、吳蘭庭、王宗炎

＊　本文原載《東吳文史學報》，第九號（臺北：東吳大學，1991 年 3 月），頁 103-136；原題目為〈同時代人論述章學誠及相關問題之編年研究〉。今予以修改增刪後納入本書內。
又：本文小部份內容源自未刊拙博士論文附錄一：〈1920 年前學人對章學誠論述之編年研究〉（recherches chronologiques sur les écrits tirés d'oeuvres antérieures aux travaux de la période moderne （avant 1920）），頁 407-411。

一、前言

出版於 1922 年的《章實齋先生年譜》中，胡適做了如下的一個判斷：

> 他（章學誠）想不到，那班「擘績補苴」的漢學家的權威竟能使他的著作
> 遲至一百二十年後方才有完全見天日的機會，竟能使他的生平事蹟埋沒了
> 一百二十年無人知道。[1]

姚名達嘗訂補上揭胡適《章實齋先生年譜》（以下簡稱《胡譜》）；於該書末云：
「（民國）十一年春，本書（指《胡譜》）初版出版，國人始知章先生。」[2]
　　章學誠（字實齋，以字行；以下概以「實齋」稱之；1738-1801[3]）的生平及
著作，真的是如胡、姚二先生所說的情況嗎？當然不是！其實胡適本人亦知道

1　胡適，〈自序〉，胡適，《章實齋先生年譜》（上海：商務印書館，1925），頁 1。〈自
　　序〉寫於 1922 年 1 月 21 日；時距實齋之卒已 121 年。

2　胡適原著，姚名達訂補：《章實齋先生年譜》（以下簡稱《合譜》）（臺北：臺灣商務印
　　書館，1968），頁 149。姚氏訂補及出版該書時，寫了一序文，時為 1928 年 10 月 15 日。

3　實齋的生卒年，很值得稍作說明。茲先說生年。實齋嘗云：「君（指任大椿（1738-1789））
　　與余同乾隆三年戊午生。」章學誠，〈任幼植別傳〉，《章氏遺書》（以下簡稱《遺書》；
　　臺北：漢聲出版社影印劉承幹刻本，1973），卷 18，頁 339 上。（以下凡引錄《遺書》，
　　皆根據漢聲出版社的本子；並只標「漢聲」及頁碼兩項。）又《遺書》，卷 17，〈柯先生
　　傳〉載實齋自道云：「乾隆十八年癸酉，學誠年十六。」（漢聲，頁 376 上）此後各研究
　　者凡說及實齋之生年均以此為準。但《乾隆戊子科順天鄉試易經三房同門姓氏錄》則載：
　　「副榜：章學誠，字實齋，號少岩，行六。庚申年九月二十九日申時生，浙江紹興府會稽
　　縣監生，民籍，習《易經》。」《同門姓氏錄》，筆者未見，轉引自王利器，〈章學誠的
　　生年〉，《文獻》（北京圖書館編，書目文獻出版社，1982 年 6 月），十二期，頁 107。
　　庚申乃乾隆五年（1740）。換言之，上兩說相差二年。王利器以為科舉時代，士人所報官
　　年例減，故必與其人之真實生年有異。實齋年齡之有二說，由此很可以理解。要言之，實
　　齋之生年，當以〈任幼植別傳〉及〈柯先生傳〉所說為是，即生於 1738 年；而出生之月、
　　日，則可據《同門姓氏錄》。

事實並非如此。這大概是由於他要特別彰顯自己研究實齋的成果，所以才說出了上面的大話[4]。至於姚名達，他對這個問題，更有深切的瞭解。在訂補《胡譜》的一年多以前的 1927 年 2 月 9 日，他已經指出說實齋的散篇文章在民元以前已收錄在《藝海珠塵》、《皇朝經世文編》、《國朝文錄》、《聚學軒叢書》等書內。[5]他之所以說《胡譜》出版之後，國人始知實齋，很明顯是基於推崇胡適而說的一種恭維語而已[6]！

　　本文之撰寫，可說是受到胡、姚二先生上引語的感發而來。實齋的生平事迹及著作在他逝世 120 年後始被胡適「發現」，這固然不是事實。但筆者尤感興趣的是：實齋在生之時，他的名聲（知名度）到底如何？著述流傳的情況又如何？為解答這兩個問題，筆者不得不重閱實齋的遺著《章氏遺書》[7]及翻閱實齋同時代人的著作；旨在透過這種雙管齊下的方法以揭示實齋生前的知名度及其學問流傳的情況（也可以說是被瞭解的情況）。為求達到這個目的，筆者原先打算進行的方法如下：把相關材料（即實齋同時人對他論述的材料）細大不捐盡量蒐集，然後按年份先後，作一編排。這種交由材料本身說話的資料式彙編，應

　　再說實齋之卒年。一般以西曆標示實齋生卒年之研究著作，實齋之卒年均作 1801 年。按實齋卒於嘉慶 6 年 11 月（此據汪輝祖；《夢痕錄餘》，〈嘉慶六年〉條。）而嘉慶 6 年 11 月 27 日為洋曆 1802 年 1 月 1 日。今不知實齋卒於何日。如卒於 11 月 27 日（含）後，則洋曆當寫作 1802 年。今寫作 1801 年者，蓋就其具較大之可能性而言。

4　筆者嘗發表〈六十五年來的章學誠研究〉，對有關問題已稍作論述。該文載《東吳文史學報》，第六號（1988）。有關論述，見頁 222。〈六十五年來的章學誠研究〉稍作修改後，又納入本書內，成為本書第六章〈綜論〉的第二節。

5　姚名達，〈章實齋遺書敘目〉，《國學月報》，二卷三期（1927 年 3 月）。此文又收入《中國近三百年學術思想論集——章學誠研究專輯》（香港：崇文書店，1975），頁 231-243。相關描述，見頁 236，243。

6　姚名達之佩服、推崇胡適，可參《合譜》姚氏所寫之序文。吳天任 1950 年代早已舉證指出上引《胡譜》、《合譜》所載誇言之無稽，並以「笑話」、「大言不慚」以形容之；惜吳氏未能從原因上說明何以胡、姚二人說出如此的大話。吳天任：《章實齋的史學》（香港：東南書局，1958），頁 293-294。

7　《章氏遺書》中不乏實齋同時代人對他論述的資料（通常每條只得一百數十字）。此等資料或收錄於實齋本人的文章中，或以附錄形式殿於若干文章之後。此等資料即構成下文論述的第一部份（即本文第二節）。

該是達致上述目的最客觀的一種作法。但後來想到如果不把實齋同時代人對他所作的論述稍加說明、解釋，又不把該等材料論述之對象及相關問題加以說明、申論，則彙編出來的資料只能算是一堆死材料而已。有見及此，於是便寫就了按年代先後逐一列舉材料，然後加以論述、說明的這篇文章。

本文既以疏通分析，並申論各條資料爲旨趣，因此便不能像主題式研究（topical study）的能夠就若干問題作非常深入的探討[8]。這自然是一種遺憾（這種遺憾，也許可以透過本書的其他章節彌補）。但資料編年式的研究亦自有它的優點，蓋可使人明瞭有關問題的發展情況。

又：筆者學殖淺陋，實齋同時代人對他所做的論述，筆者不及過目者必不少。職是之故，有關材料之蒐集，或不免掛一漏萬。又若干條筆者認爲不太重要的材料[9]；又或雖重要，但筆者以能力所限不敢貿然處理者[10]，亦沒有收錄在本文內。

實齋卒於嘉慶六年（1801）。本文所蒐同時代人對他作論述的材料，即以本年爲下限。後此者從略。下文計分兩部份。首部份論述較詳；次部份論述較略。讀者或視後者爲附錄亦未嘗不可。

---

8 以資料超過 20 條，如每條皆作深入的探討，則必超過學報所容許之篇幅。

9 所謂不太重要的材料，就客觀方面來說，是指此等材料不能揭示實齋生平、學問的大端而言。就主觀方面來說，是指筆者對此等材料，實不知如何詳加闡釋、論述之謂。茲列舉此等材料若干條的出處於下，俾方便日後檢視研究：任大椿稱讚實齋就李陵答蘇武書之問題上別具創見：語見《遺書》，卷 18〈任幼植別傳〉，漢聲，頁 339 下；陳本忠稱讚實齋之文章：語見《遺書》，卷 18，〈陳伯思別傳〉，漢聲，頁 403 下；周震榮「批評」實齋「敏於行文，怠於舉筆」：語見《遺書》，卷 19，〈書庚辛之間亡友列傳後〉，漢聲，頁 437 上；梁國治稱讚實齋的文章：語見《遺書》，卷 21，〈梁文定公年譜書後〉，漢聲，頁 475 下。

10 如實齋同時人陳增曾對實齋的《湖北通志》大肆抨擊。這其實很可以讓我們看到實齋修志的學養及不足所在。但方志事涉專門，筆者不敢置喙。陳氏的批評及實齋的反駁，見《遺書》，卷 5，〈傳記〉，漢聲，頁 95 下；卷 14，〈方志辨體〉，漢聲，頁 269 上-271 下；卷 27，〈湖北通志辨例〉，漢聲，頁 672 上-684 下；外編，〈丙辰劄記〉，漢聲，頁 880 下-881 上；補遺，〈又上朱大司馬〉，漢聲，頁 1364 下；補遺，〈修《湖北通志》駁陳增議〉，漢聲，頁 1385 上-1391 上。

二、論述實齋之學問文章見諸《章氏遺書》者

　　《章氏遺書》中含不少同時代人論述實齋的文字。茲檢其要者，依年份先後論述如次。

（一）1753（乾隆十八年癸酉）實齋業師柯紹庚（1717-1763）嚴責實齋宜好好研習應舉文[11]。

〈柯先生傳〉載實齋云：

> 乾隆十八年癸酉，學誠年十六。……學誠不肯為應舉文，好為詩賦，不得其似。又編纂春秋家言，戲為紀表志傳[12]，自命史才，大言不遜。然於文字承用轉辭助語，猶未嘗一得其當也。先生慨然誨曰：「文無今古，期於通也。時文不通，詩古文辭又安通耶？」學誠迷不悟。先生甚以為恨。……已而先君子罷縣，貧不能歸，因期學誠進取。學誠亦漸長，稍知人世艱難。反顧其業，未有可以應世者。乃思先生之言，悔其晚矣。……[13]

此中值得指出、研究者有二事。一為實齋「自命史才，大言不遜」的問題；二為實齋對應舉文抱持何種態度的問題。茲先言首項。

　　追蹤實齋一生之言論，其「自命史才」或「大言不遜」者，據閱覽所及，不下十處。今依年份先後開列於下：

11　斥責語，見《遺書》，卷17，〈柯先生傳〉，漢聲，頁376上、下。

12　實齋後來訓示兒孫輩之家書中，亦細及彼此時編纂史書事。見〈家書六〉，《文史通義》（北京：古籍出版社，1956），頁338。下文引錄《文史通義》皆根據此版本。

13　〈柯先生傳〉，不知撰於何年。惟〈傳〉內實齋自述纂修《湖北通志》時曾為柯氏作傳記（今《遺書》收錄《湖北通志檢存稿》四卷，中未有柯傳。）按《湖北通志》始修於乾隆54年，而脫稿於乾隆59年（參《合譜》，頁106；吳天任，前揭書，頁220-223），然則〈柯先生傳〉之撰寫年份，當在乾隆54年至59年之間。柯紹庚乃實齋少年時之業師，實齋嘗從遊，學應舉文。

1. 乾隆 18 年，實齋 16 歲：實齋「自命史才」。語見上所引〈柯先生傳〉，今不贅。

2. 乾隆 23 年、24 年，實齋 21、22 歲：實齋自道云：

> 二十歲以前，性絕駑滯，讀書日不過二、三百字，猶不能久識。學為文字，虛字多不當理。廿一、二歲，駸駸向長，縱覽群書，於經訓未見領會，而史部之書，乍接於目，便似夙所攻習然者。其中利病得失，隨口能舉，舉而輒當。……*14*

果如實齋所言，則其酷愛史學，殆出於天性。然「……隨口能舉，舉而輒當」或不免流於誇誕矣！

3. 乾隆 27 年，實齋 25 歲：實齋自道云：

> 始余入監舍，年方二十有五，意氣落落，不可一世。不知人世艱也。然試其藝於學官，輒置下等。……而以余意，視祭酒以下，亦茫茫不知為何許人也。*15*

4. 乾隆 52 年，實齋 50 歲：該年實齋因好友周震榮（1730-1792）之介紹，上書畢沅（1730-1797）求自售*16*。〈書〉云：

> ……當此之際，而不使鄙人一得置身其側，開口吐其胸中之奇，他日論遇合者，以謂愛才如閣下，而不得鄙人過從之蹤；負異如鄙人，而不入閣下裁成之度，其為闕陷奚翅如。昔人所論，莊、屈同孟子時而不得一見孟子，

---

14 《文史通義·家書六》，頁 337。

15 《遺書》，卷 19，〈庚辛之間亡友列傳〉，漢聲，頁 434 下。

16 所上之書名〈上畢撫臺書〉。〈書〉題下有「己酉十一月二十九日」小字。己酉即乾隆 54 年。然據實齋上畢沅之另一書（即〈上畢制府書〉，《遺書》，補遺，漢聲，1369 下-1370 上），則實齋修〈上畢撫臺書〉之年當為乾隆 52 年丁未。又可參《合譜》，頁 62。

受其陶鑄，為可惜哉！*17*

實齋以畢沅比擬孟子自係恭維語，可不論。但自譬莊、屈，則不免自負過當。至於所謂胸中藏奇，並「負異」，又指出謂如畢沅不加裁成，乃係一大闕陷，這自是實齋「困窮甚」（〈上畢撫臺書〉中語）之自我推薦語，不足深責。

5.乾隆 53 年，實齋 51 歲：實齋云：

鄙性淺率，生平所得，無不見於言談。至筆之於書，亦多新奇可喜。其閒遊士襲其談鋒，經生資為策括。……近則遨遊南北，目見耳聞，自命專門著述者，率多陰用其言，陽更其貌；且有明翻其說，暗勦其意。……*18*

實齋言論、著述，被人勦襲之實況及程度如何，姑不論*19*。但其自視之高，上引數語已足概見。

6.乾隆 55 年，實齋 53 歲：實齋致書周震榮（1730-1792）自誇云：

……如有良史出，讀《亳志》而心知其意，不特方志奉為開山之祖，即史家得其一二精義，亦當尊為不祧之宗。此中自信頗真，言大實非誇也。*20*

7.乾隆 56 年，實齋 54 歲：實齋致兒孫之家書云：

---

17 《遺書》，卷 22，〈上畢撫臺書〉，漢聲，頁 505 上、下。

18 《文史通義・與邵二雲論學》，頁 297。

19 錢穆嘗指出實齋學說對晚清學人的影響。勦襲其說者，亦頗有之，如龔自珍即其例。錢穆，《中國近三百年學術史》（臺北：臺灣商務印書館，1976），頁 392 中之雙行夾註。又：實齋對清人及對民國初年人物之影響，可參本書第三章，註 201。

20 《文史通義・又與永清論文》，頁 314。永清即周震榮，以嘗為永清知縣，故實齋以此稱之。實齋中年以後，得其奧援不少。參《遺書》，卷 18，〈周筤谷別傳〉，漢聲，頁 400 上-402 下。

> 吾於史學，蓋有天授。自信發凡起例，多為後世開山。[21]

8. 實齋去信與好友邵晉涵（1743-1796）討論修撰宋史時，對紀傳體史書之改寫，表示如下的意見：

> ……然神奇可化臭腐，臭腐亦復化為神奇。《紀事本末》本無深意，而因事命題，不為成法，則引而伸之，擴而充之，遂覺體圓用神。《尚書》神聖制作，數千年來可仰望而不可接者，至此可以仰追。豈非窮變通久自有其會？紀傳流弊至於極盡，而天誘僕衷，為從此百千年後史學開蠶叢乎！[22]

有關實齋如何評價袁樞之《通鑑紀事本末》及如何改訂紀傳體史書使之成為新體紀傳史書的問題，詳下文 1792 年條。顧上引文字中，實齋認為袁樞本無深意，意謂袁氏並不是有意識的要去改造傳統紀傳體史書的。但實齋獨具慧眼，察覺到袁樞這種並非有意識的情況下而「發明」出來的改造原則，是大可以「引而伸之，擴而充之」，而使舊有史書成為體圓用神的製作。實齋嘗謂「書有作者甚淺而觀者甚深。」[23]這話用在這裡來形容實齋本人最是恰當不過。前人無意識之偶得，竟被他深觀之而有意識地加以運用推廣了。實齋甚至視這種「發明」是上天誘導的結果，而使他成為以後千百年新史學的開山祖師爺呢！

9. 乾隆 59 年，實齋 57 歲：實齋自謂：

> 僕論史事詳矣。大約古今學術源流，諸家體裁義例，多所發明。[24]

21　《文史通義・家書二》，頁 333。

22　《文史通義・與邵二雲論修宋史書》，頁 294-295。

23　語見《文史通義・書教》下篇，頁 15。

24　《遺書》，卷 14，〈與陳觀民工部論史學〉，漢聲，頁 280 上。按陳觀民即陳詩。實齋《湖北通志》稿於乾隆 59 年修成後因人議論而全書由當道轉交陳詩為之校定。陳氏嘗自撰《湖北舊聞》。彼頗能欣賞實齋，曾對實齋說：「吾自有書，不與君同面目。然君書自成一家，

10.嘉慶元年，實齋 59 歲：實齋〈與汪龍莊書〉中說：

> 拙撰《文史通義》，中間議論開闢，實有不得已而發揮，為千古史學闢其
> 蓁蕪。[25]

《遺書》中，實齋「自命史才」或「大言不遜」之類的話，應絕不止上引 10 條
資料。但光就這 10 條資料來看，其中除 3、4、5 三條外，餘七條均直接涉及史
學問題。尤其重要的是七條資料中沒有一條是實齋自道其史學成就是由於個人後
天用功奮發力學而來的。七條資料皆傾向於揭示其成就是歸功於先天的稟賦。其
中「蓋有天授」、「天誘僕衷」等更是就此問題作了明白的宣示。實齋這種揭示、
宣示，除第一條外，餘均見諸他寫給好友或兒孫輩的書信中。此等書信最可流露
個人的價值觀及對事情發自內心的看法。實齋內心深處對成就史學所當具備的最
重要條件，以上各引文已經是很好的佐證了。

　　至於實齋對應舉文（時文）的看法，茲稍論述如下：

必非世人所能議得失也。吾但正其訛失，不能稍改君面目也。」（語見《遺書》，外編，
〈丙辰劄記〉，漢聲，頁 880 下。）陳氏的一番話對齋而言，可說是失落絕望中的一大鼓
舞安慰。按實齋受知於畢沅，耗時六年（乾隆 54 年至 59 年）始修畢《湖北通志》。今以
受人議論，而畢沅又他去，故不得不離開湖北，修志事遂終止。「畢公許書成之日贈買山
資」之承諾便付諸流水。（參見《遺書》，卷 28，〈丁巳歲暮書懷投贈賓谷轉運因以誌別〉，
漢聲，頁 710 上。）今幸得陳詩之保證，不改其原稿之本來面目。否則，「買山資」既已
無望，又耗費六年光陰、精力始修成之《通志》如面目將全非，則實齋所受之打擊將如何？
然而，陳詩的「保證」，事後並不兌現，因後來刊行的《湖北通志》已非實齋舊物。但這
不見得就是陳詩本人食言，而或可能是稿本遭他人改竄亦未可知。吳天任說後來刊行的《湖
北通志》大抵是陳氏就實齋原稿參以自己的《湖北舊聞》改竄而成的。這一說法，似欠充
份證據。又事涉厚誣陳詩，尤宜深入研究。吳說見吳天任，前揭《章實齋的史學》，頁
237-238。又《湖北通志》遭人議論事，就表面觀之，乃是由於校對員秀水進士陳熷撰《湖
北通志駁議》，批評通志稿而起，但整件事情似乎不單純，而並不只是關涉章、陳二人對
志稿持不同之看法而已。羅師炳綿對此曾作考述。參羅炳綿：〈章實齋對清代學者的譏評〉，
《新亞學報》，八卷一期，頁 360-363。又可參吳天任，前揭《章實齋的史學》，頁 223-225。

25　《文史通義·與汪龍莊書》，頁 300。

　　實齋 16 歲時「自命史才，大言不遜」（詳上文），但「於文字承用轉辭助語，猶未嘗一得當。」當時其業師柯紹庚以「時文不通，詩古文辭又安能通耶」斥責之。其實，詩古文辭與時文（泛言之，「時文」指「當時的文章」；今特指科舉應試文。）本不同類。不通時文，未嘗不可以通詩古文辭。科舉考試前，無所謂時文，難道當時的文人學者不懂得寫詩古文辭嗎？但要指出的一點是，實齋當時所不得其當者是「文字承用轉辭助語」；而這可說是文字應用的技術層次問題，可謂無論撰寫何種文體，均必須懂得的。是以就這方面來說，柯氏對實齋之指責未嘗不當。

　　實齋當時不以柯氏的看法爲然，他大抵是從古文、時文不同類的角度來瞭解該問題的；當然對獵取功名不得不撰時文產生反感，也可能是導致實齋不以柯氏的意見爲然的另一原因。然而，無論如何，三年後（乾隆 21 年丙子），實齋父親黿衢先生因事罷官，貧不能歸[26]，實齋亦漸長，乃知不爲時文不可以「應世用」。於是後悔他三年前沒有接受柯氏的教訓，好好用心學時文！要指出的是實齋此時所謂的「應世用」，是指考試應舉，並藉以解決經濟生活而言。此與經國濟世、救民於水火之中者絕不同科[27]。然而實齋現今之所以覺得時文不可不學，乃是環境使然：爲解脫困頓，不得不如此也。骨子裡頭，實齋何嘗眞會喜愛時文呢！此問題，我們看三十年後（嘉慶元年）實齋致好友的一封信便知曉。〈與汪龍莊簡〉說：

　　　　……聞王十三言令子愛讀古書。足下怪其不爲時墨。……甚矣，足下有如此賢子而足下反屈折之也。讀古何損於舉業哉？弟生平不見考墨之卷，

26　參朱筠：〈祭章學誠之母孺人文〉，《笥河文集》（臺北：臺灣商務印書館，1966），卷 16，頁 327-328。

27　按實齋並不是沒有經國濟世的宏願，但此宏願，就實齋本身來說，概由學術途徑達致之。此所謂學術經世是也。有關此問題，可參看周啟榮、劉廣京：〈學術經世：章學誠之文史論與經世思想〉，《近世中國經世思想研討會論文集》（臺北：中央研究院近代史研究所，1984），頁 117-156。

……然登弟在四十外，則命使然。**28**

這很明顯是說讀古文並不妨礙舉子業，即不認爲必須要研習時文才可考上科舉。實齋並以一己爲例來說明問題。又補充說自己四十外才登第是命使然，與不習時文無關**29**。

綜上所論，吾人可知實齋由始至終對時文即抱持一種輕視鄙棄的態度**30**。至於十九歲時表示一相異的看法，而後悔以前不聽業師好好學習時文的忠告，我們只能視爲實齋在生活困頓的情況下，說出的一種無可奈何的話而已。再者，〈柯先生傳〉可說是實齋悼念其業師的一篇文字。在這種文字中，稍貶抑自己，藉以反過來襯託老師說法之正確，也是很可以理解的。

乾隆 42 年丁酉（1777，實齋 40 歲），實齋鄉試中式。今順便一談他當時所寫的應舉文。茲先看以下一條資料。實齋說：

---

28 《遺書》，卷 29，〈與汪龍莊簡〉，漢聲，頁 748 上。有關該簡之撰寫年份，詳下文 1765 年條。

29 按：實齋此說法與歷史事實恐有落差，頗值商榷。首先，以明清科舉考試之要求來說，不習時文，光習古文，要中式相信是不可能之事。此其一。再者，實齋亦非從不習時文者。乾隆 42 年丁酉，實齋鄉試中式，此與主考官梁國治之學術性好或不無相當關係。（實齋說：「丁酉……順天解試，是時梁文定公主試。公惡經生墨守經義，束書不觀，發策博問條貫，雜以史事，以覘宿抱。」見《遺書》，卷 19，〈庚辛之間亡友列傳〉，漢聲，頁 430 下。）然而，若實齋從不習應舉文，或對應舉文沒有下過功夫，則恐怕梁國治之「幫忙」亦是起不了多少作用的。由此可知，實齋在〈與汪龍莊簡〉中所表示的意見，吾人只能視爲其輕視時文，不願爲此多費心力的一種表示而已，這並不能反映其本人真的是不習時文而仍能中式的。東吳歷史系同事蔡教授海教授嘗詳閱本文一過，並給予不少寶貴意見。本條註文即因蔡教授之啓迪而補入。此外，依蔡教授之建議而作出修改者尚有他處，今一併在此致上衷心之謝意，他處恕不一一申謝。蔡教授與余同年（1987）獲聘任職東吳大學。轉眼蔡教授歸道山五載，能不令人唏噓。

30 實齋輕視時文，以致討厭鄙棄時文是一回事，但他的文章或亦不自覺的沾上時文氣息。段玉裁即認爲實齋文章「雜時文句調」。李慈銘亦認爲實齋強調作文必尋宗旨，「蓋仍是時文批尾習氣」。段說見《遺書》，卷 9，〈與史餘村簡〉，漢聲，頁 185 上。李說見〈實齋雜著〉條，《越縵堂讀書記》（臺北：世界書局，1975），頁 782。

　　……丁酉應順天解試，出所試文，科舉之士皆大笑為怪。君（指陳本忠
　　（1726-1787），實齋友人）見之，特嗟賞。謂久與子交，不知余乃能此。
　　因過余劇談。余亦不知其何以合也。榜發，知為主試所最，或以稱君鑑別。
　　君曰：「應舉之文，不自展拓，而以主司得失為懷，心術不可問矣。」由
　　是知君所能不特舉業文也。*31*

實齋當時的應舉文，今未得見。但據本條資料，或可推知他這篇時文的大體情況。
當時科舉之士，看畢實齋之文章後，「皆大笑為怪」。何以人皆見怪？上所引陳
本忠對實齋說的幾句話可提供一點線索。陳氏所說的話一方面固然道出了他內心
對有關問題的看法，另方面也揭示了實齋這篇應舉文的內容。其話語重點有二：
應舉者應藉應舉文展拓心中的懷抱，此其一；不應繫懷於主司的得失標準，此其
二。當時「科舉之士皆大笑」實齋文，蓋由於實齋在文中自我展拓*32*，而不按主
司之得失標準為文也。

　　要言之，由當時士子之一笑及陳氏的數句話，我們大概可以推知實齋這篇
應舉文的重點及方向之所在。

（二）1763 年（乾隆二十八年癸未）*33*實齋友人甄松年（1733-?）駁斥實齋對文選義例的看法*34*。

31　《遺書》，卷 18，〈陳伯思別傳〉，漢聲，頁 403 下。

32　實齋該年（乾隆 42 年）鄉試既能中式，則當時「科舉之士皆大笑為怪」者，應不是發現
　　了實齋應舉文的格式上或體例上有若何大問題而笑之；蓋如果這方面出了問題，則實齋無
　　論如何是無法中式的。由此可推知當時科舉之士所笑者，當是文章內容方面。

33　此年份乃據《合譜》，頁 12。又可參吳孝琳：〈《章實齋年譜》補正〉，《說文月刊》，
　　二卷九至十二期（1940 年 12 月至 1941 年 3 月）。此文又收入周康燮主編：《章實齋先生
　　年譜彙編》（香港：崇文書店，1975），頁 247-325。有關問題，見頁 253 上。

34　駁文收入《遺書》，卷十五，〈駁文選義例書再答〉，漢聲，頁 312 上-313 上。此再答書
　　之前一書名〈與甄秀才論文選義例書〉，亦撰於乾隆 28 年。按甄秀才即甄松年（1733-？），
　　字青圃，乾隆乙酉（乾隆三十年）舉人。實齋寫上述二書給松年時，松年未中舉，故以秀
　　才稱之。實齋與松年友善，《遺書》中頗有論述之文字。見卷 17，〈甄鴻齋先生家傳〉；
　　卷 23，〈甄青圃六十序〉。

　　甄松年曾以文選義例示實齋。實齋於是去信（參註 34）批評云：「括代總選，須以史例」。[35]松年不同意此說法，於是去信討論。信中指出謂：「得兄所論文選義例，甚不以爲然。文章一道，所該甚廣，史特其中一類耳。選家之例，繁博不倫，四部九流，何所不有，而兄概欲以史擬之！」[36]接信後，實齋予以回覆並詳申己見，此即〈再答書〉。按實齋二書信之主旨在於說明「文章史事，固相終始」。其意蓋謂選文之目的，在於使人透過所選之文章瞭解史事；然則「括代總選」，便「須以史例」爲之了。二書中並沒有明言何謂「史例」，但書中明白指出說：

　　　　經史子集，久列四庫，其原始亦非遠。試論六藝之初，則經目本無有也。《大易》非以聖人之書而尊之一子書耳。《書》與《春秋》，兩史籍耳；《詩》三百篇，文集耳；《儀禮》、《周官》，律令會典矣。《易》藏太卜而外，其餘四者，均隸柱下之籍，而後聖人以考證古今得失之林，未聞沾沾取其若綱目紀傳者，而專爲史類。

這很明顯的告訴我們：作爲經史子集之源頭的六藝都是古代柱下史所掌的（《易》除外）；不必專列爲史類，但皆可作爲研治、瞭解史事（所謂「考證古今得失」）之用。古代六藝既如是，則後來由此而發展出來的經史子集（即一切之典籍文章）之功用亦復如是。一切典籍文章既可供治史（考證古今得失），則文選所選者便應盡量多收，俾方便日後治史之用。實齋更進一步舉例指出謂《昭明文選》所收過略，因此便不能使人赫赫然見兩漢事蹟如昨日。由此可見實齋此處所謂的「史例」，似乎並不是眞的有若何特定凡例爲依憑，然後把各種所選文章依例納入的。其所謂「史例」，蓋指凡著作之有裨史事者，可供治史者，皆當納入文選內。

　　按上述二書寫就於乾隆 28 年。20 多年後，即乾隆 54 年，實齋便揭舉「六經

35　《遺書》，卷 15，漢聲，頁 311 下。
36　此信收入〈駁文選義例書再答〉內。信過長，不便全錄。

皆史」之命題[37]。其實，在一年前便已有「盈天地間，凡涉著作之林，皆是史學」的說法[38]。文選是爲日後修史服務的。此一觀念，實齋從來沒有改變過。文成於乾隆 57 年的〈書教〉（中篇）便再揭斯義。該篇說：「其實諸選乃是春華，正史其秋實爾。」[39]按實齋致松年之上述二書，就一切典籍文章與史學之關係來說，雖未如〈易教〉上篇、〈報孫淵如書〉或〈書教〉中篇所說之明確，然實可視爲此後出的各種說法之濫觴。此正可見一說之形成，其來有自，非可突然冒出者。

　　質言之，松年來書乃從一般文選義例之觀點以類分入選之文章。觀其意，乃是把有關史事之文章與其他文章分別開列——史事文章只是文選眾多色目中之一目而已。因此認爲不能以史一目來概括一切文章。按實齋實無此意。其意只是說經史子集（即一切典籍文章）皆可資史學之用，故文選應儘量收錄之。按：實齋文選義例的見解乃從史學觀點出發。換言之，選文時便當考慮到爲日後之治史服務。松年則以爲文選內之各文各自有其自身之價值，不必爲治史服務，且亦不必裨於治史。二人立場截然迥異如此，無怪乎各持己見了！

（三）1765（乾隆三十年乙酉）實齋業師朱筠（1729-1781）稱讚實齋之文章[40]。

　　茲先引錄有關文字如下：

　　憶初入都門，朱大興先生一見許以千古。然言及時文，則云：「足下於此無緣，不能學，然亦不足學也。」弟云：「家貧，親老，不能不望科舉。」朱先生曰：「科舉何難？科舉何嘗必要時文。由子之道，任子之天，科舉

37　參見《文史通義·易教》上篇。此文成於乾隆 54 年。參《合譜》，頁 69。值得指出的是，乾隆 28 年時，實齋未曾把《易經》視爲史，但 20 多年後撰〈易教〉時，文中「六經皆史也」一語即表示《易經》已被視爲史了。換言之，史的範圍在實齋心中已擴大了。

38　《文史通義·報孫淵如書》，頁 312。據《合譜》，頁 64，此〈書〉成於乾隆 53 年。

39　《文史通義·書教》中篇，頁 11。〈書教篇〉寫成之年份，乃根據《文史通義·與邵二雲論修宋史書》之內容推論得知。《文史通義》，頁 294。又可參下文註 107。

40　語見《遺書》，卷二十九，〈與汪龍莊簡〉，漢聲，頁 748 上、下。〈與汪龍莊簡〉寫於何年，稍說明如下。〈簡〉內提到寫該簡之前二日實齋曾造訪好友王宗炎。吳孝琳云此造訪乃在嘉慶元年（1796）。今〈簡〉內無流露任何新舊年交接之消息。然則此〈簡〉寫就之日似仍當爲同一年，即嘉慶元年。吳孝琳，上揭〈《章實齋年譜》補正〉，頁 315-316。

未嘗不得。即終不得，亦非不學時文之咎也。」[41]

「朱大興先生一見許以千古」[42]。此「許以千古」，據下文朱、章二人討論時文的問題來看，當是指實齋文章之能流傳久遠而言。實齋文章是否能流傳久遠，姑置不論。現今特別要指出的是，朱筠此語不必然是實有所指，而真的認為實齋文章可名留千古；而很可能只是初見面時鼓舞後學的客套話而已。何以言之？茲先引錄朱氏門生李威之言以為佐證[43]。李氏說：

> 士之貧而稍有才氣者，以文為贄來見先生。先生輒以奇才異能許之，為之介紹於先達，稱譽不絕口。或笑之曰：「朱先生所稱奇才異能之士，亦指不勝屈矣。」威病其言，嘗於夜分侍坐時請曰：「先生當世龍門，人皆欲求士於先生。而使之聽聞不信可乎？」先生微嘆曰：「子亦有疑於此歟？夫士懷才未遇，其或家貧親老，跋涉數千里而來，若其名不獲顯著，羈旅孤寒，未見其能有合也。且彼實有所長。吾言稍假之耳。雖致非議，庸何傷？」

此段文字揭示了朱筠大抵是基於同情心，並有意提拔後進之心，才輒以奇才異能稱譽以文為贄來見之士的。「吾言稍假之耳」，很明顯是朱筠自我承認其對人所作之稱譽與被稱譽之人之真實情況是有一段落差的。至於說「彼實有所長」，大概只能視為朱氏過譽來見之士的自我解嘲語而已。但朱氏之稱譽後進亦不是完全

---

41 實齋初入都門之年份是乾隆 25 年庚辰（1760）。參《合譜》，頁 10。朱筠一見許以千古則是五年後之事。兩事並不發生在同年。此當先知悉。《遺書》，卷 17，〈湖北按察使馮君家傳〉載：「余自乾隆三十年乙酉三落順天解第，遂留京師。遊大興朱先生筠門。朱先生負海內重望。……」這明顯說出是在乾隆 30 年第三次下第（首次是乾隆 25 年，再次是27 年，第三次則是本年）後始見朱筠的。

42 朱筠為當時文壇領袖，倡議開《四庫全書》館，並從《永樂大典》中輯校遺書。彼推許實齋，對提升其知名度，當不無相當幫助。

43 李威事朱氏十有一年；侍左右四年。對朱筠性情之瞭解必相當深入。參李威：〈從遊記〉，收入朱筠：《笥河文集》，〈卷首〉。

沒有標準的。他是考慮到來見之士各有其困頓；若名不獲顯，則「羈旅孤寒，未見其能有合也」。即是說若自己不稱微過譽來見之士，則其人便名不獲顯；然則此來見之士恐更不能於他人、他處有所遇合而解困頓也。「羈旅孤寒，未見其能有合也」正好是實齋當時之寫照。乾隆 27 年冬，實齋始肄業國子監。實齋自道肄業時被人貶視的情況說：

> 余自乾隆壬午冬肄業國子內舍。……余入監舍年方二十五。意氣落落，不可一世，不知人世艱也。然試其藝於學官，輒置下等。每大比決科集，試至三四百人，所斥落者不過五七人而已。余每在五七人中。祭酒以下不余人齒。同舍諸生視余若無物。每課榜出，余往覘甲乙。皂隸必旁睨笑曰：「是公亦來問甲乙邪？」[44]

實齋受國子監諸人貶視的情況可見一斑。此外，尚有一段文字可讓人知曉實齋當時貧不知名的情況。實齋自道云：

> 小子久居太學，貧不知名。博士助教中號知文者，亦視之若無物。先生（指歐陽瑾）初蒞監，首擢其名第一。六館之士，一時至驚詫而嘻。先生獨謂：「是子當求之古人，固非一世之士也。」由是益厚遇之，名稍稍聞。[45]

上文已指出，朱筠稱譽實齋之年份是乾隆 30 年。翌年（31 年）歐陽瑾即稱許實齋。其後實齋之名，乃「稍稍聞」。追源溯始，或即由朱筠之「提拔」亦未可知。但無論如何，由以上兩段引文可知道的是，實齋一方面貧困，另方面遭人貶視，未有所遇。這兩點正符合了朱氏稱譽人的「標準」。又實齋見朱筠前，三應鄉試

44　《遺書》，卷 19，〈庚辛之間亡友列傳〉，漢聲，頁 434 上。又可參〈甄青圃六十序〉，漢聲，頁 516 上。

45　《遺書》，卷 21，〈歐陽先生奉使告祭碑後跋〉，漢聲，頁 473 上。按歐陽瑾（1706-1780）充國子監祭酒，其蒞監，並稱譽實齋之年份是乾隆三十一年丙戌。原文作「丙申」，誤。參《合譜》，頁 20。

皆報罷。朱氏稱譽實齋，俾其名稍顯於時，其目的或在於幫助實齋扭轉報罷的命運。

　　順帶一提：朱氏為人，「仁且不較細故」。[46]職是之故，「雖致非議，庸何傷」便很可以理解了。

（四）1773（乾隆三十八年癸巳）邵晉涵首肯實齋對其從祖邵廷采（1648-1711）之稱譽[47]。

　　晉涵對實齋之首肯，見實齋〈邵與桐別傳〉之「附錄」。「附錄」之撰著者為實齋長子貽選[48]。貽選云：

> 家君於辛卯冬與先師（指邵晉涵）同客太平使院，盛推先師從祖念魯先生所著《思復堂文集》，謂五百年來罕見。先師甚謙挹，疑家君為先師故，不免過譽之也。家君正色曰：「班馬韓歐程朱陸王，其學其文，如五金貢自九牧，各有地產，不相合也。洪鑪鼓鑄，自成一家，更無金品州界之分，談何容易。文以集名，而按其旨趣、義理，乃在子史之間，五百年來誰能辨此。」先師雖諾，未深然也。癸巳春，……先師謂家君曰：「近憶子言，熟復先念魯文，信哉如子所言，乃知前人之書竟不易讀。子乃早辨及此。至今未經第二人道過。即道及，亦無人信也。先念魯得此身後桓譚，無憾於九原矣。」因屬家君校定其書，將重刻以行世。

實齋推許好友晉涵從祖念魯先生，其推許語除見諸此〈別傳〉之附錄外，尚見諸

46　見羅繼祖：《清朱笥河先生筠年譜》（臺北：臺灣商務印書館，1981），頁14b-15a。

47　首肯語及稱譽語均見《遺書》，卷十八，〈邵與桐別傳‧附錄〉，漢聲，頁398上。〈邵與桐別傳〉有「今君（指邵晉涵）下世五年」一語。晉涵卒於嘉慶元年（1796），由此可知〈別傳〉撰於嘉慶五年。

48　〈邵與桐別傳〉計有兩附錄；其一即本條所引錄之內容，作者為實齋長子貽選，另一之作者則為實齋之族子廷楓。後一附錄計有一百多字，乃廷楓對其先師晉涵學問之描繪。但最後一兩句話則與實齋有關，如下：「叔父（廷楓對實齋的稱謂）所著《通義》中有〈知難篇〉，言古今知心之難，讀之使人流涕，若叔父與先師之知彼此，可不負矣。」然則晉涵與實齋相知之深，可見一斑。

〈別傳〉之本身。實齋云：

> ……邵氏先世多講學。至君從祖廷采善古文辭，著《思復堂文集》，發明
> 姚江之學，與勝國遺聞軼事經緯，成一家言，蔚然大家。惜終老諸生，其
> 書不顯於世。事詳大興朱先生筠所撰墓表。[49]

按朱筠爲念魯先生撰寫墓表，實由實齋之鼓吹而來。朱筠說：「……筠及門會稽
章學誠篤好其文，數爲筠感激言之。乾隆辛卯冬，先生之親同姓諸孫晉涵來謁
筠於太平使院，爲筠言先生始末詳具。……」[50]。據本條以上各引文，知實齋及

49　《遺書》，卷18，〈邵與桐別傳〉，漢聲，頁396上。又：邵晉涵首肯實齋對其從祖邵廷
采之稱譽，又見下文：「會稽章君學誠篤好先生之文，遇晉涵於京師，輒問先生後嗣，形
諸歎息。時抱先生之文號於衆曰：『百餘年無此作矣！世有治古文而成學者手，不能舍先
生而他有所求矣。嗟乎！』先生去今六十年，鄉里幾不知其姓氏，晉涵愧不能紹其家學，
而得章君爲之推重不遺餘力；潛德幽光，將賴以顯著。詹事嘉定錢先生稱章君爲先生後世
桓譚，信矣。」上引語見邵晉涵，〈族祖念魯先生行狀〉，《南江文鈔》，卷十，《續修
四庫全書‧集部‧別集類》。「詹事嘉定錢先生」乃指乾嘉最著名的大師之一錢大昕。其
推許實齋爲桓譚，則彼在錢氏眼中之份量自不輕。又：實齋對邵廷采之稱頌，又見《校讎
通義》，外篇，〈與胡雒君論校胡稚威集二簡〉，不煩徵引。晉涵又嘗與實齋討論學問；
期許之餘，並指斥實齋精神游移不專一。其言曰：「校文餘暇，未知《文史通義》新有撰
述否？……足下以伉爽之識，沈鷙之思，採《七略》之遺意，娓娓於辨章舊聞、考撰同異、
校讎之得其理。是誠足下之責也。……足下銳志欲復《七略》之舊，宜取劉向《別錄》散
見群籍者，合而抄之，以存劉之遺，匡班之誤，以求六藝之本原，幸甚幸甚。然竊有規於
足者，以足下好無益之戲，而不專力於論撰也。歷觀古人著書，覃思極論，惟日不足不敢
參以游移。精神及於百年，則傳之百年矣。精神及於千年，則傳之千年矣。……望及時進
益，勒之一書，質前俟後，傳不傳亦有命焉。默待已耳。」以上引文見〈與章實齋書〉，
《南江文鈔》卷八。實齋與晉涵之交誼極深，晉涵謝世，實齋嘗云：「……惟於予愛若弟
兄，前後二十餘年，南北離合，歷歷可溯。得志未嘗不相慰悅；至風塵潦倒，疾病患難，
亦強半以君爲依附焉。」《遺書》，卷18，〈邵與桐別傳〉，漢聲，頁397上。因二人交
往極深，所以晉涵於上函不惜以極重之言詞指責實齋：「好無益之戲，而不專力於論撰」。
非摯交何敢措辭至此！

50　朱筠：《笥河文集》，卷11，〈邵念魯先生墓表〉（臺北：臺灣商務印書館，1966），頁
203。

晉涵謁見朱筠談念魯先生事，均在辛卯（1771）冬。但很明顯是實齋見面在前，而晉涵見面在後：晉涵必定是在實齋推許其從祖後，始覺悟其從祖有過人處，因此才謁見朱氏，為之詳言其從祖始末的。

　　然而，晉涵是在實齋稱譽其從祖兩年後始首肯實齋的看法，由是說出了上引文的幾句話：「……子乃早辨及此。至今未經第二人道過。」按「至今未經第二人道過」一語顯非事實，蓋廷采之學問文章在其死後不久已有不少人稱道過[51]。晉涵亦可能察覺到這話說得過份了一點，因此馬上補上另一句話以修正此語。「即道及，亦無人信也」一句即是。

　　後人道及廷采之學問文章的各文字中不乏稱讚之辭，但推許之程度不及實齋。實齋謂《思復堂文集》五百年來罕見，並擬之於班馬韓歐程朱陸王。按班馬等等人各為其相關學問（史學、文學、理學）之最高代表人物。今實齋以念魯與彼等比擬，其推許之程度可見。惜遺憾的是實齋並無舉證詳細說明何以作此種比擬！（蓋根本無證可舉歟？詳下文。）實齋心中最欣賞，並能詳細舉證說明其欣賞之原因的，似乎是念魯文學（文筆）上的造詣。全祖望（1705-1755）曾批評過廷采的學問[52]。實齋不以為然；其子貽選即曾記錄實齋之反詰語如下：

> ……家君（按指實齋）因言全氏通籍館閣，入窺中秘，出交名公鉅卿，聞見自宜有進。然其為文雖號大家，但與《思復堂集》，不可同日語也。全氏修辭飾句蕪累甚多，不如《思復堂集》辭潔氣清。若其泛濫馳驟，不免漫衍冗長，不如《思復堂集》雄健謹嚴，語無枝剩。……[53]

51　姚名達編著的《邵念魯先生年譜・譜後》（臺北：臺灣商務印書館，1982），收錄了不少這方面的文字，可參看。見頁 151-158。

52　全氏云：「……。然而讀書甚少，以學究固陋之胸，率爾下筆，一往謬誤。後生或見其集而依據之，貽誤不少。」全祖望著，朱鑄禹集注，〈答諸生問《思復堂集》帖〉，《鮚埼亭集外編》，卷47，《全祖望集彙校集注》（上海：上海古籍出版社，2000），中冊，頁 1770。

53　《遺書》，卷18，〈邵與桐別傳・附錄〉，漢聲，頁 398 上、下。

按章貽選所記錄之反詰語，或云轉錄自實齋所撰之《乙卯劄記》[54]。然《劄記》中有關條目之內容不及上引文詳盡。由此可知貽選更別有所據。蓋當本諸實齋平日之口授無疑（上引文「家君因言」之「言」字即可證）。要之，實齋之稱許廷采，既見之於筆墨（《乙卯劄記》），復宜之於口。茲引錄《劄記》有關條目如下，俾便參觀，並概見實齋所欣賞廷采者究為何物：

> 《全謝山文集》，近始閱其詳。蓋於東南文獻及勝國遺事，尤加注意焉。生承諸老之後，淵源既深，通籍館閣，聞見更廣，故其所見，較念魯先生頗為宏瀾。而其文辭，不免支蔓，語亦不甚選擇，又不免於複沓，不解文章互相詳略之法。……乃嗤念魯先生為迂陋，不知其文筆未足抗衡思復堂也。[55]

按實齋此反駁與全氏原先之指責，針鋒實不能相值。全氏說念魯迂陋很明顯是就其學問方面（尤其史學上之聞見）來說，本不關文筆之優劣，蓋文筆無所謂「迂陋」。今實齋乃就文筆方面駁斥全氏，可謂牛頭不搭馬嘴，互不相值。實齋嘗以班馬韓歐程朱陸王比擬念魯，但今不能舉出念魯史學上或理學上的具體造詣、成就以佐實其所言，此適證其先前說法之流於誇誕空洞而已！晉涵本不甚贊同實齋對其從祖之稱譽。但兩年後之癸巳春則首肯其說法。究其由，或不免因請託實齋重新校定《思復堂文集》，故不得不先承認實齋之看法以為請託之地歟？李慈銘曾就全、邵學問文章之造詣作過一些比較，認為念魯之文章非謝山所及。學問方面，「誠不足望謝山津涯」，然立身行事有足多者，謝山「以固陋二字，概其一生，其亦過矣。」[56]此說最得持平。

54　東吳大學歷史學系同事蔡學海教授嘗審閱拙稿，在稿上即作此眉批。

55　《遺書》，外編，卷 2，〈乙卯劄記〉，漢聲，頁 856 下-857 上。

56　李慈銘：〈文學‧思復堂集〉，《越縵堂讀書記》（臺北：世界書局，1975），八，頁 733。近現代人頗不乏對《思復堂集》進行研究。即以近數年為例，便可舉出以下兩種：一、樓笑笑，〈試論邵廷采《思復堂文集》的史學價值〉，《中華文史論壇》，2007 年，期 2。轉錄自 qkxx.net（全刊雜誌賞析網）。二、邢舒緒，〈邵廷采與《思復堂文集》〉，寧波

（五）1777（乾隆四十二年丁酉）實齋好友馮廷丞（1728-1784）稱讚實齋之文
　　章[57]。

　　馮廷丞[58]嘗稱讚實齋。〈庚辛之間亡友列傳・羅有高傳〉載：「馮君嘗見余
（實齋自稱）古文辭曰：『子文善矣。惜不得如羅臺山者，削而正之。』」

　　按羅臺山即羅有高（1743-1780），臺山乃其字。實齋與之訂交在乾隆四十二
年丁酉（1777）。先是，實齋聞其人忠信且能文章而心儀久之[59]。有高英年早逝，
卒於乾隆四十五年（1780），年三十有八。實齋爲之作傳。此即〈庚辛之間亡友
列傳〉中之〈羅有高傳〉是也。上引馮氏語不知說於何年。但無論如何，語出章、
羅訂交之前，即乾隆四十二年之前則無疑問[60]。

　　〈羅有高傳〉中有一段對話很值得注意。這對話可使人一方面知曉實齋對佛
教所抱持的態度[61]；另方面使人察覺到實齋強詞奪理或思路欠周延之處。有關的
對話如下：

　　　　君（指羅有高）立身行己純儒也。顧喜爲浮屠學。……而君貌清癯，又持
　　　　齋不肉食。勸之不可。余因詰君：「佛氏言人死爲羊，羊死爲人。信乎君
　　　　所食者來生則反報乎？」而君曰：「然。」余曰：「然則貧欲求富，但當
　　　　殺掠豪賈。賤欲求貴，但須劫刺尊官。來生反報，必得富貴身矣。」君不

市社會科學聯合會、寧波大學社會科學聯合會，「浙東文獻與藏書文化學術研討會論文
　集」，2014 年 11 月，頁 187-196。
57　語見《遺書》，卷十九，〈庚辛之間亡友列傳〉，漢聲，頁 432 下。
58　實齋與廷丞相交，先後幾 20 年，生活上頗有依賴之者。見《遺書》，卷 17，〈湖北按察
　使馮君家傳〉；〈馮定九家傳〉，漢聲，頁 364 上-365 下；373 下-374 下。
59　〈庚辛之間亡友列傳〉，漢聲，頁 432 下-434 上。
60　同上註。又實齋善爲文的問題，詳下文 1779 年條。
61　有關實齋對佛教的態度，可參 D. Nivison，〈佛教に對する章學誠の態度〉，《印度學佛
　教學研究》期四（1956 年），頁 492-495。按：Nivison 一文是透過《遺書》中的三個例子
　很簡單的說明實齋對佛教的態度。

能難。而甚惜余不信其言。[62]

這段話說得不太清楚。其大意是：實齋擔心羅有高持長齋不食肉會影響身體，因此認爲有高不食肉（對話中以羊爲代表）是因爲考慮到如今生殺羊而食之，則來生必輪迴反報爲羊！然而實齋覺得這種輪迴反報理論很無稽。因此馬上詰責有高說：果如是，則今生殺掠豪賈，來生便可爲豪賈；今生劫殺尊官，來生便可成爲尊官了！換言之，如反報理論（報應理論）可通（能成立），則今生殺劫（行惡）反會使人在來生獲益（獲富貴）呢！

實齋此說似通而實謬。佛教輪迴反報說蓋就行爲性質來說；而不是就行爲所施之對象來說。質言之，如今生行善，則來生獲善報；今生行惡，則來生獲惡報。而不是說今生殺戮善人，則來生便自身成爲善人；今生刺劫、懲罰壞人，則來生便自身成爲壞人的！果如是，則佛教界（或任何宗教界）之勸人行善去惡便沒有任何意義了。實齋上述的說法，固然反映他不懂佛教理論；甚至可說是基於無知而根本否定佛教理論！但更重要的是，透過上述的分析，可使人瞭解實齋思想理路實欠周延。實齋在他處論證一問題，鮮有犯這樣的過失的。這大概是由於他對佛教先有成見，預存立場，由此而導致論證流於荒謬妄誕了！羅有高無言以對，固然很可能是一時楞住，霎時間不知如何反駁之、糾正之。但亦有可能是認識到實齋對佛學根本一無所知，因此便不屑回應他呢[63]！至於針對實齋所問：「信乎君所食者來生則反報乎？」，有高以「然」回應之以表示「同意」，這可能只是禮貌上「唯唯諾諾」之意而已，不必然眞同意實齋的看

62　漢聲，頁 433 上。

63　實齋在《校讎通義》中因認識到釋氏有普渡眾生之念，便視爲與墨家兼愛之旨類同，而歸之入墨家。其實佛教之宗旨在於捨離世間（30 多年前修牟宗三老師在新亞研究所開佛教課。修習一學期／一學年，今僅記得「捨」一義。），與墨家主旨表面雖略同，而根柢實絕異。在《文史通義》中，實齋又認定佛氏出於易教。此可謂妄誕不經之至。此兩例均可見實齋之不解佛學。見《校讎通義》，〈宗劉第二〉二之三；《文史通義》，頁 6。章太炎很不欣賞實齋，對他的批評可謂體無完膚。其中有關佛氏（佛書）之問題，更斥責實齋之看法爲「誕妄實甚」。詳《章氏叢書・與人論國學書・太炎文錄》，初編，別錄二（1919年），41b。

法也。或謂實齋詰責有高之言不過是一段詭辯的笑話而已，不必作實看。此看法或不無道理。然實齋當時之用心到底如何，今不暇細究，或留待異日。

（六）1779（乾隆四十四年己亥）實齋友人樂毓秀稱讚實齋善爲文[64]。

乾隆四十年乙未，實齋友人裴振以實齋文示樂毓秀（號槐亭）。毓秀契甚，由是訂交。因居所鄰近，故時相過從。樂毓秀五十歲大壽時，友人紛然投贈詩文祝壽。後毓秀以詩文示實齋，並說：「諸君愛我厚，顧於義有溢辭。……子善爲文，不爲苟悅，曷贈我言？」實齋由是撰〈贈樂愧亭敍〉一文。文末標示謂「其屬爲文在己亥冬」。按己亥即乾隆四十五年，實齋時年四十三歲[65]。

毓秀稱讚實齋「子善爲文，不爲苟悅」一語固然可視爲毓秀爲求取得實齋贈文而說的恭維語。但實齋文亦自有可貴處。此外，實齋對文學理論亦有相當研究。此前人早有言之者[66]。

觀實齋文字，其說理行文相當清晰，可謂富於邏輯性。論述一問題，亦恆能層層深入闡說，善於敷陳引伸。李長之先生即明言實齋書是「富於哲學氣息的。所謂哲學氣息，就是體系外，推理的色彩和追根究源的精神。」[67]並指出

---

[64] 語見《遺書》，卷二十一，〈贈樂愧亭敍〉，漢聲，頁 458 上-459 上。

[65] 參《遺書》，卷 19，〈庚辛之間亡友列傳〉，漢聲，頁 428 上-429 上；卷 21，〈贈樂槐亭敍〉，漢聲，頁 458 上-459 上。

[66] 參羅思美：《章實齋文學理論研究》（臺北：臺灣學生書局，1976）；郭紹虞：〈袁簡齋與章實齋之思想與其文論〉，《學林》，第八期（1941）；書麟：〈章實齋之文章論〉，《學術界》，第一卷，第二、三期（1943）；宮崎市定：〈章學誠の文章論〉，《學海》，四卷，一號（1947）；D. Nivison, *The Literary and Historical Thought of Chang Hsüeh-ch'eng (1738-1801)：A study of his Life and Writing, with Translations of Six Essays from the Wen-shih t'ung-i, 1953*，哈佛大學未刊博士論文。Nivison 對實齋文論之研究，可參以上述博士論文爲基礎而改寫成之專著：*The Life and Thought of Chang Hsüeh-ch'eng, 1738-1801*（Stanford: Stanford University Press,1966）中 "Art and Substance" 的一章。又可參本書第四章。

[67] 李長之：〈章學誠思想的三點〉，《經世》月刊，二卷一期（1941）。李文又收入《中國近三百年學術思想論集——章學誠研究專輯》（香港：崇文書店，1975），頁 1-16。上引語見頁 12。

說：「章學誠的文章是極講邏輯的」[68]又王重民亦認為實齋對我國古名學有一定的研究和認識，其思想和著作都有一定的邏輯性[69]。

善於遣詞用字，固然是善為文。但行文理路清晰，就一論點而善於推論闡說似乎更是「善為文」之必要條件。這方面，實有待邏輯之訓練及講求。今世所稱之邏輯，就中國古代而言，乃名家所特別講求的對象。實齋對名家可謂特別鍾愛。其文章之富於邏輯性，或即由此而來。研究實齋之文章及文論，此點實不可忽略。茲稍申說如下。

實齋《校讎通義》云：「名家者流，後世不傳。得辨名正物之意，則顏氏《匡謬》，邱氏《兼明》之類，經解中有名家矣。……討論作述宗旨，不可不知其流別者也。」[70]按顏氏《匡謬》指顏師古（581-645）的《匡謬正俗》；邱氏《兼明》指邱光庭（五代時人）的《兼明書》。實齋認為這些解經之書「得辨名正物之意」；依其學術宗旨來說，追溯其源，皆出於名家。又云：「劉向《別錄》，劉歆《七略》，……此乃後世目錄之鼻祖，當時更無其門類，獨不可附於諸子名家之末乎？……然則凡以名治之書，固有所以附矣。」[71]又《遺書·和州志·藝文》認為《韓文年譜》、《陶詩考異》、《詩品》、《文心雕龍》、《史通》皆「條別源流、辨名正物」，故歸名家[72]。

綜上所論，依實齋之意，舉凡解經之書、目錄之書、文評、詩評、史評，以至考異、年譜，均可入名家。原因在於這些書都是「得辨名正物之意」的[73]。由是言之，所謂「辨名正物」，蓋指就某一名稱、命題、問題而進行辨析、商榷、討論、研究，以求得其真意、真相或真理所在之謂。果爾，則似乎一切著作凡內容涉及推理的，均可歸入名家。然則一切研究性、學術性之著作非盡入名家不可，因為說理或研究性的書籍那有不用上推理、論證的呢？充類至盡，

---

68 同上註，頁 14。

69 王重民：《《校讎通義》通解》（上海：上海古籍出版社，1987），頁 55。

70 《校讎通義》，卷 1，〈宗劉第二〉，二之三。

71 《校讎通義》，卷 2，〈補校漢藝文志第十〉，十之十。

72 《遺書》，外編，卷 17，漢聲，頁 1253 下-1254 上。

73 此論王重民先生先我而發。王重民，上揭《《校讎通義》通解》，頁 9。

則說理如先秦諸子非全歸入名家不可了！章說之荒謬，由此可見。但實齋此處立論之荒謬實不妨礙其本人之文章有得於名家「辨名正物之意」。其文章行文理路清晰、推理相當嚴謹。所謂「善為文」者，蓋即由其本人於名家此一精神深有領會也。換言之，其實踐是符合名家的要求的；至於其理論上之錯謬，那是另一問題。

（七）1788（乾隆五十三年戊申）陳濂為實齋之文集《癸卯錄存》撰跋文[74]。

　　乾隆四十八年癸卯，實齋錄存其近年來所撰之古文辭，命名為《癸卯錄存》[75]。乾隆五十三年（1788），陳濂跋此書。跋文不足百字，且內容空洞，只一味褒揚實齋，茲從略，不予論述。

（八）1789（乾隆五十四年己酉）邵晉涵評〈原道篇〉[76]。

　　闡釋邵氏對實齋〈原道篇〉所下的評語之前，容先論述二人之交往及有關此問題之材料。實齋生平少所許可[77]，邵晉涵（別字與桐、二雲）可謂異數。《遺書》收錄實齋致二雲論文、論學等書函不下十通。二雲下世，實齋並為之撰《別傳》。二人交誼之深厚，可以想見。實齋曾自述彼與二雲之交情云：「……惟於予愛若弟兄，前後二十餘年，南北離合，歷歷可溯，得志未嘗不相慰悅。至風

74　跋文收入《遺書》，補遺，漢聲，頁 1393 上。陳濂，不知何許人。惟跋文之下款作：「商邱學弟陳濂頓首」，則使人稍知悉陳氏之籍貫及與實齋之關係。

75　參《合譜》，頁 55-56；又可參侯雲圻，〈跋章實齋遺書稿本〉，《燕京大學圖書館報》，二十八期（1932），頁 1-3。實齋曾呼籲云：「凡立言之士，必著撰述歲月，以備後人之考證。」（《文史通義·韓、柳二先生年譜書後》，頁 254。）但現今所見實齋著述之各刻本，很少附上所收文章之撰寫年份的。這使人懷疑實齋本身未能實踐其所言。侯氏於 1931 年所得之《章氏遺書》（鈔本），其內所收之文章，則大多附上年月。吾人對實齋之懷疑可由此銷釋。錢穆先生亦注意到這問題。參錢穆，上揭《中國近三百年學術史》，頁 417。

76　評語見《文史通義·原道》下篇，〈附錄〉。邵之評語，不知寫於何年。〈原道篇〉則成於 1789 年（乾隆五十四年己酉）。今姑且視〈評語〉為同年或稍後之作品，然最晚不過 1796 年，因晉涵是年卒。

77　其實，當世知名學者，不被實齋譏剌者已屬萬幸，遑推許之可言。有關實齋對同時學人的批評，可參羅師炳綿：〈章實齋對清代學者的譏評〉，《新亞學報》，八卷，一期，頁 297-364。

塵潦倒，疾病患難，亦強半以君爲依附焉。」[78]

　　但頗感遺憾的是：二人交往及論文、論學事，泰半見諸《遺書》；罕見二雲之著作。從實齋寫給二雲的眾多通書信中的若干通來看，二雲是曾經給予過實齋書信的，其中至少有一通僅「寥寥數語」；又實齋曾三度致書二雲，而二雲均未之覆[79]。由此似可推知，要不是二雲懶於寫信，那便是二雲根本不太重視這段交誼。至於章、邵二人就學問方面相知甚深，或就互相稱許對方的學問來說，《遺書》中不乏這方面的材料[80]。但二雲著作中則比較闕如！彼稱許實齋之學問文章，似僅見《南江文鈔》卷八（詳參上註49）而已[81]。

　　今轉論述二雲對實齋〈原道篇〉所下之評語。此評語既爲〈原道〉（分上、中、下三篇）而發，茲先總述該文之要旨。大要言之，清儒自顧亭林以來，以爲道載諸六經。然則通經便可以明道。實齋則以爲道在事物，初不離乎人倫日用之間。學者欲明道，應即事物求其所以然。又認爲六經固載道，然不足以盡之[82]。此爲一篇之大旨。至於上、中、下三篇之要旨則如下：上篇旨在說明一切人事法則之建立，均起於自然形勢。並認爲周公、孔子同爲聖人，各依時會而集其大成，二人不可強分軒輊。中篇申論道不離器，猶影不離形。學者欲明道，當即器求之。至於六經，亦僅載道之一器而已。下篇指出學術愈歧，大道愈隱。合以統分，會偏得全，始可明道[83]。

78　《遺書》，卷18，〈邵與桐別傳〉，漢聲，頁397上。有關二人之交往及論學，可參胡楚生：〈章學誠與邵晉涵之交誼與論學〉，《興大文史學報》，第十五期（1985年3月），頁1-13。

79　參見《文史通義》，頁292，298。

80　參〈邵與桐別傳〉，並參《遺書》內實齋致二雲之各通書信。

81　汪輝祖之著作中則有偶及二雲對實齋之描繪。汪氏云：「昔二雲言實齋古文根深實茂，重自愛惜，從無徇人牽率之作。」汪輝祖，《夢痕錄餘》，〈嘉慶六年〉條，江蘇書局，65b-66a，不標出版年月。

82　按實齋此論實爲針砭當時經學流弊而發。近代學人中，錢穆先生對此深有體會。參見氏著：《中國近三百年學術史》（臺北：臺灣商務印書館，1976），頁380-381。

83　按實齋之道論乃係其思想重點之一，亦爲其持世救偏，針砭乾嘉學風之主要理論所在。近代學者研究實齋之道論者大不乏人。此可參以下諸研究：錢穆，上揭《中國近三百年學術史》，頁380-384；呂思勉：《史學四種》（上海：人民出版社，1981），頁211-212；侯

至於二雲評〈原道〉的一段文字，茲鈔錄如下：

> 邵氏晉涵曰：是篇初出，傳稿京師。同人素愛章氏文者皆不滿意。謂蹈宋
> 人語錄習氣，不免陳腐取憎，與其平日為文不類。至有移書相規誡者。余
> 諦審之，謂朱少伯[84]曰：「此乃明其《通義》所著一切創言別論，皆出自
> 然，無矯強耳語。雖渾成，意多精湛，未可議也。」

此評語可探討者有二端，茲分論如下：

1. 以時代學風所限，實齋生前之聲名雖不及同時之學者，如錢大昕、戴震等輩，
   但他的文章自有不少讀者。「〈原道〉初出，傳稿京師」只能說是其中一例
   證而已。我們從實齋文章被人勦襲、更改、批評等事宜即可推知實齋文章在
   當時流傳頗廣。茲舉數例為證。實齋自述云：
   「生平所得，遊士襲其談鋒，經生資為策括。近則遨遊南北，目見耳聞，自
   命專門著述者，率多陰用其言，陽更其貌；且有明翻其說，暗勦其意，幾於
   李義山之蔽蘊，身無完膚，杜子美之殘膏，人多沾丐。」[85]又云「：僕屬草

外廬，《近代中國思想學說史》（上海：生活書店，1947），第八章，〈繼承清初學術傳
統文化史家章學誠〉；D.Nivison，上揭書，第六章，"History and Tao"。Nivison 而外，西
方漢學大師 P. Demiéville（戴微密）對實齋亦深感興趣。他很可能是西方學者中撰文研究
實齋最多的一人。早在 1923 年便針對胡適的《章實齋先生年譜》撰寫了十多頁的書評，
發表在 *Bulletin de l'École Française d'Extrême-orient*, Vol. XXIII。1951 年，又在巴黎出版
的 *Annuaire du Collège de France*（1951）發表了有關實齋的生平及史學思想的文章。惟
Demiéville 研究實齋最具深度，言簡意賅的論著，當推"Chang Hsüeh-ch'eng and his
historiography"一文。此文收入 W.G. Beasley and E. G. Pulleyblank 所編的 *Historians of China
and Japan*（London: OUP, 1961）一書內。該文篇幅雖不到 20 頁，但實齋最重要的史學見
解，以至其他方面的見解，均作了相當深入的闡釋。實齋之道論見解，亦見諸文內。彼與
Nivison，允為實齋身後之西方兩桓譚。

84　按：「伯」當作「白」。朱少白，乃朱筠次子，名錫庚；少白，其字也。孫星衍嘗為之撰
　　〈行狀〉，收入《國朝耆獻類徵》（初編）；江藩《國朝漢學師承記》亦有傳。

85　《文史通義・與邵二雲論學》，頁297。

未成，書未外見一字，而如沸之口已譁議其書之不合。」[86]再云：「年至三十，所得似有進焉，人則從而疑之；至於今（按實齋時年四十歲），蓋又土苴三十之所爲矣。一二心知之外，從而鄙且笑者十之四五，怒且罵者且倍焉。」[87]

上引實齋自述之詞或不免稍有自誇失實之處[88]。其好友曾燠以「賴君雅博辯，書出世爭誦」[89]來形容其箇中情況，恐亦不免誇誕。但無論如何，實齋的文章在當時有不少讀者是可以想見的。

2. 〈原道篇〉成於乾隆五十四年（1789），實齋晚年見解及其整體思想之要旨概披露於此。然該文無大異於其先前之著作。二雲說當時人認爲〈原道篇〉不類實齋平日之文章，此則顯係當時人不解、未契實齋學問之本旨宗趣而來的判斷！實齋喜說理，發爲文章恆以義理（文史、校讎、方志等理論）爲探索之對象。此可謂數十年如一日。惜同時人未悟斯旨[90]。二雲則獨具慧眼，對門生朱錫庚（字少白，朱筠次子）指出說：「此乃明其《通義》所著一切創言別論，皆出自然，無矯強耳語」。此寥寥數語實大有精義在：〈原道〉一文，其本旨固不在於綜括《通義》中之一切言論。但學問既成家，則一切文章、言論恆不免自然流露、披洩其人思想之終極宗趣。二雲對實齋既有契解，因此便察覺得知〈原道〉一文實可反映出實齋《通義》之一切創言別論皆係如此（即必以義理爲依歸）。「無矯強耳語」中「矯強」一詞，蓋「矯

86　《遺書》，卷 14，〈與陳觀民工部論史學〉，漢聲，頁 283 上。

87　《文史通義·與朱滄湄中翰論學書》，頁 306。

88　實齋言論失實過火，或預存立場，其批評當時人之言詞最可爲代表。此點羅師炳綿早已指出。參羅炳綿，上揭〈章實齋對清代學者的譏評〉，尤其頁 332，343。許師冠三亦認爲實齋言論有自炫夸談之處。許冠三：《劉知幾的實錄史學》（香港：中文大學，1983），頁 163。

89　曾燠：《賞雨茅屋詩集·贈章實齋國博詩》。此詩集，筆者未見。轉引自《合譜》，頁 128；又參吳天任，上揭《章實齋的史學》，頁 264。

90　〈原道篇〉論道，涉及形而上學的理論。此可謂稍異於實齋平日論文、論史的理論。但就同爲理論上之探索而言，則兩者並無二致。

情、勉強」之謂。按：實齋論學甚重視學者本人之性情[91]，而人之眞實性情恆與「矯情、勉強」相反。克就實齋本人來說，強一己追逐時流而從事訓詁考據，則必入於「矯強」之地步無疑。是以晉涵指實齋「無矯強耳語」，蓋指實齋不必如訓詁考據家之必"言言有據，字字有考"，始可落筆成文。其文由是不免渾成籠統，可以想見。但既爲成家之學之結晶產品，故必「意多精湛」也。

上引邵氏評語提到《通義》的問題，今略論述如下。實齋遺著現今流通最廣的當然是《文史通義》；其次則爲《校讎通義》。但二雲所說的《通義》與今本《文史通義》[92]、《校讎通義》[93]有別。二雲所說的《通義》當是指實齋的一切重要著作而言。茲闡釋此問題如下。乾隆四十四年，實齋已寫成《校讎通義》四卷[94]。但寫於乾隆四十八年之〈詩教〉上篇有注云：「詳見外篇《較讎略・著錄先明大道論》」。這是指《文史通義》之外篇是收錄了《較讎略》的。《較讎略》今不見。因此張述祖視之爲散佚了[95]。換言之，依張氏意，除《校讎通義》外，實齋還寫了《較讎略》。但姚名達則認爲二書其實只是一書：實齋有意併《校讎通義》入《文史通義》內，故改稱前者爲《較讎略》。後以《文史通義》未成書，故《校讎通義》一仍其名而別行[96]。張、姚兩說固不同，但有一點可以確定的是：實齋是自始至終都有意把一切重要著述最後錄歸《文史通義》一書內的。〈跋丙辰山中草〉有云：「……他日錄歸《文史通義》當去芒角而存其英華。」[97]丙辰

---

91 可詳參《文史通義・博約》中篇、下篇。其中中篇云：「夫學有天性焉，……學又有至情焉。」

92 《文史通義》，現今最通行的版本是道光十二年壬辰（1832）實齋次子華紱刊刻於河南的本子。此世稱大梁本，實爲後世諸本所從出的祖本。參張述祖：〈《文史通義》版本考〉，《史學年報》，卷三，期一（1939），頁71-98。又可參本書第五章。

93 華跋編訂刊刻的《校讎通義》原含三卷。後或附入其他文章，而此等文章成了外篇一卷。原有三卷則改稱內篇。

94 參《遺書》，卷29，〈跋酉冬戌春志餘草〉，漢聲，頁727下。

95 見張述祖，上揭〈《文史通義》版本考〉，頁96。

96 參姚名達，上揭〈章實齋遺書敘目〉，頁232-233。

97 《遺書》，卷28，漢聲，頁714下-715上。

是嘉慶元年。其實以前所著述之重要文字，實齋莫不有意作同一處理[98]。因此二雲所說的《通義》當是指收錄實齋本人認為所有重要文字的一集子而言，此不可與今本《文史通義》或《校讎通義》混為一談。

　　順帶補充一點：《文史通義》在乾隆五十九年或至遲六十年已有選刻本刊行於世[99]。但實齋有意把他認為重要的文字不斷錄取納入其內，因此在實齋生前，《文史通義》便從未有過定本。就讀者來說，亦可謂不知何謂定本！

（九）1789（乾隆五十四年己酉）實齋族子章廷楓評〈原道篇〉[100]。

　　章廷楓[101]之評語如下：

> 叔父《通義》，平日膾炙人口，豈盡得其心哉？不過清言高論，類多新奇可喜；或資為掌中之談助耳。不知叔父嘗自恨其名雋過多，失古意也。是篇題目雖似迂濶，而意義實多創闢。如云道始三人居室，而君師政教皆出乎天，賢智學於聖人，聖人學於百姓，集大成者為周公，而非孔子，學者不可妄分周孔，學孔子者不當先以垂教萬世為心。孔子之大，學《周禮》一言，可以蔽其全體。皆乍聞至奇，深思至確。《通義》以前，從未經人道過。豈得謂陳腐耶？恐是讀得題目太熟，未嘗詳察其文字耳！

有關《通義》收錄何種文章的問題，見上一條筆者之論述。至於《通義》中之文章可「資為掌中之談助」一語，則頗可反映實齋的文章在內容上必具備一定的新鮮度、創意、與別不同，否則何談助之可言？此問題，今不擬細究。茲僅討論周公、孔子集大成的問題。

　　張爾田批評實齋說：

98　姚名達，上揭〈章實齋遺書敍目〉，頁 235。

99　張述祖，上揭〈《文史通義》版本考〉，頁 71-72。

100　評語見《文史通義‧原道》下篇。

101　章廷楓（乾隆 49 年（1784）進士）為實齋族子，嘗受學於邵晉涵。參《遺書》，卷 18，〈邵與桐別傳‧附錄〉，漢聲，頁 397 下-398 上。

……章實齋先生著〈原道篇〉以謂集大成者為周公，而孔子之刪述六藝，則所以學周公也。自此論出而先聖始若分茅而設蕝矣。不知周孔，不容軒輊也。孔子以前不必有周公，而周公以後則不可無孔子。天不生周公，不過關係一姓之興亡而已，而犧農堯舜禹湯文武之書猶在也。天不生孔子，則群聖人之道盡亡，雖有王者無從取法矣。[102]

晚清及民初學者中最能服膺實齋學問，但同時亦扮演諍友角色的，張爾田當是其中的表表者。這種「二極化」的情況，《史微》一書到處可見[103]。

　　上引的一段話，很明顯是把孔子的重要性放在周公之上。這自是張爾田的個人看法。我們不必管。但問題是他似乎誤會了實齋對周、孔二人所作的評價。這對一個自稱服膺實齋學問的人來說，不能不是一種遺憾[104]。實齋〈原道〉上、中、下三篇，其中討論周、孔集大成問題的，主要見諸上、中兩篇，而上篇之討論尤多。張氏不滿意實齋，似乎主要是由上篇下面幾句話引起的。實齋說：

自有天地而至唐虞夏商，皆聖人而得天子之位。經綸治化，一出於道體之適然。周公成文武之德，適當帝全王備，殷因夏監，至於無可復加之際，故得藉為制作典章而以周道成古聖之大成。斯乃所謂集大成也。孔子有德無位，即無從得制作之權，不得列於一成，安有大成之可集乎？[105]

其中「孔子有德無位，……安有大成之可集乎？」的幾句話，應該是特別強調「孔子以前不必有周公，周公以後則不可無孔子」的張爾田所最不能接受的。其實這句話之後馬上接上如下的一句話：「非孔子之聖遜於周公也，時會使然也」是一句極具關鍵性的話。實齋〈原道〉一文屢次強調「時會」（此相當於今天常說的「大環境」、「潮流」、「風氣」、「運會」、「客觀形勢」等語）。某人之能

102　張爾田：《史微》（臺北：華世出版社，1975），內篇，卷8，頁397。
103　同上註，尤其頁16，70，139，319，397-400，440-448，並〈凡例〉，頁1-2。
104　參上註，〈凡例〉。
105　《文史通義》，頁36。

夠集前人之大成而成就了某方面之事業，並因而作出鉅大的貢獻，究其原因，一方面固然由於其人具備了本身之主觀有利條件（如稟賦高、能力強、勤勉用功等等），但另一不可忽視的要素則是客觀形勢之許可。在不同的客觀形勢下，周、孔便作出不同的貢獻。孔子有德無位，在客觀份位上不是在位者，因此無從得創制之權。用今天的話來說，孔子擁有的資源實在很有限，無法與周公比；因此，亦無法在現實上作出比周公更大的貢獻。是以就政統、治統的判準來看，孔子便無若何成就、貢獻，是以「不得列於一成」，更遑論集大成！但光靠此判準來衡量孔子之成就、貢獻，不很恰當，亦不合理。實齋於此可謂極具警覺性。因此他抬出了另一判準來衡量孔子。此即「明教」、「立教」是也。「孔子立人道之極」（〈原道篇〉中用語），人倫綱常由彼而立。因此其聖絕不亞於周公[106]。由此可見周、孔不容妄分軒輊。張爾田誤解實齋，固執「孔子有德無位……安有大成可集乎？」一語而不詳究〈原道〉全文主旨。因此實齋很關鍵的一個看法：分別持據不同的判準來衡斷周、孔二人之成就的看法，便完全被忽視了！

　　但此中必須補充一點。通觀〈原道〉全文，筆者覺得就政、教二項來說，實齋是比較重視前者而輕忽後者的。實齋認為孔子在「教」上的表現不遜於周公在「政」上的表現。就孔子本身來說，其表現之所以鎖定在「教」上，其實是一種很不得已的作法。換句話說，如客觀情況許可孔子在「政」上有所表現的話，則孔子便不必往「教」上尋：尋求在「教」方面要有所表現。細繹〈原道〉一文，實齋之想法與孔子正同。然則在實齋之內心深處，政是高於教的（縱使言教，亦不能垂空言，而必須緊扣人倫日用，「敷政出治」為之。換句話說，實齋心中實不容許獨立於政治、人倫日用之外的客觀學術之存在）。假使用現代職業名詞來譬喻，似乎可以這麼說：如果客觀形勢容許人在政治家與教育家之間，擇一來

106　中國人重視三極：太極、皇極、人極。太極，簡言之，乃一切存在之形而上之絕對根源，其象徵性之代表為「上天」。皇極，乃人世間之各種客觀創制（典章制度）。人極，乃人世間各種倫常道德之表現。太極必落實為皇極、人極，始得其終極歸趨，否則便騰空虛懸！皇極則又肇基於人。人而無倫常道德，則人不成其為人矣。所以說到究竟處，三極實以人極為結穴之所在。實齋既以「立人道之極」來定位孔子之貢獻，我們能說實齋不重視孔子嗎？

擔任的話，實齋必認爲應該擔任前者，蓋前者之貢獻大於後者。而只有在客觀
形勢不容許時，實齋才接受退而求其次的作法：當個教育家；並在此情況下承
認當教育家的貢獻不下政治家的貢獻。

（十）1792（乾隆五十七年壬子）邵晉涵評〈書教篇〉[107]。

邵晉涵之評語，就其內容來看，所論述者不出〈書教〉下篇之範圍，未及
上、中兩篇。下篇文字頗長，今先揭示其要旨如下，俾方便瞭解晉涵評語之
所指。

要旨一、《尙書》體圓用神；乃因事命篇，本無成法之撰述。《春秋》[108]體
方用智：乃係按年月先後，有定例可循而成之著作。

要旨二、《史記》體圓用神（通變化），多得《尙書》之遺，故不甚拘於題
目。《漢書》體方用智（守繩墨），多得官禮之意；然《漢書》本爲撰述（體圓
用神之著作），故可謂兼具圓神、方智二特性。

要旨三、後世史家不知變通，完全拘守、依循《漢書》之體例而著書，轉失
班氏之意。

要旨四、袁樞《紀事本末》不拘守舊例而成書，故可謂在客觀意義上，乃係
一創作。但實齋指出袁氏初無此意，其學亦未足與此。換言之，就主觀意義來
說，袁氏本無任何意圖要創造一新史體[109]。

要旨五、拯糾紀傳體史書之失，可透過師法《尙書》、《春秋》之意爲之[110]。
此體史書之失在於記同一史事而有歧出互見之煩。糾正之法是把〈傳〉、〈志〉

---

107 評語見《文史通義・書教》下篇，附錄。《文史通義・與邵二雲論修宋史書》成於乾隆
五十七年。此可參錢穆：上揭《中國近三百年學術史》，頁424。〈與邵二雲論修宋史書〉
提到〈書教篇〉乃近期所撰。由是言之，〈書教篇〉大抵亦成於乾隆五十七年。邵晉涵
對〈書教篇〉所作之評語不知撰於何年。今姑且視爲〈書教篇〉同年之作品。或最晚不
過嘉慶元年（1796），因二雲卒於是年。

108 按《文史通義》中，《春秋》常兼指《左傳》。

109 撰於乾隆五十七年之〈與邵二雲論修宋史書〉亦指出「《紀事本末》本無深意」，可並
參。《文史通義》，頁294。

110 按實齋《書教》下篇所論，以師法《尚書》爲主。然一事之紀錄（追踪一史事之發展），
常按年份先後爲之，故不得不同時師法編年體之《春秋》。又實齋肯定紀傳體中之本紀

（《史記》稱〈書〉）、〈世家〉等均依循「因事命篇」（故不必分類）之原則而撰寫之，以翼緯〈本紀〉。本文末段兩言「《尚書》之義」，《尚書》之受重視可知。所謂「《尚書》之義」，乃指尚變通，不必拘守成例；一切內容均以因事命篇為準。此外，實齋尚談及以表、圖分別解決人名、事類及天象、地形等問題。

　　了悟實齋該文之意旨後，晉涵的評語便可解。其評語云：

「紀傳史裁，參仿袁樞，是貌同心異；以之上接《尚書》家言，是貌異心同。」

　　其意為：袁樞雖無意中創新了史體，但此非其本意。因事命篇，不拘成法這種匠心獨運、善變通、圓而神式的創作，並不是袁樞的學養所能夠達致的。職是之故，依據袁樞紀傳本末式的史體來修改（補救）紀傳體史書，只能說是歪打正著符合了因事命篇的原則而已；而不是真有契於此種精神的。故可謂只是貌同，而心實異。反之，如確能透解、契悟《尚書》因事命篇之義，並以之作為修正紀傳體史書之指南的話，則此種史書雖仍維持其原有體貌而不同於《尚書》，但其精神早已與之有所契合了、暗同了，故可謂貌雖異而心實同。其實，筆者則以為，無論是《尚書》也好，袁樞之《紀事本末》也罷，皆同為因事命篇之製作，且後者因事命篇之情況尤其明顯。實齋何厚於前者，而薄於後者[111]？！筆者推想：實齋恆輕議同時代人及古人，袁氏遂弗能外於是。至於《尚書》，則經也，固異於其他一般之典籍也。此其一。且早於袁氏一二千年而《尚書》即有此因事命篇之偉大設計，實屬難得之至。此其二。這兩個原因，可能是實齋作出厚此薄彼的判斷的主因。

部份。本紀乃編年體之著述，故可視為乃《春秋》之遺意。其實，比〈書教〉晚一年成文之〈史篇別錄例議〉（此文之撰寫年份——乾隆58年，乃據錢穆，《中國近三百年學術史》，頁424；〈史篇別錄例議〉，錢書作〈史學別錄例議〉）云：「編年、紀傳、同出《春秋》。」可知實齋亦承認《尚書》與《春秋》均為編年與紀傳之源頭。然而，編年與紀傳，在體裁上各有其局限。實齋以為可以「別錄」補救之。詳〈史篇別錄例議〉，《文史通義》，頁234-240。

111 實齋以「袁氏初無其意，且其學亦未足與此，書亦不盡合於所稱，……書有作者甚淺」（〈書教〉下篇）來批評袁氏的《紀事本末》。

晉涵的評語又云：

「是篇所推，於六藝爲支子，於史學爲大宗，於前史爲中流砥柱，於後學爲蠶叢開山。」

經實齋「修正過」而成的「新紀傳史體」，旨在「通《尙書》、《春秋》之本原」（〈書教〉下篇語）。既以六藝中之《尙書》、《春秋》爲修正之所本，是以晉涵雖視此體（新紀傳史體）爲實齋的新發明品，但其精神其實是繼承六藝而來的，乃可謂其支子。又後世紀傳史書當不能易其宏規，故就史學來說，此種新體紀傳史書，很明顯成爲史學不祧之大宗，而同時亦是後世史學（即新史學）之開山祖師。但這種新體紀傳史書（或新紀傳體史書），並沒有完全揚棄、取代舊有紀傳體之成規；而可說是予以修正後而仍保住其固有傳統。因此，就前史（舊有紀傳體史書）來說，新體紀傳史書便扮演了中流砥柱的角色，舊體乃得賴以保存[112]。

（十一）1794（乾隆五十九年甲寅）邵晉涵稱許實齋對文史的看法[113]。

此條資料文字頗長，恕不引錄。實齋整體學問之宗趣，所謂「《文史通義》之宗旨」，文中皆有所揭示。其中更涉及實齋學問所從出的大問題；且文人之文不可論史家之著作（即文人不可修史）等問題亦語及。凡此種種皆爲探究實齋學術大旨所宜注意者。惟茲事體大，且其中部份內容（如論說《文史通義》之宗旨等等），本文或本書其他章節已有所揭示，今從略。

三、論述實齋之學問文章見諸《章氏遺書》以外者

（一）1769（乾隆三十四年己丑）汪輝祖（1730-1807）稱述實齋之文章[114]。

112　按實齋並不是沒有創立新體史書的念頭。〈書教〉下篇便指出〈圓通篇〉即爲此而作。惜筆者未見此篇。胡適指出此篇始終未成。參《胡譜》，頁 71。

113　語見《遺書》，卷十四，〈與陳觀民工部論史學·附錄〉，漢聲，頁 283 上、下。〈與陳觀民工部論史學〉之撰寫年份（1794）乃據胡適而來。見《胡譜》，頁 79。邵晉涵之稱許語不知說於何年，今姑且視爲同年之「作品」，或最晚不過嘉慶元年，蓋晉涵是年卒。

114　語見《病榻夢痕錄》（臺北：臺灣商務印書館，1980），〈乾隆三十四年〉條，頁 73-74。

　　乾隆三十四年，汪輝祖赴禮部會試。是時實齋肄業國子監，由是與輝祖訂交。輝祖描述實齋云：「實齋古貌古心，文筆樸茂，能自申所見。」自是二人相交 32 年不衰[115]。實齋一輩子為學本乎性情，好發議論，但從無徇人牽率之作[116]。輝祖不愧史家巨眼，「能自申所見」一語最能道破實齋在學術上的表現。

（二）**1770**（乾隆三十五年庚寅）**朱筠撰詩憶念實齋**[117]。

　　詩云：

> 欲殺吾憐總未休，甚都猶為百綢繆。馮生文史偏多恨，劉氏心裁竟莫收。
> 燕市遊來稀酒客，閩行壯絕憶書樓。憑君檢拂殘魚蠹，有意名山著作否？

詩中跟實齋學術最有關係的文字，恐怕就是「憑君檢拂殘魚蠹，有意名山著作否」一語。由「名山著作」一詞，略可窺見朱氏對實齋期許之深。

（三）**1781**（乾隆四十六年辛丑）**李威批評實齋**[118]。

　　〈從遊記〉中有關實齋之文字如下：

> ……及門會稽章學誠，議論如湧泉。先生（指朱筠）樂與之語。學誠姍笑無弟子禮。見者愕然，先生反為之破顏，不以為異。

115　參汪輝祖：《夢痕錄餘》，〈嘉慶六年〉條。

116　「從無徇人牽率之作」一語，乃邵晉涵對實齋文章之描繪，語見《夢痕錄餘》，〈嘉慶六年〉條。可並參上文第二節之（八）1789 年條及本節下文（三）1781 年條。

117　詩見《笥河詩集》，卷五，庚寅上，〈懷京華及門諸子・章實齋副貢〉。〈章實齋副貢〉詩寫作之時、地，《合譜》之記載均有誤。吳天任已辯證其謬。《合譜》，頁 22；《合譜・校後補記》，頁 2；吳天任：上揭《章實齋的史學》，頁 254-255。

118　語見〈從遊記〉，收入朱筠：《笥河文集》，卷首。1781 年乃〈從遊記〉作者李威文末自標之年份。李威與實齋同為朱筠的學生。朱氏辛於乾隆四十六年夏。詳參羅繼祖：〈乾隆四十六年〉條，《朱笥河先生筠年譜》（臺北：臺灣商務印書館，1981），頁 11b-12a。李威及實齋分別在乾隆四十六年仲秋及四十七年三月撰文（前者名〈從遊記〉；後者名〈朱先生墓誌銘〉）悼念之。實齋所撰之〈墓誌銘〉收入《遺書》，卷 16，漢聲，頁 334 下-336 上；又收入《笥河文集》，卷首。

乾隆二十八年實齋始肄業國子監，二年後（乾隆三十年），學文章於朱筠。朱氏一見，許以千古[119]。實齋日後之學問文章，以至生活方面，得朱氏之幫助不少[120]。

　　觀上〈從遊記〉一文，可注意者有二事：一為實齋好發議論。其日後成就之所以偏重於義例（文史、方志、校讎等等）之探討、闡發（此猶劉知幾「好談名理」），由是順理成章。二為實齋個性率真，不拘執於師徒之禮數。當然，禮之表現是視乎對方之接受程度為轉移的。換言之，縱使實齋率性如是，但如果不是遇上朱筠這種不拘小節的老師，恐怕實齋亦不至於姍笑無弟子禮呢[121]！但實齋個性本率直剛鯁，亦可由他與另一老師——梁國治（1723-1786）之相處得知[122]。

（四）1786-1789（乾隆五十一年丙午至乾隆五十四年己酉）洪亮吉（1746-1809）撰詩描繪實齋[123]。

　　詩頗長，不煩引錄。其中值得注意者有下列數事：

1. 洪亮吉指出實齋經常斧正其文章之放筆不淳處[124]。
2. 汪中（1745-1794）與實齋言論最不合。當汪輝祖以汪中論說質諸實齋時，實齋即託詞耳聾而不回答[125]。

119　參《遺書》，卷 17，〈湖北按察使馮君家傳〉，漢聲，頁 364 上；卷 29，〈與汪龍莊簡〉，漢聲，頁 748 上。又可參上一節：（三）1765 年條；卷 28，〈跋甲乙賸稿〉，頁 714 下；卷 29，〈與家守一書〉，漢聲，頁 757 下。

120　參《遺書》，卷 18，〈任幼植別傳〉，漢聲，頁 399 上；卷 28，〈跋甲乙賸稿〉，漢聲，頁 714 下；卷 29，〈與家守一書〉，漢聲，頁 757 下。

121　朱氏不以自己之地位名聲而驕視同儕；更不依恃長輩身份與生徒交往，觀〈從遊記〉可知。茲就後者舉一例：李威指實齋對老師「姍笑無弟子禮」。其實，李氏自己亦好不到那裡。李氏在〈從遊記〉中自述云：「威侍先生飲。酒酣，每進言於先生。力爭不已，繼之以哭，舉座踧踖不安。先生亦談笑自若，絕無忤怒之色。」

122　洪亮吉：〈歲暮懷人詩・章進士學誠〉詩下有注云：「君（指實齋）性剛鯁，居梁文定公（即梁國治）寓邸三年，最為相公所嚴憚。」詩收入洪亮吉：《卷施閣詩》，《卷施閣集》，卷 15。又可參下文 1794 年條。

123　洪亮吉，《卷施閣集》（上海：中華書局，四部備要本，不標年份），《卷施閣詩》，卷八，《靈巖天竺集》，〈有入都者偶占五篇寄友・章進士學誠〉，頁 17b。

124　章、洪二人之交情及章對洪的批評，可參羅師炳綿，上揭〈章實齋對清代學者的譏評〉，頁 342-349。

　　3. 洪亮吉認爲汪中與實齋之文章各有勝場[126]。

（五）1788-1795（乾隆五十三年戊申至六十年乙卯）洪亮吉致函實齋討論地方首長稱謂問題[127]。

　　乾隆五十二年，洪亮吉（1746-1809）修成《乾隆府廳州縣圖志》[128]。實齋不同意書中用「布政使司」之名，而認爲當以「部院」之名易之[129]。洪氏不接受實齋之建議，於是去信（此即〈與章進士學誠書〉）重申己見[130]。但這信似乎並沒有寄出。實齋是後來閱覽《卷施閣文集》時才看到該信的。實齋對此多年前的往事顯然並未能釋懷，於是寫了〈地志統部〉一長文，重申己說[131]。此外，在寫

125　實齋生平絕少許可人。汪中則更是「白眼逢人百不識」、「藐視六合間，高論無一人」、「素傲睨、好詆議人」。二人各有個性，且皆自視甚高；其不能契合，理有固然。汪中之行徑，可參威：〈從遊記〉。章、汪二人之轇轕，參羅師炳綿，上揭〈章實齋對清代學者的譏評〉，頁 329-340。

126　洪亮吉此詩撰於何年，頗值得研究。《合譜》繫此詩於乾隆四十二年（1777）下（《胡譜》未收錄此詩，故知此詩乃姚名達訂補《胡譜》時所錄），此自是錯誤。吳天任考定此詩當撰於乾隆五十四年（1789）。吳天任，前揭《章實齋的史學》，頁 257-258。D. Nivison 之說法與吳同。Nivison，前揭 *The Life and Thought of Chang Hsüeh-ch'eng, 1738-1801*，頁 256。吳孝琳則認爲該詩成於乾隆五十一年（1786）。吳孝琳，上揭〈《章實齋年譜》補正〉，頁 285。柴德賡則認爲當寫於乾隆五十一、五十二年之間。柴德賡：《史學叢考》（北京：中華書局，1982），頁 292。羅師炳綿則認爲詩成於乾隆五十三年（1788）。羅炳綿：上揭〈章實齋對清代學者的譏評〉，頁 342。換言之，從五十一年起至五十四年止，每一年均有不同學者認爲是該詩之寫作年份。該詩到底寫成於何年，姑且留待後人作進一步研究。按：收錄此詩之《靈岩天竺集》，題下洪氏有如下之自註：「丙午至己酉」（即乾隆五十一至五十四年），今姑且仍之而不必細究撰寫之確切年份可也。

127　洪亮吉，〈與章進士學誠書〉，收入《卷施閣文》，甲集，四部備要本，8.10b-11b。

128　參呂培：《洪北江先生年譜》，收入洪亮吉：《卷施閣集》，冊一，15b。

129　實齋與亮吉討論此事之年份大概在乾隆五十三年（1788）。參《遺書》，卷 14，〈地志統部〉，漢聲，頁 271 下；《合譜》，頁 125。

130　〈與章進士學誠書〉，不標撰年。但章、洪二人既在乾隆五十三年前後討論有關問題，則該〈書〉之撰寫當在同年或稍後；或至遲不晚於乾隆六十年，蓋收錄該〈書〉之《卷施閣文集》刊於乾隆六十年。有關刊行年份，參呂培，上揭書，頁 19a。

131　《遺書》，卷 14，〈地志統部〉，漢聲，頁 271 下-274 上。

給朱笥次子的信中，亦提到此事*132*。

（六）**1790**（乾隆五十五年庚戌）段玉裁稱讚實齋史學得其本源*133*。

乾隆五十五年，段玉裁（1735-1815）致書邵晉涵，內容中提到實齋云：

> 先生（指邵晉涵）邃於史學。聞實齋先生云有宋史之舉。但此事非先生莫
> 能為。則日中必晨，尚勿遲緩。實齋神交已久，今始得見。其史學可謂得
> 其本源。……

乾隆五十五年，實齋、玉裁同客武昌*134*，故得相見。上信中，玉裁固然稱譽實齋之史學。此外，二人相見時，玉裁似乎亦當面稱許實齋。蓋會晤後一年（乾隆五十六年），實齋去信其弟子史致光（1752-1828）*135*時指出謂：「通人如段若膺，見余《通義》有精深者，亦與歎絕。」「《通義》有精深者」，蓋指其史學而言。玉裁雖然稱譽實齋之史學，但批評其文體，以為雜時文句調。實齋最痛恨時文*136*，豈能接受此批評。〈與史餘邨簡〉即為反駁玉裁此一批評而作也！

有關實齋有意獨力纂修宋史一事，詳實齋〈與邵二雲論修宋史書〉*137*。

---

132 此信名為〈又答朱少白書〉。此異於另一信：〈與朱少白書〉。前者收入《遺書》，補遺，漢聲，頁 1365 上-1366 下；後者收入漢聲，頁 1367 下-1368 上。《合譜》於此有誤：視討論「地志統部」的問題記錄在後信內！（《胡譜》未收錄有關書信，故知有關書信乃姚名達訂補《胡譜》時所收錄。）羅炳綿於此亦誤，蓋本姚氏之誤而來。《合譜》，頁 125；羅炳綿，上揭〈章實齋對清代學者的譏評〉，頁 343。

133 段氏稱讚實齋，語見彼致邵晉涵書。此書筆者未見。李慈銘曾錄之於〈荀學齋日記〉己集內。今轉錄自王雲眉：《邵二雲先生年譜》（臺北：廣文書局，1971），〈乾隆五十五年〉條，頁 105。

134 參《合譜》，頁 75；王雲眉，上揭《邵二雲先生年譜》，頁 105。

135 此即〈與史餘邨簡〉，《遺書》，卷 9，漢聲，頁 184 下-185 上。去信之年份，見錢穆，上揭《中國近三百年學術史》，頁 423。

136 參上節 1753 年條。今宜指出一點：實齋憎惡時文是一回事；但既曾習時文應舉，則文章中雜以時文句調，或亦竟不可免。是以玉裁之批評，不必全係無的放矢。

137 《文史通義》，頁 294-295。此〈書〉應寫於乾隆五十七年。參錢穆，上揭《中國近三百年學術史》，頁 424。

嘉慶元年丙辰（1796），段玉裁嘗致書二雲，其中提到實齋時，語帶關懷問候之意[138]。又玉裁致二雲之各書中，尚有另一書提及實齋。書云：「章實齋所撰《史集考》不知已成若干？」[139]李慈銘以爲《史集考》即《文史通義》之初名。按：實齋曾編纂《史籍考》一書。《史集考》顯係《史籍考》之訛，李氏之誤顯然。吳孝琳已辨證其謬[140]。又此致二雲書不知撰於何年。然《史籍考》之編纂始於乾隆五十三年[141]，故知此致二雲書必寫於乾隆五十三年之後。

（七）**1790（乾隆五十五年庚戌）王昶（1725-1806）記實齋爲畢沅（1730-1797）修《史籍考》[142]。**

本條云：「畢制軍招飲，子雲[143]、子進[144]與焉。時張廉船（舟）、章實齋（學誠）爲畢公修《史籍考》。」[145]

（八）**1794（乾隆五十九年甲寅）洪亮吉撰〈章進士學誠〉詩[146]；實齋的容貌及性格，可以概見。**

138　王雲眉，上揭《邵二雲先生年譜》，頁 107。此致二雲書不標撰寫年份。但書中告知二雲謂盧文弨（字抱經，1717-1796）已歸道山。按：盧氏之卒乃在乾隆 60 年 11 月 28 日（見 *Eminent Chinese of the Ch'ing Period*，頁 549）。此致二雲書，書末所標示之日期爲正月九日，故可知此書當寫於盧氏卒後之翌年（即嘉慶元年）之正月九日。又二雲卒於是年六月十五日（見王雲眉，上揭書，頁 130）。由此更可確知正月九日必係嘉慶元年之正月九日，而不可能是他年之正月九日。

139　轉錄自吳孝琳，上揭〈《章實齋年譜》補正〉，頁 300。

140　吳孝琳，上揭〈《章實齋年譜》補正〉，頁 300。

141　參羅師炳綿，〈《史籍考》修纂的探討〉，《新亞學報》，六卷一期、七卷一期，（1964年、1965 年）。

142　語見王昶：《春融堂雜記》，〈使楚叢譚〉，〈乾隆庚戌十月十五日〉條。

143　子雲即方正澍，其傳記見《清史列傳》，卷 72；《國朝詩人徵略》，卷 33。

144　子進，即嚴觀，其傳記見《清史稿》，卷 490；《清史列傳》，卷 72。

145　實齋本年（乾隆五十五年）面晤畢沅，並爲之修《史籍考》事，可參實齋本人之自道。語見《遺書》，卷 28，〈丁巳歲暮書懷投贈賓谷轉運因以誌別〉，漢聲，頁 710 上。二人該年之面晤，亦見諸〈與邵二雲論學〉一文。《文史通義》，頁 291。該文乃實齋五十三歲所寫，時爲乾隆五十五年。

146　收入《卷施閣集·卷施閣詩》，15.11b，四部備要本，上海，中華書局，不標年份。

乾隆五十九年歲暮，洪亮吉（1746-1809）寫懷人詩三十六首，其一即為實齋而寫，內容頗涉譏諷；但實齋的剛鯁個性，得以知悉一二。詩云：

> 鼻窒居然耳復聾，頭銜應署老龍鍾；未防障麓留錢癖，竟欲持刀抵舌鋒（原注：君與汪明經中議論不合，幾至揮刀。）獨識每欽王仲任，多容頗罵郭林宗；安昌門下三年往，一事何嘗肯曲從（原注：君性剛鯁，居梁文定相公寓邸三年，最為相公所嚴憚。）*147*

（九）1797（嘉慶二年丁巳）曾燠（1760-1831）撰〈贈章實齋國博詩〉*148*。詩中對實齋的容貌、面相，有相當詳盡的描繪。

此詩篇幅頗大，有關實齋容貌、面相之相關描繪，如下：

> ……君貌頗不揚，往往遭俗弄。王氏鼻獨齇*149*，許丞聽何重*150*？話仿仲

---

147 據合譜，實齋館梁文定（即梁國治，為實齋座師）家是在乾隆四十四年、四十五年兩年，此與亮吉詩所說的三年，相差一年；當以兩年為是。亮吉之作「三年」，蓋為求平仄之諧協耳；且古人對數字之應用頗不嚴格，是以數字蓋為虛指。沈元泰：〈章學誠傳〉云：「居梁文定邸中最久，然筆墨誣詆，多不肯曲從。」（收入閔爾昌：《碑傳集補》，47.3b-4b。「多不肯曲從」一語當是根據此詩「一事何嘗肯曲從」句而來。有關實齋與汪中（詩中的汪明經）二人交惡事，可參上文1786-1789年條。又有關實齋鼻窒耳聾等問題，詳下文1797年條。

148 收入曾燠：《賞雨茅屋詩集》。此詩集，筆者未見。胡適云楊鍾羲《雪橋詩話》三集卷8收有此詩。見《胡譜》，頁96。姚名達云此詩亦見《章氏合譜德慶四編》，卷10。參《合譜》，頁128。吳天任則指出說：引錄此詩，應直接根據《賞雨茅屋詩集》。吳天任，上揭《章實齋的史學》，頁264。有關實齋與曾燠之交往，參《合譜》，頁127。按：筆者本文通篇所說的《合譜》，乃指胡適著，姚名達訂補的《章實齋先生年譜》；非姚名達所說的《章氏合譜德慶四編》。讀者不可混。

149 王氏指北魏時之王家。《魏書》載：「初，崔浩弟恬聞慧龍王氏子，以女妻之。浩既婚姻，及見慧龍，曰：『信王家兒也。』王氏世齇鼻，江東謂之齇王。慧龍鼻大，浩曰：『真貴種矣。』數向諸公稱其美。」（《魏書》（臺北：鼎文書局，1979），卷38，列傳26，〈王慧龍傳〉，頁875。）《辭海》（香港：中華書局，1973）：「齇同皻，紅暈似瘡，浮起著於鼻部及其周圍者曰皻」。詩句是暗指實齋之鼻與王氏同。

車畫[151]，書如落下諷。又嘗患頭風，無檄堪愈痛[152]。況乃面有癥，誰將玉璏礱[153]？五官半虛設，中宰獨妙用。……

實齋面相醜陋及若干感官有問題，此詩可謂作了很具體的描寫。其寫，實齋亦自言有羅隱之貌[154]。至於實齋之鼻及耳的問題，洪亮吉及謝啟昆二人亦作了描述[155]。實齋之視覺，晚年亦發生問題，至「目廢不能書」[156]。沈元泰〈章學誠

---

[150]　《漢書》：「……許丞老，病聾，督郵白欲逐之。霸（按指黃霸）曰：『許丞廉吏，雖老，尚能拜起送迎。正頗重聽，何傷？且善助之，毋失賢者意』。」「許丞」，如淳注曰：「許縣丞。」《漢書》（北京：中華書局，1962），卷89，〈循吏傳〉，頁3631。詩句以許縣丞之耳聾重聽來比擬實齋。

[151]　《宋史》：「徐積字仲車……中年有贏疾，屏處窮里，而四方事無不知。客從南越來，積與論嶺表山川險易、鎮戍疏密。口誦手畫，若數一二。客歎曰：『不出戶而知天下，徐公是也。』」《宋史》（臺北：鼎文書局，1978），卷459，〈卓行・徐積傳〉，頁13473。詩句是以徐積之「口誦手畫」來比擬實齋言談時之表現。

[152]　《三國志・魏志》，卷21，裴注引《典略》說明陳琳之文才如下：「琳作諸書及檄，草成呈太祖。太祖先苦頭風，是日疾發，臥讀琳所作，翕然而起曰：『此愈我病。』數加厚賜。」詩句指出實齋亦患頭風，然其頭風與太祖（按指：曹操）異；蓋後者可有檄以「治癒」之。

按：以上四條註釋相關典故之出處，皆本諸 P. Demiéville。氏博學多聞，於此可見。*Bulletin de l'École Française d'Extrême Orient*, XXIII，1923，頁489。至於「書如落下諷」一句，其中「落下」指的應該是西漢著名天文學家落下閎。其最著名的表現有二。其一是編製了太初曆。其二是創製了渾天儀。參網路「中文百科在線」；亦可參英國科學史家李約瑟的《中國科學技術史》。《史記・曆書》則有如下的記載：「巴落下閎運算轉曆，然後日辰之度與夏正同。乃改元，更官號，封泰山。因詔御史曰：『……其更以七年為太初元年。』」是武帝改元封七年為太初元年，乃因落下閎編製太初曆而起。曾燠詩「書如落下諷」一句，意指實齋的著作，如落下閎的著作一樣，被世人所普遍諷誦也。其推崇實齋，亦可謂至矣。

[153]　璏：《說文》：劍鼻玉飾也；即劍鞘上的裝飾玉。礱：《說文》：「礳也。」段注：「礳，今字省作磨。」又：「以石礳物曰礱。」詩句指出，誰人會（不嫌麻煩，有能耐）能把實齋臉上猶如玉璏的癥（皮膚斑點）處理掉呢？

[154]　見《遺書》，卷22，〈上畢撫台書〉，漢聲，頁505下。

[155]　洪氏〈章進士學誠詩〉（參上文，1786-1789年條有云：「君託左耳聾，高語亦不聞。」又〈歲暮懷人詩・章進士學誠〉（參上文，1794年條）亦說到實齋耳、鼻皆有問題。羅

傳〉[157]對實齋的五官作了如下的描繪：「……少患鼻衊，中年兩耳復聵，老苦頭風，右目偏盲。其歿也，以背傷。……」[158]

於描繪實齋的面相後，上引曾燠詩又說：「賴君雅博辯，書出世爭誦。」書出世爭誦固係溢美之詞，但這句至少說明實齋之作品在生前已吸引了不少讀者。又：上引詩雖對實齋之面相、器官頗多負面的描繪，但「中宰獨妙用」，則係非常正面的陳述。作爲一個學者或思想家來說，這種稱譽恐怕才是最關緊要的。至於揶揄的語句，那倒是無傷大雅的。

（十）**1798（嘉慶三年戊午）吳蘭庭（1730-1801）致書實齋（〈答章實齋書〉），稱讚其史識**[159]。

　　師炳綿引錄洪氏此〈歲暮懷人詩〉後指出說：「（此詩）譏剌實齋辯論失敗時詐聽不到。」按實齋耳聾蓋爲事實。辯論時不欲回應對方，故即以耳聾爲由以保持緘默。炳綿師說實齋「詐聽不到」則容易使人誤會實齋聽覺全無問題，而只是「詐聽不到」而已。參上揭羅炳綿：〈章實齋對清代學者的譏評〉，頁346。又謝啟昆〈懷人詩〉說實齋：「耳聾揮牘易，鼻塞運斤難。」（轉引自《合譜》，頁128。）炳綿師1991年4月15日嘗來信指出，他認同筆者本脚註的看法。

156　參《遺書》，卷18，〈邵與桐別傳〉，漢聲，頁395上。

157　收入閔爾昌：《碑傳集補》，卷47.3b-4b。

158　上文提過，寫於乾隆五十四年（1789，時實齋五十二歲）或稍前之〈有入都者偶占五篇寄友·章進士學誠詩〉，曾經說到實齋左耳有問題。又寫於五年後（1794，時實齋五十七歲）的〈歲暮懷人詩·章進士學誠詩〉又說到實齋「鼻窒居然耳復聾」。沈元泰說實齋「中年兩耳復聵」的判斷，大概是由「耳復聾」句推知實齋中年以後兩耳皆有問題的。曾燠寫於嘉慶二年（1797，時實齋六十歲）之〈贈章實齋國博詩〉說實齋患頭風，沈元泰大抵即本此而說「老苦頭風」。但說鼻衊之患乃在少年時，有問題之眼睛爲右目，並以背瘍而歿，則未能考出何所據而云。或留待異日再考。

159　此〈書〉收入《吳氏族譜稿存》。《稿存》，筆者未見。茲轉引自《合譜》，頁138。（《胡譜》未收錄此〈書〉，由此可知此條資料乃姚名達補上者。）按《合譜》只作《族譜稿存》，前未冠「吳氏」二字。羅師炳綿引此條資料時，則寫作《章氏族譜稿存》。羅師似亦未見該書，蓋以理推之而冠上「章氏」二字。查《合譜》，頁93，有關之《族譜稿存》作《吳氏族譜稿存》，是可知作「章氏」者，誤。羅炳綿：〈《史籍考》修纂的探討〉（上），頁385。又實齋致吳蘭庭（字胥石）之書信，其中至少有二通（〈答吳胥石書〉，〈又答吳胥石書〉）收錄在《吳氏族譜稿存》內。（《遺書·補遺》轉錄這兩書。

〈答章實齋書〉云：

> 別來又十餘年，……自邵與桐死（嘉慶元年），遂不復知足下遊歷所在。
> 頃接手書，知近客杭州。……承示近刻數首，其論史之識，有劉知幾所未
> 及者。《史籍考》經所裁定，足為不刊之典。然恐亦未能悉如所擬。蓋意
> 見參差，不無遷就，天下事大抵如斯矣。

實齋修纂《史籍考》時遇上困難，觀此來書已可窺見一點消息。羅師炳綿曾就吳
氏此〈書〉論述過有關問題[160]，茲不贅。至於實齋史學與子玄相較，孰優孰劣的
問題，亦不易遽下定論。余英時先生認為實齋「博大精深」、「貫通了全部中國
學術史」，而知幾「所能及的問題始終未能邁出撰史體裁範疇」，故認為「劉知
幾決非章實齋之比。」[161]許師冠三則認為實齋學問本諸子玄處甚多；且就成就「實
錄史學」來說，實齋固瞠乎其後。「二人於史學上地位之高低，亦不較自定。」[162]
余、許二先生立論基礎不同，故劉、章二人之評價遂迥然別異。個人則認為，實
齋學問自成一家，此固然；惟以「博大精深」譽之，則不免見仁見智。又知幾《史
通》亦非「始終未能邁出撰史體裁的範疇」！[163]是以就史學本身而論（非就歷史
哲學來說），子玄成就恐在實齋之上。要言之，劉、章二人，各有勝場，恐難分
軒輊。

漢聲，頁 1361 下-1363 上）。此亦可旁證有關之《族譜稿存》必係《吳氏族譜稿存》無
疑。炳綿師 1991 年 4 月 15 日嘗來信指出，他認同筆者本腳註的看法。

160　羅炳綿：〈《史籍考》修纂的探討〉（上），頁 385-386。

161　余英時：《論戴震與章學誠》（香港：龍門書店，1976），頁 233，注 6。

162　許冠三：《劉知幾的實錄史學》（香港：中文大學，1983），頁 201。

163　余氏之言論，見〈章實齋與柯靈烏的歷史思想〉。此文成於 1957 年。後收入《論戴震與
章學誠》一書時，雖作了修正，然仍可視為係余氏青年時期之作品。按：余英時出生於
1930 年。《論戴震與章學誠》一書成於彼 40 來歲時。以學術生命來說，40 來歲，固所
謂青年也。40 來歲即能撰就這部著作，這很可以預示其未來必成為大師的；果不其然。

（十一）**1801**（嘉慶六年辛酉）王宗炎復書實齋（〈復章實齋進士書〉）討論其
　　　　著作體例事[164]。

此〈復書〉頗長。其要點如下：

1. 建議修改〈原道篇〉中之若干用語。

2. 建議〈質性〉一文改名爲〈性情〉。

3. 建議全稿分內外二篇。

此外，有兩點最值得注意：

---

[164] 〈書〉載《晚聞居士遺集》，卷五；又收入《遺書》，附錄，漢聲，頁1397下-1398上。
實齋曾請求好友王宗炎爲其著作編定體例。宗炎於是去信獻議，此即〈復章實齋進士書〉
所爲作也。該書不標寫作年月。據實齋次子華紱《文史通義·序》來看，宗炎此書當寫
於嘉慶六年辛酉，即實齋去世的一年。茲稍加說明本問題如下：華紱的序文云實齋「易
簀時，以全稿付蕭山王穀塍先生（即王宗炎），乞爲校定，時嘉慶辛酉年也。穀塍先生
旋歸道山。」按：宗炎收到實齋書稿後，嘗修函覆實齋。函云：「奉到大著，未及編定
體例。昨蒙垂問，欲使獻其所知。」有關實齋何時以全稿交付王宗炎，此問題頗值商榷。
據上文華紱所云，乃在「易簀時」。汪輝祖之說法，則與此異。汪氏《夢痕錄餘》，〈嘉
慶六年〉條載：「聞章實齋十一月卒。……數月前屬穀塍編次，異日當有傳人也。」此
「數月前」乃指汪氏撰寫此條資料時之數月前。據本條資料之上下文脈，可推知本條資
料寫於同年十二月。十二月之數月前，無論如何不可能是十一月。換言之，即不可能是
實齋十一月臨終時（易簀時）才以其大著交付王宗炎的。吳孝琳認爲以上兩說，當以汪
氏說爲是，華紱說爲非。但吳氏未說明原因。參吳孝琳，上揭〈《章實齋年譜》補正〉，
頁324。筆者亦認爲汪氏說爲是，茲稍申論如下：
據上引王宗炎復書的內容來看，宗炎必定是接到實齋大著後若干時日，在實齋再追問（「垂
問」蓋爲客套語而已！）的情況下才覆書獻議的。此其一。又依常理，實齋不可能在「大
著」（全稿）送出後的短期內（如三五個星期）即不客氣的追問對方編定的情況的。此
其二。又〈復書〉中絕無任何跡象顯示實齋性命危在旦夕。此其三。綜上所論，可知實
齋以全稿交付宗炎，至宗炎覆書獻議，其間必經歷一段時日。實齋「垂問」至其去世，
又必經歷若干時日。前後兩段時日加起來，按常理，必不少於數個月。由是筆者敢肯定
汪輝祖之說爲是；華紱之說，則非也。華紱序文中又說到宗炎收到實齋全稿後「旋歸道
山」，則更是大謬。按宗炎卒於1826年（此據 *Eminent Chinese of the Ch'ing period*，頁
39），此距實齋之卒已廿多年矣。實齋以全稿付宗炎之時間，蕭穆已辯華紱之說爲錯謬，
指出「不知華紱何所見而云」！蕭穆：〈記章氏遺書〉，《遺書》，附錄，漢聲，頁1400下。

1. 宗炎問：「〈禮教篇〉已著成否？」

   按今本《遺書》中收有〈禮教〉一文。據錢穆，此文寫於乾隆五十三年。[165] 今宗炎問此文「已著成否」，則不知此文未收入實齋付宗炎之全稿中，抑今所見之〈禮教篇〉僅爲實齋有意撰寫之全文之一部份而已？待考。

2. 宗炎又問：「《春秋》爲先生學術所從出，⋯⋯尤思早成而快睹也。」按實齋曾撰〈易教〉、〈書教〉、〈詩教〉、〈禮教〉等文章。針對五經來說，唯獨缺〈春秋教〉一文。上引宗炎語揭示了實齋或可能曾經向他表示過有意撰寫〈春秋教〉，因此宗炎才盼望能及早見到該文章的[166]。

四、結語

　　實齋同時代人對他所作的論述及相關問題之編年研究，已見諸上文。以上之論述條目，共計 22 條（第二節及第三節，各 11 條）。此等資料及相關問題之闡釋、研究，雖不能完整地揭示實齋生平、學術之全貌，但至少若干方面（如實齋之性格、容貌，尤其是學術思想方面），相信皆可由上述研究中窺見一、二。茲稍綜括前文重點如下。

　　就性格方面來說，實齋個性率眞、坦直、剛鯁、好發議論，此可由李威《從

165　錢穆，上揭《中國近三百年學術史》，頁 421。

166　歷來有不少學者試圖解答實齋未撰〈春秋教〉的問題。內藤虎次郎、錢穆、余英時等學人均曾對這問題表示過意見。內藤虎次郎：〈章學誠の史學〉，《懷德》，期八，1930年。（蘇振申譯：〈章學誠的史學〉，《文藝復興》，期二，臺北，1970 年 2 月，頁 21）；錢穆：〈孔子與春秋〉，收入《兩漢經學古今文評議》（臺北：東大圖書公司，1978），頁 270；高田淳：〈章學誠の史學思想について〉，《東洋學報》，卷 47，期一（1964），頁 64，66-67；余英時，上揭《論戴震與章學誠》，頁 77-78，注 15；朱曉海：〈近代學術史課題之商榷──《論戴震與章學誠》書後〉，《東方文化》，卷 16，一、二期合刊，（1978），頁 204-207；王克明：〈章學誠先生的學術思想概述〉，《致理學報》，二期（1982），頁 55。旅美摯友周啟榮教授更撰著專文探討此問題。周啟榮：〈史學經世：試論章學誠《文史通義》獨缺〈春秋教〉的問題〉，《歷史學報》（臺北：臺灣師範大學，1990 年 6 月），第十八期，頁 169-182。

遊記》、洪亮吉之兩首〈章進士學誠詩〉略知一二。就容貌方面來說，洪亮吉〈章進士學誠詩〉、曾燠〈贈章實齋國博詩〉、《遺書·邵與桐別傳》等均有所述及。至於其學術方面，則可細分若干項。如實齋對時文的態度；又如乾隆四十二年，實齋鄉試中式，其所為時文考卷之為文方向，皆可由《遺書·柯先生傳》及筆者相關論述中窺知其梗概。實齋甚憎惡時文，然而，其所為古文或未能擺脫時文習氣，段玉裁即嘗指出之[167]（當然，段氏亦嘗稱讚實齋之史學得其本源）。又實齋自視其史學來自先天之稟賦，而未嘗訴諸後天的努力，亦見諸同一條目（即第二節第一條）的論述。此外，實齋恆從史學觀點看問題，此可由實齋與甄松年論文選義例之數通書信中知之。實齋對政、教的看法（周公、孔子孰偉大的問題），見諸其族子章廷楓〈原道篇〉之評語及筆者在該條中之析論。其他如實齋對佛學之無知[168]、論證之或不免流於強詞奪理[169]、或針鋒不能相值[170]等等問題，以至其文章之流傳情況（傳稿京師？膾炙人口？）[171]、〈禮教篇〉及〈春秋教篇〉的撰寫問題[172]，並其立言態度（如好為誇言等）[173]種種問題，皆可於本研究中窺見一二。

　　民國初年，日本人內藤虎次郎及國人胡適先後對實齋展開有系統的研究[174]。迄今 90 多年來，研究著作幾可謂汗牛充棟[175]。實齋生平及學術思想的各大端大抵都被學者關注到了。筆者本文只是嘗試闢一新途徑來探討實齋。此一嘗試（研究同時代人對他所作的論述），一方面在於揭示實齋生前在學術圈中的知名

---

167 參上註 30；並參上文第三節之（六）：〈1790 年〉條。

168 參上文〈1777 年〉條實齋對羅有高之詰責。

169 同上註。

170 參上文〈1773 年〉條實齋反駁全祖望對邵廷采所作之批評。

171 參上文〈1789 年〉條：章廷楓及邵晉涵二人分別對〈原道篇〉所作之評語。

172 參上文〈1801 年〉條。

173 參〈1753 年〉年條實齋對其史學稟賦之自道語；〈1773 年〉條實齋過譽邵廷采。

174 內藤虎次郎對實齋之研究，發表於 1920 年。此為〈章實齋先生年譜〉，《支那學》，卷 1，第三、四號（1920 年）。胡適之研究，初版於 1922 年。此即為上文屢次提及之《胡譜》。

175 有關研究著作的數量，可參上註 4 所提到的拙文。又可參本書第六章第二節。

度*176*；另一方面，並試圖透過闡釋、梳理相關論述以揭示實齋生平、學術等等方面的若干面相，並兼論相關問題。謹盼望拙文能夠增加讀者對實齋若干方面之瞭解。

---

176 當時第一流學者，如段玉裁、邵晉涵，著名文人如朱筠、曾燠等均與實齋有交往，並對他有所論述。（此等論述，即構成上文論述之主體。）此外，與實齋有交往，或至少有過接觸，但對他不作論述（指直接，並見諸文字的論述）的學者恐怕更多，如戴震、汪中等即是其例。但此非本文研究之範圍，故從略。戴、汪與實齋之交往情況，可參羅師炳綿，上揭〈章實齋對清代學者的譏評〉一文。

徵引書目

（大抵按徵引秩序排列）

胡適，《章實齋先生年譜》，上海：商務印書館，1925 年。

胡適著，姚名達訂補：《章實齋先生年譜》，臺北：臺灣商務印書館，1968 年。

章學誠，《章氏遺書》，臺北：漢聲出版社，影印劉承幹刻本，1973 年。

王利器，〈章學誠的生年〉，《文獻》，北京圖書館編，書目文獻出版社，1982 年 6 月，十二期。

黃兆強，〈六十五年來的章學誠研究〉，《東吳文史學報》，第六卷，1988 年。

姚名達，〈章實齋遺書敘目〉，《國學月報》，第二卷，第三期，1927 年 3 月。

吳天任，《章實齋的史學》，香港：東南書局，1958 年。

章學誠，《文史通義》，北京：北京古籍出版社，1956 年。

錢穆，《中國近三百年學術史》，臺北：臺灣商務印書館，1976 年。

羅炳綿，〈章實齋對清代學者的譏評〉，《新亞學報》，第八卷，第一期（1967 年），頁 360-363。

朱筠，《笥河文集》，臺北：臺灣商務印書館，1966 年。

周啓榮、劉廣京，〈學術經世：章學誠之文史論與經世思想〉，《近世中國經世思想研討會論文集》，臺北：中央研究院近代史研究所，1984 年。

李慈銘，《越縵堂讀書記》，臺北：世界書局，1975 年。

吳孝琳，〈《章實齋年譜》補正〉，《說文月刊》，第二卷，第九-十二期，1940 年 12 月-1941 年 3 月。

周康燮，《章實齋先生年譜彙編》，香港：崇文書店，1975 年。

羅繼祖，《清朱笥河先生筠年譜》，臺北：臺灣商務印書館，1981 年。

姚名達，《邵念魯先生年譜》，臺北：臺灣商務印書館，1982 年。

全祖望著，朱鑄禹集注，《全祖望集彙校集注》，上海：上海古籍出版社，2000 年。

Nivison, D.,〈佛教に對する章學誠の態度〉，《印度學佛教學研究》，第四期，1956 年。

章炳麟，《章氏叢書‧與人論國學書‧太炎文錄》，初編，別錄二，1919 年。

羅思美，《章實齋文學理論研究》，臺北：臺灣學生書局，1976 年。

郭紹虞，〈袁簡齋與章實齋之思想與其文論〉，《學林》，第八期，1941 年。

書麟，〈章實齋之文章論〉，《學術界》，第一卷，第二、三期，1943 年。

宮崎市定，〈章學誠の文章論〉，《學海》，第四卷，第一號，1947 年。

Nivison, D., *The Literary and Historical Thought of Chang Hsüeh-ch'eng, 1738-1801 : A study of his Life and Writing, with Translations of Six Essays from the Wen-shih t'ung-i*, 1953，哈佛大學未刊博士論文。

李長之，〈章學誠思想的三點〉，《經世》月刊，第二卷，第一期，1941 年。

王重民，《《校讎通義》通解》，上海：古籍出版社，1987 年。

侯雲圻，〈跋章實齋遺書稿本〉，《燕京大學圖書館報》，二十八期，1932 年。

胡楚生，〈章學誠與邵晉涵之交誼與論學〉，《興大文史學報》，第十五期，1985 年 3 月。

汪輝祖，《夢痕錄餘》，江蘇書局，缺出版日期。

許冠三，《劉知幾的實錄史學》，香港：中文大學，1983 年。

張述祖，上揭〈《文史通義》版本考〉，燕京大學史學會，《史學年報》，卷 3，期 1，1939 年 12 月。

張爾田，《史微》，臺北：華世出版社，1975 年。

汪渾祖，《病榻夢痕錄》，臺北：臺灣商務印書館，1980 年。

洪亮吉，《卷施閣集》，上海：中華書局，四部備要本，不標年份。

王雲眉，《邵二雲先生年譜》，臺北：廣文書局，1971。

羅炳綿，〈《史籍考》修纂的探討〉，《新亞學報》，第六卷，第一期，1964 年；七卷，第一期， 1965 年。

王昶，《春融堂雜記》，上海：上海古籍出版社，1995 年。

洪亮吉，《卷施閣集·卷施閣詩》，上海：中華書局，四部備要本，不標年份。

閔爾昌，《碑傳集補》，臺北：明文書局，1985 年。

魏收，《魏書》，臺北：鼎文書局，1979 年。

《辭海》，香港：中華書局，1973 年。

班固，《漢書》，北京：中華書局，1962 年。

脫脫，《宋史》，臺北：鼎文書局，1978 年。

余英時，《論戴震與章學誠》，香港：龍門書店，1976 年。

附錄三　錢穆先生章學誠研究述論[*]

摘　要

錢穆先生（1895-1990）對章學誠（1738-1801）所作之研究主要見之於《中國近三百年學術史》〈章實齋〉一章。該章之細目計有：（1）《文史通義》與經學（2）浙東學派與浙西學派（3）經學與史學（4）學問與功力（5）纂類與著述（6）著述與事功（7）性情與風氣（8）專家與通識（9）方法與門路（10）校讎與著錄（11）實齋學風之影響（12）實齋文字編年要目；即共 12 目。本文以該 12 目為主軸，藉以闡述錢先生對實齋所作之論述。錢先生之其他著作，如《中國史學名著》、《兩漢經學今古文平議》及《國學概論》中之相關論述，筆者亦予以充份參考。錢先生以實齋之著作為佐證，提要鈎玄地發覆了實齋學術之精髓；在解讀實齋論學之要旨方面，尤其使人激賞。然而，天下間無十全十美的文章。錢先生對實齋所作之探討，或不免仍有可商榷之處；乃於本文末以小許篇幅一申管見。

關鍵詞：錢穆、章學誠、章實齋

---

* 本文原為應江蘇省無錫江南大學之邀，代表東吳大學文學院出席該校 2005 年 10 月 20-21 日所舉辦之錢穆學術思想研討會而撰寫之論文。始稿於 2005 年 9 月 3 日，完稿於 10 月 4 日，宣讀於 10 月 20 日。修改後發表於《東吳歷史學報》，第 15 期（2006 年 6 月），頁 1-40。今進一步修改後，納入本專書內。

一、撰文緣起

　　錢穆先生是中國近現代史上的大儒、國學大師。其學問兼涉四部。[1]錢先生亦是教育家，嘗與近現代哲學家、新儒家第二代代表人物之一的業師唐君毅先生及經濟學家張丕介先生等等學人創辦新亞書院，錢先生並擔任首任院長（按即校長）[2]。儒家精神有所謂內聖外王；學問、事功不可偏廢。錢先生可謂兼之

1　經部著作，最著名者，有《兩漢經學今古文平議》；史部著作，計有《秦漢史》、《國史大綱》、《史記地名考》、《先秦諸子繫年》、《中國近三百年學術史》等等；子部書，計有《莊子纂箋》、《莊老通辨》等等；集部書，計有《理學六家詩鈔》、《湖上閒思錄》等等。按：以上四分法及所列舉諸書，不必盡確當，如《兩漢經學今古文平議》雖歸類為經部之著作，然錢先生實以治史之法以處理相關問題；今者隸之經部著作下，藉以見錢先生學問之廣耳。此外，諸如《論語新解》、《朱子新學案》等書，更不易納入任一部類下。錢先生的著作總目，可參李木妙，〈錢穆教授著作目錄〉，《中國傳統文化的捍衛者－國史大師錢穆教授生平及其著述》（香港：香港新亞研究所，1994），新亞學術專刊第 54 種，頁 119-183。該目錄含專著 101 種，其中除少部份為先生領銜編著及領銜校訂者外，其餘絕大部份是錢氏本人自撰。論文則有九百多篇。稍一翻閱該目錄便可知錢先生學問之無涯涘；其廣涉四部又奚待辯！又有關錢氏著作之繫年（含著作目錄），尚可參考以下各論著：孟繁舉：《錢賓四先生著述繫年》，自印本（印於臺灣宜蘭），1993；汪學群，〈錢穆著述年表〉，《錢穆學術思想評傳》（北京：北京圖書館，1998），頁 305-310；汪學群，〈錢賓四先生學術年表〉、〈錢賓四先生著述要目〉，《中國現代學術經典‧錢賓四卷》（石家莊：河北教育出版社，1999），頁 1462-1518。其實，錢氏去世前，學人即有編印其著作目錄以出版者。茲舉一例：孫鼎宸，〈錢賓四先生主要著作簡介——附錢賓四先生論著年表〉，《錢穆先生八十歲紀念論文集》，香港：新亞研究所，1974。國人目錢先生為國學大師，蓋以其治學之主軸雖不離異乎史學，然而實兼涉四部。吾人或可稱先生為「以史學為研究主軸之國學大師」。其實，先生被國人（至少中國大陸學者）稱為「國學大師」，其間實有一番曲折及發展過程。此可參區志堅，〈1949 年以來中國大陸對錢穆的研究概況——從批判到肯定奉為國學大師之歷程〉，《聯大歷史學刊》，創刊號，香港：聯大歷史學刊編輯委員會，1998，頁 22-50。

2　錢先生當校長之時期為 1950-65 年（1964 年 7 月至 1965 年 6 月先生休假一年，然名義上仍為校長）。若連同 1949 年擔任新亞書院之前身亞洲文商夜學校算起，則錢先生當校長之時期前後長達 17 年。參李木妙，前揭《中國傳統文化的捍衛者——國史大師錢穆教授生平及其著述》，頁 111-114；郭齊勇、汪學群，《錢穆評傳》（南昌：百花洲文藝出版

矣，固爲大儒無疑。余生也晚，無緣忝列門牆，然先生衆高足，如嚴耕望、孫
國棟、章群、劉家駒、羅炳綿諸先生均爲筆者在香港受教育期間之業師，是以
不揣孤陋，草就本文，[3]藉以弘揚錢先生的學術精粹，並藉以聆聽社會賢達之誨
諟。[4]顧先生之學術路數極廣，弘揚先生之學問，何以選擇先生對章學誠之研究
作爲探討之對象？原因計有三端。一爲清儒中先生特別欣賞實齋[5]；再者（此尤
其關鍵），筆者對章學誠研究有年。[6]是以錢先生相關研究之旨趣及貢獻，筆者
自信頗能掌握。復次，據閱覽所及，前人似從未作過相關研究。是以決定以錢
先生對實齋之研究爲題而草就拙文；先生之學術精神以至其爲學終極關懷之所
在，當可以概見。

二、前言

錢先生研究、論述章氏之學說（含章氏之學術著作），主要見諸以下六書的

社，1995），頁 316-320。按：李木妙書作「亞洲文商夜學校」（頁 111），郭、汪書則作
「亞洲文商學院」（頁 316）。今未審孰是。

3　此爲筆者對錢先生作探討的第二篇文章。首文名爲〈錢穆先生的治學精神──以《中國史
　　學名著》爲主軸作探討〉，發表於 2003 年秋臺北東吳大學錢穆故居所舉辦之錢穆思想研
　　討會上。（2005 年 10 月該研討會論文經審查篩選後由東吳大學錢穆故居管理處編印出版，
　　名爲《錢穆思想學術研討會論文集》，拙文亦收錄其中，頁 285-314。）2004 年 6 月 15
　　日，筆者又應北京大學歷史系之邀，以〈錢穆先生的史學〉爲題發表學術專題演講。此或
　　可見筆者推崇、愛重錢先生學問之一斑。

4　筆者任職於臺北東吳大學，而錢穆故居則爲東吳大學受臺北市政府委託經營之單位（經營
　　期：2002 年年初-2010 年底，前後共 9 年），江南大學文學院既有志於弘揚錢先生學問而
　　舉辦研討會，則承乏東吳大學文學院院長並忝爲錢先生之再傳弟子，且爲東吳大學唯一與
　　錢先生有學術淵源之教師，是以不敢自棄而草就拙文。

5　至少在先生所著《中國近三百年學術史》〈章實齋〉一章中的表現是如此；至於錢先生對
　　實齋的學術頗有微詞，那是後來的事。（詳下文）

6　筆者之博士論文 *Recherches sur les travaux relatifs à Zhang Xuecheng（1738-1801）, historien
　　et philosophe*（Thèse du Diplôme de Doctorat, Paris,1987）便是研究章學誠的。之後嘗以拙
　　博士論文之部份篇幅爲底本，予以增刪或改寫而撰成 5 篇文章。此 5 文經一再修訂後，今
　　納入本書內。

相關篇章：一、《中國近三百年學術史》[7]第九章〈章實齋〉（共 49 頁，不含附錄）；二、《中國史學名著》[8]，〈從黃全兩學案講到章實齋《文史通義》〉、〈章實齋《文史通義》〉（共 37 頁，若剔除不相關之黃全兩學案部份，則約為 27 頁）；三、《兩漢經學今古文平議》[9]，〈孔子與春秋〉第九節及第十一節之一部份（共 6 頁）；四、《中國思想史》[10]，單元 42，〈章實齋〉（共 3 頁）；五、《國學概論》[11]，第九章，〈清代考證學〉章實齋部份（共 9 頁）；六、《中國學術思想史論叢》（五）[12]，單元二十三，〈記鈔本《章氏遺書》〉（共 10 頁）。以上六書，首書《中國近三百年學術史》源自錢先生 1930 年代任教於北京大學之課堂講義，前後凡五年始成書，[13]篇幅為六書中之最大者。次書《中國史學名著》則為先生 1969 年至 1971 年兩年間為（臺灣）中國文化大學研究生開課之演講紀錄。第三書《兩漢經學今古文平議》收錄先生發表於 30 年代至 50 年代討論經學問題的文章四篇。第四書《中國思想史》篇幅最小；全書講述之單元計 44 個，但全書不足 200 頁。第五書《國學概論》乃源自民國 12 年至 16 年先生任教於無錫省立第三師範之講稿。[14]第六書為一論文集，其中〈記鈔本《章氏遺書》〉發表於民國 25 年。[15]六書中以第一書及第三書之論述及體例最為嚴謹。[16]第二書以其為演講紀錄，故內容較疏闊。[17]第四書篇幅最小，於實齋之著墨亦

7　筆者所用者為臺灣商務印書館 1976 年之版本。

8　筆者所用者為臺北三民書局 1974 年之版本。

9　筆者所用者為臺北東大圖書公司 1978 年之版本。

10　筆者所用者為缺出版機構之 1975 年之版本（再版）。按：本書原由臺北：中華文化出版事業委員會 1952 年出版。筆者所用者蓋為該版本之再版。

11　筆者所用者為臺北聯經出版事業公司《錢賓四先生全集》本，冊一。

12　同上註，冊二十二。

13　參該書錢氏〈自序〉。

14　該書初版於民國 20 年，乃由商務印書館出版。

15　北平國立圖書館，《圖書季刊》，三卷四期。

16　就第一書來說，先生論述一學者之各種觀點，其前後恆先引錄該學者之相關文字以為佐證；再者，先生論述某一學說時，必先以一小標題揭示其重點；段落之上又常以精簡之文字（有點像「眉批」）概括該段落之要旨。

不多。第五書以成書較早，且爲概論性質，對實齋之論述，所見不深。至若第六
書之相關論文乃錢先生記述其獲得《章氏遺書》鈔本之經過，並略及鈔本中所收
文章之重要性；惟此文非直接研究實齋之學術思想。是以今茲以第一書爲主軸以
論述錢先生對章學誠之研究；至於其餘各書，以至以上未開列之錢先生之其他著
作，則備參稽而已。至於下文之敷陳，則一本錢先生第一書（即《中國近三百年
學術史・章實齋》一章）所論述之先後以爲序。蓋如此一方面可以忠實於原著；
再者，可遂筆者偷懶之「私欲」，而不必另費心思、別創標目以綜括錢先生章學
誠研究之各論旨。

三、錢先生對章學誠之論述

如上所述，本節主要根據錢先生《中國近三百年學術史・章實齋》一章之內
容，依次展開錢先生之論說。

錢先生以 200 多字之篇幅撰就章學誠之〈傳略〉後，便用 12 個小標題來綜
括章氏的學說。此 12 小標題／細目，具見上文中文摘要部份。需要指出的是 12
個標目中，除最後 2 目外，前 10 目均以成對之觀念對比論述章氏的學說。這在
闡述章氏思想之特色及凸顯章氏學說與當時學人之差異時，是很醒目奏效的。
這個作法在《中國近三百年學術史》其他章節中比較少見。茲依次敷陳錢先生之
相關論說如下。

（一）《文史通義》與經學

錢先生治學的目的(至少目的之一)在於經國濟世。[18]同聲相應，同氣相求，
彼所以特別欣賞章學誠，也正由於章氏治學的宗趣與他相一致。章氏經國濟世的

17　當然，嚴謹有嚴謹的好，言言有據，字字有考，研究成果自然可以經得起考驗；然其缺點
　　則爲作者恆不敢「跨越雷池半步」而作進一步發揮。疏闊則正相反，固可盡情發揮以成一
　　家之言，然而或由於缺乏佐證而常流於天馬行空。就學術或史學求真的立場而言，兩者相
　　較，似以前者較爲可取。

18　中國傳統讀書人恆有經國濟民之抱負。得君行道，當官從政，學而優則仕，是彼等最高之
　　理想。但如果時不我予，如生當清代外族統治之世，讀書人（尤其具濃厚民族感情之讀書

用心，見諸代表作《文史通義》。[19]錢先生闡述章氏學術，開宗明義即指出說：「《文史通義》爲針砭經學流弊而作。」[20]清代考據學，其主要及起始之對象爲

人，如清初明遺民）之理想、抱負，便只好「轉進」或所謂退而求其次了。讀書人所有者爲知識，所憑藉之工具則有二：口也，筆也。因此可以藉口傳筆書（當然含口誅筆伐）來落實其理想。韓愈云：「化當世莫若口，傳來世莫若書。」（《韓昌黎先生全集》，卷十四，〈答張籍書〉）口、筆之爲用可謂大矣。這也就是所謂學術報國。當然，就清朝來說，學術報國也必得低調。口所言，筆所書不能涉《春秋》大義、華夷之辨；甚至以天下爲己任之言詞也不能講。乾隆皇帝便曾說過：「程頤論經筵劄子，……其貼黃所云：『天下治亂繫宰相，君德成就責經筵。』……使爲宰相者，居然以天下之治亂爲己任，而目無其君，此尤大不可也。」然則清代讀書人也真的是夠委屈的了。其實，不光是滿清皇帝才對讀書人感冒，漢人而爲皇帝的明太祖也不遑多讓。亞聖孟子幾乎被撤出文廟，《孟子》一書則被刪削而改編成《孟子節文》！此可見，是否異族爲帝，並非關鍵之所在。統治權豈容他人分享（其實，絕大多數的讀書人，只是在您大皇帝容許之下，代表老百姓「分享」一下治權而已；政權方面，他們從來不曾作過「非份之想」）。只要你的言行危害到，或被視爲危害到他所獨攬的大權，在極權專制的時代，誰當皇帝，其疾忌讀書人的情況，都是一樣的。上引乾隆的言詞，見〈書程頤論經筵劄子後〉，清高宗，《御制文集》（下），文淵閣板《四庫全書》，《御制文集二集》，卷十九，頁 7-8。錢先生嘗對上引清高宗的言詞及相關問題有所闡述，眼光極精到銳利。見錢穆，〈自序〉，《中國近三百年學術史》，頁 2。

19　需要指出的是，章學誠原來並不是先定下《文史通義》一書名，然後才撰述內中的各篇章的。而是先撰著若干文章，後來始用《文史通義》一書名把這些文章納入其中。而且直至章氏卒時，該書的內容到底該包含甚麼文章，尚未完全定案。1832 年章氏次子華紱爲該書撰〈序〉時便指出說：「……易簀時，以全稿付蕭山王穀塍先生（筆者按：即王宗炎），乞爲校定，……長兄杼思，自南中寄出原草併穀塍先生訂定目錄一卷，查閱所遺尚多，亦有與先人原編篇次互異者，自應更正以復舊觀。先錄成副本十六冊，……今勘定《文史通義》內篇五卷，外篇三卷，《校讎通義》三卷，先爲付梓。尚有……，當俟校定再爲續刊。」可知當時付梓的《文史通義》是經過章氏兒子華紱勘定後的結果，且明言以後再爲續刊。然則章氏本人理想中的《文史通義》，其最後定本到底該包含些其麼文章，那就只好存乎天壤了。正因爲《文史通義》沒有所謂定本，所以近二百年來，學者或出版商便各憑己意而作增刪，於是便出現了不少不同版本的《文史通義》。這個問題，70 多年前便有學者注意到了，並著爲文章發表。此即張述祖所撰的〈《文史通義》版本考〉，收入《史學年報》，卷三，期一（1939 年），頁 71 上-98 下。

20　上揭錢著《中國近三百年學術史》，頁 381。以下引錄錢書，其不明言出處而只標示頁碼者，概指錢著《中國近三百年學術史》。

經書，而次及於子、史。章氏生於考據學如日中天之乾嘉之際，對當時治經以
文字訓詁六書七音之所謂專門之學爲依歸的治學方向有所不滿。章氏並世的經
學大師，其最具代表性者，恐非戴震莫屬。章氏對戴震及其學問即嘗深予譏
評。[21]錢先生深悉清代學風，是以指出《文史通義》乃爲針砭經學流弊而作，並
認爲其中以〈原道（上中下三篇）〉之義理最爲精粹。錢先生作此判斷後，便隨
而對比論述實齋、東原學說之異同[22]，藉以彰顯實齋學術宗趣及特色之所在。按
實齋雖批評東原，但對其闡述義理之〈原善〉、〈論性〉（按：全稱爲〈讀孟子

---

21 劉知幾（661-721）「好談名理」，「輕議前哲」（二語見所著《史通》，〈自敍第36〉），
又「工訶古人」（出自《新唐書》，卷132，〈劉子玄傳〉，史臣之〈贊語〉）。1000多
年後同以史學批評名留千古的章學誠，其實不遑多讓，而且可謂更甚。如果他的前輩只是
「輕議前哲」、「工訶古人」，則實齋更是「變本加厲」，蓋流於譏評時人也。羅師炳綿
對此最有研究，嘗撰〈章實齋對清代學者的譏評〉，收入《新亞學報》，卷八，期一（1967
年2月），頁297-364；其中便深入闡述實齋對東原的批評。倉修良先生更特別就實齋之
批評東原撰著專文。倉修良，〈章實齋評戴東原－章學誠史學研究之二〉，《開封師範學
院學報》，第二期（1979年），頁50-57；惟文中指出「章實齋對戴東原襃大於貶」（頁
56-57），此論斷可謂符合實情。

22 二人立說之異，計有三端。（一）就經學而言，實齋始終認爲六經不足以盡道。〈原道篇
下〉之言詞最足爲佐證。該文云：「夫道備於六經，義蘊之匿於前者，章句訓詁足以發明
之；事變之出於後者，六經不能言，固貴約六經之旨而隨時撰述以究大道也。」「夫道備
於六經」一語很容易使人誤會以爲實齋認爲六經足以盡道。其實不然。我們可以從該句之
下文，尤其「事變之出於後者，六經不能言」等語來貞定該句之確實意涵。其實，該語句
猶等同說「夫道備於六經者（所謂道備於六經的意思是），義蘊之匿於前者，……」。
所以「夫道備於六經」一語不是一句正面的、肯定的判斷（affirmative statement），而是
作爲引起下文討論的一個中性句子而已。至於東原，則正如同錢先生的說明，「東原始終
立論不脫因訓詁考覈以通經，因通經以明古聖人之義理，而我之義理亦從而明，……」（頁
383）的立論。換言之，東原認爲六經足以盡道，爲道之所寄也。（二）二人對「理」亦
有不同看法。錢先生云：「東原言理，主從人之情欲求之，謂理者情之不爽失者也。……
實齋言理，則本事物。」（頁385）（三）二人立說之另一相異點則爲對修志有不同的看
法。東原主詳沿革（指地理方面），而實齋則主重文獻也。（頁384）錢先生在本節中對
這三點相異之處皆有所指陳闡述，一方面可使人認識戴、章二人立論上之差異，更要者爲
可藉以凸顯實齋異於時人（東原可爲代表）而深具卓見。錢先生善於爲文並意在彰顯實齋
學說之用心，於此可見一斑。

論性〉）諸篇[23]，則甚爲推許。[24]

　　錢先生在本節中又特以「就經傳作訓故與離經傳說大義」指出當時之經師與實齋治學精神之不同[25]。這使人想起宋儒陸九淵的名言：「學苟知本，六經皆我註腳」[26]一語。象山固語出驚人，讀之使人震撼；其實，實齋「離經傳而說大義」一語，其精神、旨趣正同，顧不若象山語之斬截而使人震撼而已。大義者，正係根本之所在也。苟能掌握之，則何必非經傳不可！是以離棄之可也，或僅視之爲註腳亦可也。實齋云：「浙東之學，雖出婺源，然自三袁之流，多宗江西陸氏。」[27]實齋固浙東產也。而上引實齋「離經傳而說大義」一語，正可以作爲浙東之學「多宗江西陸氏」一語的佐證。

（二）浙東學派與浙西學派

　　實齋之學術面向很廣。錢先生上節論說完畢實齋對經學之看法之後，便馬上論說浙東學派與浙西學派之差異，而不論說其他，這可以看出錢先生的論述是一個有機的整體、有機的序列。何以言之？蓋「實齋與東原論學異同，溯而上

23　〈原善〉有上、中、下三篇，約 2000 餘字；〈讀孟子論性〉計 1000 餘字。張岱年主編，《戴震全書》（合肥：安徽古籍出版社，1995）冊六收有該二文，見頁 343-348；350-352。

24　相關文字見《文史通義》，內篇二，〈書朱陸篇後〉；《章氏遺書‧補遺‧又與朱少白書》（臺北：漢聲出版社，1973），1368b-1369b。錢先生特別注意到實齋、東原學術之異同。此一關注可說後繼有人，其人即爲錢先生之高足余英時是也。余氏嘗撰《論戴震與章學誠——清代中期學術思想史研究》（香港：龍門書店，1976）一書。書中雖非全然對比論述二人之學說，但研究清中葉學術而特拈出此二人，則在余氏眼中此二人的清代學術上之地位可以概見了。

25　「離經傳而說大義」一語，見章學誠，〈吳澄野太史歷代詩鈔商語〉，《校讎通義》（北京：古籍出版社，1956），外篇，頁 54。

26　語見《象山全集》，卷三十四，〈語錄上〉近起首處，中華書局，四部備要本。

27　《文史通義‧浙東學術》。「婺源」，指的是朱熹，以朱氏爲安徽婺源人也。然浙東之學，何以出自朱氏，則頗令人費解。葉瑛嘗校注《文史通義》。據其研究，則浙東之學又確有出自朱氏者。葉云：「……按此爲浙東之學出朱熹者。但此非王守仁至黃宗羲一派。」葉瑛，《文史通義校注》（北京：中華書局，1985），上冊，頁 525。至於「三袁」，指的是晚明文學家中以提倡靈性著稱之「公安三袁」（今湖北荊州市公安縣）。此即袁宗道、宏道、中道三兄弟。既倡言靈性，故不屑爲瑣碎之訓詁考據；其近乎明義理、說大義之路數，乃必然者。「江西陸氏」指陸九淵。

之，即浙東學派與浙西學派之異同」也（頁 386）。是以錢先生以東原爲對比，藉以闡釋實齋經學上的意見後，便接著論說兩學派之異同。《文史通義》有〈朱陸〉及〈浙東學術〉二文，這正可提供錢先生論述實齋相關意見之素材。

本節之重點計有：

（1）實齋認爲戴學原出朱子，[28]然指出戴氏最詆病朱學。此於〈朱陸篇〉可見端倪，惟實齋於篇中未明言其姓名。〈書朱陸篇後〉則予以指名道姓。錢先生云：「……時東原猶未卒，故隱其名。後又爲〈書後〉一篇，始明說〈朱陸篇〉爲正戴而發，則東原已下世十餘年矣。」（頁 387）在這裡需要特別指出的是，錢先生，史家也，是以其論學是非常有先後時序發展觀念的。實齋批東原見諸二文，然一隱其姓名，另一則明言之。何以故？一般學人恐不甚了了，而分別引錄實齋醜詆東原的意見，隨後並作申述就是了。錢先生則不然，而必予以考證／指出二文撰寫之先後；其間乃以東原之過世爲分野。[29]爲怕東原反擊也好，或心存忠厚也好，總之，不指名道姓；東原卒後，實齋便「肆無忌憚」了。當然，我們不能確定實齋之指名道姓是否確實與東原之謝世有關。但錢先生依常情常理而作出的判斷應該是很有說服力的，至少這是一種很有啓發性的解讀。

28　細言之，朱學經數傳而至顧炎武。而顧氏學術被實齋視爲浙西之學，其精神爲尚博雅。詳參章學誠，〈朱陸篇〉、〈浙東學術〉，《文史通義》。

29　一個學人在不同時期所撰寫的文字很可以讓我們了解其人學術思想上的發展演變。所以文字編年／繫年是很關緊要的。今試以孔子論仁、論君子舉例來做說明。我們通常說孔子因材施教、說法因人而異。所以我們便說孔子對「仁」、對「君子」會說出眾多不同的定義／說法。然而，如果能夠考證出孔子不同說法在時序上的先後的話，我們便會知悉其思想發展的脈絡，說出這是他思想上的演變，而不會把他的不同說法僅解釋成是由於「因材施教、因人而異」而產生的。要言之，研究者宜充份考慮時間這個因素－把思想家按時間先後而可有的演變（即前後可有的不同）納入考量之中。錢先生對此大概很有會心，所以特別彙編〈實齋文字編年要目〉作爲《中國近三百年學術史・章實齋》一章最後的一節，藉以見實齋思想的前後不同發展。

（2）實齋認爲浙東源出象山。（頁 388）**30** 〈浙東學術〉云：「浙東之學，雖出婺源，然自三袁之流，多宗江西陸氏。……」錢先生云：「實齋……自述學統則不歸朱而歸陸，不屬浙西而列浙東。」**31**，至於兩學派之異同，要言之，乃在於「浙東貴專家，浙西尙博雅。」**32**實齋自歸學統於浙東，**33**乃因其學不尙文字、訓詁、聲韻等等所謂無所不包之博雅**34**，而僅尙專家之學故也。但這裡的「專家」千萬不要被誤解爲與通識、通才相反的「專家」。其實，實齋最重視通**35**，所以絕非要成爲一個只通一經，只懂一藝的專家。他所謂的「專家」是指成一家之言的專家；就是要具備通識、通觀而學問上能自成一家之言的專家。蓋非專不足以成家。實齋云：「蓋專則成家，成家則已立矣。」**36**可知實齋所謂之專家乃扣緊能獨立自成一家之言來說的。

（3）「學者不可無宗主，而必不可有門戶」。**37**實齋此一意見，錢先生特別予以指出、推崇。同聲相應，同氣相求。其實錢先生本人之治學態度即

---

30 其實以浙東源出象山是不無商榷餘地的。參王鳳賢、丁國順，《浙東學派研究》（杭州：浙江人民出版社，1993），第一編、第二編。然而實齋認爲浙東源出象山亦不可謂全是胡扯亂謅。蓋實齋從精神上言之矣。象山爲學尙簡約，此與實齋所認爲的浙東不尙博雅而貴專家，正相契合。如與浙西相比，則浙東學派固與象山爲近。

31 錢先生立論所據爲〈浙東學術〉一文。細閱該文，可知實齋的確自歸學統爲屬於浙東，然並未明確的作出相關的自述。錢先生用「自述」一詞，則稍嫌過當。

32 《文史通義》，〈浙東學術〉。

33 實齋學術面向廣，然而，自以史學（尤其史學理論或所謂歷史哲學）爲主軸，成就亦最偉。至若其史學與浙東可有之關係，蘇慶彬先生嘗探討之，可參看。蘇慶彬，〈章實齋史學淵源〉，《新亞學報》，卷八，期二（1968 年），頁 375-412。倉修良先生嘗爲文逕論實齋與浙東史學的關係。倉修良，〈章學誠與浙東史學〉，《中國史研究》，第一期（1981年 3 月），頁 111-123。又可參本書第三章相關論述。

34 其實，說好聽是博雅，說難聽是支離破碎。象山不是說過嗎：「易簡工夫終久大，支離事業竟浮沉。」見上揭《象山全集》，卷二十五，〈鵝湖和教授兄韻〉。

35 《文史通義》〈釋通〉、〈申鄭〉等篇皆可一窺實齋對「通」的看法。

36 《文史通義》，內篇六，〈假年〉。

37 《文史通義》，〈浙東學術〉。

如此，[38]這可能就是爲甚麼他特別欣賞實齋的原因。「宗主」好比主軸，好比核心，好比凝聚點，假使學者缺乏之，則其學問便像一盤散沙，無所依歸。縱然所謂學問廣博，恐怕也只是瞎博[39]、會丟書袋而已；成不了家的。門戶則好比關卡，好比圍籬，學者設置之，則其學問便不能有所擴展開拓，亦不能與他種學問有所貫通交融。縱然有宗主，則其所謂宗主，恐怕也只是關起門來做皇帝、自以爲是、妄自尊大、尊己守殘的一種陋見淺識而已。[40]實齋「學者不可無宗主，而必不可有門戶」之意見對生長在地球村的今天的我們來說，尤具啓發性，蓋尊己守殘之學者一定會被時代揚棄。余英時描繪錢先生的學術精神說：「錢穆是開放型的現代學人，承認史學的多元性，但同時又擇善固執，堅持自己的路

---

38 錢先生的高足余英時教授對其師說最有會心，於論述錢先生爲何在生前不願意接受「新儒家」這個頭銜時，指出說：「論學不立門戶，是錢先生從早年到晚年一直堅持的觀點。」見〈錢穆與新儒家〉，《錢穆與中國文化》（上海：遠東出版社，1994），頁31。

39 治學（做學問）有好幾個層次。最下者爲數據（data），往上一階則爲資訊／訊息（information），再往上才是知識（knowledge），再往上是智慧（wisdom）。數據再多，資訊再豐富，如缺一主軸予以彙整、貫串（含考辨、分析、綜合、消化等等過程），則永遠無法建構成知識的。就學問本身來說，獲得知識，則於事已足。當然，如果要求致用的話，那便需要更上一層樓，即必須攀爬上「智慧」這個層階。韓非子早已說過：「非知之難也，處知之難也。」（《韓非子·說難》）據此，則獲得知識（知悉某人某事物），不是很困難的。困難在於獲悉之後，你要把它應用出來時（即如何處理已獲得的知識），那便得考驗你的智慧了。「水能載舟，亦能覆舟」，不正正說明了問題之所在嗎？所謂「瞎博」，即好比擁有數量龐大的數據、資訊，然缺一軸線予以貫串，最終還是無法成就學問的。這和「散錢無串」成不了富翁的道理是一樣的。

40 茲以航空器爲例舉一淺譬，無宗主好比無發射基地，甚至無火箭；有門戶則好比有圍欄障礙。既有基地矣，又有火箭矣，然以圍欄所擋，則發射無法及遠也。行文至此讓人想起唐君毅老師。老師學問最廣博，中西印無所不通貫融攝，亦無所不精。然而老師始終歸宗儒家（青年時頗崇尚西學，然只是一短時期而已）。以儒爲宗，視儒家爲最高之價值所在，此固然；然而老師從不貶抑其他學術／學派，而必承認彼等有一定的價值。老師心胸本自廣闊，這當然是一個很重要的原因。但恐怕老師深深的認識到，如劃地自限，設門立戶，心存入主出奴之見，則其所謂以儒爲宗的宗便只是一池死水；愛之適足以害之而已。作爲一個新儒家，固當含發揚光大儒家思想、儒家精神之義務。老師廣納異同、融攝百家之治學心懷、抱負，自然令人激賞讚嘆。唐先生如是，錢先生亦復如是也。

向。」⁴¹「擇善固執，堅持自己的路向」，正可謂治學有其宗主的最好
註腳；「開放型的現代學人，承認史學的多元性」，正係無門戶的最好
註腳。錢先生固如此，實齋亦近是，此所以錢先生特別激賞實齋也。

（4）「史學所以經世，非空言著述。」⁴²此乃實齋論學之一貫旨趣，錢先生
本人亦如是，今不具論。（以下論「六經皆史也」之處，對這個論點有
所發揮，可並參。）

　　實齋論學之精神見於錢書章實齋一章〈學術述要〉第二節者，大體上不離乎
上述四要點。上文之論述尤著重指出錢先生與實齋契合之處，藉以見錢先生欣
賞實齋，正以其氣味相投也。⁴³

（三）經學與史學

　　上節錢先生論說實齋對東原之批判並進而敷陳實齋對浙東、浙西學術之見
解。本節承接之，錢先生以爲兩派之學術重點爲前者重史，而後者重經。錢先
生並進而論說經史之關係。先生云：「浙西講經學，浙東重史學，實齋《文史通
義》唱六經皆史之說，蓋所以救當時經學家以訓詁考覈求道之流敝。」（頁 390）
有關實齋救經學流敝的意見，上文〈《文史通義》與經學〉已有所述說，今從略。
本節之其他重點則有二。一爲錢先生特別引述《文史通義》〈史釋篇〉以敷陳「史」
者何義。二爲引述〈史釋篇〉外，錢先生並引述〈易教上篇〉及〈經解上篇〉以
說明實齋「六經皆史也」何義。⁴⁴要言之，六經非空言；是以學經、尊經以求道

41　上揭《錢穆與中國文化》，頁 13。

42　《文史通義》，〈浙東學術〉。

43　錢先生本節的論述，主要根據《文史通義》〈浙東學術〉及〈朱陸〉二文。〈浙東學術〉
　　所揭示的若干論點，錢先生認爲其中實齋嘗自道一己學術淵源出自浙東，錢先生晚年對於
　　這個說法，不是很贊成的。先生在上揭《中國史學名著》中說：「章實齋自己說，他的學
　　問屬於『浙東學派』，是直從陽明下來的。章實齋又稱顧亭林爲『浙西學派』。章實齋這
　　一講法，我並不認為很可靠。……但他自己認爲他是浙東學派，從陽明之學來，這一點，
　　我實並不很欣賞」。（頁 312-313）有關浙東學派源流及其間心學、史學等等問題，可參
　　王鳳賢、丁國順，《浙東學派研究》（杭州：浙江人民出版社，1993）。

44　學人針對「六經皆史」的問題討論至多。該命題或類似命題的「原創者」爲何人、該命題
　　何義、在實齋心中又如何義、以至實齋何以提出該命題等等問題，學者皆嘗究心。相關論著
　　目錄，可參看鮑永軍，〈章學誠研究論文著作索引·史學理論〉，中國歷史文獻研究會編，

者，當學其精神、尊其精神，即不當捨當身事物人倫日用，而尋之於訓詁考訂。再者，六經乃當時之史（當時之政典）而已，雖可道盡當時之道，然不足以盡後世之道。

　　本節最後有一數百字的雙行夾註，頗重要。其一指出實齋對後世之影響。此中計有包世臣（1775-1855，字慎伯）。錢先生以為包氏論吏弊、改吏為史[45]及通公卿吏胥而一之的構想皆來自實齋。再者，清中晚期公羊今文改制之論，如龔自珍所倡議者，「其實與六經皆史之意相通流」。[46]（頁 392）是以，依錢先生意，包氏及龔氏等學人皆受實齋之影響。

　　雙行夾註中更值得注意的另一點是，錢先生批評梁啟超，惟未嘗明言其姓氏。先生云：「近人誤會六經皆史之旨，遂謂流水賬簿盡是史料。嗚呼！此豈章氏之旨哉。」（頁 392）。既未明言其姓氏，則何以判定被批評者必為任公？「答案」30 年後揭曉了。在所撰《中國史學名著》中，錢先生便指名道姓的指出說：「……梁任公曾說：賣豬肉舖櫃上的帳簿也可作史料，用來研究當時的社會經濟其他情況。這豈是章實齋立說之原義？」[47]任公外，適之先生亦甚為推崇實齋。然而，錢先生也不稍予假借；嘗批評他誤解「六經皆史」之「史」字。先生云：「……這個『史』字，我們近代學者如梁任公，如胡適之，都看錯了。」[48]按：胡適嘗云：「其實（章）先生的本意只是說『一切著作，都是史料。』如此說法，便不難懂得了。」[49]帳簿是史料也好，一切著作是史料也罷，反正都是史料。然

　　《章學誠國際學術研討會論文集》（北京：北京圖書館，2004），頁 457-462。余英時對這個問題亦嘗關注。余英時，〈章實齋的「六經皆史」說與「朱陸異同」論〉，收入《論戴震與章學誠》（香港：龍門書店，1976），頁 45-81。又可參下註 50 及本書第三章相關論述。

45　錢先生嘗順著實齋意而進一步談「史」與「（書）吏」的問題，此見上揭錢氏《中國史學名著》，頁 315。

46　「六經皆史」說與今文學家及龔自珍之淵源關係，亦可參錢氏《中國史學名著》，頁 315-316。今文學派，如龔、魏諸人之采獲實齋之言者，錢先生於所著《國學概論》中亦道及之。見《錢賓四先生全集》（臺北：聯經出版事業公司，1994），冊一，頁 338。

47　錢氏《中國史學名著》，頁 314。

48　同上註。

49　胡適，《章實齋先生年譜》（上海：商務印書館，1922），頁 105。

而，錢先生絕不同意把「六經皆史」之「史」字解讀為「史料」，蓋先生認為此絕非實齋意[50]。

（四）學問與功力

實齋對「學問與功力」的問題嘗作深入討論；於〈博約中〉一文中，實齋云：

---

[50] 「六經皆史也」是《文史通義》第一篇文章〈易教〉（上篇）劈頭的第一句話，亦即全書的第一句話。但偏偏就是這句話最具爭議性。此由後來學者眾說紛紜的解讀可見端倪。今茲筆者嘗試作一最簡單的說明如下。章學誠在這句話後面是這麼說的：「古人不著書；古人未嘗離事而言理，六經皆先王之政典也。」於 1000 多字的文章近末尾處，章氏又說：「若夫六經，皆先王得位行道，經緯世宙之迹，而非託於空言，故以夫子之聖，猶且述而不作。……」。簡單來說，六經之為物，乃先王治世的經驗總結的一份記載；也可以說是人類（祖先）日常行為具體表現的總述。這個總述對人類後嗣來說，深具致用精神。所以縱然僅從這一點來看，它已經是一種「聖神製作」。筆者這個解讀，相信是符合章氏文章的原意的；或至少不至於乖違其精神。既係聖神製作，則從實齋的眼光來看，它絕不是，至少絕不只是好比數據、資訊的一種史料而已；它是一份述而不作的聖神製作。即它是深具理想精神的一種著作。然而，它本身是一種著作，甚至是聖神製作，是一回事。但從史學研究者的立場來看，則不妨從其中擷取材料，甚至逕視之為一份史料，以備古史研究之資。這情況猶同《史記》。《史記》當然是成一家之言的偉大著作。但就現今研究秦漢史，甚至研究上古史來說，研究者正不妨視之為一份史料。這跟把六經視為史料的道理是一樣的。胡適把六經定位為史料，恐怕就是從古史研究者的立場來說的。這方面，我們可以尊重他。但他以此來解讀、定位章氏「六經皆史」這句話，那顯然是一種誤解、一種錯誤的解讀。這引來錢先生的批評，是很可以理解的。錢先生正視聽的用心，是非常值得肯定的。綜上所述，「六經皆史也」一語，可含三個不同層次的解讀。（一）就六經的作者來說，譬如孔子，必視其著作（《春秋》最可為代表）乃一寓有精神、理想的「神聖製作」（既有述，也有作）；而絕非僅係史料而已。（二）就實齋本人來說，六經乃吾人祖先（在先王治理天下的情況下）的人倫日用具體生活的一份歷史紀錄。（三）就古史的研究者（譬如胡適）來看，六經則僅係史料而已。要言之，就實齋來說，「六經皆史也」之所謂「史」，乃指一份述而不作的歷史紀錄。按：「述而不作」不見得不寓有理想，蓋理想可隱涵於「述」當中。本此，則視六經僅為史料，固非；反之，視其為離事言理、徒託空言（即完全沒有歷史事實為根據而光發空論）的一種製作，亦非。有關梁啟超與胡適對「六經皆史也」的解讀，又可參劉巍，〈《劉向歆父子年譜》的學術背景與初始反響〉，《歷史研究》，第三期（2001 年），頁 63。按文中所示，劉氏是同意錢先生的說法的，而認為梁、胡二人之解讀過於偏狹。

學與功力，實相似而不同；學不可以驟幾，人當致攻乎功力則可耳，指功
力以謂學，是猶指秫黍以謂酒也。夫學有天性焉，讀書服古之中，有入識
最初而終身不可變易者是也；學又有至情焉，讀書服古之中，有欣慨會心
而忽焉不知歌泣何從者是也。功力有餘而性情不足，未可謂學問也；性情
自有而不以功力深之，所謂有美質而未學者也。

一言以蔽之，這是說必須本乎性情，盡乎功力始可以成就學問。

成就學問，爲甚麼必須發乎性情？我們翻看一下《文史通義》中的數通〈家
書〉便清楚箇中原因。原來實齋本人之成學過程及契機便是如此。所以實齋是以
過來人身份作見證的，並非發虛論、放空言。〈家書六〉云：

二十歲以前，性絕駃滯，讀書日不過三二百言，猶不能久識，……縱覽群
書，於經訓未見領會，而史部之書，乍接於目，便似夙所攻習然者。……
至吾十五六歲雖甚駃滯，而識趣則不離乎紙筆，性情則已近於史學。塾
課餘暇，私取《左》、《國》諸書，分爲紀表志傳，作《東周書》，幾及
百卷。

實齋治學之天性爲近於史學（性喜史學），實齋本人明確道之如上。〈家書二〉
又云：「吾於史學，蓋有天授，自信發凡起例，多爲後世開山。」「蓋有天授」，
即源自天性之謂。「發凡起例」，即創發義例（大義）之謂。既本天性以創發史
學大義，則餖飣考據訓詁固爲所輕也。〈家書三〉最可以說明此點。該書云：

吾讀古人文字，高明有餘，沈潛不足，故於訓詁考質，多所忽略，而神解
精識，乃能窺及前人所未到處。……自後觀書，遂能別出意見，不爲訓詁
牢籠，雖時有鹵莽之弊，而古人大體，乃實有所窺。

性情與學問之關係，以上各〈家書〉已明確言之。其實，錢先生治學亦如是[51]。先生最反對跟風逐時。同聲相應，同氣相求，此所以錢先生最賞識實齋。然而，實齋所謂學問又何所指？而學問之終極目的又何指？

實齋云：「必習於事，而後可以言學，……極思而未習於事，雖持之有故，言之成理，而不能知其行之有病也。」[52]實齋所謂習於事，就是今天所說的實踐。意思就是說光說不練是不行的。學問是以能夠落實為其終極目的的。實齋又說：「近日學者風氣，徵實太多，發揮太少。」[53]這很明顯是針對當時只重視訓詁考據的經學家來說的。「……善搜遺逸焉，蓋逐於時趨，而誤以襞績補苴謂足盡天地之能事也！」[54]很明顯這是批評時人競逐餖飣考據，以為天下之學問盡於此矣；外於此者便不足以言學；至於學問之大旨本在於以所學實踐於人倫日用之間，俾經國濟世焉，便邈不可聞。依實齋所言，學乃以習為歸宿；今既無以習之，則學亦不成其學矣。即勉強謂之學，亦不得其究竟也！蓋功力而已。

錢先生於本節中又嘗拈出「博約」一端以為論。實齋云：「博學強識，自可以待問耳，不知約守，而祗為待問設焉。則無問者，儒將無學乎？」[55]要之，博學以約守為能事，否則泛濫無所依歸，如上文所說的「散錢無串」，亦不成其學矣。錢先生治學即如此。其為學也，廣涉四部百家，然必歸宗於儒，且以經國濟民為究竟；真可謂實齋百年後之知音也。

（五）纂類與著述

錢先生說：「學問與功力之辨，推言之，則又有纂類與著述之辨。」（頁 395）纂類乃可謂功力之表現而已；而著述，乃可謂學問之表現。實齋又嘗論札錄與著作之別。其言謂：「故為今學者計，札錄之功必不可少。……然存為功力，而

---

51 當然，錢先生早年以考據的表現名世，其《先秦諸子繫年》、《劉向歆父子年譜》最可為代表；不致如實齋「訓詁考質，多所忽略」。

52 《文史通義》，內篇二，〈原學中篇〉。

53 《文史通義》，外篇三，〈與汪龍莊書〉。

54 《文史通義》，內篇二，〈博約中篇〉。

55 《文史通義》，內篇二，〈博約中篇〉。

不可以爲著作。」[56]是纂類（錢先生所說的「纂類」，實齋稱爲「比類」[57]）、札錄乃學者之功力而已；而著述、著作始可展現其學問。

錢先生在本節中又進一步討論實齋「知來與藏往」的學說。要言之，本乎功力而成就之比類與札錄，乃「藏往」之載體而已；而本乎學問而成就之著述（著作），始成爲「知來」之載體。此不同的載體，其分別猶今日所說的史料（或史料彙編)與有見解、見地，甚至成一家言的著作的分別。[58]古人對史料與著作(撰述）之觀念不太清楚：很少有作釐分區別者，劉知幾可謂異數，《史通》言之詳矣。[59]實齋乃以記注與撰述來區分不同類型之史書，並以爲前者之功能在於藏往，而後者之功能在於知來，則可謂視知幾之學說更上一層樓。其說曰：

「三代以上，記注有成法，而撰述無定名；三代以下，撰述有定名，而記注無成法。……」[60]實齋以三代作分野，筆者認爲不必拘泥；史書釐別爲二則是其理論之可貴處。實齋又云：

> 易曰：「筮之德圓而神，卦之德方以智。」間嘗竊取其義以概古今之載籍，撰述欲其圓而神，記注欲其方以智也。夫「智以藏往，神以知來」，記注欲往事之不忘，撰述欲來者之興起，故記注藏往似智，而撰述知來擬神也。藏往欲賅備無遺，故體有一定而其德爲方；知來欲其決擇去取，故例不拘常而其德爲圓。周官三百六十，天人官曲之故，可謂無不備矣。然諸史皆掌記注，而未嘗有撰述之官。……[61]

---

56 《文史通義》，外篇三，〈與林秀才〉。

57 見《文史通義》，外篇三，〈報黃大俞先生〉書。書中「比類」與「著述」對舉而爲說。

58 錢先生對這方面有進一步說明。參前揭《中國史學名著》，頁320以下各頁。先生對「記注藏往」、「撰述知來」的理論的闡述，見頁320-325。

59 《史通》卷十一，〈史官建置〉文末云：「夫爲史之道，其流有二。何者？書事記言，出自當時之簡；勒成刪定，歸於後來之筆。……」

60 《文史通義》，內篇一，〈書教上〉。

61 《文史通義》，內篇一，〈書教下〉。

實齋此論，雖以史書爲主軸，但並不全然只針對史書。上引文「……間嘗竊取其義以概古今之載籍」可爲明證。再者，實齋在同一篇文章中又說：「圓神方智，自有載籍以還，二者不可偏廢。」「載籍」當然含經書。然而，當時之經書，或明確一點講，當時學者（實齋同時代的學者）對經書所做的種種研究，這些研究到底是圓而神且使人知來之撰述，還是方以智而僅以藏往爲目的之記注呢？實齋對此未作明白的表述。然而，據實齋相關論說的精神，當時學者的經學，恐怕只能算是記注，或相當於記注的東西而已。錢先生很能把握實齋論學隱而未發的私衷，所以便「代實齋立言」。其說曰：

> 若論當時經學，比類纂輯，拾遺搜隱，正所謂藏往似智也。即名物訓詁，典章考訂，究其極，亦藏往似智也。此皆記注纂類之事，不得即以是爲著作。纂類記注之不得爲著作，正即是功力之不得爲學問也。學問不能無藉乎功力，正猶著述之不能無藉於纂類記注。纂類記注爲著述之所取資，實齋非有所疵議，而纂類記注者不自知其僅所以備著述之資，而自以爲極天下之能事焉，此則誤認功力爲學問，而學問之眞境無由達矣。（頁 396-397）

然則該當如何始可達「學問之眞境」？答曰：捨史學無由也。原因至簡單。蓋當時從事經學研究之「學者風氣，徵實太多，發揮太少」[62]，可謂已病入膏肓，走到山窮水盡的田地。反之，「經之流變必入於史」。[63]錢先生由是而申論曰：「徵實者必極於發揮，纂類者必達乎撰造，蓋經以藏往，而史則開來也。」[64]（頁 397）錢先生本此經史意見又進一步申論實齋立言爲文以至文史之學之見解。最後總結本節說：「立言即著述，考索猶記注纂類矣。凡此皆實齋特提文史之學，以爲當時經學家補偏救弊之要旨也。」（頁 398）

62　《文史通義》，外篇三，〈與汪龍莊書〉。

63　《文史通義》，外篇三，〈與汪龍莊書〉。

64　其實，經又何嘗不開來？史又何嘗不藏往？可知錢先生之議論乃就當時學者經學上之表現來說，非謂經書之本身或其精神僅有藏往之功能，而史書始能開來也。讀者勿誤會錢先生意。

筆者在這裡稍作補充。依上段文字，經學在實齋生長的乾嘉之世，因恆僅重視名物訓詁、餖飣考據，因而離棄了，甚至違背了社會實用（即經世致用）的目的，而可說走到了山窮水盡的地步。實齋為救其弊，乃提出、發明「六經皆史」這個命題[65]。換言之，旋乾轉坤，只有把「經」轉視為「史」、定位為「史」，那經學本來固有的精神──闡述義理，藉以經世致用、經國濟世的偉大精神，才得以保住；也可以說才得以恢復過來。因為經學，在以考據為尚的乾嘉學術中，已成為了只是藏往似智的一門學問；欲圓而神以開來者，便不得不期待其他學術。而史學正係經學外在傳統中國中最具份量的學術。此所以錢先生便高舉史學，彼「史則開來也」一語，正係對史學或對治學者一個最大的期許；此期許顯然深契實齋之本懷。既然史學具備這個功能（筆者再強調一遍：這個功能過去主要是由經學承擔的。但乾嘉學者不足語此。所以便有賴史學來「補位」了。），因此學術上或治學者，必須高看這門學問。實齋倡議「六經皆史」說，這絕非貶視經學（如果說是貶視經學，則可謂乃貶視乾嘉時的經學；非貶視傳統經學，或貶視傳統意義下的經學），把經書拉下來降至史書的位階；恰恰相反，此語是把史學高舉到經學的位階，發揮經學本有的功能，承擔其該承擔的責任[66]。所以這句話，必須由「功能承擔」這個角度切入，始可得其契解。依「六經皆史」一語可有之意涵，其實學者所研治的對象，還是經書；只是面對以餖飣

---

65 當然，實齋之前，已有學者，如王陽明早說過「五經亦史」這一類的話。但其精神，或說話背景與實齋迥異。今不細說。上引陽明語，乃陽明高弟徐愛轉述陽明的話。原文作：「以事言，謂之史；以道言，謂之經。事即道，道即事。《春秋》亦經，五經亦史。」見徐愛，〈徐愛引言〉，王守仁，《傳習錄》，卷上。

66 50 年前，國際漢學泰斗戴微密先生早已說過類似的話。他說：「經就是史，因史（本來）就是經。我相信章學誠的目的，並不是要褻瀆經書；反之，他毋寧是把史書經書化，如同黑格爾把史書神聖化一樣。」（"The Bible is history, because history is a Bible. Chang Hsüeh-ch'eng's purpose, I believe, was not to profanize the Canon, but rather to canonize history, to sacralize it just as Hegel divinized it."）P. Demiéville, "Chang Hsueh-ch'eng and his Historiography",W. G. Beasley & E. G. Pulleyblank, ed., *Historians of China and Japan*（London: Oxford University Press, 1961），p. 178.法國漢學家陳祚龍針對戴氏上文嘗撰中文提要一篇，約六、七千字。陳祚龍，〈戴密微撰「章學誠及其史學」之提要〉，《中華文化復興月刊》，第四卷，第十期（1971 年），頁 46-48。

考據爲主流之乾嘉之世，實齋不得不把這些經書「包裝」成史書、定位爲史書，借「史以開來」這頂大帽子，以闡述、發揮經書本有之大義；否則經書便無法承擔經世致用這個偉大任務了。換言之，學者所研治的對象，究其實，仍是經書（裡子是經書，面子已易容（改頭換面）成史書）。然而，既係史書（已包裝成史書—視爲史書），乃得以治史之法治之，或治史之精神對待之，俾可盡情發揮其微言大義、鑑往知來、鑑往開來的大義，以保住、恢復經學過去固有之偉大功能。實齋發明「六經皆史」一語，乃可謂用心良苦了[67]。這句話，其實可視爲其整套歷史哲學的理論基礎。這也是爲甚麼實齋把這句話作爲其代表作《文史通義》劈頭的第一句話。

（六）著述與事功

　　本節之論述最值得注意的是，錢先生特把實齋與顏李對比立論。先生說：

> 實齋論學卓見，所以深砭當時學術界流敝者，猶不止此。蓋實齋既本六經皆史之見解，謂求道不當守經籍，故亦謂學之致極，當見之實事實功，而不當徒以著述爲能事。此其意蓋不僅爲當時經學家專事考索比輯者發矣。求之清代，差與顏李之說爲近，而較尤圓密。（頁398）

錢先生依此而綜括出如下幾個重點：「書與學」、「實事與空言」、「性理與履踐」；並於相關處引錄實齋之意見後，乃逕下判斷說：「……此非酷肖顏李之說乎」、「……其重事而抑著述，與顏李同旨」、「其重踐履而輕誦說，亦與顏李相似」。惟實齋仍是實齋，顏李不異乎顏李；兩者固有類同，但亦有別異。否則實齋不成其爲實齋矣。而其別異正所以見實齋之偉大。錢先生最具隻眼，乃明確

67　當然，依實齋，道不盡在六經。所以儘管移形換影，把經書包裝成史書（視爲史書），甚至把所有典籍都視爲經書，並比照前例又進而包裝成史書（視爲史書），也不足以盡道。但這是另一問題。讀者於此不宜把兩問題混爲一談。但無論如何，實齋藉著「史以開來」（錢先生語）這個中國傳統史學所固有的偉大精神，以保住、恢復經學之所以爲「經」的「經國濟世」的精神，是很了不起的。本此，經學始不爲乾嘉考據精神所圍限、壟斷，而沉淪爲變質的、異化的、偏狹的一種經學。

指出謂：「實齋論學，雖重當身事功，而路徑較習齋爲寬，辨證較恕谷爲達。……」其所謂寬、達，乃不拘泥之謂；即不似顏李論說之走極端也。故錢先生繼云：

> 苟明於道之大原，則學業、事功、文章、性命，皆足以救世，皆可以相通而無所事乎門戶之主奴。……自實齋見地言之，顏李固亦不失爲因偏救敝之一端。而實齋之論，尤爲得其通方矣。

錢先生深悉中國各學術家派及各學者學說之精義；又以連續數年開授中國近三百年學術史於北京大學之故，是以對清代各家學術尤其精熟，如數家珍。今茲以顏李學說對比以論述實齋，則更能彰顯實齋學術之特色。反之，如光就實齋而論實齋，恐必不能究悉其學術精髓。錢先生論實齋，前者以東原對比，今者以顏李相較，則實齋學術之異乎人者及其自身特色之處立見。實齋論學最反對門戶之見，倡言「學者不可無宗主，而必不可有門戶」。[68]錢先生亦然，[69]最反對入主出奴之見，彼所以特別欣賞實齋，此又一主因焉。

（七）性情與風氣

　　爲學本乎性情，最忌趨風氣、逐時流。此乃實齋論學之宗趣。錢先生本節之主旨即在於揭示之、闡釋之。細言之，則有以下幾個重點。

　　1. 學問之事不盡於訓詁考釋

　　錢先生云：

> 近人言治學方法者，率盛推清代漢學，以爲條理證據，有合於今世科學之精神，其說是矣；然漢學家方法，亦惟用之訓詁考釋，則當耳。學問之事，不盡於訓詁考釋，則所謂漢學方法者，亦惟治學之一端，不足以竟學問之

68　《文史通義》，〈浙東學術〉。

69　參前面第三節〈浙東學派與浙西學派〉之相關論述。錢先生反對門戶之見，其高足余英時對此最有慧解。參前揭《錢穆與中國文化》，〈錢穆與新儒家〉一文。

全體也。⁷⁰（頁 402）

錢先生這個意見是數十年來一貫的。1970 年代出版的《中國史學名著》中，便有
類似的說法，而且說得更徹底。所以說得徹底，大概由於《中國史學名著》原是
課堂之演講，所以說話可以「放縱」一點；而《中國近三百年學術史》是由好幾
年在北大上課之講義彙整而來的，所以內容比較慎密周延。然而，無論如何，錢
先生的意見是前後一致的。先生在《中國史學名著》中是這樣說的：

> 做學問必要遵循科學方法，這是時代之言。學史學必要考據材料，這也是
> 時代之言。大家只是跟在人家後面在那裡鬧。……真要講學問，須能避開
> 此一鬧之市。關著門，獨自尋求，別有會心，纔能成一家言，有創造。⁷¹

「成一家言，有創造」，始可以開風氣；「跟在人家後面在那裡鬧」，趨風氣而
已。錢先生對這個問題非常關注，所以特別以「開風氣與趨風氣」為題，進一步
闡釋實齋的思想。

2. 開風氣與趨風氣

　　實齋明言云：「君子之學，貴闢風氣，而不貴趨風氣。」⁷²又曰：「學業將

70　錢先生今茲所論使筆者想起 30 多年前唐君毅先生對筆者所說的幾句話。1977 年筆者在
　　《（香港）華僑日報》的「人文雙週刊」發表了一篇名為〈錢大昕治史的科學方法〉一文。
　　唐先生一向很關心學生的學業表現。一天唐先生請新亞研究所總幹事趙潛先生叫筆者去看
　　他。先生所說的話，其詳細內容不復憶記。大意是文章寫得還可以，但不必用「科學方法」
　　一詞。當時，筆者不知如何回應。唐先生看到筆者面有難色，且其時唐先生已罹重疾，精
　　神不濟，所以沒有進一步說話，便揮手示意我可以離開了。多年後，筆者猜度，大概唐先
　　生認為，清人（如錢大昕者）治史、治學自有其方法，不必比附為西方之科學方法而始見
　　其方法之優長。今細味錢先生的意見─科學方法也好，漢學方法也罷，乃「治學之一端，
　　不足以竟學問之全體也」。這大概才是當年唐先生何以認為筆者不必用「科學方法」一詞
　　之主要原因；即科學方法乃眾多治學方法之一而已，且此方法有其局限，不必高度予以推
　　崇也。

71　上揭《中國史學名著》，頁 326。

72　《文史通義》，外篇一，〈淮南子洪保辨〉。

以經世也。……其事與功皆不相襲，而皆以言乎經世，故學業者，所以關風氣也。……好名之士，且趨風氣而爲學業，是以火救火而水救水也。」[73]據此，則爲學關風氣或趨風氣與是否能成就經國濟世之事功，其關係至大。此所以實齋不得不特別深論之。

學者爲學趨風氣則不免失其眞性情而相率入於僞[74]；其所以趨風氣者乃緣乎好名心之驅使也。實齋論之曰：「……趨風氣者，未有不相率而入於僞也。其所以入於僞者，毀譽重而名心亟也。故爲學之要，先戒名心，爲學之方，求端於道。……」[75]此處實齋所說之道乃指學人治學之性情、性向、天資而言。而「求端於道」者，即爲學本乎眞性情之謂。錢先生對此最有會心，故論之曰：「……有志於學者，必先知俗尙與道眞之辨。」（頁402）風氣者，俗尙而已；必須本乎性情始可達致道眞也。而所謂本乎性情、天資以爲學，具體言之，亦有數步驟。實齋論之曰：

> 人生難得全才，得於天者必有所近，學者不自知也。博覽以驗其趣之所入，習試以求其性之所安，旁通以究其量之所至，是亦足以求進乎道矣。[76]

「博覽」、「習試」、「旁通」三者，筆者認爲可分爲兩截（兩階段）。前二者爲一截，後一者爲另一截。非博覽、習試，不足以知一己眞性情之所在；然循乎此是否必能底於大成功，則旁通爲其關鍵焉。何以言之？前人有謂：讀經則已，則不足以知經。何以讀經而不足以知經？正以其缺乏旁通而未能促進其所習而達致眞知灼見也。即能有所成，恐怕亦只是小成而已，而無預於大成也。各人自有

73　《文史通義》，內篇六，〈天喻〉。

74　蓋非本諸性情之所近及平素之所習而只是爲了趨風氣而從事相關之研究，則其所謂研究者，焉得不剽竊攘奪他人之成果以爲己有耶？不然則假手他人而掛上己名而已。如此又焉得不僞？！莊子云：「有眞人而後有眞知。」（《莊子·大宗師》）筆者近年則恆強調：「有眞性情，始有眞學問。」

75　《文史通義》，外篇三，〈答沈楓墀論學〉。

76　同上註。

其一己之性情，何以不少學者以趨風氣爲能事？以「毀譽重而名心亟也」。然而，重毀譽而亟名心，很可能產生適得其反的效果（所謂反效果），蓋爲學而流於「搭順風車」[77]，不必然使人成名；反之，甚或陷於身敗名裂！且縱使成名，亦徒有虛名，或名過其實而已。實齋云：「趨向專，故成功也易，毀譽淡，故自得也深。」[78]反之，若只是趨風氣、重毀譽而左右逢迎、無所依歸，則難語乎大成功。要達致眞成功、大成功，則必須學業專一，且俗情世間之毀譽要看得淡。[79]否則恐怕只成爲一學術明星而已，非眞學者也。[80]

3. 爲學本乎性情，其說源自陽明

實齋自述曰：「言學術功力必兼性情，爲學之方不立規矩，但令學者自認資之所近與力能勉者施其功力，殆即王氏良知之遺意也。」[81]錢先生據此自述而指出謂：「今以實齋風氣性情之論，上觀陽明〈拔本塞源論〉所辨功利與良知之異，則淵源所自，大體固若合符節耳。」（頁 406）按：錢先生之判斷固確然不可易。然猶有進者，實齋嘗指出云：「王氏『致良知』之說，即孟子之遺意也。……孟

77　廣東話說「搭順風車」，猶一般人所謂「搭便車」。為符合「趨風氣」、「追風氣」之語境，當以「搭順風車」一詞為妥貼。

78　《文史通義》，外篇三，〈與朱滄湄中翰論學書〉。

79　筆者歷史學界眾多老師當中，以嚴耕望老師為學最專精，從不趨風氣，亦從不愛世俗之名位。是以其成就最卓著，於中國歷史地理及政治制度方面皆成就不世之功。憶唐君毅老師嘗撰〈俗情世間中之毀譽與形上世間〉一文（收入《人生之體驗續編》，香港：人生出版社，1961），對俗情世間之毀譽問題有極發人深省之論述。筆者每讀之，必遽然動容，愛不釋手，不能自己。其中嘗指出，求名亦非必係壞事；只要名副其實即可。

80　要成為真學者，必須耐得寂寞、甘於坐所謂冷板凳。錢先生在《中國史學名著》中亦嘗論及之。其言曰：「關著門，獨自尋求，別有會心，纔能成一家言，有創造。……耐得寂寞，才可做一人物。太愛熱鬧是不成的。」（頁 326）記得錢先生嘗云：「閉門造車，出門合轍。」（一時忘其出處）此所謂「閉門造車」，乃「關著門，獨自尋求」之謂；乃相對愛熱鬧、愛應酬、到處串門子而言，非謂全然不理會外界，或甚至排拒參考他人之研究成果而故步自封之謂，讀者幸勿因辭害意。猶記得 30 多年前筆者在香港讀書時，業師章群教授（精研唐史及史學史，亦錢先生在香港新亞研究所之高足也）即嘗言：做學問須甘得寂寞。師說即本於其業師錢先生歟？

81　《文史通義》，內篇二，〈博約下〉。

子所謂察識其端而擴充之，……」[82]是可知實齋之說實遠承孟子；陽明，居中之媒介而已。

（八）專家與通識

本節有以下各重點：

1. 為學始乎專家，終乎達道

實齋論學既重專家，又重通識。就專家一項而言，錢先生云：「實齋論為學從入必本性情，而極其所至，則以專家為歸。」（頁 406）先生所論，大抵本諸實齋以下的說法。實齋說：「學問與文章，須成家數。」[83]又曰：「道欲通方而業須專一。……學必求其心得，業必貴於專精，類必要於擴充，道必抵於全量。」[84]就為學依乎心得、本乎性情而尚專一而言，已經不太容易，且要進一步觸類旁通而擴充之，以致於道為其終極，並要全幅弘揚光大之，則其事之至難者也。是可知實齋所言固是，而其事絕不易易。

2. 專家貴有通識

錢先生說：

> 大率專門成家者必具別識，別識本於性真，其歸會於大道，其用達於經世；其在風氣，則常為闢而不為趨，其為抉擇，則常於誠而不於名，此則所由以成家也。然專家既貴有別識，尤貴有通識。

然而，何謂通識？實齋云：「忖己之長未能兼有，必不入主而出奴，擴而充之，又可因此以及彼。」[85]「擴而充之」，「因此以及彼」，是謂通。然而，細部之規劃又如何？實齋曰：「……薄其執一而舍其性之所近，徒泛騖以求通，則終無所得矣；惟即性之所近，而用力之能勉者，因以推微而知著，會偏而得全，斯古

82　同上註。

83　《文史通義》，外篇三，〈與林秀才〉。

84　《文史通義》，內篇二，〈博約下〉。

85　《文史通義》，外篇三，〈答沈楓墀論學〉。

人所以求通之方也。」[86]要言之，必去入主出奴之見，並本乎性向之所近而發力用功，因此以及彼，會偏而得全，始可達乎通識。[87]上引文中，實齋又論及治學必本乎「眞」和「誠」。筆者近年治學，對此有頗深之體會。其人如不眞、欠誠，實難語乎眞學問。所謂「誠」，毋欺之謂也。固不能欺人，亦不能自欺。擴充而言，這又包括了誠心誠意、虛心地接受人家之批評；切勿妄自尊大。「誠」之爲義，大矣哉；無怪乎《中庸》一書亟論之。

3. 實齋論後世文、史之脫軌失序

　　實齋認爲文集之名，仿於晉代。其後收入文集（別集）之文章，大多乃矜情飾貌、應酬率率之作、決科俳優之文，立言之質不可聞。[88]至於詩，亦流而爲聲律之工而已；全無內涵，則是工藝而非詩也。[89]至於史之流變，亦有乖脫背離原有之宗旨者。實齋曰：

　　　史之大原本乎《春秋》，《春秋》之義昭乎筆削，不僅事具始末，文成規矩已也；以夫子義則竊取之旨觀之，固將綱紀天人推明大道，所以通古今之變成一家之言者；必有詳人之所略，異人之所同，重人之所輕，而忽人之所謹，繩墨之所不可得而拘，類例之所不可得而泥，而後微茫秒忽之際

86　《文史通義》，外篇二，〈通說爲邱君題南樂官舍〉。

87　學者要具備通識則不能不博學，然不能徒泛騖以求博，否則失諸雜耳；此中之關鍵在乎約守；然不能太簡約以至失其旨歸。實齋《文史通義》有博約之論，很發人深省。學者嘗爲文闡述之：傅孫久，〈博而不雜，約而不漏〉，《福建論壇》，第一期（1982 年），頁116-122。又可參本書第二章相關論述。說到通識，的確是很難的。以通識教育爲例，世界各大學近二三十年來無不著力推行通識教育，臺灣亦不甘後人，急起直追。然而，成果仍不甚如人意。一方面固然由於眞正懂得通識的所謂大師實在不多；再來是大師級的教授不願意教授一些被學生視爲營養學分的科目；三來是很多院校及其下之系所專業取向太強或「自我中心」意識太強，根本不願意開放學分讓學生多修習專業以外的通識科目。因此就臺灣大學通識教育的實施成效來說，實在仍有很多可以提昇、改進的空間。

88　詳見《文史通義》，內篇六，〈文集〉。學者有特別探討實齋的文章理論的。書麟，〈章實齋之文章論〉，《學術界》，第一卷，第二期（1943 年 9 月），頁 1-9；第一卷，第三期（1943 年 10 月），頁 47-56。又可參本書第五章之相關討論。

89　詳見《校讎通義》，外篇，〈陳東浦方伯詩序〉。

有以獨斷於一心。及其書之成也，自然可以參天地而質鬼神，契前修而俟
後聖，此家學之所以可貴也。……唐後史學絕而無專家，後人不知《春秋》
之家學，而猥以集眾官修之故事，乃與馬班陳范諸書並列正史焉；於是史
文等於科舉之程式，胥吏之文移，而不可稍有通變矣。**90**

實齋論學，最擅長「辨章學術，考鏡源流」。是以能夠扣緊文史發展之大脈絡及
應然之歸趨而爲論。自實齋觀之，文史流變，屢變而屢卑，愈繁而愈亂，不復維
持、承續其固有之精神宗趣，此所以實齋不得不深論之。**91**

4. 去僞與治偏

　　實齋論學，於去僞與治偏方面，很有卓識，茲特轉錄相關論說如下。實齋
云：

> 學問文章，聰明才辨，不足以持世；所以持世者，存乎識也。所貴乎識者，
> 非特能持風尚之偏而已也。知其所偏之中亦有不得而廢者焉；非特能用獨
> 擅之長而已也，知己所擅之長亦有不足以該者焉。不得而廢者，嚴於去僞，
> 而慎於治偏，則可以無弊矣；不足以該者，闕所不知而善推能者，無有其
> 人，則自明所短而懸以待之，亦可以無欺於世矣。**92**

筆者三復實齋斯文，讚嘆者再。趨風氣、逐名利、假借、剽竊，無所不爲，其學
不入於僞不止也。入於僞則欺世矣。本爲學問自身成就大小之事而已；至乎其極，
則流於欺世盜名而關乎身家名節，學者能弗慎歟？又凡人爲學必有所偏，以非偏
無以致乎專也。學固以專家爲貴；然而，專家尤貴有通識。退一步言之，縱使一

90　詳見《文史通義》，內篇四，〈答客問上〉。

91　實齋論文論史，其宗旨實不背離乎經世。此中之關係，學人論述不少。其中周啟榮與其業
　　師劉廣京先生所共撰之文章甚值參考。周啟榮、劉廣京，〈學術經世：章學誠之文史論與
　　經世思想〉，中央研究院近代史研究所編，《近世中國經世思想研討會論文集》，1984
　　年4月，頁117-156。

92　《文史通義》，內篇四，〈說林〉。

己不具備通才博識，但至少得具有賞識他人之雅量[93]。否則，妄自尊大，故步自封，以爲人間一切學問盡在於己，則劃地自限無復進益矣；其學問之境界恐亦止於此而已矣。因此爲學者必「嚴於去僞，而愼於治偏」，否則所失者豈止學問一端而已，實關乎人格也。爲學者得弗愼歟？

　　錢先生本節之結論深得實齋論學之宗旨。先生說：

> 蓋發乎己之性情之所誠然而實有所不得已者以爲學，是誠也。及其學有所得，悟見大道，而知我之所治所有之不過爲大道之一偏，而同有以見夫人之所治所有之亦不過爲大道之一偏，而互有其可以相通焉，是識也。凡實齋論學，發乎性眞，極乎通識。……實齋主專門即是致曲，貴通識即道並行而不相背。

錢先生所論，筆者最欣賞、最有同感的是「眞」、「誠」二字。爲學不本乎性眞，不發乎至誠，則學固不成其爲學，而人亦不成其爲人矣！所關匪細，有志爲學者，於此應三致意焉。[94]

---

[93]　東吳大學前校長劉兆玄（任期：2004-2008）提倡五識教育。五識指常識、知識、通識、膽識、賞識。不具備常識，無法生存於現代社會。不具備知識（尤指專業方面的知識），無法以專業或所謂一技之長以謀生計。不具備通識，視野便無法開拓，而陷於孤陋寡聞，甚至劃地自限。不具備膽識，便不敢開拓新生活、新境界、接受新挑戰。不具備賞識，便會孤芳自賞，甚至妄自尊大；與他人無法互動、互勵互勉。筆者以爲，此五識又可分爲兩類。前三者可以說是靜態的，是知性的；後二者是比較動態的，必須見諸行動的。膽識最後必須落實爲行動，這是很可以理解的。其實，賞識亦然。賞識別人，不能只是心中欣賞，而需要見諸行動，至少應說出口、公諸於世；一方面要使被賞識的人知道，且更要使天下人知道，讓值得人讚嘆的美善行爲、事物，公諸於世。個人認爲五識當中，就社會層面來說，賞識尤其重要。能夠互相欣賞、互相讚嘆，這對促進社會和諧、安樂，必產生非常正面的作用。

[94]　牟師宗三恆言「生命的學問」。蓋以生命與學問是一而二，二而一者。以今語言之，二者爲連體嬰，我中有你，你中有我。生命必以真爲可貴；學問與之既爲同一體，則學問亦必以真爲可貴。學問不真，則生命亦不真／失真。生命失真，則失生命所以爲生命之真諦與價值也；其人與行屍走肉無以異。明乎此，學者爲學得弗愼歟？！

（九）方法與門路

　　爲學本乎性情，此實齋所恆言。然而性情何所自而來？曰：當源自上天，或所謂上天所授也。實齋即嘗云：

> 吾於史學，蓋有天授，自信發凡起例，多爲後世開山，而人乃擬吾於劉知幾。不知劉言史法，吾言史意；劉議館局纂修，吾議一家著述；截然兩途，不相入也。[95]至於史學義例，校讎心法，則皆前人從未言及，亦未有可以標著之名。[96]

我們暫不討論實齋的史學及校讎學，是否確如所說的皆爲後世開山或前人所從未言及而爲上天所下授者。「天授之謂性」[97]，最重要的是我們要了解到爲學本乎性情、性向，而性情、性向乃源自上天。是以假使忤逆上天所下授之性而別有造作以爲學，個人認爲必定很痛苦，且不易成功。[98]

95　業師許冠三先生不同意章氏的說法。冠三師認爲章氏「截然兩途，不相入」之說法，乃自炫於兒孫輩之夸談而已。許說見所著〈劉、章史學之異同〉，《中國文化研究所學報》，卷十三（1982），頁 42。後又以附錄方式收入所著《劉知幾的實錄史學》，香港：香港中文大學出版社，1983。個人認爲章氏的相關言論確有部份沿襲自劉知幾，是以「截然兩途，不相入」之說法，確如冠三師所云，不免夸談。蘇淵雷嘗討論劉知幾、鄭樵與章學誠史學上之異同，可並參。蘇淵雷，〈劉知幾、鄭樵、章學誠的史學成就及其異同〉，《上海師範大學學報》，期四（1979 年 11 月），頁 80-89；期二（1980 年 4 月），頁 82-89。知幾嘗倡議史家三長（史才、史學、史識）的學說。學人有謂實齋對此學說有所發展，而提出史德一目。然而亦有學者認爲史家三長中之史識一目早已涵括史德，惜未用其名而已。這個問題很值得關注。南開大學姜勝利先生之論述，個人認爲很有深度，值得參看。姜勝利，〈劉、章"史識"論及其相互關係〉，《史學史研究》，第三期（1983 年），頁 55-59。相關問題，又可參本書第三章的討論。

96　《文史通義》，外篇三，〈家書二〉。

97　《中庸》云：「天命之謂性。」然此性乃宋儒所謂「義理之性」。而實齋所說的「性情」之性，乃相當於宋儒所說的「氣質之性」。今爲稍作區分，乃以「天授之謂性」命名後者。其所謂性情也者，即今人所謂性向也。

98　舉一淺譬，性近藝文之人而令其攻習理工，必痛苦不堪，且亦難語乎成功。

　　實齋以下的自述，個人認為相當符合實況，且確能道出其性情之所在。實齋云：「吾讀古人文字，高明有餘，沈潛不足，故於訓詁考質，多所忽略，而神解精識，乃能窺及前人所未到處。」[99]又云：「……廿一二歲，駸駸向長，縱覽群書，於經訓未見領會，而史部之書，乍接於目，便似夙所攻習然者，其中利病得失，隨口能舉，舉而輒當。」[100]其中「乃能窺及前人所未到處」，尤其「廿一二歲，……史部之書，……隨口能舉，舉而輒當」等語或不免自誇，我們不必過份認真看待。然而，實齋年青時性向業已近於史學，則昭然若揭。日後據以奮進即成大家也。

　　實齋又云：

　　　夫學貴專門，識須堅定，不可稍有游移者也；至功力所施，須與精神意趣相為浹洽，所謂樂則能生，不樂則不生也。……夫用功不同，同期於道；學以致道，猶荷擔以趨遠程也，數休其力而屢易其肩，然後力有餘而程可致也。攻習之餘，必靜思以求其天倪，數休其力之謂也；求於制數，更端而究於文辭，反覆而窮於義理，循環不已，終期有得，屢易其肩之謂也。[101]

此言學者未能知悉其個人學問之性向時，便須稍作休息以靜思之，更有賴多方探索、嘗試（屢易其肩）以尋求其學問性向之所在。

　　錢先生於引錄實齋談論性情與學問之關係的多封〈家書〉後，便作總結道：「此皆實齋指點為學門徑方法極親切處也。」（頁413）錢先生所言可謂的論。

（十）校讎與著錄

　　實齋除《文史通義》一名著外，別有《校讎通義》一書。「『辨章學術，考鏡源流』，是章實齋討論校讎之旨的最高理想，而『互著』、『別裁』，則是章

99　《文史通義》，外篇三，〈家書三〉。
100　《文史通義》，外篇三，〈家書六〉。
101　《文史通義》，外篇三，〈家書四〉。

氏持以達到此一理想的兩種重要方法。」[102]錢先生深悉此旨趣，故於本節中便迻引錄《校讎通義》的相關論說，並特別闡述校讎學之功用。先生云：「故校讎之用，可以評騭古今學術源流，分別諸家體裁義例，其事即無異於著作。」（頁414）

錢先生本節寫得比較簡單，就《校讎通義》一書來說，除揭櫫實齋藉互著與別裁等方法以達致評騭古今學術源流，分別諸家體裁義例外，便沒有進一步闡述該書的其他要旨。其實《校讎通義》一書尚有不少可以闡發之義理在。不少學者嘗對該書及書中之義理作過研究，[103]其中錢先生的高足，筆者的業師羅炳綿教授的論述便很值得參考。[104]錢先生本節論述不足之處正可由其高足彌補之。該文就實齋之校讎理論方面，分別以五個重點予以述說。此為：一、校讎論的緣起及宗旨；二、校讎非僅為校勘；三、校讎非僅為目錄；四、校讎非僅為搜遺輯佚；五、校讎的意義和方法。由上開的標題便可以讓人看到羅教授的論述是很有邏輯性的。該文先說實齋校讎論的緣起及宗旨，繼之一而再，再而三的從三方面論說實齋的校讎理論非僅為……；最後始點出實齋校讎學的意義和方法。以此步步疏釋、步步演繹之法，而結穴於引領讀者會悟實齋校讎學的宗趣。其文讀來一氣呵成，邏輯論證嚴密，羅教授真可謂深於為文之道了。

尤有進者，不少學人研究某家學說，一般而言，只會針對該家學說的不同重點／論點，逐一予以陳說闡釋便了事；恰似該學者的學說是「死直」的擺放在那裡，而我們隨手拈來予以陳說便於事已足；其中全嗅不出「史」的味道。要知人的思想是會演變／演進／轉變的。今年的論點不見得同於去年，明年的論點又常異於今年。筆者的意思是說，人的思想恆變動不居，經常是動態的而不是

---

102 胡楚生，〈論章實齋「互著」「別裁」的來源〉，《中國學術年刊》，第二期（1978 年），頁 159。

103 相關目錄，可參鮑永軍，〈章學誠研究論文著作索引〉，收入中國歷史文獻研究會編，《章學誠國際學術研討會論文集》（北京：北京圖書館出版社，2004），頁 446-482，其中〈著述研究整理〉（頁 448-454）及〈文獻學、檔案學、譜牒學〉（頁 466-469）便有不少論著是研究實齋之校讎學的。

104 羅炳綿，〈章實齋的校讎論及其演變〉，《新亞書院學術年刊》，1966 年 9 月，頁 77-95。

靜態的。[105]因此我們對該人做研究，便必須作相應的「配合」，與時（當事人的時）俱進。否則我們的研究便會做得不徹底，或產生誤會，以爲該學者的思想怎麼會常常自相矛盾！（其實很可能只是一種演變，不能粗淺地以所謂「矛盾」視之）羅教授對實齋學說的演變很有體會，於是在文章的上篇逐一論述實齋校讎理論的各要旨之後，便透過下篇來述說其理論的演變，於是「史」的味道便出來了；而不是「哲學式」的只是就觀念而作論述而已。「史」與「哲」的不同，於此或可見一斑。[106]

錢先生本節末尾的論說很有意思。他說：

> ……其書（筆者按：指《校讎通義》）亦似有感於當時清廷之修四庫書而發者。……其後實齋力辨校讎與著錄之不同，若以其論史之體裁爲例，則著錄僅是記注，校讎乃屬著作，著錄可據成法，校讎須具特識。當時清廷既修四庫，實齋之意，欲就其著錄再加辨章流別，勒成一家之業也。（頁415）[107]

上引文可說含兩個很值得注意的說法。其一是錢先生雖不能確定實齋之校讎理論必定是來自清廷纂修四庫全書而激發出的靈感。但錢先生這個推論至少讓人領悟到學者一學說之產生很可能與大環境有密切的關係；換言之，定然有其大環境的因素予以促成之。吾人治史，於追溯一現象之肇因時，總應從大環境中去尋求。錢先生的指點是很有啓發性的。上引文另一點值得注意的是，錢先生指出，校讎在實齋來說，其「學術地位」是很高的。正如同錢先生的高足羅炳綿所理解，校

---

105 以實齋的校讎理論爲例，很明顯的，他後來的理論便異於早年的理論。羅炳綿於上揭文便如是說：「從《校讎通義》等處，很難看出實齋校讎學理論演變的痕跡；但透過他編纂方志藝文志和史籍考諸事，卻可探索得到原本他早年的校讎學理論，和後來大有不同之處。」（頁88）

106 筆者絕無意要貶視哲學式的研究。其實，兩者各有優點。史式的研究，不能脫離具體時空；哲式的研究，則以觀念之析入毫芒爲關鍵。此其大較也。

107 有關這個問題，上揭錢著《中國史學名著》中亦有所述說。見頁313、333。

雠非僅爲校勘、非僅爲目錄、非僅爲搜遺輯佚（參上文）。蓋校雠須具特識，而可以使人勒成一家之業的，與著錄之僅爲記注，這在層次上是大有高低之別的。

又實齋業師朱筠嘗上奏，議開四庫全書館。錢先生謂實齋、二雲諸人當預聞其事。錢先生云：

> 朱筠《謹呈管見開館校書摺子》*108*，……疑此奏實齋二雲諸人當預聞。（胡適《實齋年譜》已主此說*109*，沈元泰《章學誠傳》謂徵書奏始自實齋，不及二雲，未知其別有據否。沈傳收《碑傳集補》卷四十七。）（頁 415）

據上揭胡適《章實齋先生年譜》，朱筠上奏開館事乃在乾隆 36 年。時實齋、二雲皆在朱筠左右，故預聞其事，自極可能。果爾，則實齋校雠學理論方面之建構，當與此有相當關係。

（十一）實齋學風之影響

本節主要指出實齋生前之聲名雖較暗晦，甚至錢林《文獻徵存錄》誤稱其姓氏爲「張」者；然而，其思想議論在當時實已對學人造成一定之影響。錢先生並舉實例指出謂，同時學人如焦循（1763-1820）及凌廷堪（1759-1809）之學說議論與實齋相通者已不少。*110*其後常州今文學派之治學風氣盛，*111*訓詁名物之風

---

108 此《摺子》收入朱筠《笥河文集》（北京：1815），卷一，頁 2-4。朱氏所上之奏議後因于敏中之力爭始得入奏。乾隆三十八年二月初六日高宗頒旨接受其建議。高宗諭，見王先謙《東華續錄》（乾隆七十七）並《四庫全書總目》，卷首。參郭伯恭，《四庫全書纂修考》（臺北：臺灣商務印書館，1972），頁 7-11。

109 胡適說見所著《章實齋先生年譜》（上海：商務印書館，1922）頁 15-16，〈乾隆三十六年條〉。

110 錢先生並指出謂焦循嘗稱讚實齋（頁 416），焦說見：〈讀書三十二贊〉。按：此〈贊〉名為〈《文史通義》贊〉，收入焦氏《雕菰集》（上海：商務印書館，1937），頁 86-87。此〈贊〉乃係一首四言詩，共五十六字，主旨在於稱讚實齋紀事撰史遣詞用字唯恐己出等等的問題。對這個問題，實齋嘗指出謂：「文士撰文，惟恐不自己出；史家之文，惟恐出之於己。」見〈與陳觀民工部論史學〉，《章氏遺書》（臺北：漢聲出版社，1973），頁 280 上。按：〈《文史通義》贊〉附如下小註：「章石齋，名學誠，山陰人。」「石

稍衰；而仁和龔自珍（1792-1841），著書亦頗剽竊實齋。[112]錢先生乃下結論說：「時會轉移，固非一端，而實齋平生論學，所謂力持風氣之偏者，要不得謂非學術經世之一效也。」（頁 416）錢先生之意是，實齋一輩子倡導學術經世，其相關言論當係造成當時及後世風氣轉移之一重要原因。[113]

（十二）實齋文字編年要目

　　錢先生於本節開首處即特別指出說，實齋既自言：「凡立言之士，必著撰述歲月，以備後人之考證」云云，[114]則其本人宜每篇皆注明撰著之年月；今刻本多不復見者，以刊印時削去之也。錢先生此一說明甚重要，蓋可使人知悉實齋實有落實其「承諾」。又：錢先生嘗見武昌柯氏所藏《章氏遺書鈔本》。此《鈔本》所收錄之各篇章，其標題下，大多附注年月。錢先生乃明確指出謂：「題下附注較詳。」（頁 417）《中國近三百年學術史》〈章實齋〉一章中所引錄的實齋原文，錢先生乃於其下轉錄相關撰述年月。這對學人研究實齋之思想學說，尤其就其思想之發展脈絡來說，居功厥偉。再者，錢先生非只是過錄年月而已，且間作說明釋述，此對讀者做相關研究亦甚有引領啓導之功，否則各篇章的撰著年月只是擺放著；其意義何在，學人未必能知曉也。

（十三）附識：錢先生對實齋的負面評價

　　上文以撰寫於 1930 年代的錢著《中國近三百年學術史》為主軸，間附以錢先生其他著作（主要是《中國史學名著》），以敷陳論說先生對實齋學說所作之探究。從上文可見錢先生對實齋學術之評價是非常高的。然而，人的思想是會

齋」固誤；至於山陰，乃實齋先世之居所，實齋之出生地為浙江省紹興府會稽縣。參胡適著，姚名達訂補，《章實齋先生年譜》（臺北：臺灣商務印書館，1968），頁 1。

111　錢先生在上揭《中國史學名著》（頁 315-316）中對這個問題有所發揮。他說：「……今文學家主張經世致用，就從章實齋六經皆史論衍出，故從章實齋接下到龔定庵，……」

112　錢先生於〈孔子與春秋〉一文中，再進一步指出謂，龔自珍之經學見解，「實仍和章實齋一鼻孔出氣，大體說來，龔定菴之持論，實是鈔襲依傍於章實齋。」見〈孔子與春秋〉，收入《兩漢經學今古文平議》（臺北：東大圖書公司，1978），頁 272。

113　在此或可補上一言，實齋生前及死後一百年間，其名聲雖然比較暗晦，然而，同時代人對實齋有所論說而見諸文字者則不在少數，蓋不下二十則。詳見本書附錄二。

114　《文史通義》，外篇二，〈韓柳二先生年譜書後〉。

變易的。曾幾何時,錢先生撰寫於 1953 年的〈孔子與春秋〉便對實齋有相當不一樣的評價,可說都是比較負面的。[115]現今摘其要者闡述如下,藉以見錢先生對實齋之「新評價」,更以見錢先生思想上之轉變。

　　錢先生認爲實齋不了解傳統經學大旨及古代學術之大體。先生說:

> 清儒經學,……縱有所發明,卻無關於傳統經學之大旨。……章實齋,他的《文史通義》,根據劉向歆《七略》闡明了古代學術王官學與百家言之分野,這可算是清儒在考古上一大發現。但章氏自述其學術淵源,謂是導始於浙東,則章氏本人便已不能擺脫後代經學與史學分疆劃界之舊觀念。……章氏沿於此軌蹟,他似乎並不能真了解古代學術之大體,而僅能不陷於後世門戶之偏執而已。(頁 267-268)

錢先生又說:

> 章氏治學,重史又過於重經,春秋教一篇,萬不該不作。[116]大抵章氏遇到這個題目,實苦於無從著筆呀!因此我們可以說:章氏《文史通義》所論古代學術分野之大體,最多也只懂得了一半。而且是辨其細而遺其大。(頁 270)

又說:

> 章氏僅懂得史學實事而不懂得經學之大義。(頁 271)

115　〈孔子與春秋〉約 20,000 多字,內容分 12 節;其中第 9 節論述實齋,占約 2,000 多字。該文收入《兩漢經學今古文平議》(臺北:東大圖書公司,1978)。以下引文,即據此版本。

116　學者對這個問題,頗多論述。摯友周啟榮即一例。周啟榮,〈史學經世:試論章學誠《文史通義》獨缺"春秋教"的問題〉,臺灣師範大學,《歷史學報》,第十八期(1990 年 6 月),頁 169-182。又可參本書第三章相關討論。

以上的指責是相當重的。實齋一輩子探究中國學術的眞精神、眞面貌，現在錢先生居然說他，「似乎並不能眞了解古代學術之大體」、「不懂得經學之大義」。筆者則以爲，實齋自道其學術淵源自浙東（就史學來說）是一回事，但這無礙他對傳統經學大旨及古代學術之大體之了解。傳統經學，其大旨乃在於經世。實齋對此豈能無所了解！其「六經皆史也」一語，乃可謂其歷史哲學中經世致用精神的一個總概括。筆者甚至認爲，此語（這個命題），是實齋整套歷史哲學的理論基礎。戴密微（P. Demiéville）即有類似的說法，嘗指出謂：「就深層意義來說，此片語跟他（實齋）的整個歷史哲學是關聯在一起的。」（In a deeper sense , this phrase is connected with all his philosophy of history.）*117*

　　此外，錢先生又批評實齋不懂孔子《春秋》之性質實爲一撰著。先生說：

> ……這裏卻露出了章氏書中一個更大的破綻。孔子明明作《春秋》，如何說孔子有「述」無「作」呢？……他只知《六藝》爲王官學，但他誤認王官學爲必出於在位之王者。他不明白在古代人觀念中，聖人著作論「德」不論「位」。故說「《春秋》天子之事」，那說是無位即不能制作呢？（頁270）

針對孔子修《春秋》的事實來說，筆者很能同意錢先生的見解。蓋以孔子之抱負，他爲能滿足於只是轉述魯史之舊文而已？孔子定然「手癢」，一定會把自己的抱負、理想（所謂「大義」），透過所謂微言，納入其中的。孔子怎會是「述而不作」呢？然而，實齋所以說：「故以夫子之聖，猶且述而不作。」（《文史通義·易教上》），是有原因的：不可能不懂得孔子的《春秋》是既有述，也有作的。實齋所以作出「夫子……述而不作」這個判斷，其實是爲了說服讀者接受「六經皆史也」這個說法，藉以完成他以經世致用爲主軸的整個歷史哲學的理論。（參上文）據此，他便必得自圓其說的說：「夫子述而不作」，否則他所說的：「若夫六經，皆先王得位行道，經緯世宙之迹（之紀錄），而非徒託於空言」，便會

117　上揭 "Chang Hsüeh-ch'eng and his Historiography" , p.178.

不攻自破。因爲縱然再棒、再優秀的「聖神製作」，那都只是個人的製「作」、創「作」，甚至如實齋所說的：只是「不知妄作」！而爲了對發生過的史事（此即所謂「世宙之迹」）做出紀錄，只能是述[118]，不可能（或不應）是「作」出來的。所以我們必得從這個立場，從實齋的整個哲學去解讀「夫子述而不作」這句話。如果把它孤立起來，或只從孔子修《春秋》的歷史事實層面來衡斷實齋這句話，那顯然是掌握不到實齋立言的用意的；且更會進而誤會實齋不懂孔子修《春秋》的眞精神及價值之所繫。要言之，筆者認爲，實齋非不知《春秋》既有述，也有作。但他爲了曲成其歷史哲學，使其歷史哲學能自圓其說，便只好強調述的一面，甚至進而說出「夫子述而不作」這句話了[119]。

四、餘論──《中國近三百年學術史》〈章實齋〉章補正

錢先生以天縱之資及深厚之國學素養從事中國近代學術史之研究，宜乎其卓然成家也。《中國近三百年學術史》對各家學說之疏釋鞭闢入裏，勝義盈篇，筆者何敢贊一詞。〈章實齋〉一章慧解精識更是俯拾即是。然而，其中仍不免有若干地方可以進一步探討。茲開列如下，其中之議論是否有當，仍聽候讀者卓裁。

（一）錢先生不免輕信

〈實齋學風之影響〉一節中，錢先生云：

> ……惟《徵存錄》稱實齋少從山陰劉文蔚豹君，童鈺二樹游，習聞蕺山南雷之說，言明季黨禍緣起，奄寺亂政，及唐魯二王本末，往往出於正史之

---

[118] 細按其步驟，則始於求其真，然後是存其真，最後是傳其真。而存真即所謂述，亦即所謂紀錄（即透過述、紀錄以存真）。至於傳真，則旨在開來。此不具論，可參上文。

[119] 按：《春秋》的精神或微言大義至少有三：尊王攘夷、大一統、正人倫綱紀。後兩者，甚至首項之「尊王」，在清朝當然沒有問題。但「攘夷」一項，在清朝便非常敏感了。也許由於這個緣故（緣故之一），所以實齋便得說「夫子述而不作」，否則孔子也有可能被請出文廟呢！換言之，實齋這樣做，其出發點有可能是爲了保護孔子。

外。此語應有受，……（頁 415）

所謂「此語應有受」蓋意謂相關之描述應是有來歷的；吾人宜採信接受之。筆者
30 多年前剛開始研究章學誠時，看到錢先生此判斷，有點不知如何是好。蓋先生
治學甚嚴謹，既云「此語應有受」，則實齋之生平表現確當如《文獻徵存錄》之
描述為是。惟筆者細究實齋之生平後，卻無法找到任何資料以佐證《徵存錄》之
說法。是以不得不對錢先生之說法產生疑惑。後拜讀余英時先生書，始明其究
竟。[120] 茲略述該問題如下。《文獻徵存錄》卷八〈邵晉涵傳〉末附〈章學誠傳〉：

> 晉涵友會稽張學誠有《文史通義》若干卷，秀水鄭虎文稱其有良史才，嘗
> 與休寧戴震、江都汪中，同為馮觀察廷丞客，觀察甚敬禮之。以明經終。
> 少從山陰劉文蔚豹君、童鈺二樹遊，習聞蕺山南雷之說，言明季黨禍緣起，
> 奄寺亂政及唐魯二王本末，往往出於正史之外。自學誠謝世而南江之文獻
> 亡矣。

以上的描述，除了「晉涵友會稽張（當作「章」）學誠有《文史通義》若干卷」、
「為馮觀察廷丞客，觀察甚敬禮之」確為事實[121] 及「秀水鄭虎文（1714-1784）
稱其有良史才」因未悉其出處而不能判斷其為事實與否外，其餘的描述，一概錯
謬。首先，實齋非以「明經終」[122]。再者，從遊於劉文蔚及童鈺二人，亦未見載

120　余英時，〈章實齋與童二樹——一條史料的辯證〉，《論戴震與章學誠》（香港：龍門
　　書店，1976），頁 243-248。

121　馮廷丞，字子粥，自號康齋。實齋與之交往，前後幾 20 年。參上揭《章氏遺書》，卷十
　　七，頁 364-365，〈湖北按察使馮君家傳〉；頁 373-374，〈馮定九家傳〉。又可參董金
　　裕，《章實齋學記》（臺北：嘉新水泥公司文化基金會，1976），第四章，〈章實齋交
　　遊考〉，頁 40。

122　據清制，國子監貢生亦稱為明經。有關不同種類的貢生，可參《清會典》（上海，1936），
　　350a-352a。又可參劉兆璸，《清代科舉》（臺北：東大圖書公司，1977），頁 17-20，尤
　　其頁 17。《文獻徵存錄》的作者以「明經」來稱呼實齋，大抵是認為實齋沒有考取上進

於任何文獻。三者,從來未悉實齋諳熟明季史事。四者,南江文獻亡否與實齋之謝世,全扯不上關係。可怪者為《文獻徵存錄》之章傳為一小傳耳,何以犯錯至四?蓋邵晉涵之生平資料錯簡而誤置於章傳中矣!其中「少從山陰劉文蔚豹君、童鈺二樹遊。……自學誠謝世而南江之文獻亡矣」[123]之描述全符合晉涵之生平表現可為明證。是以「學誠謝世」若改為「晉涵謝世」則全文可通矣。然而,晉涵亦非「以明經終」。[124]是以,「以明經終」之描述,對實齋而言,對二雲而言,皆全不對頭。今茲姑且置之弗論。

筆者以上所論,旨在指出吾人研讀前人書,萬勿輕信。縱使治學嚴謹如錢先生,亦不免此失,他人固無論矣。[125]

(二)其他

錢著《中國近三百年學術史》〈章實齋〉一章中之精義屢見。然而,筆者以為實齋學術上尚有若干表現而錢先生未能道出者。以下稍舉數例:(1)筆者認為實齋之學術思想,其淵源蓋有啟迪自《漢書‧藝文志》及鄭樵《通志》者。然而,錢先生在〈章實齋〉一章中未能道出。[126](2)實齋對史德之論說雖不能說全是創見(參前文),然自有其不可及之處,〈章實齋〉一章又闕如。[127](3)

士第。然而,事實是實齋是乾隆 43 年(1778)戊戌科二甲第 51 名進士。參見房兆楹、杜聯喆,《增校清朝進士題名碑錄》(北京:哈佛燕京學社,1941),頁 118。

123 此描述蓋源自江藩《漢學師承記》,卷六,〈邵晉涵傳〉。

124 晉涵為乾隆 36 年(1772)壬辰科二甲第 30 名進士。見朱保烔、謝沛霖,《明清進士題名碑錄索引》(上海:上海古籍出版社,1998),頁 622。

125 余英時在〈章實齋與童二樹——一條史料的辯證〉一文中開列了四位學者的姓名(吳孝琳、吳天任、日人三田村泰助、美人 David Nivison),指出彼等「治章氏之學態度都極為嚴肅。可是他們在不同的程度上都肯定了《文獻徵存錄》的記載。」(頁 244)可怪的是錢穆的名字竟然沒有被列上去!余英時治學,素稱嚴謹。何以其業師之名字反而不見?不慎漏去歟,抑另有考量,筆者不得不惑!

126 上揭《中國史學名著》中則屢言及之(尤其頁 313)。此或可視為錢先生學問之進境;所謂「前修未密,後出轉精」耶?

127 上揭《中國史學名著》則嘗作討論,見頁 329。此可謂「前修未密,後出轉精」之又一例。

實齋爲方志學之理論名家及實踐家。其方志立三書議等等議論[128]及所經修之方志不下十種[129]；僅此已可使實齋不朽矣。〈章實齋〉一章對此又未嘗關注，甚可惜。[130]

　　本節之補正未敢謂全然確當，僅可謂一得之見，希冀對《中國近三百年學術史》〈章實齋〉一章，稍作爰積補苴之工作而已。

　　又本文之撰，固然以闡發錢先生對章實齋所作之論述爲宗趣。然而，個人對實齋學術精髓（尤其論學要旨）之解讀亦時涵寓其中，此對後人研究實齋或不無參考價值，願共勉以進一步弘揚實齋之思想，此固亦遙契錢先生之心願也！

128　三書指：志、掌故、文徵（並附加上叢談）。詳見《章氏遺書》，卷十四，〈方志略例一〉之〈方志立三書議〉。

129　實齋經修之方志，可參吳天任，《章實齋的史學》（香港：東南書局，1958），頁 205-249。所經修之方志（含以實齋名主修、代人修纂及參加意見者），總數計有十四種。

130　有關實齋方志學之貢獻，參拙著〈章學誠研究述論──前人所撰有關章學誠對史學、方志學及目錄學之貢獻及影響述論〉，《東吳歷史學報》，第十一期（2004 年 6 月），頁 313-317。此文經修改後納入本書內，即附錄一。

徵引書目

（大抵按徵引秩序排列）

李木妙，《中國傳統文化的捍衛者——國史大師錢穆教授生平及其著述》，新亞學術專刊第五十四種，香港：香港新亞研究所，1994 年。

孟繁舉，《錢賓四先生著述繫年》，自印本（印於臺灣宜蘭），1993 年。

汪學群，《錢穆學術思想評傳》，北京：北京圖書館，1998 年。

郭齋勇、汪學群，《中國現代學術經典·錢賓四卷》，石家莊：河北教育出版社，1999 年。

孫鼎宸，〈錢賓四先生主要著作簡介——附錢賓四先生論著年表〉，《錢穆先生八十歲紀念論文集》，香港：新亞研究所，1974 年。

區志堅，〈1949 年以來中國大陸對錢穆的研究概況－從批判到肯定奉為國學大師之歷程〉，《聯大歷史學刊》，創刊號，香港：聯大歷史學刊編輯委員會，1998 年。

郭齊勇、汪學群，《錢穆評傳》，南昌：百花洲文藝出版社，1995 年。

錢穆，《中國近三百年學術史》，臺北：臺灣商務印書館，1976 年。

黃兆強，〈錢穆先生的治學精神－以《中國史學名著》為主軸作探討〉，東吳大學錢穆故居管理處，《錢穆思想學術研討會論文集》，2005 年。

Wong,Siu-keung（黃兆強），*Recherches sur les travaux relatifs à Zhang Xuecheng（1738-1801），historien et philosophe*, Thèse du Diplôme de Doctorat, Paris,1987.

黃兆強，〈六十五年來之章學誠研究〉，《東吳文史學報》，第六號，1988 年 1 月。

黃兆強，〈同時代人論述章學誠及相關問題之編年研究〉，《東吳文史學報》，第九號，1991 年 3 月。

黃兆強，〈近現代章學誠研究評議〉，《章學誠研究論叢——第四屆中國文獻學學術研討會論文集》，臺北：臺灣學生書局，2005 年。

黃兆強，〈章學誠研究述論——前人所撰有關章學誠對史學、方志學及目錄學之貢獻及影響述論〉，《東吳歷史學報》第十一期，2004 年 6 月。

黃兆強，〈近現代人章學誠生平論述之研究〉，《東吳歷史學報》，第十三期，2005 年 6 月。

錢穆，《中國史學名著》，臺北：三民書局，1974 年。

錢穆，《兩漢經學今古文平議》，臺北：東大圖書公司，1978 年。

錢穆，《中國思想史》，筆者所用者爲缺出版機構之 1975 年之版本（再版）。按：本書原由
　　臺北：中華文化出版事業委員會 1952 年出版。

錢穆，《國學概論》，臺北：聯經出版事業公司《錢賓四先生全集》本，冊一。

劉巍，〈《劉向歆父子年譜》的學術背景與初始反響〉，《歷史研究》，第三期，2001 年。

錢穆，〈記鈔本章氏遺書〉，北平國立圖書館，《圖書季刊》，1936 年，三卷四期。

韓昌黎，《韓昌黎先生全集》，1869 年，江蘇書局。

章學誠，《文史通義》，北京：古籍出版社，1956 年。

劉知幾撰，浦起龍釋，《史通通釋》，上海：上海古籍出版社，1978 年。

Demiéville, P., "Chang Hsüeh-ch'eng and his Historiography", W. G. Beasley & E. G. Pulleyblank,
　　ed., *Historians of China and Japan*, London: Oxford University Press, 1961.

陳祚龍，〈戴密微撰「章學誠及其史學」之提要〉，《中華文化復興月刊》，第四卷，第十期，
　　1971 年。

歐陽修、宋祁，《新唐書》，北京：中華書局，1974 年。

羅炳綿，〈章實齋對清代學者的譏評〉，《新亞學報》，卷八，期一，1967 年 2 月。

倉修良，〈章實齋評戴東原——章學誠史學研究之二〉，《開封師範學院學報》，1979 年，
　　第二期。

張岱年主編，戴震著，《戴震全書》，合肥：安徽古籍出版社，1995 年。

章學誠，《章氏遺書》，臺北：漢聲出版社，1973 年。

余英時，《論戴震與章學誠——清代中期學術思想史研究》，香港：龍門書店，1976 年。

章學誠，《校讎通義》，北京：古籍出版社，1956 年。

陸九淵，《象山全集》，中華書局，四部備要本。

王鳳賢、丁國順，《浙東學派研究》，杭州：浙江人民出版社，1993 年。

蘇慶彬，〈章實齋史學溯源〉，《新亞學報》，卷八，期二，1968 年。

倉修良，〈章學誠與浙東史學〉，《中國史研究》，1981 年 3 月，第一期。

余英時，《錢穆與中國文化》，上海：遠東出版社，1994 年。

胡適，《章實齋先生年譜》，上海：商務印書館，1922 年。

唐君毅，《人生之體驗續編》，香港：人生出版社，1961 年。

傅孫久，〈博而不雜，約而不漏〉，《福建論壇》，1982 年，第一期。

書麟，〈章實齋之文章論〉，《學術界》，第一卷，第二期，1943 年 9 月；第一卷，第三期，
　　1943 年 10 月。

周啓榮、劉廣京，〈學術經世：章學誠之文史論與經世思想〉，《近世中國經世思想研討會論
　　文集》，中央研究院近代史研究所編，1984 年 4 月。

許冠三，〈劉、章史學之異同〉，《中國文化研究所學報》，卷十三，1982 年。

許冠三，《劉知幾的實錄史學》，香港：香港中文大學出版社，1983 年。

蘇淵雷，〈劉知幾、鄭樵、章學誠的史學成就及其異同〉，《上海師範大學學報》，1979 年
　　11 月，期四；1982 年 4 月，期二。

姜勝利，〈劉、章 "史識" 論及其相互關係〉，《史學史研究》，1983 年，第三期。

《十三經·禮記·中庸》，上海：商務印書館，出版年不詳。

胡楚生，〈論章實齋「互著」「別裁」的來源〉，《中國學術年刊》，第二期，1978 年。

鮑永軍，〈章學誠研究論文著作索引〉，收入中國歷史文獻研究會編，《章學誠國際學術研討
　　會論文集》，北京：北京圖書館出版社，2004 年。

羅炳綿，〈章實齋的校讎論及其演變〉，《新亞書院學術年刊》，1966 年 9 月。

朱筠，《笥河文集》，北京：中華書局，1985 年。

王先謙，《東華續錄》，《續修四庫全書》本，上海：上海古籍出版社，1995-2002 年。

永瑢、紀昀，《四庫全書總目》，北京：中華書局，1987 年。

郭伯恭，《四庫全書纂修考》，臺北：臺灣商務印書館，1972 年。

焦循，《雕菰集》，上海：商務印書館，1937 年。

胡適著，姚名達訂補，《章實齋先生年譜》，臺北：臺灣商務印書館，1968 年。

周啓榮，〈史學經世：試論章學誠《文史通義》獨缺 "春秋教" 的問題〉，《歷史學報》，臺
　　灣師範大學出版，第十八期，1990 年 6 月，頁 169-182。

董金裕，《章實齋學記》，臺北：嘉新水泥公司文化基金會，1976 年。

劉兆璸，《清代科舉》，臺北：東大圖書公司，1977 年。

王藻、錢林，《文獻徵存錄》，臺北：明文書局，1985 年。

房兆楹、杜聯喆，《增校清朝進士題名碑錄》，北京：哈佛燕京學社，1941 年。

江藩，《漢學師承記》，臺北：臺灣商務印書館，1965 年。

朱保炯、謝沛霖，《明清進士題名碑錄索引》，上海：上海古籍出版社，1998 年。

吳天任，《章實齋的史學》，香港：東南書局，1958 年。

索引一

「章學誠研究」人名索引
（以各研究專著發表者為主）

90,102,107,108,109,117,118,123,124,125,
126,127,143,146,148,151,153,156,159,160,
169,181,184,190,195,196,197,202,222,233,
236,238,239,268,304,307,309,310,311,314,
318,319,321,322,332,338,348,352,354,355,
401,403,407,418,429, 430,469

索引二

「章學誠研究」主題索引

國家圖書館出版品預行編目資料

章學誠研究述評 1920-1985

黃兆強著.－ 初版.－ 臺北市：臺灣學生，2015.10
面；公分
ISBN 978-957-15-1685-1 (平裝)

1.（清）章學誠 2. 學術思想 3. 中國文學 4. 史學

127.49   104019107

章學誠研究述評 1920-1985

著　作　者：黃　　　兆　　　強
出　版　者：臺 灣 學 生 書 局 有 限 公 司
發　行　人：楊　　　雲　　　龍
發　行　所：臺 灣 學 生 書 局 有 限 公 司
　　　　　　臺北市和平東路一段七十五巷十一號
　　　　　　郵 政 劃 撥 帳 號：00024668
　　　　　　電　話：(02)23928185
　　　　　　傳　眞：(02)23928105
　　　　　　E-mail：student.book@msa.hinet.net
　　　　　　http://www.studentbook.com.tw
本 書 局 登
記 證 字 號：行政院新聞局局版北市業字第玖捌壹號
印　刷　所：長 欣 印 刷 企 業 社
　　　　　　新北市中和區中正路九八八巷十七號
　　　　　　電　話：(02)22268853

定價：新臺幣八〇〇元

二 〇 一 五 年 十 月 初 版